사랑을 읊은 우리 옛 노래

옛사람들 지음
송재익 엮고 풀이함

도서출판 월인

사랑을 읊은 우리 옛 노래

초판 1쇄 인쇄 • 2020년 1월 21일
초판 1쇄 발행 • 2020년 1월 28일

지은이 • 송재익
발행인 • 박성복
발행처 • 도서출판 **월인**
서울특별시 강북구 노해로25길 61
등　록 • 제6－0364호
등록일 • 1998년 5월 4일
전　화 • (02) 912-5000
팩　스 • (02) 900-5036
www.worin.net

ISBN 978-89-8477-678-4 03810

☞ 값은 뒤표지에 있습니다.

사랑을 읊은 우리 옛 노래

옛사람들 지음
송재익 엮고 풀이함

도서출판 월인

머리말

'사랑'은 지난날이나 오늘날이나, 우리나라나 다른 나라나 언제 어디서나 늘 부르던 노래입니다. 그러니 사람살이에서 사랑을 빼면 참말로 아무것도 남지 않을 것입니다. 사랑 때문에 즐겁고 기쁘기도 하지만 사랑 때문에 쓰라리고 아프기도 합니다. 그래서 마음에 담아 두었던 사랑에 대한 생각과 느낌을 노래로 부르지 않을 수 없게 됩니다. 사람은 누구나 속마음을 털어놓아야 맺힌 것을 풀 수 있기 때문입니다.

이 책에 옛사람들이 읊었던 사랑 노래를 무엇을 속살로 삼았는지에 따라 갈라서 실어 보이고 풀이하였습니다. 여기서 다룬 옛 노래는 오늘날 우리들이 '시조'라고 이름 붙여 부르는 노래들입니다. 본디 '시조(時調)'는 '시절가조(時節歌調)'의 준말로 '오늘날 노랫가락'이라는 뜻이 담겨 있습니다. 그때 그 시절에 부른 노래이죠. 요즘말로 하면 유행가인 셈입니다. 이 노래는 한자(중국글자)말도 썼지만 그 바탕은 우리말로 읊고 적은 노래입니다.

우리 옛 노래(시조)가 언제 생겼는지는 아직도 속 시원하게 풀지 못했는데, 조선 때 널리 부르고 즐겼던 노래임에는 틀림없습니다. 이 옛 노래는 처음에는 글공부하던 선비들이 지어 즐겼기 때문에 점잖고 의젓한 노래가 많을 수밖에 없었으나, 나중에는 사람이 본디 가지고 있는 마음이나 느낌을 시원하게 털어놓는 노래도 나오게 되었습니다. 더욱이 선비뿐만 아니라 기녀들이나 소리꾼(가객)들도 이 노래를 지어 부르게 되면서 노래의 속살이 여러 모습을 띠게 되었습니다. 그래서 자연이나 한가로움, 여유로움, 바른 도리를 노래하는 노래도 많았지만 나중에는 사랑과 정을 읊은 노래도 앞의 노래 못지않게 많아지게 되었습니다.

사랑하는 이와 사랑을 나누는 기쁨이나 즐거움이 어떠한지, 내가 바라는 사랑이나 님은 어떠하고 누구인지를 노래하고, 사랑하는 사람을 여의고 쓰라린 마음으로 애타게 그리워하고, 한없이 기다리고 그러다가 병이 들거나 애를 곯이고, 홀로 외롭게 지내며 제 모습을 생각하며 한숨 짓고 푸념하고, 오래도록 님과 떨어져 안타까워하는 마음을 읊조린 모든 노래들을 '사랑을 읊은 노래'로 다룹니다. 이렇듯 사랑을 읊은 옛 노래는 여러 가지를 노래했으나 그 속살을 비슷한 것끼리 갈래짓기를 해보면 크게 묶을 수 있습니다. 이렇게 크게 갈래짓기 해서 속판으로 삼아 갈래에 따라 노래 하나하나를 찬찬히 살펴보고자 합니다.

옛사람들이 사랑을 어떻게 노래했는지, 또 오늘날과는 어떻게 같고 다른지 곱씹어 보는 일도 흥미로울 것입니다. 어떤 노래는 너무 뻔해 심심하게 느껴지기도 하고, 어떤 노래는 늘 쓰던 말을 보여 새로움이 떨어지기도 하고, 어떤 노래는 요즘도 생각해내기 힘든 말하기를 해서 울림을 주기도 합니다. 모든 사람이 편하게 읽고 옛 노래를 가볍게 만나 보게 하려고 되도록 쉽게 쓰려고 힘썼으나 읽는 이에게 좋은 책이 될지는 모르겠습니다. 우리 옛 노래를 알아가는 데 조금이라도 도움을 주는 책이 된다면 더 바랄 것이 없겠습니다.

끝으로 턱없이 모자란 글을 이처럼 아름답게 꾸며서 기꺼이 책으로 내주신 월인출판사 박성복 사장님과 편집부 여러분들께 진심으로 고맙다는 말씀을 드립니다.

송재익

속판

'속판'은 '목차'를 뜻하는 우리말입니다.

일러두기

1. 여기에 실은 노래들은 김흥규·이형대·이상원·김용찬·권순회·신경숙·박규홍이 엮은 『고시조대전』(고려대학교 민족문화연구원, 2012)에서 가져온다.

2. 노래를 보기로 들 때 노랫말의 옛글(원문)을 그대로 가져오고 지은이, 노래가 실린 노래책 또는 글모음책(문집) 이름, 그 책에 노래가 실린 순번, 『고시조대전』 노래 순번 차례로 적는다. 그리고 이름(제목)이 있는 노래는 지은이 다음에 그 노래 이름을 적는다.

3. 옛말을 요즘말로 바꾸면 그 맛이 떨어지기도 하는데, 그런다고 옛말만 그대로 보이면 읽기 어렵기 때문에, 옛 노랫말 아래에 읽는 이가 알기 쉽게 요즘말로 풀이한 노랫말을 적는다.

4. 여기서 갈래짓기 한 노래들은 속살에 따라 다른 갈래의 노래로 서로 넘나들 수 있기 때문에, 꼭 이 책과 같이 갈래짓기 해야 한다고 말할 수는 없다. 이를테면 어떤 노래는 '님을 여읜 노래'의 갈래에 들 수도 있고, '님을 그리는 노래'의 갈래에 들 수도 있다. 그러니 이 책에서 해본 노래의 갈래짓기는 하나의 보기일 뿐이다.

5. 노래들의 풀이는 여러 글과 책의 도움을 받아 한 것으로, 모든 풀이가 다 맞다고는 할 수 없다. 또한 풀기 어려운 말을 가진 노래들은 미처 그 뜻이 무엇인지 찾지 못해 시원하게 풀지 못하기도 하였다. 그러니 틀리게 풀이한 것이나 시원하게 풀지 못한 것에 대해서는 읽는 이들의 나무람을 기꺼이 듣겠다.

6. 임금 그리는 노래(연군시조)는 남녀 사이의 사랑 노래는 아니지만 그 겉모습은 사랑과 그리움을 노래하고 있어 뒤에 많은 사랑 노래에 영향을 미쳤고, 나중에는 잔치마당에서 임금 그리는 뜻은 없어지고 사랑 노래로 즐기게 되었으므로, 임금 그리는 노래도 이 책에서는 사랑을 읊은 노래로 다룬다.

7. 오늘날은 사랑하고 그리워하는 이를 뜻하는 말로 '임'을 표준말로 삼고 있는데, 이것은 'ㄴ'이 첫소리에 오는 것을 꺼리기 때문이다. 그러나 이 책에서는 '임'의 옛말인 '님'을 살려 쓴다.

내가 바라는 사랑의 노래

1. 내가 바라는 사랑의 노래

사랑을 나누어 보니 사랑은 무엇이고 사랑이 어떠한지, 알 수도 있을 것 같고 하면 할수록 모를 것 같기도 하니 참말로 사랑이란 어떻다고 해야 할 것인지 노래한다. 또한 님과 함께하는 기쁨과 즐거움을 노래하고 내가 바라는 사랑은 무엇이고 나는 어떤 사람을 만나기를 바라는지 노래하고 내가 하는 사랑이 끊어지거나 잘못되지 않고 오랫동안 이어지기를 노래한다. 이런 노래들을 이 마당에서 살펴본다.

1) 사랑이 무엇이고, 사랑이 어떠한가

사랑이란 무엇이고 어떠한가? 사랑을 해보고 나서, 사랑을 겪어 보고 나서 그 생각과 느낌, 속살을 노래로 읊었을 것이다.

思郞이 엇더터니 둥구더냐 모나더냐
기더냐 잘으더냐 발물너냐 ᄌᆞ힐너냐
各別히 긴 쥴을 모로되 끗 간 ᄃᆡ을 몰내라

- 송이(松伊), 『청구영언(靑丘永言) 가람본(嘉藍本)』 306, #2260.2

사랑이 어떻더냐 둥글더냐 모나더냐
길더냐 짧더냐 밟고 남아 자로 잴 수 있느냐
각별히 긴 줄은 모르되 끝 간 데를 몰라라

이 노래는 『청구영언(靑丘永言) 가람본(嘉藍本)』에서는 지은이를 기녀

송이(松伊)로 적었고, 『병와가곡집(瓶窩歌曲集)』에서는 이명한(李明漢, 1595~1645)으로 적었다. 기녀야 이런 노래를 짓고도 남지만 높은 벼슬을 지낸 선비 이명한이 이런 노래를 지었을지는 똑 부러지게 말하기 어려울 것 같다. 이명한이 이정보(李鼎輔)나 이세보(李世輔)같이 사랑 노래를 많이 지었다면 모르지만 그렇지 않기 때문에 아마도 노래책을 엮은이가 잘못 적었을 수도 있고, 일부러 양반도 이런 노래를 지을 수 있다고 보고 지은이를 이명한으로 적었을 수도 있겠다.[1)]

사랑이 둥근지 모가 난지 긴지 짧은지 밟고 남아 자로 잴 수 있느냐고 물은 다음 긴 줄은 몰라도 끝 간 곳을 모른다고 하였다. 끝없는 사랑의 속성을 노래하였다. 사랑이 어떤 모양인지, 길이가 얼마인지 또렷이 말할 수 없지만 사랑을 하게 되면 그 끝을 모를 정도로 빠져들게 된다고 하였다. 사랑이란 어떤 모습을 하고 있다고 못 박아서 말할 수 없고 그 길이를 자로 잴 수도 없을 만큼 끝이 어디까지 갈 줄을 모른다. 사랑에 한번 빠지면 그 깊이와 넓이, 길이를 한정할 수 없을 만큼 헤어 나오기 힘들다. 그래서 어떤 사람은 사랑 때문에 모든 것을 걸기도 한다. 사랑은 잴 수 없으며 테두리 칠 수 없으며 메말라 없어지지 않는다.

위 노래와 비슷하게 내 님의 사랑이 끝이 없다고 한 노래들이 있다.

> ᄉᆞ랑 ᄉᆞ랑 긴 긴 ᄉᆞ랑 ᄀᆡ천 ᄀᆞ치 내내 ᄉᆞ랑
> 九萬里 長空에 넌즈러지고 남는 ᄉᆞ랑
> 아마도 이 님의 ᄉᆞ랑은 ᄀᆞ 업슨가 ᄒᆞ노라
>
> 『청구영언(靑丘永言) 진본(珍本)』 457, #2253.1

> 사랑 사랑 긴 긴 사랑 개천 같이 긴 긴 사랑

---

1) 조동일은 이 노래의 말하는 이와 지은이를 여성으로 보고, 송이와 같은 기녀가 지은 노래의 지은이를 이명한이라고 해서 충의를 신조로 삼는 명분론자를 비웃는 시대에 이른 것을 눈여겨보아야 한다고 하였다. 조동일(2005), 『한국문학통사3』(제4판), 지식산업사, 309쪽.

머나먼 하늘에 늘어지고 남는 사랑
아마도 이 님의 사랑은 끝이 없는가 하노라

思郞 思郞 庫庫이 ᄆᆡ인 思郞 왼 바다흘 다 덥는 금을쳐로 ᄆᆡ즌 思郞
往十里라 踏十里 츰욋 너출이 얽어지고 트러져서 골골이 둘우 뒤트러진 思郞
암아도 이 님의 思郞은 ᄀᆞ업쓴가 ᄒᆞ노라

– 박문욱(朴文郁), 『청구가요(靑丘歌謠)』 69, #2252.1

사랑 사랑 굽이굽이 맺힌 사랑 온 바다를 다 덮는 그물처럼 맺힌 사랑
왕십리라 답십리 참외 넝쿨이 얽어지고 틀어져서 고을마다 두루 뒤틀어진 사랑
아마도 이 님의 사랑은 끝이 없는가 하노라

두 노래 다 내 님의 사랑이 끝이 없음을 노래했다. 그러니 두 노래는 모두 나에게 끝없이 사랑을 베풀어 주는 좋은 님을 만나 그 기쁨을 누리고 있다고 자랑하는 노래이다. 사랑이라는 말을 여섯 번이나 되풀이해서 쓰고 있는데, 그만큼 사랑이 중요하다고 이르고 있고, 또 이런 말 되풀이는 흥겨운 말가락을 만들어 더욱 즐겁게 읽을 수 있는 노래가 되게 했다.

첫 번째 노래는 사랑이 길고 길어 개천에 흐르는 물같이 길다고 했고 머나먼 하늘(구만리 장공 九萬里 長空)에 널리 늘어지고도 남는다고 사랑의 길이를 말했다. 이렇게 사랑은 그 길이가 끝이 없을 정도로 긴데, 이 님의 사랑도 그와 같이 끝이 없다고 읊었다. 옛날부터 '구만리'는 아득하게 먼 거리를 이를 때 쓰던 말이었는데, 사랑의 길이나 크기를 드러내기 위해 썼다.

두 번째 노래는 석 줄 노래(평시조)[2]보다 더 길게 말을 촘촘히 엮어서

2) 석 줄로 된 짧은 노래를 많은 이들이 '평시조'라 하기도 하는데, 본디 '평시조'는 음높이가 높지도 않고 낮지도 않은 중간 음역의 평평한 음으로 부른다 해서 이름 붙

부르는 '엮음 노래'이다. 옛날에는 석 줄 노래는 '짧은 노래〔단가 短歌〕', 엮음 노래는 '긴 노래〔장가 長歌〕'라 하기도 했다. 오늘날은 이런 노래를 말(사설)을 많이 늘여놓는 노래라 하여 '사설시조(辭說時調)'라 하기도 하고, 석 줄 노래(평시조, 단형시조)에 견주어 보면 그 길이가 늘어났다고 하여 '장형시조(長型時調)'라 일컫기도 한다. 그런데 엮음 노래는 짧은 노래(평시조)와 그 말하기가 다르고 노래의 속살도 아주 달라 짧은 노래와 다른 노래의 갈래로 보아야 한다는 의견이 있다.[3] 그러나 엮음 노래도 3장(초·중·종장)의 틀로 되어 있고, 각 장은 4마디로 되어 있고, 끝글(종장)의 첫머리는 세 글자로 시작하고, 첫글(초장) 앞의 두 마디와 뒤의 두 마디의 길이가 같거나 비슷하고, 각 마디의 노랫말을 촘촘히 엮어 짤 때는 두 마디씩 짜나가는 방식은 짧은 노래(평시조)와 같기 때문에, 엮음 노래는 짧은 노래와 한 갈래로 보는 것이 맞다고 하는 이도 있다.[4]

어쨌든 엮음 노래는 그 길이가 길어져 하고 싶은 말을 더 많이 할 수 있게 된다. 짧은 노래(평시조)는 하고 싶은 말을 석 줄의 마흔다섯 글자 안팎으로 써서 할 수 있는 대로 줄여서 노래해야 하기 때문에 잔소리를 늘여놓을 틈이 없으나 엮음 노래는 길이에 제한이 없어 좀 더 자유롭게 말할 수 있다.

박문욱(朴文郁)은 소리꾼(가객) 신분이었는데 위와 같이 엮음 노래를 즐겨 불렀다. 사랑과 내 님의 사랑이 어떠한지를 짧은 노래에서 다 하지 못한 말을 엮음 노래로 더 자세하게 읊어 보았다. 사랑의 여러 가지 모습 가운데 얽히고 맺어 있는 모습을 주로 그리고 있다. '온 바다를 덮은 그물코처럼 탄탄하게 맺힌 사랑'이라 했는데,[5] 그만큼 사랑은 끝이 없이 넓고

인, 음악에서 쓰는 말이다.

3) 성호경(1995), 「사설시조의 정체에 대한 신고찰」, 『한국시가의 유형과 양식 연구』, 영남대학교출판부, 384~396쪽; 김수업(2002), 『배달말꽃 갈래와 속살』, 지식산업사, 307쪽.

4) 김학성(2001), 「가사의 본질과 담론 특성」, 『한국문학논총』 제28집, 한국문학회, 202쪽.

5) 앞에 나오는 '고고(庫庫)이'는 앞뒤 흐름으로 볼 때, '그물의 코마다'의 뜻으로 굽이

크며 얽어 짜서 묶은 것이라 했다. 그처럼 얽매고 묶여 있는 모습을 가운뎃글(중장)에서 말을 더 엮어 자세하게 그렸다. 왕십리, 답십리의 참외 넝쿨 같이 얽어지고 틀어져서 골골이 뻗어 나간다고 했다. 이 노래는 그물이나 참외, 수박 넝쿨같이 삶의 터전에서 볼 수 있는 것들을 그 글감(소재)으로 가져와 노랫말에 썼다. 나와 내 님이 사랑으로 꽉꽉 얽어매어 있어 끝없이 뻗어나간다고 읊었다. 엮음 노래는 이렇게 말을 길게 엮어가면서(흔히 가운뎃글—중장—을 늘이는 때가 많다.) 삶 속에 쓰는 나날의 말씨를 잘 부려 쓰는 노래이다. 노랫말을 보면 이 사랑은 튼튼히 붙들어 얽매여 있어 끊어질 것 같지 않다. 단단한 사랑, 굳건한 사랑, 끝이 없는 사랑을 읊었다.

그런데 왜 왕십리(往十里), 답십리(踏十里)의 참외 넝쿨인지 궁금하다. 왕십리, 답십리는 들이 십리 벌같이 넓다는 동네로 넓은 들을 가리키려고 그냥 가져온 말로 볼 수도 있으나, 김홍규는 그때 그곳에서 참외와 수박을 많이 재배했기 때문이라고 보았다.[6] 조선 후기에 서울은 꽤 큰 도시가 되었고 사람들이 많아지다 보니 먹을거리를 생산하기 위해 서울이나 서울 가까이에서 농사짓는 일이 크게 일어났다고 한다. 그 가운데 많은 이들이 사먹는 먹을거리는 오늘날의 청파동과 만리동 쪽에서 가꾸었고, 참외나 수박 같은 제철에 사먹는 먹을거리나 넓은 땅이 있어야 하는 먹을거리는 조금 더 먼 동네인 왕십리, 답십리 쪽에서 가꾸었다고 한다. 내다 팔려고 넓은 땅에서 길렀던 참외, 수박 덩굴의 잘 자란 모습이 그때 사람들에게도 눈여겨볼 만한 것이었다고 한다. 그러니 그 어떤 거창한 말하기보다 실감나는 비유를 했다고 풀이하였다.

박노준은 이 노래를 겉에 나타난 대로만 읽으면 노래의 깊은 곳을 꿰뚫지 못하는 실수를 하게 된다고 하였다. 남녀 사이에 나누는 사랑을 '그물'

굽이 맺힌 사랑을 나타내려고 쓴 말이다.

6) 김흥규(2016), 『옛시조의 모티프·미의식과 심상공간의 역사』, 소명출판, 239쪽.

이며, '넝쿨'로 빗댄 것은 몸이 서로 얽혀 붙는 모습을 그린 것으로 풀이를 해야 한다고 보았다. 다시 말해 노래의 겉은 끝이 없는 사랑을 누리는 기쁨과 그런 사랑을 이어가기를 바라는 마음을 읊고 있지만, 속뜻은 그물처럼 넝쿨처럼 몸을 얽혀 뜨거운 사랑을 나누는 모습을 넌지시 내비치고 있다고 풀었다.[7)]

옛날 소리꾼(가객)들은 선비들과 달리 남녀 사이의 사랑 노래를 좀 더 꾸밈없이 읊었으니 이렇게 풀이할 수도 있겠다. 더욱이 『청구가요(青丘歌謠)』라는 노래책에는 박문욱을 "마음의 표현은 언제나 호화로이 하였고 술을 즐겨 주량이 대단하였고, 취하여 노래 부르면 반드시 사람을 놀라게 하는 구절이 들어 있어 진세간의 호걸군자"[8)]라고 값매김한 것으로 보아 박문욱은 꾸밈없는 진솔한 노래를 잘 지었던 것으로 짐작이 된다.

위 두 노래는 마지막 줄(종장)에서 "아마도"라는 말을 쓰고 있는데, 옛 노래 끝줄의 첫머리는 이런 느낌씨(감탄사) 구실을 하는 말들(아희야·두어라·어즈버·아마도·우리도·어떻다)이 많이 오게 된다.[9)] "아마도"는 옛노래(시조) 끝줄 첫머리에 가장 많이 쓰는 말로 주로 "……하노라"와 어울려 쓰여 미루어 짐작하는 뜻을 나타내기도 하고 여기에 걱정의 뜻이 덧붙기도 한다. 어떤 때는 어림짐작(추측)보다는 뜻 돌리기(전환)의 구실을 하기도 한다.[10)] "아마도"는 딱 부러지게 말을 하기보다는 말을 슬쩍 돌림으로써 단정을 피하는 여유를 둘 때 쓴다. 옛 노래에 "아마도"라는 말을 즐겨 쓴 까닭은 못 박아 단정해버리는 것보다 여유 있게 돌려 말함으로써 스스로 여백의 묘미를 갖추려는 의도로 보인다.[11)] 우리는 때로는 '무엇

---

7) 박노준(1995), 「《청구가요》의 문학적 몇 양상과 시조사적 의의-박문욱·김우규·김진태를 중심으로-」, 『한국언어문화』 13, 한국언어문화학회, 804쪽.

8) 『청구가요(青丘歌謠)』에 "賦心長在於豪華 平生酒有巨鯨量 咏嘆必有警人句 此誠塵世間豪傑君子也."

9) 김대행(1986), 『시조유형론』, 이화여자대학교출판부, 123쪽.

10) 조동일(2017), 『시조의 넓이와 깊이』, 푸른사상, 127쪽.

11) 김대행(1986), 앞의 책, 124쪽.

은 무엇이다'고 매기고 금치는 것보다 '아마도 그럴 것이다'면서 뒷맛이나 빈틈을 남기기도 한다. 이런 말버릇도 우리네 말법의 한 보람(특징)이 아닐까 생각해 본다.

> 思郞이 어인 거시 삭 나며 움 돗는다
> 長安百萬家에 너추러도 지건졔고
> 아모리 풀려 ᄒᆞ여도 못 다 풀가 ᄒᆞ노라

『영언류초(永言類抄)』 101, #2261.1

> 사랑이 어인 것이 싹 나고 움 돋는다
> 장안 백만가에 넌출지기도 졌구나
> 아무리 풀려 하여도 못다 풀까 하노라

사랑은 어찌 된 것인지 싹 나고 움이 돋는다. 사랑을 처음 시작할 때는 작게 시작하면서 차츰 커지게 된다는 말을 이렇게 싹이 나고 움이 돋는 것에 빗대었다. 누군가를 사랑하면 처음에는 사랑이 아닌 것으로 시작하나 그것이 나중에 알고 보면 사랑이라는 것을 깨달을 때가 있다. 사랑이 커지면 장안(長安) 백만가(百萬家), 곧 서울의 눈부신 도시 같은 큰 고을의 여러 집에 넝쿨져 쭉쭉 뻗어나간다. 그래서 나중에는 아무리 풀려 하여도 못다 푼다. 사랑은 그만큼 그 크기를 헤아리기 힘들다. 이 노래는 사랑이 앞으로 나아가고 커지고 그 끝을 알 수 없을 만큼 이르게 된다는 것을 말한 노래이다. 사랑에 묻혀, 사랑에 푹 빠져들면 헤어나기 힘들다. 사랑에 빠져 본 사람이 제가 겪은 일을 바탕으로 지은 노래라 할 수 있다.

> 처음에 모로듬면 모로고나 잇실 써슬
> 어인 思郞이 삭 남여 움 돗는가
> 언제나 이 몸에 열음 열어 휘들거는 볼연요

- 김우규(金友奎), 『청구가요(靑丘歌謠)』 5, #4576.1

처음에 몰랐다면 모르고나 있을 것을
어인 사랑이 싹 나며 움 돋는가
언제나 마음에 열매 맺어 휘둘러 볼 것인가

처음에는 사랑으로 생각하지 않았으나 차츰 마음에 사랑의 싹이 트고 움이 돋아 사랑하는 마음이 커진다. 그래서 언제쯤인지는 모르겠지만 마음에 사랑의 열매를 맺기를 바란다. 누군가를 좋아하거나 사랑하게 되면 처음에는 잘 모르고 시작할 때가 있다. 그러나 지나고 보면 그것이 사랑이라는 것을 깨닫게 된다. 그래서 그 사람과 사랑의 열매를 맺어 좋은 사랑, 아름다운 사랑으로 나아가기를 바란다. 이 노래도 앞의 노래처럼 사랑이 어떻게 발전되어 나가는지를 읊은 노래이다.

한편 이 노래 첫머리에 '처음에 몰랐다면 모르고나 있을 것을' 했는데, 이 말에는 조금 후회하는 마음도 담겨 있다. 이렇게 사랑이 커져 버릴지 미처 짐작하지 못했는데, 돌이킬 수 없을 만큼 커져 버려 이 사랑에서 헤어 나오거나 벗어나기가 힘들다는 뜻이 들어 있다. 그러면서 마침내는 어차피 그만두지 못할 바에는 결실을 맺었으면 좋겠다고 생각하였다. 제 사랑이 이루어지기를 바라는 노래이다.

사랑을 사랴 ᄒᆞ니 ᄉᆞ랑 ᄑᆞᆯ 니 뉘 잇스며
離別을 ᄑᆞᆯ냐 ᄒᆞ니 離別 ᄉᆞ 리 뉘 이시리
아마도 이 두 홍정은 못 일을가 ᄒᆞ노라

『청구영언(青丘永言) 장서각본(藏書閣本)』 283, #2257.5

사랑을 사려 하니 사랑 팔 이 뉘 있으며
이별을 팔자 하니 이별 살 이 뉘 있으리
아마도 이 두 홍정은 못 이룰까 하노라

사랑은 기쁘고 즐겁고 달콤하다. 그래서 그 좋은 사랑을 사고 싶지만 사랑을 팔 사람은 없다. 그 좋은 사랑을 누가 팔려 하겠는가. 이별(離別)은 쓰라리고 눈물 나고 서글프다. 그러니 이별은 팔아버리고 싶지만 누가 이별을 사려 하겠는가. 아마도 이 두 흥정, 곧 사랑을 사고 이별을 파는 일은 이루기 힘들 것이다. 사랑의 기쁨과 이별의 슬픔을 견주어 이런 노래를 지었다. 이 노래에는 사랑과 이별은 혼자서 알아서 해야지 누구에게 도움을 청하거나 부탁한다고 되는 일이 아니라는 뜻도 담겨 있다. 다른 노래책들은 마지막이 '사랑 이별을 팔고 살 이 없으니 長사랑 長이별인가 하노라'로 되어 있어, 사랑도 끝이 없고 이별도 끝이 없다고 노래하였다.

> ᄉᆞ랑을 찬찬 얽동혀 뒤질머지고
> 틱산쥰령을 허위허위 너머가니 모로는 벗ᄂᆡ는 그만ᄒᆞ여 바리고 가라 ᄒᆞ것마는
> 가다가 ᄌᆞ즐녀 죽을만정 나는 아니 바리고 갈가 ᄒᆞ노라
>
> 『시가(詩歌) 박씨본(朴氏本)』 695, #2258.1

> 사랑을 칭칭 얽고 동여 뒤짊어지고
> 험한 고개 허둥지둥 올라가니 모르는 벗님네는 그만 하여 버리고 가라 하건마는
> 가다가 짓눌려 죽을망정 나는 아니 버리고 갈까 하노라

사랑을 칭칭 얽어서 동여매어 뒤에 짊어지고 높은 산과 험한 고개〔태산준령 泰山峻嶺〕를 허둥지둥(허위허위) 올라가는데, 그것을 모르는 벗님네는 그만 하고 버리고 가라고 이르지만, 가다가 짓눌려 죽을망정 나는 버리지 않고 가겠다고 했다. 사랑하는 일은 어렵고 고달프기도 하다. 그래서 뒤에 큰 짐을 짊어지고 험한 산과 고개를 넘는 일에 빗대었다. 사랑을 하다 보면 많은 걸림돌도 만나고 때로는 어려운 시련을 만나 괴롭고 힘들 때가 많다. 그래서 곁에서 보는 이들은 그 힘든 사랑을 그만 벗어버리라

고 한다. 그러나 힘든 사랑 때문에 쓰러져 죽는 한이 있더라도 끝까지 이 사랑을 버리지 않겠다고 다짐한다. 사랑에 빠지면 이렇게 위험을 무릅쓰고서라도 그치지 못하고 나아간다. 어쩌다 엄청난 일이 닥쳐 다시 일어날 수 없게 될지라도 그만두지 못한다. 이것이 사랑의 힘이자, 사랑의 덫이다. 또한 이런 어려움도 견뎌내야 그 사랑이 더욱 빛나고 값어치 있는 사랑이 될 수 있다.

갓나희들이 여러 層이오레 松鶻이도 갓고 줄에 안즌 져비도 갓고

百花園裏에 두루미도 갓고 綠水波瀾에 비오리도 갓고 싸히 퍽 안즌 쇼로기도 갓고 석은 등걸에 부헝이도 갓데

그려도 다 各各 님의 ᄉᆞ랑인이 皆一色인가 ᄒᆞ노라

- 김수장(金壽長), 『해동가요(海東歌謠) 주씨본(周氏本)』 554, #74.1

계집아이들이 여러 층이니 송골매도 같고 줄에 앉은 제비도 같고

온갖 꽃이 핀 뜰에 두루미도 같고 크고 작은 물결에 비오리도 같고 땅에 퍽 앉은 솔개도 같고 썩은 등걸에 부엉이도 같네

그리해도 다 각각 님의 사랑이니 모두 뛰어난 미인인가 하노라

갓나희는 계집아이를 이른다. 옛말이나 시골말에 여자 아이를 가시나, 가시내, 가이나 이렇게 불렀다. 계집아이들이 여러 층(層)이라고 했다. 갖가지 모습이나 생김새를 하고 있다는 말이다. 송골(松鶻)매 같기도 하고, 줄에 앉은 제비도 같다. 백화원리(百花園裏)는 온갖 꽃이 핀 뜰 가운데를 이른다. 여기에 있는 두루미 같은 계집아이도 있다. 녹수파란(綠水波瀾)은 크고 작은 푸른 물결을 이른다. 여기에 떠 있는 비오리[12] 같은 계집아이

12) 비오리: 오릿과에 속한 물새. 원앙(鴛鴦)과 비슷하나 좀 더 크다. 수컷의 머리는 흑록색이며 등은 검은색, 배는 연한 붉은빛이 도는 흰색을 띤다. 암컷은 머리가 밤색이고, 목은 흰색이며 가슴, 옆구리는 회색을 띤다. 부리는 톱니같이 뾰족하다. 우리나라 곳곳에서 겨울을 나는 흔한 겨울새이다.

도 있다. 땅에 퍽 앉은 솔개 같은 애도 있고 썩은 등걸에 사는 부엉이 같은 계집도 있다. 모두 다 나름대로 저만의 모습과 눈에 띄는 보람(특징)을 가지고 있다〔개일색 皆一色〕. 아주 잘나 보이는 이도 있고 볼품없어 보이는 이도 있고 그저 그런 이도 있다. 그러나 이들은 모두 다 님의 사랑을 받고 있으니 님에게는 뛰어난 미인들이다. 남이 보기에는 썩은 등걸에 앉은 부엉이 같은 여인일지라도 님의 사랑을 받고 있는 아름다운 여인이다.

우리가 흔히 하는 말로 짚신도 짝이 있다고 하고 한 쌍의 바퀴벌레 같다는 말도 한다. 남이 보기에는 짝이 없을 것 같지만 저에게 맞는 짝이 있고, 님이 있고, 사랑이 있다. 잘난 이는 잘난 대로 못난 이는 못난 대로 서로 사랑을 나누며 산다. 그러니 서로 사랑을 나누며 사는 이들에게는 그 짝이 다 뛰어나고 아름답고 잘나 보인다. 여러 모습의 여성들을 여러 새에 견주어 장난스럽게 그려내 보였지만, 이 노래 안에는 서로 다른 모습으로 살아가면서도 저에게 맞는 님과 사랑을 나누며 남을 부러워하지 않는다는 뜻을 담았다. 사랑은 때로는 이렇게 소박하기도 하다.

思郎이 辭說과 둘이 밤새도록 힉ᄉᆞ든이
思郎이 힘이 물려 辭說의게 지닷 말가
思郎이 辭說들여 닐으기를 나죵 보자

『해동가요(海東歌謠) 일석본(一石本)』 474, #2246.1

사랑이 사설과 둘이 밤새도록 다투더니
사랑이 힘에 몰려 사설에게 지단 말인가
사랑이 사설더러 이르기를 나중 보자 (하더라)

사랑과 말〔사설 辭說〕을 사람처럼 여기고 지어낸 노래이다. 사랑과 말이 밤새도록 다투더니 사랑이 말의 힘에 몰려서 지고 만다. 하지만 사랑은 말에게 나중에 다시 보자고 하였다. 이 노래는 무슨 말장난 같기도 해서 무슨 말을 하려는지 뜻을 잡기가 쉽지는 않다. 일부러 모든 것을 다 드러내지 않아서 읽는 이가 숨은 뜻을 캐내게 만들었다.

사랑은 머리로만 할 수 없고 느낌으로, 가슴으로, 마음으로 하는 것이다. 말은 주로 머리로 하는 것인데, 이치를 따지는 말에 사랑이 밀릴 수 있다. 사랑은 이치에 맞지 않은 때가 많다. 때로는 머리로 이해할 수 없는 사랑도 많다. 아슬아슬한 사랑을 하는 이도 있고, 해서는 안 될 사랑을 하는 이도 있고, 답답한 사랑을 하는 이도 있고, 너무 아픈 사랑을 하는 이도 있고, 이루어질 수 없는 사랑을 하는 이도 있다. 말로 따져서는 모자라는 사랑이 많다. 그래서 사랑은 말에 밀려 잠시 물러날 수밖에 없다. 그러나 나중에 다시 보자고 한 것은 사랑이 말을 이길 수 있는 날이 올 수 있기 때문이다. 사랑의 힘은 그 깊이나 폭이 깊고 넓어 머리로만 따지는 말의 힘을 언젠가 이길 수 있다. 지금은 말의 힘에 눌려 물러나 있지만 나중에는 사랑의 힘이 크고 세다는 것을 보여주리라고 생각한 노래이다.

사랑을 어떻게 해야 하는지 읊은 노래도 있다.

> 내 思郞 남 쥬지 말고 남의 사랑 탐치 마소
> 우리의 思郞에 雜思郞 셧길셰라
> 아마도 우리 思郞은 類ㅣ 업슨가 ᄒᆞ노라
>
> – 송이(松伊), 『청구영언(靑丘永言) 가람본(嘉藍本)』 309, #951.3

> 내 사랑 남 주지 말고 남의 사랑 탐하지 마소
> 우리의 사랑에 잡사랑 섞일라
> 아마도 우리 사랑은 비길 데가 없는가 하노라

사랑은 다른 것이 섞여 더러워져서는 안 되고 깨끗해야 한다고 노래하고 있다. 내 사랑을 남한테 주지 말고 남의 사랑을 탐하지도 말라고 했다. 그러면서 우리의 사랑에 다른 잡스러운 사랑이 섞일까 두려워했다. 지은

이는 지금 님과 사랑을 나누고 있으며 다른 이가 사랑을 방해하거나 둘의 사이에 끼어들어 잡(雜) 사랑을 만들어 더럽힐 것을 경계하고 있다. 지은 이는 여성인데 말투는 시킴꼴(명령형)에 가까워 남성스러운 목소리같이 느껴지기도 한다. 우리의 사랑이 깨끗한 사랑이 되기 위해서는 나도 다른 이에게 사랑을 주어서는 안 되고 남의 사랑을 탐해서도 안 된다. 오늘 만나고 있는 이에게 충실해야 함을 일렀다.

마지막 줄(종장)에 '우리의 사랑은 유(類) 없는가 하노라' 했는데,[13] 우리가 흔히 하는 말로 다른 것에 견줄 바가 못 된다는 뜻으로 '유 없다'는 말을 하기도 한다. 그러면 우리 사랑은 다른 이들의 사랑에 견줄 바가 못 된다는 말로 그 어떤 사랑보다도 훌륭하고 아름다운 사랑이라는 뜻이 된다. 세상에서 우리의 사랑을 따를 것이 없다는 말이다.

그러나 이 노래는 한편으로 두 사람의 사랑이 불안하다는 것을 내비치고 있다고도 볼 수 있다. 두 사람의 사랑이 튼실하지 않고 어딘가 모르게 걱정스럽고 조마조마해서 이런 노래를 불렀다고 할 수도 있기 때문이다.

다음은 내가 해야 할 사랑을 다짐하는 노래이다.

春香이 네롯더냐 李道令 긔 뉘러니
兩人 一心이 萬劫인들 불을소야
아마도 이 ᄆᆞᄋᆞᆷ 비최기는 明天이신가 ᄒᆞ노라

– 부동(夫同), 『청구영언(靑丘詠言) 가람본(嘉藍本)』 278, #5020.1

춘향이 너였더냐 이도령 그 누구인가
두 사람 한 마음이 만겁인들 부러울쏘냐
아마도 이 마음 비추기는 밝은 하늘인가 하노라

---

13) 『병와가곡집(甁窩歌曲集)』은 마지막을 "一生에 이 思郞 가지고 괴야 ᄉᆞᆯ녀 ᄒᆞ노라(일생에 이 사랑 가지고 사랑하며 살고자 하노라)"고 하였고, 『해동가요(海東歌謠) 일석본(一石本)』은 "一生에 이 思郞 가지고 百年同樂 ᄒᆞ리라(일생에 이 사랑 가지고 백 년 동안 같이 즐기리라)"고 하였다.

'춘향(春香)과 이도령(李道令)이 누구이더냐, 두 사람의 한 마음〔양인일심 兩人一心〕이 오랜 세월〔만겁 萬劫〕인들 부럽겠는가, 아마도 이 마음 비추기는 밝은 하늘〔명천 明天〕인가 하노라'고 읊었다. 춘향과 이도령이 사랑한 것처럼 아름다운 사랑을 하겠다는 이 마음을 하늘이 알아줄 것이라고 노래한다. 이도령과 춘향은 두 사람이지만 마음은 하나여서 어려움과 시련이 있었지만 사랑을 지킬 수 있었다. 그런 사랑을 오랜 동안 지켰는데, 나도 그들에 못지않은 사랑을 할 것이라고 스스로 다짐하면서 이러한 내 마음을 밝은 하늘이 알고 있어 비추어 줄 것이라 하였다. 춘향이는 기녀의 딸이었기 때문에 양반인 이도령의 첫째 부인이 될 수 없었지만, 정절을 지켜 나중에 이도령의 아내가 되었다. 부동도 저는 비록 기녀일지라도 춘향과 같이 변치 않는 사랑을 하기를 바라는 마음을 노래에 담았다.

다음 엮음 노래는 살아가면서 늘 겪게 되는 사랑 이야기를 읊었다.

> 콩밧ᄒᆡ 드러 콩닙 쓰더 먹ᄂᆞᆫ 감은 암소 아무리 쪼ᄎᆞᆫ들 그 콩닙 두고 제 어ᄃᆡ 가며
> 이불 아ᄅᆡ 든 님을 발노 쑥 박ᄎᆞ 미적미적ᄒᆞ며 어서 나가소 ᄒᆞᆫ들 니 아닌 밤의 날 ᄇᆞ리고 어ᄃᆡ로 가리
> 아마도 ᄊᆞ호고 못 니즐슨 님이신가 ᄒᆞ노라

『병와가곡집(甁窩歌曲集)』 914, #5082.1

> 콩밭에 들어 콩잎 뜯어 먹는 검은 암소 아무리 쫓은들 그 콩잎 두고 제 어디 가며
> 이불 아래 든 님을 발로 툭 박차 미적미적하며 어서 나가소 한들 이 아닌 밤에 날 버리고 어디로 가리
> 아마도 싸우고 못 잊을 사람은 님이신가 하노라

콩밭에 들어가서 콩잎을 뜯어먹는 검은 암소는 콩밭 임자가 아무리 쫓아내도 그 콩잎 맛에 나가지를 않는다. 이불 아래 든 님을 발로 툭 차 조금씩 밀어내(미적미적하며) 어서 나가라 해도 뜻하지 않은 밤중에 날 버리고 어디로 가겠는가, 그러니 우리 님은 싸우고 못 잊을 사람인 것 같다고 했

다. ‘미적미적하다’는 ‘무거운 것을 조금씩 밀어 낸다’는 뜻이니 아마도 이 노래를 부르는 이는 여성인 것 같다. 무거운 남성의 몸을 이불 밖으로 조금씩 밀어내려 해도 이 한밤중에 저를 버리고 어디로 가겠느냐며 한편으로 생각을 고쳐먹고 있다. 콩밭에 들어간 암소와 이불 속의 님이 같다고 한 생각이 산뜻하고 재미있다. 싸우지만 또 쫓아낼 수 없고 다시 아무 일 없었다는 듯이 화해하고 사랑하는 남녀의 정은 우리네 삶에서 늘 겪는 일이다. 사랑하면서도 싸우고 그렇게 살아가는 이야기를 솔직하게 느낀 대로 노래하였다. 이렇듯 엮음 노래 가운데는 “나날이 쓰는 입말을 스스럼없이 부려서 거침없이 백성들의 삶을 드러내던 노래”가 많다.[14] 그래서 엮음 노래는 사람 사는 냄새가 물씬 나는 노래이다.

조금 곁가지 이야기인데, 소는 풀을 먹는 동물인데 콩잎을 좋아했던 모양이다. 그래서 여물로 콩잎을 많이 썼다 한다. 한편 우리네 옛사람들은 아이들에게 소를 몰고 나가 풀을 뜯길 때 콩을 먹으면 죽는다고 일렀는데, 이는 소가 워낙 콩잎을 좋아해서 콩 농사를 망칠까 봐 콩밭 가까이 못 가게 하려고 그런 말을 지어냈다고 한다.

2) 님과 함께함

사랑하는 님과 함께하는 즐거움을 읊은 노래들이 있다. 님과 함께 있으면 달콤하다. 님이 와주기만 한다면 참고 기다리는 일이 오히려 즐겁다. 기다렸던 님과 같이 보내는 시간은 행복하다.

> 간밤에 이리져리ᄒᆞᆯ ᄌᆡ 긔 뉘랴서 아돗던고
> 鸚鵡의 말리런지 杜鵑의 虛辭ㅣ런지
> ᄂᆡ ᄲᅣᆷ에 粉이 제게 무더간가 ᄒᆞ노라

『병와가곡집(甁窩歌曲集)』 71, #91.1

14) 김수업(2002), 앞의 책, 310쪽.

간밤에 이리저리 할 때 그 누구라서 알았던가
앵무의 말인지 두견의 빈 말인지
내 뺨의 분이 저에게 묻어갔는가 하노라

사랑하는 님과 나누는 사랑을 '이리저리 한다'고 다 이르지 않고 숨겼다. 우리 둘만이 나누는 사랑을 그 누가 알겠느냐 하면서 둘만의 사랑을 은근히 자랑하는 것 같기도 하다. 둘째 줄이 무슨 말인지 풀기 어려운데, 앵무(鸚鵡)새가 하는 말은 남이 하는 말을 따라 하는 말로 참이 아닌 말이다. 두견(杜鵑)새가 하는 말도 빈말〔허사 虛辭〕이라고 했다. 앞뒤 흐름을 볼 때, 님이 나에게 앵무새가 하는 거짓말이나 두견새가 하는 빈말 같은 달콤한 말로 내 귀를 즐겁게 해준다는 뜻으로 보인다. 곧 사랑을 속삭이는 남녀 사이에 주고받는 말을 이렇게 표현했다. 이렇게 사랑을 속삭이다 내 뺨에 바른 분(粉)이 저 사람에게 묻어간다고 했다. 두 사람이 얼굴을 가까이 하고 사랑을 나누다 보니 얼굴의 분이 묻기도 하고 옮겨가기도 하는 것이리라.

아니면 이 노래를 한 여인이 남자를 못 믿겠다고 의심하는 노래로 읽을 수도 있다. 첫줄은 지난밤 남자가 이런 말 저런 말을 했는데 그 말이 참인지 그 누가 알겠느냐며 남자가 한 말을 믿지 못하겠다는 뜻으로 풀 수 있다. 남자가 지난밤에 한 말을 누가 참말로 믿겠느냐고 여인이 미심쩍어하고 있다. 둘째 줄은 간밤에 주고받은 말이 아무 뜻이 없다고 생각하여 그것을 앵무새의 말이나 두견새의 헛소리라고 했다. 끝줄은 말하는 이가 남자를 믿지 못하면서도 미련을 못 버리고 있다고 풀 수 있다. 미심쩍은 사람이기는 하지만 내 뺨에 바른 분이 그 남자에게 묻어갔으니 서로 정이 오가는 사이가 된 것으로 노래를 마쳤다.

이 노래를 어떻게 풀어야 할지는 읽는 이의 몫이다. 마지막 줄에서 한 말만 곱씹어 본다면 앞뒤 사정이야 어찌 되었든 두 사람은 사랑을 나누고 있는 사이라 할 수 있다. 석 줄 노래 가운데는 이렇게 겉으로 드러내지 않고 말을 숨기고 줄여서 그 뜻을 뚜렷하게 밝히기 어려운 노래가 많다.

다음은 님과 함께 있으면 날씨가 궂어도 괜찮다고 노래하였다.

> ᄇᆞ람도 부나 마나 눈비도 오나 개나
> 님 아니 와 겨시면 엇지려뇨 ᄒᆞ련마는
> 우리 님 오오신 後니 부나 오나 내 알랴

『고금가곡(古今歌曲)』 200, #1771.1

> 바람도 불거나 말거나 눈비도 오거나 개거나
> 님 아니 와 계시면 어찌할까 하련마는
> 우리 님 오신 뒤니 불거나 오거나 내 알랴

바람이 불고 눈비가 올 때 님이 안 계시면 그칠지 갤지 걱정하지만, 님이 오신 뒤에는 날씨가 어떻든지 알 바 아니라고 읊었다. 님과 함께 있으면 궂은 날씨 따위는 신경 쓸 필요가 없다. 바람 불고 눈비가 내리면 날씨가 궂어 사람이 오고가기 힘들다. 님이 내 곁에 있지 않고 떨어져 있는데, 이렇게 날씨가 궂으면 님이 길을 나서기가 힘들 것이니 어찌할 것인가 걱정하지 않을 수 없다. 그러나 님이 나에게 오신 다음에야 바람이 불거나 눈비가 내리거나 걱정할 까닭이 없다. 차라리 바람이 불고 눈비가 오면 더 좋다. 님이 고약하고 사나운 날씨 때문에 떠나지 않고 더 머무를 수 있기 때문이다. 님이 있는 것과 없는 것은 이렇게 다르다.

이 노래 끝줄 두 번째 마디는 '오신 후니'라 해도 되는데, "오오신 후니"로 한 글자를 더 넣었다. 이는 아무래도 끝줄 두 번째 마디를 다섯 자로 맞추려는 뜻으로 보인다. 짧은 노래(평시조)는 끝줄(종장) 첫머리를 세 글자로 맞추는 대신 두 번째 마디는 다섯 글자 넘게 써서 첫 마디의 짧음을 두 번째 마디에서 글자 수를 늘려 보태어 채우게 된다. 그래서 첫마디는 숨이 길고 두 번째 마디는 숨이 가쁜 말가락(율격)을 보인다. 이런 틀로 노래를 짓는 까닭은 첫줄(초장)과 둘째 줄(중장)에서 한 말을 끝줄(종장)에서 말 돌리기(전환)를 하면서 노래를 끝마치기 위해서이다.[15] 이 노래도 끝줄 두 번째 마디를 일부러 다섯 글자로 맞추려고 한 글자를 더 집어넣었다.

다음은 애타게 기다린 님이 와서 함께 하룻밤을 지내는 즐거움을 노래하였다.

> 待人難 待人難ᄒᆞ니 鷄三呼ᄒᆞ고 夜五更이라
> 出門望 出門望ᄒᆞ니 靑山은 萬重이오 綠水ᄂᆞᆫ 千回로다 이윽고 犬吠ㅅ소릐에 白馬遊冶郎이 넌지시 도라드니 반가온 ᄆᆞ음이 無窮탐탐ᄒᆞ여
> 오늘 밤 서로 즐거오미야 어늬 그지 이시리
>
> 『청구영언(靑丘永言) 진본(珍本)』 543, #1297.1

> 사람 기다리기가 어려우니 닭이 세 번 울고 어느덧 새벽이라
> 문 밖에 나가 기다리니 푸른 산은 겹겹이 깊고 푸른 물은 굽이굽이 돌아 이윽고 개 짖는 소리에 흰 말 탄 낭군이 넌지시 돌아 들어오니 반가운 마음이 끝이 없어
> 오늘밤 서로 즐거움이야 어떤 끝이 있으리

이 노래도 짧은 노래(평시조)보다 길어진 엮음 노래(사설시조, 장형시조)이다. 노래책을 가장 먼저 엮은 김천택(金天澤)은 『청구영언(靑丘永言)』(1728)에서 긴 노래들을 '만횡청무리〔만횡청류 蔓橫淸類〕'라고 이름 붙였다. '만횡청(蔓橫淸)'이 무슨 뜻인지 또렷하게 말하기는 어렵지만, 김천택이 『청구영언』의 「만횡청류(蔓橫淸類)」에서 "노랫말도 더럽고 어지러우며 뜻과 맛도 보잘것없어 넉넉히 본받을 만하지 못하다〔辭語淫哇 意旨寒陋

15) 김홍규(1984), 「평시조 종장의 율격·통사적 정형과 그 기능」, 김대행 엮음, 『운율』, 문학과지성사, 111~116쪽.

不足爲法).”고 한 것으로 보아, 점잖지 못한 노래, 스스럼없고 거침없이 길고 번거롭게 말하는 노래, 또는 야한 말장난의 노래들이라는 것을 짐작할 수 있다.16) 다시 말하면 흥청거리는 가락으로 왁자지껄하게 부르는 노래이다.

위 엮음 노래는 한자말이 많아 그 말부터 먼저 풀어 본다. 대인난(待人難)은 사람 기다리는 일이 어렵다는 말이다. 계삼호(鷄三呼)는 닭이 세 홰 운다는 뜻이다. 야오경(夜五更)은 밤 오경 때란 말로 오경은 하룻밤을 다섯으로 나눈 시각을 통틀어 이르는 말이기도 하고, 하룻밤을 다섯 부분으로 나누었을 때 맨 마지막 부분으로 새벽 세 시에서 다섯 시 사이이기도 하다. 출문망(出門望)은 문에 나가서 바라본다는 뜻으로 문 밖에서 누구를 기다릴 때 쓰는 말이다. '청산(靑山)은 만중(萬重)이오 녹수(綠水)는 천회(千回)로다'는 푸른 산이 만 겹이고 물이 천 굽이나 될 만큼 산과 물이 험하다는 뜻이다. 견폐(犬吠)는 개가 짖는다는 뜻이고, '백마유야랑(白馬遊冶郞)'은 '흰 말을 타고 잘 노는 난봉꾼'으로 여기서는 찾아오는 님을 가리킨다. '탐탐'은 그리는 마음을 일컫는 말로 '무궁(無窮) 탐탐'은 못내 그리는 마음이 끝이 없음을 이른다.

사람 기다리는 일이 어려운데 기다리고 기다리다 보니 기다리는 사람은 오지 않고 그만 닭이 세 번 울어 새벽녘이 다 되어 버렸다. 기다리다 못해 문 밖에 나가 바라보니 산은 겹겹이 쌓여 있고 물은 굽이굽이 감돌아 앞이 보이지 않을 정도이다. 이렇게 험한 산과 물을 헤치고 건너서 님이 찾아올지 알 수 없다. 그런데 이윽고 개 짖는 소리에 흰 말을 타고 님이 넌지시 돌아오니 반가운 마음과 못내 그리는 마음이 끝이 없다. 그래서 오늘밤 서로 즐거운 것이야 어떤 끝이 있겠느냐며 반가운 님이 찾아와서 그 사람과 함께 즐겁게 보낼 생각으로 마음이 들떠 있다. 노래의 앞은 애

---

16) 조규익은 '만횡청(蔓橫淸)'의 '만(蔓)'과 '횡(橫)'에는 성적 일탈 또는 방종, 방탕의 뜻이 들어 있고, '청(淸)'은 흥청거리다는 뜻이 들어 있어, '만횡청류'는 '방탕한 내용의 가사를 치렁치렁 늘어지는 곡조로 부르는 노래의 부류'라고 뜻매김 하였다. 조규익(2009), 『만횡청류의 미학: 우리의 옛 노래 문학(수정 증보판)』, 박이정, 15~37쪽.

타게 기다리는 일을 그리고 있어 어둡고 슬프나 뒤는 기다리는 님을 만나 밝고 기쁨으로 넘친다. 그런데 찾아오는 님이 '백마유야랑(白馬遊冶郎)'인 것으로 보아 여자들과 잘 노는 오입쟁이나 왈짜, 바람둥이로 보인다. 본디 '야랑(冶郎)'이나 '유야랑(遊冶郎)'은 술과 여자, 노름에 빠진 사내를 가리킨다.[17)]

사람 기다리는 일이 어렵다는 말인 '대인난'과 문 밖에 나가 바라본다는 말인 '출문망'을 두 번이나 써서 님을 아주 목이 빠지게 기다리고 있음을 나타냈다. 그런데 그 님은 노는 사내이다. 그렇다면 이 노래의 말하는 이도 노는 사내에게 걸맞은 바람난 여자나 여러 사내를 만나는 여자일 수 있다. 그러니 이 노래의 말하는 이는 아무래도 기녀가 아닐지 짐작해 본다.

다음 노래도 찾아온 님을 반기는 마음을 읊었다.

西湖 十里ㅅ들헤 히 다 저문 날에
먼 듸롤 먹다 아녀 오실샤 님하 님하
반기노라 반기노라 ᄒᆞ니 ᄉᆞᆯ올 말이 업세라

- 허강(許橿), 『송호유고(松湖遺稿)』 1, #2528.1

서호 십리 들에 해가 다 저문 날에
먼 곳을 멀다 않고 오시는구나 님이여 님이여
반기노라 반기노라 하니 드릴 말씀이 없어라

위 허강(許橿, 1520~1592)의 노래를 보면 서호(西湖)[18)]의 십리 들판에 해가 저물어 갈 때 먼 길을 멀다고 여기지 않고 오신 님을 반긴다. "님하 님하", "반기노라 반기노라" 하고 같은 말을 두 번이나 되풀이하여 그만큼

17) '유야랑(遊冶郎)'을 글자 그대로 풀지 않고 그냥 '자신을 찾아오는 님' 정도의 뜻으로만 여기기도 한다.

18) 서호(西湖)는 다섯 강의 하나인데, 다섯 강은 한강·용산·마포·지호·서호이다.

말하는 이가 님을 무척 반긴다는 것을 나타내고 있다. 이렇게 반갑게 만난 님에게 사뢸(아뢸) 말씀이 없다고 하여 들뜬 마음을 누그러뜨리기도 한다.[19]

이 노래를 지은이가 아버지를 따라 중국을 여행하다 절강성(浙江省)의 서호에서 벗을 만난 감회를 노래한 작품으로 보기도 하는데,[20] 허강은 긴 노래(오늘날 '가사 歌辭'라고 이르는 노래) 「서호별곡(西湖別曲)」을 짓기도 했는데, 서호는 오늘날 서강(西江)으로 한강 가까이에 있는 강[21]을 가리키기도 한다. 중국 절강성 항주(杭州) 서호는 그 경치가 빼어나 옛날부터 중국뿐만 아니라 우리나라 사람들도 서호를 읊은 노래나 글을 많이 지었는데, 한강의 서호와 중국의 서호가 이름이 같아 두 곳을 겹쳐서 작품을 짓기도 했다.[22] 다음은 허강의 손자 허목(許穆, 1595~1682)이 긴 노래 「서호별곡」에 대해 적은 글인데, 이 글을 살펴보면 허강의 노래를 풀이하는 데 도움을 얻을 수 있다.

> 공(허강 - 허목의 할아버지)은 아버지 찬성공(허자 - 허목의 증조할아버지)이 소인의 힘에 눌려 을사사화(1545) 때에 재앙을 입어 돌아가시자, 슬픈 한을 마음에 두고 하늘의 명이 아니라 여기고 우는데 거의 미치게 되었다. 지난 세 해 동안 아버지의 복상을 했다는 좋은 행실로 전함별제 벼슬을 내렸으나, 세상과 끊고 끝내 나오지 않으니, 한때 사람들이 '서호처사'라고 일컬었다. 서호의 좋은 경치를 노래한 시(한시)가 200마리 정도 있다. 또한 '서호사' 육결이 있는데, 봉래 양사군(양사언)이 악부에 실어서 3강8엽 33절로 만들고 '서호별곡'이라 했다고 한다.[23]

---

19) 조동일은 이 노래를 시조에서 다루는 대상이 자연에서 인정으로 바뀌고 있는 모습을 보여주기 때문에 눈여겨 볼 노래라 하였다. 조동일(2005), 『한국문학통사2』(제4판), 지식산업사, 334쪽.

20) 김진영·정병헌·정운채·조세형·조해숙·최재남(2011), 『한국시조감상』, 보고사, 197쪽.

21) 오늘날 마포 큰 다리와 양화 큰 다리에 이르는 곳.

22) 김동준(2013), 「한국한문학사에 표상된 중국 서호의 전개와 그 지평」, 『한국고전연구』 28집, 한국고전연구학회, 80~107쪽.

허강의 아버지 허자(許磁, 1496~1551)는 문정왕후(文定王后, 1501~1565) 때 이기(李芑)와 맞서다 그들 무리의 미움을 받아 귀양 가서 죽게 된다. 이에 거의 미칠 정도까지 마음이 상한 허강은 벼슬을 마다하고 서강에 숨어 살며 세상을 끊고 나오지 않았다. 긴 노래 「서호별곡」은 허강이 서호에 숨어 살며 늦봄에 배를 타고 바라본 서울 한강의 풍경을 읊조린 노래이다.[24)]

그렇다면 앞의 석 줄 노래에서 '서호 십리 들'은 지은이 허강이 살고 있는 서강이다. 그런데 그곳은 님이 오시기에는 아주 먼 곳에 있다. 그리고 님은 해가 저물어 어두운 데도 그 먼 길을 오신다. 님은 이 두 가지 어려움(먼 길과 어두운 때)을 이겨내고 나를 만나러 오시니 그 반가움이나 기쁨을 이루 말할 수 없다.

이 노래에서 내가 반기는 이를 "님하"라고 부르고 있는데 "하"는 옛말에서 높여 부르는 토씨이다.[25)] 그러니 "님하"는 요즘말로 "님이시여"라는 말이다. 또 "사뢰다"도 옛말에서 아랫사람이 윗사람에게 말씀을 올릴 때 쓰는 말이므로 이 노래에서 님은 지은이나 말하는 이보다 높은 사람이다. 옛날 선비들이 임금을 "님"이라고 많이 불렀고[26)] 이 노래의 님도 높

---

23) 허목(許穆)의 『선조영언(先祖永言)』, 「서호사발(西湖詞跋)」에 "公以先贊成公 爲小人所 制當乙巳歿於窮阨 心痛恨 以爲非命 哭之幾滅性 旣三年以善行 除典艦別提 終身不出 一時稱西湖處士 有西湖記勝作二百韻 又有西湖詞六闋 蓬萊楊使君 載之樂府 爲三腔八葉 三十-三節 謂之西湖別曲." 본디 글은 김현식(2004), 「〈서호별곡〉과 〈서호사〉의 변이양상과 그 의미」, 『고전문학연구』 제25집, 한국고전문학회, 190~191쪽에서 다시 가져옴. 허강이 우리말 노래 「서호사육결」을 짓고 그의 벗인 양사언(楊士彦, 1517~1584)이 악조(가락)를 붙여 「서호별곡」을 악부(우리말 노래책)에 실었고, 나중에 허강이 다시 다듬어 고친 것이 「서호사」이다. 이에 대한 자세한 풀이는 위의 글, 183~208쪽.

24) 이곳은 서대문을 나와 한강의 좋은 경치를 구경하기에 알맞은 곳이었기 때문에 사람들은 자연스레 망원정(望遠亭), 희우정(喜雨亭)의 경치를 바라보고, 마포(麻布), 잠두봉(蠶頭峯), 양화도(楊花渡)에서 뱃놀이를 즐겼다고 한다. 김동준(2013), 앞의 글, 92쪽.

25) 고영근(2010), 『표준 중세 국어문법론(제3판)』, 집문당, 97쪽.

26) 님은 주인이나 임금을 뜻하는 말로 『훈몽자회(訓蒙字會)』에 나타났다. 한글학회

임말을 써야 할 사람이므로 임금에게 바치는 노래로 볼 수 있겠으나, 허강은 벼슬살이를 하지 않고 숨어 살았던 선비라 이 노래가 임금 그리는 노래인지는 또렷하지 않다.[27] 그러면 이 노래에서 님은 지은이가 반기는 벗일 수도 있겠는데, 노랫말을 보아 높임말을 깍듯이 해야 하는 우러를 만한 벗으로 보인다.[28]

한편 이 노래를 사랑 노래로 충분히 읽을 수 있어 이때에 이미 사랑 노래가 널리 퍼졌다고 보는 이도 있다.[29] 이 노래를 사랑 노래로 보면 님은 말하는 이가 만나면 반가운 사랑하는 님이다. 지은이 허강이 서호에 숨어 살면서 자신이 만나고 싶어 했던 어떤 누구일진대, 그가 어떤 사람인지는 알 수 없다.

이정보(李鼎輔, 1693~1766)는 사랑 노래도 많이 짓고 엮음 노래도 많은 지은 선비이다. 다음 엮음 노래는 님과 떨어지지 말고 늘 함께하자고 읊은 노래이다.

(1992), 『우리말 큰사전4-옛말과 이두』, 어문각, 4958쪽에 君 님굼쑨 主 님 쥬〈훈몽-초, 중:1〉. 양주동은 그 뿌리는 잘 알 수 없으나 '앞 (전前)'의 뜻이 있다고 하였다. 양주동(1960), 『고가연구古歌硏究(정보판訂補板)』, 박문서관, 434~439쪽. 정호완은 '님'이라는 말은 태양신을 뜻하는 '니마(님〉임)'를 줄인 말로 태음신을 뜻하는 '고마(〉곰)'와 하나로 합하여 '님금〉임금'으로 변했다고 하였다. 정호완(2003), 『우리말의 상상력1』, 이회, 47~51쪽.

27) 긴 노래 「서호별곡」에 "瞻彼江漢ᄒᆞ야 聖化乙 알리로다(강물을 바라보니 임금의 덕 알리로다)"는 말이 있어 허강은 임금의 덕을 높이는 뜻을 노래에 담기도 했다. 그러니 허강이 지은 우리말 노래가 임금 그리는 노래가 아니라고 못박을 수도 없다.

28) 허목이 쓴 글에 허강은 양사언을 비롯하여 정작, 이지함, 김태균과 자주 만나서 즐겼다고 한다. 허목(許穆)의 『선조영언(先祖永言)』, 「별록사십삼자(別錄四十三字)」에 "우리 할아버지는 40년을 세상에 나오지 않으셨는데, 만나서 더불어 기뻐하는 이로는 고옥 정작, 토정 이지함, 봉래 양사언, 남사 김태균이었다. 모두 많이 배우고 여러 가지 사물의 변화에 능통하였는데 다 세상에 숨어 홀로 길을 갔다(吾 先祖不出四十年 吾 先祖所與交懽古玉鄭碏 土亭李之菡 蓬萊楊士彦 南士金太鈞 多學博物 能通萬物之變 皆獨行隱於世也)." 본디 글은 김현식(2004), 앞의 글, 192쪽에서 다시 가져옴.

29) 최미정(1998), 「조선 초·중기 여성화자 국문시가와 풍류(風流)」, 『어문학』 64집, 한국어문학회, 397쪽.

님으란 淮陽 金城 오리남기 되고 나는 三四月 츩너출이 되야

그 남게 그 츩이 낙검의 납의 감듯 일이로 츤츤 졀이로 츤츤 외오 풀러 올히 감아 얼거져 틀어져 밋붓터 끗ᄭᆞ지 죠곰도 뷘틈 업시 찬찬 굽의 나게 휘휘 감겨 晝夜長常 뒤트러져 감겨 잇셔

冬섯ᄯᆞᆯ 바람 비 눈 셜이를 암으만 맛즌들 ᄯᅥᆯ어질 ᄯᅮᆯ 이실야

– 이정보(李鼎輔), 『해동가요(海東歌謠) 주씨본(周氏本)』 386, #4067.1

님은 회양 금성 오리나무가 되고 나는 삼사월 칡넝쿨 되어

그 나무에 그 칡이 납거미 나비 감듯, 이리로 칭칭 저리로 칭칭, 잘못 풀어 바르게 감아, 얽어져 틀어져, 밑에서부터 끝까지 조금도 빈틈 없이 밤이고 낮이고 뒤틀려 감겨 있어

동지섣달 비바람과 눈서리를 아무리 맞은들 풀릴 줄이 있으랴

님은 회양(淮陽) 금성(金城)[30]의 오리나무[31]가 되고 나는 삼사월 칡넝쿨이 되어 감기고 싶다고 했다. 나무에 칡이 감길 때 납거미[32]가 나비

30) 회양과 금성은 강원도에 있는 고을 이름이다. 『신증동국여지승람(新增東國輿地勝覽)』 권지47, 「강원도(江原道)·회양도호부(淮陽都護府)」에 "동쪽으로는 통천군 경계까지 69리, 고성군 경계까지 51리, 남쪽으로는 양구현 경계까지 64리, 금성현 경계까지 50리, 서쪽으로는 평강현 경계까지 91리, 북쪽으로는 함경도 안변부 경계까지 39리이고, 서울과 거리는 4백 60리이다.……본디 고구려의 각련성군이다.……본조에서는 태종 13년에 통례에 따라 도호부로 하였고, 세조 때에는 진(鎭)을 두었다(淮陽都護府: 東至通川郡界六十九里 至(高城郡界五十一里 南至楊口縣界六十四里 至金城縣界五十里 西至平康縣界九十一里 北至咸鏡道安邊府界三十九里 距京都四百六十里……本高句麗 各連城郡……本朝 太宗十三年例爲都護府 世祖朝置鎭)." 『신증동국여지승람(新增東國輿地勝覽)』 권지47, 「강원도(江原道)·금성현(金城縣)」에 "동쪽으로는 회양부 장양현 경계까지 1백 5리, 남쪽으로는 낭천현 경계까지 52리, 금화현 경계까지 17리, 서쪽으로는 평강현 경계까지 37리, 북쪽으로는 회양부 경계까지 56리이고, 서울과 거리는 3백 36리이다(金城縣: 東至淮陽府 長楊縣界一百五里 南至狼川縣界五十二里 至金化縣界十七里 西至平康縣界三十七里 北至淮陽府界五十六里 距京都三百三十六里)."

31) 오리나무: 자작나뭇과에 속한 떡오리나무, 덤불오리나무, 두메오리나무, 물오리나무, 잔털오리나무 따위를 통틀어 이르는 말.

32) 납거미: 거미의 하나. 가슴은 황갈색이고 다리는 갈색에 검은 털이 있으며, 배에는

감듯 이리로 저리로 칭칭 감기고 잘못된 곳은 풀어 옳게 감아 밑에서부터 끝까지 조금도 빈틈없이 감긴다고 했다. 그리고 밤이고 낮이고 할 것 없이 언제나〔주야장상 晝夜長常〕 뒤틀려 감겨서 동지(冬至) 선달에 바람과 비, 눈, 서리를 아무리 맞아도 풀어지지 않게 감길 것이라고 했다.

여러 말을 했지만 간추리면 님은 씩씩한 오리나무가 되어 우뚝 서고, 나는 칡넝쿨이 되어 거기에 휘휘 칭칭 감겨서 절대 떨어지지 않겠다는 말이다. 칡넝쿨은, 삼사월 봄에 새로 돋아나는 칡넝쿨로 싱싱한 칡넝쿨이다. 그리고 그 감기는 정도를 아주 단단히 감기겠다고 말하려고 이렇게 말이 많아지고 길어졌다. 또한 추운 겨울날 비바람과 눈서리를 맞아도 풀리지 않게 튼튼하게 감기겠다고 했는데, 이 말은 그 어떤 어려움이나 둘의 사랑을 가로막는 것들이 생기더라도 헤어지지 않고 님과 함께하겠다는 말이다. 이 노래에는 님과 헤어질 수 있다는 걱정이 담겨 있기도 하다. 님과 헤어질 걱정이 없다면 이런 말을 굳이 할 까닭이 없다. 님과 헤어질 조짐이 보이자 그 일을 막아 내고자 이런 말을 하였다. 또한 님에게 감기겠다는 말을 님의 몸에 얽혀 님과 살을 섞고 사랑을 나누겠다는 말로도 읽을 수 있다.

ᄂᆡ ᄀᆞ슴 杜冲 腹板 되고 님의 ᄀᆞ슴 花柚등 되어
夤緣진 부레풀노 時運지게 브쳐시니
아므리 석 ᄃᆞᆯ 長霖ㅣ들 ᄡᅥ러질 줄 이시랴

『병와가곡집(甁窩歌曲集)』 746, #897.1

내 가슴 두충의 뱃바닥이 되고 님의 가슴 화류의 등 되어
인연진 부레풀로 때에 맞게 단단하게 붙였으니
아무리 석 달 장맛비가 내린들 떨어질 줄 있으랴

점무늬가 있다. 집안의 벽에 동글납작한 집을 짓고 산다.

두충(杜冲)은 단단한 나무의 하나인데, 내 가슴은 이런 단단한 나무로 만든 뱃바닥〔복판 腹板〕이 된다고 했다. 화류(花柚→樺榴)는 자단나무로 이것 또한 단단한 나무인데, 님의 가슴이 단단한 나무의 등〔背〕이 된다고 했다. '인연진(夤緣津)'은 인연으로 만든 진액이란 말이고, 부레풀은 민어의 부레를 끓여서 만든 강한 풀로 나무를 붙이는 데 쓰는 풀이다. 인연으로 만든 풀과 부레풀로 두 나무를 때맞추어 단단하게〔시운時運지게〕 붙였으니 아무리 석 달 넘게 장맛비〔장매 長霾〕가 내려도 떨어질 줄 있겠느냐고 하였다. 우리 둘의 가슴은 부레풀로 단단한 나무를 붙인 것처럼 딱 달라붙어 있으니 어떤 일이 있어도 떨어지지 않고 함께하겠다는 말이다.

내 가슴/ 님의 가슴, 두충의 배/ 화류의 등이 짝을 이루게 말하였다. 가슴을 붙이고 떨어지지 않겠다는 말은 내가 님을 품고 절대로 놓지 않겠다는 말이다. 인연진과 부레풀은 우리 둘의 사랑을 잘 맺어주고 길게 이어지게 도와주는 것들이고 장맛비는 우리 둘의 사랑을 가로막는 걸림돌이다. 그러나 이런 걸림돌이 있어도 이미 우리 둘은 단단하고 세게 맺어 있으니 헤어지거나 사랑이 깨어지지 않을 것이라고 생각하였다.

3) 내가 바라는 사랑과 님

나는 어떤 사랑을 바라는가, 또 내가 바라는 님은 누구인가, 나는 누구에게 사랑을 바칠 것인가를 읊은 노래들을 살펴보자.

金生麗水라 ᄒᆞᆫ들 믈마다 金이 나며
玉出崑崗이라 ᄒᆞᆫ들 뫼마다 玉이 나랴
비록 女必從夫ᄒᆞᆫ들 님님마다 좃ᄎᆞᆯ소냐

- 박팽년(朴彭年), 『노릉지(魯陵志)』 1, #537.1

금이 여수에서 난다 한들 물다마 금이 나며
옥이 곤강에서 난다 한들 뫼마다 옥이 나랴
비록 여필종부라 한들 님마다 찾을쏘냐

박팽년(朴彭年, 1417~1456)의 노래는 단종(端宗)을 몰아내고 세조(世祖)가 임금의 자리에 오르게 되자, 단종만을 따를 수 있지 세조는 섬길 수 없다는 뜻을 여성의 목소리를 빌려 말하고 있는 임금 그리는 노래이다.[33] 여수(麗水)는 아름다운 물이라는 뜻이지만 옛날부터 금이 많이 나던 곳〔금생여수 金生麗水〕이라 한다. 곤강(崑崗)은 옛날부터 옥이 많이 나는 곳〔옥출곤강 玉出崑崗〕이라 한다.[34] 여수나 곤강에서 나는 것들이 다 금과 옥일 수 없다고 했다. 물마다 산마다 금과 옥이 나지 않듯이 여자가 그 지아비를 따라야 한다〔여필종부 女必從夫〕고 하지만 그 님이라고 다 진정한 님, 섬겨야 하는 님이 아니라고 하였다. 나는 가짜 금이나 가짜 옥인 가짜 님(실제로는 세조를 가리킴)은 섬기지 않고, 참다운 금이자 참다운 옥인 참다운 님(실제로는 단종을 가리킴)만을 섬기겠다는 충성과 절개를 노래하고 있다.

이 노래는 벼슬자리에 있는 남성이 여인의 탈을 쓰고 부르는 임금 그리는 노래이다. 옛날 선비들은 여인의 목소리로 임금에게 충성을 다하는 노래를 부르는 일이 많았다. 박팽년은 어린 단종을 쫓아내고 임금 자리를 빼앗은 수양대군을 따르지 않겠다면서 이 노래를 불렀는데, 나는 님마다 다 따를 수 없고 섬기고 따라야 할 님은 오직 한 분 곧 단종 임금이라고 말하는 노래이다. 나중에 박팽년은 성삼문(成三問, 1418~1456)을 비롯한 여러 벗들과 쫓겨난 단종을 다시 임금 자리에 올리려다 김질(金礩, 1422~1478)

---

33) 단종이 스스로 세조(수양대군)에게 임금 자리를 넘겼다고 보는 이도 있으나 많은 이들이 세조가 임금 자리를 빼앗았다고 본다. 역사에 있었던 일을 적은 실록에는 단종이 작은아버지인 수양대군에게 임금 자리를 넘겨주었다고 적었다. 그러나 그때 있었던 일을 적은 『노산군 일기(단종 실록)』는 세조가 임금이 된 것을 잘한 일이라고 보고 엮은 책이라 다 믿을 수 없다.

34) 『천자문(千字文)』에 "금은 여수에서 나고, 옥은 곤강에서 난다(金生麗水 玉出崑崗)." 여수(麗水)는 중국 운남성에 있는 여강인데, 금사강(金沙江)이라고 하여 옛날부터 모래금〔사금沙金〕이 많이 나오던 곳이다. 곤강(崑崗)은 중국의 곤륜산(崑崙山)으로 변화(卞和)라는 초나라 사람이 여기서 옥을 얻어 그때 임금인 성왕에게 바쳤는데, 성왕이 변화의 '화(和)'라는 글자를 따서 화씨벽(和氏之璧)이라 이름 불렀다. 이 옥이 뒤에 진(秦)나라의 옥새(玉璽)가 되기도 했다.

이 일러바치는 바람에 옥에 갇혀 죽었다.

다음 노래는 이름 없는 어느 여인이 지은 노래이다.

나도 이럴만졍 玉盆에 梅花로져
바람비 눈셜리ᄂᆞᆫ 마즐 ᄃᆡ로 마즐만졍
박젹이 나뷘 체ᄒᆞᆫ들 안칠 줄이 이시라

『시여(詩餘) 김씨본(金氏本)』 423, #730.1

나도 이럴망정 좋은 화분의 매화로서
바람 비 눈서리를 맞을 대로 맞을지언정
박쥐가 나비인 체한들 앉을 줄이 있으랴

내 신세나 처지가 이렇지마는, 그래도 옥그릇(옥분 玉盆)에 심은 매화(梅花)로서, 바람과 비, 눈서리를 맞을 대로 맞더라도 나비인 체하는 박쥐에게 가서 앉지는 않을 것이라고 했다. 말하는 이는 저를 옥그릇에 심은 매화로 여기고 있어 스스로 귀하고 값어치 있는 사람이라고 생각하고 있다. 그러나 처음에 '나도 이럴망정'이라고 한 말로 보아 신분이 여느 사람들과 다르게 무언가 약점을 가지고 있는 여인이겠는데, 그렇다면 기녀일 수 있다. 기녀들은 아무래도 하는 일 때문에 참 사랑을 나누기가 힘들고 남성에 얽매인 몸이기 때문이다. 그래서 다음에 비바람과 눈, 서리를 맞는 어려움이나 힘든 일을 만나더라도 박쥐 같은 이에게는 가지 않고, 나비를 찾아 가겠다고 했다. 이 노래에서 박쥐는 말하는 이의 지아비감이 되지 못하는 모자란 사내들을 가리키고 나비는 말하는 이가 참으로 따르기를 바라는 사내를 가리킨다. 내가 바라지 않는 사람과 사랑하는 것보다 고비를 만나고 시달림을 겪더라도 내가 바라는 님과 사랑하겠다는 굳은 뜻이 담겨 있다.

이와 비슷한 노래가 또 있다.

나도 이럴만젼 玉階蘭草ㅣ러니
秋霜에 病이 드러 落葉에 뭇쳐셰라
어ᄂᆡ 졔 東風을 만나 다시 筍 나 보려노

『악부(樂府) 고대본(高大本)』 412, #728.1

나도 이럴망정 옥섬돌에 난초일러니
가을 서리에 병이 들어 진 잎에 묻혔어라
어느 때에 봄바람을 만나 다시 싹이 나 볼까

이 노래에서는 말하는 이가 저를 옥섬돌〔옥계 玉階〕에 피는 난초(蘭草)라 했고 가을 서리〔추상 秋霜〕를 맞고 병(病)이 들어 떨어진 잎사귀〔낙엽 落葉〕에 묻혀 있지만 다시 언젠가 봄바람〔동풍 東風〕을 만나 싹〔순 筍〕을 틔워 보고 싶다고 했다. 여기서 봄바람은 말하는 이가 바라는 사랑이나 님이다. 지금은 내가 고비와 어려움을 겪고 있지만, 나의 사랑을 만나 싹을 틔워 다시 꽃을 활짝 피워 보겠다고 했다. 사랑은 시든 꽃도 다시 피게 하는 힘이 있다. 말하는 이는 저를 옥계의 난초에 빗대었는데 그만큼 여느 풀꽃과 다르게 은은한 향기를 뿜고 있는 소중한 여인이라는 것을 은근히 내세우고 있다. 나는 여느 여인과는 다르다고 말하고 있다. 저 자신을 잘 알려야 훌륭한 님을 만날 수 있다.

다음 노래들은 위 노래들과 비슷한데, 말하는 이가 남성이다.

나도 이러ᄒᆞ나 洛陽城東 胡蝶이라
狂風의 지불려 여긔 저긔 ᄃᆞ니더니
塞外예 名花 一枝예 안자 보랴 ᄒᆞ노라

- 박계숙(朴繼叔), 『부북일기(赴北日記)』 6, #725.1

나도 이러하나 낙양성 동쪽의 나비라
거센 바람에 날려 여기저기 다니더니
북녘 변방에 이름난 꽃가지에 앉아 보려 하노라

나도 이럴만정 武陵桃花 胡蝶으로

狂風 ᄒᆞᆺ붓치여 갈 ᄃᆡ 달라 안지시나

밧ᄭᅩᆺ치 梅花ㅣᆫ 체 ᄒᆞᆫ들 안즐 니 이시랴

『악부(樂府) 고대본(高大本)』 297, #726.1

나도 이럴망정 무릉 복숭아꽃 나비로

거센 바람에 흩날리어 갈 곳 달라 앉았으나

박꽃이 매화인체 한들 앉을 리 있으랴

나도 닐얼만정 玉階에 蘭草ㅣ로다

돌에도 감겨 보고 남게도 감겨 보왓세라

閣氏님 ᄀᆞ난 허리에 감겨 볼가 ᄒᆞ노라

『청구영언(青丘永言) 가람본(嘉藍本)』 442, #729.1

나도 이럴망정 옥섬돌에 난초로다

돌에도 감겨 보고 나무에도 감겨 보았노라

각시님 가는 허리에 감겨 볼까 하노라

첫 번째 노래에서 '나도 이러하나'는 '나도 이렇게 점잖은 척 하지마는' 정도의 뜻이다. 낙양(洛陽)은 본디 중국의 낙수(落水) 북쪽에 있는 곳으로, 주(周)나라가 처음 서울로 삼은 고을인데, 여기서는 사람이 많이 사는 아름다운 도시를 뜻한다. 이런 곳에서 사는 저를 나비〔호접 胡蝶〕라 해서 서울 사는 한량 또는 꽤 멋있는 사나이라고 스스로 값매김하면서 그동안 거센 바람〔광풍 狂風〕에 날려 여기 저기 다른 곳들을 찾아 다녔으나 이제는 북쪽 변방〔색외 塞外〕에 있는 이름난 꽃의 한 가지〔명화일지 名花一枝〕에 앉아 보고 싶다고 했다. 변방의 이름난 꽃은 기녀 금춘(今春)을 가리킨다. 박계숙(朴繼叔, 1569~1646)이 선전관(宣傳官)으로 함경도 회령으로 가면서 금춘을 만났을 때 지은 노래이다.[35]

두 번째, 세 번째 노래는 지은이가 누구인지 모른 노래인데 박계숙의 노래와 같이 한 남성이 어떤 여인과 사랑을 나눌 것인지 노래했다. 두 번째 노래에서는 박꽃이 아닌 매화꽃에 앉겠다고 했다. 박꽃은 예쁘지 않은 꽃 또는 내가 바라지 않는 님이고, 매화꽃은 어여쁜 꽃 또는 내가 바라는 님이다. 세 번째 노래는 남성이 저를 난초로 빗댄 것이 색다르다. 그리고 마지막에 각시님 허리에 안겨 보고 싶다고 해서 말하는 속살이 조금 달라졌다.

세 노래는 모두다 그동안 여기 저기 다른 곳을 찾아다녀도 보고 다른 이와 함께해 보았으나 이제는 내가 바라는 님을 만나 참사랑을 나누어 보겠다는 노래이다. 말하는 것이 비슷한 것으로 보아 이런 갈래의 노래를 그때 사람들이 많이 불렀던 것 같다.

노래나 글을 짓는 이는 앞선 때 지은이가 지은 작품의 영향을 받기 마련이다. 이것을 크리스테바(Kristeva)는 '상호텍스트성(Intertextuality)'이라고 하였다.[36] 또한 시를 읽기 위해서는 시의 전통과 그 전통 속에 있는 어떤 작품을 알아야만 한다고 말한 이도 있다.[37]

옛 노래는 입에서 입으로 전하는 입말문학이기에 앞선 노래를 본떠서 지은 노래가 생겨날 수밖에 없었고 이것이 하나의 틀을 이루기도 했다. 그래서 비슷하거나 같은 말하기의 노래를 곳곳에서 볼 수 있게 된다.

---

35) 박계숙의 『부북일기(赴北日記)』「을사년(선조38년, 1605년) · 12월 26일」에 "따라온 미녀는 나이 겨우 열여섯이고 아름답기가 서시(西施)나 왕소군(王昭君)도 놀랄 만했다. 나삼(羅衫)을 반쯤 가리고 달이 구름에 가린 듯, 푸른 버들이 눈썹을 연 듯, 연꽃이 연못에 비친 듯했다. 이름은 금춘(今春)이고, 자는 월아(月娥)였다. 노래나 바둑에도 능했고, 거문고와 가야금도 잘 탔다. 이야기를 나누다가 밤이 깊었는데, 어찌 춘정(春情)이 없었겠는가."

36) Kristeva, Julia, *Semeiotike : Recherches pour une sémanalyse*, 서민원 옮김(2005), 『세미오티케』, 동문선, 109쪽에 "어떠한 텍스트라도 서로 다른 다양한 인용이라는 모자이크로 이루어지기 때문에 텍스트는 모름지기 한 텍스트의 다른 한 텍스트의 흡수와 변형에 지나지 않는다."

37) Scholes, Robert, *Semiotics and interpretation*, 유재천 옮김(1988), 『기호학과 해석』, 현대문학.

九仙王道糕라도 안이 먹는 날을

冷水에 붓츤 粃旨煎餠을 먹으라 지근 絶代佳人도 안이 결연ᄒᆞ는 날을 코 업씀 년 결연ᄒᆞ라고 지근거리는다

하늘히 定ᄒᆞ신 配匹 밧긔야 것흝써 볼 쑬 이시랴

- 김수장(金壽長), 『청구가요(靑丘歌謠)』 78, #414.1

구선왕도고라도 아니 먹는 나를

찬물에 부친 비지전병을 먹으라 귀찮게 (하느냐), 절대가인도 아니 결연하는 나를 코 없는 년과 결연하라고 귀찮게 하느냐

하늘이 정하신 배필밖에야 거들떠 볼 줄 있으랴

김수장(金壽長)의 노래는 내가 바라고 사랑하고 싶은 여인이 있는데 왜 자꾸 어떤 누구와 인연을 맺으라고 귀찮게 하느냐고 말하는 노래이다. '구선왕도고(九仙王道糕)'는 아홉 가지 재료를 섞어서 만든 떡인데, 연밥, 산약, 백복령, 율무, 백변두, 감인, 곶감, 설탕을 멥쌀가루에 한데 섞어서 찌는 떡이다. 이런 좋은 떡도 안 먹는 나에게 찬물〔냉수 冷水〕에 부친 비지전병(粃旨煎餠)을 먹으라고 귀찮게 지근거리느냐고 했다. '비지전병'은 비지에 쌀가루를 넣고 빈대떡처럼 부친 떡이다. 당대에는 견줄 만한 짝이 없는 뛰어난 미인인 '절대가인(絶大佳人)'과도 인연을 맺지 않는 나에게 코 없는 못생긴 계집과 인연을 맺으라고 성가시게 지근거리느냐고 하였다. 그리고 하늘이 정하신 배필(配匹) 말고는 거들떠보지 않겠다고 하였다.

매우 좋은 떡도 안 먹는데 그보다 훨씬 덜한 떡을 먹으라면 내가 먹겠느냐, 매우 아름다운 여인도 안 만나는 나에게 못생긴 여인을 만나라고 하면 내가 만나겠느냐, 나는 하늘이 정해 준 내 짝이 아니면 어느 누구와도 인연을 맺지 않겠다는 말이다. 어떻게 보면 매우 눈이 높고 콧대가 높은 사내 같다. 또한 이 사내는 자신에게 하늘이 정해 준 짝이 있다고 생각하고 있어 내 눈에 차지 않는 그 어떤 여인과도 만날 생각이 없다. 여인들을 먹을거리에 빗대어 말한 것이 재미가 있는데, 구선왕도고는 절대가인

이고 비지전병은 코 없는 여자이다. 이 사내는 절대가인보다 더 뛰어난 여인을 마음에 두고 있는 것 같기도 한데, 그 여인이 누구일지 궁금하다.

요즘도 장가 못 드는 총각, 시집 못 가는 처녀들 가운데는 결혼을 안 했으면 안 했지 내 눈에 차지 않는 사람을 내 짝으로 삼고 싶지 않다는 이들이 있다. 그러다 몽달귀신으로 처녀귀신으로 늙어 죽을 수도 있다고 해도 뜻을 굽히지 않는다. 더구나 요즘은 결혼은 하고 싶으면 하는 것이지 반드시 해야 하는 때가 아니다. 굳이 눈을 낮추면서까지 적당히 타협해서 결혼을 할 까닭이 없다고 생각하는 이들이 많다. 옛날 노래에도 내 눈에 차지 않는 사람, 하늘이 정한 짝이 아닌 사람과는 인연을 맺지 않겠다고 하였으니, 예나 지금이나 참으로 내가 바라는 사랑을 찾으려는 꿈은 언제나 꾸고 있는 것 같다.

위 노래와 비슷한 노래가 있는데, 그 속살은 다가오는 여인을 뿌리치는 사내의 노래이다.

> 기름에 지즌 ᄭᅮᆯ 藥果도 아니 먹는 나를
> 冷水에 살믄 돌饅頭를 먹으라 지근 絶代佳人도 아니 ᄒᆞᄂᆞᆫ 날을 閣氏님이 ᄒᆞ라고 지근 지근
> 아모리 지근 지근ᄒᆞᆫ들 품어 잘 쥬리 잇스랴

『시가(詩歌) 박씨본(朴氏本)』 728, #576.1

> 기름에 지진 꿀 약과도 아니 먹는 나를
> 찬물에 삶은 돌만두를 먹으라 지근(거리는가), 절대가인과도 아니 하는 나를 각시님이 하라고 지근 지근(거리는가)
> 아무리 지근 지근거린들 품어 잘 줄 있으랴

기름에 지진 꿀약과(藥果)도 먹지 않는 나에게 찬물〔냉수 冷水〕에 삶은 돌만두(饅頭)를 먹으라고 귀찮고 성가시게 하는가, 절대가인(絶代佳人)도 품지 않는 나에게 각시님이 품어주라고 귀찮고 성가시게 하는가, 아무리

지근거리고 성가시게 해도 그대를 품어 자겠는가, 그럴 일은 없을 것이라고 하였다. 앞의 김수장의 노래를 본떠서 조금 더 앞으로 나아간 노래이다. '인연 맺는다'는 추상적인 말하기에서 '품어 잔다'는 구체적인 말하기로 바뀌었다. 이 노래의 말하는 이로 나오는 사내는 자신에게 다가오는 젊은 여인을 찬물에 삶은 돌만두로 빗대면서 거부하고 있다. '돌-'이 질이 떨어진다는 뜻을 가진 앞가지(접두사)로 많이 쓰이므로, '돌만두'는 돌로 만든 만두가 아니라, '질이 떨어지는 만두'라는 뜻으로 각시님의 아름다움이 한참 떨어진다는 것을 이르고 있다. 그 여인이 들으면 몹시 자존심 상할 만한 말이다. 이 노래에는 내가 바라는 여인이 있으니 그대의 사랑을 받아줄 수 없다는 뜻도 담겨 있다.

눈섭은 수나뷔 안즌 듯 닛바대ᄂᆞᆫ 박시 섯 세온 듯
날 보고 당싯 웃ᄂᆞᆫ 양은 三色桃花 未開峰이 ᄒᆞᄅᆞᆺ밤 빗氣運에 半만 절로 퓐 形狀이로다
네 父母 너 삼겨낼 적의 날만 괴라 삼기도다

『청구영언(青丘永言) 진본(珍本)』 518, #1112.1

눈썹은 수나비 앉은 듯하고 잇바디는 박씨를 까 세운 듯
날 보고 방긋 웃는 모습은 삼색의 복사꽃이 미처 피지 못한 듯이 하룻밤 빗기운에 반만 절로 핀 모습이로다
네 부모 너 낳을 때 나만 사랑하라고 태어나게 하였도다

사내가 한 여인을 두고 네가 나의 참사랑이라고 노래하였다. 먼저 여인의 아리따운 모습을 칭찬한다. 눈썹은 수나비가 앉은 듯하고 잇바디(치열齒列, 이가 줄지어 박혀 있는 생김새)는 박씨를 까 세운 듯 희고 고르다. 나를 보고 방긋 웃는 얼굴은 세 가지 빛깔의 복사꽃이 아직 활짝 피지 않고(삼색도화 미개봉 三色桃花 未開峰)[38] 하룻밤 비에 반만 절로 핀 것 같다고 빗대었다. 여인의 웃는 모습을 필락 말락한 꽃으로 여겼다. 그러면서 네 부

모가 너를 낳을 때 나만 사랑하라고 만들어 냈다고 생각했다. 이렇게 어여쁜 너는 다른 이는 따르지 말고 늘 나만 따르고, 다른 이에게는 마음과 사랑을 주지 말고 내 사람이 되어야 한다는 말이다. 사랑하는 여인을 곁에 두고 그 기쁨을 숨기지 못하고 이런 노래를 하였다. 또는 한 여인을 꾀는 노래이기도 하다. 너희 부모가 너를 낳을 때부터 이미 너는 나만 사랑하라고 정해놓았으니 나한테 오라는 뜻이다. 여기에는 어떤 사랑의 운명이 정해져 있다고까지 말해 다른 사내에게 갈 마음은 꿈도 꾸지 말라는 뜻도 있다. 이 노래의 재미는 아무래도 여인의 모습을 그린 노랫말이 아닐까 한다. 눈썹을 수나비가 앉은 모습에 빗대고 이빨을 박씨를 까 세운 것 같다고 한 말이나, 웃는 표정을 반만 핀 꽃과 같다고 한 표현은 매우 산뜻하고 색다르다.

뮈ᄂᆞᆫ 님 괴려ᄂᆞ니 괴ᄂᆞᆫ 님 츼괴리라
새님 번오 마오 녯 님을 조ᄎᆞ리라
눈 속의 솔가지 것거 이내 쓰즐 알외리라

『근화악부(槿花樂府)』 39, #1757.1

미운 님 사랑하라고 하니, 사랑하고 있는 님을 올려 사랑하리라
새님은 변치 마오, 옛님을 좇으리라
눈 속의 솔가지 꺾어 이내 뜻을 아뢰리라

미운 님을 사랑하라고 하는데, 나는 미운 님보다는 내가 사랑하고 있는 님을 높이 받들어 사랑하리라고 다짐한다. 나는 옛님을 따르겠다고 하여 옛님이 내가 사랑하고 있는 님(괴는 님)이라는 것을 말하고 있다. 그러면 새님은 미운 님을 가리킨다고 할 수 있는데, 새님은 변하지 말라고 한 말이 선뜻 풀이하기 힘들다. 본딧글은 "번오 마오"로 되어 있는데, 다른 뜻

---

38) 삼색도화(三色桃花): 한 나무에 핀 흰색, 연분홍색, 붉은색 복사꽃.

이 있는지 찾아볼 필요가 있겠다. 마지막에 눈 속의 솔가지를 꺾어 이내 뜻을 아뢰리라고 했는데, 소나무는 예부터 변하지 않는 굳은 절개를 상징하는 말이므로 내가 옛님, 곧 사랑하고 있는 님을 끝까지 변치 않고 한결같이 좇고 사랑하겠다는 말이다. 옛님을 사랑하는 나에게 새님이 나타났고 그 새님이 우리의 사랑을 가로막고 있는 것 같다. 그래서 그 새님을 나는 미워하고 있으므로 한결같은 내 마음은 변하지 않을 것임을 옛님에게 알리려고 눈 속의 솔가지를 꺾어 내 뜻을 전하겠다고 하였다. 이 노래는 바르고 틀림없이 풀기가 어려운데, 얼추 사랑하는 님을 한결같은 마음으로 좇겠다는 뜻으로 보인다.

기녀들이 부른 노래에 나는 어떤 이와 사랑을 나눌 것인가를 읊은 노래가 많다. 이런 노래들에는 제 이름을 넣어 부른 노래가 몇 편 있다.

> 솔이 솔이라 ᄒᆞ니 무숨 솔만 너겨더니
> 千尋 絶壁에 落落長松 ᄂᆡ 긔로다
> 길 아ᄅᆡ 樵童의 졉낫시야 걸어 볼 줄 이시랴
>
> – 송이(松伊), 『병와가곡집(瓶窩歌曲集)』 547, #2763.1

> 솔이 솔이라 하니 무슨 솔인가 여겼더니
> 천 길 절벽에 가지 늘어진 큰 소나무가 나로다
> 길 아래 나무꾼이 작은 낫을 걸어 볼 수 있으랴

송이라는 기녀는 우리말 이름으로 '솔이'였을 것이다. 솔이라는 이름을 한자로 적어두자니 송이(松伊)로 적었다. 제 이름을 넣어 지은 노래이다. 솔이 솔이라고 하는데 나를 무슨 솔로 여기느냐고 하면서 그저 그런 솔이 아니라 천 길 낭떠러지〔천심절벽 千尋絶壁〕에 뿌리를 내리고 가지가 늘어진 큰 소나무〔낙락장송 落落長松〕가 바로 나라고 했다. 그러니 여느 소나무와는 다르다. 이런 나를 길 가는 나무꾼〔초동 樵童〕들이 작은 낫(졉낫)을 걸어 건드릴 수 있겠느냐고 했다. 천 길 낭떠러지에 있는 소나무는 손이 닿지 않아 낫으로 쳐서 가져올 수 없다. 옛 노래에서 '낙락장송(落落長松)'은 굳은 절개나 지조를 가리키는 말이기도 한데, 말하는 이는 저가 그만큼 철마다 푸른 소나무의 기개를 가지고 있는 여인이라고 생각하고 있다. 그러니 한낱 땔나무꾼들이 넘볼 수 있는 기녀가 아니다. 기녀라고 해서 아무에게나 몸과 마음을 주지 않겠다는 뜻을 담고 있어 이 노래는 내가 어떤 사내를 섬길 것인가를 말하고 있는 노래라 할 수 있다.

長松으로 ᄇᆡ를 무어 大同江에 ᄯᅴ여 두고
柳一枝 휘여다가 구지구지 ᄆᆡ얏ᄂᆞᆫᄃᆡ
어ᄃᆡ셔 妄伶엣 거슨 소헤 들라 ᄒᆞᄂᆞ니

- 구지(求之), 『해동가요(海東歌謠) 박씨본(朴氏本)』 272, #4204.1

큰 솔로 배를 만들어 대동강에 띄워 두고
버들 한 가지 휘어다가 굳게굳게 매었는데
어디서 망령든 것이 늪에 들어오라 하는가

큰 소나무〔장송 長松〕로 배를 만들어 대동강(大同江)에 띄워 두고 강가의 버드나무 한 가지〔류일지 柳一枝〕를 휘어 굳이굳이〔구지구지〕 매었기에 끄떡도 하지 않는데, 어디서 망령된 것들이 여기를 떠나 작은 늪〔소 沼〕에 들라고 하느냐고 했다. 류일지(柳一枝)는 버드나무 한 가지라는 뜻도 있지만 사람 이름이기도 하다. 굳게(굳이)라는 말은 이 노래를 지은 구지(求之)를 가리키기도 한다. 기녀 구지는 유일지라는 선비를 사랑했는데,[39] 이 사내에 바치는 사랑을 굳고 단단하게 다짐하면서, 우리의 사랑을 막고

39) 『교주가곡집(校註歌曲集)』에 "구지가 지은 노래 한 마리. 평양의 기녀인데, 해동가요의 풀이에 류일지는 그이가 사랑하는 사내라고 한다(求之 一首 平壤妓女 海東歌謠註云 柳一枝愛夫也)." 류일지가 어떤 사람인지는 알려진 바가 없다. 최상민은 오직 한 남성만을 사랑하겠다는 뜻을 담은 노래이기 때문에 '유일지'를 '唯一志'로 풀 수도 있다고 하였다. 최상민(2004), 「기류시조에 나타난 순애와 고고의 여성상 재고」, 『고시가연구』 제13집, 한국고시가문학회, 285쪽.

해를 끼치는 이들이 자꾸 저를 작은 늪에 들라고 꼬드기고 있어, 이들을 망령(妄佡)된 것들이라고 꾸짖고 물리치고 있다.[40] 이 노래는 같은 소리를 가진 말(류일지, 구지)을 쓰고 있는데, 이 말들에는 두 가지 뜻이 겹쳐 있다. 남성의 이름과 제 이름으로 말놀이를 하고 있다.

그리고 이 노래에서 대동강이라는 큰 강은 유일지가 있는 곳, 또는 구지와 유일지가 나누는 사랑이라 할 수 있고, 작은 늪〔소沼〕은 보잘것없는 사내들이 있는 곳, 또는 구지의 눈에 차지 않는 사내들을 가리킨다. 한마디로 내가 사랑하는 님은 유일지라는 분이니 다른 이들은 내 앞에 얼씬거리지 말라는 노래이다.

> 綠楊 紅蓼邊에 桂舟를 느져 매고
> 日暮江上에 건너 리 ᄒᆞ도 홀샤
> 어즈버 順風을 만나거든 혼ᄌᆞ 건너 갈이라
>
> \- 계단(桂丹), 『청구영언(青丘永言) 가람본(嘉藍本)』 383, #1067.1

> 푸른 버들 붉은 여뀌 물가에 계수나무 배를 늦게 매고
> 저물녘 강 위를 건너는 이 많기도 하구나
> 어즈버 순한 바람을 만나거든 혼자 건너가리라

푸른 수양버들〔녹양 綠楊〕과 붉은 여뀌가 우거진 물가〔홍료변 紅蓼邊〕에 계수나무로 만든 배〔계주 桂舟〕를 늦게야 맸는데, 하루해가 저물 때〔일모

40) 성낙희는 이 노래가 다른 사내의 꾐에 빠지지 않고, "정절을 지키려는 굳은 의지를 방해하려고 망령의 짓을 하려는 남성을 고발, 풍자"하고 있는 노래이기도 한다고 풀었다. 성낙희(1989), 「무명씨 여류시조의 작품세계」, 『아시아여성연구』 28, 숙명여자대학교 아시아여성연구소, 168쪽. 한편 윤영옥은 "망령의 것"을 절대적 힘을 가진 제도로 보고, 기녀들은 남성을 즐기게 하는 도구이기 때문에 자신이 바라는 남성을 차지할 수 없다고 하면서, 결국 "망령의 것"은 분에 넘쳐 망령든 생각을 가지고 있는 기녀 자신이 되고 만다고 풀었다. 윤영옥(1983), 「기녀시조의 고찰」, 『여성문제연구』 제12집, 대구효성가톨릭대학교 사회과학연구소, 194~195쪽.

日暮) 강 위〔강상 江上〕를 건너는 사람이 많기도 하구나, 어즈버 부드러운 바람〔순풍 順風〕을 만나면 혼자 건너가겠다고 했다. 계주(桂舟)는 계수나무로 만든 배이기도 하지만, 지은이의 이름인 '계단(桂丹)'을 '계주(桂舟)'로 적은 것이라고 볼 수도 있어[41] 지은이를 가리키기도 한다. 순풍(順風)은 지은이가 바라는 님이다. 거센 바람은 배가 흔들릴 수도 있고 뒤집힐 수도 있어 위험하지만 부드러운 바람은 배가 강을 잘 건너가게 도와주는 고마운 바람이다. 이렇게 내가 바라는 순한 바람을 만나기만 하면 다른 무엇이나 누구의 도움을 받지도 않고 혼자 건너가겠다고 했다. 내가 바라는 사랑을 만나면 혼자라도 모든 어려움과 시달림을 이겨낼 수 있다.

지은이는 아직 순풍을 만나지 못했다. 그렇다면 지금은 참다운 사랑을 나누지 않고 있다. 배를 타고 강을 건너는 이가 많고 많듯이 자신의 곁에는 많은 사내들이 있지만 나는 이들에게 마음까지 주는 사랑을 하고 있지 않다. 그저 기녀이기 때문에, 여러 사내들을 만나주고 있을 뿐이다. 그러나 순풍만 만나면 그 사람을 나의 지아비로 삼고, 내 배에 다른 사내들은 그만 태우고 혼자서 강을 건너겠다는 뜻이 담겨 있다.

이 노래를 조금 야한 노래로 풀 수도 있다. 타는 배를 사람 몸의 배로 생각하면 남성이 여성의 배를 탄다는 말은 잠자리를 같이한다는 말이다. 지은이가 내 배를 타는 사내들이 많긴 하지만, 참말 내가 사랑하는 이를 만나면 다른 이들은 그만 태우고 그분만 태울 것이라고 읽을 수도 있다. 이렇게 푼다면 '배〔舟〕'와 '배〔腹〕'의 같은 소리 다른 뜻을 가진 낱말을 써서 부른 말놀이 노래가 된다.

한편 이 노래를 내가 꿈꾸는 어떤 곳으로 가고 싶다는 노래로 볼 수도 있다. 날이 저물고 강 위에 건널 이도 많다는 말은 내가 이루고자 하는 꿈이 많다는 것을 뜻한다. 또는 내가 가고자 하는 꿈꾸는 곳이 많다는 말도 된다. 그러나 꿈을 꾼다고 다 이룰 수 있는 것은 아니다. 꿈을 꾸더라도

41) 성기옥(1999), 「고전 여성 시가의 작가와 작품」, 『한국고전여성작가연구』, 태학사, 136쪽.

알맞은 때가 되어야 하고, 이룰 수 있는 좋은 조건이나 상황을 만나야 한다. 순풍을 만나는 때가 꿈을 이룰 수 있는 때다. 이때가 되면 누구의 도움 없이 혼자서도 그 꿈을 향해 나아가겠다는 말이다.

相公을 뵈온 後에 事事를 밋ᄌᆞ오매
拙直ᄒᆞᆫ ᄆᆞ음에 病들가 念慮ㅣ러니
이리마 져리챠 ᄒᆞ시니 百年同抱ᄒᆞ리이다

– 소백주(小柏舟), 『청구영언(青丘永言) 진본(珍本)』 289, #2432.1

상공을 뵙고 난 뒤에 여러 일을 믿자오매
고지식한 마음에 병이 들까 걱정했는데
이러마 저러마 하시니 백 년을 함께하리다

재상, 정승의 자리에 있는 상공(相公)을 뵙고 난 다음에 일마다〔사사 事事〕 믿었고, 혹시나 하는 고지식한〔졸직 拙直〕 마음에 병이 들까 염려(念慮)했는데, 이것은 이렇게 하고 저것은 저렇게 하자고 헤아려 주시니 다 잊고 백 년 동안 같이 품어가며 살고 싶다〔백년동포 百年同抱〕고 노래했다. 상공(相公)은 평안감사 박엽(朴燁, 1570~1623)을 가리키는데[42] 이 상공과 오래도록 함께하겠다고 읊고 있다. 이 노래는 장기의 말 이름을 가지고 지은 노래인데, '상공(相公)'은 장기의 '상(象)'과 '궁(宮)'을, '사(事)'는 '사(士)'를, '졸직(拙直)'은 '졸(卒)'을, '병(病)'은 '병(兵)'을, '이리마'의 '마'는 '마(馬)'를, '저리차'의 '차'는 '차(車)'를, '동포(同抱)'의 '포'는 '포(包)'를 가리킨다. 소리는 같지만 뜻은 다른 말을 가지고 재미있게 노래했다.

42) 『해동가요(海東歌謠) 주씨본(周氏本)』에 "박엽이 서쪽 고을 원님(서백, 평안감사)이 되었을 때, 손님과 더불어 장기를 두면서 (소백주에게) 노래를 짓게 했다. 상(象)과 궁(宮)은 상공(相公), 사(士)는 사(事), 졸(卒)은 졸(拙), 병(兵)은 병(病), 마(馬)는 ('이러마'의) 마, 차(車)는 ('이러차'의) 차, 포(包)는 포(抱)를 이른다(朴燁爲西伯也 與客博奕命作歌 象宮 相公 士事 卒拙 兵病 馬車 包抱)."

有斐君子를 好逑로 가리올 제

舜도 계시건마는 어대라 살우오리

진실로 相國皐陶아 내 님인가 하노라

- 소춘풍(笑春風), 『청구집설(靑丘集說)』 1, #3678.1

멋진 군자를 좋은 짝으로 고를 때

순임금도 계시건만 어디라고 말씀 드리리

진실로 상국고요가 내 님인가 하노라

유비군자(有斐君子)는 『시경(詩經)』에 나오는 말로 글을 잘하고 사람됨이 훌륭한 멋진 사내를 가리킨다.[43] 이런 멋진 사내를 좋은 짝〔호구 好逑〕으로 가릴 때[44] 순(舜) 임금 같은 훌륭한 분도 계시어 어디 감히 말씀드릴 수가 없지만, 상국 고요(相國 皐陶)가 나의 참다운 님이라고 하였다. 다른 사람이 아닌 상국(相國)을 섬기고 그 분과 사랑을 나누겠다는 노래이다.

상국(相國)은 정승이나 재상이란 말이고(오늘날 국무총리)[45] 고요(皐陶)는 옛날 중국 순(舜) 임금 때 벼슬을 지낸 사람 이름이다.[46] 순 임금은

43) 『시경(詩經)』, 「위풍(衛風)·기오(淇奧)」에 위무공(衛武公)을 기리는 노래에 "어여쁘고 멋진 훌륭한 사람이로다, 자르고 간 듯, 갈고 쪼은 듯(有斐君子 如切如磋 如琢如磨)."

44) 『시경(詩經)』, 「주남(周南)·관저(關雎)」에 "정숙한 아가씨는 군자의 좋은 짝이라(窈窕淑女 君子好逑)."

45) 송(宋)나라 고승(高承)의 『사물기원(事物紀原)』에 "진나라 때 둔 벼슬이다. 진시황제가 여불위를 높여 상국으로 삼았다. 한나라 초에 소하가 또한 이 벼슬을 하였다. 오늘날은 사람들이 재상이라 부른다(秦置官也 始皇帝尊呂不韋爲相國 漢初蕭何亦爲之 今人以呼宰輔也)."

46) 고요(皋陶, 皐陶)는 옛날 중국 요(堯)·순(舜) 때의 사람으로 구요(咎繇)라고도 한다. 그는 요(陶, 공자의 고향인 산동성山東省 곡부曲阜 지역, 소호少昊의 터)라는 곳에서 태어났고, 뒷날 우(禹)임금이 그를 고(皐, 皐城 - 오늘날 안휘성安徽省 육안시六安市)라는 땅을 다스리게 하였다. 그래서 그를 고요(皋陶, 皐陶)라 한다. 그러나 요, 순, 우, 고요는 모두 지어낸 이야기 속에 나오는 사람으로 지난날 정말로 살았던 이들은 아니다.

고요를 법을 맡은 벼슬인 사(士)로 삼았는데, 오랑캐와 도둑들이 법을 어기며 설치자 다섯 가지 형벌을 바르게 주는 일을 하게 했다.[47] 『서경(書經)』의 「우서(虞書)·고요모(皐陶謨)」는 고요가 순 임금 앞에서 우(虞)와 이야기한 나라 다스리는 꾀를 적은 글이다. 이 노래의 뜻을 제대로 알아들으려면 이 노래에 얽힌 다음과 같은 이야기를 살펴봐야 한다.

> 성묘(성종 임금)가 술을 장만하여 여러 신하에게 잔치를 베풀 때마다 꼭 여악(女樂, 여성의 노래나 춤)을 벌였다. 어느 날 소춘풍(笑春風, 영흥永興의 이름난 기생 이름)에게 술을 부어라 시키니, 준소(罇所, 술두루미 있는 곳)에 나아가 금잔에 술을 부었으나, 감히 지존(至尊, 임금) 앞에 나아가 드릴 수 없어, 바로 영상(領相) 앞에 가서 잔을 들고 노래를 부르니, 그 뜻은, 순(舜)이 계시지만 감히 지적하여 말할 수 없거니와, 요(堯)라면 바로 나의 좋은 짝이라는 것이다.[48]

성종 임금이 잔치마당에서 기생 소춘풍에게 술을 부어라 시켰는데, 감히 임금 앞에 나아가 드릴 수 없어 영의정 앞에 가서 잔을 들고 노래를 불렀다. 그러니 노랫말에 나오는 순 임금은 성종을 가리키고 상국 고요는 영의정을 가리킨다. 노래에 얽힌 이야기를 적은 글에는 "요(堯)라면 바로 나의 좋은 짝이라"고 했지만, 노랫말을 볼진대 요 임금의 '요堯'가 아니라

---

47) 『사기(史記)』의 「오제본기(五帝本紀)」에 "순은 말하였다. '고요, 오늘날 오랑캐들이 우리를 쳐들어오고 도둑들이 법을 어기며 설치고 있소. 그대는 사(士)가 되어 다섯 가지 형을 바르게 쓰되 다섯 가지 죄를 지은 이들은 세 군데서 벌을 주시오. 다섯 형벌로 귀양살이를 보낼 때는 죄에 따라 세 군데로 보내시오. 법을 바르게 베풀어야 믿음을 얻을 수 있을 것이오.'(舜曰 皋陶 蠻夷猾夏 寇賊姦軌 汝作士 五刑有服 五服三就 五流有度 五度三居 維明能信)." 「하본기(夏本紀)」에 "고요가 사(士)가 되어 백성을 다스렸다(皋陶作士以理民)."

48) 차천로(車天輅, 1556~1615)의 『오산설림초고(五山說林草藁)』에 "成廟每置酒宴群臣 必張女樂 一日命笑春風行酒 笑春風者 永興名妓也 因詣尊所酌金杯 不敢進至尊前 乃就領相前 擧杯歌之 其意曰 舜雖在而不敢斥言 若堯則正我好逑也云."

고요(皐陶)의 '요陶'를 잘못 적은 것 같다. 순 임금(성종)도 계시지만 상국의 자리에 있는 영상 대감이 참으로 내 짝이라고 한 노래이다.

이 노래에서 상국은 옛날 고요같이 임금을 잘 섬기고 백성을 위해 아주 훌륭한 일을 한 정승을 가리킨다. 여러 벼슬아치와 선비들이 있지만 그 누구도 아니고 바로 이 정승분이 내가 모셔야 할 님이라고 했다. 소춘풍은 이 노래 다음에도 말놀이를 곁들여 노래짓는 솜씨를 뽐내 모든 벼슬아치들과 임금을 놀라게 했는데, 그때에 노래 잘 짓기로 이름난 기녀였던 것 같다.[49)]

기녀는 관청에 매여 있기도 하고 벼슬아치의 시중을 들어야 하기 때문에 저가 바라는 사람을 골라 사랑을 나누는 일은 어려웠다. 그러나 위의 노래들을 보면 기녀라도 저가 바라고 섬겨야 하는 님을 스스로 고르고 그 사람과 참다운 사랑을 나누고 오랫동안 함께하고 싶다고 읊었다. 몸은 기녀이지만 사랑만큼은 누구에게 매이거나 누가 하라는 대로 따르지 않고 내가 임자의 자리에 앉겠다고 했다. 여기에는 어려움이나 아픔이 있더

---

49) 같은 책에 "이때에 무신(武臣)으로 병조판서 된 이가 있어 생각하기를, 이미 상신(相臣, 정승)에게 술을 권했고 보면 마땅히 장신(將臣)에게 술을 권할 것이니, 다음은 꼭 내 차례라고 마음먹고 있었다. 대종백(大宗伯, 주나라 때의 벼슬 이름. 제사 전례典禮를 맡음)으로 문형(文衡, 대제학)을 맡은 이가 앉아 있었는데, 소춘풍은 술을 부어 가지고 그 앞으로 가서 노래하기를, '통금박고(通今博古, 예나 오늘날의 이치에 통달함)한 명철군자(明哲君子, 밝고 슬기로운 군자)를 어찌하여 버려두고 바로 저 무지한 무부(武夫)에게 갈 수가 있으리오.' 하였다. 병권을 주관하는 그 사람이 바야흐로 성을 냈는데, 소춘풍이 또 잔을 부어 권하면서, '앞서 말은 농담이요, 내 말이 잘못됐소. 규규(赳赳, 씩씩한) 무부(武夫)를 어찌 아니 좇겠는가.' 하였다. 이 세 노래는 모두 속요(俗謠)인데, 뜻으로 해석해 보면 이와 같다. 이때에 성묘가 크게 기뻐하여 소춘풍에게 금단(錦段)·견주(絹紬)·호표피(虎豹皮)·후추(胡椒)를 매우 많이 상으로 내렸는데, 소춘풍의 힘으로는 혼자 다 옮길 수 없었다. 궐에 들어와 있던 장사들이 모두 날라다 주었는데, 이로 말미암아 소춘풍의 이름이 온 나라에 퍼졌다(時有武臣爲兵判者 意謂旣酌相臣 當酌將臣 次必及我 有大宗伯秉文衡者在座 春風酌以前曰 通今博古 明哲君子 豈可遐棄 乃就無知武夫也 其主兵者方含怒 春風又酌而進曰 前言戲之耳 吾言乃誤也 赳赳武夫 那可不從也 按三歌皆俗謠 故以意釋之如此 於是成廟大悅 賞賜錦段絹紬及虎豹皮胡椒甚多 春風力不能獨運 將士入侍者 皆携持而與之 笑春風由此名傾一國)."

라도 내가 바라는 님과 하고 싶은 사랑을 하겠다는 다짐이나 뜻이 담겨 있다. 그리고 이런 노래들은 말놀이나 글자놀이가 들어간 노래가 많다.

더욱이 송이, 구지, 계단 같은 이들은 제 이름을 부려 써서 노래를 지었는데, 기녀는 신분이 낮은 여자이지만 노래 마당에서는 주인이 될 수 있다는 것을 힘주어 말하고 있는 셈이다.[50] 이름은 그 사람을 바로 가리키는 말이기에 그 사람의 됨됨이가 들어 있다. 옛날 여자들 이름은 아무렇게나 짓기도 하고 양반 집 여자들이라도 족보에는 이름을 올리지 않고 지아비의 이름을 올렸다. 그때 여자가 제 이름을 당당히 말하거나 제 이름을 써서 노래를 짓는 일은 세상이 여자의 이름을 낮고 업신여길지라도 나는 그런 세상의 다스림을 받지 않고 스스로 세상 위에 서 보겠다는 뜻을 드러낸 일이다.

다음 노래는 제 마음이 곧고 한결같음을 읊은 노래인데, 한편으로는 내 마음을 알아주는 님을 만나겠다고 말하는 노래이다.

ᄂᆞᆷ이 ᄂᆞᆯ 니ᄅᆞ기를 貞節업다 ᄒᆞ건만은
내 타시 아니라 님자 업ᄉᆞᆫ 타시로다
아무나 내 님 되여서 사라보면 알니라

『근화악부(槿花樂府)』 228, #872.1

남이 나를 이르기를 정절 없다 하건마는
내 탓이 아니라 임자 없는 탓이로다
아무나 내 님 되어서 살아 보면 알리라

50) 이 밖에도 황진이(명월), 매화, 진옥 같은 이도 제 이름을 넣어 노래를 지었다. 기녀들이 제 이름을 써서 노랫말 삼은 노래가 열 마리가 넘는데 이는 적지 않은 양이다. 이름이 가리키는 자연물을 내세워 지은이만이 가지고 있는 제멋(개성)과 제 잘난 느낌(우월성)을 모자람 없이 드러냈다. 김용찬(2013), 「기녀시조의 미의식과 여성주의적 성격」, 『남도문화연구』 제25집, 순천대학교 남도문화연구소, 236~238쪽.

남들은 다 내가 정절(貞節)이 없다고 말한다. 하지만 이것은 내 탓이 아니라 임자 없는 탓이다. 다시 말해 내가 섬길 수 있는 참 님이 있다면 나는 그이에게만 몸과 마음을 바칠 것이라는 뜻을 담고 있다. 그래서 아무나 내 님이 되어서 나와 같이 살아 보면 알 것이라고 했다. 나의 임자(주인)가 되어준다면 나는 다른 누구에게도 사랑을 주지 않고 내 님에게만 한결같은 사랑을 바치겠다고 한다.

노래의 속살을 보면 말하는 이는 이 사람 저 사람과 사귀는 여인으로 보인다. 그래서 남들로부터 절개가 없다고 비난을 받고 있다. 그러니 이 노래의 말하는 이는 기녀일 수 있다. 지금은 정해진 님이 없기 때문이지 참으로 사랑하는 님이 정해지면 오로지 그 사람만을 사랑하겠다고 하여, 나를 곧고 깨끗하지 않다고 비웃는 이들이 잘못되었다고 되받아치며, 내가 꿈꾸는 사랑을 말한 노래이다. 그래서 이 노래에는 임자를 만나고 싶어 하는 마음도 들어 있다.

다음은 정철(鄭澈, 1536~1593)이 지은 노래인데 님이 나를 사랑만 해주신다면 어떤 어려움이 있더라도 꿋꿋하게 살아가겠다고 읊었다.

기울 계 대 니거니ᄯᅡ나 쪽박귀 업거니ᄯᅡ나
비록 이 셰간 판탄홀만정
고온 님 괴기옷 괴면 그를 밋고 살리라

- 정철(鄭澈), 『송강가사(松江歌辭) 이선본(李選本)』 25, #586.1

밀기울과 겨로 끼니를 잇거나 말거나 쪽박이 없거나 말거나
비록 이 살림 깨질망정
고운 님이 사랑하기만 하면 그를 믿고 살리라

밀기울과 겨(기울 계)를 대어 끼니를 잇거나 말거나 쪽박(바가지)이 없거나 말거나(곧, 밀기울이나 겨로 아침저녁을 대어 먹을 것으로 삼든지 말든지, 바가지가 없든지 말든지 괜찮다는 말), 비록 이 살림살이(세간) 뒤집어엎고

판을 치더라도(판탕板蕩할망정)[51] 고운 님이 사랑만 해준다면 믿고 살아갈 뜻이 있다고 했다. 노랫말을 보면 말하는 이가 살림하는 아낙으로 보인다. 한 아낙이 먹을 것이 모자라고 살림살이가 어려워도 님이 저를 괴기만 해 주면 참고 견디며 살아가겠다고 말하고 있다. 정철은 여인의 목소리를 빌려 임금 그리는 노래를 많이 지었기에 이 노래에 나오는 님도 임금을 가리킨다고 할 수 있다. 그렇다면 이 노래는 "나라 살림이 바닥이 나고 어려워도 임금께서 저를 아껴만 주시면 믿고 살 수 있다."[52]는 속내가 담겨 있다고 할 수 있다.

삶이 어려워도 내가 사랑하는 님이 나를 끝까지 아껴주면 이겨내고 살아갈 수 있다. 먹을 것과 돈이 중요한 것이 아니고 님이 베푸는 사랑이 중요하다. 이 노래의 말하는 이도 이런 사랑을 바라고 있다.

다음 노래는 사랑은 달라지면 안 된다고 읊은 노래이다.

> 가다가는 올지라도 오다가는 가지 마소
> 뮈나다가는 괼지라도 괴다가는 뮈지 마소
> 이後난 뮈도 괴도 말고 믜양 이만 킈여고져
>
> – 매화(梅花), 『동국명현가사집록(東國明賢謌詞集錄)』 292, #16.4

> 가다가는 올지라도 오다가는 가지 마소
> 미워하다가는 사랑할지라도 사랑하다가는 미워하지 마소
> 이 뒤에는 미워하지도 사랑하지도 말고 늘 이렇게만 하였으면

---

51) 『시경(詩經)』, 「대아(大雅) · 생민지십(生民之什)」의 「판(板)편」에 "상제가 상도를 뒤집은지라. 하민이 모두 병들거늘(上帝板板 下民卒癉)." 「주희집전(朱熹集傳)」에 "판판은 번복함이다(板板反也)." 「대아(大雅) · 탕지십(蕩之什)」과 「탕(蕩)편」에 "광대하신 상제는 하민의 군주이시니(蕩蕩上帝 下民之辟)." 「주희집전(朱熹集傳)」에 "탕탕은 광대한 모양이다(蕩蕩 廣大貌)." 나라 다스리는 일의 어지러움을 말하고 있다.

52) 전재강(2004), 「정철 시조에 나타난 현실 지향과 풍류의 성격」, 『시조학논총』 21집, 한국시조학회, 212쪽.

위 노래는 한 마디로 마음을 바꾸지 말라는 뜻이다. 변치 않는 사랑을 바라고 있다. 떠나거나 미워하다가 마음이 바뀌어 다시 돌아와 사랑하는 것은 좋지만, 나에게 와서 사랑하다가 마음이 바뀌어 미워하여 다시 떠나는 일은 하지 말라고 했다. 오다가 가는 것, 괴다가 미워하는 것은 사랑하는 마음이 돌아서는 것이다. 사랑을 주지 않다가 주는 것은 좋지만 주다가 주지 않는 것은 하지 말아야 한다. 사랑을 주다가 주지 않게 되면 마음이 너무 아프고 쓰라리기 때문이다. 그럴 바에는 차라리 처음부터 안 주는 게 낫다. 마지막에 지금 서로 사랑하고 있다면 앞으로 더 미워하지도 더 사랑하지도 말고 늘 이렇게 지내자고 하였다.

그런데 마지막에 한 말을 달리 풀 수도 있다. 이 노래의 지은이는 사랑하는 이가 저를 떠나갔다가 다시 오고, 다시 왔다가 떠나가고, 또는 저를 미워하다가 사랑해주고, 사랑해주다가도 미워하는 일을 되풀이하자 이런 변덕스러움에 싫증이 나서 이다음에는 미워하지도 괴지도 말고, 곧 이랬다저랬다 하지 말고 그냥 늘 이렇게 덤덤하게 지내자고 한 말일 수도 있다. 사랑을 줄 것 같으면서도 다시 돌아서는 이에게 지쳐버린 이의 푸념일 수도 있겠다.

다음 노래도 사랑에는 변함이 없어야 한다고 말한다.

> 靑山은 내 뜻이오 綠水는 님의 情이
> 綠水 흘너 간들 靑山이야 變홀손가
> 綠水도 靑山을 못 니져 우러 예어 가는고
>
> \- 황진이(黃眞伊), 『대동풍아(大東風雅)』 128, #922.1

> 청산은 내 뜻이요, 녹수는 님의 정이라
> 녹수 흘러간들 청산이야 변할쏜가
> 녹수도 청산을 못 잊어 울면서 흘러가는가

노랫말을 꼼꼼하게 살펴보면 내가 품은 뜻이 청산이고, 님의 정(뜻)이

녹수라고 했다. 그러니 나는 푸른 뫼(청산)가 되기를 바라며 님은 푸른 물처럼 마음이 늘 달라진다고 했다. 나는 늘 한결같이 변함없는 산이 되려는 뜻을 품고 있다. 그런데 님은 산처럼 꿋꿋하게 자리를 지키고 있지 않고 늘 물처럼 흘러 움직이고자 한다. 님이 물처럼 흘러가려고 한들 산이 되고 싶어 하는 내가 변하겠는가. 그러면서 저 물이 흘러가면서 내는 소리를 들으니 아마 산을 못 잊어 우는 소리가 아닌가라고 했다. 님이 물처럼 흘러 움직이지만 그 소리는 나를 못 잊어 우는 소리로 들린다고 했다. 이 노래는 님에게 바치는 사랑이 변하지 않을 것임을 다짐하는 노래이다.

이 노래는 황진이와 지족(知足) 스님의 이야기와 얽혀 있다. 황진이가 지족 스님을 넘어뜨리고〔파계破戒시키고〕 나서 지은 노래인데, 임주탁은 이 이야기를 바탕으로 노래를 풀어야 한다고 했다. 임주탁의 풀이는 다음과 같다.

> 물은 님의 정(마음, 뜻)이라고 했는데, 물은 움직이면서 흘러가니 변하는 성질을 가지고 있다. 그리고 물은 지은이 황진이의 모습이기도 하다. 그와 견주어 산은 움직이지 않고 달라지지 않는다. 그러니 지족 스님의 모습이기도 하다. 황진이는 산처럼 꿋꿋하고 달라지지 않는 지족 스님에게 마음을 주었고, 지족 스님은 물처럼 마음이 움직여 황진이에게 그만 빠지고 말았다. '물이 흘러간들 산이야 변하겠는가'는 지족 스님의 마음이 물처럼 흔들리고 움직였지만, 본디 가졌던 산과 같이 변치 않는 모습을 그대로 지니고 있다는 말이다. 남들은 지족 스님이 넘어졌다고 생각했지만 황진이는 그렇게 받아들이지 않았다. 물(황진이)이 산(지족 스님)을 거쳐 흘러가더라도 여전히 산은 달라지지 않고 본디 모습을 지키고 있듯이 황진이가 스쳐 지났어도 스님은 변치 않고 제 모습을 지키고 있다. 그리고 물(황진이)이 소리를 내어 흘러가는 것은 마치 산(스님)을 잊지 못해 울며 가는 모습과 같다고 생각하여 황진이 저도 스님의 꿋꿋함을 따르려는 마음을 넌지시 말하고 있다. 물처럼 스님을 떠나 왔어도

스님을 생각하는 마음만큼은 변치 않았음을 말하고 있으니 '푸른 산이 내 뜻'이라 하였다. 황진이는 지족 스님을 넘어뜨리고 나니 다시 품어주고 싶어서 이렇게 노래했다.[53]

위의 임주탁이 한 풀이를 받아들인다면, 이 노래는 '나는 산처럼 변치 않는 스님을 따르고 싶었는데, 스님의 마음이 물처럼 움직여 어쩔 수 없이 스님의 길을 지키지 못했지만, 그래도 산처럼 꿋꿋하고자 했던 스님의 다짐은 변할 리가 없으니, 내가 물처럼 스님을 떠나왔어도 스님의 산과 같은 훌륭함은 잊지 못할 것이다.'고 풀 수 있다. 그러니 이 노래는 '세상 사람들은 스님을 비웃을지 모르지만 나는 끝까지 스님의 길을 가고자 했던 그분을 가엾게 여긴다'는 노래이다.

이렇게 노래는 듣는 이, 읽는 이가 그럴 듯하게 나름대로 얼마든지 여러 가지로 풀 수 있다. 노래나 글을 뜻풀이하는 일은 어찌 보면 "**헛다리짚기**"[54]라 할 수 있다. 지은이나 말하는 이는 그런 생각으로 짓거나 노래하지 않았는데, 받아들이는 이는 전혀 다르게 풀고 있으니 헛다리짚는 격이다. 그러나 노래나 글은 지은이가 붓을 놓을 때 벌써 지은이의 것이 아니라는 말이 있다. 지은이를 떠난 노래나 글은 이제 듣는 이나 읽는 이의 몫이다. 그래서 "**문학의 뜻풀이(해석)는 꿈 풀이와 같다**"[55]는 말도 있다. 듣는 이나 읽는 이가 푸짐하고 넉넉하게 뜻풀이 하고 맛볼수록 그 값어치가 커진다.

---

53) 임주탁(2006), 「이야기 문맥을 고려한 황진이 시조의 새로운 해석」, 『우리말글』 38, 우리말글학회, 207~215쪽. 임주탁의 글을 줄이고 다듬었다.

54) 이남호(1990), 『문학의 위족』, 민음사, 책머리에. 그러나 이 헛다리짚기도 본디 몸에서 아주 떨어져 버리면 뜻을 깨뜨려 버리는 수렁에 빠질 수 있으므로, 아메바의 헛다리(위족僞足, pseudopodium)처럼 몸의 거느림을 받으면서 몸 밖으로 뻗어나가 새로운 먹이를 얻을 때, 그 헛다리짚기는 뜻넓이를 넓게 하고 작품을 다시 새롭게 만들어낸다고 했다. 그러니 헛다리짚기도 그럴 듯하게 이치에 맞게 해야 한다.

55) 조동일(1980), 『문학연구방법』, 지식산업사, 72쪽.

4) 내 사랑은 이어져야

내가 사랑하는 님과 오랫동안 함께 있기를 바라고 내가 나누는 사랑이 끊임없이 이어지기를 바라는 노래들이 있다.

ᄃᆞᆰ아 우지 말아 닐 우노라 ᄌᆞ랑 마라
半夜秦關에 孟嘗君 안니로다
오ᄂᆞᆯ은 님 오신 ᄂᆞᆯ이니 안니 운들 엇더리

- 송이(松伊), 『청구영언(青丘永言) 가람본(嘉藍本)』 311, #1244.1

닭아 울지 마라 일찍 운다고 자랑 마라
한 밤중 진나라 관문의 맹상군 아니로다
오늘은 님 오신 날이니 아니 울면 어떠하리

송이의 노래는 님이 오신 밤에 닭이 울면 님과 헤어져야 하므로 닭에게 울지 말라고 읊었다. 닭에게 다른 이보다 일찍 울어 새벽을 알린다고 자랑 마라고 하였다. 맹상군(孟嘗君)은 닭이 울어야 밤중에 진나라 관문(반야진관 半夜秦關)을 빠져 나가 목숨을 건질 수 있다.[56] 그러나 지은이에게 닭 울음소리는 듣고 싶지 않은 소리이다. 더구나 오늘은 님이 오신 날이니 밤새도록 님과 사랑을 나누게 날이 새지 않기를 바란다. 이 노래를 지

---

56) 옛날 중국 전국시대(戰國時代) 때 진(秦)나라 소양왕(昭襄王)이 제(齊)나라의 맹상군에게 벼슬을 주고 부려 쓰려고 했으나 옆에서 맹상군은 진나라가 아니라 제나라를 위해서 일할 것이라고 말해서 그를 죽이려고 하자, 맹상군이 한 밤중에 진나라 관문을 빠져 나가 달아난 일이 있었다. 『사기(史記)』, 「맹상군열전(孟嘗君列傳)」에 "한밤중에 함곡관에 이르렀다.……맹상군은 함곡관까지 오기는 했으나 관의 규칙으로는 닭이 운 뒤에야 관의 문을 열어 나그네가 갈 수 있게 되어 있었다. 맹상군은 쫓아오는 이가 올 것이 두려웠다. 그때 끝자리에 앉은 손님 가운데 닭 울음소리를 잘 내는 이가 있어 그가 닭 울음소리를 흉내 내자 가까이에 있는 닭이 모두 울어댔다. 그래서 통행증을 보이고 관을 벗어났다(夜半至函谷關……孟嘗君至關 關法雞鳴而出客 孟嘗君恐追至 客之居下坐者有能為雞鳴 而雞齊鳴 遂發傳出)."

은 이는 기녀인데, 기녀에게 찾아오는 사내는 하룻밤만 묵고 갈 때가 많다. 그래서 날이 새면 다시 떠난다.

님과 같이 있고 싶은 마음을 맹상군의 이야기를 끌어다 노래한 것이나, 닭이 울지 않으면 님이 가지 않는다고 생각하는 것이나, 다 이치에 맞는 생각과는 거리가 멀다. 사람은 사랑을 나누면 이렇게 때로는 엉뚱하고 터무니없는 생각을 하기도 한다.

> 冬至ㅅ 둘 기나긴 밤을 한 허리를 버혀 내여
> 春風 니불 아레 서리서리 너헛다가
> 어론님 오신 날 밤이여든 구뷔구뷔 펴리라
>
> \- 황진이(黃眞伊), 『청구영언(靑丘永言) 진본(珍本)』 287, #1422.1

> 동짓달 기나긴 밤의 한 가운데를 베어 내
> 봄바람 이불 아래 서리서리 넣었다가
> 어른 님 오신 날 밤에 굽이굽이 펴리라

동짓달 밤은 한겨울 밤으로 한 해 가운데 가장 긴 밤이다. 그 밤의 한 가운데를 잘라 내서 봄바람(춘풍 春風)처럼 따스한 이불 아래 촘촘히 넣어 둔다고 했다. 그러니 밤의 반토막을 이불 아래 간직한 셈이다. 그렇게 숨겨둔 밤을 나와 함께 어울린 님[57]이 오신 날 밤에 굽이굽이 길게 펼쳐 내겠다고 했다. 그러니 님이 오신 밤이 더 늘어난 셈이다.

님이 안 계신 밤은 어찌 그리 길고 더디 가는지 모른다. 그래서 더욱 길게 느껴진다. 님과 함께 하는 밤은 어찌 그리 짧고 빨리 가는지 모른다. 그래서 그 밤을 늘려 보고 싶다. 그러면 님이 안 계신 밤을 잘라 와서 님과 함께 하는 밤에 보태면 된다. 노래는 세상의 시간도 내 마음대로 늘리고

57) 옛말에 '얼이다'는 '배필로 삼게 하다', '혼인하다'의 뜻이 있었다. 한글학회(1992), 『우리말큰사전4-옛말과 이두』, 어문각, 5256쪽. 오늘날 '어른'은 여기에서 온 말로 장가들고 시집 간 사람을 이른다.

줄이기도 할 수 있게 만든다.[58] 노래는 머릿속으로 생각을 펼쳐, 보이지 않는 그림을 그릴 수 있게 한다. 이것이 노래의 힘이다.

이 노래는 그때 이름난 소리꾼이자 춤꾼인 이사종(李士宗)과 6년 동안 같이 살고 약속한 때가 다 되었다면서 딱 끊어버리고 떠났던 황진이가 그를 생각하며 지은 것이라 한다.[59]

이 노래와 비슷한 시가 있다. 다음은 한용운(韓龍雲, 1879~1944)이 지은 「여름밤이 길어요」이다.

> 당신이 계실 때에는 겨울밤이 짧더니 당신이 가신 뒤에는 여름밤이 길어요.
>
> 책력의 내용이 그릇되었으나 하였더니 개똥불이 흐르고 벌레가 웁니다.
>
> 긴 밤은 어디서 오고 어디로 가는 줄을 분명히 알았습니다.
>
> 긴 밤은 근심 바다의 첫 물결에서 나와서 슬픈 음악이 되고 아득한 사막이 되더니 필경 절망의 성(城) 너머로 가서 악마의 웃음 속으로 들어갑니다.
>
> 그러나 당신이 오시면 나는 사랑의 칼을 가지고 긴 밤을 베어서 일천(一千) 토막을 내겠습니다.
>
> 당신이 계실 때는 겨울밤이 짧더니 당신이 가신 뒤는 여름밤이 길어요.

한용운의 시도 님과 함께 있는 밤은 짧게 느껴지나 님이 떠난 밤은 길게 느껴진다는 노래이다. 그래서 긴 밤을 칼로 도막내겠다는 가슴 절절한

---

58) 그래서 조동일은 노래나 시와 같은 서정 문학을 '세계의 자아화'로 갈무리하였다. 조동일(1977), 『한국소설의 이론』, 지식산업사, 101쪽. 노래나 시는 세상일을 내 마음대로 만들어 말하는 갈래이다.

59) 『어우야담(於于野談)』에 "진이가 비구를 쓰고는 첩의 예를 다하며 이사종의 집에서는 조금도 돕지 못한 것이 3년이었다. 이사종이 진이 집을 먹여 살리기를, 진이가 이사종을 먹인 것과 똑같이 하여 갚아 또 3년이 되었다. 진이가 말하길, '일이 이미 이루어졌으니 약속한 때가 다 되었습니다.' 하고는 작별을 하고 떠나갔다(親着臂韝 盡妾婦禮 使士宗家不助鎖銖 旣三年 士宗餉眞伊一家 一如眞伊餉士宗以報之者 適三年 眞伊曰 業已遂約期滿矣 遂辭而去)." 유몽인(柳夢寅), 신익철·이형대·조융희·노영미 옮김(2006), 『어우야담(於于野談)』, 돌베개, 135쪽.

말을 해본다. 본디 여름밤은 짧아야 하지만 님이 없기에 길게만 느껴진다. 오히려 겨울밤은 님이 계시기에 더 짧다고 여긴다.

다음 노래는 말하는 이가 아직 님이나 사랑을 못 만났으나, 언젠가 만나게 된다면 그 사랑이 잘 이어지기를 바라는 노래이다.

> 柚子ᄂᆞᆫ 근원이 엇더ᄒᆡ여 ᄒᆞᆫ 곡지예 둘식 셰식 여러
> 九十月 風霜에도 ᄯᅥ러질 줄 모라ᄂᆞᆫ고
> 우리도 사랑 만나거던 ᄯᅥ러지지 말가 ᄒᆞ노라
>
> 『동국명현가사집록(東國明賢謌詞集錄)』 389, #3693.3

> 유자는 근원이 어찌하여 한 꼭지에 둘씩 셋씩 열어
> 구시월 바람서리에도 떨어질 줄 모르는고
> 우리도 사랑 만나거든 떨어지지 말까 하노라

유자(柚子) 열매가 한 꼭지에 둘씩, 셋씩 열리는 것을 보고 그 본바닥이나 까닭이 어쩐 일인지 생각해 본다. 유자는 그 근원이 쉽게 떨어지거나 쉽게 찌그러지거나 상하지 않기에, 가을철 구시월(九十月)에 바람과 서리〔풍상 風霜〕를 만나도 떨어지지 않는다. 여기서 '떨어지다'는 나뭇가지에 달려 있다 땅으로 떨어진다는 뜻도 있고, 열매끼리 꼭지에 그대로 붙어 있지 않고 멀어진다는 뜻도 있다. 이렇게 유자는 땅에 잘 떨어지지도 않고 한 꼭지에 달린 열매끼리 멀어지지도 않는다. 이런 유자처럼 우리도 사랑하는 이를 만나거든 떨어지지 말고 그 사랑을 길게 이어갔으면 좋겠다고 노래하였다.

쉽게 떨어지거나 상하지 않는 유자라는 과일을 찬양하면서 그 유자의 속성을 닮은 사랑을 바라고 있다. 옛 노래에서 바람, 비, 눈, 서리는 어려움이나 괴로움을 뜻하는 말로 종종 썼던 말이다. 사랑하는 동안에는 늘 어려움과 괴로움이 도사리고 있다. 사랑은 시간이 지나면 힘들어지기도 하고 변하기도 하고 불안해지기도 한다. 그러니 이 노래에는 사랑의 힘든

과정을 이겨내려는 마음도 담겨 있다.

다음은 모시 삼는 일에 빗대어 사랑을 이어 보겠다고 노래했다.

> 모시를 이리져리 삼아 두로 삼아 감삼다가
> 가다가 ᄒᆞᆫ가온ᄃᆡ 뚝 근쳐지ᄋᆞᆸ거ᄂᆞᆯ 皓齒丹脣으로 홈ᄲᆞᆯ며 감ᄲᆞ라 纖纖玉手로 두 ᄭᅳᆺ 마조 잡아 뱌부쳐 이으리라 져 모시를
> 우리 님 思郞 긋ᄎᆞ 갈 ᄌᆡ 져 모시ᄀᆞᆺ치 이으리라
>
> 『병와가곡집(甁窩歌曲集)』 1083, #1654.2

> 모시를 이리저리 삼아 두루 감아 삼다가
> 가다가 한 가운데 뚝 끊어지거늘 흰 이 붉은 입술로 흠빨며, 감빨며, 섬섬옥수로 두 끝 마주 잡아 바비작거려 이으리라 저 모시를
> 우리 님 사랑 끊어져 갈 때 저 모시같이 이으리라

모시를 삼는 일은 모시를 가늘게 찢어서 그 끝을 맞대고 비벼 꼬아 잇는 일이다. 그런 일을 여러 번 한다고 했다. 그러면 더욱 튼튼하게 된다. 그런데 그 모시가 한가운데 뚝 끊어지면 하얀 이빨, 붉은 입술〔호치단순 皓齒丹脣〕[60]로 흠뻑 빨며, 감칠맛이 있게 빨며, 가냘프고 여리고 고운 손〔섬섬옥수 纖纖玉手〕으로 두 끝 마주 잡아 잇따라 문질러 이어 보겠다고 했다. 그리고 우리 님과 나누는 사랑도 끊어지고 시들해지면 이 모시같이 이어 보겠다고 했다. 끊어진 모시를 비벼서 잇는 것처럼 사랑도 끊어지지 않게 이어야 한다. 모시처럼 사랑을 이어가리라는 한 아낙의 굳은 뜻이 엿보인다.

엮음 노래는 이렇게 나날의 삶에서 몸소 겪은 일을 바탕으로 노랫말을

60) 아름다운 여인의 모습을 그린 말이기도 하다. 삼국(三國) 위(魏) 조식(曹植)의 「낙신부(洛神賦)」에 "구름 같은 머리를 높이 틀어 올리고 그 눈썹은 가늘고 길게 흐르며 붉은 입술은 밖으로 빛나고 흰 옥 같은 이는 입술 사이에서 곱구나(雲髻峩峩 脩眉聯娟 丹脣外朗 皓齒內鮮)."

만들어 낸다. 모시를 삼아 본 사람이 이런 노래를 할 수 있다. 엮음 노래는 지은이를 밝히지 않는 노래가 많아 이 노래도 누가 지은지 알 수 없으나 여느 백성들이 하는 일을 노랫말 삼아 아마 백성의 노래가 아닌가도 보는데, 짧은 노래나 엮음 노래나 아직까지 여느 백성이 지었다고 적은 노래책은 없다. 백성들이 부르는 노래의 노랫말을 따와 기녀나 소리꾼(가객)들이 짓지 않았을까 짐작해 본다.

다음 노래도 사랑을 잘 이어가자고 부른 노래인데, 선비가 지었다.

蓮 심어 실을 ᄡᅩ바 긴 노 부여 거럿다가
思郞이 긋쳐 갈 제 찬찬 감아 ᄆᆡ오리라
우리ᄂᆞᆫ 마음으로 ᄆᆡᄌᆞ시니 긋칠 쥴이 이시랴

- 김영(金煐), 『청구영언(靑丘永言) 육당본(六堂本)』 286, #3330.1

연을 심어 실을 뽑아 긴 노끈 비벼 걸었다가
사랑이 끊어져 갈 때에 칭칭 감아 매리라
우리는 마음으로 맺었으니 끊어질 줄이 있으랴

김영(金煐)은 정조 때 벼슬을 지낸 선비인데, 위와 같은 사랑 노래를 지었다. 우리는 마음으로 맺은 진실한 사랑을 하고 있으니 끊어지려고 할 때 긴 노끈으로 칭칭 감아 끊어지지 않게 단단히 매어 보자고 했다. 사랑은 잡을 수도 없고 끈으로 맬 수도 없는데, 그렇게 할 수도 있다고 생각했다. 그만큼 우리의 사랑이 잘못되지 않고 길이길이 잘 이어가기를 바라고 있다.

연(蓮)은 실을 뽑아낼 수 있는 풀꽃이 아니기에 왜 연에서 실을 뽑는다고 말했는지가 궁금해진다. 연은 고귀한 꽃이기에 연꽃처럼 고귀한 사랑을 하기를 바라서 이런 말을 했다고 풀기도 한다.[61] 예부터 연은 더러운

61) 조동일(2017), 앞의 책, 196쪽.

진흙탕에서 자라지만 그 꽃잎은 진흙탕에 담겨 있지 않고 깨끗하게 피어난다 하여 많은 이들이 거룩하고 훌륭하게 여겼다.[62] 연처럼 훌륭하고 아름다운 사랑이 그치지 않고 길이 이어지기를 바란 노래이다.

다음은 기녀 홍랑이 부른 노래인데 사랑을 이어가고 싶다는 뜻을 담았지만 앞의 노래들과는 그 말하기 방식이 조금은 다르다.

> 묏버들 갈ᄒᆡ 것거 보내노라 님의손ᄃᆡ
> 자시ᄂᆞᆫ 窓밧긔 심거 두고 보쇼셔
> 밤비예 새닙곳 나거든 날인가도 너기쇼셔
>
> \- 홍랑(洪娘), 『오씨가장전사본(吳氏家藏傳寫本)』 1, #1672.1

> 산버들 가려 꺾어 보내노라 님에게
> 주무시는 창밖에 심어 두고 보소서
> 밤비에 새 잎이 나면 날인가 여기소서

지은이는 님과 떨어져 있는데, 님을 만나기는 어려우니 님에게 묏버들을 꺾어 보내 잠자는 방의 창밖에 심어 두고 보라고 했다. 그리고 밤비를 맞아 새 잎이 나면[63] 날인가도 여기시라고 했다. 본디 묏버들은 살아가는 힘이 기운차고 싱싱해 땅에 꽂아놓기만 해도 살아난다고 한다.[64] 님과 비록 떨어져서 있기는 하지만 묏버들이 시들지 않고 새 잎이 나듯이 제 사랑도 싱싱하고 기운차게 이어나가기를 바라고 있다. 묏버들은 님을

---

62) 송(宋) 주돈이(周敦頤)의 「애련설(愛蓮說)」에 "나는 유독 연꽃을 사랑한다. 더러운 진흙에서 나오지만 그것에 오염되지 않고, 맑은 물에 씻기지만 요염하지 않으며(予獨愛蓮之 出於泥而不染 濯淸漣而不妖)."

63) "새닙곳"의 '곳'이 옛말의 힘줌토씨(강세조사)라면 '새 잎이 나기만 하면'쯤의 뜻이고, '곧(卽)'이라는 어찌씨(부사)라면 '새 잎이 곧 나면'으로 풀 수 있다.

64) 당나라 때에 남녀가 헤어지면서 버들을 꺾어주는 풍습이 있었다고 한다. 버들은 꺾꽂이로 잘 자라는 나무이기에 자신을 잊지 말아 달라는 뜻과 더불어 한자말로 버들 '양(楊)'은 머물 '류(留)'와 소리가 같아서 떠나지 말고 머물러 달라는 뜻도 있다. 권순정(2006), 「고전시가의 어휘교육 연구」, 서울대학교 석사학위논문, 107~108쪽.

사랑하는 말하는 이의 마음이 담긴 자연물이기에 지은이 저를 가리키기도 한다. 내가 그대를 그리워하고 사랑하고 있으니 내가 보낸 버들에 새 잎이 나면 그것이 나라고 생각하고 잊지 말아 달라는 뜻이 담겨 있다.

이 노래는 다음과 같은 이야기와 얽혀 있다.

> 홍 낭은 홍원 기생인데 절개를 좋아하고 고운 얼굴을 가졌다. 젊어서 최고죽에게 사랑을 받았는데, 고죽이 서울로 돌아가게 되자 홍 낭은 쌍성까지 따라가 헤어지고 돌아오는 길에 함관령에 이르러 날이 저물어 비 내리고 침침해짐을 만나 노래 하나를 지어 고죽에게 부쳤다. 뒤에 홍 낭은 고죽이 아프다는 소식을 듣고 그날로 떠나 무릇 낮밤으로 이레 만에 서울에 이르렀다. 그러나 나라가 막아 머무를 수가 없어, 고죽이 병이 나으매 홍 낭을 보내되 시를 주었다. '말 못 하고 서로 쳐다보며 유란(幽蘭)을 건네주니 이제 하늘가로 가면 어느 날에 돌아 올 것인가? 함관의 옛 노래 부르지 마오, 지금 비구름이 청산을 가리우네.' 고죽이 죽고 난 후 홍 낭은 스스로 가꾸지 않고 파주에서 무덤을 지켰다. 임진왜란 때 고죽이 지은 시 종이를 짊어지고 달아나서 전쟁의 재앙을 벗어났다. 홍 낭이 죽자 고죽의 무덤 아래에 묻어 주었다.[65]

홍랑(洪娘)이 고죽(孤竹) 최경창(崔慶昌, 1539~1583)과 사랑을 나누다 고죽이 서울로 돌아가게 되자 헤어지고 돌아오는 길에 이 노래를 지었다. 무엇보다 님과 헤어지고 그저 하염없이 기다리거나 혼자 한숨과 눈물만 짓지 않고 묏버들을 보내 님과 사랑을 이어가기를 바라면서 뒷날에 다시 만날 날을 바라고 있다.[66] 그리고 이 노래와 얽힌 이야기를 보더라도 기

---

65) 남학명(南鶴鳴, 1654~1722)의 『회은집(晦隱集)』 권5, 「잡설(雜說)·사한(詞翰)」에 "洪原妓洪娘 愛節有姿色 少爲崔孤竹所顧 及孤竹歸京師 娘追及雙城而別 還到咸關領 值日昏雨暗 作歌一章 寄孤竹 娘聞孤竹有疾 卽日發行 凡七晝夜到京 然以邦禁不得留 孤竹病已送娘 贈詩曰 相看脈脈 贈幽蘭 此去天涯幾日還 莫唱咸關舊詩曲 至今雲雨暗青山 孤竹沒後 自毁其容 守墓於坡洲 壬辰之亂 負孤竹詩稿 得免兵火 及死葬孤竹墓下."

녀 홍랑과 선비 최경창의 사랑은 그저 잠깐 사귀고 스쳐가는 만남이 아니라 참다운 사랑으로까지 나아갔음을 알 수 있다.[67] 이 노래는 버드나무 가지가 늘 새롭게 목숨을 이어가듯 님과 나누는 사랑이 이어지기를 바라는 노래라 할 수 있다.

> 올 제는 님 보러 오니 놉흔 뫼도 ᄂᆞ자써니
> 必然이 갈 제는 ᄂᆞ즌 뫼도 놉흐려니
> ᄎᆞ라리 놉흔 뫼 채 놉하 못 너문들 엇더리
>
> 『근화악부(槿花樂府)』 254, #3501.1

> 올 때는 님 보러 오니 높은 뫼도 낮았더니
> 필연이 갈 때는 낮은 뫼도 높으려니
> 차라리 높은 뫼 더욱 높아 못 넘은들 어떠리

님을 보러 올 때는 높은 뫼도 낮다고 생각한다. 반갑고 그립고 사랑하는 님을 만나는데 산이 높다고 님을 보러 오지 않을 수 없다. 높은 산도 넘어서 오고 싶다. 그러나 님과 헤어져 필연(必然)이 갈 때는 낮은 뫼도 높아 보인다. 님을 떠나 돌아가는 길은 어깨가 처지고 발걸음도 무거우며 기운도 없다. 그래서 높은 뫼가 더욱 높아져서 못 넘어갈 정도가 되어버리면 좋겠다고 생각한다. 산이 높아져서 못 넘어가면 님이 있는 곳에서 머무를 수밖에 없다. 돌아가지 않아도 된다. 그래서 차라리 돌아가는 길에 있는 산이 더욱 높아져서 내가 돌아가지 못하게 해주기를 바랐다. 그러나 산이 높아지기를 바란다고 정말 그렇게 되지는 않는다. 이런 이룰

---

66) 최경창은 홍랑에게 받은 노래를 한시로 바꾸어 주기도 한다. 한시는 다음과 같다. "버들가지 꺾어서 천 리 먼 곳 님에게 보내니, 나를 위해 시험 삼아 뜰 앞에 심어 두고 보세요. 행여 하룻밤 지나 새잎 돋아나면 아세요. 해쓱하고 시름 어린 눈썹은 첩의 몸인 줄을(折楊柳寄與千里人 爲我試向庭前種 須知一夜新生葉 憔悴愁眉是妾身)."

67) 김형철은 이 노래가 기녀와 양반의 사귐이 사랑으로 나아갔음을 보여준다고 하였다. 김형철(2005), 『조선시대 애정시조 연구』, 전남대학교 박사학위논문, 140쪽.

수 없는 꿈을 꾸는 것은 그만큼 님과 떨어지지 않고 늘 함께 있기를 바라는 마음이 간절하기 때문이다.

> 먼 듸 ᄃᆞᆰ 우러ᄂᆞ냐 품의 든 님 가랴 ᄒᆞᄂᆡ
> 이제 보내고도 반밤이나 남아시니
> ᄎᆞ라리 보내지 말고 남은 정을 펴리라
>
> - 김홍도(金弘道), 『청구영언(青丘永言) 연민본(淵民本)』 245, #1633.1

> 먼 데 닭 울었느냐 품에 든 님 가랴 하니
> 이제 보내고도 밤이 반이나 남았으니
> 차라리 보내지 말고 남은 정을 펴리라

님과 함께 밤을 보내고 있는데, 멀리서 닭 우는 소리가 들려 날이 샜다. 날이 밝자 내 품에 들었던 님은 떠나려 하고, 어쩔 수 없이 그 님을 보내놓고 보니 밤이 반이나 남은 것같이 느껴진다. 정말 밤이 반이나 남았다면 닭이 잘못 울었든지, 다른 소리를 닭 울음소리로 잘못 들었을 것이다. 그러나 닭이 제대로 울었다면, 날이 샜지만 님이 내 곁에 없어 밤처럼 어둡고 지루하고 외롭기 때문에 밤이 반이나 남았다고 말했을 수도 있다. 마지막에는 차라리 보내지 말고 남은 정을 펴리라고 다짐한다. 이미 님은 떠났으니 '남은 정을 폈을 것을'이라고 말해야 하는데, '펴리라' 하고 앞으로 그렇게 하고 싶다는 바람을 말하였다. 그래서 '차라리 보내지 말 것을'이라는 후회의 마음도 들어 있고, '앞으로는 보내지 않을 것이다'는 바람도 담았다. 지난 적 일과 앞으로의 일을 모두 노랫말에 담은 셈이다.

이와 같이 이 노래는 님을 보내놓고 뉘우치면서 다음에는 보내지 말고 님과 오래 함께하고 싶다는 바람을 읊었다. 이 노래의 말하는 이는 사내일 수도 있고 여인일 수도 있다. 지은이가 남성인데, 말하는 이와 지은이가 같은 사람이라고 여긴다면, 김홍도(金弘道, 1745~?)가 사랑하는 한 여인과 밤을 보내다 시간이 되어 떠나려는 그 여인을 보내놓고 후회하면서 다음에는 보내지 말고 더 오래 함께하고 싶다고 말한 노래가 된다. 말하는 이를 여인으로 보면 이 여인은 한 사내와 밤을 보내다 시간이 되어 가려는 남성을 붙잡지 못하고 보내주었다가 후회하고 나서 다음에 오면 더 오래 붙잡아 조금이라도 같이 있고 싶은 마음을 읊었다고 할 수 있다. 이때 지은이 김홍도는 제 이야기를 하는 것이 아니고 여인의 노래를 대신 불러 준 것이 된다.

> 閣氏님 草綠 비단 옷의 水墨으로 梅花를 그려
> 불희도 柯枝도 닙도 업시 그린 쓰즌
> 이 梅花 퓌올 쎠드란 년ᄋᆡ ᄆᆞᄋᆞᆷ 마로리라
>
> 『근화악부(槿花樂府)』 225, #70.1

> 각시님 초록 비단옷에 수묵으로 매화를 그려
> 뿌리도 가지도 잎도 없이 그린 뜻은
> 이 매화 필 때쯤이면 그대의 마음 마르리라

사내가 젊은 아낙에게 사랑을 잘 이어가자고 한 노래이다. 아가씨의 초록(草綠) 비단옷에 색깔이 엷은 먹물인 수묵(水墨)으로 매화(梅花)를 그려 넣는데, 뿌리도 가지도 잎도 없이 그린다. 그렇게 그린 뜻은 그림 속의 매화가 필 때쯤이면 그대가 나를 사랑하는 마음이 마를 것이라고 했다. 일부러 뿌리, 가지, 잎을 그리지 않고 그림 속의 매화가 피거든 마음을 접어도 좋다고 하였다. 그림 속의 매화가 꽃을 피울 수는 없다. 일어날 수 없는 일을 들어 두 사람의 사랑이 이어지기를 바랐다. 곧 우리 둘의 사랑은 끊어질 수 없고 우리 둘 사이에 헤어지는 일은 일어나서는 안 된다는 말이다. 한편으로는 나한테만 온전히 마음을 주라고 꾀는 노래이기도 하다. 너는 내 사람이니 딴 마음을 품지 말라고 은근히 겁을 주고 있는 느낌도 든다. 요즘 속된 말로 하면 찜하는 노래이다.

이 노래의 끄트머리에 "년의 ᄆᆞ음 마로리라"를 풀기가 쉽지 않은데, 여기서는 '그대(너)의 마음이 마를 것이다'로 풀었다. 이영태는 '님 향한 마음 마를 것이로다'로 풀었다.[68] '마음이 마르다'의 임자(주체)를 말하는 이인 '나'로 보았다. 한편 박을수는 '다른 생각 말 것이로다'로 풀었다.[69] 이렇게 풀면 그림 속의 매화가 꽃 피면 딴 마음을 품지 말라는 뜻이 된다. 그러면 지금은 딴 마음을 품어도 된다는 뜻이 되어 어쩐지 앞뒤 흐름이 어색하다.

다음 노래도 일어날 수 없는 일을 들어 그 일이 이루어질 때 사랑이 끝날 것이라고 말하고 있다.

> 壁上에 기린 가치 너 나란지 몃 千年고
> 우리의 思郞을 아ᄂᆞᆫ다 모로ᄂᆞᆫ다
> 아마도 너 나라갈 제면 흠긔 갈가 ᄒᆞ노라

『병와가곡집(甁窩歌曲集)』 685, #1979.1

> 벽 위에 그린 까치 너 날아간 지 몇 천 년인가
> 우리의 사랑을 아느냐 모르느냐
> 아마도 너 날아갈 때면 함께 갈까 하노라

벽상(壁上)에 까치 그림을 그려놓고 그 까치가 날아 본 지가 몇 천 년이나 되었느냐고 묻고 있다. 그림 속의 까치는 날아갈 수 없어 천 년이 지나도록 그림 속에 머물러야만 한다. 또 우리의 사랑을 아느냐, 모르느냐고 물었다. 그리고 우리의 사랑도 네가 날아갈 때면 함께 날아갈 것이라고 했는데, 이 말은 그때 우리의 사랑도 끝날 것이라는 말이다. 그림 속의

---

68) 이영태(2018), 『프로이트의 농담 이론과 시조의 허튼 소리』, 채륜, 153쪽.
69) 박을수(1992), 『한국시조대사전(상)』, 아세아문화사, 29쪽.

까치가 날아가는 일은 일어날 수 없으니 우리의 사랑도 끝나는 날이 올 수 없다는 말을 하고 있다. 곧 우리의 사랑이 길이 이어지기를 바라고 있다. 이 노래에는 까치가 천 년이 넘게 그림 속에서 날지 못하고 움직이지 못한다는 상황을 가정하고 있는데, 여기에는 우리의 사랑도 천 년같이 긴 세월 동안 변함없이 이어지기를 바라는 마음이 담겨 있다.

먼 듸 ᄃᆞᆰ 우러ᄂᆞ냐 품의 든 님 가랴 ᄒᆞᄂᆡ
이제 보내고도 반밤이나 남아시니
ᄎᆞ라리 보내지 말고 남은 졍을 펴리라

- 김홍도(金弘道)

님과 어우러지기를 바라는 노래

2. 님과 어우러지기를 바라는 노래

내가 꿈꾸어 왔던 님을 만나기를 바라는 노래가 있다. 또한 나와 사랑을 나누고 있는 님을 높이고 자랑하는 노래가 있다. 사랑하는 님을 위해 몸과 마음 또는 좋은 무엇인가를 바치고 싶어 하는 노래가 있다. 그리고 마음에 둔 님을 꾀는 노래가 있다. 이런 노래들을 이 마당에서 살펴본다.

1) 만남을 바람

님이나 사랑하는 사람과 만나고 싶어 하는 노래들이 있다. 내가 원하는 사람을 만나 인연 맺기를 바라는 노래도 있고, 헤어졌던 님을 다시 만나 사랑과 정을 나누기를 바라는 노래도 있다. 이런 바람을 이룰 수 없을 때는 죽어서라도 사랑하는 사람을 만나고 싶다고 노래하기도 한다.

인연 맺기를 바라는 노래부터 살펴보자. 다음 노래는 내가 꿈꾸는 님을 만나 시집가기를 바라는 어느 나이 많은 아가씨의 노래이다.

臙脂粉 잇네마는 눌 괴려고 冶容ᄒᆞᆯ고
三十年 未嫁하여 숫으로 늙것세라
언제나 제 샤님 어디셔 셰간 사라 보려뇨

『근화악부(槿花樂府)』 66, #3335.1

연지분 있지마는 누구를 사랑하려고 얼굴을 꾸밀까
서른 살이 되도록 시집을 못가 그대로 늙었구나
언제나 저의 새님을 만나 살림을 살아 볼 것인가

연지분(臙脂粉)은 있지만 사랑할 사람이 없다. 이 노래에 나오는 아가씨는 서른 살이 되도록 시집을 못 가 늙어가고 있다. 그래서 어느 때나 님을 만나 살림살이를 해보겠느냐고 말한다. 노처녀의 안타까운 처지를 느낄 수 있는 노래이기도 하지만 꿈꾸는 님을 만나 결혼하기를 바라는 노래이다.[1)]

연지분은 연지와 분으로, 연지는 입술에 바르는 것이요 분은 얼굴에 바르는 것으로 요즘말로 하면 화장품이다. 이 노래를 다시 풀어 보면 다음과 같다. 좋은 연지분이 있지마는 누구를 사랑하려고(괴려고) 얼굴을 예쁘게 단장〔야용 冶容〕할꼬? 서른 살이 다 되도록 시집을 못 가〔삼십 년 미가 三十年 未嫁〕 숫처녀로(숫으로) 늙었도다. 언제나 저의 새 님(샤 님)을 만나 어디서 살림(세간)을 살아 볼 것인가.

그런데 이 노래의 끝줄(종장) '제'를 다른 사람이 어떤 이를 가리키는 말로 보면, 이 노래는 시집 못 간 아가씨가 혼잣말로 부르는 노래가 아니라 그 처녀를 알고 있는 다른 사람이 부른 노래가 된다. 그렇다면 서른 살이 되도록 시집 못 간 처녀의 처지를 안타까워하는 노래가 된다.

> 달바ᄌᆞᄂᆞᆫ ᄶᅵᆼᄶᅵᆼ 울고 잔디 잔디 쇽닙 난다
>
> 三年 믁은 말가죡은 오용오용 우짓ᄂᆞᆫ듸 老處女의 擧動 보쇼 함박 죡박 더지며 역정ᄂᆡ여 ᄒᆞᄂᆞᆫ 말이 바다의도 셤이 잇고 콩팟헤도 눈이 잇지 봄 숢ᄌᆞ리 ᄉᆞ오나와 同牢宴를 보기를 밤마다 ᄒᆞ여 뵈ᄂᆡ
>
> 두어라 月老繩 因緣인지 일락ᄇᆡ락 ᄒᆞ여라

『시가(詩歌) 박씨본(朴氏本)』 713, #1207.1

> 달바자는 쨍쨍 울고 잔디 잔디 속잎 난다

---

1) 허왕욱은 이 노래가 그때 노처녀의 처지에 있던 여성의 마음을 사실적으로 표현해 낸 것으로 보았다. 허왕욱(2004), 「여성 시조의 설정과 교과서에서 여성 시조 읽기」, 『문학교육학』 제13호, 한국문학교육학회 279쪽. 이렇게 풀면 신세를 푸념하는 노래로 볼 수도 있다.

삼년 묵은 말가죽은 오용오용 우짖는데 노처녀의 거동 보소, 함지박 쪽박 던지며 성을 내어 하는 말이 바다에도 섬이 있고 콩팥에도 눈이 있지, 봄 꿈자리 사나와 혼인 잔치 보기를 밤마다 하여 보니

두어라 월하노인 인연의 끈이 필락 말락 하여라

달풀로 엮은 바자(달바자)는 쨍쨍 울고, 잔디마다 속잎 나고, 삼 년 묵은 말가죽은 윙윙 소리를 낸다. 봄이 와서 따뜻해지고 풀꽃과 나무들이 새싹을 틔우고 만물이 새로 시작하는 철이기에 달풀로 만든 울타리에도 삶의 기운이 넘쳐 쨍쨍 운다고 말했다. 그러나 노처녀(老處女)는 봄의 싱그러운 기운에 밀려나 있다. 노처녀는 함지박과 쪽박을 던지며 성을 내고 푸념한다. 바다에도 섬이 있고 콩팥에도 씨눈이 있는데, 나는 꿈자리가 사나워 남이 혼인하는 잔치〔동뢰연 同牢宴〕를 밤마다 꿈속에서 보니, 월하노인(月下老人)이 끈〔승 繩〕으로 남녀의 인연(因緣)을 맺어준다는 말이 이루어질 듯, 이루어지지 않을 듯한다고 한숨 쉰다.

어느 봄날 모든 것들이 기지개를 켜듯 울타리도 울고 잔디도 속잎이 나고 오랫동안 묵힌 말가죽도 힝힝거리며 살아날 듯한데,[2] 한 노처녀는 시집도 못 가고 혼자서 외롭게 지내는 것에 너무 화가 나서 바가지들을 내던진다. 넓고 넓은 바다에도 끝없이 바닷물로만 이어지지 않고 가끔은 섬이 있어 단조로움을 덜어주고 배 타는 이들이 거기에 머무르기도 한다.[3] 작디작은 콩과 팥에도 씨눈이 있어서 때가 되면 싹을 틔울 수 있다. 하지만 이 노처녀는 너무도 답답하고 심심하게 살고 있다. 더욱이 밤에 잘 때 늘 꿈속에서 남의 혼인 잔치를 보게 되어 마음이 더 괴롭기만 하다. 그래서 자신이 한 사내를 만나 인연을 맺을 수 있을지 없을지 알 수 없다

2) 조동일은 '말가죽은 오용오용 우짖는데'를 말가죽으로 만든 장고가 저절로 흥을 내서 소리를 낸다고 풀었다. 조동일(2017), 『시조의 넓이와 깊이』, 푸른사상, 66쪽.

3) 김흥규(2015), 『사설시조의 세계-범속한 삶의 만인보』, 세창출판사, 114쪽. 그러나 조동일은 '바다에도 섬이 있고'를 바다에 빠져도 섬이 있으면 살아난다는 뜻으로 풀었다. 조동일(2017), 앞의 책, 66쪽.

고 푸념한다.

이 노래는 노처녀가 제 목소리로 말하지 않고 그 노처녀를 지켜보고 있는 다른 누군가가 말을 하고 있다. 한 노처녀의 외로움을 대신 전해주고 있다. 마지막 줄(종장)은 노처녀가 한 말일 수도 있고, 이 노래에서 노처녀를 지켜보는 이의 말일 수도 있다.

조동일은 이 노래가 세 가지의 겹으로 되어 있다고 풀었다. 하나는 바라는 사내를 만나지 못한 노처녀의 불운을 말하고 있다고 보았다. 또 하나는 결혼할 때를 놓친 노처녀를 남성들이 비웃고 있는 노래로 보았다. 마지막 하나는 노처녀가 '바다에도 섬이 있고, 콩팥에도 눈이 있지'라는 슬기로운 말로 성인 같은 깨달음을 얻어, 남성은 뛰어나고 여성은 남성보다 아래라는 잘못된 생각을 비꼬고 있는 노래로 보았다.[4] 이렇게 여러 가지 뜻이 겹쳐 있는 노래로 풀었다. 노래는 지은이가 말한 것만 풀어서는 안 되고 그 속이나 뒤에 감추어진 다른 무엇인가도 캐내야 한다. 그러다 보면 더욱 넉넉하고 가멸찬 뜻풀이와 맛보기에 이르게 되고 그 노래는 더욱 값어치가 빛나게 된다.

ᄇᆞ람은 地動치듯 불고 구즌비는 담아 붓듯 온다
눈경에 걸온 님이 오늘밤 서로 맛나쟈 ᄒᆞ고 板튝쳐 盟誓 밧앗던이 일어ᄒᆞᆫ 風雨에 제 어이 오리
眞實로 오기곳 오 량이면 緣分인가 ᄒᆞ리라

『해동가요(海東歌謠) 일석본(一石本)』 532, #1794.1

바람은 지동 치듯 불고 궂은비는 담아 붓듯 온다
눈정에 걸은 님이 오늘밤 서로 만나자 하고 판칙쳐 맹세 받았더니 이러한 비바람에 제 어이 오리
진실로 오기만 올 양이면 연분인가 하여라

4) 조동일(2017), 위의 책, 67~68쪽.

바람은 땅이 흔들리듯〔지동地動치듯〕 불고, 궂은비는 통에 담아 붓듯이 퍼붓는 매우 궂은 날씨이다. 눈짓을 보내 사귄 님〔눈정情에 걸은 님〕이 오늘밤 서로 만나자 하고 큰소리치며〔판板툭쳐〕[5] 나에게 맹세〔맹서 盟誓〕를 하였다. 그런데 이런 비바람〔풍우 風雨〕에 그 사람이 어찌 오겠는가? 하고 조금은 의심을 한다. 온전히 님을 믿지 못하고 있다. 틀림없이 오겠다는 다짐을 받았지만 날씨가 어디 어지간한 날씨인가? 바람이 세차게 불고 비는 물동이로 퍼붓듯이 내리는 날씨이다. 마지막으로 하는 말을 보자. 진실(眞實)로 오기만 올 양이면, 곧 참말로 이렇게 궂은 날씨에도 약속을 저버리지 않고 오기만 한다면, 그야말로 연분(緣分)인가 한다고 했다. 나를 얼마나 사랑하면 이런 날씨도 마다하지 않고 오겠는가. 그러니 그런 님은 정말 나의 연분이요, 길이 함께할 진정한 님이라 할 수 있다. 비바람이 몰아치는 것을 무릅쓰고라도 오는 님이 있는 사람은 행복한 사람이다.

이 노래에서 바람과 비는 내 사랑이 이루어지는 것을 막는 걸림돌이고, 연분은 내 사랑이 이루어지게 도와주는 구실을 하는 것이다. 비바람이 님과 내가 만나는 것을 아무리 막더라도 연분이라는 어떤 정해진 운명이 있다면 우리의 만남과 사랑은 이루어질 수 있다는 뜻을 담고 있다.

> 어제밤도 곱숑구려 새오ᄌᆞᆷ 자고 지낸밤도 혼자 곱숑구려 새오ᄌᆞᆷ 자니
> 어인 놈의 八字ㅣ가 晝夜長常에 곱송구려 새오ᄌᆞᆷ만 잔다
> 오늘은 그리던 님 만나 발을 펴 ᄇᆞ리고 츤츤 휘감아 잘가 ᄒᆞ노라
>
> 『해동가요(海東歌謠) 박씨본(朴氏本)』 370, #3261.1

> 어젯밤도 움츠리고 새우잠 자고 지난밤도 혼자 움츠리고 새우잠 자니
> 어인 놈의 팔자가 밤낮으로 움츠리고 새우잠만 자는가
> 오늘은 그리던 님 만나 발을 펴버리고 칭칭 휘감아 잘까 하노라

---

5) '판툭쳐'는 '판때려'로 약속이나 옳고 그름을 판가름하는 일을 뜻한다. 다른 노래책에는 '판치다'로 거리낌 없이 힘을 부린다는 뜻이다. 노랫말의 흐름으로 볼 때 '큰소리치다'의 뜻으로 풀 수 있다.

'곱송구려'는 몸을 잔뜩 움츠린다는 뜻이다. 어젯밤도 움츠리고 새우잠을 자고, 지난밤도 혼자 움츠리고 새우잠을 잤다. 그러면서 제 처지를 푸념한다. 어찌 된 놈의 팔자(八字)인지 밤이고 낮이고 늘〔주야장상 晝夜長常〕 몸을 이렇게 움츠리고 새우잠만 자는가. 그런 다음 바라는 바를 이야기 했다. 오늘은 그리운 님을 만나 두 발 펴고 님의 몸에 칭칭 휘감아 잤으면 좋겠다고 한다. 지난 적(과거)과 다른 오늘(현재)을 만들겠다는 강한 뜻을 내보였다.

말하는 이는 늘 혼자 외롭게 몸을 움츠리고 새우잠만 자고 있어 님과는 떨어져 있다. 그러나 푸념만 하지 않고 바람을 이야기했다. 그날이 오늘 밤이 되었으면 좋겠다고 했다. 바람이 바로 이 자리에서 곧 이루어지기를 바랐다. 님과 함께하지 못하는 날과 님과 함께하는 날이 어떻게 다른지 잠자는 모습으로 견주어 말했다. 마지막에 칭칭 휘감아 잔다는 말은 살과 몸을 섞는 사랑까지 나누겠다는 뜻도 들어 있다. 가운뎃글(중장)에서 '어인 놈의 팔자'라는 말을 한 것으로 보아 말하는 이는 사내로 보인다. 사내도 님을 그리워하면 여성 못지않게 이런 노래를 할 수 있다.

다음 엮음 노래는 어떤 여인이 돌다리를 건너는 한 사내를 보고 제 지아비로 삼고 싶다고 읊은 노래이다.

> 져 건너 흰 옷 닙은 사ᄅᆞᆷ ᄌᆞᆫ밉고도 양믜왜라
> 쟈근 돌ᄃᆞ리 건너 큰 돌ᄃᆞ리 너머 밥 쒸여 간다 ᄀᆞᄅᆞ 쒸여 가ᄂᆞᆫ고 애고 애고 내 書房 삼고라쟈
> 眞實로 내 書房 못 될진대 벗의 님이나 되고라쟈

『청구영언(靑丘永言) 진본(珍本)』 517, #4244.1

> 저 건너 흰 옷 입은 사람 잔밉고도 얄미워라
> 작은 돌다리 건너 큰 돌다리 넘어 바삐 뛰어 가는가, 가로 뛰어 가는가, 애고 애고 내 서방 삼고 싶어라
> 진실로 내 서방 못 될 것이면 벗의 님이나 되었으면

돌다리를 건너는 사내에게 마음을 빼앗긴 여인은 그 사람이 제 지아비가 되었으면 좋겠다고 생각한다. 처음에 몹시 밉고도(ᄌᆞᆫ믭고도) 얄밉다(양믜왜라)고 했다. 여기에는 내가 마음속으로 품은 사내가 내 지아비가 될 수 있을지 뚜렷이 알 수 없기에, 한편으로는 내 마음을 아프게 해서 얄밉다고 하는 '거꾸로 말하기(반어적 표현)'가 들어 있다. 얄미울 정도로 멋있게 생기고 내 마음을 흔들리게 한 사내이다. 그 사내는 작은 돌다리를 건너고 큰 돌다리를 넘는데 바삐 뛰어가고, 가로 뛰어간다고 해서, 그 건너는 모습이 날래고 잽싸다. 그리고 흰 옷을 입어 더욱 밝고 맑아 보인다.

돌다리를 건너는 모습을 그린 다음 "애고 애고"라는 말을 써서 그 간절함을 나타냈다. 그런데 자신의 지아비가 못 되면 벗의 님이라도 됐으면 좋겠다고 했다.[6] 내 지아비가 되면 그보다 더 좋은 일이 없겠지만, 그 일이 이루어질 수 없다면 벗의 지아비라도 되어 곁에서 그 사람을 곁눈질을 해서라도 볼 수 있기를 바란다. 그렇게라도 그 사내를 보고 싶다는 바람이 깔려 있다. 이 노래의 마침글(종장)에는 웃음이 담겨 있기도 하다. 소박하고 솔직한 말하기가 노래에 생기를 불어넣고 있다.

한편 살아서 인연을 맺지 못하면 죽어서라도 인연을 맺었으면 좋겠다고 읊은 노래가 있다.

> 니 몸이 학이 도여 부유건곤 ᄒᆞ옵다가
> 일모황혼시에 ᄇᆡ운심쳐 나려 안ᄌᆞ
> 그곳에 졍든 님 계시거던 ᄌᆞ고 갈가

『여창가요록(女唱歌謠錄) 양승민본(梁承敏本)』 186, #3820.1

6) 조성진은 이 노래의 여성이 상대를 으르거나 위협하지 않고 반드시 자신의 서방이 되어야만 한다고 생각하지도 않기 때문에 기녀로 볼 수 있다고 했다. 조성진(2012), 「화자의 '시선'과 사설시조 담당층 문제-명대 악부민가와의 비교를 통해」, 『국문학연구』 제26호, 국문학회, 76쪽.

이 몸이 학이 되어 세상을 떠돌아다니다가
날이 저물녘에 흰 구름 깊은 데 내려 앉아
그곳에 정든 님 계시거든 자고 갈까 (하노라)

님의게셔 오신 片紙 다시금 熟讀ᄒᆞ니
無情타 ᄒᆞ려니와 南北이 머러세라
죽은 後 連理枝 되어 이 因緣을 이으리라

– 유세신(庾世信), 『병와가곡집(甁窩歌曲集)』 500, #4066.1

님에게 오신 편지 다시금 깊이 읽어 보니
무정타 하려니와 남북이 멀었구나
죽은 뒤 연리지 되어 이 인연을 이으리라

첫 번째 노래는 이 몸이 학이 되어 세상에 떠 날아다니다〔부유건곤 浮遊乾坤〕 날이 저물 무렵〔일모황혼시 日暮黃昏時〕에 흰 구름 깊은 곳〔백운심처 白雲深處〕에 내려 앉아 그곳에 정든 님이 계시면 자고 갈까 한다고 읊었다. 이 노래를 하는 이는 그리운 님과 함께하고 있지 못하고 있어 죽어서 학이라도 되어서 님과 함께하기를 바란다.

두 번째 유세신(庾世信, 영조 때)의 노래에서 님께서 보내주신 편지(片紙)를 읽고 또 읽는다〔숙독 熟讀〕. 님은 무정(無情)하여 오시지는 않고 편지만 보내주었다. 그러나 그 편지라도 어디겠는가. 남북(南北)이 멀었다고 한 것으로 보아 님과는 아주 멀리 떨어져 있다. 그런 님과 살아서는 온전히 만남과 사랑을 이룰 수 없다고 생각해서인지 죽어서 연리지(連理枝)[7]가 되어 인연(因緣)을 이어 보겠다고 했다.[8] 살아서 만나지 못하고

---

7) 두 나무가 서로 맞닿아 결이 통하는 것. 화목한 부부나 남녀 사이를 이르는 말.
8) 나정순은 이 노래가 연리지에 얽힌 이야기를 빌려 보편의 관념으로 사람들의 입에 오르내리던 그때 인연에 대한 생각을 그대로 받아들이고 있을 뿐이어서, 이겨내는 자세를 드러내지 못하고 말하는 이가 기교를 부리는 데 그쳤다고 보았다. 나정순

그리워만 하는 님이라면 죽은 뒤에는 서로 떨어지지 않는 부부가 되어 인연을 영원히 이어가겠다는 바람을 노래했다.

두 노래 다 님과 사랑의 열매를 죽어서라도 맺기를 바란다. 그러니 살아 있는 동안에는 님과 인연을 맺을 수 없다는 뜻이 담겨 있다. 그 까닭은 자세히 알 수 없다. 아마도 인연을 맺을 수 있는 조건이나 상황, 처지가 아니었는가 하고 짐작할 수 있다. 학이 되거나 연리지가 되는 일은 바로 이 자리에서는 이룰 수 없는 일이고 그저 마음속으로 그려 볼 수밖에 없는 일이다. 살아 있는 자리에서 이룰 수 없는 사랑을 꿈, 마음, 생각 속에서나마 이루기를 바란다.

만남이나 사랑이 이루어지기를 바라는 노래 가운데는 남의 님, 곧 다른 이를 사랑하고 있는 사람을 생각하는 노래가 있다. 어떻게 보면 조금은 위험한 사랑을 하고 있다.

> 萬頃滄波之水에 둥둥 ᄯᅥᆺᄂᆞᆫ 부략금이 게오리들아 비슬 금셩 증경이 동당강셩 너시 두르미들아
>
> 너 ᄯᅥᆺᄂᆞᆫ 물 기픠를 알고 둥 ᄯᅥᆺᄂᆞᆫ 모로고 둥 ᄯᅥᆺᄂᆞᆫ
>
> 우리도 남의 님 거러 두고 기픠를 몰라 ᄒᆞ노라
>
> 『청구영언(靑丘永言) 진본(珍本)』 537, #1537.1

> 만 이랑 넓은 바다에 둥둥 떠 있는 부략금이 거위 오리들아
>
> 비슬거리는 증경이 동당 떠다니는 느시 두루미들아, 너 떠 있는 물 깊이를 알고 둥 떴느냐 모르고 둥 떴느냐
>
> 우리도 남의 님 걸어 두고 깊이를 몰라 하노라

만 이랑이 되는 넓고 푸른 바닷물[만경창파지수 萬頃滄波之水]에 둥둥 떠 있는 부략금이[9]와 거위, 오리(게오리)들에게 묻는다. 또 비슬거리며 다니

(1995), 「시조와 여성 작자층」, 한국고전문학회, 『문학과 사회집단』, 집문당, 151쪽.

는 날짐승〔비슬 금성禽性〕인 원앙새(증경이), 동당동당 떠다니는 새인 느시(동당강셩 너시),[10] 두루미들에게도 묻는다. 너희들이 떠 있는 물의 깊이를 알고 떠 있는지, 모르고 떠 있는지. 그리고 우리도 남의 님을 걸어두고 깊이를 모른다고 했다.

남의 님을 사랑하는 제 처지를 깊이를 모르는 넓은 물 위를 떠다니는 물새들과 견주었다. 남의 님을 그리워하는 일은 괴롭기도 하지만 위험하기도 하다. 님이 지금 사귀거나 만나는 사람과 헤어지고 나에게 와야 하는데, 거기에는 두 사람을 갈라서게 하고 두 사람의 사랑을 가로막는 구실을 내가 해야 한다. 또 남의 님은 이미 아내나 지아비가 있는 님일 수 있다. 그런 님을 사랑하는 것은 불륜이 될 수도 있다. 이런 사랑의 앞날은 매우 고달프고 험난할 것이다. 그래서 깊이를 모르는 물 위에 떠 있는 것과 같다고 말하고 있다. 물새들은 물의 깊이를 몰라도 되고, 물에 빠질 것을 걱정하지도 않는다. 조마조마한 마음으로 걱정하고 있는 이는 이 노래의 말하는 이다. 내가 마음에 두고 있는 이는 남의 님이기에 나에게 올 수 있을지 알 수 없다. 온다고 해도 그 사랑이 아무 탈 없이 이어질 수 있을지 알기 어렵다. 남의 님을 사랑하고 그리워하는 마음을 깊이를 모르는 물 위를 떠다니는 물새들에 빗대어 말했다는 것이 아주 색다르다. 이런 '**색다르게 빗대어 말하기**' 때문인지 이 노래는 슬프게 들리지 않는다. 마음은 불안한 사랑을 하고 있으나 말하기는 전혀 그렇지 않다.

> 눈아 눈아 얄믜온 눈아 두 손 長가락으로 질너 머르칠 눈아
> 놈의 님을 볼씨라도 본동만동 ᄒᆞ라 ᄒᆞ고 ᄂᆡ 언제붓터 情 다술라터니
> 아마도 이 눈의 지위예 말 만흘가 ᄒᆞ노라
>
> 『해동가요(海東歌謠) 박씨본(朴氏本)』 385, #1113.1

---

9) 부략금이: 물새의 하나.

10) 동당강셩은 금성(禽性)을 동당에 어울리는 홀소리로 바꾼 듯. 느시는 두루미목 느시과의 큰 새. 붉은 갈색에 검은색의 가로줄 무늬가 있고 몸 아랫면은 흰색임. 목이 길며 날개가 넓고 커서 나는 모습이 기러기와 비슷함.

눈아 눈아 얄미운 눈아 두 손 장가락으로 찔러 멀게 할 눈아
남의 님을 볼지라도 보는 둥 마는 둥 하라 하고 내 언제부터 정 다스리라 했더니
아마도 이 눈의 탓으로 말 많을까 하노라

두 손의 가운데 손가락으로 찔러 멀게 해버리고 싶을 만큼 이놈의 눈이 얄밉다. 늘 다짐하기를 남의 님을 볼 때 보는 둥 마는 둥 하면서 마음을 다스리라고 했는데, 그러지 못했다. 마음을 다스리지 못해 남의 님에게 눈길이 가고 그 눈길이 오래 머물렀다. 그래서 아마도 이 눈 때문에 말 많을까 걱정한다. 이렇게 눈을 다스리지 못하고 남의 님에게 눈길을 주다 보면 앞으로 무슨 일이 일어날지 모른다고 생각하고 있다. 잘못은 제가 해놓고 애꿎은 눈을 탓하고 눈을 나무란다.

사랑하거나 마음을 둔 사람이 있으면 눈이 간다. 어느 가수가 부른 노랫말처럼 한 번 보고 두 번 보고 자꾸만 보고 싶다. 그런데 그 사람은 남의 님이다. 남의 님을 마음에 담으면 나만 괴롭다. 이루기 힘든 사랑이기 때문이다. 그런데 그 사람을 보면 저도 모르게 눈길을 주게 된다. 다시는 보지 말자, 보더라도 바로 고개를 돌리자, 이렇게 마음먹지만 잘 안 된다. 이런 안타까움을 노래하였다.

이렇게 '남의 님'을 마음에 둔 이들의 노래에서 자기 스스로를 웃기게 만드는 말하기를 한다. 이런 말하기를 조성진의 말을 빌리면 대놓고 욕망을 좇는 것에 대한 비난을 피하기 위한 전략이라 할 수 있다.[11] '남의 님을 걸어둔' 사랑은 어리석기도 하고, 때로는 위태롭기도 해서 남이 비난할 수도 있고 사회가 용납하지 않을 수도 있는 사랑이다. 그러나 이런 사랑을 심각하거나 진지하게 이야기하지 않고 자기를 못난이나 바보처럼

11) 조성진(2013), 「사설시조 사랑 노래에 나타난 웃음의 의미」, 『한국시가연구』 제35집, 한국시가학회, 173쪽. 이런 말하기를 조성진은 '자기 풍자(self-parody)'라고 갈무리하였다.

스스로 망가뜨리면 노래를 듣는 이나 읽는 이들의 웃음을 자아내기 때문에 다른 사람들의 비난을 덜 수 있다.

한편, '새 님'을 마음에 품고 사랑이 이루어지기를 바라는 노래가 있다. '남의 님'보다는 덜하지만 '새 님'을 좋아하는 것도 아슬아슬한 사랑이다. '새 님'은 둘 다 좋아하는 사이가 아니라 나만 좋아하는 짝사랑하는 님이기 때문이다.

狂風아 부지 마라 고은 꼿 傷홀셰라
덧업슨 春光을 네 어이 ᄌᆡ촉ᄒᆞᆫ다
우리도 ᄉᆡ님 거러두고 離別될가 ᄒᆞ노라

『해동가요(海東歌謠) 박씨본(朴氏本)』 494, #381.1

거센 바람아 불지 마라 고운 꽃 상할세라
덧없는 봄빛을 네 어이 재촉하느냐
우리도 새 님 걸어두고 이별될까 하노라

광풍(狂風)은 미친 듯이 사납게 부는 바람인데, 이렇게 거세게 바람이 불면 고운 꽃이 떨어지고 상할 수 있으니 불지 말라고 일렀다. 봄빛〔춘광春光〕은 잠깐 있다 없어지니 덧없는 것인데, 거센 바람이 불어 꽃까지 상하게 하면 이 덧없는 봄빛이 빨리 없어지게 재촉하는 꼴이 된다. 거센 바람이 꽃을 해치고 봄빛이 사라지게 재촉하는 것처럼 우리가 새 님을 걸어두고 하는 사랑이 이루어지지 않고 이별이 되어 버릴까 걱정하였다. 새 님을 마음에 담고 짝사랑하는 일은 늘 조마조마하고 아슬아슬하다. 거센 바람에 꽃이 상하듯이 언제 이 사랑이 깨지고 끝장날지 알 수 없다. 이루어지기도 전에 이별이 될 수도 있다. 거센 바람은 나의 짝사랑을 막는 걸림돌이고, 고운 꽃은 새 님과 나누는 사랑이다. 덧없는 봄빛은 한때나마 가까워졌지만 깊이 있는 사랑으로 나아가지 못한 어설픈 사랑이다.

사랑은 이루어질 때보다 안 이루어질 때가 더 많다. 내가 좋아한다고 그 사람이 나를 좋아하지는 않는다. 그 사람이 나를 좋아하면 나는 그 사람을 딱히 좋아하지 않을 수도 있다. 그래서 사랑은 불안할 때가 많다.

江原道 開骨山 감도라드러 鍮店졀 뒤헤 우둑 션 전나모 긋헤
숭구루혀 안즌 白松骨이도 아므려나 자바 질드려 꿩 山行 보내ᄂᆞᆫ듸
우리ᄂᆞᆫ 새 님 거러 두고 질 못 드려 ᄒᆞ노라.

『청구영언(靑丘永言) 진본(珍本)』 465, #144.1

강원도 개골산 감돌아들어 유점사 뒤에 우뚝 선 전나무 끝에
웅크려 앉은 흰 송골매도 아무렇게나 잡아 길들여 꿩 사냥 보내는데
우리는 새 님 걸어 두고 길 못 들여 하노라

강원도(江原道) 개골산(開骨山→皆骨山)은 금강산(金剛山)의 겨울 이름이다. 그 금강산을 감아 돌아 들어가면 유점사(鍮店寺→楡岾寺)라는 절이 있다.12) 그 절 뒤에 우뚝 선 전나무 끝에 웅크려 앉은 흰 송골매〔백송골白松骨〕도 아무렇게나 잡아 길들여 꿩 사냥〔꿩 산행山行〕을 보내는데, 우리는 새로운 님을 마음에 품고서 길을 못 들여 하고 있다고 했다. 짝사랑하는 님을 길들이기는 매 길들이기보다 어렵다고 하여 짝사랑하는 일과 매 길들이는 일을 견주었다. 한편 이 노래는 사나운 매도 아무렇게나 길을 들이면, 주인 말을 듣고 주인이 시키는 대로 꿩 사냥까지 나가게 되는데, 내가 사랑하는 새 님은 왜 이다지도 나에게 쉽게 길들여지지 않는지 답답

12) 『신증동국여지승람(新增東國輿地勝覽)』 권지47, 「강원도(江原道)·회양도호부(淮陽都護府)」에 "금강산: 장양현의 동쪽 30리에 있다. 부(府)와 거리는 1백 67리이다. 산의 이름이 다섯 가지이니, 금강(金剛), 개골(皆骨), 열반(涅槃), 풍악(楓嶽), 지달(怾怛)로, 백두산의 남쪽 줄기이다.……산 안팎에 모두 1백 여덟 개의 절이 있는데, 표훈사·정양사·장안사·마하연·보덕굴·유점사가 가장 이름난 절이라 한다(金剛山: 在長楊縣東三十里 距府一百六十七里 山名有五 一曰金剛 二曰皆骨 三曰涅槃 四曰楓嶽 五曰怾怛 白頭山南條也……山共有百八寺 表訓 正陽 長安 摩訶衍 普德窟 楡岾 最爲名刹云)."

해하는 마음을 담고 있기도 하다.

그저 백송골을 잡아 길들인다고 하면 될 말을 '강원도 개골산 감돌아들어 유점절 뒤에 우뚝 선 전나무 끝에 웅크려 앉은 백송골을 길들인다'고 말을 길고 어지럽게 늘어놓았다. 이렇게 말을 이어 엮어 짜기를 한 까닭은 말 재미를 느끼게 하려고 일부러 이렇게 했을 수도 있고, 더 자세하고 친절하게 마디마디 알려주려고 이런 말 엮어 짜기를 했을 수도 있다.

새로 만난 님은 길을 잘 들여야 내 님이 될 수 있는데, 길들이기가 쉽지만은 않다. 우리도 누군가를 새로 좋아하고 사랑하는 마음을 품게 되지만 그 사람이 내 사람이 되게 하려면 오랜 시간이 걸린다. 많은 시간을 들이고 갖은 공을 들여야 내 님이 될 때가 많다. 더욱이 나만큼 그 님도 나에게 마음이 없을 때, 곧 짝사랑할 때는 더 많은 시간과 힘을 들여야 한다.

ᄒᆞᆫ 눈 멀고 ᄒᆞᆫ 다리 절고 痔疾 三年 腹疾 三年 邊頭痛 內丹毒 다 알ᄂᆞᆫ 죠고만 삿기 개고리

一百 쉰 대자 쟝남게 게올을 제 쉬이 너겨 수로록 소로로 소로로 수로록 허위허위 소솝 뛰여 올라안자 ᄂᆞ리실 제란 어이실고 나 몰래라 져 개고리

우리도 새 님 거러 두고 나죵 몰라 ᄒᆞ노라.

『청구영언(靑丘永言) 진본(珍本)』 562, #5282.1

한 눈 멀고 한 다리 절고 치질 삼년 배앓이 삼년 편두통 내단독 다 앓는 조그만 새끼 개구리

일백 쉰 대자 큰 나무에 기어오를 제 쉽게 여겨 수루룩 소로로 소로로 수루룩 허위허위 솟아 뛰어 올라앉아 내리실 때는 어쩌실까 나 몰라라 저 개구리

우리도 새 님 맺어 두고 나중 몰라 하노라

개구리 이야기를 하고 있지만, 개구리 노래가 아니라 새 님을 짝사랑하는 아슬아슬함을 노래하고 있다. 한 마리 개구리가 있는데, 한 눈은 멀다. 애꾸눈 개구리인 셈인데, 참말 이런 개구리가 있을지도 알 수 없다. 그리

고 한 다리는 절고 있다. 다리가 성치 않은 개구리이다. 또 갖가지 병을 앓고 있다. 치질(痔疾) 3년, 배앓이〔복질 腹疾〕 3년, 한쪽 머리가 아픈 병〔변두통 邊頭痛→편두통 偏頭痛〕, 안으로 곪아드는 단독〔내단독 內丹毒〕[13]을 앓는 조그만 새끼 개구리이다. 이 개구리가 백쉰 자나 되게 높은 큰 나무에 기어 올라가는데 쉽게 여겨 어쩌다가 올라가긴 했지만 내려올 때는 어떻게 내려와야 할지 갈팡질팡하고 있다. 이 개구리는 몸이 성치 않기 때문에 아무 탈 없이 다시 내려올지 알 수 없다. 이런 개구리처럼 이러지도 저러지도 못하고 아슬아슬하게 줄타기를 하고 있으면서, 나중 일이 어떻게 될지 모르는 것이 새 님을 짝사랑하고 있는 우리의 처지라고 노래하였다. 새로 만난 님과 인연을 맺어두고 짝사랑하는 마음을 몸이 성치 않은 새끼 개구리가 높은 장대에 올라간 것에 빗대었다.

앞에서 '남의 님을 걸어둔 사랑'의 노래에서 말하는 이 스스로를 웃음거리로 만드는 말하기에 대해 살펴보았는데, '새 님을 걸어둔 사랑'의 노래들도 비슷하게 풀이할 수 있다. 위 노래는 새 님을 짝사랑하는 나를 몸이 성치 않은 개구리에 빗댔는데, 이렇게 스스로 망가지고 웃음거리가 됨으로써 어려운 사랑을 하고 있다는 남의 비난을 피할 수 있다. 말하는 이 스스로가 놀림거리가 되면 듣는 이들은 심각하게 받아들이지 않고 웃고 넘어가게 된다. 또한 마지막에 '우리도'라고 말한 것은 나의 이런 못난 모습을 비웃거나 나무라지만 말고 공감해 달라는 마음도 들어 있다. 나뿐만 아니라 여기 모인 여러분들도 '새 님'을 마음에 두고 아슬아슬한 사랑을 할 때가 많지 않느냐는 말이다.

> ᄇᆞ른갑이라 하늘로 늘며 두더쥐라 싸흐로 들랴
> 금죵달이 鐵網에 걸려 플덕플덕 프드덕이니 늘다 긜다 네 어드로 갈다
> 우리도 새 님 거러 두고 플더겨 볼가 ᄒᆞ노라.
>
> 『청구영언(靑丘永言) 진본(珍本)』 479, #1768.1

---

13) 단독(丹毒): 살갗의 헌 데나 다친 곳으로 세균이 들어가서 생기는 돌림병.

바람개비라 하늘로 날며 두더지라 땅으로 들랴

금종달새 쇠그물에 걸려 풀떡풀떡 푸드덕이니 날겠느냐 기겠느냐 네 어디로 가겠느냐

우리도 새 님 걸어두고 풀떡여 볼까 하노라

짝사랑에 빠지면 그물〔철망 鐵網〕에 걸린 금종달새같이 된다. 새가 그물에 걸리면 바람개비[14)]처럼 하늘로 날아갈 수도 없고 두더지처럼 땅을 파고 들어갈 수도 없다. 풀떡풀떡 푸드덕거려 보아도 날 수도 길 수도 없고 그물을 빠져나갈 수 없다. 우리도 새 님 걸어두고 풀떡풀떡 뛰어 보고 아득바득거려 보겠다고 했다. 새 님을 그리워하고 사랑하는 일이 그물에 걸리는 것과 같다고 하였다. 그물에 걸려들면 헤어 나올 수 없다. 그러나 그것을 기꺼이 하겠다고 했다. 가슴이 미어지고 괴로울 수 있지만 그런 사랑이라도 해보자고 하였다.

앞날이 어떻게 될지 모르면서도 무턱대고 누군가를 사랑하게 되는 일이 있다. 그 사랑은 이루어지기 힘들다. 그러나 먼저 시작하고 본다.「한 눈 멀고 한 다리 절고」노래에 나오는 개구리처럼 어쩌다가 높은 나무에 올라가게 된다. 그러나 그곳에서 안전하게 내려올지 알 수 없다. 아마도 노래에 나오는 개구리처럼 떨어져 크게 다칠 수도 있다. 우리도 다칠 줄 알면서 올라가게 된다. 또한「바람개비라 하늘로 날며」와 같이 그물에 걸린 것처럼 빠져나오지 못할 수도 있고 그 그물에 얽매여 괴로울 수도 있다. 그러나 그것을 기꺼이 받아들이기도 한다. 밀고 들어오는 사랑의 열병을 멈추지 못하고 몸달아 할 때가 있다. 그러다 그 사랑이 깨져서 큰 상처를 받기도 한다.

잠깐 오늘날 노래 한 편을 살펴보자. 다음은 가수 김현식(1958~1990)이 노랫말을 짓고 가락도 붙이고 노래까지 한「사랑 사랑 사랑」의 한 도막이다.

---

14) 바람개비는 쏙독새로 날개 20~30cm, 꼬리 10~15cm. 입이 매우 크고, 부리와 다리는 짧음. 주로 숲 속에 살며 저녁 때와 해뜰 무렵에 날아다니는 작은 곤충을 잡아먹는 이로운 새이다. 그러나 여기서는 '하늘로 빠져 나갈 수 있는 새'쯤의 뜻이다.

누구나 한 번쯤은 사랑에 울고
누구나 한 번쯤은 사랑에 웃고
그것이 바로 사랑 사랑 사랑이야

철부지 어렸을 땐 사랑을 몰라
세월이 흘러가면 사랑을 알지
그것이 바로 사랑 사랑 사랑이야
그것이 바로 사랑 사랑 사랑이야

그 흔한 사랑 한 번 못해 본 사람
그 흔한 사랑 너무 많이 한 사람
그것이 바로 사랑 사랑 사랑이야

사랑에 마음 아파 사랑에 울고
사랑에 기분 좋아 사랑에 웃고
(그것이 바로) 바로 사랑 사랑이야

사랑에 마음 아파 사랑에 울고
사랑에 기분 좋아 사랑에 웃고
(그것이 바로) 바로 사랑 사랑이야

누구나 한 번쯤은 사랑에 울고
누구나 한 번쯤은 (누구나 한 번쯤은)
사랑에 웃고 (사랑에 웃고)
(우~ 우~)

노랫말을 보면 사랑에 울기도 하고 웃기도 하고, 제대로 모르면서 하기도 하고, 사랑을 하면서 마음 아파하기도 하는데, 그것이 바로 사랑이라고 하였다. 누구나 한 번쯤은 이런 사랑을 하게 된다. 사람은 마음 아플 것을 짐작하면서도 사랑하게 된다. 나중에 울고 마음 아프고 후회할 사랑이라도 안 해보는 것보다 해보는 것이 좋은 추억과 경험이 될 수 있다. 높은 장대에 올라 줄타기 하는 것처럼 아슬아슬할지라도, 그물에 걸린 새처럼 빠져나올 수 없는 괴로움에 시달릴지라도 한 번쯤 그런 사랑을 해보는 것도 좋으리라.

屛風에 압니 ᄌᆞᆺᄉᆞᆫ동 불어진 괴 글이고 그 괴 알픠 죠고만 麝香쥐를 그렷씐이
애고 죠 괴 삿쌜은 양ᄒᆞ야 글임 쥐를 잡으랴 쫏니는 고여
울이도 새 님 걸어 두고 좃니러 볼까 ᄒᆞ노라

『해동가요(海東歌謠) 일석본(一石本)』 541, #2005.1

병풍에 앞니 자끈동 부러진 고양이 그리고 그 고양이 앞에 조그만 생쥐를 그렸으니

애고 조 고양이 재빠른 양하여 그림의 쥐를 잡으려 쫓아다니는구나

우리도 새 님 걸어 두고 쫓아다녀 볼까 하노라

엮음 노래에는 이런 생각지도 못한 엉뚱함이 들어 있는 노래가 많다. 이루지 못하는 짝사랑을 병풍(屛風) 속 그림의 고양이가 생쥐〔사향麝香쥐〕를 잡으려 가는 것에 빗대었다. 그나마 고양이는 앞니가 부러졌다. 그것도 '자끈동' 부러졌다. 앞니가 부러졌으니 생쥐를 제대로 좇아 잡을지 알 수 없다. 더욱이 고양이나 쥐는 그림으로 그린 것들이니 고양이가 쥐를 잡는 일은 이루어질 수 없다. 우리도 새 님을 걸어두고 쫓아다니고 새 님과 사랑을 이루려고 하지만 이루기 힘들다. 이루기 힘들 줄 알면서 그 님을 사랑하고 그리워한다. 마음이 그 사람에게 가 있으니 어쩔 수 없다. 그래서 우리가 하는 사랑은 마치 앞니 빠진 고양이가 잡을 수 없는 생쥐를 좇으러 가는 모습과 비슷하다. 우리가 사랑하는 님도 잡을 수 없지만 우리는 쫓아다닌다.

이영태는 이 노래의 마지막에 나오는 말을 농익은 익살이 담긴 말로 풀 수 있다고 보았다. '좃니러'의 '좃'은 사내의 연장을 가리킬 수 있고, '일다'는 '일어나다〔起〕', 곧 '곧추 세우다'는 말로 바뀔 수 있으니, 마지막 말은 새 님 그림을 걸어놓고 그 물건을 세워 보겠다는 뜻을 지닌 농담이 될 수 있다.[15] 이렇게 푼다면 이 노래는 말소리의 비슷함을 부려 쓴 엄청난 말장난의 노래가 된다.

한편 다음 노래는 짝사랑을 즐겁게 노래하고 있다.

15) 이영태(2018), 『프로이트의 농담 이론과 시조의 허튼 소리』, 채륜, 29~30쪽.

긔여 들고 긔여 나난 집의 픰도 픨샤 ᄉᆞᆷᄉᆡᆨ 도화

어릔자 범나븨란 넙흔넙흔 넘노난고나

우리도 고은 님 거러 두고 넘노라 볼가 ᄒᆞ노라

『시조(詩調) 단대본(檀大本)』 134, #584.1

기어들고 기어나가는 집에 피고 피는구나 삼색 도화

얼씨구나 범나비는 너울너울 넘놀구나

우리도 고운 님 걸어 두고 넘놀아 볼까 하노라

집이 아무래도 들고나는 문이 낮은 움막 같은 집인 것 같다. 그래서 들고날 때 기어서 들고난다고 했다. 그렇지만 그런 집에도 세 가지 빛깔의 복사꽃〔삼색도화 三色桃花〕이 피고 또 핀다고 해서 비록 보잘것없고 가난한 집이지만 밝고 아름다운 꽃내음이 풍기는 집이다. 더욱이 범나비까지 너울너울 춤을 추며 놀고 있어 봄의 기운과 흥이 가득 차 있다. 이렇게 아름다운 봄날에 고운 님을 점 찍어놓고 넘놀아 보면 좋겠다고 했다. 누구나 아름다운 사랑을 바란다. 좋은 님을 만나기를 바란다. 그 사랑을 이룰 수 있을지 없을지는 모르나 꿈꾸는 일은 얼마든지 할 수 있다. 이 노래는 앞의 노래와 달리 짝사랑하는 일의 즐거움과 기쁨을 노래했다. 짝사랑이 마음을 아프게 하고 힘들게 하기도 하지만, 때로는 마음을 설레게 하고 희망을 부풀게 해서 살아가는 힘을 불어넣어 주기도 한다.

다음 노래는 님을 곁에 두고도 말을 못하는 이의 안타까움을 읊고 있는데, 읽을 수 없는 데가 있어 또렷하게 풀기는 어려운 노래이다.

청포도 늘어진 숑이 못다 먹는 져 다람의 안과

졍든 임 겻테 두고 말 못 붓치는 져 ᄉᆞ롬의 안과

지쳑의 쟝씨를 두고 못 ᄎᆞ 먹는 □□안니면 일너 무숨

『시조집 장서각본(藏書閣本)』 18, #4835.1

청포도 늘어진 송이 못다 먹는 저 다람쥐의 속마음과
정든 님 곁에 두고 말 못 붙이는 저 사람의 속마음과
가까이 장끼를 두고 못 차 먹는 □□ 속마음을 일러 무엇 (하리오)

늘어진 청포도 송이를 다 먹지 못하는 다람쥐의 속마음은 아쉽고 안타깝다. 아마도 다람쥐의 발이나 입이 닿지 못하는 거리에 청포도가 늘어져 있는 것 같다. 정든 님을 곁에 두고 말을 붙이지 못하는 사람이 있다. 마음에 품고 있으나 용기를 내서 말을 건네지 못하고 있는 것 같다. 한 자의 거리만큼 가까운 곳〔지척 咫尺〕에 장끼(수꿩)를 두고도 못 차 먹는 무엇의 속마음을 일러 무엇 하겠느냐고 했다. 아마도 꿩을 잘 잡는 매이거나 꿩을 잡아먹는 담비가 아닐지 짐작해 본다. 노래책에 두 글자 정도가 읽을 수 없게 되어 있어 또렷하게 무엇인지는 알 수 없다.

먹음직스러운 먹이를 눈앞에 두고도 먹지 못하는 짐승의 안타까움과 마음에 품은 님을 바로 곁에 두고도 말을 붙이지 못하는 이의 마음을 견주어서 사랑의 어려움과 안타까움을 읊은 노래로 그 빗대기가 재미있다.

2) 님 자랑

님이 아름답고 훌륭하다고 한 노래, 님을 자랑하는 노래들을 몇 편 살펴보자.

머리를 고텨 꿔어 玉簪으 ᄀ라고죄
년근 디나가되 니미 혼자 과ᄒ시니
진실로 과ᄒ시면 그예 더언 이리 이시가

- 류희춘(柳希春), 『미암일기(眉巖日記)』 1, #1626.1

머리를 다시 빗고 옥비녀를 갈아 꽂고자
다른 이는 지나가되 님이 혼자 칭찬하시니
진실로 칭찬하시면 그보다 더한 일이 있을까

류희춘(柳希春, 1513~1577)의 노래는 지은이가 임금이 내린 술을 받고 감격하여 지은 노래로 '감상은가(感上恩歌)'라는 이름이 붙어 있다. 이 노래를 더 잘 풀이하려면 다음 이야기를 살펴보아야 한다.

> "이른 아침에 상호군의 직책으로 사전(四殿)에 절을 올리고 《헌근록(獻芹錄)》을 고치고 다듬기 위해 사인사(舍人司)의 연정(蓮亭)으로 가서 이정(李精)과 화원(畫員)을 불러 구절마다 점을 치게 했다. 미시(未時)에 다시 대궐에 나가 예방 승지(禮房承旨) 유홍(兪泓)에게 바쳐 승전색리(承傳色吏, 궁중내시)에게 전달케 했다. 한참이 지나 임금께서 비망기(備忘記)로 칭찬하였다. 신 희춘은 또 경회루(慶會樓)의 남문에서 내리신 술 석 잔을 받고, 엎드려 다 마신 뒤 크게 취하여 부축을 받고 성문을 나왔다. 말 위에서 임금의 은총에 감격하여 입으로 노래를 지어 불렀다. 연정(蓮亭)에서 《헌근록》을 다 손질하여 홍문관의 책갑에 담고 붉은 보자기로 싸서 사인사(舍人司)의 청지기 연수(連壽)더러 말 앞에서 안고 가게 하여 대궐에 이르렀다."[16]

본디 『미암일기』에는 "니미혼자과■ᄒᆞ시니"로 한 글자가 무슨 글자인지 읽을 수 없게 되어 있다. 그래서 둘째 줄을 풀기가 여간 힘든 일이 아니다. 어쨌든 이 노래는 임금이 보내주신 은총에 감격해서 술에 취해 그 자리에서 바로 지은 노래이다. 그러니 꾸미고 다듬을 것도 없이 있는 그대로 솔직하게 부른 노래라 할 수 있겠다. 이 노래를 시원스럽게 푸는 이가 없는데, 황패강이 이 노래를 맨 먼저 푼 적이 있다. 황패강의 풀이는 다음과 같다.

---

16) 『미암일기(眉巖日記)』 경오(庚午, 1572) 11월 초2일에 "初二日 早朝 以軍職肅拜于四殿 以獻芹錄修補 詣舍人司蓮亭 招李精及畫員點節 以未時復詣闕 呈于禮房承旨 兪公得因承傳色轉達 移時 上以備忘記褒獎云云 臣希春又蒙賜酒于慶會南門 三盞 臣伏受而盡嚼大醉 扶人而出城門 馬上 感上恩 口占作歌 自蓮亭畢修獻芹錄 夾以弘文館册匣裹以紅袱 令舍人司廳直連壽 抱行于馬前以至闕."

머리를 고쳐 끼워 옥잠(玉簪)은 갈아 꽂으오이다.

다른 이는 지나가되 임이 혼자 일컬으시니

진실로 일컬으시면 그에 더한 일이 있으리까

황패강은 "년근"을 다른 누구, 여느 사람 정도로 풀었고, "과ᄒᆞ다"[17]를 칭찬하다 정도로 푼 것 같다. 그래서 이 노래에서 말하고자 하는 바는 임금 밖에 그 누구, 그 아무의 관심도 눈에 없고 임금 한 분의 사랑이면 충분히 만족한다는 뜻이라고 했다.[18] 이 노래는 매끄럽게 풀기 어렵기는 하지만, 임금이 내려주신 사랑을 훌륭하다고 기리는 노래로 볼 수 있다.[19]

한편 이 노래에 나오는 옥잠(玉簪, 옥비녀)이라는 말 때문에 이 노래의 말하는 이를 여인으로 보기도 하는데,[20] 남자도 상투를 고정시키기 위해 동곳이나 비녀를 썼기 때문에 남성 지은이가 여인의 목소리를 빌린 노래라고 선불리 말하기 어렵다.

이 님이 머기시고 이 님이 임피시니

十生九死ᄒᆞᆫ들 님의 德을 니즐ᄂᆞ냐

17) 한글학회(1992), 『우리말 큰사전4-옛말과 이두』, 어문각, 4877쪽.

18) 황패강(1997), 『한국고전문학의 이론과 실제』, 단국대학교출판부, 506~507쪽.

19) 박을수나 김대행은 "년근"을 임금이 타는 가마 '연(輦)'으로 풀었다. 그리고 "과ᄒᆞ시니"를 '지나가시니'로 풀었다. '연(輦)을 타고 님(임금)이 지나가시되 다른 이에게는 가지 않고 내 앞으로 혼자 지나가신다.' 정도의 뜻으로 풀었다. 박을수(1992), 『한국시조대사전(상)』, 아세아문화사, 410쪽; 김대행 역주(1993), 『한국고전문학전집 시조Ⅰ』, 고려대학교 민족문화연구소, 120~121쪽. 신웅순은 '술에 취해 흐트러진 머리를 가다듬고 옥잠을 다시 꽂는다고 했다. 임금이 지나가시되 임금 혼자 지나가신다고 했다. 다른 사람에게는 지나치면서 자기에게만 술을 권한다는 것이다. 그보다 더한 영광이 어디 있겠느냐고 감격하고 있다.'로 뜻을 풀었다. 〈신웅순의 시조한담〉, 금강일보 2013. 11. 18. 그런데 이들의 풀이가 조금 어색하고 앞뒤가 매끄럽게 이어지지 않는 풀이라 따르지 않는다.

20) 황패강(1997), 앞의 책, 507쪽; 송용재(2015), 「미암 유희춘의 문학세계」, 『한문학논집』 제40집, 근역한문학회, 283쪽.

萬一에 大義을 모ᄅ면 厮養이나 다르랴

- 박선장(朴善長), 『수서집(水西集)』 2, #3882.1

이 님이 먹이시고 이 님이 입히시니

죽을 고비에서 벗어난들 님의 덕을 잊겠는가

만일에 큰 뜻을 모르면 천한 일과 다르랴

박선장(朴善長, 1555~1617)의 노래도 임금을 찬양하는 노래라 할 수 있다. 그의 글모음책(문집)인 『수서집(水西集)』 4권에 「오륜가(五倫歌)·군신(君臣)」이라는 이름으로 실려 있는 노래이기 때문이다.[21] 님이 먹이시고 입히신다고 해서 옷과 먹는 것이 모두 임금의 은혜라는 것을 깨달아야 한다고 했다. 이런 큰 은혜를 받았으니 열 번 살고 아홉 번 죽을 만큼〔십생구사 十生九死〕 어려운 고비를 겪게 되어도 그 은혜를 잊을 수 있겠느냐고 했다. 그리고 이 큰 은혜를 잊고 갚지 않으면 천한 일〔시양 厮養〕[22] 하는 것이나 다를 바가 없다고 하였다.

내가 죽을 고비에 닥치더라도 목숨을 내놓을망정 님의 은혜를 잊거나 등질 수는 없다고 했다. 만에 하나 그런다면 나는 천한 일 하는 사람과 다를 바가 없는 사람이라고 했다. 이 노래를 지은 박선장은 벼슬자리에 있는 선비인데, 저가 임금이 베풀어준 사랑을 저버린다면 선비가 아니라

21) 박선장(朴善長)의 『수서집(水西集)』 권4, 「오륜가소서(五倫歌小序)」에 "저으기 한숨 쉬니 말세라 사람의 마음이 날로 혼탁해졌다. 한밤중에 지붕을 쳐다보니 옛 가르침을 배우려 하는 이가 비록 물욕에 가리워져 양심을 잃었어도 옛사람의 책을 펴면 훤히 깨닫는 바가 있도다. 아마도 글뜻을 깨닫지 못하는 것은 물욕으로 마음이 옮겨가서 마침내 아래로 흘러 버렸기 때문일 것이니 이것이 어찌 매우 슬픈 일이라 하지 않을 수 있겠는가. 이에 어리석은 뜻을 적어 오륜가를 짓고 또 세 가지 어지러운 글을 지어서 권면하고 징계하는 뜻을 보인다(某竊歎叔季人心日偸 中宵仰屋 以爲學古訓者 雖或以物欲所蔽 喪其良心 而開古人書 卽惕然覺悟者有之 其不曉文義者 因物有遷終於下流而止耳 此非可哀之甚者耶 因述鄙懷 作五倫歌又作三章之亂 以是勸懲之義)." 본디 글(원문)은 이상보(1976), 「박선장의 오륜가 연구」, 『명대논문집』 9, 명지대학교 출판부, 86쪽에서 다시 가져옴.

22) 시양(厮養)은 군중(軍中)에서 나무를 해오거나 밥을 짓거나 하는 천한 일.

천한 종들이나 다름없다고 노래했다. 임금의 은덕을 찬양하고 있는 노래이기도 하지만, 임금께 충성을 다짐하는 노래이기도 하다.

> 닷줄을 길기 길기 드려 ᄉᆞ리고 뒤ᄉᆞ리 담아
> 만경창파지즁에 풍덩 드리티면 알연이와 물 깁피를
> 아마도 깁고 깁풀ᄉᆞᆫ 님이신가 ᄒᆞ노라

『가보(歌譜)』 318, #1275.1

> 닻줄을 길게길게 들여 사리고 다시 사려 담아
> 만 이랑 푸른 물결 가운데 풍덩 들이치면 알지만 물깊이를
> 아마도 깊고 깊기는 임이신가 하노라

닻줄을 길게 길게 들여 안쪽으로 동그랗게 포개어 감고 다시 사려 그릇에 담아 만 이랑 푸른 물결〔만경창파 萬頃蒼波〕 가운데 풍덩 들이치면 물 깊이는 알 수 있다고 했다. 그리고 마지막에 아마도 깊고 깊기는 님이신가 한다고 해서 님의 마음은 물보다 더 깊어 잴 수 없다고 읊었다. 간추리면 닻줄로 물 깊이는 잴 수 있으나 님의 마음은 잴 수 없다는 말이다. 님이 나를 아끼고 위해주는 깊고 깊은 마음을 찬양하였다.

이 노래를 꼭 님을 자랑하고 있는 노래로 여기지 않을 수도 있다. 님의 속마음의 깊이가 잴 수 없을 만큼 깊고 깊어 도무지 헤아릴 수 없다고 푼다면, 알 수 없는 님의 마음을 읊은 노래가 된다. 님이 대체 무슨 생각을 하고 있는지, 고개를 갸우뚱하며 두 사람의 사랑에 확신을 갖지 못하는 노래로 읽을 수도 있다.

이 노래는 석 줄 노래(짧은 노래, 평시조) 짓기 방식에 따라 첫줄(초장)을 '닻줄을 길게길게 사리고 담아서' 해도 되지만, 일부러 '닻줄을 길게길게 들여 사리고 뒤사려 담아'로 말을 늘였다. 이는 물 깊이를 재기 위해 닻줄을 그만큼 늘였다는 뜻을 뚜렷이 드러내기 위해서이다. 또 둘째 줄 첫머리도 '푸른 물에 들이치면' 하면 될 것을 '만경창파중에 풍덩 들이치면'

해서 일부러 늘였는데, 이 또한 닻줄을 물에 빠뜨리는 모습을 실감나게 말하기 위해서이다.[23] 짧은 노래(평시조)는 한 줄(장)이 네 마디가 되게 짓고 한 마디는 대개 네 글자 안팎으로 맞춘다. 그런데 이 노래는 위와 같이 첫줄과 둘째 줄이 네 글자가 넘어가는 마디가 생긴 것이 색다르다. 첫줄과 둘째 줄의 글자 수가 늘어나 이런 노래를 엮음 노래(긴 노래, 사설시조)로 다루기도 한다.

藥山東臺 여즈러진 바회 우희 倭躑躅 깃튼 저 내 님이
내 눈에 덜 뮙거든 남의 눈에 지나 보랴
싀 만코 쥐 쐰 東山에 오조 깃듯 ᄒᆞ여라

『병와가곡집(瓶窩歌曲集)』 805, #3113.1

약산 동대 이지러진 바위 위에 왜철쭉 같은 저 내 님이
내 눈에 덜 밉거든 남의 눈이 지나쳐 보겠느냐
새 많고 쥐 들뀐 동산에 오조를 깐 듯하여라

약산(藥山) 동대(東臺)는 평안북도 영변 약산의 동쪽에 있는 봉우리로 김소월의 시 「진달래꽃」에 나오는 곳이다.[24] 이곳은 진달래꽃, 철쭉이 많이 피는 곳이다. 님의 모습이 이곳의 이지러진 바위 위에 왜철쭉〔왜척촉 倭躑躅, 영산홍映山紅이라 이르기도 했다.〕 같다고 했다. 님은 아름답게 핀 왜철쭉과 같이 멋있고 눈에 띈다는 말이다. 그런 님이 내 눈에 덜 밉거든 남의 눈들이 그냥 지나쳐 보겠느냐고 했다. 내가 좋아한다는 말을 덜 밉다고 말했다. 내가 보기에도 탐이 나는데 남들도 얼마나 눈길을 보내겠느

---

23) 조동일(2017), 앞의 책, 47쪽.

24) 『신증동국여지승람(新增東國輿地勝覽)』 권지54, 「평안도(平安道)·영변대호부(寧邊大都護府)」에 "옛 기록에 이르기를, '약산(藥山)의 험준함은 동방에서 으뜸간다. 겹겹이 싸인 멧부리가 서로 사면을 에워싸 그 모양이 쇠독(철옹鐵甕)과 같다.' 하였다. 부의 기록에, '약산은 하늘이 만든 성이다.' 하였다.……약산은 영변부(寧邊府)에서 서쪽으로 8리 되는 곳에 있는 진산이다(古記云 藥山之險甲東方層巒疊嶂互回 四面狀如鐵甕府籍云 藥山天作之城……藥山 在府西八里鎭山)."

냐는 뜻이다. 마지막 말이 웃기다. 새 많고 쥐가 들꾀는 동산에 일찍 익은 조(오조)를 깔아놓은 것 같다고 했다. 새와 쥐가 많은 곳에 오조를 깔아놓으면 많은 새와 쥐가 달려들어 득실거릴 것이다. 그 정도로 우리 님을 보기 위해 많은 이들이 눈길을 보내고 모여들 것이라고 조금은 지나치게 말했다. 님의 모습이 훌륭하고 멋있고 아름다워 많은 사람들이 님을 쳐다보고 눈독을 들인다는 말로 님을 자랑하는 노래이다. 이는 또한 내가 이런 님을 만나고 있으니 나 또한 잘났다는 것을 이르고 있다.

그러나 성기옥·손종흠은 이 노래를 '뛰어난 용모 때문에 뭇사람의 유혹을 받는 님'이라고만 풀이해서는 안 되고 멋있고 잘난 님을 혹시 잃지나 않을까 조바심하는 마음이 담겨 있는 노래로 보아야 한다고 하였다. 이런 불안한 마음을 나타내려고 짧은 노래(평시조)가 갖는 말가락의 규칙을 어그러뜨렸다고 보았다. 이 노래는 첫줄(초장)의 안짝이 3마디(약산동대/ 이즈러진/ 바위 위에)로 되어 있고 바깥짝이 2마디(왜철쭉 같은/ 저 내 님이)로 되어 있어 평형이 깨져 불안한 말가락을 보인다. 이는 자신이 가장 사랑하는 님, 그것도 뭇사람이 탐낼 빼어난 모습의 왜철쭉 같은 님을 첫줄에서 떠올릴 때 가장 먼저 밀려오는 감정은 사랑의 감정이기보다 차라리 사랑하는 님을 잃어버릴까 봐 조바심하는 불안한 감정이 들어 있기 때문이라고 하였다. 첫줄의 안정되지 않은 말가락이 바로 이러한 불안한 정서를 담기에 가장 알맞은 그릇의 구실을 한다고 보았다. 이런 뜻에서 '약산동대'는 뭇사람이 꾀어드는 명승지로서 유혹의 현장성을, '이지러진 바위'는 한 귀퉁이가 잘려 나간 이지러진 나의 감정가치를, '저 내 님'은 저만치 떨어져 있는 님과 나 사이의 심리적 거리감을 나타낸다고 풀이하였다. 그리고 이어지는 둘째 줄(중장)과 끝줄(종장)은 모두 짧은 노래(평시조)의 말가락을 그대로 가지고 있어 안정된 느낌을 주는데, 이는 불안감을 바깥으로 퍼뜨리는 쪽으로 나아가지 않고 애써 안으로 받아들이고 절제하고자 안간힘을 쓰는 마음을 나타낸 것이라고 보았다. 남들이 님에게 눈독을 들이는 것을 능청스러울 만큼 딴청을 피우듯이 '덜 밉거든'이라고 말한 것도 나의 불안한 마음을 안으로 새기고자 안간힘을 쓰는 것과 맞닿아 있다고 보았다. 그러니 이 노래 뒷부분(중·종장)의 속에 감추어져 있는 안쓰러운 마음도 첫줄(초장)에서 짧은 노래(평시조)의 말가락에서 벗어난 말가락을 썼기 때문에 맛볼 수 있는 것이라고 여겼다. 성기옥·손종흠은 이 노래를 말가락을 바탕으로 이렇게 풀이하면서 이 노래와 같이 짧은 노래(평시조)의 말가락을 조금 벗어난 노래(이를테면 한두 마디가 늘어난 정도)를 '엇시조'라 일컫기보다는 '평시조의 파격'으로 보는 것이 옳다고 하였다. 그러면서 '엇시조'를 따로 마련하지 말고 평시조의 말가락에서 많이 벗어난 노래만 '사설시조'로 다루는 것이 옳겠다고 하였다.[25)]

위와 같이 성기옥과 손종흠은 이 노래에서 엇시조만이 갖는 색다른 보람(특징)을 찾을 수 없기 때문에 이 노래는 평시조에서 조금 벗어난 노래로 보아야 한다고 했다. 그러나 이들도 이 노래의 첫줄(초장)이 평시조의 말가락에서 벗어났기 때문에 말하는 이의 불안한 감정을 제대로 나타냈다고 풀었으므로 이것이 엇시조만이 갖는 보람(특징)이 될 수 있다고 되받아치는 연구자들이 나올 수 있을 것 같다. 어떤 노래를 엇시조로 보아야 할지는 아직도 시원하게 풀지 못한 수수께끼인데, 그 까닭은 얼마큼 늘어났을 때 엇시조로 보고, 그보다 더 얼마큼 늘어나면 사설시조(엮음노래)로 보아야 할지를 판가름하기 어렵기 때문이다.

다음 엮음 노래도 님의 훌륭함을 드러낸 노래인데, 그 님이 스님이라는 것이 색다르다.

> 청올치 사날신 얼거 신고 팔대 장삼 떨드리고 석상의 고모 되어 은근이 섯는 철죽 덤뻑 캐여 탈탈 터러 걱구루 집고
> 석양 살노 빗긴 길노 눈을 흘깃흘깃 살펴보며 나려올 제 보신가 못 보신가게 우리 임이 등산사하엿건만 남들은 다 중이라 하리

---

25) 성기옥·손종흠(2006), 『고전시가론』, 한국방송통신대학교 출판문화원, 389~392쪽.

백팔염주 목에 걸고 단주는 팔에 걸고 가사 장삼 떨드리고 목닥 치며 염불타령 아모리 보와도 호걸승인 듯

『시조집(時調集) 평주본(平州本)』 160, #4791.1

청올치 사날신 얽어 신고 팔대 장삼 뽐내고 돌 위 고목 되어 은근히 서 있는 철쭉을 덤뻑 캐어 탈탈 털어 거꾸로 짚고

해거름 산길 빗긴 길로 눈을 흘깃흘깃 살펴보며 내려올 적에 보신가 못 보신가, 거기 우리 님이 절에 오르건만 남들은 다 중이라 하리

백팔염주 목에 걸고 단주는 팔에 걸고 가사 장삼 뽐내고 목탁 치며 염불타령 하니 아무리 보아도 호방한 스님인 듯하네

중의 차림새를 어지러울 정도로 수선스럽게 말하고 있는데 다른 이들이 그냥 중이라 하지만 내 눈에는 호걸승(豪傑僧)이라고 그 훌륭함을 뽐내는 노래이다. '청올치'는 칡덩굴의 속껍질로 만든 끈이다. '사날신'은 삼이나 노 따위를 네 날로 삼은 신이다. '장삼(長衫)'은 검정 또는 회색 삼베로 길이는 길고 소매는 넓게 만든 스님의 웃옷이다. 앞에 나온 '팔대'는 무슨 뜻인지 찾지 못했다. '팔대 장삼'은 아마 '길게 휘늘어진 장삼' 정도의 뜻이 아닐지 짐작해 본다. '가사(袈裟)'는 장삼 위에 왼쪽 어깨에서 오른쪽 겨드랑이 밑으로 걸쳐 입는 옷이다. '등산사(登山寺)'는 절에 오른다는 말이다. '백팔염주(百八念珠)'는 작은 구슬 108개를 실에 꿰어 만든 염주로 백팔 번뇌(百八煩惱)를 상징하며, 이것을 돌리며 염불을 외면 번뇌를 물리쳐 무상(無想)의 경지에 이른다 한다. '단주(短珠)'는 짧은 염주로 54개 아래의 구슬을 꿰어 만든 것을 말한다. 염주는 목에 걸고 단주는 팔에 건다. '염불(念佛)타령'은 여기서는 스님이 불경을 외우는 것을 두고 한 말이다.

첫글(초장)에서 중의 차림새를 노래했다. 청올치 끈으로 사날신을 얽어 신고 장삼을 거만하게 뽐내는 차림새를 한 중이 돌 위에 고목이 되어 서 있는 철쭉을 뿌리째 뽑아 흙을 탈탈 털어내고 거꾸로 짚어 지팡이로 삼는

다고 했다. 둘째 글(중장)에서 해질 무렵 빗긴 산길로 눈을 흘깃흘깃 살펴보며 내려온다고 했는데, 그 사람을 보느냐 못 보느냐고 했다. 여기에는 저렇게 멋진 차림새를 하고 걸어가는 이를 다른 이들은 제대로 보고 있느냐고 묻고 있다. 그리고 그 분이 절에 올라가고 있는데 남들은 다 중이라고만 한다고 했다. 마지막 글(종장)에서 염주와 단주를 걸고 가사 장삼을 뽐내고 목탁을 두드리며 염불을 외고 가는 중의 모습을 다시 한 번 자세히 그리면서, 그 중이 아무리 보아도 호방 있는 스님이라고 하여 중의 모습을 찬양하고 있다. 이 노래의 말하는 이는 중의 차림새나 염불을 신기하게 보기도 하고 매우 멋들어지고 훌륭하게 여기는 이라 할 수 있다.

딱히 중요할 것 같지도 않은 말을 한참 동안 길게 늘어뜨리고 있다. 엮음 노래는 이렇듯 길이가 길어지는 것이 눈에 띄는데, 길고도 세차게 잘하는 말솜씨나 수다스럽게 엮어 내는 말들은 웃음을 자아내어 익살스럽고 재미를 주기도 한다.[26]

또한 이 노래에서 훌륭하다고 자랑하는 님이 중이라고 해서 듣는 이를 웃게 만든다. 스님은 여느 사람들이 사는 세상을 떠나 부처님의 도를 닦아야 하는 사람인데, 여기서는 어느 한 여인과 사랑을 주고받는 사람이 되었다. 엮음 노래에서 중은 이렇듯 웃음의 바탕이 되기도 한다.[27] 불교라는 종교의 경지를 높이 드러내지 않고 중의 멋있는 모습을 그려내 말하는 아낙의 만족스러운 느낌을 거리낌 없이 나타냈다. 나중에 더 살피겠지만 본디

26) 신은경(1992), 『사설시조의 시학적 연구』, 개문사, 81~85쪽; 고정희(2009), 『한국고전시가의 서정시적 탐구』, 월인, 161~165쪽. 베르그송은 상황을 웃기게 하는 방법으로 '반복과 중복'을 들었는데, 이는 엮음 노래의 노랫말이 길어지면서 웃음 짓게 되는 것과 관계있다고 볼 수 있다. Bergson, Henri, *Le rire, essai sur la signification du comique*, 정연복 옮김(1992), 『웃음 : 희극성의 의미에 관한 시론』, 세계사, 99~103쪽; Bergson, Henri, *Le rire/L'evolution créatrice/Les deux sources de la morale et de la religion*, 이희영 옮김(2008), 『웃음/창조적 진화/도덕과 종교의 두 원천』, 동서문화사, 57~58쪽.

27) 허왕욱(2010), 「시조에서 승려 형상화의 문화적 의미」, 『열상고전연구』 제32집, 열상고전연구회, 460~465쪽. 우리나라 탈놀이에서도 부처님의 길을 접은〔파계破戒한〕땡중이 많이 나온다.

엮음 노래는 웃고 한판 즐기고 놀자는 뜻에서 지은 노래가 많다. 이 노래도 노랫말은 중이라는 님을 자랑하고 있지만, 잔치마당이나 놀이마당에서 일부러 이렇게 우스꽝스러운 노래를 지어 불러 흥을 돋우려 하였다.

3) 님을 위해 바침

님을 위해 무엇인가를 바치겠다는 노래가 있다. 그 무엇에는 어떤 물건이나 음식, 자연의 현상, 상상 속의 귀한 것들이 다 들어 있다. 이런 노래들은 님에게 귀한 무엇을 정성스럽게 바쳐 님과 어우러지기를 바라는 마음을 담고 있다.

다음은 비단 적삼을 님에게 바치겠다는 노래이다.

> 내 ᄒᆞᆫ낫 산깁 젹삼 ᄲᆞᆯ고 다시 ᄲᆞ라
> 되나 된 벼ᄐᆡ ᄆᆞᆯ뢰고 다료이 다려
> ᄂᆞᆫ ᄃᆞᆺ 늘란 엇게예 거러 두고 보쇼셔
>
> – 정철(鄭澈), 『송강가사(松江歌辭) 성주본(星州本)』 55, #1002.1

> 내 한낱 산깁 적삼 빨고 다시 빨아
> 뜨거운 햇볕에 말리고 다리고 다려
> 나는 듯 날씬한 어깨에 걸어 두고 보소서

산깁〔생견 生絹〕은 생명주실로 짠 비단이다. 그 산깁으로 만든 적삼을 정성을 다해 빨고 다시 빨아 뜨거운 볕에 말리고 다리고 다린다고 했다. 빠는 것도 한 번만 빠는 것이 아니고 여러 번 빤다. 말리는 볕도 '되나 된 볕'이라 해서 아주 세고 뜨거운 볕이다. 옷을 다리는 일도 여러 번 다린다. 이렇게 정성스럽게 빨고 말리고 다린 적삼을 나는 듯한 날랜 어깨에 걸어두고 보시라 했다. 여기서 산깁 적삼은 지은이나 노래하는 이 자신일 수도 있다. 나 자신을 님의 어깨에 걸어두라고 했으니 내가 님의 몸에 걸쳐진 것은 생각만 해도 흥분되고 달뜨는 일이다.

그런데 이 노래의 말하는 이가 아낙인지 사내인지 가늠하기가 어렵다. 첫줄과 둘째 줄을 봐서는 틀림없는 아낙이다. 옷을 빨고 말리고 다리는 일이 다 아낙이 하는 일이기 때문이다. 그래서 이 노래는 한 여인이 정성스레 손질한 옷을 남성에게 바치는 노래로 지은이 정철이 여인의 목소리를 빌려 임금에게 정성을 바치겠다는 노래로 풀기도 한다.[28] 그런데 끝줄을 보면 님은 '나는 듯 날랜 어깨'를 가진 사람이다. 그러니 님은 아름다운 여인일 수가 있어 이 노래의 말하는 이를 남성으로 보기도 한다.[29] 말하는 이가 남성이든 여성이든 아무튼 이 노래는 정성스레 손질한 옷을 님을 위해 바치겠다고 한 노래이므로 님에게 무엇인가를 바쳐 님과 가까워지를 바라고 어우러지기를 바라는 노래 가운데 하나이다.

다음도 정철의 노래인데, 이번에는 눈 내린 소나무 가지를 님께 바치겠다고 노래했다.

> 松林의 눈이 오니 가지마다 곳치로다
> 흔 가지 것거 내여 님 겨신 듸 보내고져
> 님이 보신 후에야 노가디다 엇디리
>
> \- 정철(鄭澈), 『송강가사(松江歌辭) 성주본(星州本)』 71, #2772.1
>
> 소나무 숲에 눈이 오니 가지마다 눈꽃이로다
> 한 가지 꺾어 내어 님 계신 데 보내고저
> 님이 보신 뒤에야 녹아지면 어떠하리

소나무 숲[송림 松林]에 눈이 쌓이니 그 모습이 마치 꽃이 된 듯 아름답

---

28) 이형대(2009), 「정철 시조의 감성 표현 양상」, 『한국시가연구』 27, 한국시가학회, 113쪽.
29) 최미정(1998), 「조선 초·중기 여성화자 국문시가와 풍류(風流)」, 『어문학』 64집, 한국어문학회, 394쪽은 한 남성이 '한낱 산깁 적삼'이라고 저를 낮추어 미인의 날랜 어깨에 걸리고자 하는 바람을 담았다고 풀어 이 노래의 말하는 이를 남성으로 보았다.

다고 하여 가지마다 눈꽃이 피었다고 읊었다. 이 눈꽃이 내린 가지 하나를 꺾어 님께 보내면 님이 보고 마음이 풀릴 것이라고 하였다. 그 소나무에 내린 눈꽃을 혼자 보기 아까워 그리운 님께 바치고자 한다. 사람이 누군가를 그리워하고 사랑하게 되면 좋은 것을 주고 싶어진다. 좋은 경치도 혼자 보기 아까워 같이 보고 싶어진다. 보기 좋은 눈꽃, 그 누구보다도 님에게 보여주고 싶다. 님이 볼 때까지는 녹지 않고 있다가 님이 보신 다음에는 녹아도 괜찮겠다고 했다. 언제나 두고두고 보고 싶은 눈꽃이지만 님이 보신 다음에는 녹아 버려도 아쉬울 것이 없다.

이 노래를 임금 그리워하는 노래로 본다면 님은 선조 임금이 된다. 눈이 와도 변함없이 푸른 소나무처럼 임금을 향한 자신의 한결같은 충성된 마음을 알아주라는 뜻이 담겨 있다. 소나무는 예부터 겨울에도 그 푸르름을 잃지 않는다 하여 '상록수(常綠樹)'라 일컫는 대표 나무로 선비들의 굳은 절개와 지조를 가리키기도 했다. 다른 나무도 아닌 소나무를 노래의 글감(소재)으로 삼은 것은 정철이 소나무의 변치 않는 기상을 담고자 했기 때문일 것이다. 정철은 임금이나 다른 벼슬아치의 미움을 받아 벼슬을 내놓고 시골로 내려가기를 되풀이했는데, 끝줄(종장)에서 '님이 보신 후에 녹아지면 어떻겠느냐'고 하고 있어, 임금의 마음이 눈 녹듯이 풀려 제 마음을 헤아려서 다시 불러주기를 바라고 있다. 겉은 사랑하는 님께 눈꽃을 바치겠다고 읊은 노래이지만, 속뜻은 임금이 마음을 풀어 나를 다시 찾아주기를 바라는 마음을 담고 있다.

> 미나리 한 펄기를 캐여서 싯우이다
> 년대 아니아 우리 님끠 바자오이다
> 맛이아 긴지 아니커니와 다시 십어 보소서
>
> \- 류희춘(柳希春), 『역대시조선(歷代時調選)』 52, #1755.1

> 미나리 한 포기를 캐어서 씻습니다

다른 곳 아니고 우리 님께 바치겠습니다
맛이야 긴치 않겠지만 다시 씹어 보소서

미나리 한 포기만 봐도 먼저 님을 생각하고, 캐어다가 흐르는 물에 정성스럽게 씻는다. 미나리는 물속에서 자라는 만큼 벌레가 끼었을지 모르니 깨끗이 씻는 일이 중요하다. 그 미나리를 다른 사람이 아닌(년대 아니아) 님에게 바치고 싶어 한다. 그러나 미나리의 맛을 아는 사람은 알겠지만, 맛 자체가 썩 좋지 않을 수도 있다. 미나리는 쓴맛과 단맛이 섞여 나는 맛으로 오래 씹어 그 맛을 제대로 느끼지 못하는 사람은 맛없다고 생각할 수도 있다. 그래서 '맛이야 긴(緊)지 아니커니와(맛이야 대수롭지 않지만, 맛이야 좋지 않겠지만)' 다시 씹어 보라고 이른다. 다시 씹다 보면 그 좋은 맛을 제대로 느낄 수 있고, 또한 그 미나리를 정성스럽게 씻어 바친 이의 갸륵한 마음도 느낄 수 있을 것이라고 노래하였다.

위 류희춘(柳希春, 1513~1577)의 노래는 '헌근가(獻芹歌)'라는 제목이 붙어 있는데, 임금인 선조를 위해 바친 노래이다.[30] 들사람이 미나리를 바친다는 '야인헌근(野人獻芹)'의 이야기에서 미나리는 충성심을 나타내는 채소로 여겨 왔다. 시골 놈이 제 입에 가장 맛있는 것이 미나리이니까 그것을 가지고 임금께 바치러 간다는 옛이야기에서 비롯한다.[31] 본디 미나리나 햇볕은 옛날에 중국 어느 농부가 미나리를 먹어 보고 맛이 좋다 하여 임금에게 바치려 하였고, 또 어느 가난한 백성이 겨울 추위에 떨다가 햇볕을 등에 쬐어 보고는, '이 좋은 방법을 임금에게 바치겠다.'고 하였다는 옛

30) 『미암일기(眉巖日記)』, 정묘(丁卯, 선조원년) 11월 18일에 "말 위에서 생각을 했다. 공경으로써 마음을 살피고, 생각함으로써 도리를 궁구한다는 것이 실로 덕성(德性)을 높이고 문학(問學)을 길로 만드는 요긴한 것이다. 이제(二帝 요 · 순) 삼왕(三王 우 · 탕 · 문왕)의 정치하는 근원도 여기에 지나지 않는 것이다. 미나리를 먹고, 맛이 있어서 우리 임금께 드리고 싶었다(馬上 思得敬以存心 思以窮理 實尊德性道問學之要 二帝三王出治之源 無踰於此 食芹而美欲獻吾君)."

31) 함석헌(1985), 『들사람 얼』, 한길사, 51쪽.

이야기[32]에서 나온 것으로 임금을 생각하는 지극한 정성을 이른다.

여기서 미나리는 지은이 자신을 가리키기도 한다. 지은이 자신이 미나리와 같이 보잘것없는 이지만 임금을 위해 충성을 다 바치겠다는 속뜻을 담고 있다. 아낙이 지아비에게 정성들여 미나리를 씻어 바치듯이 신하 된 이가 임금에게 충성을 바치겠다는 노래이다.

다음 노래는 류희춘의 노래와 비슷한 노래로, 미나리와 햇볕을 님께 바치고 싶다고 읊은 노래인데, 지은이를 알 수 없다.

> 겨월날 ᄃᆞ스ᄒᆞᆫ 볏츨 님 계신 ᄃᆡ 비취고쟈
> 봄 미나리 ᄉᆞᆯ진 마슬 님의게 드리고쟈
> 님이야 무서시 업스리마ᄂᆞᆫ 내 못 니저 ᄒᆞ노라
>
> 『청구영언(青丘永言) 진본(珍本)』 428, #235.1

> 겨울날 따스한 볕을 님 계신 데 비추고자
> 봄 미나리 살진 맛을 님께 드리고자
> 님이야 무엇이 없으랴마는 내 못 잊어 하노라

겨울날은 춥기에 따스한 볕이 참 고마운 것이 된다. 이 볕을 님이 계신 데로 비추면 좋겠다고 했다. 그리고 봄 미나리 살진 맛을 님께 드리고 싶다고 했다. 님은 무엇이 없겠는가마는 나는 그 님을 못 잊어 이런 것을 바치고 싶어 한다. 이 노래는 앞에서 살펴본 미나리와 햇볕의 옛이야기와

---

32) 『열자(列子)』, 「양주편(楊朱篇)」에 "햇볕을 쪼이면서도 따스함을 아는 사람이 없소. 이것을 임금님께 드리면 중한 상을 내리실 것이오.……옛날 사람 중에 콩나물과 수삼과 미나리와 개구리밥을 맛있다고 생각하고는 고을의 귀한 신분의 사람에게 추어올리며 말하였소(負日之暄 人莫知者 以獻吾君 將有重賞……昔人有美戎菽 甘枲莖芹萍子者 對鄉豪稱之)." 미나리와 햇볕, 곧 '근폭(芹曝)'의 이야기는 『조선왕조실록』에도 여러 차례 나온다. 『세종실록(世宗實錄)』 30권, 세종 7년 11월 13일 무신(戊申) 1번째 기사에 "미나리를 드리는 정성을 본받아서(聊效獻芹)"; 『문종실록(文宗實錄)』 1권, 문종 즉위년 5월 7일 경술(庚戌) 1번째 기사에 "정성은 미나리와 햇볕〔근폭芹曝〕의 정성이 간절합니다(誠切芹曝)."

맞닿아 있다. 미나리와 햇볕이 임금에게 바치는 충성을 빗대는 말이라면 이 노래는 임금 그리는 노래이다. 더욱이 끝줄(종장)을 보면 님은 모든 것을 가지고 있는 사람임을 알 수 있어 노래에 나오는 님은 임금이라고 짐작하게 된다.[33)]

그런데 지은이가 노래책에 적혀 있지 않아 누가 지었는지 알 수 없는 노래이다. 이렇게 되면 햇볕과 미나리가 충성을 빗대는 말이 아니라 있는 그대로의 말이 될 수도 있다. 그러면 이 노래를 그냥 사랑 노래로 읽을 수도 있다. 사랑하고 그리워하는 님에게 귀하고 좋은 것을 바치고 싶은 마음을 담았다. 햇볕을 님이 계신 데로 비추는 일은 지은이 제 힘으로는 하기 어려운 일이다. 오로지 그 바람만을 노래에 담았다. 햇볕은 상상의 선물인 셈이다. 마음이 간절하면 할 수 없는 것도 할 수 있는 것처럼 생각하여 노래를 부르게 된다. 봄 미나리의 맛을 '살진 맛'이라고 말한 것이 색다르다. 아마도 미나리가 잘 자라 줄기에 살이 많이 오른 것을 두고 이렇게 말한 것 같다. 또는 '살지다'에는 '기름지다'라는 뜻도 담겨 있는데, 미나리의 튼실하고 기름진 맛을 나타내려고 한 것 같다.

이렇듯 님에게 상상의 선물인 햇볕과 살진 맛을 가진 미나리를 바치는 까닭은 내가 님을 못 잊기 때문이다. 님을 그리워하고 사랑하고 있기 때문에 이런 것들을 바치고 싶어 한다. 그러나 그 님이 내가 바치는 것을 받고 나에게 마음을 돌이킬지는 알 수 없다. 님은 '무엇이 없으랴마는'이라는 말을 볼 때, 모자람이 없는 사람이기 때문이다.

다음 김이익(金履翼, 1743~1830)의 노래들도 님께 무엇인가를 바치고 싶다고 읊은 노래이다.

---

33) 정철(鄭澈)의 다음 노래에도 미나리를 임금께 바치자는 말이 나온다. "님금과 백셩과 사이 하늘과 따히로되/ 내의 셜운 이를 다 아로려 하시거든/ 우린들 살진 미나리를 혼자 엇디 머그리." 그런데 이 노래에는 "님금"이라는 말이 나와 임금께 바치는 노래임을 바로 드러내고 있다.

올여ᄡᆞᆯ ᄆᆞ이 ᄡᆞᆯ허 풋동ᄇᆡᄅᆞᆯ 섯거 ᄧᅵ니
이 밥맛 하 맛나다 드리고텨 우리 님ᄭᅴ
드리면 粒粒辛苦ᄅᆞᆯ 더옥 아오실가 ᄒᆞ노라

- 김이익(金履翼), 『금강영언록(金剛永言錄)』 32, #3424.1

올벼쌀 많이 쓸어 풋동부를 섞어 찌니
이 밥맛 아주 맛나다 드리고 싶구나 우리 님께
드리면 그 정성을 더욱 아실까 하노라

四野의 黃雲興ᄒᆞ고 中天의 白日明ᄒᆞᆫᄃᆡ
크나큰 바다 우희 風波 ᄒᆞᆫ 졈 업더고나
어즈버 이 光景 그렷다가 우리 님ᄭᅴ 드리올가 ᄒᆞ노라

- 김이익(金履翼), 『금강영언록(金剛永言錄)』 11, #2276.1

사방 들판에 벼가 익어가고 중천에 해가 밝은데
크나큰 바다 위에 풍파 한 점 없구나
어즈버 이 광경 그려다가 우리 님께 드릴까 하노라

첫 번째 노래는 올벼쌀과 풋콩으로 지어서 아주 맛 나는 밥을 님께 드리고 싶다고 했다. 올벼는 제철보다 이르게 익은 벼인데, 맨 처음 거둔 벼이다. 동부는 팥처럼 생겼는데 팥보다는 조금 길게 생긴 콩이다. 그 가운데서 풋동부라 했으니 덜 익었지만 막 걷어 들인 콩이다. 이렇게 햅쌀과 해콩으로 밥을 짓는 것은 그 누구보다도 먼저 내가 그리워하고 사랑하는 님께 바치고자 함이다. 그 해 처음 난 쌀과 콩으로 지은 밥이란 뜻이 있다. 늘 첫 열매는 귀하고 높은 분께 먼저 드리게 된다. 그 맛도 색다를 수밖에 없다. 이렇게 정성스럽게 농사지어 걷어 들인 곡식으로 밥을 지어 님께 드리면 님이 잡수시고 '입립신고(粒粒辛苦)'를 더욱 아실 것이라고 했다. '입립신고'는 농사꾼이 농사지을 때 곡식의 낱알 하나하나에 들인

정성과 땀방울을 말한다.

이 노래는 김이익이 금갑도에 귀양 갔을 때 지은 임금 그리는 노래이기 때문에[34] 자신이 귀양 와서 겪는 고생을 임금께서 알아주라는 뜻을 담고 있다고 할 수 있다. 곧 이 노래는 내침을 받아 임금과 멀리 떨어진 저의 터수를 임금께 힘닿는 대로 알려, 괴롭고 힘든 귀양살이에서 벗어나고 싶은 바람을 읊고 있는 노래이다. 겉은 어떤 한 아낙이 지아비를 위해 정성들여 밥을 지어 바친다는 말이지만, 그 속에는 임금이 다시 불러주기를 바라는 뜻을 이야기하고 있다.

두 번째 노래는 지은이가 꿈꾸는 세상 자연의 모습을 님께 드린다고 하였다. 이 모습은 사방 들판〔사야 四野〕에 누런 구름이 일어나고〔황운흥 黃雲興〕, 하늘 가운데〔중천 中天〕 밝은 해가 빛나고〔백일명 白日明〕, 풍파(風波) 한 점 없는 잔잔한 바다가 있는 고요하고 평화스러운 모습이다. '사야(四野)의 황운흥(黃雲興)'은 정말 구름을 말하는 것이 아니라 누렇게 익은 나락을 빗대어 이른 것으로, 탁 트인 넓은 들판에 누런 벼가 익은 모습을 나타낸 말이다. 가을날 벼가 누렇게 익어 넘실대는 들판을 바라보면 자못 흐뭇하고 넉넉하고 풍요로움을 느낄 수 있다. 다시 말해, 이 노래의 첫줄(초장)과 둘째 줄(중장)은 평화롭고 풍요로운 세상의 모습을 읊고 있다.

이 노래도 임금 그리는 노래로 보기 때문에,[35] 날마다 말 많고 탈 많은 시끄러운 조정 일로 골치 아픈 임금께 이런 평화로운 광경을 드리고 싶은 벼슬아치의 충정을 노래했다고 볼 수 있다. 그러니 이 노래에서 지은이가 님께 드리고자 하는 것은 세상이나 삶에 있는 어떤 것이 아니라 상상 속의 선물이다. 우리가 사랑하는 이에게 할 수만 있다면 저 하늘의 별도 따주겠다고 말하는데, 이런 마음과 같다.

이렇듯 임금 그리는 노래에는 무엇인가를 바치겠다는 노래가 두드러지

34) 정인숙(2016), 「유와 김이익의 『금강영언록』의 특징과 그 의미」, 『반교어문연구』 43, 반교어문학회, 242쪽.

35) 정흥모(2001), 『조선후기 사대부 시조의 세계인식』, 월인.

게 많다. 간단히 말하면 선물노래인데, 선물을 님께 보낸다는 것은 님이 보내는 이의 정성과 마음을 알아 달라는 말미가 담겨 있다. 또한 지은이가 님에게 귀하고 필요한 사람임을 알리고 싶은 마음도 들어 있다.

엮음 노래에도 님에게 좋은 것을 바치고 싶어 하는 마음을 담은 노래가 있다. 다음 노래는 채소와 과일을 바치고 싶다고 노래하고 있다.

> 저 것너 泰白山 밋ᄐᆡ 녜 못 보든 菜麻田이 죠흘씨고
> 일엉졀엉 넛출에 둥실둥실 手朴에 얽어지고 틀어졋는듸 ᄭᅮᆯ ᄀᆞᆺ튼 ᄎᆞᆷ외 죠롱죠롱 열어셰라
> 두엇다가 다 닉어지거든 우리 님의게 들이려 ᄒᆞ노라
>
> 『해동가요(海東歌謠) 일석본(一石本)』 545, #4241.1

> 저 건너 태백산 밑에 옛 못 보던 채마전이 좋을시고
> 이렁저렁 넌출에 둥실둥실 수박에 얽어지고 틀어졌는데 꿀 같은 참외 조롱조롱 열었어라
> 두었다가 다 익어지면 우리 님에게 드리려 하노라

저 건너 태백산(太白山) 밑에 옛날에 못 보던 남새밭〔채마전 菜麻田〕이 좋다면서, 그 밭에 둥근 수박(手朴)과 꿀 같은 참외가 조롱조롱 열어서 그 맛있는 과일이 다 익으면 우리 님께 드리고 싶다고 했다. 님을 사랑하고 그리워하는 사람은 좋은 것을 보면 님을 먼저 떠올리고 주고 싶은 마음이 생긴다. 이 노래에서 말하는 이는 '드리려' 한다는 말을 하고 있는 것으로 보아 아무래도 여성이 아닌가 짐작해 본다. 남성도 여성에게 말을 높일 수는 있으나 보통 여성이 남성에게 높임의 말법을 쓴다고 볼 때 이 노래의 말하는 이는 여성으로 느껴진다.

'이렁저렁', '둥실둥실', '조롱조롱' 같은 시늉말들이 말가락(운율감)의 재미를 더하는데, 엮음 노래는 이렇듯 꼴흉내말(의태어), 소리흉내말(의성어)을 많이 쓴다. 이런 시늉말은 심각한 내용을 누그러뜨리고 긴장을 풀

게 해주어 웃음을 일으킨다. 또한 시끌벅적하게 떠들어 대는 느낌을 주어 노랫말이 살아 움직이게 한다. 한시(漢詩)는 시늉말을 쓸 수 없으며 우리말 노래인 짧은 노래(평시조)에서도 시늉말을 많이 쓰지 않았지만, 엮음 노래는 시늉말을 많이 써서 노래나 시 짓기의 새로운 모습을 보여주었다. 시늉말을 살려 써서 엮음 노래만이 갖는 생생함을 마음껏 드러냈다.[36)]

다음 정철의 노래는 마음과 몸까지 님을 위해 희생해서 바치겠다고 읊고 있다.

> 내 ᄆᆞ음 버혀 내여 뎌 ᄃᆞᆯ을 ᄆᆡᆼ글고져
> 구만리 댱텬의 번ᄃᆞ시 걸려 이셔
> 고은 님 계신 고ᄃᆡ 가 비최여나 보리라
>
> \- 정철(鄭澈), 『송강가사(松江歌辭) 이선본(李選本)』 32, #929.1

> 내 마음 베어 내어 저 달을 만들고자
> 구만리 장천의 번듯이 걸려 있어
> 고운 님 계신 곳에 가 비추어 보리라

마음을 베어서 달을 만든다고 했다. 그렇게 내가 달이 되어 아득히 멀고 먼 하늘에 번듯하게 걸려 있어 고운 님 계신 곳에까지 가서 비추겠다고 하였다. 달은 높이 떠야 먼 곳까지 두루 비출 수 있다. 그래서 '구만리(九萬里) 장천(長天)'이라는 지나친 말을 했다. 내 마음으로 달을 만들어 그 달을 님께 바친다는 뜻도 담고 있기에 '님을 위해 바침'이라는 노래에서 다루었다.

제 몸을 희생해서라도 님을 비추는 달이 되겠다고 읊었는데, 마음이기는 하지만 '베어 낸다'는 섬뜩한 말은 말하는 이의 굳세고 흔들리지 않는

---

36) 시늉말(의성어, 의태어)의 효과는 조규익(2009), 『만횡청류의 미학: 우리의 옛 노래 문학(수정 증보판)』, 박이정, 172~180쪽.

의지나 고양된 정념을 느끼게 한다.[37] 이 노래는 지은이가 임금 곁을 떠나 시골로 내려가면서 지은 것인데, 달이 되면 님이 있는 곳을 갈 수 있기 때문에 그곳에 가서 비추겠다고 한 것은, 간절한 그리움과 변치 않는 충절을 드러낸 것이라 할 수 있다. 그리고 "그 속에는 자신의 마음, 곧 자신의 억울한 심경을 님이 헤아려 주길 바라는 뜻을 담고 있다."[38] 이렇듯 송강의 임금 그리는 노래는 다른 이가 지은 임금 그리는 노래에 견주어 강렬한 표현이 두드러진다.[39]

한편 달이 되어 님이 있는 곳을 비추겠다는 말에는 님이 어둠 속에 있음을 일러 주고 있다. 님이 어둠에 잠겼다는 말은 임금이 모자란 벼슬아치들이나 세상을 밝히 읽지 못하는 벼슬아치들의 말을 듣고 있다는 뜻이다. 이 어둠 속에서 나와 올바른 사람을 불러서 쓰고 바르게 나라를 다스리라는 바람이 들어 있다.

김병국은 정철의 노래를 융(C. G. Jung)의 심리학 방법을 빌려와 풀이하였는데, 외향하는 심적 태도 곧 겉의 얼굴을 페르소나(persona), 내향하는 심적 태도 곧 속의 얼굴을 아니마(anima)라 하였다.[40] 이런 풀이에 따르면 정철 노래에 나오는 여성은 겉의 얼굴(persona)이고 남성 지은이는 속의 얼굴(anima)이다. 이와 같은 분석 방법을 송강의 임금 그리는 노래에 적용해 본다면, 송강 노래에서 여성다움은 이면(속)의 얼굴(anima)이며 그 여성다움이 강한 것은 송강의 외면(겉)의 얼굴(persona)이 강한 남성다움을 지니고 있기 때문이라 할 수 있다. 그래서 김상진은 송강 노래에서 드러나는 아니마가 남달리 여린 여성다움을 지니는 것은 현실에서 억울하고 분한 마음이 강렬했기 때문이라고 풀이하였다.[41] 송강 정철

---

37) 이형대(2009), 앞의 글, 116쪽.

38) 김상진(2010), 「시조에 나타난 '임'을 부르는 소리」, 『우리문학연구』 30집, 우리문학회, 195쪽.

39) 문홍구(2001), 「송강의 연군시가 연구」, 『새국어교육』 62호, 한국국어교육학회, 337~343쪽.

40) 김병국(1995), 『한국고전문학의 비평적 이해』, 서울대학교출판부, 46쪽.

은 벼슬살이와 귀양살이를 하면서 숱한 어려움을 겪었기 때문에 이런 노래를 지을 수밖에 없지 않았나 생각해 본다. 속마음에 맺히고 얽힌 아픔과 쓰라림은 노래로 풀어야 한다.

한편 이 노래에서도 나오지만 정철은 임금 그리는 노래에서 '고운 님'이라는 말을 자주 썼다. 왜 임금을 '고운 님'이라고 했는지가 궁금하다. '곱다'는 말은 대개 여성에게 쓰는 말이기 때문이다. 또 노래의 말하는 이는 여성에 가까운데 그 여성이 그리워하는 님이 '곱다'는 것도 언뜻 잘 받아들이기 힘들다. '곱다'는 '아름답다'는 말과 뜻이 통하고 '아름답다'는 '아름다운 정치를 한다'와 연결할 수도 있기에 임금 그리는 노래에서 임금을 아름답다, 곱다고 한 것은 그저 임금을 꾸미는 관습적인 말이기도 했다. 고영화는 송강 정철의 노래에서 임금을 '고운 님'이라고 말하는데, 여기서 '곱다'는 '흠 없음', '깨끗함'의 뜻을 지니고 있다고 풀었다.[42]

무엇을 바친다고 말하는 노래들은 대개 지극한 정성을 다해 님에게 바친다고 노래한다. 그 바치는 무엇도 여러 가지다. 하찮은 미나리나 올벼쌀, 풋콩을 비롯해서 옷이나 꽃도 있으며 바칠 수 없는 별이나 풍경, 심지어 자신의 마음도 있다. 이런 여러 가지 선물 글감(소재)이 주로 임금 그리는 노래에 나타난다. 선비들은 임금 그리는 노래에서 여인이 정성스럽게 준비한 선물을 님에게 바치는 이야기를 하면서 임금과 소통하고 지난날의 좋았던 사이를 되찾으려고 힘썼다.[43]

---

41) 김상진(2014), 「시조에 나타난 아니마와 아니무스의 형상」, 『국제어문』 제62집, 국제어문학회, 207쪽.

42) 고영화(2011), 「송강 시가에 나타난 군주의 특성 고찰」, 『정신문화연구』 제34권 제4호, 한국학중앙연구원, 160쪽.

43) "선물(gift)에는 보내는 사람의 숨결이 배어 있거나 영력(mana)이 배어 있다." 권순정(2006), 「고전시가의 어휘교육 연구」, 서울대학교 석사학위논문, 108쪽에서 다시 가져옴. "선물을 주는 것은 주는 사람의 바람을 담는 것이고, 선물을 받는 것은 주는 이의 생각을 받아들이는 것이다. 선물은 주는 쪽과 받는 쪽 사이의 사회적 관계와 관련되어 있다. 선물 주고받기는 고마움을 꼭 전해야 하는 뜻을 담고 있다." Barry, Schwarts(1967), "The social psychology of the Gift", *Journal of Sociology* 73, University of Chicago Press, pp. 1~11. 이런 글들을 볼 때, 선물을 바친다는 것은

4) 님을 꾀는 노래

제 아름다움을 자랑하며 나와 같이 연분을 맺어 보자는 노래들, 늙으면 놀 수 없으니 젊었을 때 즐기자고 하는 노래들, 술과 아름다운 여인이 있으니 놀고 가라고 하는 노래들을 모두 '님을 꾀는 노래'에서 다루어 본다. 다른 말로 한다면 '유혹의 노래'이다.

제 아름다움을 자랑하는 노래에는 님을 꾀고자 하는 뜻을 담고 있다.

> ᄭᅩᆺ츨 ᄭᅥᆨ거 멀니의 ᄭᅩᆺ고 山의 올너 들귀경ᄒᆞ니
> 올으시난 閑良님ᄂᆡ ᄂᆞ리시ᄂᆞᆫ 션븨임ᄂᆡ 날 보날아고 길 못 가니
> 아마도 이 山즁 귀物으 나ᄲᅮᆫ
>
> 『영산가(靈山歌)』 34, #658.1

> 꽃을 꺾어 머리에 꽂고 산에 올라 들 구경하니
> 오르시는 한량님네 내리시는 선비님네 나를 보느라고 길 못 가니
> 아마도 이 산 중 귀물은 나뿐(인가 하노라)

이 노래의 말하는 이는 여성이다. 꽃을 꺾어 머리에 꽂고 산에 올라 들 구경하는데, 오르고 내리는 한량(閑良)과 선비들이 나를 보고, 아름다움에 눈이 팔려 길을 못 갈 정도이다. 그래서 아마도 이 산 가운데 귀한 이는 나뿐이라고 읊었다. 자신의 아름다움 때문에 뭇 사내들이 발길을 멈춘다고 했으니, 그만큼 내 아름다움이 빼어나다고 노래하고 있다. 요즘말로 하면 공주병, 또는 조금 속되게 이르면 자뻑에 가까운 노래다.

다음은 기녀 송이의 노래로 즐길 수 있을 때에 함께 놀자고 하면서 님을 꾀고 있다.

두 사람의 관계를 좋게 만들려는 뜻을 나타내는 것이라고 할 수 있다.

酒色을 全廢ᄒᆞ고 長生을 ᄒᆞ량이면
西施ㅣㄴ들 도라보며 千一酒ㄴ들 마실손냐
眞實노 長生치 못ᄒᆞ면 兩失ᄒᆞᆯ까 ᄒᆞ노라

- 송이(松伊), 『청구영언(青丘永言) 가람본(嘉藍本)』 315, #4400.1

술과 여자를 모두 끊고 오래 살겠다고 하면
서시인들 돌아보며 천일주인들 마실쏘냐
진실로 오래 살지 못하면 둘 다 잃을까 하노라

송이의 노래는 술과 여자〔주색 酒色〕를 온전히 끊고〔전폐 全廢〕, 오래 살 것〔장생 長生〕을 다짐한다면 서시(西施) 같은 아름다운 여인이 돌아보며 천일주(千一酒) 같은 좋은 술인들 마실 수 있겠느냐며 참말로 오래 살지 못하면 술과 여자 둘 다 잃을 것〔양실 兩失〕이라고 했다. 다시 말해, 서시 같은 미인과 천일주 같은 맛 좋은 술이 여기 있으니 마음껏 즐기고 가라고 하면서 기녀 송이가 어떤 사내를 꾀면서 지은 노래이다. 저를 서시 같은 미인에 빗대는 당찬 모습을 보이고 있다.

서시(西施)는 중국 춘추시대(春秋時代) 월(越)나라 미녀로 찡그린 모습도 아름다울 정도였는데, 뭇 여인들이 서시를 흉내 내려 얼굴을 찡그렸으나 오히려 사내들의 미움을 사게 되었다.[44] 서시는 나중에 월나라 왕 구천(句踐)의 충신인 범려(范蠡)의 가르침을 받아 오(吳)나라 왕 부차(夫差)의 후궁이 되어 오나라를 기울게 만들었다는 이야기가 전해 온다.[45] 한

44) 그로부터 함부로 남의 흉내를 내는 것을 '효빈(效嚬)'이라 하고, 자기의 잘못된 말이나 행동 때문에 남들한테 비난이나 미움을 받는 것을 '빈축(嚬蹙)을 산다'고 말하게 되었다.

45) 한(漢) 조엽(趙曄)의 『오월춘추(吳越春秋)』, 「구천음모외전(句踐陰謀外傳), 구천12년」에 "그리고는 관상을 잘 보는 사람을 보내 나라 안에서 찾아보게 하자 곧 저라산에서 육신(땔감을 내다 팔아 삶)하는 서시와 정단이라는 두 여인을 찾아냈다. 이에 두 여인에게 나곡을 입히고 용보(예쁘게 꾸미고 걷는 일)를 가르쳤다. 토성에 머물며 이를 익히게 하고 도항으로 가 배운 것을 참관케 했다. 3년 동안 가르치자 능숙하게 되어 오나라에 바쳤다(乃使相者國中得苧蘿山鬻薪之女 曰西施 鄭旦 飾以羅穀 教以容

나라 왕소군(王昭君)과 초선(貂嬋), 당나라 양귀비(楊貴妃)와 함께 중국 네 미녀 가운데 든다. 천일주(千一酒)는 장화(張華)의 『박물지(博物志)』, 「잡설(雜說)」에 나오는 술로 한번 마시면 천일 만에 깬다는 술이라 한다. 유현석(劉玄石)이라는 사람이 술집에서 천일주를 마시고 크게 취하여, 집에서 죽은 줄 알고 장사를 지냈는데, 그 술집에서 유현석의 일을 기억해 내고 꼭 천일 만에 관을 열어 보니 그제야 깨어나기 시작했다는 이야기가 실려 있다〔玄石飮酒一醉千日〕. 이 노래에서 서시는 미인을, 천일주는 좋은 술을 가리키는 말로 쓰였다. 시나 노래에서 어떤 홀이름씨(고유명사)가 이렇게 두루이름씨(보통명사 또는 일반명사)를 나타내는 것을 '제유법(提喩法)'이라 한다.

위 송이의 노래와 비슷한 노래가 다음의 황진이의 노래로 님을 꾀는 노래로는 아주 유명하다.

> 靑山裏 碧溪水ㅣ야 수이 감을 쟈랑마라
> 一到滄海ᄒᆞ면 도라오기 어려오니
> 明月이 滿空山ᄒᆞ니 수여간들 엇더리
>
> \- 황진이(黃眞伊), 『청구영언(靑丘永言) 진본(珍本)』 286, #4755.1

> 청산리 벽계수야 쉽게 감아든다고 자랑 마라
> 한번 바다에 이르면 돌아오기 어려우니
> 밝은 달이 빈산에 가득하니 쉬어 간들 어떠리

푸른 산 속〔청산리 靑山裏〕 골짜기의 푸른 물〔벽계수 碧溪水〕아, 쉽게 감돌아 흐른다고 자랑 마라, 한번 넓고 푸른 바다에 이르면〔일도창해 一到滄海〕 다시 돌아오기 어려우니, 밝은 달〔명월 明月〕이 빈산에 가득 차서〔만공

步 習於土城 臨於都巷 三年學服而獻於吳)." 서시는 이름은 이광(夷光)으로 저라산(苧蘿山) 밑에 있는 시씨(施氏)의 서쪽에 산데서 '서시(西施)'라는 이름을 얻게 되었다고 한다.

산 滿空山) 좋은 경치도 볼 겸 쉬어 간들 어떻겠느냐고 읊었다. 벽계수는 조선 네 번째 임금인 세종(世宗)의 아홉 번째 아들 영해군(寧海君) 당(瑭)의 둘째 아들 의(義)의 다섯째 아들인 벽계도정(碧溪都正) 이종숙(李終叔)이라 하기도 하고, 이창곤(李昌坤)이라 하기도 한다. 『금계필담(金溪筆談)』에는 종실 가운데에 벽계수(碧溪守)라는 사람이 있었다고만 적고 있어 그가 누구인지 뚜렷이 알 수 없다. 명월(明月)은 황진이 자신을 가리킨다. 여기서 한번 바다에 이르면 다시 돌아오기 어렵다는 말은 한번 늙거나 죽으면 다시 젊기 어렵다는 뜻으로도 읽을 수 있다.

이 노래의 참맛은 한 낱말이 두 가지 뜻을 담고 있는 '뜻겹침'에 있다. 명월은 밝은 달이란 뜻도 있지만 지은이 황진이 자신을 가리키기도 하고, 벽계수는 푸른 골짜기 물이란 뜻도 있지만 왕실 양반을 가리키기도 한다. 이런 '뜻겹침'과 같은 '모호함(ambiguity)'이 시의 본바탕이라고 보는 이도 있다. 황진이의 「청산리 벽계수야」는 겉으로 봐서는 서로 맞닿아 있지 않는 낱말이 시나 노래에서 같이 나타나는데, 이런 뜻겹침에서는 소리는 같지만 뜻은 다른 두 낱말을 부려 쓰는 말놀이(pun)가 많이 나타난다.[46)]

뜻겹침을 쓰는 시나 노래는 한 가지로만 읽고 풀 수 없다. 때로는 뜻겹침이 시나 노래를 풀이하는 것을 어렵고 골치 아프게 만들기도 하지만, 작품을 여러 가지 뜻으로 읽고 풀이할 수 있는 데서 오는 재미를 느낄 수 있게 해 주기도 한다.

한편, 이 노래와 관련된 다음과 같은 이야기가 있다.

> 황진이는 송도의 이름난 기생이다. 얼굴과 재주가 뛰어나서 그 이름이 한 나라에 널리 퍼졌다. 종실(宗室) 벽계수가 황진이를 만나기를 바랐으나 '풍류명사(風流名士)'가 아니면 어렵다기에 손곡(蓀谷) 이달(李達)에게 방법을 물었다. 이달이 "그대가 황진이를 만나려면 내 말대로 해야 하는데 따를 수 있겠

---

46) Empson, William(1965), *Seven Types of Ambiguity*, New York: Penguin Books, Chapter Ⅲ.

소?" 하고 물으니 벽계수는 "마땅히 그대의 말을 따르리다."고 답했다. 이달이 말하기를 "그대가 작은 아이에게 거문고를 가지고 뒤를 따르게 하여 황진이의 집 가까운 루(樓)에 올라 술을 마시고 거문고를 타고 있으면, 황진이가 나와서 그대 곁에 앉을 것이오. 그때 본체만체하고 일어나 재빨리 말을 타고 가면 황진이가 따라올 것이오. 취적교(吹笛橋)를 지날 때까지 뒤를 돌아보지 않으면 일은 성공할 것이오, 그렇지 않으면 이루지 못할 것이오." 했다. 벽계수가 그 말을 따라서 작은 나귀를 타고 아이에게 거문고를 들게 하여 루에 올라 술을 마시고 거문고를 한 곡 탄 뒤 일어나 나귀를 타고 가니 황진이가 과연 뒤를 좇았다. 취적교에 이르렀을 때 황진이가 아이에게 그가 벽계수임을 묻고 "청산리 벽계수(青山裏 碧溪水)야 수이 감을 자랑 마라. 일도창해(一到蒼海)하면 돌아오기 어려우니 명월(明月)이 만공산(滿空山)하니 쉬어간들 어떠리." 하고 읊으니, 벽계수가 그냥 갈 수가 없어서 고개를 돌리다 나귀에서 떨어졌다. 황진이가 웃으며 "이 사람은 이름 있는 선비가 아니라 단지 풍류랑일 뿐이다."며 가버렸다. 벽계수는 매우 부끄럽고 한스러워했다고 한다.[47)]

위 이야기를 보면 벽계수는 이달의 말을 따르지 않고 뒤를 돌아보는 바람에 그만 황진이에게 창피만 당하고 말았다. 황진이가 부르는 유혹의 노래에 그만 넘어가고 만 것이다. 더구나 나귀에서 떨어지기까지 해서 얼마나 낯부끄러웠을지 웃음이 나오기도 한다. 때로는 마음을 단단히 먹고 차갑게 뿌리쳐야 사랑을 이룰 수 있는가 보다.

---

47) 서유영(徐有英, 1801~1874)의 『금계필담(金溪筆談)』 하권에 "黃眞 松都名妓也 色警俱絶 名播一國 宗室有碧溪水者 思欲一眄 而眞高自標致 非風流名士得親 乃謀於蓀谷李達 達曰 公一眄眞娘 能如 五言乎 碧溪水曰 當從君言 達曰 君使小童 挾琴隨後乘小驢過眞娘之家 登樓賒酒而 常飮 彈琴一曲 則眞娘必來坐君傍矣 君視若無見 則起乘驢而行 則眞娘亦當隨後而來 若行過吹笛橋而不顧則必不成矣 碧溪守從其言乘小驢使小童挾琴而過眞家登樓 酒餘而飮 彈琴一曲 則起乘起而去 眞果追綜而來 當吹笛橋問於琴童智其碧溪守也 乃曼聲而歌曰 〈青山裏碧溪守水莫跨過去來休, 一到滄海難再見 那得不少 留明月滿空山 臨去願一遊〉 碧溪守聞此歌不能去到橋遠回顧 遽落驢眞娘笑曰 此非名士乃風流郎也 旣徑遠 碧溪水慙恨不已."

내 눈의 드ᄂᆞᆫ 님이 此房中에 잇건마ᄂᆞᆫ
노ᄅᆡ라 부러 ᄂᆡ며 解琴이라 켜 ᄂᆡᆯ쇼냐
밤즁만 이ᄂᆡ 몸 송골ᄆᆡ 되어 ᄎᆞ고 날가 ᄒᆞ노라

『시가(詩歌) 박씨본(朴氏本)』 521, #920.1

내 눈에 드는 님이 이 방안에 있건마는
노래라 불러 내며 해금이라 켜 낼쏘냐
밤중만 이내 몸 송골매 되어 차고 날까 하노라

이 노래는 술과 노래, 음악을 즐기는 풍류방에서 지은 노래로 보인다. 말하는 이는 기녀일 수도 있고, 소리꾼(가객)일 수도 있겠다. 내 눈에 드는 님이 이 방안[차방중 此房中]에 있다. 그런데 이 님이 방안에만 있고 나와 같이 밖으로 나가 놀자고 했을 때 내 사랑을 받아주지 않고 있는 것 같다. 그래서 노래를 불러 밖으로 불러낼지, 해금이라는 악기를 연주해서 님의 마음을 돌이킬지 고민하고 있다. 마지막은 밤중에 이내 몸이 송골매처럼 하늘을 차고 날아올라 님을 낚아채서라도 밖으로 데리고 나가 보겠다는 뜻 같다. 노래, 악기 같은 갖은 수단을 써도 끔적하지 않는 님을 송골매처럼 잽싸게 낚아채서 힘으로 움직여 보겠다는 노래로 님을 꾀는 노래이다.

北京 가던 져 譯官들아 唐絲실을 부붓침하셰
매셔 매셰 그물을 치셰 浮碧樓下에 그물을 치셰
걸니소셔 걸니소셔 精든 사랑만 걸이소셔

『교합가집(校合歌集)』 120, #2114.1

북경 가던 저 역관들아 당사실로 부부침하세
매세 매세 그물을 치세 부벽루 아래에 그물을 치세
걸리소서 걸리소서 정든 사랑만 걸리소서

중국 북경(北京)을 오고가는 역관(譯官)들을 꾀는 여인의 노래로 보인다. 역관은 통역뿐만 아니라 무역도 하면서 돈을 많이 벌어 부자가 된 이들이 많았다. 예나 지금이나 돈 많은 남자를 좋아하는 여자들이 있기는 마찬가지인 것 같다. 중국에서 나는 명주실〔당사唐絲실〕을 부부의 바늘〔부부침 夫婦針〕에 꿴다는 말은 부부의 인연을 맺자는 말이다.48) 그리고 평양 대동강가의 부벽루(浮碧樓)49) 아래에 그물을 치자는 말은 그곳에 덫을 놓아 걸려들기를 기다린다는 말이다. 그물을 쳐서 고기를 잡듯이 잡자는 뜻도 있어 역관들 가운데 한 사람을 그물을 놓아 잡듯이 잡고 싶다는 말이다. 그래서 그물에 걸리듯이 정든 사랑만 걸리기를 바랐다.

다음은 한 사내가 여인을 꼬이는 노래이다.

> 閣氏ᄂᆡ 고오라 ᄒᆞ고 ᄂᆞᆷ의 ᄋᆡ를 긋지 ᄆᆞ소
> 흐르는 歲月을 자ᄂᆡ ᄯᆞ려 ᄌᆞ바실가
> 白髮이 귀밋ᄐᆡ 흣날닐 졔 뉘웃츨 法 이시리라
>
> 『악부(樂府) 고대본(高大本)』 324, #57.1

> 각시네 곱다고 하면서 남의 애를 끊지 마소
> 흐르는 세월을 자네 때려잡으실까
> 흰 머리칼이 귀밑에 흩날릴 때 뉘우칠 법 있으리라

이 노래의 말하는 이는 남성으로 다음과 같이 이른다. "각시〔각씨 閣氏〕50) 네야, 네가 곱다고 남의 애간장을 끊어지게 하지 마소, 흐르는 세월(歲月)을 자네는 때려잡을 수 있다고 생각하는가, 나이가 들고 늙어져서

---

48) "부붓침하셰"를 '부치다, 보내다'로 풀기도 한다.

49) 『신증동국여지승람(新增東國輿地勝覽)』 권지51, 「평안도(平安道), 평양부(平壤府)」에 "부벽루: 을밀대 아래, 영명사 동쪽에 있다(浮碧樓: 在乙密臺下 永明寺東)."

50) '각씨(閣氏)'는 '각시'를 한자로 적은 것. 이능화(李能和, 1869~1943)의 『조선무속고(朝鮮巫俗考)』 18장, 「경성무풍 및 신사(京城巫風及神祠), 손각씨귀(孫閣氏鬼)」에 "대개 각씨란 규녀(집안에 있는 여인)를 가리킨다(蓋閣氏者 閨女指稱)."

흰 머리칼〔백발 白髮〕이 귀 밑에 흩날리는 때가 되면 뉘우치게 되는 법이다.” 각시〔閣氏〕는 젊은 여자로 갓 시집온 색시 또는 처녀를 이른다. 그러니 이 노래에 나오는 각시는 아가씨일 수도 있고 젊은 아낙일 수도 있다. 말하는 이로 나오는 사내는 나이 들고 늙기 전에 즐길 수 있을 때 즐겨보자고 젊은 여인을 꼬드기고 있다. 첫줄(초장)에서 한 말로 보아 여인을 꾀는 사내는 이 여인 때문에 무던히도 애간장을 끓인 모양이다. 사내도 여인을 꾈 때는 애가 탄다.

그런데 조성진은 옛 노래에 나오는 각시〔閣氏〕는 유흥공간에서 활동했던 여기(女妓), 주탕(酒湯, 관가의 계집종으로 얼굴이 고운 여자)과 크게 다르지 않다고 보았다.[51)] 옛 노래는 놀이나 잔치마당에서 부르고 즐겼기 때문에 그럴듯한 풀이다. 옛 노래에 나오는 각시가 대개 누구를 가리키는지 파고들 필요가 있다고 본다. 이에 대한 깊이 있는 연구는 아직 없는 것으로 안다.

다음은 기녀 송이가 지은 노래인데 말하는 이가 사내처럼 느껴진다.

> 玉 갓튼 漢宮女도 湖地에 塵土되고
> 解語花 楊貴妃도 驛路에 뭇쳐난니
> 閣氏내 一時花容을 앗겨 무슴 ᄒᆞ리오
>
> - 송이(松伊), 『청구영언(青丘永言) 가람본(嘉藍本)』 310, #3455.1

> 옥 같은 한나라 궁녀도 흉노 땅의 흙이 되고
> 말을 알아듣는 꽃 양귀비도 마외역 길에 묻혔나니
> 각시네 한때 예쁜 얼굴 아껴 무엇 하리오

옥(玉)같이 아름다운 한(漢)나라 궁녀(宮女)도 오랑캐 땅〔호지 湖地〕에서 죽어 흙 속〔진토 塵土〕에 사라졌다. 여기서 말한 한나라 궁녀는 왕소군

---

51) 조성진(2012), 앞의 글, 67~72쪽; 조성진(2013), 앞의 글, 158쪽.

(王昭君)을 가리킨다. 왕소군은 이름은 장(嬙)이고, 소군(昭君)은 그의 자(字)이다. 한(漢)나라 원제(元帝)의 궁녀였는데, 원제가 흉노(匈奴)에 보낼 여자를 뽑기 위해 그림을 보고서 가장 못생긴 왕소군을 골랐다. 이는 화공이 뇌물을 주지 않은 왕소군을 일부러 추하게 그렸기 때문이다. 나중에 원제는 소군이 빼어난 미인이라는 것을 알고 후회하였고, 원제는 화공의 목을 치고 어쩔 수 없이 소군을 흉노로 떠나보냈다.[52] 소군은 오랑캐 땅에 이르러 호한야선우(呼韓邪單于)에게 시집가 알씨〔연지閼氏, 흉노족 선우의 비〕가 되었고, 호한야가 죽은 뒤 호한야 본부인의 아들인 복주루선우(復株累單于)에게 다시 시집갔다. 이 왕소군의 기구하고 슬픈 운명은 예부터 많은 글쟁이들의 마음을 움직였고, 많은 이들이 왕소군에 대한 노래를 지었다.

양귀비(楊貴妃)는 성은 양(楊), 이름은 옥환(玉環)으로 처음에 당(唐) 현종(玄宗)의 아들인 수왕(壽王)의 비(妃)였는데, 뒤에 여도사(女道士)가 되어 호를 태진(太眞)이라 하였다.[53] 궁에 들어가 현종의 사랑을 얻고 귀

---

52) 『서경잡기(西京雜記)』 권2에 "한(漢)나라 황제 원제(元帝)는 후궁이 많아 평소에 일일이 친히 고를 수가 없었다. 그래서 원제는 화공으로 하여금 초상화를 그려 바치게 하여 그 그림을 보고 후궁을 불러들였다. 그러자 궁녀들이 너나 가릴 것 없이 모두들 화공에게 뇌물을 갖다 바쳤는데, 많게는 10만 금이었고 적어도 5만 금 이상은 되었다. 그러나 왕장(소군)만은 홀로 그와 같은 행동을 하지 않고 끝까지 버티다 원제에게 한 번도 불려가지 못했다. 그 후 흉노가 입조하여 한나라의 미녀를 구해서 그 비로 삼겠다고 요구해 왔다. 이에 원제는 화공의 그림을 보고 가장 못생긴 왕소군을 골라 주었다. 그러나 떠날 때 원제가 소군을 보니 그 아름다움이 후궁 가운데 가장 빼어나며 응대에도 뛰어나고 행동거지 또한 한아함을 알게 되었다. 원제는 후회하였지만 이미 명적에 그의 이름이 오른 데다 원제 자신이 다른 나라와 믿음을 중시하는 터여서 다른 궁녀로 바꿀 수 없었다(元帝後宮既多 不得常見 乃使畫工圖形 案圖召幸之 諸宮人皆賂畫工 多者十萬 少者亦不減五萬 獨王嬙不肯 遂不得見 匈奴入朝 求美人為閼氏 於是上案圖 以昭君行 及去 召見 貌為後宮第一 善應對 舉止閑雅 帝悔之 而名籍已定 帝重信於外國 故不復更人)."

53) 『구당서(舊唐書)』 「후비전(后妃傳) 상(上), 현종양귀비(玄宗楊貴妃)」에 "현종의 비 양귀비는……아비는 양현염인데 촉주사호였다. 비는 일찍이 고아가 되자 숙부인 하남부사 양현교의 손에서 자랐다(玄宗楊貴妃……父玄琰 蜀州司戶 妃早孤 養於叔父河南府士楊玄璬)."

비(貴妃)에 봉해졌다. 말을 알아듣는 꽃이라는 '해어화(解語花)'라는 이름을 얻을 정도로 임금의 사랑을 받았다.54) 그러나 안록산(安祿山)의 난을 피해 달아나다가 마외역(馬嵬驛)에서 군사들에게 잡혀 나무에 목을 매고 죽는다.55) 아름다움으로 나라와 임금을 어지럽힌 여자로 손꼽힌다. 이 노래의 둘째 줄(중장)은 그렇게 아름답고 부귀를 누렸던 양귀비도 마외역 길〔역로 驛路〕에 죽어 묻혔으니 얼마나 인생이 덧없느냐는 말이다.

이렇게 왕소군과 양귀비처럼 세상에서 이름난 미인들도 한번 죽음을 못 면했으니, 각시네도 한때의 아리따운 얼굴〔일시화용 一時花容〕을 아끼지 말고 젊었을 때, 즐길 수 있을 때, 놀고 즐겨 보자고 한 노래이다. 이 노래의 지은이가 송이로 되어 있어, 송이라는 기생이 다른 아름다운 기생에게 즐기기를 권하는 노래일 수도 있고, 아니면 술자리에서 흥을 돋우기 위해 송이가 사내의 노래를 지어 불렀다고 할 수도 있다. 아무튼 이 노래는 젊음을 아끼지 말고 놀 수 있을 때 마음껏 즐겨 보자는 노래이다.

---

54) 당(唐) 왕인유(王仁裕)의 『개원천보유사(開元天寶遺事)』 권3, 「해어화(解語花)」에 "명황(明皇, 당현종(唐玄宗)) 가을의 8월, 장안(長安)의 태액지(太液池)에 흰 연꽃이 몇 송이 활짝 피었다. 황제와 귀척(貴戚)들이 연꽃을 감상했다. 주위 사람들이 모두 연꽃을 보며 오랫동안 감탄하고 있을 때, 황제가 양귀비를 가리키며 좌우에게 말했다. '나의 해어화와 견줄 만한가?'(明皇秋八月 太液池有千叶白蓮數枝盛開 帝與貴戚宴賞焉 左右皆嘆羨久之 帝指貴妃示於左右曰 爭如我解語花)" 곧 연꽃이 아름답다고 하지만 내 곁에 있는 해어화(양귀비)만 못하다는 말이다. 이때부터 아름다운 여인을 일컬어 '해어화'라 했다.

55) 마외역은 중국 섬서성(陝西省) 흥평현(興平縣) 남쪽에 있는 곳으로 현종과 양귀비가 촉 땅으로 달아나다 머문 곳이다. 이곳에서 군사들에게 잡혀 "모든 것을 내려놓든지 아니면 양귀비를 버리든지 하라"는 협박에 못 이겨 현종은 양귀비를 죽이라는 명령을 내린다. 가장 힘 있는 사내는 제 계집을 끝내 지켜줄 수 없었으니, 온갖 남부러울 것 없는 삶을 살았던 양귀비는 가장 힘없는 사내들의 계집만큼도 되지 못하고 쓸쓸하게 죽음을 맞이한다. 이런 양귀비 이야기는 많은 이들의 노래의 바탕이 되기도 한다. 당(唐) 이상은(李商隱)의 시 「마외(馬嵬)」에 "기주의 말과 연 땅의 무소갑옷을 입은 (안록산의 반란군이) 땅을 진동하고 (장안으로) 내려오니, (현종은) 스스로 (양귀비를) 마외파에 묻어주고 스스로 (양귀비를 그리워하여 애간장을 태우니) 재가 되었네, 현종이 (양귀비가) 나라를 기울게 해서 죄를 물었다고 한다면, 현종이 탄 수레가 어찌하여 마외파를 지나갔는가?(冀馬燕犀動地來 自埋紅粉自成灰 君王若道能傾國 玉輦何由過馬嵬)"

다음 엮음 노래는 꾀고 있는 님이 여승이어서 웃음이 나오는 노래이다.

削髮爲僧 앗가온 閣氏 이 ᄂᆡ 말을 들어 보소
어득 寂寞 佛堂 안ᄒᆡ 念佛만 외오다가 ᄌᆞ네 人生 죽은 後ㅣ면 홍독ᄀᆡ로 탁을 괴와 棚籠에 入棺ᄒᆞ야 더운 불에 찬 ᄌᆡ 되면 空山 구즌비에 우지지는 鬼ㅅ것시 너 안인가
眞實로 마음을 돌으혐연 子孫 滿堂ᄒᆞ여 헌 멀이에 니 ᄢᅬ듯시 닷는 놈 긔는 놈에 榮華富貴로 百年同樂 엇더리

- 김수장(金壽長), 『해동가요(海東歌謠) 주씨본(周氏本)』 546, #2291.1

머리 깎고 중이 된 아까운 각시, 이내 말을 들어 보소
어둡고 적막한 불당 안에 염불만 외우다가 자네 인생 죽은 뒤면 홍두깨로 턱을 괴어 채그릇에 입관하여 더운 불에 찬 재 되면 빈산 궂은비에 우짖는 잡귀가 너 아닌가
진실로 마음을 돌이키면 자손이 집안에 가득 차 헌 머리에 이 들꾀듯이 달리는 놈 기는 놈에 부귀영화로 백년동락 하는 것이 어떠하겠는가

한 사내가 머리를 깎고 중이 된〔삭발위승 削髮爲僧〕 젊은 여인네를 꾀고 있다. 이 각시〔閣氏〕는 무슨 사연이 있었는지 머리를 깎고 여승이 되어 절에 들어갔다. 아마도 모진 일과 궂은일을 겪고 세상을 등진 젊은 아낙일 수 있겠다. 사내는 이 젊은 아낙이 아깝다고 생각한다. 그러고 나서 중이 어떻게 살다가 죽는지 떠벌리고 있다. 어둡고 적막(寂寞)한 불당(佛堂) 안에 염불(念佛)만 외우다가 자네 인생(人生)이 죽은 후면 홍두깨로 턱을 괴어 채그릇〔채롱 棚籠〕[56]에 주검을 관 속에 넣어〔입관 入棺〕 더운 불로 태워 화장을 하게 된다고 했다. 그렇게 찬 잿더미가 되면 빈산〔공산 空山〕 궂은비에 우짖는 잡귀가 될 것이니 얼마나 가엾고 서러운 일이 아

56) 채롱(棚籠): 싸릿개비로 함 같이 만든 채그릇. 싸릿개비나 버들가지 따위의 오리를 결어서 함(函)처럼 만들고 안팎에 종이를 바르기도 한다.

니겠느냐고 했다. 중이 되어 이렇게 덧없이 갈 것이 아니라 참으로 마음을 돌이켜서 자손(子孫)이 집안에 가득 차게〔만당 滿堂〕 아들딸 많이 낳고 살자고 했다. 헌 머리에 이가 들꾀듯이 달리는 놈, 기는 놈 할 것 없이 여러 놈들이 집안에 득실거릴 것이니 이렇게 많은 아이를 두고 영화(榮華)와 부귀(富貴)를 누리면서 백 년 동안이나 함께 즐기며〔백년동락 百年同樂〕 살자고 하였다.

젊은 아낙이 중이 되는 길을 고집하면 재미없이 살다 쓸쓸하게 늙어 마침내는 빈산에서 우짖는 잡귀나 될 것이니 중노릇은 때려치우고 마음을 바꿔 세상으로 돌아와 나와 함께 많은 아이들을 낳고 살아 보자고 하였다. 세상과 인연을 끊고 부처님의 도를 닦으려는 여자 중을 꾀고 있는데, 그 말하기도 장난스러워 웃음을 짓게 하는 노래이다. 더욱이 아들딸 많이 낳고 살자는 말을 헌 머리에 이가 들꾀듯이 여러 놈들을 데리고 살자고 하였다.

한편 김흥규는 이 노래의 마지막에서 아들딸 많이 낳는 일을 자랑삼아 말했지만, 이 말 속에는 먹여 살려야 할 어린아이들로 한심한 삶이 될 수 있다는 뜻도 담겨 있어, 세상살이의 즐거움은 늘 괴로움의 길과 따로 떨어져 있지 않다고 풀었다.[57] 본디 즐거움이 있으면 괴로움은 늘 따르게 마련이다. 즐거움이 클수록 괴로움도 커진다. 그래서 즐거움을 너무 좇는 삶은 그에 뒤따르는 괴로움을 받아들여야 한다.

> 閣氏ᄂᆡ 외밤이 오려논이 두던 놉고 물 만코 ᄃᆡ지고 거지다 ᄒᆞᄃᆡ
> 竝作을 부ᄃᆡ 쥬려 ᄒᆞ거든 연장 됴흔 날이나 주소
> 眞實노 날을 ᄂᆡ여 줄 쟉시면 가ᄅᆡ 들고 씨 지어 볼가 ᄒᆞ노라
>
> 『병와가곡집(甁窩歌曲集)』 1058, #64.1

각시네 외따로 떨어진 올벼 논이 두둑이 높고 물 많고 단단해지고 기름지다 하되

57) 김흥규(2016), 『옛시조의 모티프·미의식과 심상공간의 역사』, 소명출판, 240쪽.

병작을 부디 주려고 하거든 연장 좋은 나에게나 주소
진실로 나에게 내어 줄 것 같으면 가래를 들고 씨 뿌려 볼까 하노라

한 사내가 젊은 여인에게 논을 같이 나누어 농사짓자고 말하고 있다. "외밤이"는 '외배미'로 외따로 떨어진 논을 일컫는다. 옛날에는 논을 세는 말로 '배미'라는 말을 썼다. 외따로 떨어진 올벼 논은 두둑이 높고 물 많고 단단해지고 기름진 논이다. 농사짓기에 아주 좋은 논이다. 가을걷이할 때 많은 벼를 거두어들일 수 있기에 농사짓는 이들은 이런 좋은 논을 탐내게 마련이다. 그래서 사내는 이런 좋은 논을 다른 이에게 주지 말고 좋은 연장을 가지고 있는 나에게 주라고 부탁한다. 병작(竝作)은 땅주인에게 땅을 빌려 농사짓는 이가 농사를 짓고 나중에 가을걷이한 곡식을 똑같이 나누어갖는 농사짓기 방식이다. 땅주인은 각시네이고 땅을 빌리는 이는 사내인 셈이다. 물 많고 거름이 많은 땅은 여느 농사꾼들도 탐을 내는데 나는 여느 농사꾼과 다르게 좋은 연장이 있으니 다른 이에게 땅을 내주지 말고 나에게 내주라는 말이다. 그런 다음 참말로 나에게 내어 주면 가래를 들고 씨를 뿌려 보겠다고 하였다. 가래는 흙을 파서 갈아엎거나 퍼내는 데 쓰는 기구로 논을 갈 때 쓰는 연장이다. "씨 지어"는 '씨를 떨어뜨려', '씨를 뿌려'의 뜻이다. 이렇듯 이 노래는 한 사내가 땅주인인 여인에게 좋은 논을 내가 부칠 수 있게 해달라고 청하는 노래이다.

그러나 이 노래에는 엄청난 속뜻이 들어 있다. 먼저 외따로 떨어진 논 '외배미'는 각시네의 은밀한 곳을 가리킨다. 외따로 떨어져 있다는 말은 이 각시네가 아직 임자가 없다는 말도 된다. 이 논의 두둑이 높고 물이 많고 기름지다는 말은 사내들이 함부로 다가갈 수 없지만 모든 사내들이 탐낼 만큼 좋은 몸을 가지고 있다는 뜻이다. '병작을 주다'는 말은 몸을 허락한다는 말도 되고 인연을 맺는다는 말도 된다. 연장은 사내의 남근을 가리키니 '연장 좋은 나에게나 주소'란 말은 다른 사내보다도 남근이 훌륭한 나와 인연을 맺어 보자는 말이다. 그리고 마지막에 한 말은 진실로

나와 인연을 맺어 우리가 부부가 된다면 훌륭한 잠자리의 기쁨을 즐길 수 있다는 말이다. 이 노래에는 말놀이도 들어가 있는데, 가래는 논밭을 가는 가래도 되지만 가랑이 곧, 사내의 다리라는 뜻도 있고, 씨는 곡식의 씨도 되지만 사내가 지니고 있는 씨라는 뜻도 있다. 가래(다리)를 들고 씨를 뿌린다는 말은 사내가 여인과 몸과 살을 섞어 잠자리를 같이한다는 뜻이다. 이렇듯 이 노래는 다른 사내보다도 훌륭한 연장을 가진 나와 인연을 맺어 보자고 젊은 여인을 꾀는 노래이다.

다음 대화체 노래는 너무 길고, 첫글·가운뎃글·끝글(초·중·종장)을 가르기가 쉽지 않기 때문에 요즘말로 옮길 때 말하는 이가 바뀌면 줄을 바꾸어 보이겠다.

각시님 믈너 눕소 내 품믜 안기리 이 아ᄒᆡ놈 괘심ᄒᆞ니 네 날을 안을소냐

각시님 그 말 마소 됴고만 닷졋고리 크나큰 고양감긔 ᄡᅵᆼᄡᅵᆼ 도라가며 제 혼쟈 다 안거든 내 자ᄂᆡ 못 안을가 이 아ᄒᆡ놈 괘심ᄒᆞ니 네 날을 휘울소냐 각시님 그 말 마소 됴고만 도샤공이 크나큰 대듕션을 제 혼자 다 휘우거든 내 자ᄂᆡ 못 휘울가 이 아ᄒᆡ놈 괘심ᄒᆞ니 네 날을 붓흘소냐 각시님 그 말 마소 됴고만 벼록 블이 니러곳 나게 되면 청계라 관악산을 졔 혼ᄌᆞ 다 붓거든 내 자ᄂᆡ 못 붓흘가 이 아ᄒᆡ놈 괘심ᄒᆞ니 네 날을 그늘올소냐 각시님 그 말 마소 됴고만 ᄇᆡᆨ지당이 관동팔면을 졔 혼자 다 그늘오거든 내 자ᄂᆡ 못 그늘을가

진실로 네 말 ᄀᆞᆺ틀 쟉시면 백년동주ᄒᆞ리라

『고금가곡(古今歌曲)』 288, #67.1

"각시님 물러가 눕소, 내가 품에 안기리."

"이 아이놈 괘씸하니, 네 나를 안을쏘냐?"

"각시님 그 말 마소. 조그만 딱따구리 크나큰 고양나무 뺑뺑 돌아가며 제 혼자 다 안거든, 네 자네 못 안을까."

"이 아이 괘씸하니, 네 나를 휘어잡을쏘냐?"

“각시님 그 말 마소. 조그마한 도사공이 크나큰 대중선을 제 혼자 휘어잡거늘, 내 자네 못 휘어잡을까?”

“이 아이놈 괘씸하니, 네 나를 붙잡을쏘냐?”

“각시님 그 말 마소. 조그마한 벼룩 불이 일어나면 청계와 관악산을 제 혼자 다 붙거든, 내 자네 못 붙을까.”

“이 아이놈 괘씸하니, 네 나를 돌볼쏘냐?”

“각시님 그 말 마소. 조그만 백지장이 관동팔면을 제 혼자 다 그려 넣거든, 내 자네 못 돌볼까?”

“진실로 네 말 같으면 백 년 동안 함께 살아 보리라.”

‘각시님 그 말 마소.’와 ‘이 아이놈 괘씸하니, 네 나를 ~할쏘냐?’ 같은 말을 되풀이하여 말가락을 만들어 내 재미를 주기도 한다. 한 사내아이가 젊은 아낙을 꾀고 있는데, 두 사람이 실랑이를 벌이다가 나중에는 마침내 아낙이 사내에게 넘어간다. 사내아이가 처음에 물러가 눕고 내 품에 안기라고 하고 아낙은 거부한다. 그러자 조그만 딱따구리도 크나큰 고양나무를 뼹뼹 돌아가면서 혼자 다 안으니 내가 그대를 안지 못하겠느냐고 한다. 아마도 사내는 몸집이 아낙보다 작은 아이인 것 같다. 왠지 나이가 저보다 많은 여인을 좋아하는 소년쯤으로 보인다. 다음에 아낙이 네가 나를 휘어잡을 수 있을 것 같으냐고 하자 뱃사공의 우두머리〔도사공 都沙工〕가 크나큰 배〔대중선 大中船〕보다는 작지만 그 배를 휘어잡아 움직이는 것처럼 나도 그대를 휘어잡을 수 있다고 말한다. 다음에 네가 나에게 붙을 수 있겠느냐고 하자 벼룩처럼 작은 불이 일어나면 청계(淸溪) 고을뿐만 아니라 관악산(冠岳山)까지도 다 불을 붙여 태울 수 있는 것처럼 나도 작지만 그대를 붙잡을 수 있다고 말한다. 다음에 아낙이 네가 나를 돌볼 수(그느를 수)[58] 있겠느냐고 묻자 조그만 흰 종이〔백지白紙장〕가 강원도의 여러

58) ‘그느르다’는 돌보아 보살펴 주다는 뜻으로, “그늘올소냐”는 그느를 수 있겠느냐, 곧

고을들(관동팔면關東八面, 관동 팔백 리)을 한 장 안에 다 그려 넣거든 내가 그대를 돌보지 못하겠느냐고 하였다. 이렇게 끈질기게 꾀는 사내아이의 말에 넘어간 아낙은 진실로 네 말 같으면 백 년 동안이나 함께 살아 보자(백년동주 百年同住)고 한다.

이 노래에 나오는 말 가운데 '붙다'는 '불이 붙다'는 뜻도 있고 '살을 붙이다', 곧 몸으로 사랑을 나누겠다는 뜻도 있다. 또 '백년동주'의 '동주'는 같이 살자는 뜻(同住)도 있지만 같은 배를 타자(同舟)는 뜻도 있는데, 배는 '舟(주)'의 뜻도 있지만 '腹(복)'의 뜻도 있어, '배를 탄다'는 말에는 잠자리를 함께하자는 뜻도 담고 있다. 이 노래는 남녀 사이의 사랑이 어떻게 발전하는지 그 순서가 차근차근 나와 있기도 하다. 안고, 휘어잡고, 붙고, 돌보아주고, 같이 사는 순서로 되어 있다.

'돌보아 보살펴 줄 수 있겠느냐'는 뜻이다.

님을 여읜 노래

3. 님을 여읜 노래

사랑하는 님과 함께하기를 바라고, 그 사랑이 길게 이어지기를 바라고, 님과 나누는 사랑의 기쁨을 읊은 노래들을 살펴보았다. 그러나 사랑은 늘 달콤하지만은 않고, 그 사랑을 한결같이 끝까지 지키기란 쉽지 않다. 사랑은 변하기도 하고, 두 사람의 사랑을 가로막는 것이 생겨 어쩔 수 없이 헤어지기도 한다. 사람은 기쁠 때도 노래하지만 슬플 때도 노래한다. 오히려 슬플 때 더 많이 노래로 마음의 시름을 풀어 보려고 하는지도 모르겠다. 그래서 사랑 노래에는 님과 함께할 때 지은 노래보다는 님을 여의고 나서 지은 노래가 훨씬 많다. 여기에서 살펴보는 노래들은 이별의 노래들이다. 님과 헤어지고 나서 느끼는 슬픔, 헤어짐을 막고 싶은 마음, 어쩔 수 없이 헤어져야 하는 일, 헤어진 일을 받아들이는 마음을 읊은 노래들이다.

1) 헤어짐의 슬픔

님과 헤어지게 된 일을 그리거나 헤어지고 나서 느끼는 슬픔을 읊은 노래들이 많다. 또한 헤어짐 뒤에 오는 쓰라린 마음을 노래하기도 한다.

> 南北에 君臣離別 胡地 母子離別
> 別路 兄弟離別니 섧다 ᄒᆞ견이와
> 아마도 이내 靑年 임 離別 갓탈손야
>
> - 백련향(白蓮香), 『동국명현가사집록(東國明賢謌詞集錄)』 287, #822.1

남북의 임금과 신하의 이별 호땅의 모자 이별
이별하는 길의 형제 이별이 서럽다 하거니와
아마도 이내 청년 님 이별 같을쏘냐

'남북(南北)의 군신이별(君臣離別)'은 임금과 벼슬아치가 떨어져 헤어지는 것을 이른 말이다. 임금은 남녘을 보고 있고, 벼슬아치들은 임금이 있는 북녘을 보고 자리를 하게 된다.[1)] 그래서 옛 노래에 북쪽을 가리키는 말들은 임금이 있는 곳을 나타내는 말이었다. 벼슬살이하는 이들은 다른 이들이 해코지해서, 또는 임금의 미움을 받아서, 또는 스스로 죄를 지어 임금과 멀어지게 되는 일이 있다. 그래서 많은 선비들이 임금 그리는 마음을 옛 노래로 남겼다. 이런 임금 그리는 노래 안에는 님을 여윈 이와 다를 바 없는 쓰라린 마음이 담겨 있다.

'호지(胡地)의 모자이별(母子離別)'은 오랑캐 땅에서 어미와 아들이 이별한다는 뜻인데, 한(漢)나라 여인 채염(蔡琰, 약 177~249)[2)]에 관한 이야기이다. 채염은 흉노(匈奴)의 포로로 잡혀가 좌현왕(左賢王)의 후궁이 되었다. 그곳에서 두 아이를 낳아서 키웠는데, 다시 제 나라로 돌아올 수 있게 되었다. 고향으로 돌아올 수 있게 되어 반가우면서도 한편 사랑하는 아들을 떼어놓을 수밖에 없었다. 돌아온 뒤 아이들이 꿈에도 그리워 이루

---

1) 『논어(論語)』, 「옹야(雍也)」1장에 "공자께서 이르시되 옹(중궁)은 남면(군왕의 자리)하게 할 만하다(子曰 雍也可使南面)."

2) 한(漢)나라 끝무렵, 어린 황제를 허수아비로 만들고 나랏일을 제 마음대로 하는 동탁(董卓, 139~192)을 없애려다 죽임을 당한 학자 채옹(蔡邕, 133~192)의 딸이다. 『후한서(後漢書)·열녀전(列女傳)』에 "이름은 염이고 자는 문희다. 많이 배워 말솜씨가 좋으며 음률에 빼어난 재능이 있었다. 하동의 위중도에게 시집을 갔으나 지아비가 죽고 자식이 없어서 집으로 돌아왔다. 흥평에 있을 때, 천하가 전란에 휩싸이니, 이때 문희는 오랑캐에게 사로잡혀 남흉노 좌현왕에게 바쳐진다. 거기에서 12년을 보내는 동안 두 아이를 낳았다. 조조가 채옹을 잘 알기에 찾다가 후사가 없음을 가엾게 여겨, 이에 사자를 보내어 백금을 주고 (흉노에서) 데려왔으며, 동사(董祀)에게 다시 시집 보냈다(名琰 字文姬 博學有才辯 又妙於音律 適河東衛仲道 夫亡無子 歸寧于家 興平中 天下喪亂 文姬為胡騎所獲 沒於南匈奴左賢王 在胡中十二年 生二子 曹操素與邕善 痛其無嗣 乃遣使者以金璧贖之 而重嫁於祀)."

말할 수 없는 깊은 사무침이 생겨 「호가십팔박(胡茄十八拍)」[3]이라는 노래를 지었다. 이 노래에 "호지(오랑캐 땅)에 남겨진 아들과 이별하니〔寫離胡別子時〕, 끔찍한 마음에 슬피 울다〔痛哭的悽慘場面〕"는 말이 있다.

또는 한(漢)나라 소무(蘇武, ?~기원전 60)와 관련된 이야기에도 어미와 아들이 흉노 땅에서 이별했다는 이야기가 전한다. 소무는 흉노국에 사신(使臣)으로 갔다가 19년 동안이나 잡혀 있게 되었다. 그 동안 흉노 여인에게서 통국(通國)이란 아들을 얻었는데, 뒷날 돌아올 때에는 아들만 데리고 한나라로 왔다. 여기서 소무의 아들, 통국과 그를 낳아준 어미의 '모자이별'이란 말이 전해 오고 있다.

누구의 이야기든지 아무튼 어미와 아들이 오랑캐 땅에서 헤어졌다는 이야기를 끌어들여 이별의 종류를 말하고 있다.

'별로(別路)의 형제이별(兄弟離別)'은 이별하는 길에 형제끼리 서로 헤어진다는 말인데, 어떤 옛이야기를 바탕으로 이런 말을 했는지 잘 모르겠다.

어쨌든 이 노래는 여러 가지 이별이 많지마는 젊은 날에 님을 여의는 슬픔과 비길 수 없다는 말을 하고 있다. 옛날에 슬픈 이별이 많이 있었지만 내가 당한 이별이 가장 슬프고 마음 아프다. 다른 사람의 이별이 아무리 애가 끊어지듯 슬펐다 하지만 그것은 다 남의 일이요 내 일이 아니다. 나한테는 내가 겪은 이별이 가장 슬픈 이별일 수밖에 없다.

> 길 우희 두 돌부텨 벗고 굶고 마조 셔셔
> ᄇᆞ람비 눈서리를 맛도록 마즐만정
> 人間에 離別 모ᄅᆞ니 그를 불워ᄒᆞ노라

- 정철(鄭澈), 『송강가사(松江歌辭) 성주본(星州本)』 79, #595.1

---

3) 호가(胡笳)라는 악기로 18박을 연주한다는 뜻인데, 자신이 태어나서부터 난리를 당하여 남흉노에게 잡혀가고, 그 낯선 땅에서 겪었던 고통과 조조(曹操)의 도움으로 고향에 돌아오는 길에 아들들과 생이별하는 아픔을 잘 표현한 긴 시이다.

길 위의 두 돌부처 벗고 굶고 마주 서서
비바람 눈서리를 맞도록 맞을망정
인간의 이별을 모르니 그것을 부러워하노라

길 위의 두 돌부처와 사람을 견주었다. 돌부처는 옷도 못 입고, 먹지도 못하며 길 위에 우뚝 서서 다른 돌부처와 마주 보고 서 있다. 그리고 움직이지도 피하지도 못하기 때문에 비바람 눈서리를 맞을 만큼 맞는다. 돌부처는 이렇게 가엾지만, 부러운 점이 하나 있다. 사람들이 사는 세상처럼 헤어지는 일을 겪지 않는다. 돌부처한테는 이별이 없으니 비록 잘 입고 잘 먹지 못하고 비바람과 눈서리를 맞는 불편함이 있더라도 나보다는 낫다는 생각을 하였다. 이 노래는 이별의 아픔은 헐벗고 굶주리고 여러 어려움을 겪는 일보다도 더욱 크다고 이르고 있다. 차라리 돌부처같이 어려움을 겪고 살더라도 이별이 없기를 바라고 있다.

정철은 벼슬자리에 있다가도 다른 벼슬아치의 헐뜯는 말로 임금과 헤어져서 시골로 내려가는 일을 되풀이했다. 어떤 때는 큰 벌을 받고 귀양까지 갔는데, 귀양 가는 길에 병이 나서 쉬어가고 더디 가다가 임금의 꾸지람을 듣고 아픈 몸을 이끌고 가는 길을 재촉하기도 했다. 한때는 임금의 많은 사랑을 받다가도 갑자기 마음이 변한 임금에게 차가운 눈초리를 받기도 했다. 서럽고 아니꼬운 일을 많이 겪었다. 높은 벼슬자리에 있지 않고 돌부처처럼 길 위의 낮은 자리에 있었더라면 이런 이별의 아픔을 겪지 않았을 것이다. 이 노래에서 말하는 이별은 여러 뜻이 담겨 있다. 말 그대로 사랑하는 이와 헤어지는 일일 수도 있고 임금과 멀어지는 일일 수도 있고, 벼슬자리를 내놓고 시골로 내려가는 일일 수도 있다.

뉘라샤 졍 됴타 ᄒᆞ던고 이별의도 인졍인가
평싱의 쳐음이요 다시 못 볼 님이로다
아ᄆᆡ도 졍 쥬고 병 엇기난 나ᄲᅳᆫ인가

- 옥선(玉仙), 「송정원(送情怨)」, 『삼가악부(三歌樂府)』 54, #1134.1

뉘라서 정 좋다고 하는가, 이별에도 인정인가?
평생에 처음이요, 다시 못 볼 님이로다
아마도 정 주고 병 얻기는 나뿐인가 (하노라)

'송정원(送情怨)'이라는 노래 이름이 붙어 있는 것으로 보아 님을 보내는 정과 원망을 읊은 노래임을 짐작할 수 있다. 그 누가 정(情)이 좋다고 하느냐고 묻는다. 정은 마음을 주고받고 사랑하는 것을 이른다. '이별(離別)에도 인정(人情)인가?' 하는 말은 서로 헤어지는 일도 사람의 정이냐고 묻는 말이다. 이별은 정을 떼고 헤어지는 일이므로 정이라 할 수 있겠느냐고 따지고 있다. 말하는 이는 처음으로 이별의 슬픔을 당한 것 같다. 그래서 평생에 처음이요, 다시 못 볼 님이라고 하면서 원망하고 넋두리한다. 그리고 아마도 정 주고 병 얻기는 나뿐이라고 하면서 나는 님에게 정을 주었지만 님은 그 정을 떼버리고 나를 떠나서 나는 병을 얻고 말았다고 한다. 님을 여윈 이의 슬픈 노랫가락이다. 정을 주지 않아야 했는데 정을 주었고, 그러다 뜻밖에 님을 여의게 되었으니 정을 좋다고 한 이들의 말이 틀렸다고 생각한다. 정도 님이 내 곁에 있을 때라야 좋은 것이지 님이 내 곁에 없으면 정 준 일이 헛일이 되고 마침내는 병만 얻고 만다는 이야기다.

이 노래는 기녀의 노래인데, 기녀는 하는 일 때문에 헤어지는 일이 잦을 수밖에 없고 사랑도 짧게 하는 때가 많았을 것이다. 옥선이 겪는 아픔은 기녀이기 때문에 어쩔 수 없이 겪는 아픔이다. 기녀는 자신이 해야 할 일이 정해져 있었기에 자신이 바라는 사랑을 이루기가 힘들었을 것이다.

落葉聲 ᄎᆞᆫ ᄇᆞᄅᆞᆷ의 기러기 슬피 울 ᄌᆞᆨ
夕陽 江頭의 고은 님 보ᄂᆡ오니
釋迦와 老聃이 當ᄒᆞᆫ들 아니 울고 어이리

- 김묵수(金默壽), 『병와가곡집(瓶窩歌曲集)』 525, #782.1

낙엽 떨어지는 소리, 찬바람에 기러기 슬피 울 제
해거름 강 언덕에 고운 님 보내나니
석가와 노자가 당한들 아니 울고 어이하리

님과 헤어지는 때부터가 어둡고 슬프다. 나뭇잎이 떨어지는 소리(낙엽성 落葉聲)가 나고 찬바람이 불며 기러기가 슬피 우는 가을이다. 가을이라는 철이 겨울로 들이닥치는 때라 어둡고 그늘 진 느낌이 드는 철이다. 가을철에 우는 기러기는 더욱 슬픈 마음을 돋우는 새이다. 이 어두운 느낌은 다음에도 이어진다. 님과 헤어지는 때가 하루 가운데 해거름(석양 夕陽)이다. 해가 질 무렵은 어두움이 시작되는 때이다. 헤어지는 곳도 슬픔을 자아내는 곳이다. 강 언덕(강두 江頭)인데, 강물은 헤어지는 노래에서 눈물을 빗대는 말로 많이 써왔다. 그곳에서 고운 님을 눈물을 흘리며 보낸다. 이렇게 슬프게 님을 여의는데, 아무리 세상을 초탈한 석가(釋迦)나 노자(老子 → 노담老聃)[4]라 하더라도 아니 울 수 있겠느냐고 하였다. 석가나 노자는 세상일에 너무 얽매여 사는 것을 그르다 여기고 사는 일이 덧없음을 깨달은 이들이다. 그러나 이렇게 세상일과 사람살이를 뛰어넘고 벗어난 불교와 도교의 큰 어른들도 슬픈 이별을 당했다면 눈물을 흘릴 수밖에 없었을 것이라고 노래하였다. 그만큼 님을 여읜 슬픔은 이 세상 그 어떤 일보다도 가슴 아프고 괴로운 일임을 일렀다.

ᄆᆞᆯ은 가쟈 울고 님은 잡고 울고
夕陽은 재을 넘고 갈 길은 千里로다
져 님아 가ᄂᆞᆫ 날 잡지 말고 지ᄂᆞᆫ ᄒᆡᄅᆞᆯ 잡아라

『고금가곡(古今歌曲)』 211, #1582.1

---

4) 노담(老聃)은 중국 춘추시대 노자(老子)의 딴 이름이다. 『사기(史記)』, 「노자·한비자열전(老子韓非列傳)」에 "노자는 초나라 고현의 여향 곡인리 사람이다. 성은 이(李), 이름이 이(耳), 자는 담(聃)이라 하며, 주나라 왕실의 책 창고를 맡은 사관이었다(老子者 楚苦縣厲鄉曲仁里人也 姓李氏 名耳 字聃 周守藏室之史也)."

말은 가자 울고 님은 잡고 울고
석양은 재를 넘고 갈 길은 천 리로다
저 님아 가는 나를 잡지 말고 지는 해를 잡으려무나

말을 타고 떠나는 이가 님과 헤어지는 일을 읊었다. 타고 있는 말은 앞으로 가려고 울고 있고, 님은 말고삐인지 아니면 내 옷자락인지를 붙잡고 울고 있다. 해질 무렵의 해〔석양 夕陽〕가 고개를 넘어 이미 어두워지기 시작하는데, 가야 할 길은 천 리(千里)나 되게 멀다. 이러지도 저러지도 못하자 님에게 하는 말이, 나를 잡지 말고 지는 해를 잡으라고 하였다. 차마 떨치지 못하고 이런 말을 하였다. 칼처럼 정을 끊고 차갑게 뿌리치고 갈 수 없으니 지는 해를 잡으면 나를 잡을 수 있다는 말로 달랬다. 그러나 이 말에는 헤어지는 일은 돌이킬 수 없다는 뜻이 담겨 있다. 지는 해는 사람의 힘으로는 잡을 수 없기 때문이다. 이 노래의 말하는 이는 사내이고 나를 잡고 우는 님은 여인으로 보인다.

닷 드자 ᄇᆡ ᄯᅥᄂᆞ니 이졔 가면 언졔 올고
萬頃蒼波으 가ᄂᆞᆫ 듯 도라오소
밤즁만 至菊叢 소ᄅᆡ예 아긋ᄂᆞᆫ듯 ᄒᆞ여라

『고금가곡(古今歌曲)』 212, #1274.1

닻을 들자마자 배 떠나니 이제 가면 언제 올고
넓고 푸른 바다 가는 듯 돌아오소
한밤중 노 젓는 소리가 나의 애를 끊는 듯하여라

위 노래는 한 아낙이 배를 타고 일 나가는 지아비를 보내면서 부른 노래로 들린다. 배를 타고 넓고 푸른 바다〔만경창파 萬頃蒼波〕로 멀리 나가는 님에게 '가는 듯 돌아오소'라고 하여 금방 다시 돌아오기를 바라고 있다. 밤마다 노 젓는 소리〔지국총 至菊叢〕를 들으면 배 타고 떠난 이를 그리워하는 마음에 내 애가 끊어지는 듯하다고 하였다. 지국총[5] 소리는 말하는 이의 시름을 더욱 돋우게 하는 소리이다. 이 노래는 그리움이나 기다림의 노래에 넣어도 되나, 배 타고 떠나는 이를 보내면서 부른 노래이기에 님을 여읜 노래에서 다루었다.

別院에 봄이 깁고 紗窓에 히 긴 적의
寂寂中門에 무르린들 뉘 이시리
다만 흔 對花斷腸에 臨風淚滴뿐이로다

『시여(詩餘) 김씨본(金氏本)』 407, #1995.1

이별하는 역원에 봄이 깊고 사창에 해 긴 때에
쓸쓸한 중문에 묻는 사람인들 뉘 있으리
다만 한 꽃을 보니 창자가 끊어질 듯하니 바람을 맞으며 눈물지을 뿐이로다

이별하는 역원(驛院)[6]인 별원(別院)에 봄이 깊고 사창(紗窓)에 해가 긴 때에, 조용하고 쓸쓸한 중문〔적적중문 寂寂中門〕에 묻는 사람이 누가 있겠는가마는, 다만 헤어지는 슬픔 때문에 꽃을 보니 창자가 끊어질 듯 슬프고〔대화단장 對花斷腸〕, 바람을 맞으며 눈물방울을 떨어뜨릴 뿐〔임풍루적 臨風淚滴〕이라 했다. 님과 역원에서 헤어지는 것으로 보아 님은 나랏일을 하기 위해 떠나는 벼슬아치로 보인다. 내 허전한 마음과는 정반대로 화려하게 피어 있는 꽃을 보니, 창자가 끊어질 것 같다고 하여 님을 여읜 슬픔으로 몹시 괴로워한다. 그러나 바람을 맞으며 눈물을 뿌리는 일밖에는 할 수 있는 일이 없다.

---

5) 지국총: 배가 떠날 때 배에서 나는 소리로, 노를 젓고 닻을 감는 소리인 '찌꺼덩'을 한자로 쓴 말. 흥을 돋우려고 부르는 어부가(漁父歌) 뒷소리(후렴)의 하나. 윤선도(尹善道)의 「어부사시사(漁父四時詞)」에 "지국총지국총어사와(至匊悤至匊悤於思臥)."

6) 역원(驛院): 조선 시대, 역참(驛站)으로 가는 길에 세워 나라가 경영하던 여관. 역참은 조선 시대, 벼슬아치가 나랏일로 다닐 때에 먹고 자는 곳이나 손님을 대접하기 위해 고을에 두었던 객사(客舍).

空山에 우는 뎝동 너는 어이 우지는다
너도 날과 갓치 무음 離別 ᄒᆞ엿ᄂᆞ냐
아무리 피나게 운들 對答이나 ᄒᆞ더냐

- 박효관(朴孝寬), 『가곡원류(歌曲源流) 국악원본(國樂院本)』 205, #354.1

빈산에 우는 접동새야 너는 어이 우짖느냐
너도 나와 같이 무슨 이별 하였느냐
아무리 피나게 운들 대답이나 하더냐

접동새는 두견이라 이르기도 해서 슬픈 새로 알려져 있는데, 그 울음소리가 매우 구슬프다. 빈산[공산 空山]은 아무도 오지 않는 산이니 더욱 쓸쓸하다. 그곳에서 접동새가 울어대는 것이 매우 슬프게 느껴진다. 내가 님을 여의었기 때문이다. 내가 님과 함께 있다면 접동새 소리가 슬프게 들릴 까닭이 없다. 접동새 너도 나와 같이 이별(離別)을 당해서 우느냐고 물었다. 저 슬픈 접동새와 내가 처지가 비슷하다고 여긴다. 그러나 아무리 피나게 울어도 님은 돌아오지 않는다. 피가 나게 우는 새는 본디 소쩍새다. 소쩍새는 입속이 핏빛처럼 붉어 이 새가 울면 피를 토한다고 사람들은 생각해 왔다. 그래서 구슬프게 우는 접동새를 피를 토하도록 우는 소쩍새와 같은 새로 여기게 되었고 접동새가 우는 것을 두고 피나게 운다고 하였다. 이 노래는 님을 여읜 이가 피가 나도록 슬프게 우는 접동새 소리가 제 마음과 같다고 여기고, 대답(對答)도 하지 않는 님을 생각하니 더욱 서글퍼져서 부른 노래이다. 님에 대한 원망도 담겨 있다.

이 노래에는 내가 겪고 있는 슬픔과 접동새의 슬픔이 같다고 여기는데, 이를 어려운 말로 감정이입(感情移入, Empathy)이라 한다. 감정을 자연이나 다른 무엇에 비추어 나타내는 것이다. 어떤 무엇과 나의 느낌을 온전히 하나로 합치는 일이다. 이 노래에서도 접동새가 나와 같은 감정을 가지고 있는 듯이 말하고 있다. 접동새의 울음은 님을 여읜 나의 마음처럼, 님을 그리워하는 슬픈 소리이다. 많은 노래가 이런 감정이입의 말하기 방식을 쓰고 있다.

다음 노래들도 님과 헤어지는 때에 부른 노래들이다.

柴門에 ᄆᆞᆯ을 ᄆᆡ고 님과 分手ᄒᆞᆯ 제
玉蘭珠淚가 눌노 ᄒᆞ야 흘넛ᄂᆞᆫ고
아마도 못 니즐슨 님이신가 ᄒᆞ노라

- 입리월(立里月), 『청구영언(靑丘詠言) 가람본(嘉藍本)』 275, #2895.1

사립문에 말을 매고 님과 헤어질 때
옥란주루가 누구 때문에 흘렀는고
아마도 못 잊을 사람은 님이신가 하노라

엇그제 님 離別ᄒᆞ고 碧紗窓에 지혓신이
黃昏에 진은 곳과 綠柳에 걸린 ᄃᆞᆯ을
암으리 無心히 보와도 不勝悲感ᄒᆞ여라

『해동가요(海東歌謠) 일석본(一石本)』 487, #3300.1

엊그제 님 이별하고 벽사창에 기대어 보니
저물녘에 지는 꽃과 푸른 버들에 걸린 달을
아무리 무심히 보아도 슬픔을 이기지 못하겠구나

人間에 사쟈 ᄒᆞ니 離別 ᄌᆞ자 못 살노다
후로록 소사 놀나 天上의나 가쟈 ᄒᆞ니
거긔도 織女 잇다 ᄒᆞ니 그ᄅᆞᆯ 슬허ᄂᆞ노라

『영언유초(永言類抄)』 193, #3914.1

인간 세상 사자 하니 이별 많아 못 살겠다
후루룩 솟아올라 하늘 위에 가자 하니
거기도 직녀 있다 하니 그를 슬퍼하노라

입리월(立里月)의 노래는 사립문〔시문 柴門〕에 말을 매놓고 곧 떠나려는 남성과 한 여성이 손을 놓고 헤어지는 때〔분수分手할 때〕 부른 노래이다. 여인은 옥난간에서 구슬 같은 눈물〔옥란주루 玉蘭珠淚〕을 뚝뚝 흘리고 있으며 이 울음이 누구 때문이겠느냐며 아마도 못 잊을 사람은 님이시라고 했다.

두 번째 노래에서 말하는 이가 있는 데는 벽사창이 있는 곳이라고 해서 여성으로 보인다. 엇그제 님을 여의고 푸른 깁을 바른 창문〔벽사창 碧紗窓〕에 기대어 있다. 그런데 저물녘〔황혼 黃昏〕에 지는 꽃과, 푸른 버들〔녹류 綠柳〕에 걸린 달을 아무런 생각이나 느낌 없이, 곧 무심(無心)히 보려고 해도 슬픈 마음을 이겨낼 수가 없다〔불승비감 不勝悲感〕고 읊었다. 님을 여읜 이는 마음이 아프고 쓰라리기에 떨어지는 꽃과 나무에 걸린 달만 보아도 슬프다. 무심히 보려 해도 그렇게 되지 않는다.

세 번째 노래는 사람 사는 세상에 살려 하니 헤어짐이 잦아 못 살겠다고 했다. 그래서 후루룩 솟아올라 하늘 위로나 가 볼까 하니 거기도 직녀(織女)가 있다니 그를 슬퍼한다고 했다. 이 땅에 사는 동안은 헤어지는 일이 많다. 그래서 헤어짐 없는 저 하늘 위로나 날아올라 살아 볼까 했는데, 그곳에도 직녀처럼 사랑하는 이와 헤어져 살아야 하니 슬퍼한다. 직녀는 하늘에 떠 있는 별이기도 하고 여기서는 지은이와 같이 님을 여읜 이를 가리키는 말이기도 하다. 직녀는 견우(牽牛)와 늘 헤어져 살아야 하며, 칠석날(음력 7월 7일)만, 곧 1년에 한 번만 만나게 되어 있다.[7] 어디를 가나 이별은 겪을 수밖에 없는 사람살이의 한 모습이다.

다음 노래는 헤어지는 여인을 붙잡는 사내의 노래이다.

---

7) 남조(南朝) 양(梁) 종름(宗懍)의 『형초세시기(荊楚歲時記)』에 "7월 7일은 견우가 직녀가 만나는 밤이다(七月七日 爲牽牛織女聚會之夜)."

나ᄂᆞᆫ 나븨 되고 ᄌᆞ네는 곳이 되야

三春이 지나도록 ᄯᅥ나 ᄉᆞ지 마쟈트니

어듸 가 뉘 거즌말 듯고 이졔 잇쟈 ᄒᆞᄂᆞᆫ고

『동국가사(東國歌辭)』 308, #707.1

나는 나비 되고 자네는 꽃이 되어

봄 석 달 지나도록 떠나 살지 말자고 하더니

어디 가서 누구의 거짓말을 듣고 이제 잊자 하는고

나는 나비가 되고 자네는 꽃이 되어, 봄 석 달〔삼춘 三春〕이 지나도록 떠나 살지 말자고 해놓고, 어디 가서 누구의 거짓말을 듣고 이제 잊자고 하면서 헤어지자고 하느냐고 읊었다. 다른 이의 말을 듣고 와서 헤어지자고 하는 여인을 붙잡고 부르는 노래이다. 지난 날 했던 약속은 물거품이 되었고 둘의 사랑을 갈라놓는 사람이 나타났다. 헤어지는 일은 이렇게 갑자기 닥칠 수도 있다. 흔히 나비는 사내를, 꽃은 여인을 빗대어 이른 말로 쓰므로 이 노래는 사내가 어느 여인에게 하는 말이다. 두 사람의 사랑이 깨어져 헤어지게 되는 말미를 여인의 탓으로 돌렸다.

任 離別 하올 져긔 져는 나귀 한치 마소

가노라 돌쳐셜 제 저난 거름 안이런덜

ᄭᅩᆺ 아ᄅᆡ 눈물 적신 얼골을 엇지 仔細히 보리요

- 안민영(安玟英), 『금옥총부(金玉叢部)』 119, #4091.1

님과 이별할 때 절뚝이는 나귀 한치 마소

가노라 돌아설 때 절뚝이는 걸음 아니면

꽃 아래 눈물 적신 얼굴을 어찌 자세히 보리오

헤어지는 님은 꽃 아래 눈물 적신 얼굴을 가진 이로 여인으로 보인다. 그러면 이 노래는 님과 이별(離別)하며 떠나는 사내가 부르는 노래이다. 나귀를 타고 떠나야 하는데 그 나귀는 다리를 저는 나귀이다. 나귀가 다리를 절뚝거리면 타고 가는데 성가시다. 그래서 평소에는 이 나귀를 매우 못마땅하게 여겼을 것이다. 그러나 님과 헤어질 때는 오히려 이렇게 다리를 저는 나귀가 조금은 고맙기도 하다. 다리를 절어 빨리 갈 수 없기 때문에 헤어지는 님을 조금이라도 더 볼 수 있다. 가노라 하고 돌아설 때 나귀가 절뚝거리지 않았다면 꽃 아래 눈물을 흘리는 그 얼굴을 좀 더 오래, 좀 더 자세히 볼 수 있었겠느냐고 하였다. 사내는 장부답게 헤어지고 떠나야 하지만 나귀가 다리를 절며 더디 가기에 꽃다운 님을 더 바라볼 수 있다. 노래책에 적힌 것을 보면 이 노래는 안민영이 평양의 기생 혜란(蕙蘭)과 헤어질 때 지은 노래라 한다.[8)] 이렇듯 안민영은 제가 겪은 일을 노래로 많이 남겼다.

다음 노래들은 선비나 벼슬아치가 지은 노래들인데, 목소리는 님을 여읜 여인의 목소리에 가깝다.

千萬里 머나먼 길에 고은 님 여희옵고
내 ᄆᆞ음 둘 듸 업서 냇ᄀᆞ에 안자이다
져 물도 내 안 ᄀᆞᆺ도다 우러 밤길 녜놋다

- 왕방연(王邦衍), 『청구영언(青丘永言) 진본(珍本)』 17, #4604.1

천만리 머나먼 길에 고운 님 여의고
내 마음 둘 데 없어 냇가에 앉습니다
저 물도 내 마음 같아 울면서 밤길을 흐르네

ᄂᆡ 평ᄉᆡᆼ 원ᄒᆞ기를 금의옥식 다 마다고
쇽 아는 임을 둣ᄎᆞ 이별 업시 ᄉᆞ직써니
엇지타 인졍이 실슈ᄒᆞ여 이 토심을

- 이세보(李世輔), 『풍아(風雅) 대(大)』 133, #1000.1

---

8) 안민영 지음, 김신중 옮김(2003), 『금옥총부(金玉叢部)』, 박이정, 143쪽.

내 평생 바라기를 좋은 옷과 음식 다 마다하고
내 마음 아는 님을 좇아 이별 없이 사잤더니
어찌타 인정이 실수하여 이 토심을

왕방연(王邦衍, ?~?)의 노래는 노산군(魯山君, 단종)을 귀양 가는 곳에 모셔다놓고 돌아오는 길에 지은 노래이다.[9] 님과 헤어지고 돌아오는 길에서 마음이 아파 냇가에 앉았더니 그 냇물이 나의 심정을 알고 울어주는 것 같다고 하였다. 이제 님은 천만리 머나먼 곳으로 가 계신다. '천만리'는 님과 말하는 이의 거리가 이제 닿을 수 없는 멀고 아득하다는 것을 이른 말이다. 자리에서 쫓겨난 임금을 귀양살이 하는 곳에 두고 떠나오는 마음의 쓰라림을 읊었다. 그런데, 이 노래는 딸린 이야기를 생각하지 않고 읽게 되면 여인의 노래같이 느껴진다. 이는 남성 지은이가 다른 벼슬아치들의 눈총이나 비난을 피하기 위해 일부러 자신의 모습을 숨기고 다른 이의 목소리를 빌린 말하기라 할 수 있다.

이세보(李世輔, 1832~1895)의 노래는 헤어질 때 님에게 실수하였던 일을 떠올리며 가슴 아파하는 노래이다. 좋은 옷과 좋은 음식〔금의옥식 錦衣玉食〕 같은 호화로운 삶보다는 내 마음을 잘 헤아려주는 님을 좇아 헤어지지 않고 살기를 바랐지만 갑자기 닥친 헤어짐에 놀란다. 이세보는 철종(哲宗)을 곁에서 잘 모시기를 원했지만 깊이 생각하지 않고 한 말이 허물이 되어 헤어짐이라는 슬픈 일을 겪게 되었다.[10] 이 노래의 지은이도 안타까운 마음을 더욱 간절하게 나타내기 위해 여성스러운 목소리로 노래

---

9) 『청구영언(靑丘永言) 진본(珍本)』에 "왕방연. 세종 때 사람이다. 금오랑으로 노산군을 압송하여 갔는데, 돌아옴에 미처 냇가를 서성거리다가 느낌이 있어 이 노래를 지었다. 대개 이 한 곡으로도 그 사람이 임금을 사랑하는 정성을 볼 수 있다(王邦衍 世宗時人 以金吾郎 押去魯山 及還 彷徨川邊 有感而作是歌 盖卽此一曲 斯人愛君之誠 可見矣)."

10) 이 허물은 안동 김씨 쪽을 대놓고 비판한 일을 말한다. 윤정화(1997), 「이세보 애정시조의 성격과 의미」, 『한국문학논총』 제21집, 한국문학회, 177쪽.

하였다. 노래를 짓게 된 자세한 실마리를 모르면 이 노래는 다른 뜻이 없는 이별을 슬퍼하는 노래이지만, 노래의 속뜻을 톺아 보면 임금에게 버림받은 벼슬아치가 자신의 잘못을 뉘우치고 있는 노래이다.

선비들이 지은 님을 여읜 노래를 더 살펴보자.

房안에 혓는 燭불 눌과 離別ᄒᆞ엿관ᄃᆡ
것흐로 눈물지고 속 타는 쥴 모르ᄂᆞᆫ고
져 燭불 날과 갓ᄒᆞ여 속 타는 쥴 모로도다

- 이개(李塏), 『가곡원류(歌曲源流) 불란서본(佛蘭西本)』 708, #4537.1

방안에 켜 있는 촛불 누구와 이별 하였기에
겉으로 눈물 흘리고 속 타는 줄 모르는고
저 촛불 나와 같아서 속 타는 줄 모르더라

촛불이 타는 것을 보고 님을 여읜 슬픔을 노래하였다. 촛불은 그저 타고 촛농을 떨어뜨릴 뿐인데, 님을 여읜 지은이의 마음에는 그냥 초가 타는 것으로만 보이지 않는다. 그래서 저 촛불도 님을 여읜 내 마음과 같다고 느낀다. 방안에 불을 밝히고 있는 촛불이 촛농을 흘리고 타는 것을 두고 누구와 헤어지고 나서 슬퍼 눈물을 흘리는 것으로 여겼다. 초가 타들어가면서 조금씩 짧아지고 없어지는 것을 두고 겉으로 눈물 흘리고 속 타는 줄을 모른다고 여겼다. 저 촛불도 나와 같아서 눈물만 흘릴 뿐 안타까움에 속이 타 들어가는 줄을 모르고 있다고 했다.

이른바 '촛농 노래: 촉루가(燭淚歌)'라 말하는 이 노래는 지은이가 영월에서 귀양살이하는 어린 단종을 생각하며 눈물짓고 속마음을 다 태우며 안타까워하는 심정을 남몰래 읊은 것이라 한다. 이 노래는 『고금가곡(古今歌曲)』에는 지은이 이름이 없고 '별한(別恨)', 곧 '이별의 슬픔'이라는 주제 아래에 실려 있다. 뒷날 노래책들에 와서야 지은이를 이개(李塏, 1417~1456)로 적었다.[11] 이는 이 노래를 처음부터 임금 그리는 노래로 다루지 않고, 사랑하는 님과 헤어진 일을 한스러워하는 노래로 여겼다는 것을 알 수 있다. 이렇듯 남녀 사이의 사랑을 이야기한 노래들을 뒷날 노래책을 엮은이들이나 노래를 즐기는 이들이 임금 그리는 노래로 책에 싣기도 했다.

> 머귀닙 디거야 알와다 ᄀᆞᄋᆞᆯ힌 줄을
> 細雨淸江이 서ᄂᆞ럽다 밤긔운이야
> 千里의 님 니별ᄒᆞ고 ᄌᆞᆷ 못 드러 ᄒᆞ노라
>
> \- 정철(鄭澈), 『송강가사(松江歌辭) 성주본(星州本)』 66, #1625.1

> 오동잎 지니 알았노라 가을인 줄을
> 가랑비 내린 강가에 서늘한 밤기운이여
> 천 리의 님 이별하고 잠 못 들어 하노라

정철이 지은 님을 여읜 노래이다. 오동잎이 지는 것을 보고 가을인 줄 알았다고 했다. 가랑비가 내리는 맑은 강가〔세우청강 細雨淸江〕에 서서 서늘한 밤기운을 느끼니 천 리나 멀리 떨어진 님을 여의고 잠을 이루지 못한다고 했다. 오동잎 지는 스산한 가을밤이라는 때가 지은이의 마음을 더욱 서글프게 한다. 이 노래는 임금 그리는 마음을 담은 노래로 '천 리의 님'은 멀리 서울에 있는 선조 임금을 가리킨다.

이 노래는 첫줄과 둘째 줄에 말의 차례를 바꾸는 방법(도치법)을 쓰고 있는데 우리 옛 노래에는 이렇게 말차례 바꾸기를 할 때가 많다. '가을인 줄을 알와다' 해야 할 것을 '알와다 가을인 줄을' 했고, '밤기운이 서느럽다' 해야 할 것을 '서느럽다 밤기운이야' 했다. 알고 느낀다는 말이 먼저 나오고 알고 느낀 것이 무엇인가는 뒤로 물렸다. 이렇게 삶에서 쓰는 말

11) 신성환(2011), 「사육신 담론의 전변과 조선후기 시가의 수용 양상」, 『민족문학사연구』 46, 민족문학사학회, 344~345쪽.

법과 다른 말법으로 노래하는 까닭은 시인들이 일부러 낯설게 말해 보려 하기 때문이다.

離別이 불이 되니 肝腸이 ᄐᆞ노ᄆᆡ라
눈물이 비 되니 ᄭᅳᆯ ᄯᅳᆺ도 ᄒᆞ건마는
한숨이 ᄇᆞ람이 되니 ᄭᅳᆯᄯᅩᆼ말ᄯᅩᆼ ᄒᆞ여라

『가곡원류(歌曲源流) 국악원본(國樂院本)』 748, #3852.2

이별이 불이 되니 간장이 타는도다
눈물이 비가 되니 끌 듯도 하건마는
한숨이 바람이 되니 끌지 말지 하여라

석 줄이라는 짧은 노래에 님을 여읜 슬픔을 모두 담아냈다. 이별(離別)이 불이 되어 간장(肝腸)이 탄다. 눈물은 비가 되니 간장이 타는 불을 끌 것도 같지만 한숨이 바람이 되어 불어오니 그 불을 끌 수 있을지 없을지 모르겠다고 하였다. 사랑하는 님과 헤어지니 가슴은 타고 눈물은 비 오듯 흘러내리고 한숨은 바람처럼 나오지만 그 슬픔은 없어지지 않는다는 말이다. 님을 여읜 슬픔은 좀처럼 쉽게 가라앉히기도 어렵고 이겨내기도 힘들다. 이별이라는 불이 내 속을 다 태워서 눈물을 실컷 흘리고 나면 그 눈물이 불을 끄는 물처럼 되어 웬만큼 마음이 진정될 것 같은데도, 다시 한숨을 쉬게 되어, 이 한숨이 불을 더 활활 타오르게 부채질 하는 것 같아 이별의 슬픔을 사그라들게 할 수 없다고 하였다.

이별을 불에, 눈물을 불 끄는 물에, 한숨을 불을 더 일으키는 바람에 빗댄 것이 새롭고 산뜻하다. 마지막에 '끌동말동 하여라' 해서 왠지 슬프지만은 않은 노래처럼 들린다. 어느 정도 이별에 대해 넘어서고 있는 것 같다. 그래서 이 노래를 들으면 안타깝고 슬프기보다는 조금은 엷은 웃음을 짓게 된다.

나모도 바히돌도 업슨 뫼헤 매게 ᄧᅩᆾ친 가토릐 안과

大川 바다 한가온대 一千石 시른 ᄇᆡ에 노도 일코 닷도 일코 뇽총도 근코 돗대도 것고 치도 ᄲᅡ지고 ᄇᆞ람 부러 물결 치고 안개 뒤섯계 ᄌᆞ자진 날에 갈 길은 千里 萬里 나믄듸 四面이 거머 어득 져뭇 天地寂寞 가치노을 썻ᄂᆞᆫ듸 水賊 만난 都沙工의 안과

엇그제 님 여흰 내 안히야 엇다가 ᄀᆞ을ᄒᆞ리오.

『청구영언(青丘永言) 진본(珍本)』 572, #738.1

나무도 바윗돌도 없는 산에 매에 쫓긴 까투리 마음과

대천 바다 한가운데 일천 석 실은 배에 노도 잃고 닻도 잃고 용총도 끊고 돛대도 꺾어지고 키도 빠지고 바람 불어 물결 치고 안개 뒤섞여 잦아진 날에 갈 길은 천리만리 남았는데, 사면이 검어 어둑 저물어 천지 조용하고 까치놀 떴는데 수적 만난 도사공의 마음과

엊그제 님 여읜 내 마음이야 어디다 견주리오

위 노래는 님을 여읜 내 마음을 까투리(암꿩)의 마음과 뱃사공의 우두머리인 도사공(都沙工)의 마음에 견주었다. 까투리는 나무도 없고 바윗돌도 없는 뫼에서 매에게 쫓기고 있다. 숨을 곳이라고는 전혀 없는 곳에서 틀림없이 매의 먹잇감이 될 참이다. 죽음에 맞닥뜨렸다. 뱃사공은 대천(大川) 바다[12] 한가운데 일천석(一千石)이나 되는 온갖 값비싼 것들을 배에 가득 싣고 오는데[13] 거센 바람과 물결을 만난다. 노도 잃고 닻도 잃고 용총줄(돛대에 매어놓은 줄)도 끊어지고 돛대도 꺾어지고 키도 빠졌다. 배가 물에 가라앉거나 뒤집히게 생겼다. 더욱이 바람이 거세게 불어 물결이 세차게 치고 안개가 뒤섞여 자욱하니 앞을 볼 수 없다. 갈 길은 천리만리

---

12) '대천 바다'는 어떤 바닷가의 고장을 가리키는 말이 아니고 넓은 바다를 가리키는 말이다.

13) '일천석 실은'을 짐을 너무 많이 실어 배가 위험하다는 뜻을 담고 있다고 풀기도 한다.

같이 너무 많이 남아 있는데, 사면(四面)은 먹구름처럼 검고 어두워서 천지(天地)가 적막(寂寞)하여 도와줄 이도 나타나지 않는다. 까치노을(해질 무렵 수평선 부근에서 물결에 번득거리는 노을)이 뜨고 엎친 데 덮친 격으로 바다도둑〔해적→수적水賊〕까지 만났으니 뱃사공은 죽는 길밖에 없다.

이렇게 죽음을 눈앞에 둔 까투리와 뱃사공의 마음과 님을 여읜 내 마음이 같다고 하였다. 그런데 까투리의 마음과 도사공의 마음에 자기의 마음을 견주어 말하고서 마지막에 견주어 말할 때가 없다고 해서(어디다 견주리오) 앞뒤가 어긋나는 말하기를 하고 있다. 조동일은 이것을 앞뒤가 어긋나는 줄도 모르고 이말 저말 해서 다급한 심정을 더 잘 나타낸다고 풀었다.[14] 이렇듯 이 노래는 앞쪽에서 한 말과 끝에서 한 말이 어그러지는 서투름을 보이는데, 서인석은 이 노래의 앞쪽(초·중장)이 삶의 고난 또는 위기감을 나타내는 널리 알려진 노랫말인데 그것을 이 노래에서 이별의 슬픔을 나타내는 데 다소 서투르게 갖다 쓴 것 같다고 보았다.[15]

어쨌든 이 노래는 님을 여읜 나의 절박하고 복잡한 마음을 말하고 있는 노래이다. 엊그제 님을 여읜 내 마음은 꼭 눈앞에 죽음과 맞닥뜨린 마음이다. 사랑하는 이와 헤어져 본 사람은 누구나 다 알 것이다. 정말 죽고 싶은 마음이 들 때도 있다. 그런데 짧은 노래(평시조) 같으면 님을 여읜 괴로운 마음을 삼가면서 꾹 누르며 꾸며대면서 말하려고 한다. 그러나 엮음 노래(사설시조)는 지나치다 싶을 정도로 말이 많고, 어떤 일에 빗대어 자세하게 풀어서 넋두리를 하기도 한다. 그러다 보니 말을 되도록 줄이려고 하는 시가 가지고 있는 본디 성질과 같지 않게 되어 그 예술다움이나 문학다움이 짧은 노래(평시조)보다 낮다고 여기는 이들도 있다. 그런데 엮음 노래는 짧은 노래에서 하지 못하는 말하기를 시원스럽게 하기에 때로는 새로운 맛을 보여준다.

---

14) 조동일(2017), 『시조의 넓이와 깊이』, 푸른사상, 237쪽.

15) 서인석(1992), 「〈나무도 바히 돌도〉와 사설시조의 미학」, 백영 정병욱 선생 10주기 추모논문집 간행위원회, 『한국고전시가작품론2』, 집문당, 832쪽.

무정ᄒᆞ고 야속ᄒᆞᆫ 님아 ᄋᆡ원 일별 후의 쇼식이 돈졀ᄒᆞᆫ가

공산야월 두견지셩과 동방츈풍 호졉지몽의 못다 ᄉᆡᆼ각나니 낭ᄌᆡ로다 오동의 걸닌 달 두렷ᄒᆞᆫ 너의 얼골 션연ᄒᆞᆫ 너의 ᄐᆡ도 겻ᄐᆡ 와 머무난 듯 이슬의 즘긴 ᄭᅩᆺ츤 ᄂᆡ 눈 압희 버렷난 듯 벽셕창강 ᄉᆡ벽비예 모욕ᄒᆞ고 안진 져 졔비 어엽부다 네 말쇼ᄅᆡ ᄂᆡ 귀에 하소는 듯

방즁만 창밧긔 울고 가난 져 기러기 벽히ᄒᆞ날 엇 두고 나의 단잠 다 ᄭᆡ우넌냐

『가곡 연대본(歌曲 延大本)』 2, #1703.1

무정하고 야속한 님아 슬픈 이별 뒤에 소식이 끊겼는가

달 밝은 밤 빈산에 두견이 울고 잠자리에 일던 봄바람에 단꿈을 못다 이루니 생각나니 낭자로다, 오동나무 걸린 달은 뚜렷한 너의 얼굴, 고운 너의 태도 곁에 와 머무는 듯, 이슬의 잠긴 꽃은 내 눈 앞에 벌여난 듯, 흰 돌 맑은 물 새벽비에 목욕하고 앉은 저 제비 어여쁘다, 네 말소리 내 귀에 하소연하는 듯

밤중만 창밖에 울고 가는 저 기러기 푸른 바다 하늘 어디 두고 나의 단잠 다 깨우느냐

위 엮음 노래는 아가씨와 헤어진 사내가 부르는 노래이다. 님을 여읜 노래이기도 하고 님을 여의고 나서 그리워하며 시름겨워 하는 노래이기도 하다. 먼저 슬프게 헤어진 뒤〔애원哀怨 이별離別〕에 소식까지 끊어버린〔돈절 頓絶〕 님을 무정(無情)하고 야속하다고 원망한다. 다음에는 님을 여의고 나서 그 님이 그립고 생각나서 내가 어떻게 지내는지를 읊고 있다. 달 밝은 밤 빈산〔공산야월 夜月空山〕에 두견의 울음소리〔두견지성 杜鵑之聲〕가 더욱 나를 시름하게 한다. 그러면서 봄바람 불던 잠자리〔동방춘풍 洞房春風〕, 곧 님과 어우러져 즐기던 방에 단꿈〔호접지몽 胡蝶之夢〕[16]을 꾸던

16) 호접지몽(胡蝶之夢): 나비의 꿈. 중국 옛날 도가(道家)의 사상가인 장자(莊子: 장주)가 꿈에 나비가 되어 즐겁게 놀았다는 이야기에서 나온 말인데, 나중에 '사랑하는 이와 함께하는 즐거운 꿈'이라는 뜻으로 쓰게 되었다. 『장자(莊子)』, 「제물론(齊物論)」에 "옛날에 장주가 꿈에 나비가 되었다. 그는 나비가 되어 펄펄 날아다녔다. 자기

일을 다 하지 못했으니, 더욱 생각나는 이가 그 아가씨〔낭자 娘子〕이다. 오동나무에 걸린 달은 뚜렷한 너의 얼굴 같고, 고운〔선연鮮娟한〕 너의 태도는 내 곁에 와 머무는 것 같다. 이슬의 잠긴 꽃은 내 눈 앞에 벌여 있는데, 그 꽃이 꼭 너의 모습 같다. 새벽 비에 목욕하고 맑은 물에 씻긴 흰 돌〔백석청강 白石淸江〕에 앉은 저 제비도 어여쁜 네 모습 같다. 네 말소리가 내 귀에 하소연하는 듯 귀에 쟁쟁하게 울린다. 밤중에 창밖에 울고 가는 저 기러기는 푸른 바다〔벽해 碧海〕와 하늘을 어디 두고 나의 단잠을 깨우느냐고 하였다. 여기서 기러기는 그리워하는 마음을 더욱 돋우어 내는 새이다. 님을 여의고 그리운 마음과 어지러운 속사정을 긴 말로 엮어 냈다. 한 사내가 사랑한 아가씨와 헤어지고 나서 그이와 지냈던 지난날을 그리워하며 한숨 짓는 노래이다.

이 노래는 드물게도 말하는 이가 사내이고 님이 아가씨인 것이 뚜렷하게 드러난 노래이다. 옛 노래에는 이런 노래가 많지 않은데, 이 노래 한 마리는 사내라도 여인 못지않게 여읜 님을 애틋하게 그리워함을 알 수 있게 한다.

2) 헤어지는 슬픔을 이겨내기

헤어지자고 하는 말에 마다하는 노래가 있다. 예나 오늘날이나 헤어지자고 하면 매달리기도 하고 헤어질 수 없다고 물리치기도 한다.

울며불며 잡은 사믹 썰썰이고 가들 마오
그듸는 장부라 도라가면 잇건마는

자신은 유쾌하게 느꼈지만 자기가 장주임을 알지 못하였다. 갑자기 꿈을 깨니 엄연히 자신은 장주였다. 그러니 장주가 꿈에 나비가 되었던 것인지 나비가 꿈에 장주가 되어 있는 것인지 알 수가 없었다(昔者莊周夢爲胡蝶 栩栩然胡蝶也 自喩適志與 不知周也 俄然覺 則蘧蘧然周也 不知周之夢爲胡蝶與 胡蝶之夢爲周與)."

소쳡은 아녀자라 못ᄂᆡ 잇씀네

『남훈태평가(南薰太平歌) 단(單)』 187, #3617.1

울며불며 잡은 소매 떨치고 가지 마오

그대는 장부라 돌아가면 잊건마는

소첩은 아녀자라 못내 잊습니다

가노라 下直 마라 一寸肝腸 다 스노매

그ᄃᆡᄂᆞᆫ 娼妓라 도라 셔면 니ᄌᆞ려니

나은 匹夫ㅣᆫ 타ᄉᆞ로 닛즐 줄이 이시랴

『영언유초(永言類抄)』 194, #13.1

가노라 하직 마라 애타는 마음 다 스러진다

그대는 창기라 돌아 서면 잊으려니

나는 필부인 탓으로 잊을 줄이 있으랴

첫 번째 노래는 여인의 노래이다. 사내가 헤어지며 떠나려 하니 울며불며 소매를 잡는다. 그리고 소매 잡은 손을 떨쳐내지 말고, 떠나지 말라고 애처롭게 바란다. 그대는 장부라 돌아가면 잊어버리지만 나는 아녀자라 잊지 못한다고 하였다. 헤어질 때 님과 말하는 이가 느끼는 감정은 퍽 다르다. 장부라고 일컫는 사내는 돌아서면 쉽게 잊어버리지만, 소첩인 말하는 이는 아녀자라 쉽게 잊을 수가 없다. 이 노래에 나오는 남성은 헤어짐을 대수롭지 않게 여기지만 여성은 님을 가지 말라고 붙들며 헤어짐을 거부하고 있다.

두 번째 노래는 기녀와 헤어지는 사내의 노래이다. 첫 번째 노래와 같이 헤어질 때 하는 노래인데 헤어짐을 당한 이가 달라졌다. 내 한 치 길이의 간과 창자〔일촌간장 一寸肝腸〕, 곧 애타는 마음이 다 스러지니(삭아서 없어지니), 간다고 떠나는 인사〔하직 下直〕를 하지 말라고 했다. 그대는 창기(娼妓)라 돌아서면 잊어버리지만 나는 평범한 사내〔필부 匹夫〕인 탓으로 잊기가 어렵다고 하였다. 기녀는 여러 사내들과 만나고 헤어지므로 만나고 헤어지는 일이 늘 있는 일이라 금세 잊어버리고 또 새로운 사랑을 찾을 수 있다. 그러나 나는 마음이 넓고 작은 일에 얽매이지 않는 그런 대장부가 아니기 때문에 훌훌 털어버리고 잊어버리지 못한다고 하였다. 헤어질 때 꾸물거리지 않고 시원시원하게 돌아서는 이도 있지만, 속이 다 탈 만큼 마음 아파하는 사내도 있다.

두 노래 다 헤어짐을 물리치고 있다. 하나는 여성의 노래이고 하나는 남성의 노래이다. 둘 다 '그대는 장부라', '그대는 창기라' 하면서, 헤어지고 떠나가는 상대는 헤어지는 일에 얽매이지 않고, 돌아서면 그동안 아무 일 없었다는 듯이 바로 잊어버리지만, 나는 그렇게 마음이 넓지도 않고 속도 좋지 않아 쉽게 못 잊는 사람이라고 읊었다. 첫 번째 노래에서 말하는 이를 기녀로 보는 이들이 있고,[17] 두 번째 노래에 나오는 여성도 기녀인 것으로 보아, 기녀와 어느 남성이 헤어질 때 지은 노래들이다. 하나는 기녀가 노래했고, 하나는 남성이 노래해서 두 노래를 견주어 볼 만하다. 언제나 사람은 저의 터수에 맞게 생각하는 것 같다. 그러나 정말 사귀었던 이와 헤어지는 일에 크게 얽매이지 않는 이는, 남성이 더 많은지 여성이 더 많은지 궁금해지기도 한다. 요즘은 돌아서면 시원하게 잊어버리는 사랑을 하는 이들이 많은 때라, 헤어질 때 소매를 잡고 울며불며 매달리고 속마음이 다 타들어 갈 만큼 안타까워하는 일은 옛날보다는 덜 한 것 같다.

한편 두 번째 노래를 보면, 헤어질 때는 여성뿐만 아니라 남성도 애타게 매달리고 안타까워한다는 것을 알 수 있다. 우리는 대개 헤어짐, 홀로 있음, 그리움을 노래하는 이를 여성이라고 여기는데(이런 내용을 읊은 노래의 말하는 이는 여성이 많기는 하다),[18] 앞의 「가노라 하직 마라」 같은 노래

17) 황재군(1985), 『한국고전여류시연구』, 집문당, 167~170쪽; 김상진(2010), 「시조에 나타난 '임'을 부르는 소리」, 『우리문학연구』 30집, 우리문학회, 122쪽.

18) 이를 두고 "굳어진 인식의 관습"이라고 보기도 한다. 김대행(2003), 「문학의 화자와 여성」, 한국고전여성학회편, 『고전문학과 여성화자, 그 글쓰기의 전략』, 월인, 13쪽.

를 보면 꼭 그렇게만 볼 것이 아니라는 생각도 든다.

> ᄂᆡ 맘니 ᄒᆞ도 심난ᄒᆞ니 삭발ᄒᆞ고 즁니나 될가
> 가더라고 가더라소 졀간으로 가더라소
> 가다가 졍든 임 만나면 갈지 말지
>
> 『가사(歌詞) 나손본(羅孫本)』 151, #937.1

> 내 마음이 하도 심란하니 머리 깎고 중이 될까
> "가더라 하소, 가더라 하소, 절간으로 가더라 하소."
> 가다가 정든 님 만나면 갈지 말지 (하노라)

마음이 너무 심란(心亂)하니 절간으로 들어가 머리를 깎고〔삭발削髮하고〕 중이 될지 생각해 본다. 그러면서 다른 이에게 내가 절간으로 가더라고 님에게 전해주라고 이른다. '같고-같고-다르고-같고'의 말가락을 쓰면서 자기가 절로 가더라는 말을 되풀이해서 말해주기를 바란다. 님이 내 마음을 알아주면 나를 찾으리라고 여기고 있다. 그래서 혹시라도 님이 마음을 돌이켜 나를 찾기 위해 달려와서 가는 길에 정든 님을 만나면 갈지 말지 한다고 했다. 님과 헤어질 수밖에 없지만 마지막으로 실낱 같은 희망을 가져 본다. 내가 절로 간다고 누군가 님에게 말해주고 가다가 님을 만나기를 바란다. 헤어지는 슬픔을 이겨 보기 위해 이런 말을 하였다.

> ᄇᆞ람 브르소셔 비 올 ᄇᆞ람 브르소셔
> ᄀᆞ랑비 긋치고 굴근 비 드ᄅᆞ소셔
> 한길이 바다히 되어 님 못 가게 ᄒᆞ소셔
>
> 『고금가곡(古今歌曲)』 193, #1783.1

> 바람 불으소서 비 올 바람 불으소서
> 가랑비 그치고 굵은 비 들으소서
> 한길이 바다가 되어 님 못 가게 하소서

달리 풀지 않아도 읽으면 바로 알아들 수 있는 노래이다. 어려운 말도 없고 한자말도 없어 쉽게 읽힌다. 바람이 불기를 바라고 있다. 그 바람도 비를 몰고 오는 바람이어야 한다. 가랑비만으로는 안 되고 굵은 비가 내려야 한다. 그래서 한길(큰길)이 바다가 될 만큼 많이 퍼붓듯이 내려야 한다. 그래야 님이 발이 묶여 갈 수 없게 된다. 떠나려는 님을 붙잡으려고 바람을 불게 해달라고, 굵은 장대비가 내리게 해달라고 하나님께 빌었다. 이 노래에서 바람과 비는 님을 붙잡아 주고 나와 님의 이별을 막아주는 구실을 한다.

사랑하는 님은 내 곁에 오래 머물러 있기를 바란다. 그런데 일이 생겨, 또는 헤어질 때가 되어 나를 떠날 수밖에 없다. 그러나 조금이라도 더 같이 있고 싶으면 날씨의 힘을 빌리게 된다. 날씨가 험하고 궂으면 님은 선뜻 나서기 힘들다. 더욱이 많은 비로 길이 물에 잠길 정도가 되면 님은 갈 수 없다. 이렇게 빌어서라도 님과 헤어지는 일을 미루고 함께하는 시간을 조금이라도 늘려 보고자 한다.

가슴에 궁글 둥시러케 ᄠᅮᆶ고
왼ᄉᆞᆺ기를 눈 길게 너슷너슷 ᄭᅩ와 그 궁게 그 ᄉᆞᆺ 너코 두 놈이 두 긋 마조 자바 이리로 훌근 져리로 훌젹 훌근 훌젹 ᄒᆞᆯ 저긔는 나남즉 ᄂᆞᆷ대되 그ᄂᆞᆫ 아모 ᄶᅩ로나 견듸려니와
아마도 님 외오 살라 ᄒᆞ면 그ᄂᆞᆫ 그리 못ᄒᆞ리라.

『청구영언(青丘永言) 진본(珍本)』 549, #34.1

가슴에 구멍을 둥그스름하게 뚫고
왼새끼를 마디 길게 너슷너슷 꼬아 그 구멍에 그 새끼줄 넣고 두 놈이 두 끝 마주 잡아 이리로 훌근 저리로 훌쩍 훌근훌쩍 할 때에는 나 남 할 것 없이 남 하는 대로야 그건 아무쪼록 견디려니와
아마도 님과 외따로 살라 하면 그건 그리 못하리라

위 엮음 노래는 님을 여의는 일이 나에게 일어나서는 안 된다고 외치는 노래인데 그 말하기가 몸서리 칠 만큼 매우 끔찍하다. 이 노래는 『대은실기(大隱實紀)』에 한문시로도 실려 있어 대은(大隱) 변안렬(邊安烈, 1334~1390)이 지은 노래로 보고 있다.[19] 사람의 가슴에 구멍을 둥그렇게 뚫는 것부터가 참으로 고통스러운 일이다. 그런데 꺼칠한 짚으로 엮은 새끼줄, 그것도 서툰 왼손으로 꼰 새끼줄[20]이라 했으니 매듭이 삐뚤빼뚤하여 더욱 거친 새끼줄, 그것을 좁은 가슴 구멍에 집어넣고 두 사람이 두 끝을 마주 잡아 슬근슬근 톱질을 하듯 가슴을 훑어서 왔다갔다 들고나게 하면 얼마나 쓰라리고 아프겠는가. 그래도 그것은 아무쪼록 견디겠지만 아마도 님과 따로 떨어져 살라고 하면 그는 못하겠다고 하였다.

여기서 님은 고려의 임금이다. 고려의 임금이 잘났건 못났건 나는 그 분만 섬길 수 있지 새로운 나라의 새로운 임금인 조선의 태조 이성계는 섬길 수 없다고 노래하였다. 이방원(李芳遠, 1367~1422)이 여러 벼슬아치를 불러 잔치를 열고 「하여가(何如歌): 이런들 어떠하며~」를 불러 자리에 있는 사람들의 뜻을 떠보았는데, 정몽주(鄭夢周, 1337~1392)는 「단심가(丹心歌): 이 몸이 죽고 죽어~」로, 변안렬은 「불굴가(不屈歌): 가슴에 구멍을~」로 답하였다는 이야기가 전해진다. 나중에 변안렬은 벼슬을 빼앗기고 귀양 가서 죽게 된다.

아픔 가운데서 사랑하는 님과 헤어지고 따로 떨어져 사는 아픔만큼 쓰라리고 괴로운 일도 없다. 가슴을 뚫어 훑어서 나를 아프게 하더라도 견

---

19) 한문시는 다음과 같다. "내 가슴에 말인 양 둥그렇게 구멍 뚫어 새끼줄로 길고 길게 꿰어서 앞에서 당기고 뒤에서 끌어 갈리고 두들겨져도 네가 하는 대로 두고 나는 다 받겠지만, 우리 님 빼앗으려 하면 이 일은 내가 굽히지 않으리(穴吾之胸洞如斗 貫以藁索長又長 前牽後引磨且戛 任汝之爲吾不辭 有欲奪吾主 此事吾不屈)."

20) 조규익은 왼새끼는 매 가닥을 왼쪽으로 비벼 오른쪽으로 꼬아나간 새끼로 더러움을 타서는 안 될 거룩한 곳을 나타내기 위한 금줄로 쓰는 새끼줄이라고 하면서, 바깥에서 들어오는 잡된 기운을 막아주는 구실을 한다고 보았다. 조규익(2009), 『만횡청류의 미학: 우리의 옛 노래 문학(수정 증보판)』, 박이정, 280쪽. 그러니까 왼새끼는 삿되고 나쁜 것을 내쫓는 구실을 하므로 님과 나의 사랑을 헤살놓는 것들을 물리치겠다는 뜻이 들어 있다.

디어 낼 수 있으나, 사랑하고 그리운 님을 여의고 살라고 한다면 그런 괴로움을 견딜 수 없다. 님과 헤어지는 일을 이런 말로 물리쳤다.

그런데 이 노래에서 말하는 일들은 현실에서는 일어나기 힘든 일이다. 가슴에 구멍을 뚫고, 새끼줄을 그 구멍에 집어넣어 두 사람이 잡아당기는 일, 이런 일은 매우 막다른 상황이다. 곧 님과 내가 헤어지는 일은 있을 수 없는 일이며 일어나서는 안 되는 일이라는 것을 힘주어 말하기 위해서 이런 지나친 말하기를 했다고 볼 수 있다.

헤어짐을 물리치는 노래에는 위와 같이 일어날 수 없는 일을 들어 무슨 일이 있어도 헤어질 수 없다고 힘주어 말하는 노래들이 많다.

ᄇᆞᄅᆞᆷ 불러 쓰러진 ᄆᆡᆺ 보면 비 마져 셔근 돌 보며
눈경 본 書房임 슬흔 듸 본가
ᄆᆡᆺ 쓰러지고 돍 셔그면 離別 될가 ᄒᆞ노라

– 월선(月仙), 『동국명현가사집록(東國明賢謌詞集錄)』 270, #1779.1

바람 불어 쓰러진 뫼 보며 비 맞아 썩은 돌 보며
눈빛으로 본 서방님을 싫어지는 것을 보았느냐
뫼 쓰러지고 돌 썩으면 이별 될까 하노라

져 것너 검어뭇틀음ᄒᆞᆫ 바회 釘 다히고 두들여 내야
털 돗치고 ᄲᅳᆯ을 박아 ᄆᆡᆼ글어 둘이라 감은 암쇼를
울이 님 날 離別ᄒᆞ고 가오실 쩨 것구로 ᄐᆡ와 보내리라

『해동가요(海東歌謠) 일석본(一石本)』 579, #4229.1

저 건너 거무튀튀한 바위 정 대고 두드려 내어
털 돋게 하고 뿔을 박아 만들어 두리라 검은 암소를
우리 님 날 이별하고 가실 때 거꾸로 태워 보내리라

월선의 노래는 바람 불어서 뫼(산)가 쓰러진 것을 보았느냐, 비를 맞아 썩게 된 돌을 보았느냐고 했는데, 산은 아무리 바람이 세차게 불어도 쓰러지지 않으며 돌은 아무리 비를 맞아도 썩지 않는다. 가운뎃글(중장)이 풀기가 어려운데, '눈경'은 '눈빛'의 옛말이고 '슬흔 듸'는 '싫은데'쯤의 뜻인 것 같다. 그러면 '눈빛으로 본 서방님을 싫어지는 것을 보았는가' 정도의 뜻인데, 바람이 불어도 뫼가 쓰러지지 않고, 비를 맞아도 돌이 썩지 않는 것처럼 눈빛으로 사귀어 사랑한 서방님은 싫어질 수가 없다는 말이다. 마지막에 뫼 쓰러지고 돌이 썩으면 이별 될까 한다고 읊었다. 돌이 썩고 산이 쓰러지면 서방님과 헤어지겠다는 어느 한 아낙의 노래이다. 일어날 수 없는 일을 들어 헤어짐을 세차게 물리치고 있다.

두 번째 노래는 저 건너 거무튀튀한 바위에 정을 대고 두드려 털이 나게 하고 뿔을 박은 검은 암소를 만들어 내서 그 말을 우리 님이 나를 이별하고 떠날 때 거꾸로 태워서 보내겠다고 했다. 바위를 정으로 깎고 다듬어 암소를 만들기도 어렵거니와 더구나 털이 돋게 하고 뿔을 박는 일도 어렵다. 그렇게 바위로 만든 암소를 님이 떠날 때 거꾸로 태워 보낸다고 해서 더욱 웃음을 자아내게 했다. 한마디의 말장난이다. 그렇게 할 수도 없거니와 그런 일이 일어날 수도 없다. 그러니 이 노래에는 처음부터 이별이라는 말은 끄집어내지도 말라는 뜻이 담겨 있다.

위 노래들에서 말하는 이는 이별을 아주 세차게 뿌리치지만 정말 이들이 이별을 막을 수 있을지는 모르겠다. 왜냐면 이들이 내세우는 말들은 있을 수 없는 일들이기 때문이다. 따지고 보면 님을 여의고 님과 헤어져야 하는 일은 겪을 수밖에 없는 일이다. 뫼가 쓰러지고 돌이 썩을 수 없듯이, 바위로 암소를 만들어 타고 갈 수 없듯이.

위와 같이 있을 수 없는 일을 들어 자신의 뜻을 굳세게 외치는 노래 짓기 방식은 오래전부터 있어왔던 예내림(전통)이다. 다음 최치원(崔致遠, 857~?)의 한시(漢詩) 「제우강역정(題芋江驛亭: 우강역 정자에서 짓다)」[21]을 살펴보자.

물가 모래톱에 말을 세우고, 돌아오는 배를 기다리니　沙汀立馬待回舟
한 줄기 연기 같은 물결은 만고의 시름일세.　一帶煙波萬古愁
곧장 산이 평지가 되고 물이 다 말라야　直得山平兼水渴
인간 세상 이별이 비로소 그치리라.　人間離別始應休[22]

돌아오는 배를 기다린다는 것으로 보아 누군가를 기다리고 있다. 그런데 강물이 한번 흘러가면 돌아올 수 없듯이 기다리는 그 사람이 올지는 알 수 없다. 그래서인지 둘째 줄에서 흐릿한 물안개가 시름을 부추긴다. 다음에 산이 평평한 땅이 되고 물이 다 마른다고 하면서 일어날 수 없는 일을 일어날 것처럼 말하고 있다. 그렇게 되면 세상에서 떠나고 헤어지는 일도 비로소 없어질 것이라고 했다. 산이 다 닳을 수도 없고 물이 다 마를 수도 없다. 그러니 사람살이에서 떠나고 헤어지는 일이 없을 수 없다는 말이다. 우리는 살아가면서 늘 떠나고 헤어질 수밖에 없다.

고려의 노래 「오관산(五冠山)」은 님을 여읜 일을 두고 노래한 것이 아니라, 어머니를 여윌 수 없다고 부른 노래인데, 위의 노래들과 비슷한 말하기를 하고 있다.

나무 끝에 조그마한 닭을 조각하여　木頭雕作小唐鷄
젓가락으로 집어다 벽 위에 놓았네,　筯子拈來壁上棲
이 새가 울면서 시간을 알려오니　此鳥膠膠報時節
어머님 얼굴이 비로소 지는 해 같네.　慈顔始似日平西[23]

위 노래는 고려 때 문충(文忠)이 어머니가 늙으신 것을 슬퍼하여 지은 노래로[24] 본디 노랫말은 남아 있지 않고 이제현(李齊賢, 1287~1367)이

---

21) 우강역 정자는 중국에 있을 것으로 짐작하고 있는데, 아직까지 알려진 바가 없다.
22) 최치원(崔致遠)의 『고운집(孤雲集)』 1권, 「시(詩)」.
23) 이제현(李齊賢)의 『익재난고(益齋亂稿)』 권4, 「소악부(小樂府)」.

한시로 옮겨 그의 책에 실은 것이다. 나무로 새긴 닭이 울 리도 없으며, 시간을 알려줄 리도 없다. 그런데 이런 일어날 수 없을 일을 초들며, 이렇게 되면 어머니 얼굴이 늙을 것이라고 노래해, 어머니가 영원히 늙지 않기를 바라는 마음을 담았다.

고려 노래 「정석가(鄭石歌): 징돌노래」는 그야말로 되지도 않는 '**말 만들기 잔치**'를 하고 있는 노래이다.

삭삭기 셰몰애 별헤 나ᄂᆞᆫ25)	사각사각 잔모래 벼랑에
삭삭기 셰몰애 별헤 나ᄂᆞᆫ	사각사각 잔모래 벼랑에
구은 밤 닷 되를 심고이다	구운 밤 닷 되를 심겠습니다.
그 바미 우미 도다 삭나거시아	그 밤에 움이 돋아 싹이 나 있어야
그 바미 우미 도다 삭나거시아	그 밤에 움이 돋아 싹이 나 있어야
유덕有德ᄒᆞ신 님믈 여ᄒᆡᄋᆞ와지이다	유덕하신 님을 여의고 싶습니다.
옥玉으로 련蓮ㅅ고ᄌᆞᆯ 사교이다	옥으로 연꽃을 새깁니다.
옥玉으로 련蓮ㅅ고ᄌᆞᆯ 사교이다	옥으로 연꽃을 새깁니다.
바회 우희 접듀接柱ᄒᆞ요이다	바위 위에 뿌리를 내리게 합니다.
그고지 삼동三同이 퓌거시아	그 꽃이 세 묶음이 피어 있어야
그고지 三同이 퓌거시아	그 꽃이 세 묶음이 피어 있어야
유덕有德하신 님 여ᄒᆡᄋᆞ와지이다	유덕하신 님을 여의고 싶습니다.
므쇠로 텰릭을 ᄆᆞᆯᄋᆞ 나ᄂᆞᆫ	무쇠로 철릭을 지어서

24) 『고려사(高麗史)』 권71, 「지(志)·악(樂)·속악(俗樂)」, 「오관산(五冠山)」에 "오관산은 효자 문충(文忠)이 지었다. 문충은 오관산 밑에서 살면서 어머니를 섬김에 효성을 다하였는데, 그의 집은 서울에서 30리 떨어져 있었다. 모시기 위해 녹봉(祿俸)을 받고자 벼슬살이를 하느라고 아침에 나갔다가 저녁 늦게야 돌아왔지만, 아침저녁으로 어머니의 안부를 묻고 살피는 데 조금도 게을리 하지 않았다. 어머니가 늙은 것을 슬퍼하여 이 노래를 지었다(五冠山 孝子文忠所作也 忠居五冠山下 事母至孝 其居 距京都三十里 爲養祿仕 朝出暮歸 定省不少衰 嘆其母老 作是歌)."

25) 이 노래에 나오는 "나ᄂᆞᆫ"은 글자수를 맞추려고 쓴 별 뜻이 없는 남은 소리(여음餘音)

므쇠로 텰릭을 ᄆᆞᆯᄋᆞ 나ᄂᆞᆫ	무쇠로 철릭을 지어서
텰ᄉᆞ鐵絲로 주롬 바고이다	쇠실로 주름을 박고 싶습니다.
그 오시 다 헐어시아	그 옷이 다 헐어 있어야
그 오시 다 헐어시아	그 옷이 다 헐어 있어야
유덕有德ᄒᆞ신 님 여ᄒᆡᄋᆞ와지이다	유덕하신 님을 여의고 싶습니다.
므쇠로 한쇼를 디여다가	무쇠로 큰 소를 지어다가
므쇠로 한쇼를 디여다가	무쇠로 큰 소를 지어다가
텰슈산鐵樹山에 노호이다	쇠나무산에 놓습니다.
그쇠 텰초鐵草를 머거아	그 소가 쇠풀을 먹어야
그쇠 텰초鐵草를 머거아	그 소가 쇠풀을 먹어야
유덕有德ᄒᆞ신 님 여ᄒᆡᄋᆞ와지이다	유덕하신 님을 여의고 싶습니다.[26]

모래밭에 심은 군밤에 움이 돋아 싹이 나는 일, 옥으로 새긴 연꽃이 바위에 뿌리를 내려 꽃을 많이 피우는 일, 무쇠로 만든 철릭[27]과 쇠실로 주름을 박아 지은 옷이 닳아 헤지는 일, 무쇠로 만든 소가 쇠풀을 뜯어 먹는 일, 이런 일들은 다 일어날 수 없는 일이다. 그러나 말하는 이는 이런 일들이 일어나면 님을 여의겠다고 하고 있다. 님과 헤어지는 일은 결코 일어날 수 없으며 일어나서도 안 된다는 뜻을 강하게 드러내고 있는 노래이다.[28] 우리가 어떤 이를 사무치게 사랑하면, 어떤 일어날 수 없는 일을

이다. "나ᄂᆞᆫ"을 절대로 이별할 수 없음을 강조하고 싶은 말하는 이의 정서를 반어적 부정이라는 특수한 기법으로 좀 더 효과 있게 표현하려는 보조수단의 조흥구로 보기도 한다. 성기옥·손종흠(2006), 『고전시가론』, 한국방송통신대학교 출판문화원, 231쪽.

26) 『악장가사(樂章歌詞)』, 「가사(歌詞) 상(上)·정석가(鄭石歌)」. 김명준(2004), 『악장가사 주해』, 다운샘, 100~101쪽.

27) 철릭(天翼)은 무관(武官)이 입던 공복(公服)의 하나. 조재삼(趙在三)의 『송남잡지(松南雜識)』, 「의식류(衣食類)」에 "조선의 태조가 융복을 입고 즉위하였기 때문에 즉위식의 복색이 되었다. 융복이란 쳡리이니 민간에서는 철릭이라고 한다(我太祖以戎服御極 故爲登王服色 則帖裏 俗謂天翼)."

들어 그런 일이 일어나면 그대와 헤어지겠다고 하는 말을 하기도 하는데, 이런 말하기 예내림이 예부터 오늘날까지 이어온 것이라 하겠다.[29]

다음 노래도 있을 수 없는 일을 들어 이별을 없애버리자고 했는데, 앞에서 본 노래들과는 조금 달리 중국의 옛이야기를 끌어들여 말하고 있다.

> 博浪沙中 쓰고 나문 鐵椎 天下壯士 項羽 쥬어
> 힘ᄭᅥ지 메여 ᄭᅢ히고져 離別 두 자
> 그졔야 우리 임 다리고 百年同樂ᄒᆞ로리라
>
> - 백련향(白蓮香), 『동국명현가사집록(東國明賢謌詞集錄)』 289, #1812.1

> 박랑사중에 쓰고 남은 철퇴를 천하장사 항우에게 주어
> 힘껏 메고 깨뜨리고자 이별 두 글자
> 그제야 우리 님 데리고 백 년 동안 즐기리라

박랑사(博浪沙)는 중국 하남성(河南省) 양무현(陽武縣) 남쪽에 있는 땅 이름인데, 장량(張良, ? ~기원전 189)과 진시황(秦始皇, 기원전 259~기원전 210)의 이야기와 관련이 있다. 장량(張良)은 그 집안이 5대에 걸쳐 한(韓)나라의 재상을 지냈는데, 진(秦)나라 때문에 망한 한(韓)나라 원수를 갚으려고 시황제 29년에, 창해군(倉海君)을 만나 힘이 센 사람을 구하여 박랑사(博浪沙)에서 진시황(秦始皇)을 쇠몽둥이로 죽이려 하였으나, 뜻을 이루지 못했다.[30] 항우(項羽, 기원전 232~기원전 202)는 산을 뽑을 만큼 세상

28) 이런 말하기를 '역설적 과장법'이라고 갈무리한 이가 있다. 이규호(1984), 「정석가식 표현과 시간의식」, 『국어국문학』 92, 국어국문학회, 109~139쪽. '역설적 과장법'은 풀이하면 '말이 안 될 것 같은 지나친 말하기'라 할 수 있다.

29) 오늘날 우리가 부르는 '애국가(동해물과 백두산이 마르고 닳도록)'도 비슷한 말하기이다.

30) 『사기(史記)』, 「유후세가(留侯世家)」에 "진시황이 동쪽을 순시하고 양무(陽武) 박랑사(博浪沙)에 이르렀을 때, 장량은 힘센 사내를 시켜서 쇠몽둥이를 휘둘러 진시황을

에 힘이 세기로 이름난 장사였다. 그런 천하장사(天下壯士) 항우(項羽)에게 진시황을 죽일 때 썼던 그 쇠몽둥이〔철추 鐵椎〕를 주어 힘껏 메고 이별(離別) 두 글자를 깨뜨려 버리자고 했다. 그러고 나서 우리 님을 데리고 한평생 같이 살며 즐기자〔백년동락 百年同樂〕고 하였다.

있을 수 없는 일을 들어 이별의 슬픔을 없애고 길이 함께 사는 길을 가고 싶다고 했다. 죽은 항우가 다시 살아날 수도 없고 장량이 진시황을 죽이기 위해 썼던 그 쇠몽둥이를 항우에게 줄 수도 없다. 또 항우가 쇠몽둥이로 이별이라는 두 글자를 깨부순다고 해서 삶에서 겪는 헤어짐이 정말 없어지는 것도 아니다. 그러니 이 노래에서 한 말은 '**한 번 해본 말**'일 뿐이다. 어떻게 해서든 이별을 없애고 님과 죽는 날까지 함께할까 생각하다가 '**지어낸 말**'에 지나지 않는다. 그러나 이렇게까지 터무니없는 말을 해서라도 이별을 떨쳐버리고 싶다. 마음속으로나마 님과 헤어지는 일을 내 삶에서 지워버리고 싶은 것이다.

한편 이 노래는 옛이야기를 들어 말 꾸미기를 하였기에, 정말 이별을 당한 이의 노래가 아닐 수도 있다. 그저 말 만들기, 말 꾸미기, 말 자랑을 하기 위한 노래에 지나지 않는다고 볼 수도 있다. 장량이 썼던 쇠몽둥이를 힘이 센 항우에게 주어 이별이라는 두 글자를 깨뜨려 버린다는 그럴듯한 말솜씨를 보이기 위한 노래로 여길 수 있다.

다음 엮음 노래는 헤어질 때 매달리는 여인의 마음을 하나하나 늘어놓고 있다. 이렇게 말이 많은 것은 따지고 보면 헤어짐을 받아들이지 않고 물리치겠다는 말이다.

리별이로다 리별이로다 죽어 영리별은 문압마다 ᄒᆞ것만는 살아 싱리별은 츰아 진졍 못ᄒᆞ갓구나

치게 했으나 잘못하여 뒤따르는 수레에 맞았다(秦始皇東遊 良與客狙擊秦始皇帝博浪沙中 誤中副車)."

녀필은 죵부ᄅᆡ스니 거져 두구ᄂᆞᆫ 못 가리다 청룡도 드ᄂᆞᆫ 칼노 요참이라도 ᄒᆞ고 가고 홍노화 모진 불에 살을 터이면 살오고 가고 려산폭포 짓ᄂᆞᆫ 물에 더질 터이면 더지고 가고 털궁에 왜전 먹어 쏘실 쳐이면 쏘시고 가오

날을 ᄇᆞ리고 가ᄂᆞᆫ 임은 오리를 못 가서 발병이 나고 십리를 못 가셔 내 ᄉᆡᆼ각 ᄒᆞ고 다시 드러올듯 ᄎᆞᆷ아 진정 리별이 설거셔 나 못 살갓네

『악부(樂府) 고대본(高大本)』 885, #3853.1

이별이로다 이별이로다 죽어 영이별은 문 앞마다 하건마는 살아 생이별은 차마 진정 못하겠구나

여자는 반드시 지아비를 좇아야 한다니 거저 두고는 못 가리다. 청룡도 잘 드는 칼로 허리를 베고라도 가고 빨갛게 달은 화로 모진 불에 사를 테면 사르고 가고 여산 폭포 깊은 물에 던질 테면 던지고 가고 쇠 활에 짧은 화살을 먹여 쏘실 테면 쏘시고 가오

나를 버리고 가는 님은 오 리를 못 가서 발병이 나고 십 리를 못 가서 내 생각하고 다시 돌아올 듯, 차마 진정 이별 서러워 나 못 살겠네

이 노래의 여인은 떠나는 사내를 붙잡고 저를 데리고 가야지 두고 가지는 못하리라고 매달린다. 죽어 영이별(永離別)은 문 앞마다 하건마는 살아 생이별(生離別)은 할 짓이 못된다고 여겼다. 그만큼 이별은 죽는 것보다 괴롭다는 말이다. 여자는 반드시 지아비를 따라간다고 했으니〔여필女必은 종부從夫랬으니〕 나를 두고 갈 수 없다고 일렀다. 갈 테면 청룡도(青龍刀)31)처럼 잘 드는 칼로 허리를 베고〔요참 腰斬〕 가든지, 붉게 달아오른

31) 청룡도(青龍刀): 청룡언월도(青龍偃月刀)라고도 하며, 중국 삼국 때 관우(關羽)가 썼던 칼. 유비(劉備), 장비(張飛)와 복숭아 동산에서 의형제를 맺은 도원결의(桃園結義) 뒤 황건적(黃巾賊)을 무찌르기 위해 만들었다고 한다. 칼날 부분은 반달 모양이고 칼등에 용을 새겼으며 긴 손잡이를 가진 큰 칼이다. 언월(偃月)이란 반달 모양을 가리키는 말. 관우가 죽은 뒤 오(吳)나라 장수 반장(潘璋)의 손에 들어갔으나, 뒷날 관우의 아들 관흥(關興)이 되찾아 썼다고 한다. 나관중(羅貫中)의 『삼국연의(三國演義)』 1회에 "관운장은 청룡언월도를 만들게 하여 그 칼 이름을 냉염거라고 이름하니 무게가 82근이었다(云長造青龍偃月刀 又名冷艶鋸 重八十二斤)."

화롯불〔홍로화 紅爐火〕에 사르고 가든지, 여산(廬山) 폭포(瀑布)[32] 깊은 물에 던지고 가든지, 쇠활〔철궁 鐵弓〕에 작은 화살〔왜전 矮箭〕을 먹여 쏘고 가든지 하라면서, 저를 죽이고 가면 갔지 살려 두고는 못 갈 것이라고 떼를 쓰고 있다. 그러면서 저를 버리고 가면 오 리를 못 가서 발병이 나고 십 리를 못 가서 내 생각하고 다시 돌아온다고 하면서 이별을 받아들이지 않으려 한다. 떠나는 사내에게 온갖 말을 부려 쓰며 헤어지는 슬픔을 물리치려 한다. 그런데 지나친 말을 하다 보니 심각하게 느껴지지 않고 웃음을 짓게 만든다. 엮음 노래는 이렇듯 심각한 일도 심각하지 않게 말하고 있어 슬프고 아플 때도 웃음과 여유를 찾게 만든다.

사랑하고 그리운 님과 헤어지는 일을 어떻게든 막아 보고 물리쳐 보려는 노래들을 살펴보았다. 여기에서 더 나아가 헤어짐의 슬픔을 이겨내 보려는 노래들을 더 살펴보자.

> 님이 가오시며 ᄉᆞᄆᆡ 쟙고 離別ᄒᆞᆯ 징
> 窓밧긔 櫻桃곳지 픠지 아녀 오마터니
> 至今에 곳 지고 입 나도록 消息 몰나 ᄒᆞ노라
>
> – 이정보(李鼎輔), 『병와가곡집(甁窩歌曲集)』 424, #4077.1

> 님이 가시면서 소매 잡고 이별할 제
> 창밖에 앵두꽃이 피기 전에 오마 하시더니
> 지금 꽃 지고 잎 나도록 소식 몰라 하노라

님이 가실 때 소매를 잡고 이별(離別)한다. 소매를 잡는 이가 누구인지

---

32) 여산폭포(廬山瀑布): 중국의 10대 폭포 가운데 하나. 여산(廬山)은 강서성(江西省) 구강시(九江市) 남쪽, 파양호(鄱陽湖)와 양자강(揚子江) 가에 있는 산. 광산(匡山)·광려(匡廬)로도 일컫는다. 『수경주(水經注)』, 「여강수(廬江水)」에 "흰 물이 황룡 남쪽에 있어 폭포이다.……그 물이 아래로 강과 연못으로 들어가 여산의 남쪽에 상소석이 있다(白水在黃龍南 即瀑布也 ……其水下入江淵 廬山之南有上霄石)." 이백(李白)의 시 「망여산폭포(望廬山瀑布)」는 여산폭포를 그린 아주 이름난 시이다.

는 뚜렷하지 않다. 아마도 여인이라고 우리는 생각하게 된다. 사내가 소매를 잡고 매달리는 것보다는 여인이 남성의 소매를 잡고 매달리는 것을 더 상상하기가 쉽기 때문이다(그렇다고 소매를 잡은 이를 남성이라고 해도 틀렸다고 말할 수는 없다). 떠나는 이는 창밖에 앵도(櫻桃) 꽃이 피지 아니하면 오마고 했다. 다시 말해, 앵두꽃이 피기 전에 온다고 약속하였다. 그러나 지금 앵두꽃이 이미 피고 그 꽃이 지고 잎까지 났는데도 아무 소식(消息)이 없다. 헤어짐 뒤에 온다고 말한 님이 약속을 저버리고 아무 소식도 없어 애타게 기다리는 마음을 담은 노래이다. 그런데 이 노래를 다르게 살펴보면, 말하는 이는 '소식 몰라 하노라'고 말하면서 그런대로 이별을 담담하게 받아들이고 슬픔을 넘어서고 있다. 그러니 이 노래는 헤어짐의 슬픔을 이겨내기 위한 노래로 볼 수 있다.

이정보는 여느 선비와 달리 사랑 노래를 많이 지었는데, 이는 그가 풍류를 즐기며 살았기 때문이다.[33] 다음의 글들은 이정보가 여느 때에 풍류를 즐겼음을 말해 준다.

> 공은 평소 성률(聲律)에 해박하여서 악보의 새로운 노랫말은 공이 스스로 지은 것이 많았다. 또 특별히 따로 하는 일이 있었는데 학여울〔鶴灘〕 가에서 한가한 날이면 거문고 잽이들과 노래하는 기생들을 데리고 노를 저으며 물을 따라 오르내렸다. 아름다운 얼굴, 빛나는 눈동자를 바라보고 있으면 마치 신선 가운데 있는 사람 같았다.[34]
>
> 늘그막에 작은 정자를 학여울에 짓고 때때로 거문고 잽이들과 노래하는 기생에게 명하여 나가서 노는데, 맑은 눈동자 흰 머리카락이 멋있어 세상 밖의 사람과 같았다.[35]

---

33) 정흥모(2000), 「이정보 애정시조 연구」, 『어문논집』 42, 민족어문학회; 전재강(2005), 「이정보 시조의 성격과 배경」, 『우리말글』 35, 우리말글학회.

34) 김조순(金祖淳, 1765~1832)의 『풍고집(楓皐集)』 권지 14, 「시장(諡狀)·대제학이공시장(大提學李公諡狀)」에 "公素解聲律 樂譜新詞 多公所自製 而別業在鶴灘上 每暇日 携琴歌一棹沿洄 韶顔炯眸 望之若神仙中人."

35) 남유용(南有容, 1698~1773)의 『뇌연집(雷淵集)』 권지 24, 「묘표(墓表)·판중추부

위의 글을 보면 이정보가 노래와 음악을 즐겼던 선비였음을 알 수 있다. 그래서 헤어짐, 그리움의 사랑 노래를 많이 지었다. 그러니 이정보는 옛 노래가 담고 있는 온뜻(주제)의 울안을 넓히는데 이바지를 한 사람이라 할 수 있다. 더욱이 그는 높은 벼슬을 지낸 선비였기 때문에, 사랑 노래를 짓고 부르는 것을 대놓고 즐기기를 꺼려했던 여느 선비들과는 다른 길을 간 셈이다.

달이 이슬 ᄯᅵᄂᆞᆫ 저 본 ᄃᆞᆺ ᄉᆞ랑터니
ᄉᆞ랑ᄂᆞᆫ 달이 조차 無情히 어ᄃᆡ 간고
두어라 有信ᄒᆞᆫ 달이니 님 다리러 간가 ᄒᆞ노라

『청구영언(青丘永言) 홍씨본(洪氏本)』 288, #1240.1

달이 있을 때는 저 본 듯 사랑터니
사랑은 달을 좇아 무정하게 어디 가는가
두어라 신의 있는 달이니 님 데리러 간가 하노라

달이 떠 있을 때에는 님이 저것이라고 한 달을 보는 듯이 나를 사랑하였다. 곧 님은 나를 달처럼 아끼고 사랑해주었다. 그런데 그 사랑이 식어서 님이 나를 떠나 버렸다. 이것을 두고 사랑은 달을 좇아 무정(無情)하게 어디로 가느냐고 푸념한다. 그러다가 마음이나 생각을 돌이킨다. 믿음이 있는(유신有信한) 달이 님을 데리러 갔다고 생각해 님이 나에게 다시 돌아올 것을 바랐다. 사랑이 달을 좇아 가버린 것이 아니고, 님이 나에 대한 사랑을 저버린 것이 아니라, 나를 잠시 떠나 있는 님을 달이 데리러 갔으니 조금 기다리면 님과 나의 사랑이 다시 올 것이라는 기대를 품었다. 끝줄(종장)에 쓴 '두어라'가 떠난 님을 원망하는 뜻을 거두고 다시 만날 수

사이공묘표(判中樞府事李公墓表)」에 "晩年置小亭鶴灘上 時時命琴歌出遊 淸瞳皓髮 翛然若世外人."

있으리라는 희망의 뜻으로 바꾸어주는 뜻 돌리기(전환)의 구실을 하는 말이 되었다. 님을 여윈 슬픔의 눈물을 거두려고 이런 노래를 하였다.

다음은 기녀 매화의 노래인데, 헤어짐의 슬픔을 어떻게 이겨내려고 했는지 살펴보자.

> 離別 뫼화 ᄆᆡ이 된들 놉픈 줄 뉘 알며
> 눈물 흘여 江이 된들 깁픈 줄 뉘 알니
> 두어라 놉고 깁품을 임이 알가 ᄒᆞ노라

– 매화(梅花), 『동국명현가사집록(東國明賢謌詞集錄)』 234, #3847.1

> 이별 모여 뫼가 된들 높은 줄 누가 알며
> 눈물 흘려 강이 된들 깊은 줄 누가 알리
> 두어라 높고 깊음은 님이 알까 하노라

헤어지는 일이 너무 잦아 그런 일들이 모여 산처럼 쌓인다 해도 그 산이 높은 줄을 누가 알 것이며, 눈물 흘리는 일도 너무 잦아 그 눈물들이 모여 강을 이룬다 한들 그 강이 깊은 줄을 누가 알 것인가, 님이 그 높음과 깊음을 알아 줄 것이라고 했다. 내가 이렇게 많은 이별과 많은 눈물로 지내는 일을 그래도 님은 헤아리고 있을 것이라고 노래했다. 헤어짐이 잦은 일을 산이 높아지는 것에 빗대었고, 눈물을 많이 흘리는 일을 강이 깊어지는 것에 빗대었다. 본디 기녀는 하는 일 때문에 늘 헤어지고, 그 헤어짐에 눈물 짓는 삶을 사는 이다. 그러나 슬픔에 잠겨 있지 않고 그래도 나의 딱한 일을 님은 알아줄 것이라고 해서 슬픔을 이겨내려는 뜻을 보이고 있다.

> 青春 豪和日의 離別곳 아니런들
> 어ᄂᆡ덧 ᄂᆡ 머리의 셔리를 뉘라 치니
> 이后란 秉燭夜遊ᄒᆞ여 남은 ᄒᆡ를 보ᄂᆡ리라

『해동악장(海東樂章)』 342, #4833.1

젊어서 호화로운 날 이별만 아니었으면
어느 사이 내 머리에 서리를 누가 내렸는가
이후는 촛불 든 밤에 남은 세월을 보내리라

청춘(青春) 호화로운 날〔호화일 豪和日〕에 이별(離別)이 아니었다면 어느 사이에 내 머리에 서리가 내렸겠느냐고 하였다. 젊은 시절은 겉치레도 하고 꾸미면서 화려하게 살기도 해야 하는데, 말하는 이는 젊은 날 많은 이별 때문에 마음 아파하고 속이 쓰렸던 것 같다. 그래서 님과 자주 헤어지는 일 때문에 머리가 허옇게 세었다고 생각한다. 그러나 이렇게 님을 여읜 슬픔 때문에 풀이 죽어 한숨 지으며 지낼 수만은 없다. 이다음에는 촛불을 들고 밤에 놀면서 남은 해를 보내겠다고 했다. 남은 삶 동안에는 이별 따위는 생각하지 말고 밤늦게까지 즐겁게 놀면서 살아가리라 다짐한다. 젊었을 때 많은 사랑과 헤어짐으로 괴로웠던 것을 나이 들고 보니 이제는 벗어버리고 싶어 한다. '병촉야유(秉燭夜遊)'는 '촛불을 손에 들고 봄밤을 즐긴다'는 말로, 당(唐)나라 이백(李白)의 「춘야연도리원서(春夜宴桃李園序): 봄날 밤 도리원 잔치에서 지은 글의 머리말」에서 가져온 말이다.36)

다음 노래는 헤어짐의 슬픔 이겨내고 더 나아가 다시 만나려는 바람마저 저버리는 노래이다. 슬픔을 뛰어넘어 보려는 노래라 할 수 있다.

님이 가오실 제 爐口 네흘 주고 가니
오노구 가노구 그리노구 여희노구
이즤는 그 노구 다 흔듸 모아 가마나 질가 ᄒᆞ노라

『병와가곡집(甁窩歌曲集)』 747, #4079.1

36) 이백(李白)의 「춘야연도리원서(春夜宴桃李園序)」에 "옛 사람이 초를 잡고 밤에 노닐었던 것은 진실로 이유가 있다(古人秉燭夜遊 良有以也)." 이 글은 삶의 짧음과 봄날의 아름다움을 읊조린 글이다.

님이 가실 때 노구 넷을 주고 가니
오노구 가노구 그리노구 여의노구
이제는 그 노구 다 한데 모아 가마나 만들까 하노라

님이 가면서 놋쇠와 구리쇠로 만든 작은 솥인 노구(爐口)를 네 개 주고 간다. 그 솥은 오노구 가노구 그리노구 여의노구인데, 이 말은 님이 왔다 가서 그리워하다 님을 여의었다는 말로 님을 만나 이별하는 흐름을 차례대로 이른 말이다. 이런 작은 솥들을 한데 모아 가마[37]나 만들까 한다고 했다. 또는 "가마나 질가"를 '감아서 지다'로 풀 수도 있는데, 님을 만나고 그리워하고 헤어졌던 모든 것들을 하나로 감아서 지겠다는 말이 된다. 또는 '감다'가 '서로 몸을 감다'의 뜻도 될 수 있어 이제는 님과 떨어지지 않고 함께 지내겠다는 말도 된다. 어떻게 풀이하든 더는 헤어짐의 아픔에 얽매이지 않겠다는 뜻으로 보인다. 님을 만나고 여읜 일을 재미있는 말놀이로 풀어 슬픔을 이겨내고 있다.

다음 정철의 노래도 이별의 슬픔을 이겨내기 위한 노래에 든다.

거문고 대현을 티니 ᄆᆞ음이 다 눅더니
ᄌᆞ현의 우됴 올라 막막됴 쇠온마리
섧기ᄂᆞᆫ 전혀 아니되 니별 엇디ᄒᆞ려뇨

- 정철(鄭澈), 『송강가사(松江歌辭) 이선본(李選本)』 38, #208.1

거문고 대현을 치니 마음이 다 가라앉더니
자현에 우조를 곁들여 막막조 내닫는 소리로
서럽기는 전혀 아니하되 이별 어찌하리

37) '가마'를 박을수(1992), 『한국시조대사전(상)』, 아세아문화사, 299쪽은 큰 가마솥으로 보았고, 김용찬(2001), 『교주 병와가곡집』, 월인, 296쪽은 숯이나 질그릇 따위를 구워 내는 시설로 보았다.

이 노래는 거문고 줄에서 나는 소리 빛깔을 그리면서 헤어짐의 슬픔을 이겨내 보기 위해 지은 노래이다. 거문고 대현 소리가 마음을 녹여 가라앉게 하더니 자현을 뜯고 우조라는 가락을 타고 다시 막막조라는 가락까지 쇠어[38] 타니 서럽지는 않지만 그래도 헤어진 일을 어찌하겠는가 하고 푸념한다. 님을 여읜 슬픔을 이겨 보려고 거문고를 꺼내놓고 대현을 쳐서 마음도 가라앉혀 보고 씩씩하고 더욱 세찬 가락까지 타 보니 서러운 마음이 없어지기는 했지만, 그래도 이별은 어쩔 수 없다고 생각하였다.

정철은 실제로 거문고를 잘 탔던 것으로 짐작된다. 거문고를 잘 모르고서 이런 노랫말을 짓기는 힘들다. 옛날 선비들은 악기를 연주하는 것도 하나의 교양으로 생각했고 주로 거문고를 많이 탔다. 거문고는 술대를 가지고 타는 줄악기인데 가야금보다는 꿋꿋하고 씩씩한 소리 빛깔을 지녀 남성들이 즐겨 다루던 악기였다. 거문고는 줄이 여섯 개다. 타는 사람 쪽, 곧 안쪽에서부터 첫째 줄을 문현(文絃), 둘째 줄을 유현(遊絃), 또는 자현(子絃), 셋째 줄은 대현(大絃), 넷째 줄은 괘상청, 다섯째 줄은 괘하청, 여섯째 줄은 무현(武絃)이라 한다. 대현은 굵고 낮은 소리가 나고 자현은 가는 소리를 낸다. '우조(羽調)'는 씩씩한 가락을 일컫는 말이기도 하고 중심음이 높은 '웃조'를 한자로 적은 말이기도 하다. '막막조'는 가장 높은 가락이다.[39]

님을 여의어 슬프지만 이내 곧 만나기를 바라는 노래들이 있다. 다시 만나기를 바라는 노래들도 헤어짐의 슬픔을 이겨내기 위한 노래라 할 수 있다.

---

38) '쇠다'는 점점 더 심해지다는 뜻으로 여기서는 거문고 가락이 더욱 세차게 된다는 뜻이다.

39) 송방송(2007), 『증보 한국음악통사』, 민속원, 265쪽. 『악학궤범(樂學軌範)』의 「악조총의(樂調總義)」에 보면 우리나라 음악인 향악은 중심음의 높낮이에 따라 일곱 조(調)가 있는데, 낙시조(낮은 조)에는 한 가락(일지), 두 가락(이지), 세 가락(삼지), 네 가락(빗가락, 사지)이 있고, 우조(윗조)에는 네 가락(빗가락, 사지), 웃조(오지, 우조), 팔팔조(육지, 팔조), 막막조(칠지, 막조)가 있다.

時時生覺ᄒᆞ니 눈물이 몃 줄기요

北天霜雁이 언의 ᄣᅵ여 도라올고

두어라 緣分이 未盡ᄒᆞ면 다시 볼가 ᄒᆞ노라

- 강강월(康江月), 『병와가곡집(甁窩歌曲集)』 550, #2914.1

때때로 생각하니 눈물이 몇 줄기요

북녘 하늘 나는 가을 기러기가 어느 때에 돌아올까

두어라 연분이 다하지 아니하면 다시 볼까 하노라

님 생각하기를 때마다〔시시생각 時時生覺〕 하는데, 눈물 줄기를 흘릴 만큼 그리워한다. 북녘 하늘에 가을 기러기〔북천상안 北天霜雁〕가 날아가는데, 저 기러기가 님의 소식이라도 가지고 어느 때에 나에게 돌아올지 모른다. 그러면서 시름을 내려놓는다. 두어라, 연분(緣分)이 다하지 않는다면〔미진未盡하면〕 다시 볼 수 있을 것이라 생각한다. 헤어진 님을 눈물로 그리면서 지내다가 기러기를 보내 소식을 전했으나, 그 기러기는 돌아오지 않아 한숨 짓는다.[40] 님과 떨어져 있지만 다시 만날 것을 간절히 바라면서 님을 여읜 슬픔을 이겨 보려고 하였다.

다음은 자신이 모시던 님을 다시 만나기를 바라는 마음을 노래했는데, 이 노래에서 님은 왕자님들이니 이 노래는 임금 그리는 노래에 든다.

鴨綠江 ᄒᆡ진 後에 에엿분 우리 님이

燕雲萬里를 어듸라고 가시는고

봄풀이 프르고 프르거든 卽時 도라오쇼셔

- 장현(張炫), 『청구영언(靑丘永言) 진본(珍本)』 221, #3082.1

40) 이 노래를 기러기를 두고 읊었다고 하면 기러기와 연분이 다하지 않았으니 다시 볼 수 있을 것이라는 노래가 된다. 그러나 기러기는 님의 소식을 전하는 심부름꾼(전령사)으로 보는 것이 좋을 것 같다.

압록강 해 진 뒤에 가엾은 우리 님이
머나먼 북경을 어디라고 가시는가
봄풀이 푸르고 푸르거든 즉시 돌아오소서

장현(張炫, 1613~?)의 노래는 청나라에 볼모로 잡혀간 소현세자(昭顯世子)와 봉림대군(鳳林大君)이 다시 돌아오기를 바라며 부른 노래이다. 장현은 인조(仁祖) 때 통역관으로 두 왕자를 따라 청나라 심양에 갔다가 6년 동안 머물렀다고 한다. 압록강(鴨綠江)은 청나라와 맞닿은 변방이다. 해가 저문 뒤라는 어두운 때에 가엾은 두 왕자님이 연경 먼 길〔연운만리 燕雲萬里〕을 어디라고 가시는지 안타까워하고 있다. 봄은 풀을 비롯한 모든 만물이 새로 나는 철이니 두 왕자가 다시 올 수 있는 때를 상징한다. 이때에 즉시(卽時) 돌아오라고 노래하고 있어 빨리 돌아오기를 바라는 마음을 '즉시'라는 말에 담았다. 봄이 오면 새 잎이 푸르게 푸르게 돋아나니 고국에서 다시 만날 것을 애타게 바라는 노래이다. 이 노래를 짓게 된 까닭이나 역사 사실을 전혀 헤아리지 않고 읽을 때, 그리워하는 님과 다시 만날 날을 애타게 바라는 이의 노래로 여길 수 있다.

다음 노래는 죽어서라도 님과 다시 만났으면 좋겠다는 뜻이 담겨 있다.

님이 가오실 뎍에 날은 어이 두고 간고
陽緣이 有數ᄒᆞ여 두고 갈 法은 ᄒᆞ거니와
玉皇게 所志原情ᄒᆞ여 다시 오게 ᄒᆞ시쇼

– 박효관(朴孝寬), 『가곡원류(歌曲源流) 국악원본(國樂院本)』 294, #4078.1

님이 가실 때에 나는 어찌 두고 가는가
좋은 인연도 정해져 있어 두고 갈 법도 하지마는
옥황께 하소연하여 다시 오게 하소서

님은 나를 두고 갔는데, 좋은 인연〔양연 陽緣〕도 정해진 운수〔유수 有數〕

가 있으니,[41] 두고 갈 법도 하지만, 옥황(玉皇)상제께 하소연〔소지원정所志原情〕하여[42] 다시 돌아오게 하시라 읊고 있다. 이별로 생긴 한을 읊었지만 하늘나라 옥황상제께라도 하소연하여 헤어진 님이 다시 돌아오기를 바라고 있다. 하느님께 매달리면 님과 내가 정해진 인연이 되어 다시 이어질 것이라고 생각하였다. 마음을 다하고 쏟아서 헤어진 님과 다시 만나기를 바라지만, 그것은 어디까지나 살아서는 이루기 어렵고, 상상의 꿈에서만 이룰 수 있다. 이렇게라도 노래해야 헤어짐의 슬픔을 이겨낼 수 있지 않겠는가.

3) 다른 이에게 속지 말기를 바람

님에게 내 참마음을 제대로 헤아리지 못하고, 다른 이의 말에 속아서는 안 된다고 하소연하는 노래들이 있다. 다른 이가 하는 말은 때로는 거짓이고 터무니없으니 그들의 말을 깊이 헤아려서 무엇이 참인지 제대로 가려내야 한다고 노래한다. 이런 노래를 하는 이는 거의 모두 님을 여의었거나 님과 멀리 떨어져 있다. 이들이 님과 헤어지게 된 까닭은 님에게 거짓을 이야기하여 님의 눈과 귀를 멀게 한 이들이 있었기 때문이다.

다음 윤선도의 노래는 누가 어떤 말을 하더라도 속지 말고 님이 잘 헤아려 주기를 바라는 노래이다.

> 내 일 망년된 줄을 내라 ᄒᆞ야 모룰손가
> 이 ᄆᆞᄋᆞᆷ 어리기도 님 위ᄒᆞᆫ 타시로쇠
> 아ᄆᆡ 아ᄆᆞ리 닐러도 님이 혜여 보소서
>
> \- 윤선도(尹善道), 「견회요(遣懷謠)」2, 『고산유고(孤山遺稿)』 72, #973.1

---

41) 진동혁 역주(1996), 『한국고전문학전집21 시조Ⅲ』, 고려대학교 민족문화연구소, 117쪽에서 '유수(有數)하여'를 '유한(有限)하여 곧 끝이 있어, 또는 차례가 있어'로 풀었다.

42) 소지원정(所志原情)에서 소지(所志)는 소장(訴狀)으로 관청에 하소연하기 위해 내는 글이고, 원정(原情)은 억울한 사정을 하소연하는 것이다.

내 일 망령된 줄을 나라 하여 모르겠는가
이 마음 어리석기도 님 위한 탓이로세
아무가 아무리 일러도 님이 헤아려 보소서

내가 한 일이 망령된 일인 줄을 나라고 하여 모르겠는가, 이 마음이 이렇게 어리석은 일을 한 것은 님을 위해서 그렇게 한 것이니, 아무 사람이 아무리 무슨 말을 일러도 님이 잘 헤아려 보시라고 했다. 그들이 하는 말이 정말 옳은가 내가 한 말이 옳은가 잘 가늠해 보면 내가 한 말이 님을 위한 말이었음을 깨닫게 될 것이라는 뜻이 담겨 있다. 처음에는 자신의 일을 망령된 일이요, 어리석은 일이라고 하면서 한껏 낮추고 제 잘못을 돌아보고 난 다음에, 그러나 그것은 정말 님을 위한 것이니 잘 생각해 보면 누가 옳고 그른지를 알 수 있을 것이라고 비대발괄하고 있다.

위 윤선도(尹善道, 1587~1671)의 노래는 광해군(光海君) 때, 지은이가 이이첨(李爾瞻) 무리들을 비판하는 상소(上疏)를 올렸다가 함경도 경원(慶源)으로 귀양 가서 지은 노래 가운데 하나이다.[43] 이런 역사 속 사건을 생각하면서 이 노래를 다시 읽어 보면 다음과 같다. 귀양을 오게 된 것이 임금이 내린 결정이라 자신이 망령되었다고 했고 이런 어려움을 스스로 불러왔으니 어리석다고 했다. 그러나 그 일이 모두 임금을 위한 일이라 누가 어떤 말을 하더라도 임금이 슬기롭게 잘 헤아려 주기를 바란다고 읊었다. 조정에서 자신을 헐뜯는 이들, 곧 참소(讒訴)하는 이들을 은근히 비꼬고 있으면서 자신의 충절을 알아 달라고 하고 있다. 곧바로 말하는 방법보다 돌려서 말하는 방법을 쓰고 있다. 이런 말하기는 앞에서도

---

43) 이때 지은 노래들이 〈견회요(遣懷謠)〉 다섯 마리인데, '마음(시름)을 달래는 노래'라는 뜻이다. 『고산유고(孤山遺稿)』 권6 하, 별집(別集), 〈견회요(遣懷謠) 5편〉에 "이 아래는 무오년(1618, 광해군10) 경원(慶源)에 귀양 가 있을 때 지은 것인데, 여기에 덧붙인다(此以下 戊午謫慶原時所作 附錄於此)." 윤선도가 상소를 올렸다 벌을 받게 된 일은 원용문(1989), 『윤선도문학연구』, 국학자료원, 21~22쪽; 고미숙(2012), 『윤선도 평전』, 한겨레출판, 81~92쪽.

살폈지만 다른 이들의 트집을 막기 위한 말하기이다. 이렇게 에둘러 말해야 벼슬아치들의 정치 싸움에 휘말려 들지 않는다.

다음 정철의 노래에도 그 누가 무슨 말을 하더라도 속지 말고 잘 헤아리라는 뜻이 담겨 있다.

> 심의산 세네 바회 감도라 휘도라 드러
> 오뉴월 낫계죽만 살얼ᄋᆞᆷ 지픤 우ᄒᆡ 즌서리 섯거 티고 자최눈 디엇거ᄂᆞᆯ 보앗ᄂᆞᆫ다 님아 님아
> 온 놈이 온 말을 ᄒᆞ여도 님이 짐쟉ᄒᆞ쇼서
>
> \- 정철(鄭澈), 『송강가사(松江歌辭) 이선본(李選本)』 44, #2959.1

> 심의산 서너 바위 감돌아 휘돌아 들어
> 오뉴월 한낮에 살얼음 위로 진서리 섞어 치고 자취눈 내렸거늘, 보았는가, 님아 님아
> 백 사람이 백 말을 하여도 님이 짐작하소서

높은 산[44] 서너 바퀴 감고 돌아, 휘고 돌아들어, 오뉴월 한낮이 지날 때 살얼음 집힌 위로 진서리(된서리)가 섞어 치고, 자취눈[45]까지 내린다고 하거늘, (이런 터무니없는 일을) 보았는가? 님아 님아, 백 사람이 백 말을 하여도 님이 (잘 헤아려서) 짐작하시라고 하였다. 터무니없는 말을 늘어놓고 이런 것을 보았다고 하는 여러 사람의 말에 속아서는 안 된다고 했다. 오뉴월은 더운 여름철로 살얼음이 있을 리도 없고 서리가 내릴 일도 없으며 더구나 발이 푹푹 빠질 만큼의 많은 눈이 내릴 수도 없다. 그런데 이런 일을 보았다고 거짓말하는 이들이 많다. 그러니 님께서는 백 사람이

---

44) 박을수(1992), 앞의 책, 706쪽은 심의산을 수미산(須彌山)으로 보아 옛날 인도의 우주설로 세계의 한가운데 높이 솟아 있는 산이라고 하였다. 뒷날 여러 노래책에는 '深意山'으로 적고 있는데, 그러면 '깊은 뜻을 담고 있는 산'이 된다.

45) 발자국이 날 정도로 내린 눈.

그런 말을 하더라도 옳고 그름을 가려내야 한다고 했다.

이 노래가 임금을 걱정하는 마음을 담은 노래라 한다면, 여러 벼슬아치들이 터무니없는 말을 하더라도 그 말을 믿지 말고 임금께서 잘 판단하시기를 바라는 노래이다. 이런 말하기에는 자신의 진정한 충심도 알아 달라는 뜻도 담겨 있는데, “님아 님아”라고 되풀이하여 호소하여 그 절박한 속사정을 드러내고 있다. 여러 번 쫓겨나 시골로 내려가야 했던 정철의 억울한 속마음과 임금을 향한 충정을 읊었다고 할 수 있다.[46)]

그런데 위와 같은 정철의 노래와 비슷한 노래들이 몇 편 더 있다. 그런데 이들 노래들은 지은이를 밝히고 있지 않다.

됴고만 배얌이라셔 龍의 초리 듬복이 믈고
高峯 峻嶺을 넘단 말이 이셔이다
왼 놈이 왼 말을 ᄒᆞ여도 님이 斟酌ᄒᆞ쇼셔

『해아수(解我愁)』 267, #4352.1

조그만 뱀이라서 용의 꼬리를 담뺙 물고
고봉 준령을 넘는다는 말이 있습니다
온 사람이 온갖 말을 하여도 님이 짐작 하소서

大川 바다 한가온대 中針 細針 빠지거다
열 나믄 沙工 놈이 ᄀᆞᆺ 므된 사엇대를 ᄀᆞᆺᄀᆞᆺ치 두러메여 一時에 소릐치고 귀 써여 내닷 말이 이셔이다 님아 님아
온 놈이 온 말을 ᄒᆞ여도 님이 짐쟉ᄒᆞ쇼셔

『청구영언(靑丘永言) 진본(珍本)』 501, #1315.1

큰 바다 한가운데 중간 바늘, 가는 바늘 빠졌도다

46) 이형대(2009), 「정철 시조의 감성 표현 양상」, 『한국시가연구』 27, 한국시가학회, 115쪽.

열 넘는 사공 놈이 끝 무딘 삿대 끝마다 둘러메고 한 번에 소리 치고 바늘귀에 꿰어 낸다는 말이 있습니다. 님아 님아

온 사람이 온갖 말을 하여도 님이 짐작하소서

개야미 불개야미 준등 부러진 불개야미

압발에 疔腫 나고 뒷발에 죵귀 난 불개야미 廣陵 심재 너머 드러 가람의 허리를 ㄱ르 무러 추혀 들고 北海를 건너닷 말이 이셔이다 님아 님아

온 놈이 온 말을 ᄒᆞ여도 님이 짐쟉ᄒᆞ쇼셔

『청구영언(靑丘永言) 진본(珍本)』551, #192.1

개미 불개미, 잔등 부러진 불개미

앞발에 부스럼 나고 뒷발에 부스럼 난 불개미, 광릉 샘재 넘어 들어 갈범의 허리를 가로 물어 추켜들고 북해를 건넌다는 말이 있습니다. 님아 님아

온 사람이 온갖 말을 하여도 님이 짐작하소서

玉에는 틔나 잇지 말곳 ᄒᆞ면 다 書房인가

ᄂᆡ 안 뒤여 남 못 뵈고 天地間의 이런 담담ᄒᆞᆫ 일니 또 어듸 잇노

열 놈이 百 말을 ᄒᆞᆯ지라도 님이 짐작ᄒᆞ시쇼

『청구영언(靑丘永言) 육당본(六堂本)』836, #3480.1

옥에는 티나 있지 말 곧 하면 다 서방인가

내 안 뒤집어 남한테 못 보이니 세상 천지에 이런 답답한 일이 또 어디 있노

열 놈이 백 말을 할지라도 님이 짐작하시소

첫 번째 노래는 조그마한 뱀이 용의 꼬리를 담뿍 물고 높은 봉우리와 험한 고개〔고봉준령 高峰峻嶺〕를 넘었다는 말이 있는데, 그런 터무니없는 말 같지 않은 말을 모든 사람들이 이야기하더라도 님은 잘 짐작하시라고 했다. 이 노래의 마침글(종장)은 '원 놈이 원 말을 하여도'라 했는데, '원'은 옛말에 '그릇된', '잘못된'이란 뜻도 있어, '그릇된 놈이 그른 말을 하

여도'라고 풀 수도 있다. 뱀이 용의 꼬리를 물고 높은 산과 재를 넘는다는 일은 있을 수 없는 그른 말이다.

두 번째 노래의 대천(大川) 바다는 어떤 고장의 바닷가를 가리키는 말이 아니고 큰 바다를 그냥 꾸미려고 쓴 말이다. 넓은 바다 한가운데에 크기가 중간 되는 바늘(중침 中針)과 가장 작은 바늘이라 할 수 있는 가는 바늘(세침 細針)이 빠졌다. 접시 물도 아닌 큰 바다 한가운데 빠진 바늘을 찾을 수는 없다. 그런데 열이 넘는 사공들이 저마다 끝이 무딘 삿대를 둘러메고 한 번에 소리 치고 끝끝마다 바늘귀에 꿰어 건져 냈다는 말이 있다고 했다. 모두 다 터무니없는 말이다. 이런 말도 안 되는 말을 많은 이들이 지껄여도, 곧 온 사람이 온갖 말을 해도 님께서는 그대로 곧이듣지 말고 제대로 헤아려 새겨들으라고 했다.

세 번째 노래는 등이 부러지고, 앞발과 뒷발에 부스럼(정종疔腫, 종기腫氣)이 난 불개미가 나온다. 이런 몸이 정상이 아닌 개미가 광릉(廣陵)의 샘재[47]를 넘어 들어 호랑이인 갈범(가람)의 허리를 가로 물어 추켜들고 북녘 바다(북해 北海)를 건넌다는 말이 있다고 했는데, 이런 어처구니없는 말을 님은 믿으시겠느냐고 한 다음 온 사람이 온갖 말을 해도 잘 짐작하라고 했다. 등도 부러지고 발에 종기가 나 있는 보잘것없는 작은 개미가 호랑이를 물고 재를 넘고 바다를 건넌다는 일은 그저 꾸며낸 지나친 거짓말이다. 이런 말들을 제대로 그 참과 거짓을 가려내지 않고 속아 넘어가

47) 광릉은 경기도 남양주시에 있는, 조선 세조(世祖)와 그의 비 정희왕후(貞熹王后) 윤씨의 무덤. 샘재는 경기도 남양주시의 진전읍 내각리와 장현리 경계에 있는 천겸산. 산 꼭대기에 샘이 있어 샘재라 함. 김천택 엮음, 권순회·이상원·신경숙 주해(2017), 『청구영언』, 국립한글박물관, 319쪽. 『청구영언 진본』은 廣陵이라 적었으나 光陵이라 적어야 한다. 『시가(詩歌) 박씨본(朴氏本)』, 『객악보(客樂譜)』, 『영언(永言) 규장각본(奎章閣本)』은 光陵으로 적었다. 『신증동국여지승람(新增東國輿地勝覽)』 권지 11, 「경기(京畿)·양주목(楊州牧)」에 "광릉(光陵): 본조 세조(世祖)의 능이다. 정희왕후(貞熹王后)를 같이 묻었다. 고을 동쪽 41리 되는 곳인 주엽산(注葉山) 직동(直洞)의 남쪽이다. 서울과는 60리쯤 되는 거리이다(光陵: 本朝 世祖陵 貞熹王后附葬在 州東四十一里 注葉山 直洞之陽 距京都六十里許)."

서는 안 된다고 말하고 있다.

여기서 불개미가 말하는 이(시의 화자)라 한다면, 불개미와 범 사이에는 아무 일이 일어나지 않았는데, 세상 사람들은 무슨 일이 일어난 것처럼 말하고 있어, 자신이 깨끗하고 허물이 없다는 것을 주장하기 위해 지은 노래로 풀 수 있다.[48] 불개미가 범을 물고 갈 수 없듯이 나와 범 사이에는 아무런 일이 없었다는 것을 말하고 있다. 그러니 님은 나의 깨끗함을 믿어 달라는 뜻이 있다.

네 번째 노래는 옥에도 티가 있기 마련이어 사람은 허물이 있을 수밖에 없다고 했다. 나도 어떤 사내와 말 좀 나누었는데, 이렇게 말 곧 하면 그 사람이 다 내 님이고 내 서방이 되는가. 내 속마음을 버선목 뒤집듯이 뒤집어 님에게 보일 수 없으니 세상 천지에 이런 답답한 일이 또 어디 있는가라고 푸념했다.[49] 그러니 열 사람이 백 가지 말을 하여도 님이 잘 헤아려 보라고 하였다. 오해를 하고 있는 뭇사람들의 말을 믿지 말고 진실을 제대로 생각해주라는 뜻이 담겨 있다.

---

48) 임주탁은 '개야미'는 말하는 이(시의 화자), '가람'은 '님' 밖에 또 다른 사내, 곧 말하는 이와 친하고 가까운 또 다른 사람으로 보고, 개야미가 광릉 샘재를 넘어 가람의 허리를 물고 북해를 건넜다는 것은 개야미와 가람의 관계가 님이 받아들이기 어려운 상황으로 나아갔음을 뜻한다고 하였다. 그리고 여기서 '온놈'이 이를 실제 진실로 받아들이지만, 말하는 이는 이것이 진실이 아님을 님에게 알리고자 한다고 풀었다. 임주탁(1992), 「관습과 의미-장시조 〈개야미 불개야미〉에 대하여-」, 백영 정병욱 선생 10주기추모논문집 간행위원회, 『한국고전시가작품론2』, 집문당, 818쪽.

49) 이 노래의 첫글(초장)이 쉽게 풀리지 않는데 임주탁은 "말하는 이(시의 화자) 때문에 님에게 어떤 결점이 생긴 것이고 따라서 뭇사람들이 입만 열면 님을 비난하는데, 이는 옥에도 티가 있다는 점을 그들이 이해하지 못하기 때문이라는 뜻으로 읽을 수 있다"고 하였다. 임주탁(1992), 위의 글, 812쪽. 조성진은 이 노래의 첫글(초장)을 "말 한 마디 나누었을 뿐인데 '서방질'한다는 의심을 받는 상황"으로 풀었다. 조성진(2012), 「화자의 '시선'과 사설시조 담당층 문제-명대 악부민가와의 비교를 통해」, 『국문학연구』 제26호, 국문학회, 75쪽. 두 가지로 다 풀 수 있으나 앞뒤 흐름으로 볼 때 조성진의 풀이가 더 낫다고 생각해서 이를 따른다. 한편 이영태는 이 노래의 말하는 이를 기녀로 보고, 말만하면 모두가 님이 될 정도로 옥에 티가 있는 기녀가 속마음을 뒤집어 님에게 보이고 싶을 만큼 답답한 마음을 읊었다고 풀이하였다. 이영태(2018), 『프로이트의 농담 이론과 시조의 허튼 소리』, 채륜, 132쪽.

이렇게 푼다면 네 번째 노래는 위의 세 번째 노래의 두 번째 풀이처럼 한 여인이 다른 사내와 바람을 피웠다는 누명과 오해를 받고 있을 때, 자신을 변호하기 위해 부른 노래가 된다. 개미(나)와 가람(다른 사내)은 아무 일도 없었다. 나와 그 사내는 말만 주고받았을 뿐 그는 내 서방이 아니다. 이런 말을 하려는 노래로 풀 수 있다.

이들 노래들은 아무리 뭇사람들이 다 그렇게 말할지라도 알고 보면 허황되고 터무니없는 거짓말이니 속아 넘어가지 말라고 당부하는 노래들이다. 다시 말해, 겉으로는 아주 신기하고 대단한 것 같은 말들도 잘 톺아 보면 속이 비어 있고 쓸데없는 거짓말들이니 이런 말에 흔들리거나 귀가 팔리지 말고 바르게 헤아려 들어야 한다고 힘주어 말하고 있다. 또 그런 터무니없는 말들을 어지럽게 떠벌리고 다니는 이들에 대한 비꼬기(풍자)도 곁들여 나타내고 있다. 그런데 터무니없는 말들의 속살이 너무 허풍선 같고 지나쳐서 한편으로는 웃음을 짓게 만든다. 몹시 어처구니없고 말도 안 되는 말장난 같은 말이라야 그 말이 참이 아니고 거짓이므로 믿어서는 안 되는 말임을 드러내게 된다.

그런데 이들 노래에 나오는 님은 사랑하는 사람일 수도 있고, 충성해야 할 임금일 수도 있다. 그 님의 본모습이 무엇이든 말하는 이(시의 화자)는 여리고 약한 처지에 있다. 남녀 사이에서 여성, 임금과 신하 사이에서 신하는 아무래도 낮고 힘없는 처지에 있는 사람들이라 할 수 있기에, 이 노래들에 나오는 탈(가면)[50]은 여리고 약한 사람들이다.[51] 님이 허황된 말을 듣고 잘못된 판단을 할까 봐 걱정하는 마음이 담겨 있는가 하면, 이런 저런 일로 말하는 이와 님 사이에 생겨난 틈을 '지나치게 빗대어 말하기(과장된 우의)'로 풀고자 하는 적극적인 호소로 읽을 수 있다.[52] 그리고

50) 말하는 이가 제 목소리가 아닌 다른 사람의 목소리로 말하는 것으로 '시의 화자'를 달리 이르는 말이다.

51) 조규익(2009), 앞의 책, 209쪽.

52) 임주탁(1993), 「송강 시조의 우의적 관습」, 『인문학지』 제9집, 충북대학교 인문학

이들 작품에 나오는 허황된 말들은 지나침이 심하고 익살스러워 웃음을 짓게 하기도 하는데, 이를 두고 "제시된 상황이 비논리적일수록 말하는 이의 효용은 커질 수 있다."[53]고 풀이한 이도 있다.

이런 노래들은 고려 노래 「사룡(蛇龍, 뱀과 용)」과 그 말하기 방식이 비슷해 이 노래의 말하기 방식을 이어받지 않았는가 짐작해 보게 된다. 이들 노래들은 대개 〈지나치게 빗대어 말하기(과장된 우의)+온 놈이 온 말을 ᄒᆞ여도 님이 짐쟉ᄒᆞ쇼서〉의 꼴로 되어 있다. 이런 말하기는 관습으로 굳어진 표현이다.[54] 이런 예내림(전통)을 살피기 위해 『고려사(高麗史)』, 「악지(樂志)」에 실려 있는 「사룡」을 들여다볼 필요가 있다.

뱀이 용의 꼬리를 물고서	有蛇含龍尾
태산 봉우리를 지나갔다고 들었네.	聞過太山岑
수많은 사람이 각각 한마디씩 한다 해도	萬人各一語
짐작하는 것은 두 마음에 달렸으리.	斟酌在兩心[55]

연구소, 11쪽; 김진영·정병헌·정운채·조세형·조해숙·최재남(2011), 『한국시조감상』, 보고사, 606쪽.

53) 김상진(2010), 앞의 글, 193쪽.

54) 임주탁(1993), 앞의 글, 221~235쪽.

55) 『고려사(高麗史)』 권71, 「지(志)」 권제25, 「악2(樂二)·속악(俗樂)」. 그리고 이 노래에 대해 다음과 같은 설명을 덧붙이고 있다. "〈삼장(三藏)과 사룡(蛇龍)〉 두 노래는 충렬왕(忠烈王) 때에 지은 것이다. 임금이 소인 무리(군소群小)를 가까이 하고 잔치 즐기기를 좋아하니, 행신(倖臣) 오기(吳祈)·김원상(金元祥)과 내료(內僚) 석천보(石天補)·석천경(石天卿) 들이 음악과 여색(女色)으로 아첨하기에만 힘써서 관현방(管絃房)과 태악(太樂)의 재인(才人)이 모자라다고 생각하여 여러 도(道)에 행신을 보내서 관기(官妓) 가운데 자색과 기예가 있는 이를 뽑았다. 또 도성 안에서 관비(官婢)와 무당 가운데 노래와 춤을 잘하는 사람을 뽑아서 궁중의 장부에 올리고는, 비단옷을 입히고 말총갓을 씌워 따로 한 무리를 만들어 남장(男粧)이라 이르면서, 이 노래들을 가르치고 검열하여 소인 무리들과 더불어 밤낮으로 노래하고 춤추면서 무례하고 방자히 굴어 임금과 신하의 예의를 회복하지 못하였으며, 접대하고 내려주는 비용을 이루 적을 수 없었다(二歌 忠烈王朝所作 王狎群小 好宴樂 倖臣吳祈·金元祥 內僚石天補·天卿等 務以聲色容悅 以管絃房太樂才人 爲不足 遣倖臣諸道 選官妓有姿色伎藝者 又選城中官婢及女巫 善歌舞者 籍置宮中 衣羅綺 戴馬鬃笠 別作一隊 稱爲男粧 敎閱此

마지막 줄은 바로 풀면 '짐작하는 것은 두 사람의 마음에 달렸으리'이다. 이렇게 풀면 두 사람의 믿음이나 마음이 흔들리지 않는다면 다른 이들이 하는 터무니없는 말에 속지 않을 것이라는 뜻으로 풀 수 있다. 참과 거짓을 짐작하는 것은 님과 나의 두 마음에 달렸으니, 내 말이 아닌 다른 사람의 말은 믿지 말라는 뜻이다. 그러나 최용기는 '양심(兩心)'을 '충렬왕의 마음'으로 풀었다.56) 곧 간신들이 무슨 말을 하여도 임금이 짐작하여 달라는 뜻이라고 보았다.

위 노래를 보면 알 수 있듯이 앞에서 본 노래 「됴고만 배얌이라셔」와 아주 비슷하다. 「사룡」은 궁중 잔치에서 연주했던 속악(俗樂)인데, 『고려사』의 「악지」는 「삼장(三藏)」과 함께 이 노래를 부를 때 문제가 많았던 것으로 적고 있다. 그러나 고려의 속악은 남자와 여자가 서로 좋아하는 노래〔남녀상열지사 男女相悅之詞〕로 볼 수도 있지만, 충신이 임금을 사모하거나 걱정하는 노래〔충신연주지사 忠臣戀主之詞〕로 볼 수도 있어 이 「사룡」이라는 노래가 임금 그리는 노래〔연군시조 戀君時調〕의 뿌리가 되는 노래라고 할 수 있다.57) 따라서 앞의 윤선도의 노래 「내 일 망년된 줄을」, 정철의 노래 「심의산 세네 바회」와 위의 노래들('온 놈이 온 말을 ᄒᆞ여도 님이 짐쟉ᄒᆞ쇼서'로 마치는 노래들)은 임금 그리는 노래〔충신연주지사 忠臣戀主之詞〕의 관습적인 말하기의 예내림(전통)을 이어받은 노래들이라 할 수 있다. 이렇게 「사룡」의 속살과 말하기를 이어받은 노래들은 여리고 약한 이의 처지에서 믿음의 문제를 읊으면서 자신의 깨끗함과 허물없음을 노래하고 있다.58)

歌 與群小 日夜歌舞褻慢 無復君臣之禮 供億賜與之費 不可勝記)."

56) 최용기(2015), 『고전시가 깊이 읽기』, 문예원, 229쪽. 이렇게 풀이한 데는 『근화악부(槿花樂府)』에 나오는 "양심의 양은 마땅히 임금의 잘못을 바로잡는 것이다(兩心之兩當是君子之誤)."는 말을 바탕으로 했기 때문이다.

57) 김만중(金萬重, 1637~1692)도 이 노래들이 깊은 속뜻이 있다고 밝히고 관련된 시를 지었다. 『서포만필(西浦漫筆)』 권2, 「악부(樂府)」에 "그 말은 비록 속되나 특별히 옛 뜻〔古意〕이 있다(其語雖俚而殊有古意)."

4) 뉘우침

여기서는 뉘우침, 곧 후회하는 노래들을 살펴보겠다. 사랑한 일을 두고 뉘우치기도 하고, 님을 보내놓고 뉘우치기도 하고, 님께 함부로 잘못한 것을 뉘우치기도 한다.

다음 노래는 님과 사랑을 나눈 일을 돌아보며 뉘우치고 있다.

> 사랑도 ᄒᆞ여노라 그리여도 부와노라
> 셜월사창 빈 방안의 기달여도 보와노라
> 지금의 일을 쥴 아러시면 당초 말지
>
> 『가사(歌詞) 나손본(羅孫本)』 132, #2249.1

> 사랑도 하였노라 그리워하기도 해 보았노라
> 눈과 달이 비치는 고운 창가 빈 방안에서 기다려도 보았노라
> 지금의 이렇게 될 줄 알았으면 당초 하지 말 것을

위 노래는 '~도 해 보았노라'는 말을 되풀이하여 쓰고 있어 차츰 마음에 쌓인 뉘우침과 안타까움이 높아지는 느낌을 준다. 사랑도 해보았고, 사랑한 사람을 그리워하기도 해보았고, 눈과 달이 비치는 고운 창가〔설월사창雪月紗窓〕 빈 방안에서 기다려도 보았다. 그런데 지금 내 모습이 이렇게 될 줄 알았으면 처음〔당초當初〕부터 사랑을 하지 말 것을 하고 뉘우치고 있다. 이 노래의 말하는 이가 있는 곳이 '사창(紗窓)'인 것으로 보아 말하는 이는 여인으로 짐작된다. '사창'은 얇고 성긴 비단으로 바른 창문인데, 옛날 여인들

---

58) 이런 노래들의 말하는 이를 여성으로 보고, 그때에 남성이 여성의 목소리를 빌려 믿음의 문제를 읊는 것이 하나의 두루 퍼져 있는 노래 짓기 방식이었다고 보기도 한다. 박상영(2014), 「사설시조 속 여성 형상의 제시 양상과 그 의미」, 『시조학논총』 제40집, 한국시조학회, 160쪽. 최용기(2015), 앞의 책, 230~231쪽에서 「사룡」은 표층(表層)은 아부아첨(놀이의 기능), 중간층(中間層)은 왕권 미약과 당파 싸움하는 현실, 심층(深層)은 주체성과 질서 의식의 없음을 뜻하고 있다고 갈무리하였다. 노래에 담긴 뜻을 세 가지 층으로 갈라 살핀 점에 눈길이 간다.

이 사는 방〔규방 閨房〕의 창문을 빗대어 이르는 말로 쓰기도 했다.[59]

이 노래의 말하는 이를 여인으로 본다면, 이 여인은 사랑, 그리움, 기다림을 많이 겪어 보고 나서 이렇게 마음이 아프고 쓰라릴 줄 알았으면, 처음부터 아예 사랑을 시작하지 않았으면 좋았을 것이라고 생각한다. 사랑은 때로는 달콤하기도 하지만, 그리움이나 기다림의 아픔을 주기 때문에 하지 않는 것이 낫다고 생각하게도 한다. 어떤 이는 너무 아픈 사랑은 사랑이 아니라고 말하기도 했지만, 어떤 이는 아프지 않은 사랑은 참 사랑이 아니라고 말했다. 생각하기에 따라서는 둘 다 맞는 말인 것 같다.

님과 헤어지고 나서 보낸 일을 뉘우치는 노래가 있다.

> 어뎌 ᄂᆡ 일이여 그릴 줄을 모로던가
> 이시라 ᄒᆞ더면 가랴마ᄂᆞᆫ 제 구ᄐᆡ야
> 보내고 그리ᄂᆞᆫ 情은 나도 몰라 ᄒᆞ노라
>
> \- 황진이(黃眞伊), 『병와가곡집(甁窩歌曲集)』 25, #3242.1

> 어져 내 일이여, 그리워할 줄을 몰랐던가
> 있으라 했다면 가랴마는 제 구태여
> 보내고 그리는 정은 나도 몰라 하노라

위 황진이의 노래는 헤어질 때는, 뒷날 이토록 그리워질 줄을 모르고 보내었는데, 막상 보내고 나니 님이 한없이 사무치도록 그리워진다는 노래이다.[60] '어져' 하고 느낌씨로 노래를 시작했다. 아~ 내 일이 이렇게

---

59) 옛 노래에서 사창(紗窓)은 재료의 뜻보다는 고운 질감의 뜻을 나타내기 때문에 그곳에 사는 주체(곧 여인)를 가리키는 때가 많다. 신은경(1997), 『고전시 다시 읽기』, 보고사, 353쪽.

60) 이 노래는 황진이를 사랑하다가 상사병으로 죽은 동네 총각의 상여가 황진이의 집 문 앞에서 움직이지 않자 밖에 나가 저고리를 관에 씌어주었더니 상여가 움직였다고 하는 이야기와 관련이 있다고 한다. 이화형(2013), 「사대부와 기생의 문학세계 비교」, 『우리문학연구』 39집, 우리문학회, 197쪽.

될 줄이야, 그리워하게 될 줄을 몰랐던가, (가지 말고) 있으라고 했더라면 저 사람이 구태여 갔겠는가마는, 보내고 (다시) 그리워하는 마음은 나도 모르겠구나. 이렇게 읊었다. '있으라 한다면 가랴마는'이라는 말을 보면 '내가 가지 못하게 잡았다면 가지 않았을 텐데'라는 뜻이 담겨 있어 이 노래는 님을 보내고 나서 뉘우치는 마음을 읊었다고 할 수 있다. 님을 붙잡지 못한 아쉬움이 묻어나 있다.

이 노래의 재미는 '제 구태여'라는 말이 줄 사이에 걸쳐 풀이를 두 가지로 할 수 있다는 점이다.[61] '제 구태여'가 떠나가는 남성에게 걸리면 말하는 이인 내가 떠나지 말고 있으라고 하면 남성이 구태여 가겠느냐는 뜻이 되고, '제 구태여'가 보내는 이, 곧 말하는 이에게 걸리면 구태여 보내고 그리워하는 정은 자신도 모르겠다는 뜻이 된다.

한편 '제 구태여'를 두 줄 사이에 걸친 말로 보아서는 안 된다는 풀이도 있다. 석 줄 노래(단시조, 평시조)는 석 줄, 여섯 구, 마흔다섯 글자 안팎, 그리고 끝줄(종장) 첫머리는 세 글자로 시작한다는 아주 단단한 틀이 있어 이것을 어기면 석 줄 노래의 정해진 질서를 어기는 것으로 보아서이다. '제 구태여'를 끝줄로 옮기면 끝줄이 '제 구태여 보내고 그리는 정은 나도 몰라 하노라'가 되어, 끝줄 첫 머리가 네 글자가 되고 끝줄은 다섯 마디로 늘어나 석 줄 노래의 틀을 흐트러뜨리기 때문에, '제 구태여'는 두 번째 줄(중장)에 걸려 있는 것으로 보아 '있으라 하면 제 구태여 가랴마는'으로 풀어야 한다고 말한다.

이런 풀이도 틀렸다고 할 수는 없지만, '제 구태여'를 말차례에 맞게 쓰지 않고 둘째 줄 끄트머리에 놓은 것을 보면, 노래를 지은 사람이 일부러 그렇게 한 말미(의도)가 있었음을 알 수 있다. 만약 '제 구태여'가 둘째

61) 이것을 '행간걸침(enjambement)'이라 한다. 둘째 줄(중장) 끄트머리에 나타나는 행간걸침은 옛 노래에서 보기 드물다. 이 노래는 말을 이어나가려는 힘과 줄을 바꾸려고 밀어내려는 힘이 줄다리기를 함으로써 말가락의 효과를 톡톡히 보고 있다. 성기옥(1986), 『한국시가 율격의 이론』, 새문사, 105쪽.

줄에만 걸린다면, '있으라 하면 제 구태여 가랴마는'이라고 하지, 굳이 '있으라 하면 가랴마는 제 구태여'로 말차례 바꾸기(도치법)를 하지 않았을 것이다.

한편, 고정희는 이 노래에서 '제 구태여'가 두 줄에 걸쳐 있는 것에만 관심을 두어서는 이 노래의 참맛을 느낄 수 없다고 하였다. 고정희의 풀이는 다음과 같다. 이 노래에서 '나'는 붙잡았으면 안 떠날 수도 있었던 님을 '구태여' 보내고 뒤늦게 그리워하는 제 마음을 스스로도 알지 못하고 있다. 그래서 이런 일을 남의 눈에서 보고자 한다. 나에게 벌어진 일을 '어져 내 일이야' 하면서 거리를 두면서 말하고, 님을 떠나보낸 이를 '저'라는 다른 사람으로 가리키며 '저가 구태여/ 떠나보내고' 해서 남의 일처럼 말한다. 또한 떠나보낸 '나'에게 '그릴 줄을 모르더냐'고 꾸짖는다. 그런데 이렇게 남의 일처럼 거리를 두어 보려고 애쓴 일이 전혀 그렇게 되지 않는다. '있으랴 한다면 가랴마는'이라 말은 하지만, '나'는 님을 보낼 수밖에 없다. 그래서 '나'를 꾸짖다가 '보내고 그리는 정은 나도 몰라 하노라' 하면서 다시 '나'를 감싸 안고 만다. 님과 헤어진 일이 너무 견딜 수 없어 누구라도 탓하지 않으면 안 되었기에 님을 보낸 '나'를 저만치서 거리를 두고 꾸짖다가도, 한편으로는 그럴 수밖에 없었던 '나'를 다시 보듬어 안는다. 이는 듣는 이나 읽는 이 또한 이 노래 속에 끌고 들어와 '나'의 안타까움을 바로 가까이서 느끼게 만든다.[62]

황진이 노래와 비슷한 박효관의 노래가 있다.

> 於臥 ᄂᆡ 일이여 나도 ᄂᆡ 일을 모를노다
> 우리 님 ᄀᆞ오실 제 ᄀᆞ지 못ᄒᆞ게 못헐넌가
> 보ᄂᆡ고 길고 긴 歲月에 술쁜 ᄉᆡᆼ각 어이료
>
> \- 박효관(朴孝寬), 『가곡원류(歌曲源流) 국악원본(國樂院本)』 293, #3176.1

62) 고정희(2017), 「한국 문학 속의 비극」, 『고전문학과 교육』 34, 한국고전문학교육학회, 249~250쪽의 풀이를 다시 쉽게 간추렸다.

어와 내 일이여, 나도 내 일을 모르겠구나
우리 님 가실 때 제 가지 못하게 못 하는가
보내고 길고 긴 세월에 살뜰한 생각 어인 일인가

박효관(朴孝寬, 1800~1880)의 노래는 나도 내가 한 일을 모르겠구나 하면서 님이 가실 때 왜 막지 못했는지 뉘우치고 있다. 보내놓고 나서 긴 세월 동안 지난날 살뜰하게 지냈던 일이 생각 날 텐데 그것을 어떻게 견디고 살 수 있을지를 걱정하고 있다. 님과 헤어지고 나니까 그리워지고, 살뜰한 추억이 떠올라 가지 못하게 잡지 못했던 일을 잘못했다고 깨달았다.

다음과 같은 노래도 있다.

가랴 가랴커늘 셩난 김에 가소 ᄒᆞ고
가는가 마는가 窓틈으로 여어 보니
눈물이 비 오듯 ᄒᆞ니 風紙 젖어 못 볼로다

『영언류초(永言類抄)』 218, #24.1

간다고 간다고 하거늘 성남 김에 가소 하고
가는가 안 가는가 창틈으로 엿보니
눈물이 비 오듯 하니 풍지 젖어 못 보겠구나

님이 간다고 하니 성난 김에 "가소!" 하였다. 그러고 나서 정말로 가는가 가지 않는가 창틈으로 몰래 엿보니 님이 가버린다. 그래서 눈물을 비 오듯 흘리고 그 눈물에 문풍지(風紙)가 다 젖었다고 조금은 지나친 말을 하였다. 이 노래도 님을 붙잡지 않고 홧김에 가라고 했다가 후회하는 노래이다. 우리도 속마음은 그렇지 않은데 겉으로는 딴말을 하는 때가 있다. 그러고 나서 후회하는 일이 많다. 한번 내뱉은 말은 주워 담기 힘들어 문을 열고 나서서 가지 말라고 잡아야 할 텐데 그리 하지 못한다.

다음 이세보의 노래는 님께 자신이 실수한 일을 뉘우치고 있는 노래이다.

임이 나를 앗기시믹 나도 임을 공경터니
은혜를 못다 갑고 나망의 걸닛도다
언제나 인간의 어즈러운 말리 적어

– 이세보(李世輔), 『풍아(風雅) 대(大)』 164, #4083.1

님이 나를 아끼시매 나도 님을 공경했는데
은혜를 못 다 갚고 그물에 걸렸도다
언제나 인간의 어지러운 말이 적을 것인가

님이 나를 아껴 나도 님을 공경했다는 것으로 보아 이 노래의 말하는 이는 여성으로 느껴진다. 남성으로 볼 수도 있지만 님을 공경한다는 말은 아무래도 남성보다는 여성에게 어울린다. 그렇게 나를 아껴주신 님의 은혜를 다 갚지 못하고 어떤 함정 같은 그물에 걸렸다고 했고, 언제나 사람 세상살이에서 어지러운 말이 적을 것이냐고 푸념하였다.

이 노래는 이세보가 철종 임금에게 말을 경솔히 잘못한 일을 두고 읊은 노래이다. 자신은 어디까지나 흥분 김에 한 말이고 대수롭지 않게 여기고 한 말이었는데, 나중에 관작(官爵, 벼슬과 임금이 내린 이름)을 빼앗기게 된다. 이 일을 나망(羅網, 새를 잡는 그물)에 걸렸다고 빗대어 말하였다. 이 때 이세보가 임금에게 잘못한 실수는 임금의 이름을 함부로 부른 '촉휘(觸諱)'를 저지른 일이라고 한다.[63] 이세보는 왕실 종친(임금과 한 집안 사람)으로 임금과 가깝다 보니 저도 모르는 사이에 이런 잘못을 저지른 것으로 보인다.

63) 진동혁(1981), 「이세보의 유배시조 연구」, 『어문집』 15, 단국대학교출판부, 21~22쪽.

님을 그리는 노래

4. 님을 그리는 노래

사랑 노래에는 님을 그리는 노래가 가장 많다.[1] 님과 떨어져 있어 보고 싶을 때, 그리워할 때, 마음과 시름을 달래 보려고 노래를 많이 지어 불렀다. 애타게 님을 그리고, 그리운 님과 만날 수 없자 꿈에서라도 보기를 바란다. 님이 내가 그리워한다는 것을 알아주기를 바라고 때로는 그리움 때문에 생기는 슬픔을 이겨 보려고 한다.

1) 그리움

그리움의 노래 가운데는 자연의 현상이나 어떤 사물을 보고 님을 그리워하는 노래가 많다.

> 가락디 짝을 닐코 네 홀로 날 ᄯᆞ로니
> 네 네 쨕 ᄎᆞ즐 졔면 나도 님을 보련마는
> 쨕 닐코 글이는 양이야 네나 ᄂᆡ나 다르랴

『가곡원류(歌曲源流) 국악원본(國樂院本)』 746, #23.1

> 가락지 짝을 잃고 네 홀로 날 따르니
> 네 네 짝 찾을 때면 나도 님을 보련마는
> 짝 잃고 그리는 모습은 네나 내나 다르랴

---

1) 사랑 노래뿐만 아니라 우리네 삶을 노래하거나 이야기한 말글에는 언제나 그리움이 많다. 그래서 우리나라를 "그리움의 나라"로 말한 이도 있다. 여증동(1973), 『한국문학사』, 형설출판사, 23~37쪽.

가락지는 두 짝으로 되어 있다. 그래서 두 개가 붙어 있어야 한다. 그런데 그중 한 짝이 없으면 가락지의 구실을 못한다. 짝을 잃은 가락지 한 개가 나를 따른다고 생각했다. 그러면서 나머지 한 짝을 찾게 되면 나도 님을 볼 수 있을 것 같다고 했다. 짝을 잃고 그리는 모습이 가락지 너와 내가 같다고 읊었다. 가락지와 말하는 이는 그 처지가 같다. 말하는 이의 마음을 가락지에 담았다. 말하는 이는 님을 여의고 그리워하고 있기 때문에 한 짝을 잃은 가락지를 보고 이런 마음이 생겨 노래로 읊었다.

간밤에 우든 여흘 슯히 우러 지ᄂᆡ여다
이제야 ᄉᆡᆼ각ᄒᆞ니 님이 우러 보ᄂᆡ도다
져 물이 거스리 흐르과져 나도 우러 보ᄂᆡ리라

- 원호(元昊), 『가곡원류(歌曲源流) 국악원본(國樂院本)』 41, #90.1

간밤에 울던 여울 슬피 울어 지나갔다
이제야 생각하니 님이 울어 보냈도다
저 물 거슬러 흐르고자 나도 울어 보내리라

지난밤 여울물 소리를 들으니 슬피 울며 지나갔다고 느낀다. 님을 여의고 그리워하는 이는 여울물 흐르는 소리도 슬피 우는 소리로 들린다. 이제야 생각하니 님의 울음을 내게 보낸 소리로 느낀다. 여울물 소리는 곧 님의 울음소리이다. 그래서 내 울음소리를 님께 보내고자 저 물이 거슬러 흘렀으면 좋겠다고 여긴다.

이 노래는 몇몇 노래책에 지은이를 원호(元昊)로 적고 있다. 원호는 수양대군(首陽大君)이 임금 자리를 빼앗고 어린 단종(端宗)이 영월로 귀양가자 벼슬을 버리고 고향 원주로 내려간다. 영월 서쪽에 집을 짓고 단종을 그리며 울면서 세월을 보냈다고 한다. 단종이 돌아가시자 영월 땅 산속 굴속에서 3년이나 절을 올리고 울면서 지냈다고 한다. 그리고 원주로 돌아와서도 문밖에 나가지 않고 돌아가신 단종을 위해 영월 땅만 바라보고 그쪽을 보고 앉고 누울 때도 동쪽을 보고 누웠다고 한다. 이런 충성에 감동하여 많은 이들이 그를 찾아왔고 세조도 벼슬까지 내리고 불렀으나 끝내 나가지 않았고 더 깊은 산 속으로 들어가 그곳에서 삶을 마감했다. 그래서 그는 언제 나고 죽었는지를 알 수 없다.

세조 아래에서 죽을 때까지 벼슬하지 않고 단종을 위해 절의를 지킨 여섯 사람의 선비가 있다. 김시습(金時習)·남효온(南孝溫)·원호(元昊)·이맹전(李孟專)·조려(趙旅)·성담수(成聃壽)인데, 이들을 생육신(生六臣)이라 한다. 단종을 임금 자리에 다시 앉히려다 죽은 사육신(死六臣)과 달리 생육신은 목숨을 잃지 않고 살았지만, 이들은 평생 벼슬길에 나아가지 않고 세상을 등지고 단종만 그리다가 죽었다.

「간밤에 울던 여울」은 여울을 보고 님을 그리워하는 노래이지만 쫓겨난 임금을 그리는 노래이다. '거슬러 흐르고자'라는 노랫말에는 현실의 정치 상황을 뒤바꾸고 싶은 마음이 담겨 있다. 그런데 이 노래는 나중에 임금 그리는 뜻은 흐려지고 남녀 사이의 사랑과 정을 읊은 노래로 받아들여진다. 그래서 가곡(歌曲)으로 부르는 자리에서 여자들이 부르기도 한다.[2] 이렇듯 임금 그리는 노래 가운데는 나중에 사랑 노래로 즐긴 노래가 많다.

> 楸城 鎭胡樓 밧긔 우러 녜ᄂᆞᆫ 뎌 시내야
> ᄆᆞ음 호리라 晝夜의 흐르ᄂᆞᆫ다
> 님 向한 내 뜯을 조차 그칠 뉘ᄅᆞᆯ 모로ᄂᆞ다
>
> – 윤선도(尹善道), 「견회요(遣懷謠)」3, 『고산유고(孤山遺稿)』 73, #4945.1

> 추성 진호루 밖에 울어 흐르는 저 시냇물아
> 무엇을 하러 밤낮으로 흐르느냐
> 님 향한 내 뜻을 따라 그칠 줄을 모르는구나

2) 여창(女唱)으로 불렀다는 것은 이 노래의 목소리는 가녀린 여성의 목소리가 알맞다고 사람들이 생각했다는 것을 알 수 있다. 이 노래의 지은이를 지워 버리고 노랫말만 곱씹어 보면 여성의 말투로 느껴진다.

위 노래는 윤선도(尹善道, 1587~1671)의 「견회요(遣懷謠): 시름 달래는 노래」 가운데 한 마리이다. 밤낮〔주야 晝夜〕으로 그치지 않고 흐르는 시내는 변함없이 그칠 줄 모르는 님을 향한 나의 뜻과 같음을 노래하고 있다. 귀양 간 곳의 한 누각에서 흐르는 물을 보며 임금에 대한 그리움을 읊고 있다.[3] 이 노래에서 지은이가 있는 곳인 추성(楸城) 진호루(鎭胡樓)[4]라는 누각 이름을 보고 지은이가 남성이라 짐작할 수 있기도 하지만, 작품에 나오는 "님 向한 내 뜯"이라는 말을 보면 이 노래가 임금 그리는 노래임을 짐작할 수 있다. 임금 그리는 노래의 지은이들이 늘 써버릇하던 말을 쓰고 있기 때문이다. 시냇물 흐르는 소리를 님이 그리워 우는 소리로 여기면서 쉬지 않고 흘러가는 시냇물을 임금을 끊임없이 그리워하고 걱정하는 내 마음에 빗대어 임금에 대한 헌신적이고 절대적인 충성을 다짐하였다. 노래를 지은 사람은 선비이지만 노래 속에서 말하는 이의 말투는 여성스럽다.

다음은 꾀꼬리를 보고 그리운 님을 생각하는 노래이다.

綠陰芳草 우거진 골의 ᄭᅬ고리로 우ᄂᆞᆫ 져 괴고리ᄉᆡ야
네 소ᄅᆡ 어엽부다 마치 님의 소리도 갓탈시고
진실노 너 안고 님 계시면 비계나 볼가 ᄒᆞ노라

『해동가요(海東歌謠) 박씨본(朴氏本)』 481, #1068.1

녹음방초 우거진 골짜기에 꾀꼴 우는 저 꾀꼬리 새야
네 소리 어여쁘다 마치 님의 소리와 같구나
진실로 너 안고 님 계시면 견주어나 볼까 하노라

---

3) 고미숙(2013), 『윤선도 평전』, 한겨레출판, 95쪽.

4) 최홍원이 추성(楸城)은 함경북도 경원(慶源)을 가리키던 옛 고을 이름이고, 진호루(鎭胡樓)는 경원성 남문 누각의 이름임을 밝혔다. 최홍원(2016), 「잘 알면서도, 잘못 알았던 시조-시조 담론에서의 오류와 오개념을 찾아서」, 『문학교육학』 제51호, 한국문학교육학회, 243~244쪽.

잎이 푸르게 우거진 숲과 향기로운 풀이 있는〔녹음방초 綠陰芳草〕 골짜기에서 우는 꾀꼬리새를 불러서 네 소리가 마치 우리 님의 소리처럼 어여쁘다고 했다. 꾀꼬리의 소리가 님의 소리와 같아 너와 님이 함께 있으면 견주어 보고 싶다고 했다. 꾀꼬리의 울음소리를 듣고 님을 생각하였다. 꾀꼬리와 님을 같은 이로 보았다.

다음은 나비나 새를 보고 님을 그리워한다.

> 쏫 보고 춤츄ᄂᆞᆫ 나뷔와 나뷔 보고 방긋 웃난 쏫치
> 져 두릐 思郞은 節節이 오건마난
> 엇더타 우리의 王孫은 貴不歸을 ᄒᆞ난고
>
> – 송이(松伊), 『청구영언(靑丘永言) 가람본(嘉藍本)』 304, #645.2

> 꽃 보고 춤추는 나비와 나비 보고 방긋 웃는 꽃이
> 저 둘의 사랑은 철마다 오건마는
> 어떻다 우리의 왕손은 돌아오지를 않는고

> 寒松亭 ᄃᆞᆯ 볼근 밤과 鏡浦臺에 물셜 잔 제
> 有信ᄒᆞᆫ 白鷗ᄂᆞᆫ 오락가락 ᄒᆞ것마ᄂᆞᆫ
> 엇더타 우리 王孫ᄂᆞᆫ 가고 아니 오ᄂᆞ니
>
> – 홍장(洪粧), 『해동가요(海東歌謠) 박씨본(朴氏本)』 266, #5307.1

> 한송정 달 밝은 밤과 경포대 물결 잔잔할 때
> 믿음 있는 갈매기는 오락가락 하건마는
> 어떻다 우리 왕손은 가고 아니 오나니

송이의 노래를 보면 꽃을 보고 나비는 춤을 추고, 나비를 보고 꽃은 방긋 웃는다. 이렇게 꽃과 나비는 서로 사랑을 즐긴다. 또한 꽃과 나비의 사랑은 철마다〔절절節節이〕 돌아온다. 하지만 이 노래의 말하는 이가 기다

리는 왕손(王孫)은 돌아오지 않는다〔귀불귀 歸不歸〕. 왕손은 당나라 시인 왕유(王維)의 시에서 따온 말로[5] 여기서는 말하는 이가 기다리는 님이다. 오지 않는 님을 그리워하고 있다. 꽃과 나비의 사랑과 나와 님(왕손)의 사랑은 정반대이다. 꽃과 나비는 철마다 서로 잘 어울려 사랑을 나누지만 나는 돌아오지 않는 님을 그리워하고 있을 뿐이다.

홍장의 노래는 홍장이 강원도 안렴사(按廉使)였던 혜숙공(惠肅公) 박신(朴信, 1362~1444)을 떠나보낸 뒤 그를 그리워하며 지은 노래이다.[6] 한송정(寒松亭) 달 밝은 밤과 경포대(鏡浦臺) 호수의 물결이 잔잔하다고 하면서 좋은 경치를 먼저 이야기하였다.[7] 이런 곳에서 흰 갈매기〔백구 白

5) 당나라 시인 왕유(王維)의 시 「송별(送別)」에 "산중에서 서로 전송을 하고 나서, 날이 저물어 사립문을 닫았네. 봄풀은 해마다 푸른데, 왕손은 갔다가 돌아오지 않는구나(山中相送罷 日暮掩柴扉 春草年年綠 王孫歸不歸)." 다음에 나오는 홍장의 노래도 이 시의 네 번째 줄(결구結句)을 따와 지은 노래이다.

6) 서거정(徐居正)의 『동인시화(東人詩話)』 하권에 "혜숙 박신이 젊어서부터 명망이 있었다. 강원도 안렴사로 있으면서 강릉 기생 홍장을 사랑하여 애정이 매우 깊었다. ……(朴惠肅信 少有時譽 按江原 廉使 愛江陵妓紅粧 情頗珍重……)." 박을수 엮음(2000), 『시조의 서발유취』, 아세아문화사, 379쪽에서 가져옴.

7) 『신증동국여지승람(新增東國輿地勝覽)』 권지44, 「강원도(江原道), 강릉대도호부(江陵大都護府)」에 "동쪽으로 바닷가에 있는 정자는 한송(寒松)이며, 북쪽으로 호수에 가까운 누대는 경포(鏡浦)다. 이것이 모두 명승의 으뜸이다. 손님을 접대하는 자리에서 술 마시며 시가를 읊고, 강산에 취미를 붙이고 우주에 눈을 들어 회포를 헤치고 기상을 펴는 곳이다.……한송정(寒松亭): 부 동쪽 15리에 있다. 동쪽으로 큰 바다에 임했고 소나무가 울창하다. 정자 곁에 차샘·돌아궁이·돌절구가 있는데, 곧 술랑선인(述郎仙人)들이 놀던 곳이다.……경포대(鏡浦臺): 부 동북쪽 15리에 있다. 포의 둘레가 20리이고, 물이 깨끗하여 거울 같다. 깊지도 얕지도 않아, 겨우 사람의 어깨가 잠길 만하며, 사방과 복판이 꼭 같다. 서쪽 언덕에는 봉우리가 있고 봉우리 위에는 누대가 있으며, 누대 가에 선약을 만들던 돌절구가 있다. 포 동쪽 입구에 널빤지 다리가 있는데 강문교(江門橋)라 한다. 다리 밖은 죽도(竹島)이며, 섬 북쪽에는 5리나 되는 흰 모래밭이 있다. 모래밭 밖은 푸른 바다 만 리인데, 해돋이를 바로 바라볼 수 있어, 가장 기이한 경치다. 또한 경호(鏡湖)라 하기도 하며, 정자가 있다(東濱於海而有亭 是曰寒松 北壓於湖而有臺 是曰鏡浦 是皆形勝之最 賓筵觴詠寄遨 江山巍眼宇宙而暢幽曠之懷抱疏宕之氣者也……寒松亭: 在府東十五里 東臨大海 蒼松鬱然 亭畔有茶泉石竈石臼 述郎仙徒所遊處……鏡浦臺: 在府東北十五里 浦之周二十里 水淨如鏡 不深不淺纔沒人肩背 四面中央如一 四岸有峰 峰上有臺 臺畔有煉藥石臼 浦之東口有板橋 曰江門橋 橋外竹島 島北白沙五里 沙外滄海萬里 直望日出最爲奇勝 亦曰鏡湖有亭)."

鷗)는 믿음이 있어〔유신 有信〕 오고가지만 왕손(王孫)은 가고 안 온다고 하며 애타게 그리는 마음을 읊었다. 여기서 왕손은 박신을 가리킨다. 믿음이 있어 왔다갔다 하는 갈매기와 무정하여 오지 않는 님을 대조하여 표현하였다.[8] 달 밝은 밤에 바라보는 한송정과 경포 호수, 그리고 오락가락하는 갈매기는 그리워하는 님을 생각하게 만드는 자연물들이다.

이 노래는 뒷이야기가 있다. 강릉 부사가 경포의 뱃놀이에서 홍장이 사랑하는 박신을 골리려고, 홍장을 선녀로 꾸며 다른 배에 태우고는, 박신에게 홍장이 그대를 그리다가 죽어서 선녀가 되어 오늘밤 찾아왔다고 말하자, 박신은 홍장을 미친 듯이 찾았으므로, 마침내 그 마음이 진정임을 알고 살아 있는 홍장을 다시 만나게 되었다는 이야기가 있다. 뒷날 송강 정철은 이 이야기를 「관동별곡(關東別曲)」에서 '홍장고사'라고 읊었다.[9]

앞에서 본 송이와 홍장의 노래들은 아주 옛날 노래인 「황조가(黃鳥歌): 꾀꼬리 노래」와 닮아 있다.

펄펄 나는 꾀꼬리는	翩翩黃鳥
암수가 서로 정다운데	雌雄相依
외로운 이 내 몸은	念我之獨
뉘와 함께 돌아갈까	誰其與歸[10]

---

8) 이 노래와 내용이 비슷한 고려 속악 「한송정(寒松亭)」이라는 노래가 있었고, 이 노래의 끝줄(종장)이 당나라 시인 왕유(王維)의 시 「송별(送別)」에서 가져왔기 때문에 실제로는 홍장이 지은 노래가 아닐 수 있다고 보기도 한다. 황충기(1999), 『여항인과 기녀의 시조』, 국학자료원, 89쪽; 성기옥(2000), 「기녀시조의 감성특성과 시조사」, 『한국고전여성문학연구』 제1집, 한국고전여성문학회, 31쪽. 그래서 윤영옥은 홍장의 노래는 강릉 지방에 전해오던 「한송정(寒松亭)」을 시조로 바꿔 부른 것이라고 보았다. 윤영옥(1983), 「기녀시조의 고찰」, 『여성문제연구』 제12집, 대구효성가톨릭대학교 사회과학연구소, 179쪽. 『고려사』 「악지」에 나오는 「한송정」을 한문으로 옮긴 시는 다음과 같다. "달빛 밝은 한송정 밤, 물결 잔잔한 경포대 가을. 슬피 울며 오고가는 것은 믿을 수 있는 갈매기 한 마리일세(月白寒松亭 波安鏡浦秋 哀鳴來又去 有信一沙鷗)."

9) 정철의 「관동별곡(關東別曲)」에 "紅홍粧장 古고事ᄉᆞ를 헌ᄉᆞ타 ᄒᆞ리로다(홍장의 옛이야기를 야단스럽다 하겠구나)."

암수 꾀꼬리는 정답게 서로 사랑을 나누는데 나는 홀로 있어 누구와 함께 돌아갈까 한숨 짓고 있다. 누군가를 그리워하면 자연 속에서 정답게 노는 꽃, 나비, 새들은 더욱 그리운 이의 마음의 시름을 돋우어 낸다. 저들과 나의 신세가 다르기 때문이다.

어떤 사물, 자연 현상이나 나비, 새, 꽃 들은 그냥 보면 나와는 아무런 상관이 없다. 그러나 내 마음이 님을 그리워하는 마음으로 가득 차 있기 때문에 이들을 보고 느끼는 바가 생기게 되고 그러다 보니 노래를 짓게 된다. 그리운 마음으로 가득 차 있는 이는 자연에서 들려오는 소리를 그냥 흘려듣지 않고 시름의 소리로 듣게 되고, 이렇게 들을 수 있는 이가 노래와 시를 지을 수 있게 된다. 「가락지 짝을 잃고」는 가락지와 나의 처지가 비슷하다고 생각해서 지은 노래이고, 「녹음방초 우거진 골의」는 꾀꼬리와 님의 모습이 비슷하다고 생각해서 지은 노래이다. 이와 달리 「꽃보고 춤추는 나비」의 꽃과 나비는 서로 정답게 사랑을 나누지만 나와 님은 그런 사이가 아니다. 「한송정 달 밝은 밤과」에 나오는 갈매기는 오고 가지만 님은 가고 오지 않는다. 앞의 두 노래가 '비슷함'을 노래했다면 뒤의 두 노래는 '다름'을 노래했다.

---

10) 『삼국사기(三國史記)』 권제13, 「고구려본기(高句麗本紀)」 제1, 유리왕(琉璃王)에 "겨울 10월에 왕비 송씨(松氏)가 죽었다. 임금이 다시 두 여자에게 장가들어 후실로 삼았다. 하나는 화희(禾姬)라 하는데 골천 사람의 딸이었고, 또 하나는 치희(雉姬)라 하는데 한(漢)나라 사람의 딸이었다. 두 여자가 사랑을 받으려고 다투고 서로 화해하지 않으므로 임금이 양곡(涼谷)에 동·서 두 궁을 지어 따로 두었다. 뒤에 임금이 기산(箕山)으로 사냥을 나가 이레 동안 돌아오지 않았는데 두 여자가 다투었다. 화희가 치희에게 욕하기를 '너는 한인(漢人) 집안의 비첩(婢妾)으로, 어찌 무례함이 심한가?' 하였다. 치희가 부끄럽고 분하여 도망쳐 돌아갔다. 임금이 그 말을 듣고 말을 채찍질하여 이를 따라갔으나 치희는 성을 내고 돌아오지 않았다. 임금이 어느 날 나무 밑에서 쉬다가 꾀꼬리가 날아와 모여드는 것을 보고 느낀 바가 있어 노래하였다(冬十月 王妃松氏薨 王更娶二女以繼室 一曰禾姬 鶻川人之女也 一曰雉姬 漢人之女也 二女爭寵 不相和 王於涼谷造東·西二宮 各置之 後王田於箕山 七日不返 二女爭鬪 禾姬罵雉姬曰 "汝漢家婢妾 何無禮之甚乎." 雉姬慙恨 亡歸 王聞之 策馬追之 雉姬怒不還 王嘗息樹下 見黃鳥飛集 乃感而歌)."

사람은 들리는 대로 듣지 않고 듣고 싶은 대로 듣는 때가 있다. 보이는 대로 보지 않고 보고 싶은 대로 볼 때가 있다. 마음이 기쁘면 세상의 온갖 것들이 아름다워 보이고, 마음이 슬프면 세상의 온갖 것들이 쓸쓸해 보인다. 마음이 온통 사랑하고 그리워하는 이에게 가 있으면 세상의 온갖 것들이 다 그 사람과 관련된 것들로 보인다.

> 淸溪쇼 달 발근 밤의 슬피 우는 져 긔러가
> 썅썅이 놉피 써셔 누를 그려 우는고
> 우리는 半짝기 되어 님만 그려 우노라
>
> \- 강복중(姜復中), 「수월정청흥가(水月亭淸興歌)」 18, 『청계가사(淸溪歌詞)』 60, #4726.1

> 청계의 못 달 밝은 밤에 슬피 우는 저 기러기야
> 쌍쌍이 높이 떠서 누구를 그려 우는고
> 우리는 반짝이 되어 님만 그려 우노라

「수월정청흥가(水月亭淸興歌)」는 강복중(姜復中, 1563~1639)의 나이 76세(1638년)에 지었는데, 수월정(水月亭)은 대둔산(大芚山)[11]의 청계(淸溪) 시냇가에 서 있는 정자(亭子)이다. 수월정 둘레를 거닐며 느낀 바를 '청흥(淸興)'이라 이름 하여 21마리 노래로 이어 불렀다.[12] 위 노래는 그 가운데 열여덟 번째 노래이다. 노래의 맨 앞머리에 나오는 청계소(淸溪沼)는 맑은 시내와 못이라는 뜻도 있지만 강복중이 머물렀던 청계의 웅덩이란 뜻도 있다. 또한 강복중의 호가 청계이기도 하여 지은이가 있는 곳을 가리키는 말도 된다.

달 밝은 밤에 기러기에게 묻는다. 맑은 시내와 밝은 달이라는 맑고 밝

11) 대둔산은 충청남도 금산군 진산면, 논산시 벌곡면과 전북 완주군 운주면을 둘러싸고 있는 산이다.

12) 김상진(2012), 「강복중의 〈수월정청흥가〉 재조명-연시조로서의 가능성을 중심으로-」, 『동방학』 25, 한서대학교 동양고전연구소, 205~238쪽.

은 느낌과 슬피 우는 기러기라는 어둡고 슬픈 느낌이 서로 반대가 되었다. 다음에는 기러기와 말하는 이를 견주어 말한다. 기러기도 누군가를 그리워하여 울지만 그래도 쌍쌍(雙雙)이 높이 떠서 우니 같이 울어줄 짝이 있다. 그러나 우리는 둘이 짝이 되지 못하고 반(半)짝, 곧 홀로 되어 님을 그리워 운다고 하였다. 우리는 서로 짝이 되어야 하는데, 떨어져 있어 온짝이 되지 못하고 반짝이 되어 각기 홀로 있다. 그러니 말하는 이는 기러기보다 더 외롭고 슬픈 처지에 있다. 님이 내 옆에 있어 서로 짝을 이루어야 하는데 님과 떨어져 생긴 그리움 때문에 서글퍼하고 있다. 「수월정청흥가(水月亭淸興歌)」에 나오는 노래 가운데 몇 노래들은 임금 그리는 노래로 여기기 때문에, 이 노래도 임금 그리는 노래로 볼 수 있다. 겉은 님을 그리워하고 있지만 속뜻은 임금을 그리워하는 마음이 담겨 있다.

옛 노래에는 달이 많이 나오고 또한 달은 말하는 이의 마음을 전해주는 구실을 하는 때가 많다.[13] 다음은 달을 노랫말로 삼아 그리운 심정을 읊은 노래들이다.

> 아이야 窓 닷쳐라 뜰 밧기 보기 슬타
> 뎌 ᄃᆞᆯ이 웨 뎌리 ᄇᆞᆰ아 님의 心事를 散亂케 ᄒᆞ나
> 아니다 님 보신 ᄃᆞᆯ이니 나도 볼까 ᄒᆞ노라
>
> 『교주가곡집(校註歌曲集)』 1129, #3037.1

> 아이야 창 닫아라 뜰 밖을 보기 싫다
> 저 달이 왜 저리 밝아 남의 마음을 산란케 하나
> 아니다 님 보신 달이니 나도 볼까 하노라

13) 임종찬(2014), 『시조문학론』, 국학자료원, 174쪽; 송지언(2014), 「달 소재 애정시가의 비교와 문화교육」, 『고전문학과 교육』 28, 한국고전문학교육학회, 116쪽. 정병욱(1983), 『한국고전시가론(증보판)』, 신구문화사, 245쪽의 조사를 보면 옛 노래(시조)에 나타난 낱말 가운데 자연과 관련된 낱말은 달이 가장 많다.

님 보신 ᄃᆞᆯ 보고 님 뵈온 듯 반기노라

님도 너을 보고 날 본 듯 반기ᄂᆞᆫ가

ᄎᆞᆯ하리 저 ᄃᆞᆯ이 되어셔 비최여나 보리라

- 이원익(李元翼), 『병와가곡집(甁窩歌曲集)』 180, #4058.1

님 보신 달 보고 님을 뵌 듯 반기노라

님도 너를 보고 날 본 듯 반기는가

차라리 저 달이 되어서 비추어나 보리라

첫 번째 지은이를 알 수 없는 노래는 뜰 밖에 뜬 달이 너무 밝아 마음〔심사心事〕을 어지럽히니〔산란散亂케 하니〕 보기 싫어 아이 종에게 창(窓)을 닫으라고 했다가 다시 생각을 바꿔 님 보신 달이니 나도 볼까 한다고 하였다. 달을 보고 싶지 않다가도 님이 본 달이라고 생각하니 다시 보려고 해 마음이 복잡하고 어지럽다는 것을 알 수 있다. 이렇듯 옛 노래에 나오는 밝은 달은 님과 떨어져 있는 이에게 그리워하는 시름을 더욱 심하게 만드는 구실을 하기도 한다.

두 번째 노래는 이원익(李元翼, 1547~1634)이 지은 임금 그리는 노래인데, 달을 보고 님을 생각하고 있다. 달이 마치 님인 것처럼 반기고 님도 나처럼 달을 보고 날 본 듯이 반기는지 생각해 본다. 그리고 차라리 달이 되어서 님을 비추어 보겠다고 하였다. 달은 나와 님을 이어주는 매개체 구실을 하기도 하지만, 옛 노래에서 달은 임금을 상징하기도 했다.[14] 그러니 달을 보고 임금을 생각하는 것은 자연스러운 일이다. 위 노래는 광해군(光海君)이 인목대비(仁穆大妃)를 대비 자리에서 내려 앉히고 서궁(西宮)에 가두자 이를 강하게 반대하다 홍천으로 4년 동안 귀양 가서 지은 것으로 짐작된다.[15] 겉으로 보면 달을 보고 님을 그리워하는 노래이지만

14) 정철(鄭澈)의 「관동별곡(關東別曲)」에 보면 "明명月월이 天쳔山산萬만落낙의 아니 비쵠 ᄃᆡ 업다(밝은 달이 여러 산과 마을에 아니 비춘 곳 없다)"는 말이 나오는데, 여기서도 '명월(밝은 달)'은 임금을 상징한다.

그 속살은 다른 뜻을 담고 있다. 지은이는 임금이 주는 벌을 받고 귀양을 갔지만 임금을 원망하지만 않고 임금이 바르게 나랏일을 하기를 바라고 걱정하였다.

팔월 한가외 날 엇지 삼긴 나리완ᄃᆡ
무심한 ᄃᆞᆯ비ᄎᆞᆫ 오ᄂᆞᆯ 밤의 ᄎᆡᄇᆞᆯ근고
님 그려 아득ᄒᆞᆫ ᄆᆞ음을 ᄇᆞᆯ키ᄂᆞᆫ듯 ᄒᆞ여라

- 이진문(李振門), 『봉사부군일기(奉事府君日記)』 8, #5151.1

팔월 한가윗날 어떻게 생긴 날이기에
무심한 달빛은 오늘밤에 더욱 밝은고
님 그려 아득한 마음을 밝히는 듯하여라

이진문(李振門, 1573~1630)의 「경번당가」는 『봉사부군일기(奉事府君日記)』에 실린 달거리로 된 이어진 노래로, 정월부터 선달까지 12마리의 노래에 마무리의 성격을 지닌 2마리의 노래가 덧붙어 모두 열네 마리의 노래로 되어 있다.[16] 위 노래는 팔월의 노래로 한가위를 맞아 달을 보고 읊은 노래이다. 한가위는 음력 8월 보름으로 한 해 가운데 가장 밝은 보름달이 뜨는 날이다. 휘영청 밝은 달은 무심하게도 내 마음의 걱정과 서글픔을 더욱 크게 한다. 그래서 님을 그리워하는 데서 생기는 시름을 더욱 밝혀주는 것 같다고 하였다.

15) 이승준(2013), 「연군시조의 유형별 특성 연구」, 충북대학교 석사학위논문, 38쪽.
16) 박준규(1992), 「경번당가 고-신자료 봉사부군일기를 주로 하여」, 『모산학보』 3, 동아인문학회, 31~49쪽. 『봉사부군일기(奉事府君日記)』는 광해군 때 이진문이 나라의 부름을 받고 관서(關西) 지방의 국경에 나아가 그곳에서 겪은 일을 생생하게 적은 글이다.

네 얼골 그려ᄂᆡ여 月中桂樹에 거럿시면

東嶺의 도다 올 제 두려시 보련마는

그려서 걸 니 업스니 그를 슬허 ᄒᆞ노라

- 김민순(金敏淳), 『청구영언(青丘永言) 육당본(六堂本)』 259, #1024.1

네 얼굴 그려내어 달 속 계수나무에 걸었으면

뒷동산에 돋아 올 때 뚜렷이 보련마는

그려서 걸 사람이 없으니 그를 슬퍼하노라

달을 보면 님을 볼 수 있는 것으로 여겼다. 님의 얼굴을 그림으로 그려 달 속의 계수나무〔월중계수 月中桂樹〕에 걸 수 있다면 동녘 봉우리〔동령 東嶺〕에 달이 뜰 때마다 뚜렷하게 볼 수 있겠다고 생각한다. 밤마다 밝게 떠오르는 달을 보고 그 속에 있는 님을 보리라고 여긴다. 그러나 참으로 그림을 달 속의 계수나무에 걸 수는 없다. 어디까지나 상상하여 한 말이다. 이내 그것을 깨닫고 그려서 걸 사람이 없으니, 곧 마음이나 생각은 그렇게 하고 싶지만 현실에서는 그렇게 할 수 없으니 슬퍼한다고 했다. 여기에는 그리워하는 님과 다시 만나기가 쉽지 않다는 뜻이 담겨 있다.

이렇게 그리움의 노래에는 어떤 무엇(자연물, 사물, 사람)을 보고 님을 그리워한다. 이런 노래들에 나오는 어떤 '무엇'들은 노래에서 말하는 이가 가지고 있는 느낌(정서)[17]과 얽혀 있다. 본디 객관적인 무엇인데 말하

---

17) 정서(情緖)라는 말은 사람이 머릿속 생각으로 만들어낸 말로, 오늘날 우리 말글을 가르치는 학교, 교실에서 자주 쓰는 말이기도 한데, 아이들이 그 뜻을 잡기가 쉽지는 않은 말이라고 생각한다. 겨우 고등학생쯤 되어야 이 말을 그런대로 알아들을 것 같다. 정서는 쉽게 말하면 '노래나 글(오늘날 문학이라고 하는 작품들) 속에 드러난 마음'이다. 어떤 무엇이 눈, 코, 귀, 입, 살갗 같은 몸에 닿아 어떤 느낌이 생기고 이것이 머릿속 생각으로 떠오르는 것이 정서이다. 삶, 자연, 사물, 사람을 보거나 듣거나 냄새 맡거나 맛보거나 만져 보거나 살갗에 대 보거나 하면 우리는 어떤 느낌을 가지게 된다. 그것이 느끼는 사람 안에 어떤 마음을 만들어 낸다. 그 마음을 입말이나 글말로 그려내면 노래나 글(문학 작품)이 된다. 여기서 조심해야 할 것은 정서는 노래나 글에 나타난 말하는 이의 마음이지 듣는 이나 읽는 이의 마음은 아니라는 것이다. 정서에 대해서는 김대행(1995), 「정서의 본질과 구조」, 김대행 외, 『고려시가의 정서』, 개문

는 이의 느낌과 맺어 있기 때문에 이를 두고 '객관적 상관물(客觀的 相關物, Objective correlative)'이라고 이름 붙인 이가 있다.[18] 이렇게 말하는 이는 그리워하는 정서를 바로 말하지 않고 객관적 상관물인 어떤 사물이나 자연물로 에둘러 말하기도 한다. 객관적 상관물은 노래를 만들기 위한 재료이자 소도구 구실을 한다고 할 수 있는데, 제 생각과 느낌을 바로 드러내지 않고 다른 대상을 끌어들여 말하게 되면 생각과 느낌을 한 번 거르게 된다. 그러면서 조금은 감정을 삼가고 누르면서 노래하게 된다. 하나의 절제의 아름다움이 생긴다.

이런 노래들은 아주 많은데, 더 살펴보자.

> 碧天 鴻雁聲에 窓을 열고 닉다 보니
> 雪月이 滿庭ᄒᆞ여 님의 곳 빗취려니
> 아마도 心中眼前愁는 나ᄲᅮᆫ인가 ᄒᆞ노라
>
> - 금홍(錦紅), 『가곡원류(歌曲源流) 일석본(一石本)』 723, #1989.1

> 푸른 하늘 기러기 소리에 창을 열고 내다보니
> 눈과 달이 뜰에 가득하여 님이 있는 곳 비추려니
> 아마도 마음과 눈앞의 시름은 나뿐인가 하노라

푸른 하늘〔벽천 碧天〕에 기러기가 소리 내어 울며〔홍안성 鴻雁聲〕 날아간다. 창(窓)을 열고 내다보니 달빛과 눈이 뜰에 가득하다〔설월만정 雪月滿庭〕. 이렇게 달빛과 눈빛이 밝으니 님이 있는 곳을 비출 것이라고 생각한다. 밝은 달빛과 눈빛이 님 계신 곳을 환히 비추면 님이 어떻게 지내는지 알 수 있겠다는 바람이 담겨 있다. 마지막엔 마음과 눈앞의 시름〔심중안전

사, 8~30쪽과 고정희(2013), 『고전시가 교육의 탐구』, 소명출판, 231~282쪽에서 자세히 밝히고 있다.

18) Eliot, Thomas Stearns(1960), *The Sacred Wood: Essays on Poetry and Criticism*, London: Methuen; New York: Barnes & Noble, p. 100.

수心中眼前愁)을 가진 이는 나뿐이라고 읊었다. 기러기, 달, 눈을 보며 님을 애타게 그리워하고 생각하며 마음속으로 눈물 흘리고 있다. 눈 내린 차갑고 추운 겨울, 달빛 시린 밤, 님 그리워 잠은 오지 않고 마음에 쌓인 시름은 참으로 견디기 어렵다.

東窓의 비친 달이 任의 얼굴 갇트도다
竹林의 가는 바람 任의 오신 자취로다
衾枕의 누어슨니 任도 잠도 아니 온다

『금성옥진(金聲玉振)』 3, #1428.1

동창에 비친 달이 님의 얼굴 같도다
죽림에 가는 바람 님의 오신 자취로다
금침에 누웠으니 님도 잠도 아니 온다

동쪽으로 난 창문(동창 東窓)에 비친 달이 님의 얼굴 같다고 여기고 대나무 숲(죽림 竹林)에 들리는 가는 바람소리가 님이 오시는 발소리로 들린다. 눈으로 달을 보고 님의 얼굴을 떠올렸고 귀로 바람소리를 듣고 님의 자취를 떠올렸다. 그래서 첫줄과 둘째 줄이 짝을 이루었다. 마지막에는 이불(금침 衾枕)을 깔고 누웠는데, 님도 잠도 아니 온다고 해서 말 재미를 살렸다. 이런 말 가락과 말 재미로 이 노래는 그리운 마음을 풀어낸 노래이지만 어둡지가 않다.

구름은 가건만은 나는 어이 못 가는고
비는 오건만은 님은 어이 못 오는고
우리도 구름 비 갓타여 오락가락 ᄒᆞ리라

『동국가사(東國歌辭)』 157, #2167.2

구름은 가건마는 나는 어이 못 가는고

비는 오건마는 님은 어이 못 오는고
우리도 구름 비 같아서 오락가락 하리라

이 노래도 구름과 비를 보면서 님에 대한 그리움을 읊었다. 먼저 제 처지를 푸념한다. 구름은 마음대로 떠다니는데 나는 님에게 가지 못한다. 다음은 님을 기다리는 마음을 드러냈다. 비는 마음대로 오는데 그리운 님은 왜 오지 못하느냐고 한숨 짓는다. 마지막은 이루고 싶은 꿈을 노래한다. 사랑하는 사람끼리 구름과 비처럼 마음대로 오고갔으면 좋겠다고 했다. 아주 쉬운 우리말만을 써서 님 그리는 마음을 잘 나타냈다.

그리움의 노래 가운데는 님을 보지 못해서, 만나지 못해서 애태우고 슬퍼하는 노래가 아주 많다.

거울에 빗췬 얼골 ᄂᆡ 보기에 ᄭᅩᆺ 것거든
허물며 端粧ᄒᆞ고 님의 앏ᄒᆡ 뵐 쎡이랴
이 端粧 님을 못 뵈니 그를 슬허ᄒᆞ노라

『가곡원류(歌曲源流) 국악원본(國樂院本)』 680, #214.1

거울에 비친 얼굴 내 보기에 꽃 같거든
하물며 단장하고 님의 앞에 뵐 적이랴
이 단장 님을 못 뵈니 그를 슬퍼하노라

거울에 얼굴을 비춰 보니 내가 보기에도 꽃같이 어여쁘다. 하물며 얼굴을 아름답게 꾸미고(단장 端粧)[19], 님의 앞에 보이면 이 얼굴이 얼마나 더 어여쁘겠는가, 그러나 이렇게 꾸미고 님을 못 뵈니 그것이 참 슬픈 일이라고 했다. 꽃같이 예쁜 얼굴을 가졌어도 님을 볼 수 있어야 그 아름다

19) 옛사람들은 보이는 모습을 곱고 정갈하게 꾸민다는 뜻의 '단장(端粧)'이라는 말을 썼다. 오늘날은 이 말을 쓰지 않고 '화장(化粧)'이라는 말을 쓰는데, 옛날부터 써 왔던 말도 아니고 순우리말도 아니다.

움이 쓸모가 있을 것인데, 이 노래에서 말하는 이는 아름다운 모습을 지녔음에도 님을 보지 못해 서글퍼하고 있다. '단장'이라는 말을 보아 이 노래의 말하는 이는 여성이라 할 수 있다.

가더니 니즈 냥ᄒᆞ여 ᄭᅮᆷ에도 아니 뵌다
현마 님이야 그 덧에 니저시랴
내 ᄉᆡᆼ각 애쉬온 젼ᄎᆞ로 님의 타슬 삼노라.

『청구영언(青丘永言) 진본(珍本)』 440, #17.1

가더니 잊은 듯하여 꿈에도 아니 보인다
설마 님이야 그새 벌써 잊었으랴
내 생각 아쉽다 보니 님의 탓을 삼노라

나를 떠나가 버린 님은 참으로 나를 아주 잊었는지 꿈에도 보이지 않는다. 꿈에라도 나타났으면 그리운 시름을 덜겠는데 한 번도 나타나지 않는다. 이런 섭섭한 마음에 설마 그새 벌써 나를 잊어버렸는가 생각해 본다. 그래서 내 생각이 아쉽다 보니 님의 탓으로 돌려 본다. 나를 두고 떠나간 님, 그러나 그 님을 꿈에서도 볼 수 없으니 답답하고 애달프기만 하다. 그러기에 님이 나를 잊지는 않았는지, 님의 탓을 해보기도 한다.

사랑이 웬 거신지 잠들긔 전에는 못 잇기네
잠시나 잇자 허고 향벽허여 눠드니
그 벽이 거울이 되여 눈에 암암

『조(調) 및 사(詞)』 17, #2262.1

사랑이 웬 것인지 잠들기 전에는 못 잊겠네
잠시나 잊자 하고 벽을 보고 누웠더니
그 벽이 거울이 되어 눈에 암암 (하도다)

님에 대한 사랑은 무엇이기에 그리운 나머지 잠들기 전에는 잊을 수 없다. 잠깐이나 잊어 보려고 벽을 보고 누웠지만 그 벽이 거울이 되어 님의 모습이 눈에 어른거린다. 암암(暗暗)은 어두워서 보이지 않는다는 말이지만 여기서는 보이지는 않지만 눈앞에 어른거린다는 뜻이다. 님이 그립기에 잊어 보려고 벽을 보고 누웠지만 마음속에 님 생각으로 가득 차 있기 때문에 님의 모습이 벽에 비추어 보이는 것 같다. 그리워하고 사랑하는 사람은 마음속에서 떠나지를 않는다.

죽어 니저야 ᄒᆞ랴 살아 글여야 ᄒᆞ랴
죽어 닛지도 얼엽ᄭᅩ 살어 글의이도 얼여왜라
져 님아 ᄒᆞᆫ 말씀만 ᄒᆞ소라 死生決斷ᄒᆞ리라

『해동가요(海東歌謠) 일석본(一石本)』 416, #4427.1

죽어서 잊어야 하랴, 살아서 그려야 하랴?
죽어 잊기도 어렵고, 살아 그리기도 어려워라
저 님아 한 말씀만 하여라. 사생결단 하리라

죽고 살기를 판가름하기로 마음먹을 만큼 그리움에 사무친 거친 목소리다. 그리움 때문에 너무 아프고 힘드니 차라리 죽어서 잊어버려야 할까 생각한다. 아니면 살아서 끊임없이 그리워하면서 지내야 하는가? 죽는 일도 쉽지 않으니 죽어서 잊기도 어렵다. 그렇다고 살아 있으면 그리움에 속이 타고 마음이 쓰라려 사는 날이 괴롭다. 마침내 님이 판가름해 주기를 바란다. 나를 어떻게 할 것인지, 나를 어떻게 생각하는지, 앞으로 어떻게 할 마음인지 한 말씀만 해보아라. 그러면 죽고 살기를 결딴내겠다고 한다. '사생결단(死生決斷)'이란 말에는 님이 헤어지자고 하면 너도 죽이고 나도 죽겠다는 뜻도 있고, 아니면 님이 나를 받아주지 않는다면 그냥 죽어버리겠다는 말도 된다. 그러나 이 말은 님 그리는 일에 너무 괴로운 나머지 짐짓 해보는 소리일 수 있다.

블이 블이 아녀 님이야 블이로다
다 셔근 가슴을 ᄐᆡ울 줄이 무슴 일고
這 님아 積惡을 닐너ᄂᆞ니 네 몸 操心ᄒᆞ여라

『시가(詩歌) 김씨본(金氏本)』 436, #2153.1

불이 불이 아니라 님이야 불이로다
다 썩은 가슴을 태울 줄이 무슨 일인가
저 님아 적악을 이뤘으니 네 몸 조심하여라

님이 곧 불이라고 하는 것은 님 때문에 내 썩은 가슴이 타들어 가기 때문이다. 그래서 불이라고 하는 것이 따로 있는 것이 아니라 바로 님, 그대가 불이라고 하였다. 무슨 일로 내 가슴을 이렇게 태우느냐고 탓하고 따져도 본다. 그러면서 윽박지르기도 한다. 저 님아 적악(積惡)을 이루었으니 네 몸 조심하라고 하였다. 적악을 이루었다는 말은 나쁜 일을 거듭해서 쌓았다는 말인데, 나쁜 일이란 내 속을 다 태워서 마음 아프게 한 일이다. 너 때문에 내 마음이 이렇게 다 타버렸으니 내가 너를 해코지할 수도 있으니 조심하라고 하면서 되갚아주려고 벼르고 있다. 참말로 되갚아줄 지는 모르겠으나 짐짓 해본 말일 수도 있다. 님 그리워하는 마음을 이렇게 노래하여 풀었다.

살들헌 ᄂᆡ 마음과 알들헌 님의 정을
一時相逢 글리워도 斷腸心懷 어렵거든
하물며 몃몃날을 이ᄃᆡ도록

- 진주매화(晉州梅花), 『가곡원류(歌曲源流) 일석본(一石本)』 719 , #2369.1

살뜰한 내 마음과 알뜰한 님의 정을
한때 만나 그리워도 애끊는 마음 어렵거든
하물며 몇몇 날을 이다지도 (보내는고)

진주매화(晉州梅花)의 노래는 님과 나는 알뜰살뜰한 마음과 정을 나누는 사이인데, 님과 내가 잠깐 만나서 그리워해도, 그 그리움 때문에 마음속 애타는 심정을 견디기 어렵다고 했다. 님과 나는 떨어져 있다가 일시상봉(一時相逢), 곧 짧게 만나곤 한다. 잠깐의 만남도 창자가 끊어질 듯한 마음 시름〔단장심회 斷腸心懷〕으로 어려운데, 하물며 몇몇 날을 이토록 떨어져 있는 것인가 하며 서글퍼하고 있다. 이 작품의 말하는 이는 님과 알뜰하고 살뜰한 정을 주고받는 사이지만 한때 잠시 만날 수밖에 없는 처지에 있다. 아마도 기녀이기 때문일 것이다. 그래서 만나는 시간은 짧고 떨어져 있는 시간은 길다. 끝마디가 빠져 있는 것으로 보아 이 노래는 시조창으로 부르던 노래이다. 시조 창법으로 부르는 노래에서는 끝마디를 부르지 않는다. 마지막 말은 무엇이지 뚜렷이 짐작하기가 어려우나 앞뒤 흐름을 보아 '지낼 것인가' 정도의 뜻을 지닌 말을 줄인 것으로 보인다.

> 靑鳥도 다 ᄂᆞ라가고 鴻雁이 긋치엿다
> 水成敵所에 다만 ᄒᆞᆫ 쑴 ᄲᅮᆫ이로다
> 쑴길이 자최 업ᄉᆞ니 그를 슬허ᄒᆞ노라
>
> \- 입리월(立里月), 『청구영언(靑丘詠言) 가람본(嘉藍本)』 276, #4797.1

> 파랑새도 다 날아가고 기러기 그쳤다
> 수성적소에 다만 한 꿈뿐이로다
> 꿈길이 자취 없으니 그를 슬퍼하노라

입리월의 노래는 소식을 전하는 파랑새〔청조 靑鳥〕나 기러기〔홍안 鴻雁〕가 오지 않아 멀리 떨어진 외딴 곳〔수성적소 水成謫所〕[20]에 혼자 외롭게 지내니 님을 꿈에서라도 보고 싶지만 님은 꿈에서도 자취를 보이지 않아

20) 박용식·황충기 엮음(1994), 『고시조주석사전』, 국학자료원, 246쪽에 따르면, '수성적소(水成謫所)'는 귀양살이하는 곳이나, 수원(水原)의 유배지를 이르기도 하는데, 여기서는 다만 '멀리 떨어진 곳' 정도의 뜻으로 썼다고 봐야 할 것 같다. 이 노래의 지은이가 기녀이기 때문이다.

슬퍼한다. 님을 그리워하는 마음은 크지만 그 마음을 전할 수도 없고 꿈에서도 볼 수 없으니 그리운 마음이 사무쳐 한이 된다.

예부터 파랑새와 기러기는 소식을 전하는 새로 생각해 왔다.21) 이 노래에서는 이런 소식이나 편지를 전하는 새들이 보이지 않기에 말하는 이는 님에게 소식을 전할 수도 없고, 님의 소식을 전해들을 수도 없다.

다음 황진이의 노래도 그리움의 노래이지만 그리움 때문에 마음 아파하고 서글퍼하지는 않는다.

山은 녯 山이로ᄃᆡ 물은 녯 물 아니로다
晝夜에 흐르거든 녯 물이 이실소냐
人傑도 물과 ᄀᆞᆺ도다 가고 아니 오ᄂᆞᆫ또다

\- 황진이(黃眞伊), 『병와가곡집(瓶窩歌曲集)』 541, #2324.1

산은 옛 산이로되 물은 옛 물이 아니로다
밤낮 흐르거든 옛 물이 있을쏘냐
인걸도 물과 같도다, 가고 아니 오더라

---

21) 청조(靑鳥)는 서왕모(西王母)에게 음식과 편지를 전해 주었다는 신화(神話)에 나오는 파랑새. 소식을 전하는 심부름꾼. '반가운 편지'나 '반가운 소식을 가지고 온 사람'의 뜻으로도 쓰인다. 『예문유취(藝文類聚)』 91, 「한무고사(漢武故事)」에 "7월 7일에 상(한무제)께서 승화전에 재를 올리실 때 정오에 갑자기 한 마리 푸른 새가 서방에서 집전 앞으로 날아왔다. 상께서 동방삭에게 물으시니, 말하기를 이것은 서왕모가 오려는 것입니다. 얼마 뒤에 서왕모가 이르렀다. 까마귀와 같은 두 마리의 푸른 새가 서왕모를 좌우에서 모시고 왔다(七月七日 上於承華殿齋 正中忽有一靑鳥從西方來 集殿前 上問東方朔 朔曰 此西王母欲來也 有頃王母至 有兩靑鳥如烏 俠侍王母傍)." 홍안(鴻雁)은 기러기로 상림원(上林苑)에 소무(蘇武)의 편지를 전해 주었다고 하는 기러기를 말하기도 한다. 한(漢) 무제(武帝) 때 흉노족에게 포로로 잡혀갔던 소무(蘇武)를 한나라에서 돌려보내 달라고 요구하자 흉노는 그가 이미 죽었다고 하였고 한나라에서는 거짓으로 소무가 기러기의 다리에 편지를 묶어 보낸 것을 보았다고 하여 마침내 소무를 살아서 돌아오게 하였다. 여기서 홍안(鴻雁)은 '소식' 또는 '소식을 전해줄 사람'의 뜻으로 쓰게 되었다. 『한서(漢書)』, 「소무전(蘇武傳)」에 "천자가 상림에서 사냥을 하시다가 기러기를 쏘아 잡으니 그 발목에 비단으로 싼 쪽지가 묶여 있었소. 글을 보니 소무 등은 어떤 늪 속에 있다고 합니다(天子射上林中 得雁 足有係帛書 言武等在某澤中)."

산은 움직이지 않기 때문에 늘 있던 그 자리에 있다. 그래서 오늘 보는 산은 옛 산과 같다. 그러나 물은 흐르고 흘러가기 때문에 옛 물이 아니다. 밤낮〔주야 晝夜〕으로 흘러가는 물이니 옛 물이 있겠느냐고 하였다. 물은 한곳에 머물지 않고 다른 곳으로 흘러가니 늘 자리를 옮긴다. 그래서 인걸(人傑)도 물과 같이 늘 옮겨 다녀 한곳에 머물러 있지 않는다. 그 사람도 나한테만 머물러 있지 않고 떠나가면 오지 않는다.

떠나가고 오지 않는 님을 그리워하면서도 그 말하기는 매우 담담하다. 속상해 하거나 가슴 아파하거나 그리움에 눈물 흘리지 않는다. 님은 물이 밤낮으로 흐르는 것처럼 늘 변하고 움직이므로, 산이 움직이지 않고 변치 않는 것처럼 제자리로 돌아와 주기를 바랄 수 없는 것이다. 갈 사람은 가고 남을 사람은 남아야 한다는 생각이다. 떠나간 이에게 매달리지도 않고, 얽매이지도 않는다. 가고 안 오는 현실을 그저 담담하게 읊고 있을 뿐이다. 그래서 그리움을 벗어나서 뛰어넘은 것처럼 느껴지기도 한다.

더욱이 이 노래는 기녀인 황진이 스스로를 변하지 않는 산에 빗대면서 스치듯 떠나가는 사내들을 도리어 늘 변하는 물에 빗대고 있다. 지은이 자신이 한곳에 머무르지 않는 부평초 같은 신세가 아니고 오히려 남성들을 부평초로 여기고 있다. 남성 중심 시대에 그것도 여성이고 기녀라는 가장 열악한 처지에 놓인 자신을 세상의 중심에 놓고 남성들을 뜨내기로 여기는 대담한 말하기를 하고 있어 눈길을 끄는 노래이다.[22]

이렇듯 기녀들의 노래에는 그리움의 노래가 많다.[23] 그래서인지 지은이가 기녀가 아니더라도 기녀를 말하는 이로 삼아 지은 노래들이 있다. 이세보의 노래가 그렇다.

22) 성기옥·손종흠(2006), 『고전시가론』, 한국방송통신대학교 출판문화원, 428쪽.

23) 성기옥(2000), 앞의 글, 33쪽. 신은경도 기녀 노래가 거의 모두 님에 대한 그리움을 기본 주제로 삼고 있다고 보았다. 신은경(1997), 『고전시 다시 읽기』, 보고사, 354~355쪽.

이 몸이 무삼 되로 챵가녀ᄌᆞ 되어나셔
졍 드려 못 잇는 낭군 이별이 어이 ᄌᆞ져
두어라 전셩ᄉᆡ니 후ᄉᆡᆼ의나

– 이세보(李世輔) 『풍아(風雅) 대(大)』 137, #3800.1

이 몸이 무슨 죄로 창가의 여자 되어서
정 들여 못 잊는 낭군 이별이 어찌 잦아
두어라 전생의 일이니 후생에나 (이루리라)

품 안의 임 보ᄂᆡᆫ 후의 펼친 이불 모와 덥고
다시 누어 ᄉᆡᆼ각ᄒᆞ니 허황헌 일리로다
아마도 인간지란은 남의님인가

– 이세보(李世輔) 『풍아(風雅) 대(大)』 116, #5194.1

품 안에 님 보낸 뒤 펼친 이불 모아 덮고
다시 누워 생각하니 허황한 일이로다
아마도 세상 어려운 일은 남의 님인가 (하노라)

후ᄉᆞ를 위ᄒᆞ미요 원심은 아니연만
가면 몹쓸 년 되니 다시 돌녀 못 가리라
두어라 이도 ᄂᆡ 팔ᄌᆞ니 든 정 어이

– 이세보(李世輔) 『풍아(風雅) 대(大)』 125, #5523.1

뒷일을 위함이요 본 마음은 아니련만
가면 몹쓸 년 되니 다시 돌아와 못 가겠구나
두어라 이도 내 팔자니 든 정 어이 (하리오)

첫 번째 노래는 기녀이기 때문에 제대로 사랑을 이룰 수 없다고 푸념하였다. 정이 들어 못 잊는 낭군과 잦은 이별을 하는 것은 말하는 이가 기녀

신분이기 때문이다. 전생(前生)의 일 때문에 이렇게 사는 것이라고 생각하고, 후생(後生)에는 사랑을 이루어 보자고 읊었다.

두 번째 노래는 품 안에 님을 보낸 뒤 다시 누워 생각해 보니 헛되고 미덥지 못한 일이라 했는데, 그 까닭은 남의 님을 사랑하기 때문이다. 기녀가 사랑을 나눈 남성을 보낸 뒤에 느끼는 그리움과 허전함을 읊은 노래이다. 기녀에게 오는 남성 가운데는 본부인이나 다른 여인이 있는 이들이 많다. 그래서 이들은 '남의 님'이다. 남의 님을 사랑하고 그리워하는 일이 세상살이 어려움〔인간지난 人間之難〕이다.

세 번째 노래는 님을 두고 가버리면 몹쓸 여자라 할 것이니 다시 돌아가지 않겠다고 하였다. 그러면서 이런 일도 내 팔자니 든 정을 어떻게 하겠느냐고 했다. 기녀는 한편으로는 사랑을 접을 수도 마음대로 떠날 수도 없는 처지이다.

이렇듯 이세보는 기녀를 말하는 이로 삼아 노래를 많이 지었다. 이세보가 왜 기녀의 노래를 지었는지 몇 가지로 풀이할 수 있다. 먼저 이세보가 기녀가 하고 싶은 말을 대신 말해주었다고 볼 수도 있고, 사랑이나 그리움 같은 느낌을 노래로 부르기 위해서는 여성의 목소리가 필요했기 때문일 수도 있다.[24] 또는 풍류방에서 여러 손님들 그리고 기녀들과 즐기기 위해서 지은 노래들일 수 있다.[25] 이세보는 기생·악공들과 유람과 풍류를 자주 즐긴 선비였다. 그가 쓴 「신도일록(薪島日錄)」을 보면 여러 풍류마당을 자주 돌아다니며 풍류를 즐겨 기생뿐만 아니라 여염집 아낙들까지도 그를 알아보았다고 적고 있다.[26] 그래서 이세보의 노래들은 기녀들의 삶을 깊이 공감해서 지은 것이 아니라, 풍류판의 흥을 돋우기 위해 지은 노래로 보기도 한다. 다시 말해 여성의 마음을 진실로 읊어준 것이 아

24) 진동혁(1983), 『이세보 시조연구』, 집문당, 210쪽.

25) 정흥모(2001), 『조선후기 사대부 시조의 세계인식』, 166~170쪽.

26) "문득 풍뉴 마당을 년년이 지엿쓰믜 비록 여염부녀지라도 닉쥴른 다 알더라." 「신도일록」, 진동혁(1985), 『주석 이세보 시조집』, 정음사, 253~254쪽.

니라 단지 놀이나 잔치마당에서, 꾸며낸 여성의 목소리를 가져와 즐기기 위한 것에 지나지 않다는 것이다.[27)]

박노준은 이세보 노래 가운데 말하는 이가 기녀나 여성인 노래를 "말하는 이(화자)와 지은이가 다른 '만들기' 차원의 창조적 결과물"이라고 설명하였다.[28)] 박노준의 말에서 도움을 얻는다면, 이세보가 지은 기녀들의 노래는 '**만들어낸 목소리의 노래**'로 볼 수 있다. 정흥모도 박노준의 생각을 받아들여 이세보는 여러 모습의 사람들을 만들고 그들의 눈으로 남녀 사이에 일어나는 사랑의 과정과 그 결과에서 생기는 구체적인 문제들을 노래로 지었다고 하였다.[29)] 김흥규는 이세보의 이러한 노래들을 '인간 탐구의 시선'의 노래로 설명하였다. 본디 서정시는 자신이 겪은 일이나 느낌을 말하는 노래인데, 여기에서 더 나아가 노래 속의 어떤 인물을 만들어내서 그 인물의 심리나 표정, 몸짓을 지켜보는 것에 관심을 두는 일이 '인간 탐구의 시선'이다.[30)] 곧 이세보의 사랑 노래 가운데는 지은이 자신이 아닌 남의 이야기를 바탕으로 지은 노래가 많다. 이 노래들에 나오는 이들은 지은이가 '**불러낸 남**'인 셈이다.

조선 끝무렵에는 잔치마당의 노래를 주로 즐기게 되면서, 옛 노래(시조)가 차츰 이념이나 유교의 형식에서 자유롭게 되어, 많은 이들이 사랑 노래를 짓게 된다.[31)] 이는 기생과 풍류·놀이마당의 구실이 컸기 때문이

27) 이동연(2000), 『19세기 시조 예술론』, 월인, 152쪽; 이동연(2003), 「이세보의 기녀 등장 시조를 통해 본 19세기 사대부의 풍류양상」, 『한국고전연구』 9집, 한국고전연구학회, 27~29쪽; 박지선(2008), 「이세보 애정관련 작품 진정성 문제와 표현기법」, 『반교어문연구』 25집, 반교어문학회, 168쪽; 조성진(2012), 「화자의 '시선'과 사설시조 담당층 문제-명대 악부민가와의 비교를 통해」, 『국문학연구』 제26호, 국문학회, 73~74쪽.

28) 박노준(1994), 「이세보 애정시조의 특징과 그 시가사적 위상」, 『어문논집』 33, 고려대 국어국문학 연구회, 255쪽.

29) 정흥모(2001), 앞의 책, 146쪽.

30) 김흥규(2016), 『옛시조의 모티프·미의식과 심상공간의 역사』, 소명출판, 226쪽.

31) 김학성(1997), 『한국 고시가의 거시적 탐구』, 집문당, 304~309쪽; 박지선(2008), 앞의 글, 161~162쪽; 조성진(2011), 「착각 모티프 사설시조의 의미구조와 미의식」,

다.[32] 이런 옛 노래 문화의 달라진 모습이나 이세보가 음악과 흥을 즐겼던 사정을 보았을 때, 이세보가 기녀의 목소리로 된 노래를 많이 남긴 것은 여러 풍류객이나 기녀들과 즐기기 위한 것일 수가 있다. 이세보는 잔치·놀이마당에서 기녀들의 노래를 불러주기도 하고, 이런 노래를 주고받으면서 풍류를 즐겼다고 할 수 있겠다.[33] 간추리면 이세보가 지은 기녀 노래는 흥겨움과 멋스러움을 '**즐기려고 부른 노래**'라 할 수 있다.

> 千里 千里 아녀 咫尺이 千里로다
> 보면 咫尺이요 못 보면 千里로다
> 咫尺이 千里만 못ᄒᆞ니 그를 슬허ᄒᆞ노라
>
> 『영언유초(永言類抄)』 163, #4602.1

> 천 리 천 리 아니라 지척이 천 리로다
> 보면 지척이요 못 보면 천 리로다
> 지척이 천 리만 못하니 그를 슬퍼하노라

천 리(千里)와 지척(咫尺)이라는 말을 번갈아 쓰면서 노래하고 있어 말장난 같은 느낌을 주지만 그 안에는 사무치는 그리움이 담겨있다. 천 리라고 천 리라고 말하지만 마음이 없으면 가까운 지척에 있어도 천 리처럼 멀게 느껴진다. 보면 지척이요 못 보면 천 리이다. 아무리 멀리 있어도 만나서 볼 수 있으면 가까운 지척에 있는 것 같지만, 가까이 있더라도 서로 만나 보지 못하면 천 리처럼 멀리 떨어져 있는 것이나 다름없다. 우리 둘은 가까운 지척에 있어도 보지 못하니 천 리나 떨어져 있어도 자주 만

『한국고전연구』 24집, 한국고전연구학회, 384쪽.

32) 김홍규(2008), 「조선후기 시조의 '불안한 사랑' 모티프와, '연애시대'의 전사(前史)」, 『한국시가연구』 24집, 한국시가학회, 41~42쪽.

33) 그래서 정흥모는 이세보의 사랑 노래가 인간 정서의 한 축을 형성하고 있으면서도 오랫동안 유가 이념과 규범에 억눌려 왔던 여성취향의 정서를 사대부 시조사의 전면으로 드러낸 시조사적 의의가 있다고 하였다. 정흥모(2001), 앞의 책, 175쪽.

나는 이보다 못한 사이이다. 그래서 지척이 천 리만 못하니 그를 슬퍼한다고 했다. 가까운 님이라도 자주 보지 못해 그리워 애타는 마음을 읊었다.

다음 노래도 그리운 마음을 읊고 있는데, 말놀이가 들어가 있다.

> 百草를 다 심거도 대는 아니 심을 거시
> 젓대는 울고 살대는 가고 그리는이 붓대로다
> 울고 가고 그리는 대를 심거 무슴 ᄒᆞ리

『해아수(解我愁)』 104, #1934.1

> 온갖 푸나무를 다 심어도 대는 아니 심을 것이
> 젓대는 울고 살대는 가고 그리나니 붓대로다
> 울고 가고 그리는 대를 심어 무엇 하리

온갖 푸나무(백초 百草)를 다 심어도 대(竹)는 심지 않으리라고 하고 대를 심게 되면 어떻게 될지 다음에 이어서 말하였다. 젓대는 피리인데, 대나무로 젓대를 만들어 불면 우는 소리가 나는 것처럼 들린다고 생각하였다. 살대는 화살을 말하는데, 대나무로 화살을 만들어 쏘면 한번 날아가서 돌아오지 않는다. 또 붓대는 글을 쓰고 그림을 그리는데, 이 노래에서 그린다는 말은 님을 그린다는 말과 그 뜻이 통한다. 대나무로 붓대를 만들었더니 그림을 그리듯이 나도 늘 님을 그리워하게 되는 것 같다고 생각하였다. 그래서 울고 가고 그리는 대를 심어서 무엇을 하겠느냐며, 대는 심지 않겠다고 다짐했다.

님을 그리워하고 울면서 지낸다. 님은 가고 오지 않는다. 그래서 또한 끊임없이 그리워하게 된다. 이렇게 울고 가고 그리는 일이 일어나는 것을 대나무로 만든 젓대, 살대, 붓대 때문에 생긴 것이라고 말하였다. 젓대가 (나를) 울게 만들었고, 살대가 (님을) 가고 오지 못하게 만들었고, 붓대가 (님을) 그리게 만들었다. 이렇게 대는 나를 아프게 하는 나무인 셈이니 온갖 다른 푸나무를 심더라도 대나무를 심어서는 안 된다. 실제로 울고 가고 그리는 일은 대로 만든 물건과는 아무런 상관이 없는데, 이런 말놀이를 하였다. 대를 심지 않으면 이런 괴로운 일이 나에게 생기지 않으리라고 상상하였는데, 그만큼 가고 오지 않는 님을 그리워하며 울며 지내는 일이 괴롭다는 것을 이른 노래이다.

> 부채 보낸 ᄯᅳᆮ을 나도 잠간 ᄉᆡᆼ각ᄒᆞ니
> 가슴의 붓ᄂᆞᆫ 블을 ᄭᅳ라고 보내도다
> 눈물도 못 ᄭᅳ는 블을 보채라셔 어이 ᄭᅳ리

『고금가곡(古今歌曲)』 225, #2106.1

> 부채 보낸 뜻을 나도 잠깐 생각하니
> 가슴의 붙은 불을 끄라고 보내었구나
> 눈물도 못 끄는 불을 부채라서 어이 끄리

이 노래에도 말놀이가 들어가 있는데, 순우리말만으로도 가슴 저미는 그리움의 마음을 읊었다. 누군가 나에게 부채를 보냈는데, 아마도 님이 보낸 것으로 짐작이 된다. 그런데 곰곰이 생각해 보니 아마도 님을 그리워하며 불 일 듯 타 버린 가슴의 불을 끄라는 뜻이 있어 보냈다고 여긴다. 또는 님을 사무치게 사랑하고 그리워하는 마음에 속이 불꽃처럼 확 달아올라 덥게 느껴지니 부채질을 해서 뜨거워진 마음을 식히라고 보냈다고 풀 수도 있다. 그러나 그리움에 흘리는 눈물로도 못 끄는 불을 부채라서 어찌 끌 수 있겠느냐고 했다.

말하는 이는 그리움으로 가슴이 다 타버리고, 눈물로 나날을 지내고 있다. 눈물로 가슴에 붙은 불을 끈다는 말은 실컷 울고 나면 마음이 후련해지고 괴로움을 떨쳐버릴 수 있다는 말인데, 그리움 때문에 생긴 아픔은 쉽게 가시지 않는다. 그래서 눈물로도 가슴에 이는 불을 끌 수 없다. 그러니 부채로 바람을 일으켜 불을 끄는 일도 어렵다. 오히려 이 부채는 가슴에 붙은 불을 더 잘 타게 할지도 모른다. 님 그리는 마음은 쉽게 가라앉히기 어렵다는 것을 이런 말놀이로 이야기하였다.

눈물이 眞珠라면 흐르디 안케 싸 두엇다
十年後 오신 님을 구슬 城의 안치련만
痕迹이 이내 업스니 그를 셜워ᄒᆞ노라

『교주가곡집(校註歌曲集)』 1130, #1109.1

눈물이 진주라면 흐르지 않게 쌓아 두었다
십 년 후 오신 님을 구슬 성에 앉게 하련만
흔적이 이내 없으니 그를 서러워 하노라

눈물은 흘러내리면 다시 주워 담을 수 없어 이내 사라져 버리고 마는데, 이 눈물이 사라지지 않는 진주라면 좋겠다고 했다. 그러면 흐르지 않게 쌓아 둘 수 있다. 열 해가 지나서야 님이 오시면 진주로 만든 구슬 성에 그 님을 앉게 하겠다고 했다. 그런데 눈물은 진주가 아니라 성을 쌓을 수 없다. 흘리고 나면 이내 그 흔적(痕迹)이 없어져 버린다.

님은 10년 뒤에 온다고 했으니 너무도 더디게 온다. 님을 그리워하며 10년 동안 흘린 눈물은 성을 쌓을 수 있을 만큼 많을 것이라고 했다. 그처럼 내가 얼마나 님을 그리워하며 많은 눈물을 흘렸는지 님에게 보여주고 싶고, 그러면서 애 끓이며 그리워하는 나의 마음을 알아주기를 바라지만, 눈물은 지나면 흔적이 없어지기 때문에, 내 마음을 님에게 보여주지 못해 안타까워하고 있다. 지은이는 아마도 님과 10년 뒤에 만나자는 약속을 하고 헤어지고 난 뒤 그리워하면서 이 노래를 불렀을 것으로 보인다.

다음은 소리꾼(가객) 김우규(金友奎, 1691~?)의 노래인데 가까이 두고도 만나지 못하는 님을 그리워하는 노래이다.

織女의 烏鵲橋를 어이굴어 헐어다가
우리 님 계신 곳에 것네 노하 두고라자

咫尺이 千里 ᄀᆞᆺ튼이 그를 슬허ᄒᆞ노라

- 김우규(金友奎), 『청구가요(靑邱歌謠)』 4, #4480.1

직녀의 오작교를 어떻게 해서라도 헐어다가

우리 님 계신 곳 건너에 놓아두고 싶구나

지척이 천 리 같으니 그를 슬퍼하노라

오작교(烏鵲橋)는 직녀(織女)와 견우(牽牛)가 만나는 다리이다. 그 오작교를 우리 님 계신 곳에 건너 놓아두고 싶다고 하였으니 님과 만나기를 바라고 있다. 그러나 가까운 곳〔지척 咫尺〕에 있지만 만날 수 없으니 천리(千里)나 먼 곳에 있는 것 같아 그것을 서러워한다고 하였다. 말하는 이는 님을 가까이 두고도 만나지 못하는 처지에 있다.

김우규는 가곡(歌曲)[34]을 잘 부르는 소리꾼으로 이름이 났고 경정산가단(敬亭山歌壇)의 한 사람이었다. 그리고 그가 부른 노래의 주제는 여러 모습을 띠는데[35] 위 노래와 같이 여성스러운 말투로 그리움을 노래한 것은 당시 풍류 마당에서 여흥의 분위기를 높이는 데 이런 종류의 노래가 필요했기 때문으로 보인다.

그리움의 노래는 이렇게 지은이가 남성이더라도 말하는 이가 여성인 때가 많다. 말하는 이가 여성이라고 뚜렷하게 말하기 어렵더라도 듣는 이나 읽는 이는 여성으로 느끼게 되는 때가 있기도 하는데,[36] 그리움을 여성에 가까운 정서로 여기는 어떤 '굳어진 인식의 관습'[37]이 있기 때문이다.

---

34) 가곡은 관현악 악기의 반주에 맞춰 시조시를 노랫말 삼아 5장의 틀로 부르는 노래이다.

35) 최용수(2009), 『옛시조 읽기』, 문예원, 462쪽.

36) 상사병(그리움)은 남성들보다 여성들에게 두루 나타난다는 임상의학자들의 연구도 있다. 신성하(2005), 「한국문학에 나타난 여성 상사병」, 서울대학교 석사학위논문, 9쪽.

37) 김대행(2003), 「문학의 화자와 여성」, 한국고전여성학회편, 『고전문학과 여성화자, 그 글쓰기의 전략』, 월인, 13쪽.

간 ᄇᆞᆷ의 ᄭᅮᆷ을 ᄭᅮ니 님의게셔 片紙완네
一百 番 다시 보고 가ᄉᆞᆷ 우의 언져 두니
ᄀᆡᆨ별이 무겁ᄃᆞᆫ 아니ᄒᆞᄃᆡ 가ᄉᆞᆷ 답답ᄒᆞ여라

『해동가요(海東歌謠) 박씨본(朴氏本)』 499, #81.1

간밤에 꿈을 꾸니 임에게서 편지 왔네
일백 번 다시 보고 가슴 위에 얹어 두니
각별히 무겁지는 않아도 가슴 답답하여라

간밤에 꿈을 꾸니, 님에게서 편지가 왔다. 그 편지를 백 번이나 다시 보고 가슴 위에 얹어 두니, 그 편지가 각별히 무겁지는 않아도 님 때문에 가슴 답답하다고 하였다. 편지는 꿈에서 왔기 때문에, 백 번이나 읽고 가슴에 얹어 둔 편지는 진짜 편지가 아니다. 꿈속에서 일어난 일을 말하고 있을 뿐이다. 그러니 편지에 적힌 내용도 알 수 없다. 그런데 그 편지를 읽고 가슴에 얹었을 때 무겁지는 않지만 가슴이 답답하다고 했다. 조금은 앞뒤가 안 맞는 말을 하고 있다. 무거워야 답답하지 무겁지 않는데 답답하다고 했으니 말이다. 그럴 만한 까닭이 있을 것이다. 그러나 편지의 내용을 알 수 없는 한 그 자세한 사정은 알 수 없다.

편지를 받은 일은 꿈속에서 일어났기 때문에 꿈을 깨면 님의 소식을 알 수 없어 답답하니 이런 노래를 불렀을 수 있다. 님을 만나지 못하고 소식도 알 수 없고, 그저 님을 그리워하며 지내는 이의 노래이다.

엮음 노래(사설시조)에도 그리움 때문에 힘들다고 읊은 노래가 많은데, 그 말하는 방법이 석 줄 노래(평시조)와 다르다.

님 그려 기픠 든 病을 어이ᄒᆞ여 곤쳐 낼고
醫員 請ᄒᆞ여 命藥ᄒᆞ며 쇼경의게 푸닥거리ᄒᆞ고 무당 불러 당즑글기 ᄒᆞᆫ들 이 모진 病이 ᄒᆞ릴소냐
眞實로 님 ᄒᆞᆫ듸 이시면 곳에 죠흘가 ᄒᆞ노라.

『청구영언(靑丘永言) 진본(珍本)』 515, #4040.1

님 그려 깊이 든 병을 어이하면 고쳐낼까

의원 청하여 약 짓게 하고 소경에게 푸닥거리 시키며 무당 불러 굿을 한들 이 모진 병이 나을쏘냐

진실로 님과 함께 있으면 바로 나을까 하노라

님을 그리워한 나머지 병까지 들어, 그 병을 낫게 하려고 여러 길을 찾아본다. 의원(醫員)을 청(請)하여 약을 짓게 하고,[38] 소경을 불러 푸닥거리도 해보고 무당을 불러 굿을 해보기도 하지만[39] 그렇게 한다고 님이 그리워 생긴 모진 병은 나을 리가 없다. 이 병은 님과 함께 있어야 곧 나을 수 있는 병이다. 이 노래는 님을 그리워 모진 병으로 아프고 쓰라리다는 말을 하고 있기도 하지만, 그리운 님과 함께하기를 바라는 노래이기도 하다. 님이 그리워 생긴 병을 낫게 하겠다는 갖가지 길을 늘어놓고 있기에, 그 말하기가 슬프고 어둡지 않고 밝고 가볍게 느껴진다. 엮음 노래에서 많이 볼 수 있는 말하기이다.

날 ᄃᆡ려가게 날 ᄃᆡ려가게 쌍교 평교ᄌᆞ 요람도 나ᄂᆞᆫ 실타

비룡ᄀᆞᆺ치 가ᄂᆞᆫ 말씌다 원앙을 달아도 반만침 달고 방울을 달아도 졸방울 달고 부담을 지여도 반부담 짓고 부담 우에다 최계틀 놋코 우에다 호랑담요를 활신 편 후에다 수심가 명창 도영님 싯고 강릉 경포ᄃᆡ로 ᄃᆞᆯ마지 가ᄌᆞᆺ고나

츰아루 진정 임의 화용 그리워 나 못 살갓네

『악부(樂府) 고대본(高大本)』 895, #800.1

38) 명약(命藥)은 맥을 짚고 살핀 다음 약을 지어주는 일이다.

39) 당즑글기는 '당즑긁기'로 횡수(橫數)막이(그 해 뜻밖에 당할 수 있는 재액을 막으려고 정월에 하는 굿)에서 무당이 혼자 앉아 버들고리 바닥을 긁으면서 축사(祝詞)를 외는 것. 당즑은 작은 버들고리로 고리버들의 가지로 겯거나 엮어 만든, 옷을 넣는 상자.

날 데려가게 날 데려가게 쌍교 평교자 남여도 나는 싫다

나는 용같이 가는 말에 워낭을 달아도 반쯤 달고 방울을 달아도 졸방울 달고 부담을 지어도 반부담 짓고 부담 위에 최계틀 놓고 위에다 호랑담요를 훨씬 편 뒤에 수심가 명창 도련님 싣고 강릉 경포대로 달맞이 가자꾸나

차마 진정 님의 얼굴 그리워 나 못 살겠네

언뜻 보면 넋두리 같기도 하고 말장난 같기도 하다. 나를 데려가라고 두 번 되풀이한다. 쌍교(雙轎)[40], 평교자(平轎子)[41], 남여(藍輿)[42]도 싫다고 한다. 이것들은 모두 높은 신분을 가진 사람이 타는 것들이다. 이렇게 좋은 탈것이나 가마는 필요 없고, 나는 용〔비룡 飛龍〕같이 가는 말에다 워낭[43]을 반쯤 달고, 방울도 졸방울[44]을 달고, 짐〔부담 負擔〕도 부담짝 반 정도의 짐을 지게 하고, 부담(負擔)[45] 위에 장체계(場遞計)[46]의 장부

40) 쌍교(雙轎): 옛날 말 두 마리가 각각 앞뒤의 채를 메고 가는 가마. 가운데와 양 옆에 멍에목을 잡는 네 사람이 딸려 있다. 왕족, 2품 이상의 관리, 관찰사, 승지, 의주부윤, 동래부사만이 탈 수 있었다. 왕족의 쌍교는 가교라 불렀으며, 서울 도성 안에서는 왕족만 쌍교를 탈 수 있었다. 지위와 권세의 상징으로 여자들은 평생소원이 쌍교를 타는 것이었다. 『송남잡지(松南雜紙)』, 「집물류(什物類), 보련(步輦)」에 "지금 교자를 가마라 하는데 두 마리 말이 끌도록 한 것은 쌍가마라 한다(今轎謂駕馬 而駕雙馬謂雙轎)." 『대전회통(大典會通)』 권지3, 「예전(禮典), 의장(儀章)」에 "관찰사 및 종2품 관원은 성 밖에서 쌍마교를 탄다. 또 승지를 지낸 수령도 탈 수 있다(의주와 동래의 부윤은 변신邊臣이지만 탈 수 있다.)〔觀察使乃從二品以上官 城外則乘雙馬轎 曾經承旨者 唯守令許乘(義州東萊 則以邊臣 亦許乘)〕."

41) 평교자(平轎子): 종일품 위의 벼슬아치와 기로소(耆老所)의 당상관(堂上官)이 타던 가마. 벽과 지붕이 없이 옆과 위가 열린 가마로 높은 벼슬아치가 아니면 탈 수 없는 호화스러운 가마였다.

42) 남여(藍輿): 발판과 등받이, 팔걸이를 갖춘 의자 모양의 몸체 기다란 끌채가 양 옆에 앞뒤로 길게 뻗은 가마. 왕과 세자가 궁궐 밖이나 궁궐 안 가까운 거리를 갈 때 탔으며, 늙은 재상이나 대신도 타고 다녔으며, 지방 수령도 가까운 밖을 행차할 때 탔다.

43) 워낭: 소나 말의 귀밑에서 턱밑으로 늘여 다는 방울.

44) 졸방울: 잘 모르겠다. 줄방울이라면 줄을 지어 매달아놓은 여러 개의 방울.

45) 부담(負擔): 물건을 담아 말에 실어 옮기는 작은 농짝.

46) 장체계(場遞計): 장에서 비싼 이자로 돈을 꾸어 주고, 장날마다 본전의 일부와 이자를 받아들이는 일.

인 최계틀을 놓고, 최계틀 위에 호랑 담요를 넓게 편 뒤에 수심가(愁心歌)[47] 잘하는 도련님을 신고 강릉 경포대로 달맞이를 가자고 한다. 이렇게 수선스럽게 말을 하고 나서 마지막에는 차마 진정 님의 얼굴〔화용花容〕이 그리워 못 살겠다고 하였다. 이 노래의 말하는 이는 수심가 노래를 잘하는 도련님을 그리워하는 여인으로 보인다.

이 엮음 노래는 가운뎃글(중장)이 길어졌는데,[48] 어찌 보면 그리움의 정서를 드러내는 데 오히려 방해가 될 정도로 쓸데없는 말들을 늘어놓고 있다. 그 내용도 도련님과 경포대로 놀러갈 때 치장하는 내용이어 끝글(종장)에서 말하는 그리움의 한과는 거리가 있다. 님을 보지 못하는 그리움의 아픔을 노래하면서도 안 해도 그만인 말을 수다스럽게 늘어놓고 있다. 보고 싶은 님을 그리워하는 노래이지만 그 말하기는 석 줄 노래(평시조)와 다르다. 엮음 노래는 이렇듯 그리움의 노래도 슬프지 않게 부르는데, 이는 '**뒤틀어 노래하기**'라 할 수 있다.[49] 슬프더라도 뒤틀어 생각해서 슬프지 않게 노래해야 슬픔에 빠져들지 않는다. 사람이 슬픔에 오래 빠져 있으면 다른 일을 하기 힘들다. 슬픔은 빨리 벗어버리고 훌훌 털어내야 한다.

> 窓 내고져 窓을 내고져 이 내 가슴에 窓을 내고져
>
> 고모장ᄌᆞ 細살장ᄌᆞ 들장ᄌᆞ 열장ᄌᆞ 암돌쩌귀 수돌쩌귀 ᄇᆡ목걸살 큰아큰 長刀리로 쑥닥 박아 이 내 가슴에 窓을 내고져
>
> 님 그려 하 답답ᄒᆞᆫ 제여든 여다져 볼까 ᄒᆞ노라
>
> 『해동가요(海東歌謠) 박씨본(朴氏本)』 397, #4522.1

47) 수심가(愁心歌): 구슬픈 가락의 서도 소리의 하나로, 평안도의 대표 민요. 덧없는 인생을 노래한 것이 많다.

48) 엮음 노래(사설시조)는 석 줄 노래(평시조)에서 가운뎃글(중장)이 길어지는 틀로 되는 때가 많은데, 가운뎃글이 길어지는 까닭은 가곡창(歌曲唱)에서 가운뎃글은 시조시의 장을 나누지 않고 하나의 장으로 부르기 때문이다. 가곡은 1·2장에 시조시의 첫글(초장)을, 3장에 시조시의 가운뎃글(중장)을, 4·5장에 시조시의 끝글(종장)의 노랫말을 얹어 부른다.

49) 김대행(1991), 『시가시학연구』, 이화여자대학교출판부, 414쪽에 "사설시조는 그 갈래의 특질의 하나로 발상법 자체를 뒤틀림의 극대화로 가져간 노래가 많다."

창 내고자 창을 내고자 이 내 가슴에 창을 내고자
고모장지 세살장지 들장지 열장지 암돌쩌귀 수톨쩌귀 배목걸쇠 크나큰 장도리고 뚝딱 박아 이 내 가슴에 창을 내고자
님 그려 많이 답답할 때에 여닫아 볼까 하노라

님이 그리워 너무도 답답하니 내 가슴에 창이라도 내서 열어 보여 답답함을 풀고 싶다고 노래했다. 가슴에 창을 내는 것은 어떻게 보면 끔찍하게 몸을 상하게 하는 일이지만 어디까지나 머릿속 생각으로 그렇게 하겠다는 말이다. 그만큼 답답한 마음을 시원하게 하고 싶다. 창을 낼 때 쓰는 여러 가지 도구들을 초들고 있다. 먼저 여러 가지 장지(방과 방 사이의 칸을 막아 끼우는 문)들이 나온다. 고모장지는 고미다락의 맹장지이다. 고미다락은 부엌 위에 산자를 엮고 흙을 발라서 만든 천장을 바닥으로 삼아, 지붕 밑에서 보꾹까지의 공간에 마련한 다락이다. 맹장지는 햇빛을 막기 위해 창살의 안팎에 두꺼운 종이를 겹으로 발라서 방과 마루 사이나 방과 방 사이의 칸을 막아 끼우는 문이다. 그러니 고모장지는 쉽게 말하면 다락문이다. 세(細)살장지는 방과 방 사이의 칸을 막아 끼우는 장지문의 하나로 가는 살을 가로세로로 좁게 대어 짠다. 들장지는 들어 올려서 매달아놓게 되어 있는 장지이다. 열장지는 열 수 있는 장지문이다. 이런 장지들을 만들 때 쓰는 것들이 뒤이어 나온다. 문설주에 달려 있으며, 뾰족한 수톨쩌귀를 끼는 구멍 뚫린 돌쩌귀인 암톨쩌귀, 문짝에 박아서 암톨쩌귀에 꽂게 되어 있는 촉이 달린 돌쩌귀인 수톨쩌귀, 배목(문고리를 걸기 위해 문과 기둥에 박아 넣는 고리)으로 거는 쇠인 배목걸쇠를 크나큰 장도리로 뚝딱 박아 창을 만든다고 하였다. 그냥 이내 가슴에 창을 내겠다고 하면 될 것을 문이나 창을 만들 때 쓰는 연장과 도구들을 다 거들먹거렸다.

이 노래를 간추리면, 고모장지, 세살장지, 들장지, 열장지 같은 창을 달고 싶은데, 암톨쩌귀, 수톨쩌귀, 배목걸쇠 같은 것들을 크나큰 장도리로 뚝딱 박아서 내 가슴에 달아, 님이 그리워 마음이 울적하고 답답하면 창

을 열듯이 열고 싶다는 말이다.

그러나 현실에서 실제로 가슴에 창을 낼 수도 없거니와 그 창을 열고 닫을 수도 없다. 답답함을 이렇게 상상의 꿈으로라도 풀어 보려고 이런 노래를 지어 불렀다. 우리는 답답할 때 노래를 하게 되는데 노랫말에 이미 그 답답함을 풀어 보려는 말을 담았다. 이런 노래를 부르면 그나마 답답한 마음이 한결 나아지고 시원해질 수 있기 때문이다.

그런데 위의 노래와는 달리 한숨이 들어오지 않게 단단하게 가슴의 문을 닫았는데 어느 틈으로 들어오느냐고 푸념하는 노래가 있다. 다음 노래는 그리움의 노래라 자신 있게 말할 수는 없지만 노래에 나오는 말들이 비슷하기 때문에 여기에서 다룬다.

> 한슴아 셰 한슴아 네 어ᄂᆡ 틈으로 드러온다
>
> 고모장ᄌᆞ 셰살장ᄌᆞ 가로다지 여다지에 암돌져귀 수돌져귀 ᄇᆡ목걸새 ᄯᅮᆨ닥 박고 龍 거북 ᄌᆞ물쇠로 수기수기 ᄎᆞ엿ᄂᆞᆫ듸 屛風이라 덜걱 져븐 簇子ㅣ라 ᄃᆡᄃᆡ글 ᄆᆞᆫ다 네 어ᄂᆡ 틈으로 드러 온다
>
> 어인지 너 온 날 밤이면 ᄌᆞᆷ 못 드러 ᄒᆞ노라.
>
> 『청구영언(青丘永言) 진본(珍本)』 553, #5310.1

> 한숨아 가는 한숨아 너 어느 틈으로 들어왔느냐
>
> 고미장지 세살장지 가로닫이 여닫이에 암톨쩌귀 수톨쩌귀 배목걸쇠 뚝딱 박고 용 거북 자물쇠로 꼭꼭 채웠는데 병풍이라 덜걱 접었느냐 족자라 대굴대굴 말았느냐 너 어느 틈으로 들어왔느냐
>
> 어쩐지 너 온 날 밤이면 잠 못 들어 하노라

이 노래에 나오는 낱말은 앞에서 풀었기 때문에 따로 풀지 않는다. 한숨이 들어오지 않게 여러 문짝에다 문고리와 걸개 같은 것을 단단히 박고 꼭꼭 채웠는데 어느 틈으로 들어와서 밤에 잠을 못 들게 하는지 푸념한다. 한숨을 들어오는 사람처럼 여기고 그 한숨이 못 들어오게 막으려고 온갖

잠금 장치를 썼지만 소용이 없다. 병풍(屛風)을 덜컥 흔들고 족자(簇子)가 댁대굴 말리게 할 만큼 세찬 바람으로 들어와 버렸다.

한숨을 막기가 어려운 까닭은 한숨은 밖에서 들어오기보다 안에서 생기기 때문이다. 한숨이 안에서 생기고 자신이 만들어 냈다는 것을 받아들이지 않으려고 빈틈없이 문단속을 했다는 말을 길게 늘어놓았다.

조동일은 「창 내고자 창을 내고자」를 '창 노래'로, 「한숨아 세 한숨아」를 '벽 노래'로 다루면서 엮음 노래(사설시조)만이 갖는 보람(특징)을 찾아냈다. 그것은 두 엮음 노래가 첫 글(초장)은 가냘프고 가여운 생각을 나타내다가 가운뎃글(중장)에서는 무지막지한 짓을 하겠다고 해서 능청을 떨고 있어, 한 가지 정서로만 흐르지 않고 정서의 부조화를 보여준다고 하였다. 이 '정서의 부조화'를 엮음 노래를 비롯한 민요, 판소리, 탈춤과 같은 평민의 문학들이 보여주는 미의식의 하나로 보았다. 이런 평민 문학은 웃음으로 슬픔을 막기도 하고, 슬프면서도 우악스럽고 느리면서도 급하다. 눈물과 웃음을 함께 지니기도 하고, 점잖은 말을 본뜨다가도 상스러운 소리를 늘어놓기도 한다. 그러면서 이런 엮음 노래와 같은 조선 후기 평민 문학에서 보여주는 정서의 부조화 같은 미의식이 현대시까지 이어지지 못하고 있는 것을 두고 잃어버린 전통이라며 안타까워했다. 아울러 우리 노래의 전통을 한(恨)이라고 생각하는 것은 가냘프고 가여운 생각을 능청스러운 웃음으로 나타냈던 엮음 노래의 전통을 제대로 모르고 하는 말이라고 꼬집었다.50)

재 우희 우둑 션 소나모 ᄇᆞ람 불 적마다 흔덕흔덕
개올에 셧는 버들 므스 일 조차셔 흔들흔들 흔들흔들
님 그려 우는 눈물을 커니와 입ᄒᆞ고 코는 어이 므스 일 조차셔 후루룩 비쥭ᄒᆞᄂᆞ니

『청구영언(靑丘永言) 진본(珍本)』 511, #4226.1

50) 조동일(1983), 『국문학연구의 방향과 과제』, 새문사, 254~261쪽.

고개 위에 우뚝 선 소나무 바람 불 때마다 흔덕흔덕

개울에 선 버들은 무슨 일로 따라서 흔들흔들 흔들흔들

님 그려 우는 눈물은 말할 것도 없거니와 입하고 코는 어찌 무슨 일로 따라서 후루룩 비쭉 하는가

님을 그리워하는 마음을 소나무와 버들이 흔들리는 모습에 견주어 말하였다. 고개 위에 우뚝 선 소나무는 바람이 불 때마다 자꾸 흔들린다. 개울에 선 버들도 무슨 일인지 따라서 흔들흔들한다. 엮음 노래에서 많이 볼 수 있는 시늉말을 쓰고 있다. 그런데 끝글에서 하는 말이 읽는 이들을 조금은 어리둥절하게 만든다. 님이 그리워 눈물을 흘리는데 그것은 말할 것도 없거니와 입과 코도 소나무와 버들이 흔들리는 것처럼 후루룩하고 비쭉한다. 이 말은 눈물과 콧물이 뒤범벅이 되어 입안으로 흘러가기도 하고 그것을 막기 위해 코를 들이마시기도 하고 입을 비쭉하기도 한다는 말이다.

눈물이 비 오듯 한다든지 눈물로 강을 이루었다든지, 눈물로 문풍지가 젖었다든지, 눈물이 앞을 가린다든지 여러 표현을 쓸 수 있는데 이런 고상하고 점잖은 말하기는 집어던지고 우스꽝스러운 말하기를 하면서 말하는 이가 스스로 웃음거리가 되었다. 엮음 노래에서 자주 볼 수 있는 말하기이다. 이런 말하기로 앞에서 말했던 그리움의 심각하고 무거운 말하기는 마지막에 와서 한꺼번에 사라지고 긴장이 풀리면서 가벼운 말하기로 바뀐다. 슬픔에 빠져들지 않고 말하는 이 스스로를 거리를 두고 바라보게 한다. 그래서 엮음 노래 가운데는 많은 노래가 그리움의 슬픔을 이야기하면서도 그 말하기가 슬프게 흐르지 않고 있다.

엮음 노래를 보면 앞에서 말한 감정이 끝까지 한결같게 이어지는 것이 아니고 느닷없고 난데없고 터무니없는 말을 뒤에서 하기 때문에 시 같지도 않고 서정에서 멀어졌다고 판단을 내리기도 한다. 시나 서정은 제 느낌을 한결같이 풀어놓는 갈래인데, 엮음 노래는 갑자기 뒤틀기도 하고 뒤

집기도 해서 흐름이 한결같지 않을 때가 있다. 그래서 엮음 노래를 시나 서정으로 보기 힘들다고 보는 이도 있다. 그러나 서정은 세상을 제 생각대로, 제 느낌대로 만들어서 말해 보이는 것이다.51) 앞에서 말한 느낌을 뒤에서 뒤집어 다르게 말하는 것도 노래하는 이가 뜻한 바 있기 때문이다. 이를테면 엮음 노래는 앞에서는 슬프게 노래하다가 뒤에서 웃기게 노래하는데, 이는 슬픔에만 빠지지 않고 나중에 스스로를 웃기게 만들면서 균형 감각을 보이려는 뜻도 있다.52) 이것도 세상을 내 생각이나 느낌에 맞게 다시 만들어 보이는 말하기이기 때문에 서정이라 할 수 있다.53)

그리움이 사무치면 그리워하는 이에게 내가 어떻게 지내는지 알려주고 싶어진다. 또 아직도 내가 애타게 그리고 있다고 전하고 싶어진다. 그리워하는 이를 보지 못하고 만나지 못하면 내 마음이라도 전하고 싶어진다. 사랑하거나 보고 싶은 사람에게 내 모습을 보여주거나, 내 심정을 알려주거나, 소식을 전하기를 바라는 노래들이 있다.

心中에 無限事을 細細히 옴겨다가

月明紗窓錦繡帳에 님 게신 곳 傳ᄒᆞ고저

그제야 알들이 글리는 쥴 짐작이나

- 진주매화(晉州梅花), 『가곡원류(歌曲源流) 일석본(一石本)』 720, #2960.1

마음 속 다함없는 사연을 세세히 옮겨다가

---

51) 조동일(1977), 『한국소설의 이론』, 지식산업사, 101쪽에서 시나 노래와 같은 서정을 '세계의 자아화'라고 갈무리했는데, 이 말은 세상을 내가 생각하는 것처럼 만들어 버리는 일이다. 노래와 시는 할 수 없는 일을 바라는 말하기다.

52) 조성진은 이런 말하기를 '삶의 균형감'을 되찾으려는 말하기로 풀었다. 조성진(2013), 「사설시조 사랑 노래에 나타난 웃음의 의미」, 『한국시가연구』 제35집, 한국시가학회, 175~177쪽.

53) 고정희는 엮음 노래의 말하기가 내면의 표현을 방해하는 것처럼 보이지만, 심각한 일과 슬픈 일을 아무 것도 아닌 일로 만들어 희극적 변형이라는 내면의 진실을 추구하기 때문에, 서정에서 벗어난 갈래로 보기 어렵다고 보았다. 고정희(2009), 「사설시조의 희극적 특징」, 『한국고전시가의 서정시적 탐구』, 월인, 173~179쪽.

달 밝은 사창 비단 장막 님 계신 곳에 전하고자

그제야 알뜰히 그리는 줄 짐작이나 (하실지)

마음 속 다함없는 일들〔심중무한사 心中無限事〕[54]은 마음에 맺힌 끝없이 그리워하는 사연이다. 이런 그리워하는 정을 세세히 옮겨다가 밝은 달빛이 비치고, 비단 병풍을 두른 님 계신 사창〔월명사창금수장 月明紗窓錦繡帳〕에 전(傳)하고자 한다. 그제야 님은 내가 알뜰히 그리워하는 줄을 짐작이나 하실까 했다. 님이 있는 곳은 월명사창금수장(月明紗窓錦繡帳)이라 한 것으로 보아 여인이 있는 곳이다. 곧 님은 다른 여인과 함께 있다. 그 여인이 다른 기녀일 수도 있겠고 정실부인일 수도 있겠는데, 사창(紗窓)은 대개 기녀들이 있는 곳을 가리키는 때가 많아 님은 다른 기녀와 함께 있다고 보는 것이 좋겠다. 님은 다른 여인과 함께 있으니 더더욱 애가 타고 견디기가 어렵다. 그러니 님이 나를 생각하게 하기 위해서는 마음속에 있는 한없는 그리움을 자세히 전해야 한다. 그리워하고 사모하는 남성의 사랑을 온전히 받지 못하는 기녀의 서글픔이 담겨 있다.

이 노래는 마지막 마디가 줄었는데 시조창으로 불렀기 때문이다. 옛 노래는 시조창과 가곡창이라는 두 가지 방식으로 노래하는데, 똑같은 노랫말이라도 가곡창으로 부를 수도 있고, 시조창으로 부를 수도 있다. 처음에는 가곡창 방식으로 부르다가 19세기가 되면 시조창법으로 부르기도 한다. 가곡창은 악기 잽이들(악공)이 있어야 부를 수 있는 노래방식이다. 요즘말로 하면 실내 관현악단 또는 연주단(밴드 band)을 불러서 노래하는 방식이다. 이런 잽이들을 부르려면 돈도 많이 들고 거추장스럽기도 해서 나중에는 악기 반주 없이 간단하게 노래 부르는 방식을 만들게 되었는데 이것이 시조창법이다. 시조창이 널리 퍼지면서 전문 소리꾼(가객)이 아닌 사람도 시조시를 노래할 수 있게 되었다. 시조창으로 부를 때는 마지막

---

54) 당(唐) 백거이(白居易)의 「비파행(琵琶行)」에 "마음속 다함없는 사연 모두 털어 놓은 듯(說盡心中無限事)."

마디를 부르지 않는다.[55)]

기러가 ᄂᆞ지 말고 이ᄂᆡ 말ᄉᆞᆷ 드러다가
春深玉欄干에 님 계신 ᄃᆡ 傳ᄒᆞ여 주렴
님계셔 듯기곳 드르시면 自然 반겨ᄒᆞ리라

『시여(詩餘) 김씨본(金氏本)』 369, #574.1

기러기야 날아가지 말고 이 내 말씀 들어다가
춘심옥란간에 님 계신 데 전하여 주렴
님께서 듣기만 들으시면 자연 반겨 하리라

날아가는 기러기를 붙잡고 이른다. 내가 하는 말을 듣고 이 말을 봄기운 깊은 옥으로 만든 난간(춘심옥난간 春深玉欄干)이 있는 곳에 계신 님께 전하여 주라고 한다. 이 말을 님이 듣기만 하신다면 자연 반기실 것이라 생각한다. 앞에서도 말했듯이 기러기는 소식을 전하는 새로 여겨 왔다. 한나라 때 흉노에 사신으로 갔다가 붙들려 양을 치고 있던 소무(蘇武)가 기러기 다리에 편지를 묶어서 날렸는데, 한나라 궁궐 뒤뜰 상림원에서 기러기를 잡아 소무가 살아 있음을 알았다는 옛이야기에서 비롯했다. 또한 "기러기는 때가 되면 먼 곳으로 날아갔다가 어김없이 돌아오는 철새이기 때문에, 소식이나 편지를 떠올리게 하면서 그리움, 쓸쓸함의 느낌"[56)]을 갖는 낱말로 옛 노래에서 많이 써왔다.

내 소식을 전하고 싶어 하는 님은 봄기운 깊은 옥난간에 있는 님이다. 님이 있는 곳을 이르는 말이 님이 누구인지 여러 가지 상상을 하게 만든

55) 이남호는 시조창에서 마지막 마디를 노래하지 않고 남기는 것을 우리 문화가 지닌 '남김의 미학'을 가장 잘 보여주고 가장 멋지게 보여주는 하나의 보기라고 하였다. 다하지 않는 것, 모자라는 것, 부족한 것이 다하는 것, 충분하고 충족된 것보다 좋다고 생각하는 옛 사람들의 삶과 문화라 하였다. 이남호(2016), 『남김의 미학: 한국적 지혜와 미학의 탐구』, 현대문학, 34쪽.

56) 권순정(2006), 「고전시가의 어휘교육 연구」, 서울대학교 석사학위논문, 48쪽.

다. 앞에서 살펴본 진주매화의 노래 「심중에 무한사를」에 나오는 님처럼 여인이 있는 곳에 계신 님일 수도 있다. '춘심옥난간'은 아무래도 여인이 사는 곳처럼 느껴지기 때문이다. 아니면 님이 임금일 수도 있다. 옥난간처럼 좋은 집에 사는 사람은 지체나 신분이 높은 사람일 수 있기 때문이다. 아니면 그냥 여인일 수도 있다. 그러면 이 노래의 말하는 이는 남성이 된다.

그러나 지은이를 모르는 많은 옛 노래 가운데는 이름 없는 기녀들이 풍류나 잔치마당에서 지은 노래가 많기 때문에, 아무래도 위 노래에 나오는 님은 다른 기녀와 함께 있는 남성으로 보인다. 그렇다면 위 노래는 다른 기녀와 함께 있는 님이 내 소식을 기러기 편에 듣고 나면 반기시고 마음을 돌이켜 나에게 돌아오실 것이라는 바람을 담고 있는 노래가 된다. 위 노래의 풀이는 읽는 이의 몫이다. 정해진 답은 없다.

> 달 밝고 서리 친 밤에 울고 가는 져 기러기
> 瀟湘으로 가느냐 洞庭으로 향ᄒᆞ느냐
> 져근듯 ᄂᆡ 말 잠간 드러다가 님 계신 데 젼ᄒᆞ여라
>
> 『객악보(客樂譜)』 234, #1213.1

> 달 밝고 서리 내린 밤에 울고 가는 저 기러기야
> 소상으로 가느냐 동정으로 향하느냐
> 잠깐 내 말 들어다가 님 계신 데 전하여라

위 노래도 기러기에게 내 말을 전해 달라고 읊었다. 달 밝고 서리 내린 밤에 울고 가는 기러기를 붙잡고 묻는다. 소상강[57]으로 가는지 동정

57) 소상강(瀟湘江): 중국 호남성(湖南省) 동정호(洞庭湖)의 남쪽 영릉(零陵) 부근으로 소수(瀟水)와 상강(湘江)을 아울러 이르는 말. 이곳에 소상팔경(瀟湘八景)이 있음. 소상팔경(瀟湘八景)의 하나인 '소상야우(瀟湘夜雨)'는 소수(瀟水)와 상강(湘江)에 내리는 밤비.

호[58]로 가는지 물어보고 잠깐 머물러 내 말을 님께 전해 달라고 한다.

기러기는 엮음 노래에도 어김없이 나온다.

> 기러기 져 기럭이 너 가난 길이로다
>
> 님 계신 듸 잠간 들너 웨웨쳐 불너 일으기를 無人間 月黃昏에 솔쓰리 그려 못 솔네라 ᄒᆞ고 부듸 ᄒᆞᆫ 말만 傳ᄒᆞ고 가렴
>
> 眞實로 傳키곳 傳ᄒᆞ면 님도 반겨 ᄒᆞ리라
>
> 『청구영언(青丘永言) 가람본(嘉藍本)』 588, #569.1

> 기러기 저 기러기 너 가는 길이구나
>
> 님 계신 데 잠깐 들러 외쳐 불러 이르기를 '사람도 없는 으스름한 달빛에 살뜰히 그리워 못 살겠구나' 하고 부디 한 말만 전하고 가렴
>
> 진실로 전하기만 한다면 님도 반겨 하리라

위 엮음 노래도 기러기에게 내 말을 전해 달라고 했는데, 님에게 전하는 말이 자세하게 나타나 있다. 그 말은 '사람도 없고 으스름한 저물녘 달빛에〔무인간 월황혼 無人間 月黃昏〕,[59] 그리운 정이 살뜰하여 못 살겠구나'이다. 이 말을 전하기만 한다면 님이 반길 것이라 여겼다.

옛 노래에는 이렇게 기러기를 불러 소식을 전해 달라는 노래가 많다. 님에 대한 그리움을 전달해 주는 제재로 많이 쓰는 관습적 표현이다.[60] 기러기는 옛날부터 통신수단으로 이용해 왔기 때문인데, 옛 노래에 나오

---

58) 동정호(洞庭湖): 중국 호남성(湖南省) 북동쪽에 있는 중국에서 가장 큰 민물 호수. 양자강의 진흙이 오랜 세월 동안 흘러 들어와, 지금은 파양호(鄱陽湖)보다 작아졌다고 함. 소상팔경(瀟湘八景)의 하나인 동정추월(洞庭秋月)은 동정호에 비친 가을 달. 주위에 악양루(岳陽樓)가 있고 군산(君山: 일명 湘山)에는 아황(娥皇)·여영(女英) 두 비(妃)의 묘우(廟宇)가 있음.

59) 송(宋)나라 시인 화정(和靖) 임포(林逋)의 매화시(梅花詩)에 "성긴 그림자는 맑고 얕은 물에 비치고, 그윽한 향기는 황혼의 달에 풍기누나(踈影橫斜水淸淺 暗香浮動月黃昏)."

60) 고정희(2009), 앞의 책, 283쪽.

는 기러기는 단순히 심부름꾼(전령)의 구실만 하는 것이 아니라 말하는 이의 소망과 염원을 담은 새라 할 수 있다.[61]

그런데 기러기에게 내 말을 님에게 보내주라고 하는 생각은 하나의 생각에만 그칠 따름이다. 날아가는 기러기를 붙잡을 수도 없고, 기러기에게 말을 건넬 수도 없고, 기러기가 내가 한 말을 님에게 보내줄 수도 없다. 그러나 이런 일어날 수 없는 일을 생각으로나마 일어났으면 좋겠다고 여겨 노래를 짓게 된다. 삶 속에서는 나타날 수 없는 일이나 머릿속 생각으로는 얼마든지 꿈꾸어 볼 수 있는 일이다.

기러기에게 소식을 전해주라는 노래 가운데는 기러기가 전할 수 있을지 모르겠다고 대답하는 노래들이 있다. 이런 노래들은 님에게 소식을 전하는 일이 쉽지 않음을 말하고 있다.

> 달 발고 서리 친 밤의 울고 간넌 외기럭아
> 相思로 病이 되여 차마 슬버 못 살네라 전ᄒᆞ여 쥬렴
> 우리도 짝 일코 가넌 길이라 전할지 말지
>
> 『시조(時調) 하씨본(河氏本)』 112, #1212.1

> "달 밝고 서리 내린 밤에 울고 가는 외기러기야,
> 그리움으로 병이 되어 차마 슬퍼 못 살겠다고 전하여 주렴."
> "우리도 짝 잃고 가는 길이라 전할지 말지 (하노라)."

달 밝고 서리가 내리는 추운 밤에 기러기가 울고 날아간다. 그 기러기를 불러 그리움(상사 相思)으로 병이 되어 차마 슬퍼서 못 살겠다고 님께 전하여 주라고 부탁한다. 그러나 기러기는 우리도 짝 잃고 가는 길이라 전할지 말지 모르겠다고 한다. 기러기도 나름대로 딱한 사정이 있다. 이 기러기도 짝을 잃은 외기러기다. 저도 짝을 잃어 슬픈데 남의 일을 돕는 일이 쉽겠는가. 이 노래에서 처음에 기러기를 불러 내 말을 전하기까지는

61) 임종찬(2014), 앞의 책, 172쪽.

이룰 수 있었는데, 그 기러기가 내 말을 님이 있는 곳까지 가서 전하는 일을 이룰 수 있을지는 알 수 없다. 어쩌면 그 일은 이루어지지 않을지 모른다. 님과 소식을 주고받는 일이 어렵다는 것을 이른 노래이다.

靑天에 써셔 울고 가는 져 기러기 너 가는 길히로다

漢陽城臺 들어가서 부듸 내 말 닛지 말고 웨웨쳐 니르기를 月沈沈夜三更인 제 님 그려 ᄎᆞ마 못 살노라 ᄒᆞ고 부듸 ᄒᆞᆫ 말만 죠곰 傳ᄒᆞ여 주렴

우리도 님 보라 가는 길히오매 傳할쫑말쫑 ᄒᆞ여라

『해아수(解我愁)』 377, #4807.1

"청천에 떠서 울고 가는 저 기럭아, 너 가는 길이로다,

서울의 궁궐 들어가서 부디 내 말 잊지 말고 외쳐 이르기를 '달빛이 흐리고 밤이 깊은 때에 님 그려 차마 못 살러라.' 하고 부디 한 말 조금 전해주려무나."

"우리도 님 보러 가는 길이오매 전할동 말동 하여라."

푸른 하늘〔청천 靑天〕에 떠서 울고 가는 기러기를 불러 말한다. 너 가는 길인데, 한양(漢陽) 성대(城臺)에 들어가면 부디 내 말을 잊지 말고 크게 소리쳐 님께 다음 말을 전해 달라고 한다. '한양성대'는 서울의 궁궐을 이른 말이라 이 노래에 나오는 님이 '임금'을 가리킬 수도 있다. 그런데 다른 노래책에는 '한양성내(漢陽城內, 서울의 성 안)'로 나온다. 달빛이 흐리고 밤 깊은 때〔월침침 야삼경 月沈沈夜三更〕에는 님이 그리워 차마 못 살겠다고 부디 이 한 말만 전해 달라고 간곡하게 부탁한다. '부디 한 말만 조금'이라는 말에서 그 간절함과 절박함을 느낄 수 있다. 하지만 기러기가 대답하기를 우리도 님 보러 가는 길이라 전할지 못 전할지 알 수 없다고 했다.

기러기도 제 님을 보러 가는 길이라 바쁘고 겨를이 없다. 그런데 언제 말하는 이가 그리워하는 님을 만날 것인가. 그것도 한양이라는 넓은 고을 어디에서 만날 것인가. 기러기는 아무래도 말하는 이의 말을 들어줄 수 없을 것 같다는 느낌이 든다. 이렇듯 님에게 소식을 전하기는 쉽지 않다. 기러

기가 말을 알아들을 수도 없고 말을 할 수도 없을 것인데 이런 말을 해본 것은 님이 그리워 답답한 마음을 이렇게라도 풀어 보려고 했기 때문이다.

그런데 이런 노래들은 끄트머리를 '전할동 말동 하여라' 같은 말로 마무리한다. 기러기는 님을 애타게 그리워하는 이와는 아주 다르게 한편으로는 딴청을 피우는 것 같다. 나는 님을 보지 못해 소식이라도 전하고 싶을 만큼 심각한데 기러기는 그런 나의 부탁을 매몰차게 거절하는 것 같다. 그러면서 부탁하는 사람은 무색하게 된다. 여기서 뜻하지 않은 뒤집기가 생겨 웃음을 띠게 되기도 한다. 웃음이 일어나는 여러 가지 말미 가운데는 예상치 못한 일이 벌어질 때가 있다.[62] 이런 노래들에는 기러기의 예상치 못한 말 때문에 기러기에게 부탁하는 이가 웃음거리가 되기도 한다. 이는 님에게 소식을 전하는 일이 이루어지기 힘들기에 스스로도 웃지 않을 수 없으니 이런 표현을 쓴 것이라 풀이할 수 있다.

> 두어도 다 셕는 가ᄉᆞᆷ 드ᄂᆞᆫ 칼로 베여 내녀
> 荊山 白玉函에 다마ᄯᅡ가
> 아모나 가ᄂᆞᆫ 이 니거던 임의게 傳ᄒᆞ리라
>
> \- 월선(月仙), 『동국명현가사집록(東國明賢謌詞集錄』 268, #1468.1

> 두어도 다 썩는 가슴 잘 드는 칼로 베어 내어
> 형산 백옥함에 담았다가
> 아무나 가는 이 있거든 님께 전하리라

님을 그리워하고 그리워하다가 그만 속이 다 타버렸고 다 썩어버렸다.

---

62) 마땅히 일어나리라는 기대와는 전혀 다른 배반이나 반전에서 웃음이 터지게 된다. 류종영(2005), 『웃음의 미학』, 유로, 177~185쪽; 김대행(2008), 「상생의 웃음과 언어문화」, 김유정탄생100주년기념사업추진위원회(편), 『한국의 웃음문화』, 소명출판, 44쪽. 이는 짐작했던 대로 일이 벌어지지 않고 정반대의 결과가 일어나는 '대조(대비) 이론'과 비슷하다. Bergson, Henri, *Le rire, essai sur la signification du comique*, 정연복 옮김(1992), 『웃음 : 희극성의 의미에 관한 시론』, 세계사, 166쪽.

썩은 가슴을 잘 드는 칼로 베어 낸다고 했으니 님 그리워하여 생긴 그 괴로움과 쓰라림이 속마음에 맺히고 맺혔다. 도려낸 가슴을 형산 백옥함(荊山 白玉函)63)에 담았다가, 아무나 길 가는 이가 있으면 님에게 보내겠다고 했다. 님이 보면 내가 얼마나 그대를 그리워하다가 속이 썩어버렸는지 알 수 있으리라 여겼다. 님에게 드리는 물건이기에 다른 것도 아닌 '형산 백옥함'이라는 좋은 보물 상자에 담아서 보내겠다는 말을 했다. 또는 '형산 백옥함'은 어찌 보면 세상에 없는 상상 속의 상자일 수도 있기에 이런 말을 썼을 수 있다. 이와 같이 꾸며서 말하기를 해본 것은 이렇게 해서라도 속에 맺힌 시름을 풀어내고자 했기 때문이다. 섬뜩할 만큼 한이 맺힌 목소리이나 어디까지나 상상 속으로 하는 말이다.

이세보의 노래에서는 자신의 모습이나 처지를 님에게 보이고 님이 알아주기를 바라는 노래들이 있다. 그런데 이들 노래는 다른 깊은 속뜻을 담고 있다.

청텬의 쓴 기럭아 게 쟘간 머무러라
닉 한 말 들어다가 임 계신 데 젼할쇼냐
설월 ᄉᆞ챵ᄒᆞ의 뎐뎐반측ᄒᆞ드라고

- 이세보(李世輔), 『풍아(風雅) 대(大)』 371, #4814.1

푸른 하늘의 뜬 기러기야 거기 잠깐 머물러라
내 한 말 들어다가 님 계신데 전하겠느냐
눈 내린 달밤 사창 아래 잠 못 들어 한다고 (전하여라)

---

63) 형산 백옥함(荊山 白玉函): 형산의 백옥으로 만든 상자. 형산(荊山)은 중국 호북(湖北) 남장현(南漳縣) 서쪽에 있는 산. 장수(漳水)가 시작되는 곳이며, 산에 포옥암(抱玉巖)이 있는데, 초(楚)나라 사람 변화(卞和)가 박옥(璞玉)을 얻은 곳이라 한다. 형산의 옥은 세상에 둘도 없는 보물인데, 여기서는 이런 좋은 옥으로 만든 상자라는 뜻이다. 『서경(書經)』, 「우공(禹貢)」에 "파총산을 인도하여 형산에 이르렀으며(導嶓冢 至于荊山)." 삼국위(三國魏) 조식(曹植)의 「여양덕조서(與楊德祖書)」에 "사람마다 제 스스로 신령한 뱀의 구슬을 쥐고 있다고 여기고, 집집마다 스스로 형산의 옥을 안고 있다고 말한다(人人自謂握靈蛇之珠 家家自謂抱荊山之玉)."

우셜양뉴 이년슈는 날노 두고 이름이라
뉘 ᄂᆡ 형상 그려다 님 계신 데 젼ᄒᆞ여 쥬리
아마도 식불감침불안은 나뿐인가

- 이세보(李世輔), 『풍아별집(風雅別集)』 51, #3583.1

버드나무에 눈비가 내리면 시드는 목숨은 날로 두고 이름이라
누가 내 모습 그려다 님 계신 데 전하여 주리
아마도 밥맛도 없고 잠도 편히 이루지 못하는 이는 나뿐인가 (하노라)

일등화ᄉᆞ 숀을 비러 가련헌 ᄂᆡ 형샹을
분명히 그려ᄂᆡ여 임 곳 한 번 보시며는
아마도 은혜로 노으시련이

- 이세보(李世輔), 『풍아(風雅) 대(大)』 170, #3991.1

뛰어난 그림쟁이의 손을 빌려 가련한 내 모습을
분명히 그려 내어 님이 한 번만 보시면
아마도 은혜를 베풀어 놓아주실까 (하노라)

첫 번째 노래는 기러기에게 내가 님 때문에 눈 내리는 달밤 사창〔설월사창 雪月紗窓〕 아래서 잠을 못 이루고 있다〔전전반측 輾轉反側〕[64] 고 전해 달라고 한다. 님을 그리워하면서 지내는 내 모습을 님이 알아주기를 바란다. 사랑하는 사람을 그리워하며 밤을 지새우는 이의 심정을 드러낸 노래이다. 이 노래를 임금 그리는 노래로 본다면 임금과 떨어져 있으면서도 임

64) 전전반측(輾轉反側): 이리저리 뒤척거리며 잠을 이루지 못함. 『시경(詩經)』, 「국풍(國風), 주남(周南), 관저(關雎)」에 "생각하고 생각하니 잠 못 이루며 뒤척이네(悠哉悠哉 輾轉反側)." 「주희집전(朱熹集傳)」에 "輾은 몸을 뒹굴기를 반쯤 하는 것이요, 轉은 輾에서 한 바퀴를 구르는 것이요, 反은 輾을 지남이요(4분의 3을 도는 것), 側은 轉을 멈춤이니(4분의 1을 도는 것), 모두 다 누워도 자리가 편치 않다는 뜻이다(輾者轉之半 轉者輾之周 反者輾之過 側者轉之留 皆臥不安席之意)."

금을 그리워하며 잠 못 이루는 나의 모습을 임금이 알고 다시 불러주기를 겨냥하여 지은 노래가 된다. 그런데 이 노래에서 말하는 이가 있는 곳이 사창(紗窓)이기에, 말하는 이는 여인으로 볼 수 있다. 이세보는 양반 남성이면서 제 목소리가 아닌 여인의 목소리를 빌려 임금 그리는 마음을 읊었다고 할 수 있다. 여인의 말투를 쓰게 되면 그 간절함이 더해 듣는 이의 마음을 움직일 수 있다.

두 번째 노래는 버드나무인 양류(楊柳)에 눈비〔우설 雨雪〕가 내리면 시들어버리는 것 같은 이 사람의 목숨〔연수 年壽〕은 나를 두고 이른 것이니, 누가 내 모습〔형상 形象〕을 그려다가 님께 전하여 줄 것인지, 밥을 먹어도 맛을 모르고 잠자리도 편치 않은〔식불감침불안 食不甘寢不安〕 사람은 나뿐이라고 읊었다. 누구를 무척 그리면 좋은 음식을 먹어도 맛을 모르고 잠을 자도 편히 잘 수 없다. 그러니 자신의 신세가 꼭 눈비 맞아 시든 버들과 같다. 여기서 님은 이세보가 섬긴 임금 철종을 말한다고 보기도 한다.[65] 귀양살이하는 곳에서 임금을 그리면서 지내는 내 모습을 전하고 싶어 했다.

세 번째 노래는 그림 잘 그리는 화가〔일등화사 一等畵師〕의 손을 빌려 가련한 내 모습을 잘 그려 님에게 보이고 알린다면 님이 은혜를 베풀어 나를 놓아주시지 않겠느냐고 노래했다. 이 노래의 마지막 줄에 나오는 '은혜로 놓아주시려니'를 보면 다른 깊은 뜻이 담겨 있음을 알 수 있다. 겉으로만 보면 그리운 님에게 내가 살고 있는 형편이나 모습을 전하고 싶어 하는 노래이나, 속뜻을 캐 보면 귀양 간 곳에 얽매인 몸을 임금님이 풀어줄 것을 바라는 노래이다. 이렇게 임금이나 나라에 죄를 짓고 시골로 귀양 온 선비들은 제 뜻을 담아 노래할 때 곧바로 말하지 않고 넌지시 에둘러 말하였다. 여기서 두 가지 뜻이 겹쳐서 노래에 담기게 된다.

이와 같이 그리운 이에게 소식을 전하고자 하는 노래 가운데는 다른 속뜻을 담은 노래들이 있는데, 이는 말하는 이가 그리워하는 이가 사랑하

---

65) 진동혁(1981), 「이세보의 유배시조 연구」, 『어문집』 15, 단국대학교출판부, 27쪽.

는 이성(異性)이 아닌 연모하는 임금인 때가 많기 때문이다. 다음 노래들도 그렇다.

鐵嶺 노픈 峯에 쉬여 넘는 져 구룸아
孤臣寃淚를 비 사마 씌여다가
님 계신 九重深處에 뿌려 본들 엇ᄃᆞ리

- 이항복(李恒福), 『청구영언(靑丘永言) 진본(珍本)』 103, #4700.1

철령 높은 고개에 쉬어 넘는 저 구름아
외로운 신하의 억울한 눈물을 비 삼아 띄워다가
님 계신 깊은 궁궐에 뿌려본들 어떠리

이 노래는 이항복(李恒福, 1556~1618)이 1618년 기자헌(奇自獻), 김덕함(金德諴)과 함께 인목대비(仁穆大妃)를 대비 자리에서 끌어 내리고 작은 궁에 가두려고 하는 대북파(大北派) 사람들이 잘못되었다고 상소를 올렸다가 벼슬을 빼앗기고 함경도 북청으로 귀양 가면서 부른 노래이다.[66] 철령(鐵嶺)은 강원도 회양군(淮陽郡)과 안변군(安邊郡) 사이에 있는 큰 고개이다.[67] 철령 높은 고개에서 쉬어 넘는 구름을 불러 외로운 신하의 억울한

---

66) 김만중(金萬重)의 『서포만필(西浦漫筆)』에 "백사 이공(이항복)이 북청으로 귀양 가는데, 철령을 지나가면서 철령에서 머물러 있는 구름을 노랫말로 지었는데, 그 노랫말에 '외로운 신하의 원통한 눈물이 이 비를 내리는구나, 구중심처에 가서 뿌리리라.(고신원루를 비삼아 띄워다가, 임 계신 구중심처에 뿌려 볼까 하노라.)' 하는 말을 하였다. 하루는 광해군이 뒤뜰에서 잔치를 벌여 노는데, 궁녀 중에 이 시를 노래하는 이가 있었다. 임금이 말하길, '(대체로) 새로운 노래인 것 같구나. 어디에서 들었는가?' 대답하여 말하길, '서울에서 노래로 전하여 부르는데, 이는 이 아무개가 지은 것이라 합니다.' 임금이 그로 하여금 다시 노래 부르게 하니, 슬퍼서 눈물이 떨어졌다. 시가 능히 사람을 감동시킴이 이와 같았다. 그래서 광해군과 같은 이도, 또한 어찌 더불어 좋은 정치를 하지 못했겠는가?(白沙李公之竄北青行 過鐵嶺作鐵嶺宿雲詞 有詞得 孤臣寃淚作行雨 往灑九重宮闕之語 一日光海主遊宴後庭 宮娥有唱是詞者 主曰大是新聲 何處得來對曰 都下傳唱云 是李某所作 主使之復歌 悽然泣下 詩之能感人如此 然若光海者 亦豈不可與爲善哉)" 이항복은 귀양 간 그 해 북청에서 삶을 마감했다.

눈물〔고신원루 孤臣冤淚〕을 비로 만들어 띄웠다가 님이 계신, 겹겹이 문으로 막은 깊은 궁궐〔구중심처 九重深處〕에 뿌려 보면 어떻겠느냐고 하였다.

이 노래에는 원통하고 억울한 마음이 담겨 있다. 이런 마음에 눈물을 흘리게 된다. 이 눈물을 비가 오게 하는 구름으로 하늘에 띄워 님이 계신 곳으로 보내어 비로 뿌리고 싶어 한다. 나의 마음을 님에게 전하고 싶다는 말이다. 구름은 내 마음을 님에게 보내는 구실을 하고 비는 내 마음을 님에게 그대로 알리는 구실을 한다. 이렇게 내 마음을 알리면 님이 생각을 돌이켜 나를 다시 찾아 줄 것이라고 기대한다. 임금께 바로 말하기 어려운 속내를 이렇게 님에게 내 마음을 전하려고 한다는 말로 에둘러 말하였다. 님(임금)이 아홉 겹으로 둘러싸인 깊은 곳(구중심처)에 있다는 말은 세상 돌아가는 형편을 제대로 알고 있지 못한다는 뜻이다. 겹겹이 쌓인 깊은 곳에 갇혀 있으면 바깥세상이 어떻게 돌아가는지 제대로 내다볼 수 없다.

한편 이 노래는 '고신원루'나 '구중심처'라는 말을 쓰고 있어 듣는 이나 읽는 이는 이 노래가 사랑 노래가 아니라 임금 그리는 노래임을 바로 알아차리게 된다. 이런 말 대신 다른 말을 썼으면 사랑 노래와 임금 그리는 노래 두 가지 뜻이 겹쳐 더 좋은 노래가 될 수 있었을 것이다. 그러나 지은 이는 임금이 이 노래를 듣고 제 뜻을 알아주기를 바라서 '고신원루'나 '구중심처' 같은 말을 다른 말로 바꾸지 않고 일부러 그대로 썼을 수 있다.[68]

---

67) 『신증동국여지승람(新增東國輿地勝覽)』 권지47, 「강원도(江原道)·회양도호부(淮陽都護府)」에 "철령(鐵嶺): 부의 북쪽 39리에 있다. 돌성〔石城〕의 남은 터가 있다. 이곡(李穀)의 기(記)에, 철령은 우리나라 동쪽에 있는 요해지(要害地)로 이른바 한 사람이 관문에서 막으면 일만 사람이 덤벼도 열지 못한다는 것이다. 그러므로 철령 동쪽의 강릉(江陵)의 여러 고을을 관동(關東)이라 한다(鐵嶺: 在府北三十九里 有石城遺基 李穀記 鐵嶺國東之要害 所謂一夫當關 萬夫莫開者也 故鐵嶺以東江陵諸州 謂之關東)."

68) 박혜숙(1998), 「고려속요의 여성화자」, 『고전문학연구』 14집, 한국고전문학회, 19쪽은 "발화의 실제적 주체인 남성이 자신은 여성의 목소리를 흉내 내고 있으되 진짜 여성은 아니라는 표지를 곳곳에 흘려놓기 때문이다. 이러한 흘려놓음은 시인의 무의식에 연유하는 것일 수도 있고, 다소간 의도적일 수도 있다."고 하였다. 이렇듯 임금

青石嶺 지나거냐 草河口ㅣ 어듸메오
胡風도 츰도 출샤 구즌비는 무스 일고
아므나 行色 그려 내여 님 계신 듸 드리고쟈

- 효종(孝宗), 『청구영언(靑丘永言) 진본(珍本)』 217, #4782.1

청석령 지났는가 초하구가 어디메뇨
호풍도 차기도 차구나 궂은비는 무슨 일인가
아무나 내 행색 그려다 님 계신 데 드렸으면

효종(孝宗, 1619~1659)의 노래는 '청석령(靑石嶺)은 지났느냐, 초하구(草河口)는 어디냐. 69) 오랑캐 땅의 바람〔호풍 胡風〕은 차고도 찬데, 엎친 데 덮친 격으로 궂은비는 또 무슨 일이냐. 누가 내 초라한 행색(行色)을 그려내어 님께 드리겠느냐.'고 읊었다. 효종이 봉림대군(鳳林大君)이었을 때 형인 소현세자(昭顯世子, 1612~1645)와 함께 볼모로 청나라 땅으로 끌려갈 때 지은 노래이다.70) 한 나라의 왕자가 오랑캐 나라로 무시하던 나

그리는 노래에서 지은이는 자신이 부르는 노래가 단지 님을 그리워하는 마음을 읊은 것이 아니라, 임금을 향한 충성과 절개를 읊은 노래임을 알게 모르게 노래 안에 흘려 놓는다.

69) 청석령(靑石嶺)은 평안북도 의주에서 중국 심양(청나라의 서울)으로 가는 길에 있는 고개. 의주에서 60리에 있음. 초하구(草河溝)는 의주에서 심양으로 가는 길에 있는 마을 이름. 의주에서 30리에 있음. 『수사록(隨槎錄)』 권2, 「유상수필(遊賞隨筆)」 상(上) 에 "초하구(草河口)는 통원보와 거리가 23리인데 오랫동안 진펄〔沮洳〕이었기에 우리나라 사람들이 '답동(畓洞)'이라 불렀다.……첨수참(甛水站)에서 떠나 10리를 가니 '청석(靑石)'이라 부르는 고개가 있었다. 고개의 높이가 비록 회령령에는 미치지 못하였지만 어지러운 돌들이 이끼가 끼어 그 색이 모두 푸른색이었다. 높은 봉우리 좁은 길이 맞서 있는데 구불구불 고부라져 있다. 수레를 몰고 올라가는데 처음에는 그 가파름을 알지 못하다가 꼭대기에 올라가서 굽어본 뒤에야, 내 몸이 구름 속에 있음을 비로소 깨달았다. 정축년(1637, 인조15)에 우리 효종 임금께서 대군(大君)으로 북행(北行)하실 때 이 고개에 올라서 고국을 돌아보며 노래를 지으셨는데 지금까지 전해진다." 청석령(靑石嶺)은 '푸른 돌이 나는 고개'란 뜻인데, 이 고개의 푸른 돌로 만든 벼루가 유명했다. 관에서는 푸른 돌을 얻기 위해 일부러 사람을 보내어 캐냈다고 한다.

70) 『효종실록(孝宗實錄)』, 「효종 대왕 행장(行狀)」에 "정축년(1637) 정월 강도가 함몰

라의 볼모가 되어 끌려가는 꼴이 얼마나 슬프고 괴로웠겠는가. 그 모습을 임금인 아버지께 그려 보이고 싶다고 했으니 그리움의 정도가 처절하다.

이 노래는 다음과 같은 한시 「호풍음우가(胡風陰雨歌): 오랑캐 땅의 바람과 궂은비의 노래」로도 전해진다.

청석령을 지났는가	靑石嶺已過兮
초하구는 어디쯤인가?	草河溝下處
오랑캐 땅에 부는 바람 차고도 차구나.	胡風凄復冷兮
궂은비는 또 무슨 일인가?	陰雨亦何事
누가 이 처량한 모습을 그려	誰畫此形象兮
임금님 궁전에 바칠까?	獻之金殿裏

효종의 노래는 그 속사정을 알고 읽어 보면 처절한 노래이다. 오랑캐라 얕잡아보고 깔보던 이들에게 임금이 머리를 조아리고 나아가 절을 올리고 무릎을 꿇었다. 얼마나 부끄럽고 욕된 일인가. 그런데다 저와 형은 볼모가 되어 낯선 오랑캐 땅에 끌려간다. 차디찬 바람에 궂은비까지 옷을 적신다. 그 꼴이 더욱더 비참하기 그지없다. 높은 대궐에서 고이 자란 한 나라의 왕자가 이렇게 남의 나라의 종처럼 끌려간다. 이때의 원한이 뼛속에 사무쳐서 나중에 효종은 이를 악물고 청나라를 치려고 칼을 갈게 된다.[71]

당하였고 2월에 소현 세자(昭顯世子)와 함께 인질(人質)로 심양(瀋陽)에 갔다. 북행(北行)을 떠나면서부터 대궐(大闕)을 연모하는 회포가 더욱 간절했는데, 인조 대왕에게 편안하지 못한 체후(體候)가 있다는 말을 들으면 걱정하는 기색이 얼굴에 나타났고 기거(起居)에 대한 의절(儀節)에 말이 미치면 눈물이 먼저 흘러내렸으므로 곁의 사람들도 감동하였다(丁丑正月 江都見陷 二月偕昭顯世子 入質瀋陽 自從北行 益切戀闕之懷 聞仁祖大王有不安節之候 則憂形于色 語及起居之儀 涕淚先下 傍人亦感動)."

71) 효종은 송시열(宋時烈, 1607~1689), 이완(李浣, 1602~1674)과 같이 북벌(北伐) 계획을 세워 청나라를 치고자 하였으나 뜻을 이루지 못하고 죽는다.

먹던 밥 半減ᄒᆞ고 밤이면 ᄌᆞᆷ 업셰라
南松亭 十里 ᄭᆞ의 두 눈이 ᄯᅮ러지니
뉘라서 이 貌樣 그려다가 우리 님ᄭᅴ 드려 줄고

- 김이익(金履翼), 『관성잡록(觀城雜錄)』 1, 연군(戀君)1, #1629.1

먹던 밥 반쯤 줄어들고 밤이 되면 잠도 없어라
남송정 십 리 가에 두 눈이 뚫어지게 바라보니
누가 이 모습 그려다가 우리 님께 드릴까

김이익(金履翼)의 노래는 지은이가 이원성(利原城)으로 귀양 갔던 때[72] 지은 것이다. 먹던 밥도 그 전보다 반 만큼밖에 먹지 못하고〔반감半減하고〕, 밤이면 잠도 잘 못 잔다. 남쪽 소나무 정자〔남송정 南松亭〕에 기대어 멀리 십 리(十里)를 두 눈이 뚫어지게 바라보며, 님의 소식을 기다린다. 이런 제 몰골〔모양 貌樣〕을 그 누가 님께 그려 보여줄지 한숨 짓는다. 귀양 간 시골에서 겪는 외롭고 힘든 삶 속에 님을 그리워하고 있다는 것을 님이 알아주기를 바라고 있다. 따라서 이 노래는 임금이 자신을 귀양에서 풀어주기를 바라는 마음을 담아 지은 노래이다. 어떤 이를 그리워하면 먹는 것도 시원찮고 밤잠도 편히 이룰 수 없다. 그런데 내가 그리워하는 이는 나의 그런 괴로움을 알고나 있는지 한숨 지을 따름이다.

六十이 ᄌᆞᆺ 되여서 萬古風霜 다 겻그니
塵世間 苦樂이 우원 므ᄉᆞᆫ 것시런고
다만지 우리 님 보ᄋᆸ고 시버 일노 病이 되여스라

- 김이익(金履翼), 『금강영언록(金剛永言錄)』 9, #3709.1

72) 김이익은 살아 있을 동안 세 번 귀양 갔는데 첫 번째는 1788년(정조12) 영의정 김치인(金致仁)의 죄를 꾸짖다가 함경도 이원성으로 갔다. 『정조실록(正祖實錄)』 12년 3월 12일 갑술(甲戌)에 "연명해 차자를 올린 옥당 이백형을 명천으로, 조진택을 길주로, 오태현을 단천으로, 김이익을 이성으로, 김희채를 북청으로, 송상렴을 홍원으로 귀양보냈다(竄聯箚玉堂李百亨于明川 趙鎭宅于吉州 吳泰賢于端川 金履翼于利城 金熙采于北青 宋祥濂于洪原)."; 정홍모(2001), 앞의 책, 105쪽.

육십이 갓 되어서 온갖 고생 다 겪으니

세상살이의 괴로움과 즐거움이 모두 무엇인가

다만 우리 님 보고 싶어 이것으로 병이 되었구나

말하는 이는 예순 살이 갓 되도록 세상의 온갖 어려운 일〔만고풍상 萬古風霜〕을 다 겪었다. 사람 사는 세상〔진세간 塵世間〕 괴로운 일과 즐거운 일〔고락 苦樂〕이 모두 무엇인가,[73] 단지 우리 님을 뵙고 싶어, 이것으로 병이 되었다고 했다.

이 노래는 지은이가 진도 금갑도(金甲道)에 귀양 갔을 때 지은 것인데,[74] 여기서 '우리 님'은 임금을 가리킨다.[75] 님을 보고 싶어 병이 들었다고 읊은 데는 귀양에서 풀려나 임금을 다시 만나기 위한 뜻이 깔려 있다.[76]

됴셕의 뫼시든 임을 삼년을 못 뵈오니

목석간장 아니여든 침식이 온젼ᄒᆞ랴

---

73) 둘째 줄에 나오는 '우원'이란 말을 어떻게 풀어야 할지 잘 모르겠다. '방법, 태도, 생활 따위가 현실과 거리가 멀다'의 뜻으로 '우원(迂遠)'이란 말을 쓴다. 그러면 둘째 줄은 '사람 사는 세상에서 괴롭고 즐거운 일이 현실과 거리가 먼 것은 무슨 일인가'라는 말인데, 자연스럽게 풀이하기 힘들다.

74) 이상보(1987), 「유와 김이익의 시가 연구」, 『어문학논총』6, 국민대학교 어문학연구소, 11쪽.

75) 님은 돌아가신 앞선 임금(정조)으로 볼 수도 있고 오늘의 임금(순조)으로도 볼 수 있다. 정인숙(2016), 「유와 김이익의 『금강영언록』의 특징과 그 의미」, 『반교어문연구』 43, 반교어문학회, 239쪽.

76) 김이익이 금갑도에서 쓴 『금강영언록』 머리글(서문)을 보면 임금 그리는 노래를 짓게 된 까닭을 알 수 있다. 『금강영언록(金剛永言錄)』, 「소서(小序)」에 "이제 중용도 다 이루어진 틈에 비로소 노랫말 수백 마디를 지었으니 또한 크게 울고 싶은 마음보다 더한 데서 나온 것이다. 이어 병들어 자리에 누운 지 몇 달이 지났으니 눈도 어둡고 손도 떨려서 오랫동안 읽고 쓰기를 멈추고 할 일 없이 소일하면서 우연히 몇 편의 짧은 노래(短歌)를 지었다. 하루 이틀 얻은 것이 점차 적지 않게 되었는데 모두 내 속마음에서 우러나온 것이다(今於中庸圖已成之餘 始作歌詞數百言 亦出甚於慟哭之意也 繼以有疾委席已過數朔 眼眩手戰 久廢翫寫 無賴消遣 偶成數腔短歌 一日二日所得 轉轉不些則皆出吾腔)." 정인숙(2016), 앞의 글, 236쪽에서 가져옴.

지금의 벽히철니 머럿스니 그를 서러

- 이세보(李世輔), 『풍아(風雅) 대(大)』 168, #4358.1

아침저녁으로 모시던 님을 삼 년을 못 뵈니
목석간장 아니거든 자고 먹는 일이 온전하랴
지금에 푸른 바다 너머 천 리가 멀었으니 그를 서러워 (하노라)

아침저녁〔조석 朝夕〕으로 모시던 님을 세 해 동안 못 보았다고 했으니 님과 세 해나 떨어져 있다. 나무나 돌처럼 아무런 감정이 없는 마음씨를 가진 사람〔목석간장 木石肝腸〕이 아니라면 먹고 자는 일〔침식 寢食〕이 온전하겠는가, 오늘날 푸른 바다 너머 천 리〔벽해천리 碧海千里〕나 멀리 떨어져 있으니 그것을 서러워한다고 읊었다. 이 노래의 말하는 이는 3년이나 멀리 떨어져 만나지 못하는 님을 그리워하여 잠도 제대로 못 자고 밥도 제대로 못 먹고 살고 있다.

이세보는 선비이면서도 많은 사랑 노래를 지어 이 노래가 임금 그리는 노래인지 남녀의 사랑 노래인지 가늠하기 어려운데, '삼 년을 못 뵈오니'라는 말을 보아 그가 귀양 가서 3년 동안 임금인 철종(哲宗)을 뵙지 못한 일을 두고 지은 노래임을 짐작할 수 있다.[77] 나무나 돌 같은 간장이 아니거든 먹고 자는 일이 온전하겠으며 지금은 천 리나 먼 바다에 와 있으니 그것을 서러워한다고 임금을 그리워하는 한을 읊었다. 님과 멀리 떨어져 있음을 뜻하는 '벽해천리(碧海千里)'라는 말이 그리움의 정도를 더한다. 그런데 이 노래 첫머리의 '조석(朝夕)의 모시던'이라는 말 때문에, 말하는 이를 아낙으로 여기게 된다. 지아비를 정성스럽게 섬기는 아낙의 목소리를 빌려 임금을 그리워하는 뜻을 담았다.

---

77) 이세보는 안동 김씨 세도 정치를 비판하다 경평군(慶平君)이라는 작호(爵號)를 빼앗기고 철종 11년(1860)에 신지도(薪智島)로 귀양 갔다가 1863년(고종 즉위년)에 풀려난다. 진동혁(1981), 앞의 글, 10쪽.

蓬萊山 님 겨신 딕 五更 틴 나믄 소릐
셩 넘어 구름 디나 슌풍의 들리ᄂᆞ다
江南의 ᄂᆞ려옷 가면 그립거든 엇디리

- 정철(鄭澈), 『송강가사(松江歌辭) 성주본(星州本)』 19, #2047.1

봉래궁 님 계신 데 오경 친 남은 소리가
성 넘어 구름 지나 순풍에 들려온다
강남에 내려가기만 하면 그리워서 어쩌리

님이 계신 봉래산에 새벽 오경(五更, 새벽 3시~5시)을 치는 쇠북 소리의 여운이 들리는데 그 소리가 성을 넘어 구름을 지나 순한 바람을 타고 들린다고 했다. 그리고 강남을 내려가기만 하면 님 계시는 그곳이 그립기만 한 것을 어찌하겠느냐고 읊었다.

이 노래는 정철이 벼슬길을 그만두고 담양 창평에 내려와 있던 때 지은 노래로 보인다.[78] 봉래산(蓬萊山)은 본디 신선이 산다는 전설에 나오는 상상 속의 산 이름인데,[79] 여기서는 임금이 살고 있는 궁궐이나 서울을 가리킨다. 옛 노래에서 봉래산은 임금이 있는 곳을 가리키는 말로 많이 쓰였다. 조선 시대에는 밤 10시쯤에 쇠북을 스물여덟 번 쳐서 다니지 못하게 했는데 이를 인경(또는 인정)이라 했다. 새벽 4시쯤(오경 삼점)에 서

78) 정철이 1581년 대사성(大司成)일 때 정승 노수신(盧守愼)이 벼슬을 내려놓고 물러가기를 청하자 임금인 선조가 허락하지 않는다는 글을 정철이 지었는데, 그 내용이 문제가 있다 하여 사헌부(司憲府)와 여러 벼슬아치들이 헐뜯자 시끄럽게 되는 것을 싫어해서 시골로 내려간다. 박영주(2003), 『고집불통 송강 평전』, 고요아침, 148~149쪽.

79) 『사기(史記)』, 「봉선서(封禪書)」에 "제나라 위왕과 선왕, 연나라 소왕 때부터 사람을 바다로 보내 봉래산·방장산·영주산을 찾게 하였다. 전설에 이 세 신산은 발해 안에 있다고 하며, 사람의 세상과 그다지 멀리 떨어져 있지 않으나 배가 그곳에 닿을 듯하면 바람에 밀려 그곳으로부터 멀어지는 것이 걱정스러웠다고 한다(自威 宣 燕昭 使人入海求蓬萊 方丈 瀛洲 此三神山者 其傳在渤海中 去人不遠 患且至 則船風引而去)."

른세 번 쇠북을 쳐서 못 다니게 하던 것을 풀었는데 이를 파루(또는 바루·바래·바라)라 했다.[80] 또는 새벽종이라 하기도 했다. 쇠북을 치는 종루는 오늘날 종로와 남대문길이 마주치는 네거리에 있었다. 여기에서 치는 쇠북(종) 소리가 지은이가 있는 남녘땅까지 들린다고 했다. 노랫말에 나오는 강남은 중국의 강남이 아니라 서울 한강의 남쪽이란 뜻이며 남녘을 가리키는 대이름씨(대명사)로 담양 창평을 말한다. 정철은 벼슬에 있다가 다시 시골 창평으로 내려가는 일을 되풀이하는데 이 노래를 지은 때는 세 번째로 창평에 내려갔을 때이다. 그러니 '강남(창평)을 내려가기만 하면 님이 그립다'고 읊었다. 서울에서 치는 쇠북 소리가 천 리나 멀리 떨어진 창평까지 성(임금이 있는 서울 도성)을 넘어 구름을 지나 순하게 부는 바람을 따라 들린다고 했으니 그 지나침이 심하다. 그만큼 님을 그리워하고 있다는 마음을 간절히 나타내려고 지나친 말을 하였다.

그래서 어떤 이는 시에서 하는 말은 맞거나 틀리거나 하고 따질 수 없다 하여, 삶 가운데 흔히 쓰는 말과는 달라, 말 같지 않은 말(의사진술 擬似陳述 또는 사이비진술 似而非陳述, pseudo-statement)이라 했다.[81] 참말로 겪은 일을 두고 말하는 것이 아니라 '설마 그럴 수가 있냐'고 고개를 갸우뚱하게 만드는 말을 시나 노래에서 하곤 한다. 이렇게 거짓말이다 싶을 정도로 지나치게 말을 해야 속마음을 온전히 풀어놓을 수 있고 듣는 이에게 넉넉하게 알릴 수 있다. 참말만으로는 말하고자 하는 바를 다 말할 수 없다. 삶에서 쓰는 여느 말을 잣대로 삼아 재어 보면 참말이 아니나, 시나

---

80) 『증보문헌비고(增補文獻備考)』 권지3, 「상위고(象緯考), 의상(儀象), 신혼대종(晨昏大鐘)」에 "1경 3점에 비로소 북과 징을 치기 시작한다. 북은 경수에 따라 치고, 징은 점수에 따라 치며, 큰 쇠북은 28번 친다(이 수는 28가지 별에 맞춘 것이다). 이것을 인정이라 한다. 5경 3점에는 북과 징을 거두고 큰 쇠북을 33번 친다(이 수는 33가지 하늘에 맞춘 것이다). 이것을 파루라 한다〔一更三點 始鼓·鉦 鼓隨更數 鉦隨點數 擊大鐘二十八(數應二十八宿) 謂之人定 五更三點撤鼓·鉦 擊大鐘三十三(數應三十三天) 謂之罷漏〕."

81) Richards, I. A.(1970), *Poetries and Sciences*, London: Routledge & Kegan Paul, p. 58.

노래에서는 지은이의 생각과 느낌을 넉넉히 드러내기에 참말보다 더 알맞은 말이 된다. 그러니 시나 노래에서 하는 말이 이치에 맞는 말인지 따지는 것은 뜻 없는 일이다.

쓴 ᄂᆞ물 데온 물이 고기도곤 마시 이셰
초옥 조분 줄이 긔 더옥 내 분이라
다만당 님 그린 타ᄉᆞ로 시름계워 ᄒᆞ노라

- 정철(鄭澈), 『송강가사(松江歌辭) 이선본(李選本)』 22, #2975.1

쓴 나물 데운 물이 고기보다 맛이 있네
초가집 좁은 것이 그 더욱 내 분수라
다만 님 그린 탓으로 시름 겨워 하노라

쓴 나물을 데친 물이 고기보다 맛이 있고, 초가집 좁은 것이 더욱 내 분수에 맞다고 했다. 다만 님을 그리워하기 때문에 시름을 못 이긴다고 했다. 고기를 실컷 먹고 살지도 못하고 짚이나 풀로 이은 지붕의 좁은 집에 살지만 그렇게 사는 것도 나에게 맞는 삶이라고 하면서 가난한 삶이지만 스스로 넉넉하다고 여긴다. 그런데 다만 시름 겨워하는 일이 있으니 님이 그리운 일이다. 여기서 님은 임금이다.

선비들이 벼슬에서 물러나와 시골에 숨어 지낼 때 어떤 마음이 드는지를 보여주는 손꼽을 만한 노래이다. 옛날 선비들은 벼슬을 내려놓고 시골로 내려가 산과 강을 벗하면서 글공부나 하며 제 몸을 닦는 것을 훌륭한 일로 여겼다. 그러면서도 마음 한 구석에는 늘 벼슬길에 다시 나가 제 뜻을 펼쳐 보이려는 바람을 가지기도 했다. 시골에서 사는 삶이 내 분수에 맞는 삶이기는 하지만 임금이 그리워 늘 걱정이라고 했으니, 언젠가 다시 기회가 온다면 벼슬자리에 나가 임금을 위해, 나라를 위해, 백성을 위해 열심히 일을 한 번 해보겠다는 속뜻이 담겨 있다. 사람은 물러나면 나아가기를 바라고 나아가면 다시 물러나고 싶어진다. 벼슬을 하고 있을 때는 여러 벼슬아치들과 싸우는 일에 골치가 아파 벼슬을 던져놓고 시골로 내려가고 싶다. 막상 시골로 내려와서 몸을 닦고 글공부만 하고 있자니 다시 벼슬을 얻어 제 뜻을 펼치고 싶어진다.

나올 적 언제러니 秋風의 落葉ᄂᆞ데
어름 눈 다 녹고 봄곳치 픠도록애
님다희 긔별을 모ᄅᆞ니 그ᄅᆞᆯ 셜워ᄒᆞ노라

– 정철(鄭澈), 『송강가사(松江歌辭) 성주본(星州本)』 67, #750.1

떠나온 때 언제인가 가을바람에 잎 떨어지네
얼음 눈 다 녹고 봄꽃이 피도록
님 계신 곳 소식을 모르니 그를 서러워 하노라

님을 떠나 온 지가 언제이던가, 가을바람에 나뭇잎이 떨어지네, 얼음과 눈 다 녹고 봄꽃이 다시 피어났는데도 님 계신 데 소식을 전할 수도 없고 어찌 지내시는지 소식을 알 수도 없으니 서글프다고 노래했다. 이 노래도 임금 그리는 정을 노래했다. 벼슬아치들은 시골에 숨어 살아도 마음은 늘 님(임금)에게 있다. 님과 헤어진 지 꽤 오래되었다. 가을이 지나고 겨울을 보내고 봄이 되도록 소식조차 모르고 있다. 스산하고 추운 때가 지나고 봄꽃이 피면 마음도 따뜻해지고 기뻐할 법도 하지만 님과 소식을 주고받을 수 없으니 아무리 자연이 그윽하고 아름다워도 말하는 이는 그렇게 느낄 수 없다. 마음이 괴롭지 않아야 자연도 아름답다.

노프나 노픈 남게 날 勸ᄒᆞ여 오려두고
이보오 벗님ᄂᆡ야 흔드지나 마르되야
ᄂᆞ려져 죽기ᄂᆞᆫ 셟지아녀 님 못볼가 ᄒᆞ노라

– 이양원(李陽元), 『청구영언(靑丘永言) 진본(珍本)』 358, #1089.1

> 높으나 높은 나무에 날 권하여 올려 두고
> 이보오 벗님네야 흔들지나 말았으면
> 떨어져 죽기는 서럽지 않거늘 님 못 볼까 하노라

높디높은 나무에 나보고 올라가라고 권해놓고 내가 올라가니 아래에서는 벗님네들이 흔든다. 그래서 흔들지나 말라고 하소연한다. 내가 나무에서 떨어져 죽는 것은 서럽지 않으나 님을 못 보고 죽는 것이 서럽다고 하였다. 여러 사람들의 말을 듣고 어떤 일을 했다가 아주 어려운 지경에 놓이게 되었는데, 그 어려움을 내가 견딜 수 있고, 행여 그 어려움 때문에 내가 죽게 되더라도 괜찮지만, 다만 그리워하고 사랑하는 님을 더는 볼 수 없게 된다고 생각하니 안타깝고 슬프다고 노래하였다.

이 노래를 더 잘 뜻풀이하려면 지은이 이양원(李陽元, 1533~1592)에 대해 알 필요가 있다. 이양원은 임진왜란(壬辰倭亂)이 일어나자 유도대장(留都大將)으로 나라에 힘을 보탰으며, 선조(宣祖)가 중국으로 건너갔다는 헛소문을 듣고 슬퍼하며 여드레 동안 굶다가 피를 토하고 죽었다고 전해진다.[82] 위 노래는 높은 나무에 자신을 올려놓고, 곧 높은 벼슬자리에 자신을 올려놓고 헐뜯고 해코지하며 당파싸움으로 나를 힘들게 하는 벼슬아치들을 꾸짖고 있다. 높은 나무에서 떨어져 죽는 것은 벼슬길에서 쫓겨나는 것을 뜻하며 님은 임금을 가리킨다고 할 수 있다. 내가 벼슬자리에서 쫓겨나는 것은 서글픈 일이 아니나 임금을 더 뵙지 못한다는 것이 서글프다고 했는데, 한편으로는 벼슬을 계속 하고 싶다는 말을 임금을 핑계로 포장하여 둘러댄 말로도 볼 수 있다.

이렇듯 벼슬아치나 선비들이 지은 노래들에 나오는 님은 사랑하는 님이 아니라 그리워하는 임금인 때가 있다. 겉은 사랑 노래이지만 속뜻은

---

82) 강명혜(2005), 「시조의 변이 양상」, 『시조학논총』 24집, 한국시조학회, 12~13쪽.

임금 그리는 뜻을 담고 있다. 그런데 이런 노래에서 말하는 이는 남성이 아니라 여성으로 느껴질 때가 많다. 여성의 목소리를 빌려 하고 싶은 말을 하는 것이다.

시와 노래는 오래전부터 지은이 주관의 고백이었기 때문에 시나 노래에서 말하는 사람은 시인이라고 할 수 있다.[83] 우리의 거의 모든 옛 노래들은 말하는 이와 지은이가 같은 때가 많다.[84] 그러나 때에 따라서는 말하는 이가 겉에 드러나기도 하고 숨기도 하며, 때로는 지은이 자신이 말하기도 하고 지은이가 아닌 다른 사람을 내세워 말하기도 한다. 지은이는 말하는 이를 따로 내세워 그의 눈과 입으로 자신의 생각과 느낌을 효과적으로 말하려고 한다.

말하는 이가 지은이 자신이 아니라 다른 사람일 때, 이 말하는 이는 다른 사람의 인격이라 하여 이런 시를 '몰개성론(沒個性論, theory of individuality effacement)의 시'[85]라 한다. 또한 이런 시에 나오는 말하는 이의 목소리는 엘리어트(T.S. Eliot)의 세 번째 갈래인 '작중 인물의 말'에 드는 목소리라 할 수 있다.[86] 또한 이런 시는 시인이 아닌, 어떤 따로 정한 인물의 입으로 서정을 말하게 되므로 배역시(配役詩)[87]의 하나라고 할 수 있다.

이렇듯 지은이가 제 목소리가 아닌 다른 사람의 목소리를 내세우는 것을 탈을 쓰는 것으로 설명할 수 있는데, 융(Jung)은 가면의 얼굴을 심리학

---

83) Meyerhoff, Hans(1955), *Time in Literature*, Berkeley: University of California Press, pp. 26~35.

84) 김대행(1991), 『시가시학연구』, 이화여자대학교출판부, 385쪽.

85) 김준오(2004), 『시론(詩論)』(제4판), 삼지원, 342쪽.

86) Eliot, Thomas Stearns(1957), The Three Voices of Poetry, *On Poetry and Poets*, London; Boston: Faber and Faber, p.96. 엘리어트가 말하는 3가지 유형의 목소리는 ① 자기 자신에게 말하는 시인의 목소리(시인 지향적 화자), ② 청중(독자)에게 말하는 시인의 목소리(청자 지향적 화자), ③ 시인이 만들어낸 작중 인물(persona)이 시로써 말하게 하는 시인의 목소리(허구적 화자; 화제 지향적 화자)이다.

87) 김준오(2004), 앞의 책, 291쪽; Kayser, Wolfgang, *Das Sprachiliche Kunstwerk*, 김윤섭 옮김(1988), 『언어예술작품론』, 시인사, 296~304쪽.

용어로 탈(persona)이라고 하였다. 탈은 사람이 세계에 대해 교섭하고 적응하는, 나 자신의 기능이자 한 사람의 체계이자 사람들의 태도라고 하였다.[88] 탈은 한 사람이 겉으로 어떻게 보이는가에 관한 개인과 사회 사이에 맺은 하나의 타협이므로, 탈은 가장(假裝, semblance)이고 2차원의 현실(a two-dimensional reality)이라고 하였다.[89] 또한 브룩스와 워렌(Brooks & Warren)은 모든 시는 허구를 띠기 때문에 시에서 목소리는 만들어질 수밖에 없다고 보았다. 그러면서 시인은 자신이 말하는 것보다 가면(mask)을 쓰면 더 진실을 말할 수 있다고 보고 이 가면의 하나를 탈(persona)이라는 말로 설명한 바 있다.[90]

이로 보아 탈(persona)[91]은 "내가 원하는 나, 이를테면 스스로가 무의식으로 만들어낸 가면, 세상을 향해 쓰고 있는 것, 스스로가 되고 싶은 자기 얼굴"[92] 같은 뜻을 가지고 있다. 우리가 익히 알고 있는 탈춤을 생각해 보면 쉽게 이해할 수 있다. 탈놀이(가면극)에 나오는 사람은 탈로 제 얼굴을 가릴 수 있기 때문에 하고 싶은 말을 할 수 있게 된다. 각시탈을 쓴 이는 각시가 되는 것이고, 말뚝이 탈을 쓴 이는 말뚝이가 되는 것이다. 탈을 쓰

---

88) Jung, Carl Gustav(1968), *The Archetypes and Collective Unconsciousness*, Trans, Hull, R. F. C., 2nd ed, Princeton: Princeton University Press, pp. 122~123.

89) Jung, Carl Gustav(1966), *Two Essays on Analytical Psychology*, Trans, Hull, R. F. C., 2nd ed, Princeton: Princeton University Press, pp. 157~158.

90) Brooks, Cleanth & Warren, Robert Penn(1976), Poetry as a way of saying, *Understanding Poetry*, 4th ed, New York: Holt, pp. 14~15.

91) 퍼소나(persona)는 배우의 가면을 뜻하는 라틴말 퍼소난도(personamdo 발음하다)에서 온 연극에서 쓰는 말이다. 이것은 처음 말하는 이의 목소리를 모으고 크게 하는, 가면의 입구(mouthpiece)를 뜻하다가 배우가 쓰는 가면, 배우가 하는 일의 뜻을 거쳐 드디어 어떤 뚜렷한 인물 또는 개성을 가리키게 되었다. Georg T. Wright, *The Poet in the Poem*, 1장, 김준오 옮김(1985), 「시인의 얼굴들」, 『가면의 해석학』, 이우출판사, 272~273쪽. 그 뒤에 퍼소나는 시나 소설의 말하는 이를 가리키는 말로 굳어지기도 했다. 이 책에서는 '퍼소나'와 꼭 들어맞는 우리말을 찾기는 힘들기 때문에 앞선 연구자들이 많이 써왔던 '탈'로 옮긴다.

92) 정끝별(2011), 「현대시 화자(persona) 교육에 관한 시학적 연구」, 『한국문예비평연구』 제35집, 한국현대문예비평학회, 171쪽.

면 실제 자신은 탈 속에 감추어지게 되고 자신은 그 탈의 인물이 되어 말할 수 있다. 그래서 탈을 쓴 광대는 윗사람을 풍자하거나 조롱하는 말도 할 수 있게 된다. 또 그런 탈춤을 보고 즐기는 이들도 탈을 쓴 광대가 하는 말을 용납하게 된다. 지은이가 노래에서 자신이 아닌 다른 사람을 내세우면 자신은 탈 속에 숨은 채 다른 사람의 목소리로 말할 수 있다.

옛 노래(시조)는 조선 때 선비나 이들을 따르려는 소리꾼(가객)이나 기녀들이 짓고 누렸던 노래로, 가곡창이나 시조창으로 잔치나 모임의 자리 또는 한가로운 여가의 자리에서 주고받으며 즐겼던 예술이다. 그러니 옛 노래는 자신의 태도나 의지 또는 정서를 여러 사람에게 밝히는 구실을 하게 되었고 또 그런 뜻에서 짓고 즐기게 되었다. 그러므로 옛 노래를 짓는 이는 듣는 이가 자신의 말을 어떻게 받아들이느냐를 생각하면서 노래를 지을 수밖에 없다. 이때 지은이는 '어떻게 말하느냐' 하는 고민을 하게 된다. 지은이 자신의 목소리로 말할 것인가, 아니면 내가 아닌 다른 사람을 내세워 말할 것인가, 또는 꾸며낸 가짜 인물을 내세워 말할 것인가와 같이 말하기 방식을 생각해서 노래를 짓게 된다.

남성 선비들이 지은 노래 가운데 말하는 이를 여성으로 내세운 노래가 있다는 점은 흥미로운 일이다. 자신의 성이 아닌 다른 성별93)의 말하는

93) 성(性, sex)이 남녀의 몸이 다름을 이른 말이라면 성별(性別, gender)은 문화나 역사에서 변해온 남녀의 다름을 이른 말이다. Wiesner, Merry E.(2001), *Gender in History*, Malden, Mass.: Blackwell, p. 2. 이경하(2002),「'여성/문학/사'에 대한 이론적 고찰」,『한국고전여성문학연구』5, 한국고전여성문학회, 236쪽에서 다시 가져옴. 박혜숙과 고정희도 성과 성별을 구분해야 한다고 말한 바 있다. 박혜숙(1998), 앞의 글, 6쪽; 고정희(2006),「고전시가 여성화자 연구의 쟁점과 전망」,『여성문학연구』15, 한국여성문학학회, 11쪽. 이런 견해들에 따르면 지은이의 성은 현실의 생리학에서 말하는 성(性, sex)이고, 노래 속 말하는 이의 성은 사회나 문화에서 만들어낸 성별(性別, gender)이라 할 수 있다. 그러나 성별(젠더)의 뜻넓이를 정리한 스콧(Scott)이 말하였듯이 성별/성의 구분이 쓸모는 있지만 반드시 지켜지는 것은 아니며, 생물학의 성과 사회문화의 성별이 너무나 가깝게 이어져 있어 두 개념을 뚜렷이 구분하여 쓰기는 어렵다. Scott, Joan Wallach(1999), *Gender and the Politics of History*, New York: Columbia University Press(revised edition), p.199. 따라서 이 책에서는 딱히 성과 성별을 구분하여 쓰지는 않는다.

이를 내세워 노래하는 셈인데, 이것은 남성 지은이가 여성의 탈〔假面, persona〕을 쓰고 여성의 말투로 말하는 방법을 택한 것이다. 어떤 효과를 얻기 위해 꾸며낸 여성을 만들어 듣는 이에게 하고 싶은 말을 하였다. 노래를 짓고 부르는 이들은 때로는 여성의 목소리가 남성의 목소리보다 뜻을 전하는 데 알맞다고 여겼다.

남성이든 여성이든 사람은 자신 속에 다른 성〔異性〕을 가지고 있다고 한다. 남성의 무의식에는 여성의 인격이, 여성의 무의식에는 남성의 인격이 속사람으로 자리하게 된다. 남성 속의 여성을 아니마(anima), 여성 속의 남성을 아니무스(animus)라 한다.[94] 도교 경전인 『태을금화종지(太乙金華宗旨)』에서도 사람은 넋〔백 魄〕이라고 하는 세속의 정신과 얼〔혼 魂〕이라고 하는 신령한 정신을 갖고 있다고 했다. 얼〔魂〕은 양(陽, 남성다움)에 들고 넋〔魄〕은 음(陰, 여성다움)에 든다.[95] 이런 음양의 원리는 누구나 남성다움과 여성다움을 같이 지니고 있음을 보여준다. 남성이 지은 여성 목소리의 노래는 남성 속에 감추어진 여성의 속성을 끄집어내서 말한 노래라 할 수 있다.

『주역(周易)』에 "음덕이 비록 아름다움을 지니고 있으나, 이것으로써(이것을 가지고) 왕의 일을 좇는다면(행한다면) 감히 이룰 수 없으니 땅의 도리〔地道〕이고 아내의 도리〔妻道〕이고 신하의 도리〔臣道〕이니 땅의 도리는 이루는 것이 없는 대신 마침이 있느니라."[96]고 했으니, 오래전부터 남성을 그리워하는 여성과 임금을 그리워하는 벼슬아치가 그 처지가 서로

---

94) 이부영(2001), 『남성 속의 여성, 여성 속의 남성 아니마와 아니무스』, 한길사, 31쪽과 155쪽; Sanford, John A., *The invisible partners: how the male and female in each of us affects our relationships*, 노혜숙 옮김(2013), 『우울한 남자의 아니마, 화내는 여자의 아니무스 : 내가 모르는 내 안의 성(性)을 만나다』, 아니마, 19~33쪽.

95) 여동빈(呂洞賓), 이윤희·고성훈 옮김(1999), 『태을금화종지(太乙金華宗旨)』, 여강출판사, 43~48쪽.

96) 『주역(周易)』, 「문언전(文言傳)·곤괘(坤卦)」의 육삼(六三)에 "陰雖有美含 之以從王事 弗敢成也 地道也 妻道也 臣道也 地道 无成 而代 有終也."

통할 수 있다고 생각했다.

임금 그리는 노래에 말하는 이를 여인으로 내세우는 문학 작품의 전통은 중국 전국시대(戰國時代) 초(楚)나라 굴원(屈原, 기원전 343경~기원전 278경)의 「이소(離騷)」에서부터 시작한다.[97] 이런 여성 목소리를 내세우는 전통은 우리나라에도 영향을 미쳐 고려 때 정서(鄭敍)가 지은 「정과정(鄭瓜亭)」 같은 노래가 나왔고,[98] 그 뒤에도 많은 선비들은 한시(漢詩)나, 사부(辭賦), 시조, 가사에서 여성을 말하는 이로 내세워 작품들을 지었다. 이와 같은 말하기에는 억울한 여성의 딱한 처지로 시인 자신의 곡진한 감정을 효과 있게 드러내기 위한 속내가 들어 있다.[99]

사랑을 간절히 바라는 일은 강한 남성보다는 여리고 약한 여성의 특질로 여겨 왔으며, 가녀린 목소리도 여성의 특성으로 생각해 왔다.[100] 이렇

---

97) 그러나 최미정(2008), 「충신연주지사에서 주체와 타자」, 『국문학연구』 제18호, 국문학회, 71~77쪽은 「이소」의 그 어디에도 말하는 이가 여성이라고 느낄 수 있는 데가 없다고 보았다. "뭇 여인들은 내 아름다움을 질투하여/내가 음란한 짓을 잘한다고 악담하네."로 노래한 부분도 실제로 굴원이 회왕(懷王)의 후궁들에게 모함을 받은 일을 두고 읊은 내용이라고 풀이하였다.

98) 신라 진평왕 때 실혜(實兮)가 지은 「실혜가(實兮歌)」는 노랫말이 전하지 않지만 실혜가 자신의 신세를 초나라 굴원에 빗대었다는 기록으로 보아 이 노래도 말하는 이가 여성일 수 있다. 『삼국사기(三國史記)』, 「열전(列傳)·실혜전(實兮傳)」에 "실혜가 답하여 말하였다. '옛날 굴원은 홀로 곧았으나 초나라에서 배척되어 쫓겨났으며, 이사(李斯)는 충성을 다하였으나 진(秦)나라에서 극형을 받았다. 그러므로 아첨하는 신하가 임금을 미혹하게 하고 충성스러운 선비가 배척을 받는 것은 옛날에도 역시 그러하였음을 알 수 있으니, 어찌 슬퍼하겠는가?' 드디어 아무런 말을 하지 않고 떠나면서, 긴 노래를 지어 뜻을 드러냈다(實兮荅曰 昔屈原孤直 爲楚擯黜 李斯盡忠 爲秦極刑 故知佞 臣惑主 忠士被斥 古亦然也 何足悲乎 遂不言而往 作長歌見意)."

99) 서양에서도 임금이나 주인에게 쫓겨난 남성이 여성의 목소리를 빌려 자신의 처지를 나타낸 작품들이 있다 Harvey, Elizabeth D., *Ventriloquized Voices: Feminist Theory and English Renaissance Text*, 정인숙·고현숙·박연성 옮김(2006), 『복화술의 목소리』, 문학동네; Lipking, Lawrence(1988), *Abandoned Women and Poetic Tradition*, Chicago and London: The University of Chicago Press. 이로 보아 남성 지은이가 자신의 감정을 절실하고 곡진하게 말하려고 여성의 목소리를 빌리는 방식은 동양이나 서양이나 널리 퍼진 하나의 문학 관습이었다고 할 수 있다.

100) 강명혜(2016), 「한국 고전 시가의 여성 작가와 작품 속 아니마적 페소나의 특성, 그리고 바람직한 콘텐츠화 방안」, 『한국문학과 예술』 제18집. 숭실대학교 한국

듯 여성은 극한 상황을 이야기하는 데 가장 알맞은 인물이며, 삶의 어떤 심각한 국면에서는 여성 목소리의 간절하고 격렬한 말투가 필요하다.[101] 임금 그리는 노래를 지은 선비들이 제 목소리가 아닌 여성의 목소리로 노래한 데에는 "여성의 사랑과 신의가 가장 순수하고 거짓됨이 없으며 절실하다는 사실을 인정하고, 시인 자신의 마음을 대상에게 전달하는 매체로서 어떤 현란한 비유보다도 여성의 진실 이상으로 효과적인 것이 없다"[102]는 판단이 들어 있다. "님이 누구이든 사랑을 바라고 이별을 싫어하는 심정은 그리 다르지 않지만, 남성에게 바치는 여성의 노래가 간절한 심정에서 우러나는 곡진한 표현을 특히 잘 갖추어 듣는 이의 마음을 사로잡는다."[103] "절실하고 결핍의 느낌을 진정성 있게 전달하려면 지은이의 성별과 관계 없이 말하는 이는 '여성'이어야 한다."[104] 여성 목소리의 임금 그리는 노래는 여느 남녀 사이처럼 그 그리움의 깊이나 세기가 절실하고 때로는 그보다 훨씬 더하기도 한다. 『맹자(孟子)』에 보면 "벼슬을 하게 되면 임금을 사모하고, 임금의 마음을 얻지 못하면 초조하여 가슴 속에 열병이 난다"[105]고 했다. 임금의 사랑을 받지 못하면 병이 나게 되고 그 슬픈 감정을 노래로 읊조리게 된다.

또한 임금 그리는 노래 안에는 그때의 정치 상황과 벼슬아치들의 해코지로 억울하게 버림을 받은 지은이의 심정이 담겨 있기도 하기 때문에, 곧바로 말하는 방식으로 노래하게 되면 임금이나 다른 벼슬아치들에게 다시 한 번 미움을 사거나 공격을 받을 수 있는 부담이 생긴다. 이 부담을

문예연구소, 53쪽.

101) 김준오(2004), 앞의 책, 282~287쪽.

102) 이혜순(1997), 「15·16세기 한국 여성화자 시가의 의의 : 〈사미인곡〉·〈속미인곡〉·〈첩박명(妾薄命)〉을 중심으로」, 『한국문화』 19, 서울대학교 한국문화연구소, 83쪽.

103) 조동일(2017), 『시조의 넓이와 깊이』, 푸른사상, 192쪽.

104) 고정희(2013), 앞의 책, 109~110쪽.

105) 『맹자(孟子)』, 「만장장구(萬章章句) 상(上)」에 "仕則慕君 不得於君則熱中."

줄이려고 벼슬자리에 있는 남성의 모습은 뒤로 숨기고 여성의 탈을 쓰고 노래하게 된다. 그러면 정치 싸움에서 다시 공격받을 수 있는 틈을 막을 수 있게 된다.[106] 그러니 "'임금과 신하'라는 공식 관계를 '남성과 여성'이라는 개인 관계로 바꾸면 공식으로 말할 수 없는 것도 개인 차원에서는 말할 수 있다."[107]

한편 선비들은 유학의 경건주의를 철학으로 삼고 살았던 이들이라 남녀 사이의 사랑 노래를 짓거나 즐기는 일을 추어주지는 않았을 것이다. 유교 이념을 따라야 하고 남녀관계를 엄격하게 구분했던 조선 시대에 벼슬아치나 선비들이 사랑 노래를 자유롭게 짓고 즐기기는 어려웠을 것이다. 고려 때부터 전해온 속악(俗樂)을 남녀가 서로 좋아하는 노래〔남녀상열지사 男女相悅之詞〕라 하여 궁중 잔치에 올릴 수 없다는 실록의 기록이나,[108] 세상 사람들이 정(鄭)나라와 위(衛)나라의 노래를 좋아하여 음란함이 더하여지고 옥수의 후정화(後庭花)를 듣고 뜻을 방탕하게 한다[109]는 이황(李滉)의 지적을 보면 알 수 있듯이 조선 시대는 사랑 노래를 유학(儒學)의 예악론(禮樂論)에 어긋난다고 생각했던 시대이다. 그러니 그때

---

106) 이주영(2008), 「'사미인'의 이중성과 국어교육」, 『선청어문』 36, 서울대학교 국어교육과, 196쪽.

107) 정인숙(2010), 『가사문학과 시적 화자』, 보고사, 139쪽.

108) 『성종실록(成宗實錄)』 215권, 성종 19년 4월 4일 정유(丁酉) 2번째 기사에 "속악(俗樂)의 서경별곡(西京別曲)과 같은 노래는 남녀가 서로 좋아하는 노래이니, 매우 쓸 수 없는 것이다(俗樂如《西京別曲》 男女相悅之詞 甚不可).”; 『성종실록(成宗實錄)』 236권, 성종 21년 1월 17일 경오(庚午) 1번째 기사에 "남녀가 서로 좋아하는 노랫말도 많으니, 청컨대 모두 버리소서(男女相悅之詞亦多 請皆去之).”; 『중종실록(中宗實錄)』 9권, 중종 4년 9월 29일 무오(戊午) 2번째 기사에 "남녀가 서로 좋아하는 노랫말은 과연 바르지 못하다. 노랫말의 딴 가락을 이에 앞서 이미 지었으니 반드시 해사(該司)에서 거듭 밝혀 익히도록 할 것이다(男女相悅之詞 果不正 歌詞別曲 前此已製 宜必該司申明肄習也).”

109) 『퇴계집(退溪集)』 권지43, 「어부가발(漁父歌跋)」에 "선생(이현보)은 여기에서 이미 참된 즐거움을 얻었으며 참된 소리를 마음껏 즐겼다. 세상 사람들이 정위(鄭衛)의 음악을 즐겨 음탕한 마음을 돋우고 옥수후정화(玉樹後庭花)를 들으며 뜻을 방탕하게 가지는 것과 어찌 비할 것이랴(先生之於此 旣得其眞樂 宜好其眞聲 豈若世俗之人悅鄭衛而增淫 聞玉樹而蕩志者比耶).”

남성 선비들은 사랑 노래를 지으려면 자신이 아닌 다른 사람의 목소리를 빌리는 방법을 쓸 수밖에 없었을 것이다. 남들의 날카로운 눈을 피하기 위한 하나의 속이기였다.

여성 목소리의 임금 그리는 노래들은 임금 그리는 빗댄 뜻〔우의 寓意〕을 지니면서 사랑과 정에 관한 느낌을 자유롭게 말할 수 있었던 노래들이다. 남녀의 정이나 사랑에 관련된 시 짓기가 필요했던 선비들은 시인 자신의 모습은 뒤로 감추고 여성의 모습을 하고 있는 말하는 이를 내세워 노래를 지었다.[110)]

이와 같이 여러 까닭 때문에 벼슬아치나 선비들은 제 목소리가 아닌 여인의 목소리를 빌려 임금 그리는 마음을 읊었다. 이런 노래 짓기가 나중에 사랑 노래가 더욱 많이 지어지고 퍼지는 데도 도움을 주었을 것이다. 따라서 여성 목소리의 노래는 옛 노래(시조)의 넓이와 깊이를 더욱 넓히고 깊게 해 주었다.

다음 안민영의 노래는 님을 만나기보다는 그리워하는 것이 낫다고 읊은 노래이다.

> 이리 알뜨리 살뜨리 그리고 그려 病되다가 萬一에 어느 씌가 되던지 만나 보면 그 엇더할고
>
> 應當 이 두 손길 뷔여 잡고 어안 벙벙 아모 말도 못하다가 두 눈에 물결이 어릐여 방울방울 써러져 아로롱지리라 이 옷 압자락에
>
> 일것셰 만낫다 하고 丁寧이 이럴 쥴 알냥이면 차라리 그려 病되던이만 못하여라
>
> – 안민영(安玟英), 『금옥총부(金玉叢部)』 181, #3779.1

110) 임금 그리는 노래를 나중에 사랑 노래로 즐기기도 했다. 이를테면, 신흠의 임금 그리는 노래가 나중에는 님을 그리는 노래로 성격이 바뀌기도 했다. 김석회(2002), 「상촌 신흠 시조 연구」, 『국어교육』 109호, 한국국어교육연구학회, 332쪽; 성기옥·김수경·정끝별·엄경희·유정선(2004), 『한국시의 미학적 패러다임과 시학적 전통』, 소명출판, 81~82쪽.

이리 알뜰히 살뜰히 그리고 그려 병 되다가 만일에 어느 때가 되든지 만나 보면 그 어떠할고

응당 이 두 손길 부여잡고 어안이 벙벙, 아무 말 못하다가 두 눈에 물결이 어려 방울방울 떨어져 아롱지리라, 이 옷 앞자락에

기껏해 만났다 하고 정녕 이럴 줄 알았으면 차라리 그려 병되느니만 못하여라

위 노래는 『금옥총부(金玉叢部)』에 적힌 말을 보면, 안민영이 강릉 기생 홍련(紅蓮)을 그리며 지은 노래이다.111) 알뜰하게 살뜰하게 님을 그리워하고 그리워하여 병이 될 지경이다. 그래서 정말 님을 만난다면 어떻게 될까 상상을 해본다. 어느 때가 되든지 님을 만나게 된다면, 마땅히 두 손길 부여잡고 어안이 벙벙하고 아무 말 못하다가 두 눈에 물결이 어려 방울방울 떨어져 옷 앞자락이 얼룩이 질 것이라고 생각했다. 만나 보니 더 괴롭다. 그러니 차라리 그리워하다 병 되는 것만 못하다고 하였다. 님을 그리워하면 만나고 싶고 만나기 위해 애쓴다. 그런데 이 노래는 만나게 되면 말도 못하고 눈물만 많이 흘릴 것이니 차라리 안 만나는 것이 좋겠다고 읊었다. 엮음 노래는 엉뚱한 생각, 다른 생각, 뒤틀린 생각을 담기도 하니 이런 노래를 할 수 있었을 것이다.

2) 그리움 이겨내기

님을 여의고 나서, 님과 헤어지고 나서, 보고 싶고 그리운 마음이 사무친다. 그렇다고 눈물짓고 한숨 짓고 푸념만 하고 나날을 보낼 수는 없다. 그리움을 어떻게 해서든 이겨내 보려는 노래들이 있다.

그리움이 사무쳐 꿈에서라도 님을 보고 싶어 하는 노래들이 있다.

---

111) 안민영 지음, 김신중 옮김(2003), 『금옥총부(金玉叢部)』, 박이정, 204쪽에 "강릉의 홍련을 그리워함(憶江陵紅蓮)."

ᄭᅮᆷ에 뵈ᄂᆞᆫ 님이 信義업다 ᄒᆞᆫ것마ᄂᆞᆫ

貪貪이 그리올 졔 ᄭᅮᆷ 아니면 어이 보리

져 님아 ᄭᅮᆷ이라 말고 ᄌᆞ로ᄌᆞ로 뵈시쇼

- 명옥(明玉), 『청구영언(青丘永言) 육당본(六堂本)』 279, #687.1

꿈에 보이는 님이 믿음 없다 하건마는

탐탐히 그리울 제 꿈 아니면 어이 보리

저 님아 꿈이라 말고 자주자주 보여 주소

꿈에 보이는 님은 믿음과 의리〔신의 信義〕가 없다 한다. 꿈에 나타나는 님은 인연이 없다는 속설도 있고, 꿈에만 보이고 실제로 내 앞에 나타나지 않으면 그 님은 말짱 헛것일 뿐이다. 그러나 그 님을 그리워하는 마음은 탐탐(貪貪)하다고 했으니 견디기 힘들 만큼 간절하다. 그렇게까지 그리운 님을 꿈이 아니면 어떻게 보겠는가, 꿈에서라도 님을 본다면 얼마나 즐겁고 기쁘겠는가, 그러니 저 님아, 꿈이라고 여기지 말고 꿈에서라도 자주자주 나타나 주라고 하였다. 가까이하기 어려운 님을 만날 수 있는 곳으로, '꿈'이라는 끝없고 신비한 곳을 그려놓고 그리움의 아픔을 이겨내려고 하였다. 이와 같은 노래들이 많다.

ᄭᅮᆷ에 왓던 님이 ᄭᅵ여 보니 간ᄃᆡ업ᄂᆡ

耽耽이 괴던 사랑 날 버리고 어디 간고

ᄭᅮᆷ속이 虛事ㅣ라만졍 자로 뵈게 ᄒᆞ여라

- 박효관(朴孝寬), 『가곡원류(歌曲源流) 국악원본(國樂院本)』 323, #692.1

꿈에 왔던 님이 깨어 보니 간데 없네

탐탐이 괴던 사랑 날 버리고 어디 갔노

꿈속이 헛일일망정 자주 뵈게 하여라

이리 보온 후의 ᄯᅩ 언제 다시 볼고
진실노 보오완가 힝혀 아니 ᄭᅮᆷ이런가
ᄭᅮᆷ이야 ᄭᅮᆷ이나마 매양 보게 ᄒᆞ쇼셔

『근화악부(槿花樂府)』 253, #3777.1

이리 본 뒤에 또 언제 다시 볼꼬
진실로 보았는가 행여 아니 꿈이런가
꿈이야 꿈이나마 매양 보게 하소서

ᄂᆡ 그려 ᄭᅮᆷ을 ᄭᅮᆫ가 님이 그려 ᄭᅮᆷ에 뵌가
어엿븐 얼골이 번드시 뵈노ᄆᆡ라
ᄭᅮᆷ이야 ᄭᅮᆷ이엿마는 자로 자로 뵈와라

『청구영언(靑丘永言) 가람본(嘉藍本)』 391, #908.1

내 그려 꿈을 꾸는가 님이 그려 꿈에 뵌가
어여쁜 얼굴이 번듯이 뵈노매라
꿈이야 꿈이언마는 자로자로 뵈어라

첫 번째 노래는 꿈속에 님이 나타났는데 깨고 보니 님이 안 보인다. 나를 아끼고 사랑하던 님이 어디 갔는지 한숨 쉰다. 하지만 꿈속이 헛일이요, 헛것이지만 꿈속에서라도 자주 보였으면 좋겠다고 읊었다.

두 번째 노래는 헤어진 님을 언제 다시 볼 수 있을지 서글퍼 한다. 그러다 님을 보았는데 진실(眞實)로 보았는지 행여 꿈이 아닌가 여겼다. 끝내 꿈인 것을 깨닫고 꿈에서나마 늘 보았으면 좋겠다고 생각하였다.

세 번째 노래는 내가 님을 무척 그리워하기 때문에 꿈을 꾸는가, 아니면 님이 나를 그리워해서 꿈속에 나타나는가 생각했다. 꿈속에서 본 님의 얼굴은 어여쁘고 번듯이 보인다. 비록 꿈이지만 자주자주 보이라고 부탁한다. 꿈일지라도 님의 얼굴을 자주 보고 싶다.

이렇듯 위 세 노래는 현실에서는 님을 자주 볼 수 없으니 꿈에서라도 자주 볼 수 있기를 바란 노래이다. 꿈은 헤어짐과 그리움의 슬픔을 이겨낼 수 있게 해 준다. 꿈에서라도 님을 보기를 바라는 까닭은 그만큼 님에 대한 사랑과 그리움이 크기 때문이다. 정말 애틋하게 누군가를 그리워하면 그 사람이 꿈에 나타난다.

> 梨花雨 흣ᄲᅮ릴 제 울며 잡고 離別ᄒᆞᆫ님
> 秋風落葉에 져도 날 生覺ᄂᆞᆫ가
> 千里에 외로온 ᄭᅮᆷ은 오락가락 ᄒᆞᆫ다
>
> \- 매창(梅窓), 『병와가곡집(甁窩歌曲集)』 556, #3902.1

> 배꽃잎이 비처럼 흩뿌릴 때 울며 잡고 이별한 님
> 가을바람에 잎 떨어질 때 저도 나를 생각하는가
> 천 리에 외로운 꿈은 오락가락 하는구나

배나무 꽃이 비가 오는 것처럼〔이화우 梨花雨〕 떨어질 때,[112] 님을 잡고 울면서 이별(離別)하였다. 그런데 시간이 흘러 가을바람에 나뭇잎이 떨어질 때〔추풍낙엽 秋風落葉〕가 되었는데, 떠나간 님은 나를 생각이나 하고 있는지 알 수 없다. 천 리(千里)나 멀리 떨어져 있어 그 님을 외롭게 혼자 그리워하는 꿈만 오락가락 한다고 읊었다.

부안 기생 매창(梅窓) 이계랑(李桂娘, 1573~1610)의 노래는 지은이가 관기(官妓)로 있었을 때 유희경(劉希慶)과 헤어진 뒤 지은 것이라 알려져 있다.[113] 님과 언제 어떻게 헤어졌는지 말한 다음 소식이 없는 님을 기다

---

112) '이화우(梨花雨)'를 배꽃에 내리는 비로 풀기도 한다.

113) 『청구영언(靑丘永言) 진본(珍本)』에 "계랑은 부안의 이름난 기생으로 시를 잘 지었고 매창집이 있다. 촌은 유희경의 사랑을 받았으나 유희경이 서울로 돌아간 뒤 아무런 소식이 없자 계랑이 이 노래를 짓고 절개를 지켰다(桂娘 扶安名技 能詩 出梅窓集 與劉村隱希慶故人 村隱還京後 頓無音信 作此歌而守節).";『촌은집(村隱集)』 권2,

리는 애타는 마음을 노래하고 있으며, 자신이 님을 간절히 그리워하듯 님도 나를 똑같이 사랑해주기를 바라고 있다. 이 노래에서는 님 그리는 아픔을 꿈으로 풀고자 한다. 끝줄(종장)에서 님에게 화내지 않고, 현실에서는 그리운 님을 만날 수 있을지 알 수 없으니 그리움 때문에 생긴 괴로움을 꿈으로 풀려고 하였다.[114] 곧 이 노래는 님을 여의고 그리워하면서 겪는 어쩔 수 없는 아픔을 꿈으로 이겨 보려는 뜻을 보이고 있다.

이와 같이 그리움을 꿈으로 이겨내려는 노래들이 많은데, 더욱이 기녀들의 노래에서 "꿈은 님과 함께하고픈 욕망을 잠정적으로 해소할 수 있게 해준다."[115] "꿈은 바라는 바를 이룰 수 있게 해 주는데,"[116] 꿈은 시간과 공간을 넘어서기 때문에 자신이 처한 현실의 문제를 자신만의 세계로 바꾸어 풀 수 있게 해 준다. 현실에서 채울 수 없는 것을 꿈으로 채울 수 있다.

다음 노래는 꿈으로 그리운 님을 만나 보겠다고 읊었다.

> 꿈으로 差使을 삼아 먼듸 님 오게 ᄒᆞ면
> 비록 千里이라도 瞬息에 오련마ᄂᆞᆫ
> 그 님도 님 둔 님이니 올똥말똥 ᄒᆞ여라
>
> \- 이정보(李鼎輔), 『병와가곡집(瓶窩歌曲集)』 672, #698.1

「행록(行錄)」에 "유희경이 젊었을 때 부안에 놀러 갔는데 그 고을에 계생이라는 이름난 기녀가 있었다. 계생은 그가 서울에서 이름난 시객이라는 말을 듣고, '유희경과 백대붕 중 어느 분입니까?' 물었다. 대개 유희경과 백대붕의 이름이 멀리까지 알려져 있었기 때문이다. 그가 일찍이 기녀를 가까이 하지 않았는데, 이에 이르러 파계하였으며 풍류로 서로 더불어 즐겼다(少遊扶安邑 有名妓癸生者 聞君爲洛中詩客 問曰 劉白中誰耶 盖君及大鵬之名動遠邇也 君未嘗近妓 至是破戒 盖相與以風流也)."

114) 남정희(2007), 「『진본 청구영언』 내 평시조에 나타나는 여성적 목소리와 그 의미」, 『한국고전연구』 16집. 한국고전연구학회, 112~113쪽; 김지은(2015), 「기생시조에 드러난 방어기제 고찰」, 『문학과 언어』 37, 한국문화융합학회, 493쪽.

115) 신은경(1997), 앞의 책, 361~369쪽.

116) Freud, Sigmund, *Die Traumdeutung*, 장병길 옮김(1967), 『꿈의 해석』, 을유문화사, 91쪽.

꿈을 심부름꾼 삼아 먼 곳의 님 오게 하면
비록 천 리라도 금세 오련마는
그 님도 다른 님을 두었으니 올똥말똥 하여라

님이 너무 그립기 때문에 꿈을 심부름꾼〔차사 差使〕으로 삼아 먼 곳에 있는 님을 오게 하겠다고 했다. 이 말은 살아 있는 이 자리에서는 님을 데려올 수 없으니 꿈에서라도 님을 보고 싶다는 말이다. 꿈을 보내어 님을 오게 한다는 생각을 했다. 그렇게 꿈을 보내면 비록 천 리(千里)의 먼 거리에 있는 님이라도 금세〔순식瞬息간에〕 올 것이라고 했다. 꿈속에서는 그 어떤 어려운 일도 이룰 수 있기 때문에, 아무리 멀리에 있는 님도 데려올 수 있다. 그러나 그 님은 다른 님을 곁에 두고 있으니 올 수 있을지 알 수 없다고 했다. 꿈을 꾸다 다시 꿈 밖으로 나와 보니 현실에서는 그 님을 다시 보기가 힘들다는 것을 깨닫게 된다. 내가 기다리고 그리워하는 님은 다른 이와 사랑을 나누고 있는 남의 님이기도 하다. 그러기에 나에게 다시 오기가 쉽지 않다. 어쨌든 이 노래도 꿈으로 그리움을 이겨내려고 한 노래이다.

ᄭᅮᆷ이 날 爲ᄒᆞ여 먼듸 님 더려오늘
貪貪이 반기 너겨 잠을 ᄭᆡ여 니러 보니
그 님이 셩ᄂᆡ여 간지 긔도망도 업셰라

- 이정신(李廷藎), 『청구영언(靑丘永言) 육당본(六堂本)』 446, #701.1

꿈이 날 위하여 먼데 님 데려왔거늘
매우 반갑게 여겨 잠을 깨어 일어나 보니
그 님이 성내어 갔는지 간 곳이 없구나

꿈속에서 님이 온 것을 꿈이 나를 위하여 먼 곳에 있는 님을 데려왔다고 말했다. 그리운 님을 만나 마음이 들떠 아주 정답게〔탐탐貪貪이〕[117]

반가이 여긴다. 이렇게 꿈속에서 반갑게 만난 님을 잠이 깨도 볼 수 있지 않을까 일어나 보았는데 안타깝게도 님은 내 곁에 없다. 그래서 그 님이 성 내고 어디로 가 버렸는지 간 곳조차 알 수 없다고 했다. 꿈속에서 반갑게 만난 님은 잠을 깨어 보니 왔던 흔적조차 알 수 없어 더욱 넋을 나가게 하고 어깨를 처지게 한다. 꿈이 님을 데려왔다고 한 말이나 님이 곁에 없는 것을 두고 님이 성을 내고 갔다고 한 말에 눈길이 간다.

뉘라 나간 님을 無情타 허돗든지
졔 丁寧 無情ᄒᆞ면 ᄭᅮᆷ에 와셔 반갈손ᄂᆢ
이제란 ᄭᅮᆷ으로 진정 사마 離別 업시 ᄒᆞ리라

- 호석균(扈錫均), 『가곡원류(歌曲源流) 일석본(一石本)』 711, #1121.1

누가 나간 님을 무정하다고 하였던가
제 정녕 무정하면 꿈에 와서 반기겠는가
이제는 꿈을 진정으로 삼아 이별 없이 하리라

사람들은 떠나서 돌아오지 않는 님은 무정(無情)하다고들 한다. 그렇지만 그 님이 정녕(丁寧) 정이 없다면 내 꿈에 나타나서 나를 반길 리가 없다. 그 님은 나에게 정을 두고 있기에 꿈속에서라도 볼 수 있다. 이제는 꿈을 진정으로 삼아서 이별(離別) 없이 하겠다고 읊었다. 오지 않는 님을 그리워하면서 서글퍼하지 않고 꿈에라도 만나 그리움 때문에 생긴 슬픔을 덜어내려고 했다. 그러나 꿈은 꿈일 뿐이다. 꿈에서 깨어 살아 있는 이 자리에서는 그리운 님을 만나 헤어지지 않고 살 수 있을지 알 수 없다. 그러기에 이런 말이라도 해서 님을 만나 보겠다는 바람을 노래해 보았다.

---

117) 탐탐(貪貪)이: 매우 그리워하는 모습.

ᄭᅮᆷ아 어린 ᄭᅮᆷ아 왓는 님도 보ᄂᆡᆯ 것다

왓는 님 보ᄂᆡ느니 잠든 날을 ᄭᆡ오렴운

이後란 님이 오셔드란 잡고 날을 ᄭᆡ워라

『지음(知音)건(乾)』 170, #680.1

꿈아 어리석은 꿈아 왔는 님도 보낼건가

왔는 님 보내느니 잠든 나를 깨우려무나

이후란 님이 오시거든 잡고 나를 깨워라

꿈속에 님이 왔는데 어리석은 꿈은 그 님을 붙잡지 않고 보내주고 말았다. 그래서 왔던 님을 보낼 바에는 그 님을 잡아두고 잠든 나를 깨우라고 했다. 그러면 내가 그 님을 붙잡을 것이라는 말이다. 꿈이 님을 보낸 것도 아니고, 꿈이 님을 잡아둘 수도 없고, 꿈이 나를 깨울 수도 없다. 어쩌다 꿈이 그렇게 한다 해도 참으로 님을 만나는 것은 아니다. 님을 그리워하여 이런 넋두리를 해보았다.

꿈으로 문제를 풀려고 하나 꿈은 한계가 있다.

ᄭᅮᆷ의 ᄃᆞᆫ디ᄂᆞᆫ 길히 ᄌᆞ최곳 날쟉시면

님의 집 窓밧긔 石路라도 달흘노다

ᄭᅮᆷ길이 ᄌᆞ최 업ᄉᆞ니 그를 슬허 ᄒᆞ노라

– 이명한(李明漢), 『고금가곡(古今歌曲)』 206, #684.1

꿈에 다니는 길이 흔적이 난다면

님의 집 창밖에 돌길이라도 다 닳으련만

꿈길이 흔적이 없으니 그를 슬퍼하노라

꿈속에 다니는 길이 만일 자취가 남는다면, 님의 집 창밖은 돌길(석로石路)이라도 다 닳아 버렸을 것이다고 했다. 그만큼 님을 보러 자주 다녔다는 말이다. 그러나 그것이 꿈길이라서 다닌 흔적이 나지 않으니 슬프다고 했다. 님이 그립지만 갈 길이 막혀 있으면 꿈길에서라도 님을 보고 싶다. 그래서 꿈길에 님을 만나러 여러 번 간다. 다니는 길에는 오고간 흔적이 남는다. 나는 님을 만나러 자주 다녔기에 돌길이라도 닳을 정도가 되었다. 그러나 꿈길이기 때문에 그런 흔적이 남지 않는다.

나는 돌길이 닳아 버릴 만큼 님의 집을 수없이 오고갔다. 보고 싶어서도 가고, 불러내서 가고, 부르지 않아도 가고, 무심코 발이 이끌어가서 가기도 하고, 님에게 할 말이 있어 가기도 하고, 가지 않고는 견딜 수가 없어서 가기도 하고, 하루에도 여러 번 가고, 그러다 보니 그 돌길이 닳지 않을 수 없었을 것이다. 내가 돌길이 닳을 정도로 님을 그리워하고 사랑하고 있는지를 님은 얼마큼 아실까. 그런데 꿈길에는 자취가 없으니 내가 님을 그토록 그리워함을 님이 아실 까닭이 없으므로 더욱 슬픈 일로 느끼고 안타까워했다.

위 노래와 비슷한 한시(漢詩)가 있다.

요사이 안부를 묻노니 어쩌시나요?	近來安否問如何
달 비친 사창에 저의 한이 많습니다.	月到紗窓妾恨多
꿈속의 넋에게 자취를 남기게 한다면	若使夢魂行有跡
문 앞의 돌이 반쯤은 모래가 되었을 걸	門前石路已成沙

– 이옥봉(李玉峰)의 「자술(自述)」

이옥봉의 노래는 '꿈속의 넋'이라는 '몽혼(夢魂)'이라는 다른 제목도 가지고 있다. 먼저 님의 안부를 묻고, 나는 그리움의 한이 많다고 하였다. 다음에 꿈속의 넋이 자취를 남긴다면 문 앞의 돌길이 닳아서 모래가 되었으리라 생각하였다. 처음에 요사이 안부를 묻는 것은 님과 떨어져 지낸 시간이 오래되었음을 일러준다. 달 떠오르는 밤이기에 그리움이 더욱 사무친다. 꿈속에서라도 님을 보기 위해 밤마다 님을 만나러 길을 나서니,

만일 꿈속의 길이 자취가 남는다면 집 앞의 돌길이 다 닳아 반쯤은 모래로 변했을 것이라고 말하며 님을 그리워하는 간절한 마음을 읊었다. 모두가 모래로 변했다고 하지 않고 '반쯤' 변했다고 해서 얼마큼 그리운지를 한층 드러내주는 말하기를 하였다.

님은 현실에서는 만나기 어렵고 꿈속에서나마 찾아갈 수 있다. 하지만 꿈도 그리움을 달래 주지 못한다. 아마도 꿈속에서도 님을 만나 기쁨을 나누지 못하고 님의 집 문 앞까지 갔다가 그냥 돌아오던 일을 되풀이했던 것 같다.

이옥봉은 승지 벼슬을 지낸 조원의 첩이었다. 이옥봉이 관가에 소장(訴狀)을 대신 써 준 사건에 휘말리자 지아비인 조원은 이옥봉을 내쫓았는데, 이 시는 그때 조원이 다시 불러주기를 기다리며 쓴 시라고 한다. 그러나 조원은 끝내 옥봉을 다시 부르지 않았다고 한다.

> 千里에 맛나ᄯᆞ가 千里에 離別ᄒᆞ니
> 千里 ᄭᅮᆷ 속에 千里 님 보거고나
> ᄭᅮᆷ ᄭᆡ야 다시금 生覺ᄒᆞ니 눈물계워 ᄒᆞ노라
>
> – 강강월(康江月), 『병와가곡집(瓶窩歌曲集)』 549, #4599.1

> 천 리에 만났다가 천 리에 이별하니
> 천 리 꿈속에 천 리 밖 님 보았구나
> 꿈 깨어 다시금 생각하니 눈물겨워 하노라

천 리(千里)는 님과 나의 거리이다. 님이 천 리나 되는 먼 길을 와서 만났다. 그러나 님은 천 리나 떨어진 그곳으로 다시 돌아가야 한다. 그래서 천릿길을 떠나는 님과 이별(離別)한다. 이렇게 님을 여의고 그리워하다 꿈을 꾸게 된다. 그 꿈은 천 리나 되는 먼 거리의 꿈이다. 꿈속에서 천 리나 떨어진 님을 보게 된다. 그런데 꿈을 깨고 보니 모든 것이 다 헛일이다. 다시금 생각하니 님은 내 곁에 없고 나는 님이 그리워 눈물을 이기지 못하고 슬퍼한다. 꿈속에서라도 멀리 떨어진 님을 만났지만 이내 깨고 보니 너무나 허무한 일이 되고 만다. 이 노래는 이런 그리움의 슬픔을 노래했지만 '천 리'라는 말을 되풀이해서 쓰고 있어 말가락이 생기는 바람에 말장난처럼 느껴지기도 해 조금은 경쾌한 노래처럼 들린다. 너무 슬픔으로 흐르면 안 되니 이런 말놀음으로 그리움을 이겨 보려고 했을지 모르겠다.

님 글인 相思夢이 蟋蟀의 넉시되야
秋夜長 깁픈 밤에 님의 房에 드럿다가
날 닛고 깁히 든 즘을 끼와 볼까 ᄒᆞ노라

– 박효관(朴孝寬), 『가곡원류(歌曲源流) 국악원본(國樂院本)』 306, #4047.1

님 그린 상사의 꿈속에 귀뚜라미의 넋이 되어
긴 가을 깊은 밤에 님의 방에 들었다가
날 잊고 깊이 든 잠을 깨워 볼까 하노라

님을 그리워하게 되어 상사몽(相思夢)을 꾼다. 그 꿈속에서 귀뚜라미〔실솔 蟋蟀〕가 되겠다고 했다. 그래서 아주 긴 가을밤〔추야장 秋夜長〕에 님의 방에 들어 나를 잊고 깊이 든 잠을 깨워 보겠다고 했다. 내가 귀뚜라미가 되어 울어대면 님이 잠에서 깰 것이라고 여겼다. 이 노래의 첫줄(초장)을 꼼꼼하게 보면 귀뚜라미의 넋이 된다고 한 것으로 보아 내가 죽어서 귀뚜라미가 되겠다는 말처럼 들린다. 그런데 내가 죽어서 귀뚜라미가 되는 것이 아니라 님 그린 상사의 꿈이 귀뚜라미의 넋이 된다고 했다. 이 말은 님을 그리워 꾸는 꿈속에서 귀뚜라미가 되겠다는 말로 보인다. 살아서는 귀뚜라미가 될 수도 없고 님이 자는 방에 갈 수도 없고, 그 방안에서 귀뚜라미처럼 울어 님을 깨울 수도 없다. 그러니 꿈속에서라도 귀뚜라미가 되면 님이 자는 방에 들어갈 수 있을 것이고 또 귀뚜라미 소리로 잠든 님을 깨울 수 있다. 이 노래는 살아 있는 이 자리에서 님을 만날 수 없으니 꿈속의 귀뚜라미의 넋이 되어서라도 님을 만나겠다는 뜻을 담고 있다. 이렇듯 사람들은 현실에서 이룰 수 없는 일은 꿈꾸기로 이루어 보려고 한다. 그러나 그것은 어디까지나 꿈속일 뿐이기에 한계가 있다.

위 노래와 비슷한 노래가 있다.

閑숨은 ᄇᆞ롬이 되고 눈믈은 細雨 되어
님의 집 窓밧게 가 블거니 ᄲᅮ리거니
날 닞고 기피 든 ᄌᆞᆷ을 ᄭᆡ오고져 ᄒᆞ노라

『해아수(解我愁)』 221, #5312.1

한숨은 바람이 되고 눈물은 가랑비 되어
님의 집 창밖에 가 불면서 뿌리고저
날 잊고 깊이 든 잠을 깨워 볼까 하노라

님을 여의고 그리워하면서 한숨과 눈물로 지내는 이의 노래이다. 나는 이렇게 님을 못 잊어 한숨 짓고 눈물 흘리는데, 님은 나를 잊어버리고 깊은 잠에 들다니 야속하고 얄밉기까지 하다. 그래서 한숨 보고 바람이 되라 하고 눈물 보고 비가 되라 한다. 그리하여 날 잊고 잠든 님의 창문을 흔들면서 뿌리라고 한다. 한숨과 눈물이 바람과 가랑비가 되어 님의 집 창문을 두드리겠다고 했다. 그런데 한숨이 거센 바람이 아니고 눈물도 굵은 장대비가 아니다. 님이 다쳐서는 안 되기 때문이다. 잠든 님을 깨우되 살포시 깨우고 싶다는 뜻도 있다.

결이 비슷한 다음 노래들을 살펴보자.

우러서 나는 눈물 우흐로 솟지 말고
九曲肝腸 속으로 흘너드러

님 글여 다 ᄐᆞ는 肝腸을 눅여 볼까 ᄒᆞ노라

- 박영수(朴英秀), 『가곡원류(歌曲源流) 국악원본(國樂院本)』 343, #3622.1

울어서 나는 눈물 위로 솟지 말고

아홉 구비 간장 속으로 흘러들어

님 그려 다 타는 간장을 녹여 볼까 하노라

思郎 모여 불이 되어 가슴에 푸여나고

肝腸 셕어 물이 되어 두 눈으로 소사난다

一身이 水火相侵ᄒᆞ니 슬동말동 ᄒᆞ여라

『병와가곡집(甁窩歌曲集)』 780, #2251.1

사랑 모여 불이 되어 가슴에 피어나고

간장 썩어 물이 되어 두 눈으로 솟아난다

이 한 몸 물과 불이 서로 맞부딪치니 살동말동 하여라

첫 번째 노래는 울어서 나는 눈물 위로 솟지 말고, 아홉 겹 굽은 간장〔구회간장 九回肝腸〕 속으로 흘러들어 님 그리워 다 타는 간장을 녹여 볼까 한다고 했다. 눈물이 나는 까닭은 님이 너무 그립기 때문이다. 이렇게 님을 그리워하다가 속마음까지 다 타 버렸다. 그리고 아직도 타고 있다. 속에 일어나는 이 불을 꺼야 하는데, 눈물을 속으로 흘러 보내 녹여 보겠다고 했다. 노래에서 하는 말들은 있을 수 없는 일이나 그리움 때문에 생긴 슬픔을 이겨내 보려고 이런 말을 하였다.

두 번째 노래는 사랑이 모여 불이 되어 가슴에 피어나고, 간장(肝腸) 썩어 물이 되어 두 눈으로 솟아난다고 했다. 그러니 이 한 몸〔일신 一身〕이 물과 불이 서로 맞부딪치니〔수화상침 水火相侵〕 살둥말둥 한다고 했다. 사랑의 열병에 시달리면 가슴에 불이 이는 것 같다. 누군가를 미치도록 사무치도록 사랑하고 그리워하게 되면 가슴에 불이 탄 듯 괴롭다. 또한 속

마음은 타들어가고 간장이 썩는다. 속 썩는 물이 눈으로 솟구쳐 눈물이 된다. 그리움에 흘리는 눈물이다. 이렇듯 물과 불이 한 몸에서 서로 다투고 겨루고 있으니 살 수 있을지 없을지 모를 일이다. 그만큼 그리움에 아리고 쓰라리다는 뜻이다.

위 두 노래는 그리움으로 마음 아프다는 노래지만 그 말하기는 크게 슬프게 흐르고 있지 않다. 이는 그리움을 무겁고 어둡게 노래하지 않고, 가볍게 받아들이려는 말하기로 노래했기 때문이다.

꿈에서라도 님을 만나 그리움을 이겨 보려고 하지만, 그 꿈을 막는 것들이 있다고 말한 노래들이 있다.

千里에 글이는 님을 ᄭᅮᆷ속에나 보려 ᄒᆞ고
紗窓을 依支ᄒᆞ야 午夢을 니루더니
어듸셔 無心한 黃鶯兒는 나의 ᄭᅮᆷ을 ᄭᆡ오ᄂᆞ니

- 박영수(朴英秀), 『가곡원류(歌曲源流) 국악원본(國樂院本)』 227, #4579.1

천 리에 그리는 님을 꿈속에나 보려 하고
사창을 의지하여 낮꿈을 이루더니
어디서 무심한 꾀꼬리는 나의 꿈을 깨우는가

青燈 걸넌 겻ᄒᆡ 鈿箜篌 노하 두고
ᄭᅮᆷ에나 님을 보려 紗窓에 지혀시니
어ᄃᆡ셔 오젼된 ᄃᆞᆰ의 소ᄅᆡ ᄌᆞᆷ 못 들개 ᄒᆞᄂᆞ니118)

- 은와당(隱臥堂), 『청구영언(青丘詠言) 가람본(嘉藍本)』 152, #4730.1

118) 이 노래는 정철(鄭澈)의 「사미인곡(思美人曲)」과 「속미인곡(續美人曲)」의 몇 마디를 따서 노래로 엮은 것이다. 「사미인곡」에 "청등 거른 것ᄐᆡ 뎐공후 노하 두고 ᄭᅮᆷ의나 님을 보려 ᄐᆡᆨ 밧고 비겨시니 앙금도 ᄎᆞ도 출샤 이 밤은 언제 샐고"; 「속미인곡」에 "오뎐된 계성의 ᄌᆞᆷ은 엇디 ᄭᆡ돗던고."

청등 걸린 곁에 전공후 놓아 두고
꿈에나 님을 보려 사창에 기대었으니
어디서 방정맞은 닭의 소리 잠 못 들게 하나니

박영수(朴英秀)의 노래는 천 리나 멀리 떨어진 님을 꿈속에서나 보려고 사창(紗窓)에 기대〔의지 依支〕 낮꿈〔오몽 午夢〕을 이루려고 한다. 그런데 어디서 생각 없는〔무심無心한〕 꾀꼬리〔황앵아 黃鶯兒〕119)가 내 꿈을 깬다.

은와당(隱臥堂)의 노래는 푸른빛을 내는 등〔청등 靑燈〕이 걸린 곁에 전공후(鈿箜篌)120)를 놓아두고 꿈에나 님을 보려 사창(紗窓)에 기대어 있는데, 어디서 방정맞은(오젼된→오뎐된)121) 닭의 소리가 잠 못 들게 하느냐고 읊었다.

두 노래 다 그리운 님을 꿈에서라도 보려고 잠을 청해 보지만, 꾀꼬리나 닭이 울어 잠을 못 자게 막는다. 꿈으로 그리운 마음을 달래 보려 하지만 걸림돌이 되는 소리 때문에 그도 마음대로 안 된다.

우리 님 ᄉᆡᆼ각ᄒᆞ고 밤즁도록 안잣다가
ᄃᆞᆯ 쓰쟈 님을 만나 반갑기도 그지업ᄂᆡ
어ᄃᆡ셔 無心ᄒᆞᆫ 鳴鷄ᄂᆞᆫ 이내 ᄭᅮᆷ을 ᄭᆡ오거냐

- 김이익(金履翼), 『관성잡록(觀城雜錄)』 2, #3578.1

---

119) 당(唐) 김창서(金昌緖)의 「춘원(春怨)」에 "노란 꾀꼬리 쫓아 보내버리나니, 나뭇가지 위에서 울지 못하게 함이더라(打起黃鶯兒 莫教枝上啼)."

120) 전공후(鈿箜篌): 자개로 아름답게 꾸민 공후. 공후는 옛날 중국, 한국, 일본에서 쓰던 줄악기로 서양의 하프와 비슷하게 생겼다.

121) 나찬연(2012), 『근대 국어 문법의 이해』, 월인, 181쪽에 「쇽미인곡(續美人曲)」을 풀이하면서 "오뎐된"은 〔오(오다, 來)-+-뎌(회상선어말어미 '더'를 잘못 적은 것)-+-ㄴ된(반응, 설명의 계속을 뜻하는 어미 '-ㄴ댄'이 변한 것)〕으로 풀었다. 곧 "오뎐된"을 "오던데"의 뜻으로 보았다. 한편 남광우 엮음(1997), 『교학(敎學) 고어사전(古語辭典)』, 교학사, 1094쪽은 "오뎐된"을 "방정맞은"이란 뜻의 그림씨(형용사)로 보았다. 은와당의 노래는 앞뒤 흐름으로 볼 때 "방정맞은 닭의 소리"로 푸는 것이 좋을 듯하다.

우리 님 생각하고 밤중이 되도록 앉았다가

달 뜨자 님을 만나 반갑기도 그지없네

어디서 무심하게 우는 닭은 나의 꿈을 깨우느냐

님을 생각하고 밤중에 앉았다가 달이 뜰 때 님을 만났다. 그 반가움이 끝이 없다. 그런데 그 만남은 꿈속에서 일어난 일이다. 닭이 우는 소리가 나의 꿈을 깨우고 만다. 그래서 우는 닭〔명계 鳴鷄〕은 무심(無心)하다. 나와 님의 만남을 가로막고 있기 때문이다. 이 노래는 「연군(戀君)」이라는 제목이 붙어 있어 임금 그리는 노래임을 알 수 있는데, 노래에 나오는 님은 사랑하는 이가 아니라 임금을 가리킨다. 사랑 노래에 빗대어 임금을 사모하는 정을 읊었다.

다음 노래도 잠을 깨워 꿈을 꾸지 못하게 하는 매미를 탓하고 있는 노래이다. 그런데 매미가 꿈을 너무 믿어서는 안 된다고 깨우쳐주고 있다.

細柳淸風 비 ᄀᆡᆫ 後에 우지 마라 뎌 ᄆᆡ암아

ᄭᅮᆷ에나 님을 보려 겨우 든 ᄌᆞᆷ ᄭᆡ오ᄂᆞ냐

ᄭᅮᆷ ᄭᆡ야 겻ᄒᆡ 업스면 病 되실까 우노라

– 호석균(扈錫均), 『화원악보(花源樂譜)』 375, #2626.1

"가는 버들 맑은 바람 비 갠 뒤에 울지 마라 저 매미야

꿈에나 님을 보려고 겨우 든 잠을 깨우느냐?"

"꿈 깨어 곁에 없으면 병 되실까 우노라."

가는 버들에 맑은 바람이 불 때〔세류청풍 細柳淸風〕면 님이 그리워진다. 그래서 꿈에서나 님을 보려고 잠을 청해 본다. 잠이 잘 오지 않지만 그래도 겨우 잠이 들었다. 그런데 비가 갠 뒤에 매미가 울어 잠을 깨우고 만다. 그런 매미를 탓하며 울지 말라고 나무란다. 그러자 매미가 하는 말이 꿈 깨어 님이 곁에 없으면 병이 되실까 걱정하여 운다고 하였다. 매미는 꿈

을 너무 믿어서는 안 되고 꿈에 빠져 헤어 나오지 않으면 나중에 그리움이 더욱 사무쳐 더 괴롭고 시름에 잠길 것임을 일깨워주고 있다. 이 노래는 매미가 마치 사람처럼 말을 하는 것으로 노랫말을 지어 꿈에 너무 기대지 말고 스스로 마음을 가라앉히려고 지은 노래라 할 수 있다.

꿈이 그리움을 풀 수 있는 길이기도 하나 그 꿈에서 깨어나면 더욱 괴롭다. 그래서 다음 노래는 오히려 잠들거나 꿈꾸지 말자고 읊었다.

잠들기 原치 마소 잠 속의 ᄭᅮᆷ이 잇고
ᄭᅮᆷ 속의ᄂᆞᆫ 우리 님 分明히 뵈시ᄂᆞᆫ이
ᄭᅵᆫ 후의 虛事가 되니 그ᄯᅴ ᄉᆡᆼ각 더옥 懇切ᄒᆞ여스라

- 김이익(金履翼), 『금강영언록(金剛永言錄)』 18, #2653.1

잠들기를 바라지 마소 잠 속에 꿈이 있고
꿈속에는 우리 님 분명히 보이나니
깬 뒤에 헛일이 되니 그때 생각 더욱 간절하여라

잠들기를 바라지 말라고 했다. 잠 속에 꿈이 있고 꿈속에서 님을 똑똑히 뵐 수 있어 좋지만, 깨고 나면 쓸데없는 헛일(허사 虛事)이 되고 만다. 그래서 꿈속에서 님을 만났을 때의 생각이 더욱 간절(懇切)하게 되어 괴로움만 더한다. 이 노래는 임금 그리는 정을 읊은 것인데,[122] 겉으로만 보면 사랑하는 이를 가슴 시리도록 그리워하는 이의 노래로 들린다. 앞에서 본 명옥의 노래 「꿈에 보이는 님이」를 비롯한 많은 노래가 꿈에서라도 님을 보고 싶다고 읊었다면, 이 노래는 꿈을 깨면 마음만 더 아프니 잠을 자거나 꿈을 꾸지 않는 것이 좋다고 읊어 그 생각이 퍽 다르다.

다음은 자연물인 달에게 부탁하여 님에 대한 그리움을 이겨 보고자 하였다.

---

122) 정흥모(2001), 앞의 책, 111쪽.

달아 달아 발근 달아 任 계신 듸 보든 달아
안젓든가 누워든가 행여 날 生覺튼야
저 달아 明氣를 빌여 주면 나도 보게

『금성옥진(金聲玉振)』 99, #1221.1

달아 달아 밝은 달아 님 계신 데 보든 달아
앉았더냐 누웠더냐 행여 나를 생각하더냐
저 달아 밝은 기운을 빌려 주면 나도 보게 (되리라)

달은 님이 있는 곳도 밝게 비추고 있기 때문에 님이 앉았는지 누웠는지, 행여 나를 생각하고 있는지 볼 수 있다. 나도 그 달의 밝은 기운을 받으면 님을 볼 수 있으리라 생각하여 달에게 그 명기(明氣)를 빌려 달라고 한다. 두 말할 나위 없이 현실에서 이룰 수 없는 일이다. 그러나 이런 상상이라도 펼쳐 보이면서 그리움 때문에 오는 시름을 덜어 보고자 했다.

한편 이 노래는 첫줄을 그냥 '밝은 달아' 해도 될 것을 '달아 달아 밝은 달아'로 말을 늘렸다. 이는 말의 재미를 위해서 늘린 것으로 보인다. 우리 옛 노래에 나오는 말가락 가운데는 같은 말을 두 번 말한 다음 다른 말을 집어넣고 마지막에 또 같은 말을 되풀이하는 말가락이 많다.[123)]

이 몸 허러 내여 낸믈의 씌오고져
이 믈이 우러 녜여 한강 여흘 되다 ᄒᆞ면
그제야 님 그린 내 병이 헐ᄒᆞᆯ 법도 잇ᄂᆞ니

- 정철(鄭澈), 『송강가사(松江歌辭) 이선본(李選本)』 31, #3830.1

123) 김대행은 이런 우리 노래의 말가락 모습을 'aaba형'이라고 설명하였다. 김대행(1980), 『한국시의 전통 연구』, 개문사, 86~88쪽. 이런 말가락은 우리 노래나 시에 두루 나타나는 말가락으로 힘주어 말하고 싶은 말을 거듭 되풀이하되 지루하거나 단조로운 느낌을 피하기 위해 사이에 다른 말을 집어넣어 파격의 여유를 맛보게 하면서 율동의 효과까지 덧붙임으로써 말하고자 하는 뜻을 두드러지게 하는 효과까지 거두는 절묘한 표현 가운데 하나이다. 김대행(2018), 『시와 언어문화』, 역락, 107쪽.

이 몸 헐어내어 냇물에 띄우고저
이 물이 울면서 흘러 한강 여울 된다 하면
그제야 님 그린 내 병이 나을 법도 있나니

이 몸을 헐어내어 냇물에 띄우고 싶다고 했다. 그 물이 울면서 소리 내어 흘러가서 한강(漢江) 여울이 된다면 그제야 님을 그리워하는 나의 병이 나을 것이라고 했다. 몸을 베고 잘라서 물에 띄운다는 말은 섬뜩하기까지 하지만 이것은 어디까지나 그렇게 한다면 하고 한 번 해본 말이다. 곧 가정이다. 그렇게라도 하고 싶을 만큼 님 그리워하는 마음이 사무쳤다. 몸을 띄운 물이 그냥 흐르지 않고 울면서 흐른다고 했다. 우는 까닭은 나는 님을 하염없이 그리워하는데 님은 나를 돌아보지 않거나 생각하지 않기 때문이다. 그러나 그 물이 한강을 흘러 님이 있는 곳까지 닿는다면 님은 그제야 내 마음을 알아주게 될 것이라고 바란다. 이러한 바람을 품고 있기에 그때가 되면 그리움으로 생긴 병이 나을 것이라고 여겼다.

한강은 서울에 있는 강이고, 서울은 임금이 있는 곳이니 이 노래의 님은 임금을 가리키기도 한다. 그러니 임금이 내 마음을 헤아려 나를 다시 불러주기를 바라는 노래로 읽을 수 있다. 한강은 매우 큰 강인데 여울이라고 한 것은 큰 강은 여울처럼 물 흐르는 소리가 잘 들리지 않기 때문일 것이다. 물 흐르는 소리가 들리는 여울이라야 내 울음소리를 님이 들을 수 있다. 내가 님을 그리워하여 생긴 병으로 날마다 눈물을 흘리고 있음을 님이 알아야 나를 다시 찾을 것이다. 앞서 본 노래 「달아 달아 밝은 달아」가 달에게 부탁하여 그리움을 이겨 보려고 한 노래라면 이 노래는 물에게 부탁한 노래이다.

他鄕의 임을 두고 쥬야로 기루면서
肝腸 석은 물은 누으로 소사나고 첩첩한 수심은 여름 구룸 되어서라
두어라 ᄂᆡ 마음 절반을 임게 보ᄂᆡ이여 서로나 기루어 볼가 ᄒᆞ노라

『시조(時調) 하씨본(河氏本)』 80, #5093.1

타향에 님을 두고 밤낮으로 그리면서

간장 썩은 물은 눈으로 솟아나고 겹겹이 쌓인 시름은 여름 구름 되었어라

두어라 내 마음 절반을 님께 보내어서 서로나 그리어 볼까 하노라

타향(他鄕)에 님을 두고 밤낮으로 그리워한다. 간장(肝腸) 썩은 물이 눈으로 솟아난다는 말은 그리움에 나날을 눈물로 지낸다는 말이다. 겹겹이 쌓인 시름〔첩첩疊疊한 수심愁心〕은 여름 구름이 되었다고 했다. 여름에 큰 비나 장맛비를 몰고 오는 먹구름처럼 속이 시커멓게 타들어갔다는 말이다. 그래서 이런 그리움 때문에 생긴 아픔과 시름을 이겨내려고 내 마음의 절반을 님께 보내어 서로 반반씩 그리워하자고 하였다. 내가 그리워하는 마음이 너무 크니 반틈으로 쪼개서 아픔과 시름을 덜어내려고 하였다. 나만 그리워할 수 없다. 님도 나를 그리워해야 나중에 다시 만날 수 있다. 나만 그리워하면 그것은 짝사랑으로 끝날 수 있다.

다음 노래는 그리움의 괴로움을 다르게 풀려고 하였다.

남은 ᄃᆞ ᄌᆞ난 밤에 내 혼ᄌᆞ 니러안쟈

輾轉反側ᄒᆞ야 님 둔 님 그리ᄂᆞᆫ고

출ᄒᆞ리 내 몬져 ᄎᆡ여셔 제 그리게 ᄒᆞ리라

– 송이(松伊), 『청구영언(青丘永言) 가람본(嘉藍本)』 303, #866.2

남은 다 자는 밤에 내 혼자 일어나 앉아

이리저리 뒤척이니 님이 있는 님을 그리는가

차라리 내 먼저 죽어서 저가 그리게 하리라

남들 다 자는 밤에 나만 혼자 일어나 앉아 있다. 잠을 이루려 해도 이리저리 뒤척이며〔전전반측 輾轉反側〕 잠들지 못한다. 그것은 님이 있는 님(님 둔 님), 곧 다른 이를 사랑하는 사람을 그리워하기 때문이다. 그래서 아주 갈 데까지 가 보겠다는 마음도 먹는다. 차라리 내가 먼저 죽어서(ᄎᆡ여셔)

그 사람이 나를 그리워하게 만들겠다고 한다. 어쩌다 님이 있는 사람을 사랑하게 되었는지, 안타까운 짝사랑의 노래이다. 아무래도 이 노래의 지은이가 기녀이기 때문에 이런 아픈 사랑을 겪고 있지 않은가 생각하게 된다. 기녀가 만나는 사내는 늘 다른 기녀나 본부인 같은 다른 여인을 곁에 두고 있는 때가 많다.

님을 그리다 잠을 못 이루는 시름을 이겨내기 위해 내가 먼저 죽어 그 님이 나를 그리워하겠다고 읊었는데, 이 말은 정말 그렇게 하겠다는 말이라기보다는 다른 이를 곁에 두고 있는 님이 내가 없어지기라도 하면, 그제야 나를 그리워할 것이라고 생각하여 해본 말일 것이다. 그리움을 이겨내기란 이렇게 어렵다.

보거든 슬믜거나 못 보거든 잇치거나
네 나지 말거나 ᄂᆡ 너를 모로거나
출하리 ᄂᆡ 몬져 치여서 너 그리게 ᄒᆞ리라

- 고경명(高敬命), 『병와가곡집(甁窩歌曲集)』 512, #2009.1

보거든 싫고 밉거나 못 보거든 잊혀지거나
네 나지 말거나 내 너를 모르거나
차라리 내 먼저 죽어서 네 그립게 하리라

『병와가곡집(甁窩歌曲集)』을 비롯한 5개의 노래책에 지은이가 고경명(高敬命, 1533~1592)으로 되어 있고 다른 노래책에는 지은이를 밝히지 않았다. 선비들은 임금 그리는 뜻을 담고 있지 않은 사랑 노래를 18세기, 19세기가 되어야 많이 지어 불렀다. 17세기에는 강복중, 신흠, 이명한, 이진문 같은 선비들이 사랑 노래를 조금 남겼을 뿐이다. 그런데 16세기 선비인 고경명이 이런 사랑 노래를 불렀다 하니 눈여겨볼 만한 노래이다. 그러나 진짜로 이 노래가 고경명이 지어 불렀는지는 뚜렷이 알 수 없다. 다만 노래책에 그가 지었다고 나왔을 뿐이다. 어쨌든 이른 시기에 지어 부른 사랑 노래인데, 그 말하기가 참으로 산뜻하다. 더욱이 한자말은 하나도 없고 순우리말로만 되어 있다.

너를 보면 싫거나 미워야 하는데 그렇지 않고 자꾸 눈길이 가고 마음이 간다. 너를 못 보게 되면 잊혀야 하는데 자꾸 생각이 난다. 이렇게 마음이 아프고 괴로우니 네가 이 세상에 태어나지 말았거나 아니면 내가 너를 몰랐으면 좋았을 것이라고 했다. 차라리 내가 먼저 죽어 버려 네가 나를 그리워하게 만들 것이라고 했다. 너무 그리워한 나머지 이런 말을 했다. 이 노래를 보면 내가 너를 그리워하는 만큼 너는 나를 그리워하고 있지 않다. 그래서 내가 이 세상에 없으면 네가 나를 생각하게 되고 그리워하게 될 것이라고 생각했다.

우리도 내 마음을 몰라주고 내 속을 태우는 이에게 헛말로 '내가 죽어 봐라, 네가 얼마나 마음 아플지, 너도 한 번 당해 봐라.' 하기도 한다. 내가 세상에 없으면 그제야 너도 내가 그리워질 것이라고 생각한다.

결이 조금 다르기는 하지만 내가 먼저 죽어 내 아픔을 그대도 알아보라는 노래가 있는데, 다음 추사(秋史) 김정희(金正喜, 1786~1856)의 한시 「배소만처상(配所輓妻喪): 귀양 와서 죽은 아내를 애도함」이다.

어떻게 월로로 하여금 저승사자께 말씀드려	那將月老訟冥司
다음 세상에선 우리 서로 바꿔 태어나	來世夫妻易地爲
천 리 밖에 나 죽고 당신이 살아남아	我死君生千里外
이 슬픔을 그대가 알게 하려오	使君知我此心悲

- 김정희(金正喜), 「배소만처상(配所輓妻喪)」

김정희가 제주도에 귀양 갔을 때 아내의 죽음을 듣고 쓴 시다. 부부의 인연을 맺어준다는 중매장이 노인인 월하노인에게 말씀 드려 다음 세상에 지아비와 아내가 서로 바뀌어서 태어난다면 내가 먼저 죽고 그대가 살아남아 이 슬픔을 그대가 알게 하겠다고 하였다. 아내를 잃은 지아비의 슬픈 마음을 읽을 수 있는 시이다. 이 시에서도 내가 죽으면 그대가 슬퍼할 것이라고 말하고 있는데, 왜 나보다 먼저 떠나 내 마음을 이렇게 아프게 하느냐는 뜻이 담겨 있다.

> 나 죽어 너을 니져야 올흔야 나 살어 너을 그리워야 올흔냐
> 나 죽어 너 잇기도 어렵고 나 살어 너을 그리기난 더 어려워라
> 차라리 나 먼져 죽거 도라가건던 네 나을 그리워라

『시조집(時調集) 연대본(延大本)』 42, #4427.4

> 나 죽어 너를 잊어야 옳으냐? 나 살아 너를 그려야 옳으냐?
> 나 죽어 너를 잊기도 어렵고, 나 살아 너를 그리기는 더 어려워라
> 차라리 나 먼저 죽어 돌아가거든 네 나를 그리워하라

내가 죽어 너를 잊어야 옳은지, 아니면 내가 살아 너를 그리워하면서 지내는 것이 옳은지 모르겠다. 내가 죽어서 너를 잊기도 어렵고, 살아서 너를 그리워하며 지내는 일도 괴로운 일이다. 차라리 내가 먼저 죽어 네가 나를 그리워하게 하리라. 이렇게 말하였는데, 앞의 노래들처럼 그리움 때문에 너무 힘들고 마음 아픈 나머지 이런 넋두리를 해보았다. 내가 네 앞에서 사라지면 너도 내가 생각날 것이라는 바람을 내비치고 있다. 곁에 있을 때는 잘 모르지만 곁에 없으면 너도 나를 그리워하게 될 것이라고 여겼다. 이렇게 해서라도 그리움을 이겨 보고자 하였다.

> 울이 둘이 後生ᄒᆞ야 네 나 되고 내 너 되야
> 내 너 글여 긋든 애를 너도 날 글여 긋쳐 보면
> 이生에 내 셜워ᄒᆞ든 즐을 너도 알ᄭᅵ ᄒᆞ노라

『해동가요(海東歌謠) 일석본(一石本)』 430, #3571.1

우리 둘이 다시 태어나 네 나 되고 나 너 되어
내 너 그려 끊던 애를 너도 날 그려 끊어 보면
이 생에 내 서러워하던 줄을 너도 알까 하노라

우리 둘이 다음 생(후생 後生)에 다시 태어나 보자고 했다. 그때는 네가 나 되고, 나는 너가 되어 서로 바꿔서 태어나자고 했다. 그러면 내가 너를 그리워하여 끊던 애(창자)를 너도 나를 그리워하며 끊어 보면, 곧 너도 나처럼 창자가 끊어질 만큼 그리워하는 괴로움을 겪어 보면 이 생(生)에서 내가 서러워하던 줄을 너도 알게 되리라고 했다.

너를 그리워하며 창자가 끊어질 듯 마음 아파하던 일이 많았는데, 너는 그런 내 마음을 잘 헤아려 주지 못했다. 그렇다면 네가 내가 되어 보면 내가 얼마나 너를 그리워하며 서러워하고 속이 탔는지 알 수 있으리라고 생각했다. 이 노래에는 내가 너를 너무도 그리워하고 있으니 그런 내 마음을 알아 달라는 뜻이 담겨 있다. 그리움을 이겨내기 위해 다시 태어나는 꿈을 꾸어 보았으나, 그 꿈은 이루기 힘들다. 이렇게 해서라도 마음에 맺힌 그리움의 응어리를 풀어 보려고 했다.

世上에 藥도 만코 드는 칼이 잇다 ᄒᆞ되
情 버힐 칼이 업고 님 이즐 藥이 업네
두어라 잇고 버히기는 後天에 가 ᄒᆞ리라

『청구영언(青丘永言) 육당본(六堂本)』 949, #2662.1

세상에 약도 많고 잘 드는 칼이 있다 하되
정을 벨 칼이 없고 님을 잊을 약이 없네
두어라 잊고 베기는 다음 세상에 가 하리라

세상에는 병을 낫게 하는 약도 많지만 님이 그리워 생긴 내 병을 고치거나 님을 잊어버리게 할 약은 없다. 세상에는 잘 드는 칼이 많지만 님과 나 사이의 정을 베어 버릴 칼은 없다. 그래서 내려놓고 생각을 끊어 버린다. 지금 이 자리에서는 잊을 수도 없고 정을 벨 수도 없으니 다음 세상[후천 後天]에서나 그렇게 하겠다고 하였다. 그리움을 이겨내고자 이런 말을 해보았다.

또는 내가 살아 있는 동안에는 님을 잊지 못하고 정을 뗄 수 없음을 힘주어 말한 노래로 볼 수도 있다. 곧 아주 세찬 사랑과 그리움의 말하기라 할 수 있다. 이 세상에서는 님 때문에 생긴 아픔을 고칠 수 없으니 그 사랑은 무엇과도 견줄 수 없는 높고 깊은 하나밖에 없는 사랑이다.

다음 엮음 노래는 님을 그리면서도 슬프게 흐르고 있지 않다.

이제ᄂᆞᆫ 못 보게도 ᄒᆞ얘 못 볼시ᄂᆞᆫ 的實커다

萬里 가ᄂᆞᆫ 길헤 海口 絶息ᄒᆞ고 銀河水 건너쒸여 北海 ᄀᆞ리지고 風土ㅣ 切甚ᄒᆞ듸 深意山 ᄀᆞᆯ가마귀 太白山 기슭으로 골각골각 우닐며 ᄎᆞ돌도 바히 못 어더먹고 굶어 죽ᄂᆞᆫ ᄯᅡ희 내 어듸 가셔 님 ᄎᆞ자보리

아ᄒᆡ야 님이 오셔든 주려 죽단 말 ᄉᆡᆼ심도 말고 빨빨이 그리다가 어즐 病 어더셔 갓과 ᄲᅧ만 나마 달바조 밋트로 아장밧삭 건니다가 쟈근쇼마 보신 後에 니마 우희 손을 언ᄭᅩ ᄒᆞᆫ 가레 추혀 들고 잣바져 죽다 ᄒᆞ여라

『청구영언(青丘永言) 진본(珍本)』 579, #3887.1

이제는 못 보게도 하네, 못 볼 것은 틀림없다

만 리 가는 길에 바다 어귀가 숨이 끊어지고 은하수 건너뛰어 북녘 바다 가로질러 풍토가 매우 심한데 깊은 산 갈까마귀 태백산 기슭으로 골각골각 울고 가며 차돌도 전혀 못 얻어먹고 굶어 죽는 땅에 내 어디 가서 님을 찾아보리

아이야 님이 오시거든 주려 죽었단 말 마음조차 먹지도 말고 살뜰히 그리워하다 어질병 얻어서 가죽과 뼈만 남아 울타리 밑으로 아장 바싹 거닐다가 오줌만 누신 후에 이마 위에 손을 얹고 한 가랑이 추켜들고 자빠져 죽었다 하여라

이 노래는 하는 말이 길고 어지럽지만 속살을 간추린다면, 님을 못 보

고 죽게 된 이가 어떤 아이에게 제 죽은 사연을 전해 달라고 하는 노래이다. 첫글(초장)에서는 님을 다시는 못 볼 것이라고 푸념한다. 가운뎃글(중장)에서는 님을 찾아 먼 길을 떠난다. 만 리(萬里) 가는 길에 바다 어귀〔해구 海口〕가 숨이 끊어지고〔절식 絶息〕, 은하수(銀河水) 건너 북녘 바다〔북해 北海〕 가로질러서 기후와 지세〔풍토 風土〕가 험난한 곳, 깊은 산〔심의산 深意山〕 갈까마귀 울고 아무것도 얻어먹지 못해 굶어 죽게 될 죽음의 땅에서 님을 찾을 수 없다고 하였다. 그런데 끝글(종장)에서 하는 말이 너무 뜬금없다. 님이 오시거든 굶어죽었다고 하지 말고 살뜰히 그리다가 어지럼병 얻어가지고 뼈만 남아 달바자[124] 밑으로 아장 바싹 걸어가다가 오줌(자근 소마)을 눈 다음에 이마 위에 손을 얹고 한 가랑이 추켜들고 자빠져 죽었다고 말해주라 전한다.

마지막에 왜 이런 우스꽝스러운 말을 했을지 짐작해 보자. 그리움으로 병이 들면 몸이 여리고 약해져 어지럼증을 얻을 수 있다. 어지러우면 바로 서서 다니지 못하므로 어쩔 수 없이 울타리에 기대 비틀거리며 다닐 수밖에 없을 것이다. 그러다가 오줌을 누다가도 어지러워 이마 위에 손을 얹을 것이며 몸의 균형을 잡아 보려고 한쪽 가랑이를 추켜들기도 할 것이다.[125]

엮음 노래는 이렇듯 석 줄 노래(평시조)에서는 보기 드문 말하기가 나타나는데, 말장난이나 우스개(재담), 비웃음, 비꼬기, 낮고 속된 말(비속어) 같은 여러 말법으로 석 줄 노래의 말하기를 과감히 깨뜨린다.[126] 님을 못 보고 죽게 될 이가 어지러운 말들을 엮어가면서 마지막에는 엉뚱한 말을 전하고 있다. 그래서 이 노래는 심각한 상황을 우스운 상황으로 바꿔놓고 있다. 다시 만나지 못하는 님, 다시 볼 수 없는 님을 그리워하다가

124) 달바자: 달뿌리풀로 엮어 만든 울타리로 쓰는 바자. 달뿌리풀은 볏과의 여러해살이 풀. 높이는 2미터 정도이며 잎은 어긋난다. 8~9월에 자주색 꽃이 원추(圓錐) 화서로 핀다. 바자는 대, 갈대, 수수깡, 싸리 따위로 발처럼 엮거나 결어서 만든 물건. 울타리를 만드는 데 쓴다.

125) 고정희(2009), 앞의 책, 178~179쪽.

126) 정재호(1999), 『한국시조문학론』, 태학사, 301~305쪽.

죽게 되는 이, 그런데 이 사람은 슬픔 속에 빠지지 않고 생각으로 만들어 낸 어떤 아이를 불러 난데없이 우스갯소리를 한다. 내가 처한 상황은 슬프지만 그래도 한바탕 웃어 보자는 의도가 아닐까 한다. 한스럽고 슬픈 처지를 웃음으로 좀 덮어 버리고 이겨 보자는 한풀이로 보인다.

엮음 노래는 앞서 있어 온 굳은 생각을 깨뜨려 부수는 데서 산뜻함과 새로움을 찾아낸 갈래이기 때문에 이런 말하기를 할 수 있다. 이 노래에서 말하는 이는 어떤 틀이나 한결같이 해오던 말하기에 얽매이지 않고 자유롭게 하고 싶은 말을 시원스럽게 털어놓고 있다. 그러기에 슬픈 처지도 웃음으로 밟고 넘어 이겨낼 수 있다.127)

조성진은 이 노래의 참맛은 우울하고 무거운 공기가 끝글(종장)의 우스꽝스러운 상상으로 한꺼번에 걷혀 버리면서 분위기가 완전히 뒤집어진다는 데 있다고 보았다. 끝글의 '작은 소변 본 뒤에 이마 위에 손을 얹고 가랑이 하나를 치켜 든 채로 자빠져 죽어 있는' 모습은 앞쪽의 진지하고 심각한 분위기를 삼켜 버리고 예상치 못한 반전에서 뜻밖의 웃음이 터져 나오게 한다고 하였다. 이렇게 자신을 웃음거리로 만들어 버리고 남의 놀림거리가 되게 하는 것은 재미와 즐거움을 위해서 스스로 망가지는 말하기를 하기 때문이라고 하였다.128) 그리움을 무겁게 이야기하면 더욱 괴로워지지만 이렇게 스스로 망가지는 말하기를 하면 슬픔에만 빠지지 않고 슬픔을 이겨내고 벗어날 수 있다.

조동일은 이 노래의 가운뎃글(중장)은 저승으로 가는 마음의 길을 그린 것으로 죽음의 내면을 노래했고, 끝글(종장)은 죽어가는 모습을 남에게 지켜보라고 해서 죽음의 외면을 노래했다고 풀었다. 조동일의 풀이를 표로 간추리면 다음과 같다.

---

127) 프랑스의 여성주의 비평가 엘렌 식수(Hélène Cixous)는 이와 같이 여성들의 글쓰기는 남성 질서를 도전하고 무너뜨리기 위해 말장난이나 비유, 재담을 활용한다고 하였다. Morris, Pam, *Literature and feminism*, 강희원 옮김(1997), 『문학과 페미니즘』, 문예출판사, 207쪽.

128) 조성진(2013), 앞의 글, 164~166쪽.

가운뎃글(중장)	끝글(종장)
내가 느끼는 죽음의 내면	남이 지켜보는 죽음의 외면
저승으로 향해 가는 마음의 길	죽어가는 모습을 남이 지켜보라고 이름
아득하게 먼 곳으로 가는 여행: 바다를 건너고, 하늘에 오르고, 산을 넘고는 님을 찾지 못해 어려움을 겪는다.	몸을 가누지 못하고 쓰러지는 모습: 님을 그리다가 병을 얻어 추한 몰골을 보이면서 기괴하게 죽어간다. 그 모습을 아이가 보고 있다가 님에게 전하라고 한다.
아름다움	기괴함

위와 같이 님을 그리워하다가 죽게 되는 모습을 속모습과 겉모습, 두 가지로 나누어서 부른 노래로 풀었다. 죽은 뒤에 넋이 가는 길을 말한 노래로 깊은 철학을 깨닫게 해준다고 이 노래를 높이 값매김하였다.[129)]

나ᄂᆞᆫ 님 혜기를 嚴冬雪寒에 孟嘗君의 孤白裘 ᄀᆞᆺ고
님은 날 너기기를 三角山 中興寺에 니 ᄲᅡ진 늘근 즁놈에 살 성긘 어리이시로다
빡ᄉᆞ랑 외즐김ᄒᆞᄂᆞᆫ 뜻을 하늘이 아르셔 돌려 ᄒᆞ게 ᄒᆞ쇼셔

『청구영언(靑丘永言) 진본(珍本)』 540, #710.1

나는 님 생각하기를 추운 겨울날 맹상군의 호백구 같고
님은 날 여기기를 삼각산 중흥사의 이 빠진 늙은 중놈의 살 성긴 얼레빗이로다
짝사랑 외즐김하는 뜻을 하늘이 아시어 돌려 하게 하소서

나는 님 생각하기를 눈 내리는 깊은 겨울의 추위〔엄동설한 嚴冬雪寒〕에 맹상군(孟嘗君)의 호백구(孤白裘) 같이 생각한다고 했다. 호백구는 여우 겨드랑이의 흰털만 모아서 만든 옷으로, 이 옷을 만들려면 여우를 만 마리나

129) 조동일(2017), 앞의 책, 69쪽.

잡아야 만들 수 있을 만큼 매우 비싼 털옷이었다고 한다. 요즘으로 말하면 매우 값나가는 모피 옷이다. 맹상군은 중국 전국시대 제(齊)나라의 정승이었는데, 진(秦)나라 소왕(昭王)이 그에게 벼슬을 내리고 부려 쓰려고 불러들였다. 그런데 어떤 사람이 맹상군에게 벼슬을 주더라도 제(齊)나라를 위해 일할 것이라고 하여, 소왕은 마음을 바꿔 맹상군을 가두고 죽이려 했다. 그래서 맹상군은 소왕이 아끼던 여인 연희에게 목숨을 건질 수 있게 해달라고 했는데, 연희는 맹상군이 가지고 있는 보물인 호백구를 주면 소왕에게 맹상군을 죽이지 말라고 말해 보겠다고 하였다. 그런데 맹상군은 이미 호백구를 소왕에게 바쳐 버렸다. 한편 맹상군의 식객(食客) 가운데 한 사람이 개 흉내를 내서 도둑질하는 솜씨가 있었는데, 그가 소왕의 곳간에 들어가 호백구를 훔쳐가지고 와서 연희에게 바쳤고, 호백구를 받은 연희는 소왕에게 부탁하여 맹상군은 풀려날 수 있었다.[130] 이런 옛이야기에서 '맹상군의 호백구'란 말이 나왔다. 호백구는 매우 값비싼 털옷이며, 또한 맹상군 이야기에서는 맹상군의 목숨을 건질 수 있는 것으로 그 어떤 것보다도 귀한 물건을 가리킨다. 내가 님 생각하기를 추운 겨울날 맹상군의 호백구같이 한다는 말은 그만큼 님을 목숨처럼 소중히 여긴다는 말이다. 그런데 님은 나를 여기기를 삼각산(三角山) 중흥사(中興寺)[131]의 이 빠진 늙은 중

---

130) 『사기(史記)』, 「맹상군열전(孟嘗君列傳)」에 "개의 흉내를 내서 좀도둑질을 잘하는 이가 있어, '저는 호백구를 가져 올 수가 있습니다'고 말하며 한밤중에 개 흉내를 내며 진나라의 궁전 깊숙한 곳까지 몰래 들어가서 앞서 소왕에게 바친 호백구를 가져왔다. 그것을 진나라 왕의 애첩에게 바치자 애첩은 소왕에게 간청하여 맹상군을 풀어주게 하였다(有能為狗盜者 曰臣能得狐白裘 乃夜為狗 以入秦宮臧中 取所獻狐白裘至以獻秦王幸姬 幸姬為言昭王 昭王釋孟嘗君)."

131) 삼각산(三角山) 중흥사(中興寺): 삼각산은 북한산의 옛 이름이고, 중흥사는 삼각산에 있는 절이다. 노래책에는 '中興寺'로 썼지만 '重興寺'가 맞다. 『신증동국여지승람(新增東國輿地勝覽)』 권지3, 「한성부(漢城府)」에 "삼각산 : 양주 지경에 있다.……양주 서남쪽에 이르러 도봉산이 되고, 또 삼각산이 되니, 실은 서울의 진산이다.……중흥사(重興寺): 삼각산에 있다. 고려 때의 중 보우(普愚)가 일찍이 절 동쪽 봉우리에 집 짓고 살며 태고(太古)라고 편액하고, 영가체(永嘉體)를 본떠 노래 한 편을 지었다. 보우가 죽자 이색(李穡)이 비명(碑銘)을 지었다(三角山 : 在楊州之境……至楊州西南爲道峯山 又爲三角山 實京城鎭山……重興寺: 在三角山 高麗僧普愚 嘗住寺之東峯扁

놈의 살 성긴 얼레빗처럼 여긴다고 했다. 중은 머리털이 없어 빗이 쓸모가 없다. 그것도 더군다나 살이 성긴 큰 나무 빗인 얼레빗이다. 이 말은 중에게 얼레빗은 아무짝에도 쓸모가 없듯이, 님은 나를 매우 하찮고 보잘것없는 것으로 여긴다는 말이다. 내가 님을 생각하는 것과는 아주 딴판으로 님은 나를 거들떠보지도 않는다. 그래서 마지막에 '짝사랑과 외즐김(혼자서만 즐거워하는 것)하는 뜻을 하늘이 아시어 돌려 하게 하소서' 하였다. 하늘에 바라기를, 홀로 짝사랑하는 이 마음을 바꾸어서 님이 나를 짝사랑하게 해달라고 하였다. 그리움을 이겨 보려고, 짝사랑 하는 괴로움을 견뎌 보려고 하늘에 도움을 청하였다.

이 노래는 짝사랑하는 아픔을 노래했지만 그 말하기에는 웃음이 담겨 있다. 님이 나에게 눈길 한 번 주지 않는 것을 이 빠진 중놈이 살 성긴 얼레빗 여기듯 한다고 하여 웃음 섞인 빗대어 말하기를 하였다. 짝사랑해 본 사람은 알 것이다. 나는 저 사람을 정말 하루에도 끊임없이 생각하는데, 저 사람은 나를 생각조차 하는지, 나 보기를 어디 하찮은 물건 보듯 하고 있지는 않은지, 내가 이렇게 애타게 짝사랑하는 것을 알고나 있는지, 안타까울 때가 있다. 나에게 눈길 한 번 안 주고, 거들떠보지도 않는 님, 그 님은 내가 얼마나 저를 사랑하고 그리워하는지를 모른다.

다음 노래는 그리움을 접어 버리고 님을 그만 생각하자고 다짐한다.

> 東窓에 돗은 달이 西窓으로 되지도록
> 올 님 못 오면 줌조차 아니 온다
> 줌조차 가저간 님을 그려 무슴 ᄒᆞ리오
>
> \- 조명리(趙明履), 『병와가곡집(瓶窩歌曲集)』 401, #1427.1

以太古 倣永嘉體作歌一篇 及死李穡撰碑銘)." 『증보문헌비고(增補文獻備考)』 권지 21, 「여지고(輿地考) 9, 산천(山川) 3, 한성부(漢城府)」에 "백운봉 · 국망봉(후에 만경대) · 인수봉의 세 봉우리가 있기 때문에 삼각산이라 이름지었다(有白雲國望仁壽三峯 故名三角)."

동창에 돋은 달이 서창에 돌아와 지도록

올 님 못 오면 잠조차 아니 온다

잠조차 가져간 님을 그리워해서 무엇 하리오

동창(東窓)에 돋은 달이 서창(西窓)에 돌아와 진다는 말은 밤이 다 지나고 새벽이 되었다는 말이다. 밤새도록 님을 기다렸는데, 날이 새도록 오지 않았다는 뜻이다. 이렇게 와야 할 님이 못 오면 잠조차 오지 않는다. 님을 그리워하고 기다리다가 날밤을 꼬박 새웠다. 그런데 마지막에는 잠도 못 자게 하고 나를 이렇게 괴롭게 하는 님을 그리워해서 무엇 하겠느냐며 그리워하고 기다리는 일을 내려놓고 그만두겠다고 한다. 그래서 원망 섞인 말까지 한다. 님은 잠조차 가져가 버려서 나를 아프게 했다.

동창과 서창, 돋는 달과 지는 달, 와야 할 님과 오지 않는 님, 와야 할 잠과 오지 않는 잠, 이렇게 서로 반대가 되는 말들을 맞물리게 해서 노래를 지은 솜씨가 돋보인다.[132] 그런데 이 노래의 말하는 이가 님 그리워하는 일을 정말 그만둘지는 모르겠다. 그리워함에 한숨 쉬다 해본 말일 수 있다. 우리도 누군가 그리워하다 '내가 다시는 너를 생각하나 봐라' 하지만 이내 곧 다시 그리워하게 된다.

위와 비슷한 노래가 있다.

秋夜長 밤도 길다 남도 이리 밤이 긴가

愁心이 첩첩ᄒᆞ야 잠을 자야 ᄭᅮᆷ을 ᄭᅮ지

구ᄐᆡ여 잠한지 가져간 임을 ᄉᆡᆼ각 무삼

『시조(時調) 하씨본(河氏本)』 3, #4952.1

가을밤도 길고 길다 남도 이리 밤이 긴가

시름이 겹겹으로 쌓여, 잠을 자야 꿈을 꾸지

구태여 잠까지 가져간 님을 생각해서 무엇 (하리오)

---

132) 김흥규(2016), 앞의 책, 222쪽.

추야장(秋夜長)은 가을밤이 길다는 말인데, 옛 노래에서 가을밤은 쓸쓸하고 외로운 밤으로 많이 나온다. 이 노래의 말하는 이도 가을밤이 길게 느껴지는데, 남도 이렇게 밤이 길다고 느끼는지 궁금해한다. 수심(愁心)은 님 그리워하는 마음으로 생긴 시름이다. 이 시름이 겹겹으로 쌓여〔첩첩疊疊하여〕 잠을 이룰 수가 없어 꿈을 꾸지 못한다. 이렇게 잠까지 가져간 님을 구태여 생각해서 무엇 하겠느냐고 하였다. 님은 나를 시름에 잠기게 하고 잠도 못 자게 하여 나를 괴롭게 하는 사람이다. 그런 님은 이제 그만 생각하고 시름이나 괴로움에서 벗어나고자 하였다.

한편 다음 노래는 위 노래와 비슷한 노랫말을 쓰면서 그리운 마음을 저버리지 않고 만남에 대한 희망을 읊어 그리움을 이겨내려고 하였다.

> 秋夜長 밤도 길다 남도 밤이 그리 긴가
> 길기야 길녀마는 任이 업는 탓이로다
> 우리도 언제나 조흔 任 만나 긴 밤 짤게
>
> 『시조(時調) 관서본(關西本)』 43, #4951.1

> 가을밤도 길고 길다 남도 밤이 그리 긴가
> 길기야 길지마는 님이 없는 탓이로다
> 우리도 언제 좋은 님 만나 긴 밤 짧게 (샐거나)

가을밤이 길게 느껴지는 것은 님이 없는 탓이다. 그래서 언제 좋은 님을 만나 긴 밤을 짧게 샐 것인가 하면서 님 만날 날을 바랐다. '우리도'란 말을 쓴 것은 가을밤을 잠도 못 이루면서 길게 보내며 외롭고 쓸쓸하게 지내는 나의 괴로움에 그대들도 마음을 같이해 주라는 뜻이 담겨 있다. 또 첫글(초장)에 남도 밤이 그리 긴가라고 물었듯이, 나뿐만 아니라 그대들도 이 가을밤을 길게 보내고 있지 않느냐는 뜻도 있다.

님을 만나 긴 밤을 짧게 보내는 것이 우리들의 바람이라고 노래하였다. 님이 있으면 밤이 길게 느껴질 수 없고, 밤이 너무도 짧게 느껴진다. 시간이 너무 빨리 가는 것 같다. 그래서 황진이는 밤을 서리서리 말아 두었다가 님 만난 날에 굽이굽이 펴서 늘이겠다고 하였다.

이 노래는 전라도 민요 「육자배기」의 노랫말로도 쓰고 있는데, 시조, 가사, 민요, 판소리 같은 입말문학(구비문학)은 사람의 입에서 입으로 전해지기 때문에 노랫말이 서로 넘나듦이 많았다.

3) 기다림

그리워하면 기다리게 된다. 밤을 새워 기다리기도 하고 기다리다 잠을 이루지 못하기도 하고 기다리는 마음이 너무 간절해 님이 아닌 다른 것을 보거나 듣고 님으로 잘못 생각하기도 한다.

> 梅花ᄂᆞᆫ 밤비예 피고 비즌 술은 ᄉᆡ로왜라
> 거문고 가지고 임이 ᄃᆞᆯ 함게 오마든니
> 아ᄒᆡ야 茅簷에 ᄃᆞᆯ 오ᄅᆞᆫ다 임 오ᄂᆞᆫ가 보와라
>
> \- 소춘풍(笑春風), 『동국명현가사집록(東國明賢謌詞集錄)』 235, #655.2

> 매화는 밤비에 피고 빚은 술은 새로워라
> 거문고 가지고 님이 달과 함께 오마고 하시더니
> 아이야 처마에 달 오른다 님 오는가 보아라

매화(梅花)가 밤비를 맞아 피고 술을 새로 빚어놓았으니 님이 오기에 딱 좋은 때이다. 님도 거문고 가지고 달과 함께 온다고 했으니, 띳집 처마〔모첨 茅簷〕에 달이 뜨는 것을 보고 아이에게 님이 오는가 보라고 이른다. 님을 기다리는 설레는 마음이 담겨 있다. 지은이가 기녀이고 기다리는 님은 거문고를 들고 온다고 해서, 님은 풍류를 즐기는 사내로 보인다. 이 노래에 나오는 아이는 심부름하는 몸종일 수도 있고, 그냥 거짓으로 만들어낸 사람일 수도 있다. 옛 노래에는 이렇듯 아이가 많이 나온다.

기다림의 노래에는 위와 같이 밝은 노래도 있지만 많은 노래들이 어둡다. 기다리는 일은 고달픈 일이며, 참으로 님이 올지 안 올지 알 수 없기 때문이다.

뒷뫼에 ᄯᅦ구룸 디고 압내에 안개 픠니
비 올지 눈이 올지 ᄇᆞ름 불어 즌서리 칠지
나간 님 오실지 못 오실지 개만 홀로 즛ᄂᆞ니

『해아수(解我愁)』 398, #1476.1

뒷산에 떼구름 지고 앞내에 안개 피니
비 올지 눈이 올지 바람 불어 된서리 내릴지
나간 님 오실지 못 오실지 개만 홀로 짖나니

뒷뫼에 떼구름이 나타나고 앞내에는 안개가 피니, 비가 올 것 같기도 하고 눈이 올 것 같기도 하고 바람 불어 된서리가 내릴 것 같기도 한다. 이렇게 날씨가 궂으면 사람이 오고가기가 불편하다. 그렇다면 나간 님이 돌아오기가 힘들게 된다. 그래서 오실지 못 오실지 걱정하면서 개만 홀로 짖는다고 했다. 나가 있는 님을 기다리는 마음을 읊었다. 떼구름과 안개는 말하는 이의 어둡고 답답한 마음을 가리키는 것 같기도 하다.

窓 닷고 지게 닷고 燈盞 걸고 불 혀 노코
울며 자리 본들 어ᄂᆡ 님이 하마 오리
언마나 긴쟝ᄒᆞᆯ 님이완ᄃᆡ 살든 ᄋᆡ를 슷ᄂᆞ니

– 이정보(李鼎輔), 『청구영언(靑丘詠言) 가람본(嘉藍本)』 273, #4523.1

창 닫고 지게문 닫고 등잔 걸고 불 켜놓고
울며 자리 마련한들 언제 님이 설마 오리
얼마나 대단한 님이기에 살뜬 애를 끊게 하는가

창 닫고 지게문[133] 닫고 등잔(燈盞) 걸고 불 켜놓고 님을 위해 자리를 보았다. 그러나 그 님은 올지 안 올지 모르는 님이기에 울면서 이부자리를 본다. 얼마나 대단한 님이기에 나를 이렇게 울리고 살뜰히 기다리는 애간장을 끊어지게 하느냐며 푸념하였다.[134] 마지막에 하는 말은 나를 마음 아프게 하는 님을 원망하는 마음도 담겨 있다.

이 노래에서 말하는 이는 님을 위해 이부자리를 깔고 펴는 일을 하는 것으로 보아 여인으로 볼 수 있다. 이정보는 벼슬을 지낸 선비지만 이렇듯 여인의 목소리를 담은 노래를 짓기도 하였다. 앞에서도 살폈듯이 그가 풍류를 즐겼기 때문이다. 이정보는 선비 노래의 모습을 여러 가지로 넓힌 이바지도 한 셈이다.

> ᄀᆞᆺ득 ᄃᆞᆯ ᄇᆞᆯ근 밤의 草虫聲은 무ᄉᆞ 일고
> 님이 못 오거든 잠이나 보낼소냐
> ᄌᆞᆷ조ᄎᆞ 기ᄃᆞ리려 ᄒᆞ니 더욱 셜워ᄒᆞ노라
>
> 『고금가곡(古今歌曲)』 226, #19.1

> 가뜩 달 밝은 밤에 풀벌레 소리 무슨 일인고
> 님이 못 오거든 잠이나 보낼쏘냐
> 잠조차 기다리려 하니 더욱 서러워하노라

달 밝은 밤은 님이 더욱 그리워진다. 풀벌레 소리〔초충성 草蟲聲〕가 나서 마음이 더욱 외롭고 쓸쓸하다. 님이 오지 못하는데 잠이나 보내겠는가라고 했다. 이 말은 무슨 뜻인지 가늠하기가 좀 어렵다. 뒷말을 보니 잠조차 기다리려 하니 더욱 서럽다고 했는데, 님 기다리는 일도 힘든 일인데

133) 마루와 방 사이의 외짝 문.

134) '긴쟝ᄒᆞ다'는 '진장(珍藏)하다'로 '대단히 소중하게 잘 간직해 두다'는 뜻이다. '살든 애'는 '살뜰한 창자.' 지난날에는 슬픔의 정도가 매우 심한 것을 '애 끊는'(창자를 끊는 것처럼 고통스러운) 슬픔이라 했다. 김홍규(2016), 앞의 책, 221쪽.

잠까지 기다리려 하니 더욱 괴롭다는 말이다. 님을 그리워하고 기다리는 마음에 잠조차 오지 않는다. 나를 보러 오지 않을 님이라면 내가 잘 자게 잠이라도 보내주면 좋겠는데 그렇게 해주지 않아 잠도 못 이루고 날을 새게 생겼다는 말이다. 님이 오지 못한다면 잠이라도 잘 자게 무슨 말이라도 전해주든지, 심부름꾼을 시켜 편지라도 보내주든지 해야 하는데 그렇지 않는다는 뜻인 것 같다. 님을 기다리며 잠을 이루지 못하는 이의 푸념이다.

蜀魄啼山月高흔듸 含愁情獨倚樓ㅣ라
夜深紗窓에 기드림도 그지업다
遠村에 一鷄鳴흐니 익긋는듯 흐여라

『시가(詩歌) 박씨본(朴氏本)』 4923, #3275.1

두견이 울고 산 위의 달이 높은데, 그리운 정을 머금고 누각에 홀로 기대었으니
밤 깊은 사창에 기다림도 끝이 없다
먼 마을에 닭 울음소리 들리니 애 끊는 듯하여라

촉백(蜀魄)은 촉나라의 넋으로 촉나라 임금이 자리를 빼앗기고 슬피 울다 죽어 그 넋이 두견새가 되었다는 옛이야기에서 두견새를 가리킨다.[135] 그래서 두견이는 예로부터 슬픈 새로 알려져 왔다. 두견이가 울고

135) 촉(蜀) 임금 두우(杜宇)가 별령(鱉靈)을 재상으로 삼았는데, 나중에 나라까지 빼앗기고 다른 나라로 쫓겨났다. 촉나라로 돌아가지 못하는 제 신세를 한탄하며 "돌아가리(귀촉도歸蜀道 또는 불여귀不如歸)"라고 울다가 지쳐 죽었는데 그 넋이 두견새가 되었다. 남조(南朝) 송(宋) 포조(鮑照)의 「의행로난(擬行路難)」6에 "숲속의 새 한 마리 이름은 두견인데, 옛날 촉나라 임금의 혼이라고 말했다. 애달프고 구슬픈 소리로 쉴 새 없이 울어대니, 깃털 초췌하기가 마치 까까머리 같다(中有一鳥名杜鵑 言是古時蜀帝魂 聲音哀苦鳴不息 羽毛憔悴似人髡)." 『태평광기(太平廣記)』 권463, 「금조(禽鳥) 4」에 "두견은 춘분이 다가오면 차례차례 우는데, 먼저 우는 새가 피를 토하고 죽는다(杜鵑 始陽相推而鳴 先鳴者吐血死)."

〔촉백제 蜀魄啼〕, 산 위에 뜬 달이 높은데〔산월고 山月高〕, 그리운 정을 머금고〔함수정 含愁情〕 홀로 누각에 기대어 있다〔독의루 獨倚樓〕. 또 말하는 이는 깊은 밤 사창〔야심사창 夜深紗窓〕에 있다. 말하는 이가 있는 곳과 말하고 있는 때만 보아도 이 노래가 님을 그리고 기다리는 슬픈 느낌의 노래라는 것을 짐작할 수 있다. 그래서 '기다림도 끝이 없다'고 애타게 기다리는 괴로움을 바로 말하였다. 더욱이 먼 마을〔원촌 遠村〕에서 들려오는 한 마리 닭 울음소리〔일계명 一鷄鳴〕가 애가 끊어지게 아프게 한다. 닭이 울었다는 것은 날이 샜다는 것인데, 끝없이 기다린 님은 날이 새도록 오지 않았으니 더욱 마음이 아플 수밖에 없다.

기다림의 노래에서도 엮음 노래는 짧은 노래와 달리 말이 많다. 지나치다 싶을 만큼 길게 말을 엮어 짜면서 기다리면서 느끼는 답답하고 애타는 마음을 드러냈다.

> 어이 못 오던가 무슴 일노 못 오던가
>
> 너 오ᄂᆞᆫ 길에 무쇠 成을 ᄊᆞ고 城 안에 담 ᄊᆞ고 담 안에 집을 짓고 집 안에 두지 노코 두지 안에 櫃를 ᄶᆞ고 그 안에 너를 必字形으로 結縛ᄒᆞ여 너코 雙排目의 걸쇠 金거북 자물쇠로 슈긔슈긔 잠가 잇더냐 네 어니 그리 아니 오더니
>
> ᄒᆞᆫ ᄒᆡ도 열두 ᄃᆞᆯ이오 ᄒᆞᆫ ᄃᆞᆯ 셜흔 ᄂᆞᆯ의 날 와 볼 ᄒᆞᆯ니 업스랴
>
> 『병와가곡집(甁窩歌曲集)』 1103, #3234.1

> 어이 못 오던가 무슨 일로 못 오던가
>
> 너가 오는 길에 무쇠 성을 쌓고 성 안에 담을 쌓고 담 안에 집을 짓고 집 안에 두지 놓고 두지 안에 궤를 짜고 그 안에 너를 필자 꼴로 묶어 넣고 쌍배목의 걸쇠 금거북 자물쇠로 깊이깊이 잠갔더냐, 네 어이 그리 오지 않느냐
>
> 한 해도 열두 달이오 한 달은 서른 날에 나를 보러 올 하루가 없느냐

처음에 어째서 못 오느냐, 무슨 일 때문에 못 오느냐고 했다. 마지막에는 한 해도 열두 달이오, 한 달은 서른 날이나 되는데, 그 많고 많은 날

가운데 나를 보러 올 하루가 없느냐고 탓한다. 이 엮음 노래가 될 수 있는 까닭은 가운뎃글(중장)에 나오는 말 엮음에 있다. 너 오는 길에 무쇠로 성(城)을 쌓고, 성 안에 담을 쌓고, 담 안에 집을 짓고, 집 안에 뒤주 놓고, 뒤주 안에 궤(匱)를 짜고, 그 안에 너를 필자 꼴〔필자형 必字形〕로 결박(結縛)하여 넣었다고 했다. 필자꼴은 밧줄을 온 몸에 감아놓은 모습을 이른 말이다. 거기다가 쌍배목(雙排目)[136], 걸쇠[137]에 금거북 자물쇠로 깊이 깊이[138] 잠갔기에 그렇게 못 오느냐고 하였다. 무쇠 성-담-집-뒤주-궤에 갇혀 있을 뿐만 아니라 밧줄로 꽁꽁 묶고 고리와 걸쇠 자물쇠까지 달아 깊이깊이 가두어놓았다. 이렇게 갇혔으니 나를 보러 올 수가 없다. 기다리는 이가 하도 오지 않으니 이런 넋두리를 해본다.

김대행은 이 노래가 웃음을 머금고 있으면서도 웃음에서 끝나지 않고 기다림의 애태움을 간직하고 있기에 슬픔과 웃음이 미묘하게 섞여 있는 노래로 풀이하였다. 이 노래는 조금은 지나치게 말하고 있어 재미를 주기도 하지만 기다리면서 겪는 아쉬움과 몸부림도 있는 그대로 드러내고 있어 애태움을 웃음으로 감싸 안는 말하기를 하고 있다. 그래서 김대행은 이 노래는 아픔을 웃음으로 이겨낼 수는 있지만 웃음 그것 스스로가 아픔을 고칠 수 없다는 뜻을 내비친다고 하였다. 웃음으로 흐트러진 삶을 가지런히 하고 삶의 소용돌이 속을 바로 보라는 가르침을 들려주어 진지한 태도와 웃음의 말하기가 빚어내는 조화가 이 노래가 여느 노래와 다른 점이라고 하였다.[139]

남성 소리꾼(가객)들도 스스로 여인의 처지가 되어 기다림의 노래를 짓

---

136) 쌍배목(雙排目): 쌍으로 된 배목. 배목은 문고리를 걸거나 자물쇠를 채우기 위해 둥글게 구부려 만들고 문과 기둥에 박아 넣는 고리.

137) 걸쇠: 문을 걸어 잠글 때 빗장으로 쓰는 'ㄱ' 자 모양의 쇠.

138) 김대행은 "슈긔슈긔"를 자물쇠를 채워놓은 모습이 어지럽다는 뜻 정도로 풀이하였다. 김대행(1992), 「〈어이 못 오던가〉 그리고 태도와 표현의 시학」, 백영 정병욱 선생 10주기추모논문집 간행위원회, 『한국고전시가작품론2』, 집문당, 846쪽.

139) 김대행(1992), 위의 글, 850~851쪽.

곤 했다.

ᄂᆞᆷ이라 님을 안이 두랴 思郎도 밧쳣노라

梨花에 나간 님이 走馬鬪鷄 노니다가 光風霽月 졈근 날에 黃菊丹楓 다盡토록 金鞍白馬 猶未還이라

두어라 님이 니젓시나 紗窓 긴긴 밤의 幸혀 올가 기ᄃᆞ린다

- 박문욱(朴文郁), 『객악보(客樂譜)』 310, #874.1

남이라 님을 아니 두랴 사랑도 바쳤노라

배꽃 필 때 나간 님이 말타고 닭싸움하며 노닐다가 비 온 뒤에 맑게 부는 바람과 밝은 달이 있는 저문 날에 노란 국화와 단풍이 지도록 금 안장을 얹은 한 흰 말을 타고 아직 돌아오지 않는구나

두어라 님이 잊었으나 사창 긴긴 밤에 행여 올까 기다린다

'남이라고 님을 아니 두겠는가?' 했다. 나도 내가 사랑하는 님이 있듯이 남도 다른 이를 사랑할 수 있다는 말이다. 곧 내가 사랑하는 님도 다른 이를 생각할 수 있다는 뜻이다. 그러나 나는 그런 님에게 사랑도 바쳤다. 그런데 그 님은 배꽃〔이화 梨花〕이 필 때, 곧 봄철에 나가서 말을 달리고 닭싸움 하는 놀이〔주마투계 走馬鬪鷄〕[140]에 빠져 있기도 하고, 비 온 뒤에 맑은 바람이 불고 밝은 달이 뜬〔광풍제월 光風霽月〕[141] 저문 날에 노란 국화〔황국 黃菊〕와 단풍(丹楓)이 다 떨어지도록 금안장을 얹은 흰 말을 타고

140) 당(唐) 최호(崔顥)의 「대규인답경박소년(代閨人答輕迫少年): 규인을 대신하여 경박소년에게 답하다」에 "말 달리고 닭싸움 즐겨 아직 돌아오지 않는다네(走馬鬪鷄猶未返)." '주마투계(走馬鬪鷄)'는 '말을 달리고 닭싸움 하다'는 뜻이나 '할 일 없이 빈둥빈둥 노는 것'을 이르기도 한다.

141) 『송사(宋史)』, 「열전(列傳)」 제186, 「도학(道學)·주돈이전(周敦頤傳)」에 "황정견이 (주돈이를 일러) 그 인품이 높고 마음이 대범한 것이 마치 맑은 날의 바람과 비 갠 날의 달과 같다고 하였다(黃庭堅稱其 人品甚高 胸懷灑落 如光風霽月)." '광풍제월'은 나중에 훌륭한 사람됨을 빗대어 쓰는 말이 되었다.

〔금안백마 金鞍白馬〕142) 아직도 돌아오지 않는다〔유미환 猶未還〕. 그러면서 두어라 님은 나를 잊었으나 사창(紗窓) 긴긴 밤에 행여 올까 기다리겠다고 했다.

이 노래의 말하는 이는 여성이며 님은 다른 여인과 있는 사내이다. 그러니 이 노래에는 시샘이나 님을 탓하는 마음도 들어 있다. 내가 사랑을 바친 사내가 다른 여인에 빠져 봄에 나갔다가 가을이 다 되도록 돌아오지 않고 나를 잊었으나 그래도 행여 올까 하염없이 기다린다.

박문욱이 지은 비슷한 노래가 또 있다.

月一片 登三更인 제 나간 님을 혜야인니

青樓酒肆에 새님을 걸어두고 不勝蕩情ᄒᆞ야 花間陌上春將晩이오 走馬鬪鷄猶未返이라

三時出望無消息ᄒᆞ니 盡日欄頭에 空斷腸을 ᄒᆞ소라

- 박문욱(朴文郁), 『청구가요(靑邱歌謠)』 68, #3651.1

한 조각달이 뜬 한밤중에 나간 님을 생각하니

술 파는 기생집에 새 님을 얻어두고 방탕한 마음을 이기기 못하네. 길 위에 꽃을 보니 봄은 장차 가려 하고 말 달리고 닭싸움 하는 님은 아직도 돌아오지 않는구나

하루 세 번 문밖에 나가 바라보아도 소식이 없으니 종일 난간머리에서 창자가 끊어질 듯 슬프구나

한자가 많아 하나씩 풀어야 알아들을 수 있는 노래다. 소리꾼들은 중인(中人) 신분이기도 했는데 이들은 양반 흉내를 내느라 이처럼 어려운 한

142) 당(唐) 하지장(賀知章)의 「청루곡(靑樓曲)」에 "흰 말에 금안장 얹고 무황제를 좇으며, 십만의 깃발이 장양(長楊)에 묵는구나. 누대 끝 어린 아낙은 아쟁 켜며 앉아서는 건장(建章)으로 들어가며 날리는 먼지 멀리서 바라보네(白馬金鞍從武皇 旌旗十萬宿長楊 樓頭少婦鳴箏坐 遙見飛塵入建章)."

자를 가지고 노래를 짓기도 했다. 글 깨나 배우고 책 깨나 읽었다는 것을 자랑하고자 함이나, 옛 노래의 값어치는 우리말을 잘 부려 쓰는 데 있으므로 이런 한자, 한문을 마구 가져다 노래를 짓는 것은 좋지 않은 버릇이다. 이런 글짓기는 한시(漢詩)에서 하고도 남기 때문이다.

어쨌든 하나씩 풀어 보자. 월일편 등삼경(月一片 登三更)은 조각달이 삼경에 오르다, 곧 조각달이 한밤중 이르러 하늘에 떠올랐다는 뜻이 된다. 삼경은 밤 11시에서 새벽 1시쯤을 가리키니 한밤중을 말한다. 다른 노래책에는 '登'이 아니라 '燈'으로 적고 있는데, 그러면 조각달이 뜨고 등불 밝힌 한밤중이란 말이다. 청루주사(青樓酒肆)는 청루의 술 파는 집, 곧 기생집을 이른다. 불승탕정(不勝蕩情)은 방탕한 정을 이기지 못한다는 말이다. "화간맥상춘장만(花間陌上春將晚)이오 주마투계유미반(走馬鬪鷄猶未返)이라, 삼시출망무소식(三時出望無消息)하니"는 당나라 시인 최호(崔顥)의 「대규인답경박소년(代閨人答輕迫少年)」의 "……꽃 사이 거리 위에서 봄이 다 가건만, 말 달리고 닭싸움 즐겨 아직 돌아오지 않는다네. 하루 세 때에 나가서 바라보아도 소식이 없으니〔花間陌上春將晚 走馬鬪鷄猶未返 三時出望無消息〕……"에서 따온 말이다. 진일난두(盡日欄頭)는 '온종일 난간에 기대어'란 뜻이다. 공단장(空斷腸)은 창자가 끊어질 듯하게 애를 태운다는 뜻이다.

집을 나간 님은 한밤중에 기생집에 새 님을 만들어놓고 방탕하게 놀고 있다. 그런 님을 애타게 기다리는 여인의 노래이다. 노래하는 이는 기녀일 수도 있고 지아비를 기다리는 아낙일 수도 있다. 다른 여인과 함께 지내느라 하루 종일 기다리는 내가 이렇게 애가 타는 줄을 모르는 님은 야속하기만 하다.

이와 같이 박문욱은 남성 소리꾼(가객)이었지만 여성 목소리의 노래를 짓기도 하였다. 여기에는 여러 까닭이 있을 수 있다. 기다림의 노래는 여성 목소리가 더 어울려서 여인을 말하는 이로 삼았을 수도 있고, 아니면 그냥 잔치마당에서 재미나 즐거움을 위해서 제 목소리가 아닌 다른 이의 목소리를 빌려 노래했을 수도 있다.

다음 노래도 남성이 지었지만 말하는 이는 여성이다.

> 갈 제는 오마더니 가고 아니 오노매라
>
> 十二欄干 바자니며 님 겨신 ᄃᆡ ᄇᆞ라보니 南天에 雁盡ᄒᆞ고 西廂에 月落토록 消息이 긋처잇다
>
> 이 뒤란 님이 오셔든 잡고 안저 새오리라
>
> – 김두성(金斗性),[143] 『교주가곡집(校註歌曲集)』 1443, #109.1

> 갈 때는 온다고 하더니 가고 아니 오는구나
>
> 십이난간 서성이며 님 계신 데 바라보니, 남녘 하늘에 기러기 그치고 서녘에 달 지도록 소식이 끊겨 있다
>
> 이 뒤에는 님이 오시면 잡고 앉아 밤을 새리라

님은 떠날 때 오마고 해놓고, 가고 나서는 오지 않는다. 열둘이나 되는 난간〔십이난간 十二欄干〕[144]을 서성거리며 님이 계신 곳을 바라보니 남녘 하늘〔남천 南天〕에 기러기도 다 날아가 버렸고〔안진 雁盡〕, 서녘〔서상 西廂〕[145]에 달이 지도록〔월락 月落〕 소식(消息)이 끊겨 어떻게 지내는지 알 수 없다. 이다음에 님이 오시면 잡고 앉아 밤을 새겠다고 했다.

님을 그리거나 기다리는 노래에는 난간(欄干)이 자주 나오는데, 난간은 높은 곳에서 멀리 내려다 볼 수 있는 곳이기에 님을 간절히 바라고 기다린다는 마음을 드러내기 위해 노래에서 자주 썼던 낱말이다.[146] 기러기가 다 날아갔다는 말은 소식이 오고가지 않고 끊겼다는 말이다. 님을 애

---

143) 『청구가요(青丘歌謠)』에는 박문욱의 노래로 되어 있다.

144) '십이난간'은 '높거나 화려한 누각의 난간'이란 뜻도 있다. 김흥규(2016), 앞의 책, 237쪽.

145) '서상(西廂)'은 '서쪽 방'이란 뜻도 있다.

146) 권순정(2006), 앞의 글, 49쪽.

타게 기다리면서 다음에는 님이 오시면 붙잡고 밤을 새고 실컷 하고 싶은 말이라도 해보겠다는 마음을 담았다. 기다리는 데만 그치지 않고 님을 붙잡아 보겠다는 뜻도 드러냈다.

조선 후기에 나타난 소리꾼(가객)들은 자연을 노래하는 선비들을 따르지 않고, 거리의 삶을 즐겨 다루는 호탕한 놀이를 벌였다. 인기 소리꾼들은 듣는 이를 위해 즐거움을 나누어주었다.[147] 그래서 이들은 선비들이 지은 노래의 주제에서 벗어난 노래도 많이 지었다. 도덕이나 관념뿐만 아니라 삶에서 겪은 자질구레한 일도 노래로 읊었으며 고단한 삶의 그늘을 노래하기도 했다. 때로는 사랑의 문제나 본능의 문제도 스스럼없이 말하기도 했다. 하고 싶은 말을 노래로 주저 없이 털어놓았다.[148] 그래서 소리꾼들의 노래는 그 주제가 여러 가지다.

> 言約이 느져 가니 碧桃花도 다 지거다
> 아츰에 우는 가치 有信타 ᄒᆞ랴마는
> 그러나 鏡中蛾眉를 다ᄉᆞ려나 보리라
>
> – 박희서(朴熙瑞), 『병와가곡집(瓶窩歌曲集)』 562, #3275.1

> 언약이 늦어 가니 푸른 복숭아꽃도 다 진다
> 아침에 우는 까치 믿음 있다 하랴마는
> 그러나 거울 보고 눈썹을 다듬어 보리라

오겠다고 말로 약속〔언약 言約〕한 님이 늦도록 안 오니 벽도화(碧桃花)가 다 지겠다고 초조해한다. 아침에 까치가 울면 반가운 손님이 온다는 말을 믿겠는가마는 그래도 거울을 보고 고운 눈썹〔경중아미 鏡中蛾眉〕[149]

---

147) 조동일(2005), 『한국문학통사3』(제4판), 지식산업사, 191쪽.

148) 박노준(1995), 「청구가요의 문학적 몇 양상과 시조사적 의의 : 박문욱·김우규·김진태를 중심으로」, 『한국언어문화』 13, 한국언어문화학회, 799~812쪽.

149) 아미(蛾眉)는 미인의 눈썹. 누에나방의 촉수처럼 털이 짧고 초승달 모양으로 굽은

을 아름답게 꾸며 기다려 보겠다고 하였다. 님과 약속한 일이 이루어질까 생각하고 마음 졸이며 시간을 보내지만, 거울을 보고 단장을 하는 것을 보면 말하는 이는 님이 올 것이라는 것을 기대하고 기다림을 포기하지 않는다는 것을 알 수 있다. 박희서 같은 남성 지은이들도 기다림의 노래에는 여인의 목소리나 말투가 어울리겠다고 생각했던 것 같다. 아무래도 남성의 말투는 씩씩하고 뻣뻣하고 거칠다 보니 아름답고 가녀리고 여린 노래를 지으려고 한다면 여성 목소리가 더 제격이다.

기다림의 노래에서는 님이 오는 줄 알고 나가 보았더니 님이 아닌 다른 무엇임을 깨닫게 되는 착각의 노래가 많다.

> 窓 밧긔 워석버석 님이신가 니러 보니
> 蕙蘭蹊徑에 落葉은 무스 일고
> 어즈버 有限흔 肝腸이 다 그츨가 흐노라
>
> \- 신흠(申欽), 『청구영언(青丘永言) 진본(珍本)』 134, #4538.1

> 창밖에 워석버석 님이신가 일어나 보니
> 난초 있는 길에 낙엽은 무슨 일인가
> 어즈버 유한한 간장이 다 끊어질까 하노라

창밖에서 낙엽을 밟는 듯한 소리가 나기에 혹시 님이 오신 것인가 생각하고 일어나 보니 난초가 우거진 좁은 지름길〔혜란혜경 蕙蘭蹊徑〕에 우수수 마른 잎만이 떨어지고 기다리는 님은 아니 오시니 무슨 일인가 하고 한숨 짓는다. 그리고 애가 타서 간장이 끊어질 것 같다고 하여 님을 기다리는 간절한 심정을 노래하고 있다.150) 낙엽 구르는 소리를 님이 오는

아름다운 눈썹. 『시경(詩經)』, 「위풍(衛風), 석인(碩人)」에 "매미의 머리와 누에의 눈썹(螓首蛾眉)."

150) 조성진은 이 노래와 연관된 신흠의 한시를 바탕으로, 말하는 이를 기녀로 보았다. 조성진(2012), 앞의 글, 87쪽.

소리로 착각했다가 깨닫고 나서 읊은 노래다. 누군가를 애타게 기다리면 잎만 떨어져도, 발자국 비슷한 소리만 들려도 기다리는 그 사람이 왔는가 생각하게 된다. 마음이 온통 그리워하고 기다리는 이에게 있기 때문이다.

위 신흠(申欽, 1566~1628)의 노래는 선조(宣祖) 임금을 추모하는 노래로 보기도 하는데,151) 나중에는 이런 임금 그리는 뜻은 사라지고 사랑 노래로 듣고 즐기게 된다. 이렇듯 임금 그리는 노래 가운데 많은 노래가 뒤에 가면 노래 안에 감춰진 속뜻은 사라지고 남녀의 사랑 노래로 남게 된다.

西廂에 期約ᄒᆞᆫ 님이 달 돗도록 아니 온다
지게門 半만 녈고 밤 드도록 기다리니
月移코 花影이 動ᄒᆞ니 님이 오나 넉엿노라

- 박영수(朴英秀), 『가곡원류(歌曲源流) 국악원본(國樂院本)』 226, #2520.1

서쪽 방에 약속한 님이 달이 뜨도록 아니 온다.
지게문 반만 열고 밤 다 되게 기다리니
달이 기울고 꽃 그림자가 흔들리니 님이 오는가 여겼노라

서상(西廂)은 서쪽에 있는 방이란 뜻이다.152) 님과 서쪽 방에서 밤에 만나자고 약속〔기약 期約〕했던 것 같다. 그러나 달이 뜨도록 그 님이 오지 않는다. 행여 그 님이 오는지 지게문을 반만 열고 빼꼼히 내다본다. 밤이 다 지나도록 기다려도 님은 오지 않는다. 달이 기울고〔월이月移코〕 꽃 그

151) 김석회(2002), 앞의 글, 326쪽. 한편 김창원은 신흠의 노래들은 여느 임금 그리는 노래들(연군시조)과 다른 모습을 가지고 있어 임금 그리는 노래로 보기 어렵다고 하였다. 김창원(1999), 「신흠 시조의 특질과 그 의미」, 『고전문학연구』 제16집, 한국고전문학회, 88쪽.

152) 당(唐) 백거이(白居易)의 「장한가(長恨歌): 긴 한숨의 노래」에 "황금 대궐 서쪽 방의 옥문을 두드리고 소옥에게 일러 쌍성에게 말 전하니(金闕西廂叩玉扃 轉教小玉報雙成)."

림자〔화영 花影〕가 흔들리니〔동動하니〕 님이 오는가 여겼다고 했다. 님이 온 것이 아니라 달이 하늘 길을 지나가면서 꽃 그림자가 움직여서 님이 온 것으로 잘못 생각하였다. 마음이 온통 님에 가 있기 때문에 그림자 하나에도 님의 모습이 아닌가 하고 착각하게 된다.

지게문을 반만 열어 두었다는 것은 그 문으로 들어와야 할 누군가를 기다리고 있음을 조심스럽게 드러낸다. 님이 어서 돌아오기만을 기다리는 마음이라면 문을 활짝 열어 둘 법도 한데, 그렇게 하지 않는 까닭은 님을 기다리는 그 마음을 줄여야 하기 때문일 것이다. 어쩌면 남의 눈을 피해서 만나야 하는 사람일지도 모른다. 게다가 기다려도 오지 않는 님을 끊임없이 기다리는 이의 마음속에 님이 영영 돌아오지 않으리라는 불안한 마음도 이미 자리 잡고 있었을 것이다. 님은 약속을 저버렸고 다시 돌아오지 않을 수도 있어 나는 사랑을 잃어버릴 수도 있다고 깨달으면서도 '그래도 혹시나' 하는 간절한 마음 때문에 기다리는 일을 멈출 수도 없다. 그래서 문을 활짝 열지도 아주 닫지도 못한다. 그렇게 기다리다 보니 때로는 님이 그 반만 열린 문을 열고 들어오는 것만 같은 착각에 빠지기도 한다.[153]

雪月이 滿窓ᄒᆞᆫ듸 ᄇᆞ람아 부지 마라
曳履聲 아닌 줄을 判然히 알건마ᄂᆞᆫ
그립고 아쉬온 적이면 힝혀 귄가 ᄒᆞ노라

『청구영언(青丘永言) 진본(珍本)』 443, #2595.1

눈과 달빛이 뜰에 가득한데 바람아 불지 마라
신발 끄는 소리 아닌 줄은 판연히 알건마는
그립고 아쉬운 마음에 행여 그인가 하노라

153) 송지언(2019), 「꽃은 반만 핀 꽃이 아름답고, 복은 반 복이 좋다」, 『새국어생활』, 국립국어원, 101쪽.

눈 위에 비친 달빛이 창에 가득히 비쳐 오면〔설월雪月이 만창滿窓한데〕, 보고 싶은 이가 더욱 그리운 날이다. 눈이나 달은 그리운 사람을 더욱 미치도록 그립게 만든다. 그래서 사람들은 하늘에 뜬 달을 보고 미치도록 밝다고 말들 한다. 이런 날에 바람아 불지 말라고 한다. 바람이 불면 무슨 소리가 들리는데 그 소리가 님이 오는 소리, 곧 님의 신발 끄는 소리〔예리성 曳履聲〕로 들리기 때문이다. 그 소리가 신 끄는 소리가 아니라 바람이 불면서 나는 소리인 줄을 판연(判然)히 알지만 그립고 아쉬운 마음에 행여 그 사람이 오는가 잘못 생각하기도 한다. 마음이 그리운 이에게 가 있으니 그런 착각을 하게 된다. 이런 날에 님이 오기라도 하면 얼마나 좋을까, 참으로 보고 싶어 기다리는 마음을 노래했다.

山村에 밤이 드니 먼 ᄃᆡ ᄀᆡ 즈져 온다
柴扉ᄅᆞᆯ 열고 보니 하ᄂᆞᆯ이 ᄎᆞ고 달이로다
져 ᄀᆡ야 空山 잠든 달을 즈져 무슴 ᄒᆞ리오

- 천금(千錦), 『청구영언(青丘永言) 육당본(六堂本)』 418, #2360.1

산마을에 밤이 드니 먼 데 개 짖어 온다
사립을 열고 보니 하늘이 차고 달이 떴다
저 개야 빈산에 잠든 달을 짖어 무엇 하리오

위 노래도 님이 오는가 반겼다가 아닌 것을 알고 안타까워하는 노래이다. 산촌(山村)은 사람의 발길이 드문 곳이라 찾아오는 이가 별로 없다. 그런데 먼 데서 개가 짖어 오는 것을 봐서 누군가 오는가 보다 하고 착각하게 된다. 삽짝〔시비 柴扉〕을 열고 보니 차갑고 텅 빈 하늘[154]에 달만 떠 있다. 짐승조차 사람이 그리워 달을 사람으로 알고 짖는 개에게 짖어

154) 예부터 시인들은 적막한 분위기를 나타내기 위해 하늘이 차갑다고 말하였다. 윤영옥(1983), 앞의 글, 184쪽.

무엇 하겠느냐고 하였다. 기다렸던 님은 볼 수 없고 차갑고 쓸쓸한 것만 느낄 수밖에 없다는 것을 깨닫게 된다. '빈산(공산 空山)에 잠든 달'이라고 했는데, 말하는 이가 있는 곳은 외따로 떨어진 쓸쓸한 곳이어 오고가는 사람도 드문 조용한 곳이기에, 달마저도 잠에 들었다고 하였다.

柴扉에 개 즛거늘 님만 너겨 나가 보니
님은 아니 오고 明月이 滿庭흔듸 一陣 秋風에 닙 지는 소릐로다
져 개야 秋風落葉을 헛도이 즈저셔 날 소길 줄 엇졔오

『청구영언(青丘永言) 진본(珍本)』 493, #2899.1

사립짝에 개 짖거늘 님으로만 여겨 나가 보니
님은 오지 않고 밝은 달이 뜰에 가득한데 한바탕 가을바람에 잎 지는 소리로다
저 개야 가을바람에 떨어지는 나뭇잎을 헛되이 짖어서 날 속이는 일을 어찌 하느냐

이 노래는 앞의 천금의 노래 「산촌에 밤이 드니」와 노랫말이 비슷하니, 두 노래가 비슷한 생각에서 지은 노래라 할 수 있는데, 이 노래는 엮음 노래이기에 말을 더 많이 하여 글자 수가 늘어났다. 사립짝(시비 柴扉)에 개가 짖는 소리를 듣고 밖에 누가 왔다고 생각하고 나가 보는데, 그 사람을 다른 누구도 아닌 님으로만 여기게 된 데는 온통 님을 기다리는 마음으로 가득 차 있기 때문이다. 나는 이 밤에 찾아오는 이는 틀림없이 님이라고 생각한다. 그러나 님은 오지 않고 밝은 달이 뜰에 가득(명월明月이 만정滿庭)하고 한바탕 가을바람(일진추풍 一陣秋風)에 잎 지는 소리만 날 뿐이다. 그래서 가을바람에 떨어지는 나뭇잎(추풍낙엽 秋風落葉)을 헛되이 짖어 나를 속인 개를 꾸짖었다. 개는 나뭇잎 떨어지는 소리를 사람 발자국 소리로 잘못 알고 짖어댔고 나는 개 짖는 소리를 님이 오는 소리로 잘못 알고 밖으로 나가 보았다. 그러나 기다리는 님이 오지 않는 것을 깨닫고 애꿎은 개만 나무란다. 이렇듯 기다리는 노래에는 바람소리, 나뭇잎

떨어지는 소리를 님이 오는 소리로 잘못 생각하는 노래들이 많고, 밝은 달이 자주 나타난다.

> 간밤의 직에 여든 ᄇᆞ람 숤뜰히도 나를 속여고나
> 風紙ㅅ 소릐예 님이신가 반기온 나도 誤ㅣ 건이와
> 幸혀나 들라곳 ᄒᆞ듬연 慙愧慙天ᄒᆞᆯ랏다

『해동가요(海東歌謠) 일석본(一石本)』 567, #94.1

> 간밤에 지게문을 열던 바람 살뜰히도 나를 속였구나
> 풍지 소리에 님이신가 반긴 나도 잘못이거니와
> 행여나 들어오라 했다면 부끄러워 얼굴을 들지 못할 뻔하였구나

이 노래의 말하는 이도 누군가를 몹시 기다린다. 그래서 지게문을 열던 바람 소리를 님이 문을 여는 소리로 잘못 생각한다. 문풍지(風紙) 소리에 님이 오는가 반긴 것도 자신의 잘못이지만 행여 들어오라고 했다면 몹시 부끄러워 얼굴을 들지 못할〔참괴참천 慙愧慙天〕 뻔했다고 하였다. 다른 노래책에는 남이 웃을 뻔했다고 적기도 했고 밤조차 웃을 일이라고 적기도 하였다.[155] 애타게 기다리면 바람 때문에 문이 열린 것도 님이 문을 열고 들어온 것으로 착각하게 된다.

이들 노래들은 모두 '잘못 생각(착각)-깨달음-멋쩍은 반응'의 틀로 되어 있다. 이런 틀은 엮음 노래에도 많이 나오는데[156] 그 말하기가 웃음을 짓게 만든다.

---

155) 『청구영언(靑丘永言) 가람본(嘉藍本)』은 "남을 우일번 ᄒᆞ괘라", 『병와가곡집(甁窩歌曲集)』은 "밤이 좃ᄎᆞ 우올낫다"

156) 조성진(2011), 앞의 글, 359~389쪽. 김용찬은 '기대-적극적 행동-어떤 사물에 의한 속음(오해)-기대의 좌절'로 간추렸다. 김용찬(1990), 「사설시조에 나타난 애정 형상과 세계관 연구」, 고려대학교 석사학위논문, 27~28쪽. 김흥규는 '간절한 그리움-착각-황급한 행동-진상의 발견-망신을 면했다는 자기 위안'으로 갈무리하였다. 김흥규(1992), 「사설시조의 시적 시선 유형과 그 변모」, 『한국학보』 68, 일지사, 13쪽.

碧紗窓이 어른어른커늘 님만 너겨 나가 보니

님은 아니 오고 明月이 滿庭흔듸 碧梧桐 져즌 닙헤 鳳凰이 ᄂᆞ려 와 짓 다듬ᄂᆞᆫ 그림재로다

모쳐라 밤일싀만졍 ᄂᆞᆷ 우일 번 ᄒᆞ괘라.

『청구영언(靑丘永言) 진본(珍本)』 502, #1976.1

벽사창이 어른어른하거늘 님으로만 여겨 나가 보니

님은 아니 오고 밝은 달이 뜰에 가득한데 벽오동 젖은 잎에 봉황이 내려와 깃을 다듬는 그림자로다

마침 밤이기에 망정이지 남 웃길 뻔하였구나

푸른 깁(비단)을 바른 창문〔벽사창 碧紗窓〕 밖이 어른어른거리는 것을 보고 님이 온 줄로 알고 나가 본다. 그런데 그 그림자는 님이 아니라, 밝은 달빛〔명월 明月〕이 뜰에 가득한데〔만정 滿庭〕, 벽오동(碧梧桐) 잎이 이슬에 젖어 있고 거기에 봉황(鳳凰)이 내려와 깃털을 다듬고 있는 그림자다. 봉황은 오동나무에만 깃들고 다른 나무에는 깃들지 않는다고 하는 상상의 새이다.157) 여기서는 지나가는 구름 그림자를 나타내기 위해 꾸며서 해 본 말이다. 그리고 마지막에 마침 밤이기에 망정이지 (낮이었다면) 남의 웃음을 살 뻔했다고 말한다. 이렇게 봉황이 깃 다듬는 그림자를 님의 그림자로 잘못 알고 밖으로 나가 본 일을 남이 봤으면 얼마나 비웃었겠느냐는 말이다.

---

157) 봉황(鳳凰): 오동나무에 깃들며, 대의 열매〔죽실竹實〕를 먹고, 예천(醴泉)의 샘물을 마시며, 몸은 닭의 머리, 뱀의 목, 제비의 턱, 거북의 등, 물고기의 꼬리 모양을 하고 키는 6척가량이며 몸과 날개는 다섯 가지 빛깔이 나며, 다섯 음을 내어 울며, 하늘을 날게 되면 모든 새가 주위로 모인다고 함. 수컷을 봉(鳳), 암컷을 황(凰)이라 함. 용, 거북, 기린과 함께 사령(四靈: 네 가지 상서롭고 신령스러운 동물)을 이룸. 한(漢) 한영(韓嬰)의 『한시외전(韓詩外傳)』 권8에 "봉황새는 황제의 동쪽 동산에 머물며 오동나무에 모여 앉아서는 황제의 대나무 열매를 먹으면서 죽을 때까지 그 곳을 떠나지 않았다(鳳乃止帝東國 集帝梧樹 食帝竹實 沒身不去)."

님이 오마 ᄒᆞ거ᄂᆞᆯ 저녁밥을 일 지어 먹고

中門 나셔 大門 나가 地方 우희 치ᄃᆞ라 안자 以手로 加額ᄒᆞ고 오ᄂᆞᆫ가 가ᄂᆞᆫ가 건너山 ᄇᆞ라보니 거머흿들 셔 잇거ᄂᆞᆯ 져야 님이로다 보션 버서 품에 품고 신 버서 손에 쥐고 곰븨님븨 님븨곰븨 쳔방지방 지방쳔방 즌 듸 ᄆᆞ른 듸 ᄀᆞᆯ회지 말고 워렁충창 건너가셔 情엣말 ᄒᆞ려 ᄒᆞ고 겻눈을 흘긧 보니 上年 七月 열사흔날 ᄀᆞᆯ가 벅긴 주추리 삼대 ᄉᆞᆯ드리도 날 소겨다

모쳐라 밤일싀만정 힝혀 낫이런들 ᄂᆞᆷ 우일번 ᄒᆞ괘라

『청구영언(青丘永言) 진본(珍本)』 580, #4093.1

님이 온다고 하여 저녁밥을 일찍 지어 먹고

중문 나서 대문 나가 문지방 위에 바삐 나가 앉아 이마에 손을 대고 오는가 가는가 건넌 산 바라보니 검은빛과 흰빛이 섞인 무엇이 서 있거늘, '저것이 님이로다' 여기고 버선 벗어 품에 품고 신 벗어 손에 쥐고 엎치락뒤치락 허둥지둥 진 곳 마른 곳 가리지 않고 우당탕퉁탕 건너가서 정다운 말 하려고 곁눈으로 힐끗 보니 지난해 7월 열사흗날 갉아 벗긴 삼대 줄기 살뜰히도 나를 속였구나

모처럼 밤이기에 망정이지 행여 낮이었다면 남 웃길 뻔하였구나

님이 "오마" 한다고 하여 설레고 부푼 마음을 안고 님을 보러 나간다. 그런데 나가려 가는 모습을 길고 수선스럽게 떠벌리고 있다. 이는 그만큼 님을 온 마음으로 기다렸다는 것을 이르려고 함이다. 저녁밥을 일찍 지어 먹고 중문(中門, 안쪽 작은 문) 나서 대문(大門, 바깥 큰문)을 나가 문지방[158] 위에 빠르게 나가 앉아 손을 이마에 대고(이수以手로 가액加額하고)[159] 님이 오는가 가는가 건넌 산을 바라보니, 무엇인가 검고 희고 한 것이 서 있으니, 저것이 님이로다 여기고, 버선을 벗어 품에 품고 신을

---

158) 조동일(2017), 앞의 책, 227쪽은 '지방(地方)'을 '개울'로 풀었다.

159) 가액(加額)은 잘 보기 위해 이마에 손을 얹는다는 뜻으로, 사람을 몹시 기다림을 이르는 말.

벗어 손에 쥐고, 엎치락뒤치락(곰븨님븨 님븨곰븨, 뒤에서 앞으로, 앞에서 뒤로) 허둥지둥(천방지방天方地方 지방천방地方天方, 하늘로 땅으로, 땅으로 하늘로) 진 곳과 마른 곳 가리지 않고, 우당탕퉁탕(워렁충창) 건너가서, 정겨운 속삭임(정情엣말)을 하려고 곁눈으로 힐끗 보니, 지난해(상년 上年) 7월 열사흗날 삼(大麻)의 줄기를 삶아서 껍질을 벗겨 버린 속대(주추리 삼대)가 살뜰하게도 나를 속이고 서 있다. 삼대 줄기를 보고 님으로 잘못 생각한 것이다. 그렇게 겸연쩍은 마음에 밤이어서 다행이지 낮이었다면 남들이 보고 얼마나 웃었으랴 하고 얼버무리고 넘어간다.

말 엮어가기 잔치를 하고 있는 듯하다. 여기에는 여러 뜻이 있을 수 있겠다. 말을 이렇게 길게 엮어 가면 무겁고 어두운 이야기도 가볍고 밝은 이야기처럼 들린다. 이 노래에 나오는 이는 정든 님을 몹시 기다리지만 만나지는 못한다. 안타깝고 서글픈 일이다. 그러나 그 말하기는 슬프게만 느껴지지 않는다. 온갖 말을 주워섬기듯 엮어 가기에 제가 겪고 있는 안타까움에만 빠져 있지 않고 어느 정도 벗어버리고 잊어버리려 한다.[160] 또 한 가지 뜻은 내가 님을 이렇듯 목 빠지게 기다리고 있음을 님이나 다른 이도 알아주기를 바라는 마음이다. 그냥 '님을 보러 바삐 달려가 보니 주추리 삼대가 나를 속였구나' 하면 되지만 길고 수선스럽게 말을 엮어 간다. 님을 보러 가면서 어떻게 집밖을 나가고 얼마나 애타게 기다리고, 틀림없이 님이라고 생각했을 때는 반가운 마음에 얼마나 허둥지둥했는지를 자세하게 이야기해야 내 마음을 님이나 다른 이가 참으로 알아줄 수 있다.

이와 같은 노래들은 마지막에 혹시 남이 보았으면 어쩔까 하는 마음에 가슴을 쓸어내리고 있다.[161] 애타게 기다리던 앞의 상황과 마지막에서

---

160) 고정희는 님을 맞으러 서둘러 달려가는 몸짓을 길게 늘어뜨린 것은 프로이트의 이론에서 말하는 어릿광대의 몸짓처럼 지나치게 많이 움직이고 있음, 곧 과도한 운동 비용을 쓰고 있다고 풀이하였다. 이런 지나친 몸짓과 지나친 말하기가 웃음을 불러일으킨다고 보았다. 고정희(2009), 「사설시조의 희극성」, 앞의 책, 163쪽.

말하는 이의 태도나 상황의 분위기가 전혀 딴판이 되어 우스꽝스럽게 되고 만다. 이렇듯 엮음 노래의 뒤쪽(종장)은 흔히 앞쪽(초·중장)의 심각한 상황과 전혀 다른 반전의 모습을 보인다.[162] 엮음 노래는 마지막에 와서 앞에서 했던 말과 아주 다른 엉뚱한 말을 해서 읽는 이의 기대를 와르르 무너뜨려 웃음을 터지게 한다.

송지언은 이 노래의 말하는 이인 여인은 님에게 망신당할 걱정에 집중하여 애타게 기다리는 님이 끝내 나를 찾지 않을까, 곧 버림받지는 않을까 하는 걱정에서 벗어나고자 한다고 보았다. 간절히 그리워하고 기다리는 일은 감출 수 없는 수다와 지나친 행동으로 나타나고 한참 동안 착각에서 벗어나지 못할 정도의 강한 집중을 보여주는데, 이는 님이 오지 않아 실망에서 상심과 슬픔으로 떨어졌는데도 망신당하지 않았다고 안심하며 정서를 분산시키려 했기 때문이라고 하였다.[163] 다시 말해, 님이 오지 않고 나를 버릴지도 모른다는 걱정에 주저앉지 않고, 남우세를 살 뻔했다는 딴전피우기로 님이 오지 않은 실망에 따른 괴로움을 덮어 버렸다고 할 수 있다.

한편 이런 엮음 노래의 말하기 방식을 '**웃고 즐기자**'는 말하기로 풀이할 수 있다.[164] 엮음 노래 가운데는 그냥 즐거움을 위해 부른 노래도 많았

161) 남의 눈을 두려워한다는 것은 기다리는 님이 '밤에 몰래 오는 남의 님'일 수도 있음을 짐작하게 해준다. 고미숙(1998), 『18세기에서 20세기 초 한국시가사의 구도』, 소명, 121쪽.

162) 김흥규(2003), 「사설시조의 애욕과 성적 모티프에 대한 조명」, 『한국시가연구』 제13집, 한국시가학회, 192쪽; 조세형(2003), 「사설시조의 중층성과 욕망의 언어」, 『한국고전여성문학연구』 7, 한국고전여성문학회, 109쪽; 고정희(2009), 앞의 책, 169~173쪽. 조성진은 끝글(종장)의 이런 말하기는 부질없이 님을 기다리는 자신에 대한 비판의 시선인 '자기 풍자(self-parody)'의 의도로 보았다. 이렇게 해서 말하는 이는 슬픔 속에서도 거기에 완전히 빠져들지 않겠다는 '삶의 균형 감각'을 갖는다고 풀이하였다. 조성진(2011), 앞의 글, 375~376쪽.

163) 송지언(2016), 「기다림의 사설시조에 나타난 웃음의 해석-'임이 오마 하거늘'을 중심으로」, 『고전문학과 교육』 32, 한국고전문학교육학회, 281쪽.

164) 이 책의 여섯 번째 마당 "풀이와 웃음의 사랑 노래"에서 엮음 노래의 이런 특징을

다. 이런 노래들은 말하자면 한바탕 웃어 보자는 허튼 소리의 노래들이다. 위의 노래들도 어떻게 보면 '얼마나 몹시 기다렸으면 저렇게 온통 마음이 님에게 가 있을까' 하고 생각할 수도 있지만, 노래들의 마지막 줄(종장)에서 '밤이기에 망정이지 낮이었다면 얼마나 우세 살 뻔했는가' 하는 말을 들어 보면 웃지 않을 수 없다. 그래서 앞에서 이야기한 말들이 심각하게 느껴지지 않게 된다. 듣는 이들을 웃게 만들려고 일부러 이런 느닷없는 말하기를 뒤쪽에서 한다. 그래서 이런 엮음 노래는 뒤쪽에 오면 터무니없음, 어리둥절함, 뜬금없음, 우스꽝스러움을 느끼게 된다.

사랑 노래는 아니지만 위 노래들과 비슷한 말하기를 하는 엮음 노래가 있다.

두터비 ᄑᆞ리를 물고 두험 우희 치ᄃᆞ라 안자
것넌山 ᄇᆞ라보니 白松骨어 써 잇거ᄂᆞᆯ 가슴이 금즉ᄒᆞ여 풀덕 쒸여 내ᄃᆞᆺ다가 두험 아래 쟛바지거고
모쳐라 ᄂᆞᆯ낸 낼싀 만정 에헐질 번 ᄒᆞ괘라

『청구영언(青丘永言) 진본(珍本)』 520, #1460.1

두꺼비 파리를 물고 두엄 위에 치달아 앉아
건넌 산 바라보니 흰 송골매 떠 있거늘 가슴이 끔찍하여 풀떡 뛰어 내닫다가 두엄 아래 자빠졌구나
마침 날랜 나이기 망정이지 피멍들 뻔하였네

두꺼비가 파리를 물고 두엄 위에 달려올라 앉는다. 맛있는 먹이를 얻고 우쭐거리며 뽐낸다. 그런데 이게 웬일인가 건넌 산을 바라보니 흰 송골매(백송골 白松骨)가 떠 있다. 두꺼비는 가슴이 끔찍해서 풀떡 뛰어 내리다가 두엄 아래 자빠지고 만다. 그런데 마지막에 '마침 나처럼 날랜 두꺼비기

자세히 다룰 것이다.

에 망정이지 다른 두꺼비 같았으면 피멍이 들 뻔(에헐질 번)하였네' 한다. 자신이 조심하지 못해서 죽을 봉변을 당해놓고 나중에 거들먹거리며 흰소리를 한다. 두꺼비는 자빠졌어도 그나마 내가 날래서 크게 다치지 않았다고 말한다. 끔찍하고 부끄럽고 창피한 일을 겪고 나서 스스로를 위로하고 달래고 있다.

이 노래에 무거운 뜻을 두어 풀이하는 이들이 많으나, 그냥 한바탕 웃어 보자는 뜻에서 지은 노래로 본다면, 실수를 하고 나서 남이 볼까 창피해서 얼버무리는, 우리네 삶에서 늘 겪게 되는 일을 노래한 것으로 볼 수 있다. 우리가 익히 알고 있는 다음 우스갯소리를 살펴보자.

> 한 할머니가 버스에 올라탔다. 버스는 이내 빠르게 달리기 시작했고, 앉을 자리를 찾지 못한 할머니는 불타는 눈으로 주위를 둘러보기 시작했다. 그러다가 갑자기 버스가 급히 섰다.
>
> "끼익~익~!"
>
> 힘이 약한 할머니는 그만 버스 바닥에 구르고 말았다. 한 예의 바른 학생이 할머니를 부축하며 말했다.
>
> "할머니, 어디 안 다치셨어요?"
>
> 그러자, 할머니 이르기를!
>
> "지금 다친 게 문제여? 쪽팔려 죽겠는데……."

다른 것보다 남이 나를 보고 웃을지를 먼저 걱정한다. 앞의 심각한 상황과 뒤에서 말하는 것이 전혀 딴판이 되어 웃음을 터뜨리게 한다.165) 누구나 한 번쯤은 이런 일을 겪어 보았을 것이다. 앞에서 살펴본 노래들이나 위의 우스갯소리나 말하는 이는 자신의 심각한 상황보다는 남의 눈

---

165) 웃음이 일어나는 원리 가운데는 "기대에 대한 배반"이 있는데, 마땅히 일어나리라는 기대와는 전혀 다른 배반이나 반전에서 웃음이 터지게 된다. Bergson, 정연복 옮김(1992), 앞의 책, 166쪽; 류종영(2005), 앞의 책, 177~185쪽.

을 신경 쓰는 모습을 보이는데, 주위를 둘러보고 남이 나를 봤을지 먼저 살펴보는 것은 “체면을 중요하게 여기는 동양 사람의 사고방식”[166] 과도 맞닿아 있는 듯하다. 한마디로 갈무리하면 ‘**남의 눈치 보기**’이다.

님을 기다리는데 그 님을 쫓아버려 기다림이나 만남을 헤살질 하는 것을 꾸짖는 노래들이 있다. 이런 노래들은 흔히 웃음을 담고 있다.

개를 여라믄이나 기르되 요 개 ᄀᆞᆺ치 얄믜오랴
뮈온 님 오며ᄂᆞᆫ ᄭᅩ리를 홰홰 치ᄠᅱ락 ᄂᆞ리ᄠᅱ락 반겨서 내ᄃᆞᆺ고 고온 님 오며ᄂᆞᆫ 뒷발을 버동버동 므르락 나으락 캉캉 즈져서 도로 가게 ᄒᆞᆫ다
쉰밥이 그릇 그릇 난들 너 머길 줄이 이시랴

『청구영언(青丘永言) 진본(珍本)』 547, #189.1

개를 열 마리 넘게 기르되 요 개같이 얄미우랴
미운 님 오면 꼬리를 홰홰 치면서 뛰어올랐다 내리 뛰면서 반겨서 내달고, 고운 님 오면 뒷발을 바동바동하면서 물러났다 나섰다 캉캉 짖어서 도로 가게 한다
쉰밥이 그릇그릇 생긴들 너 먹일 줄이 있으랴

개를 많이 기르는데 그 가운데 오직 홀로 얄미운 개가 있다. 그 개는 내가 미워하는 님이 오면 꼬리 치며 오르고 내리 뛰면서 반겨서 달려든다. 그런데 내가 좋아하는 님이 오면 뒷발을 바동거리며 물러섰다가 나섰다가[167] 컹컹 짖어서 돌아가게 한다. 그러니 이런 얄미운 개에게 쉰밥이 여러 그릇이 남아도 개밥으로 줄 수 없다고 나무란다.

166) Nisbett, Richard E.(2003). *The geography of thought*: how Asians and Westerners think differently--and why, New York: Free Press, 최인철 옮김 (2004), 『생각의 지도』, 김영사, 75쪽.

167) “므르락 나으락”을 ‘물 것 같이, 놓을 것 같이’로 풀기도 한다. 조동일(2017), 앞의 책, 201~202쪽.

이 노래를 꼼꼼하게 톺아 보면, 흥미로운 점을 찾을 수 있다. 내가 바라고 기다리는 님은 개가 쫓는다. 내가 보기 싫고 미워하는 님은 개가 반긴다. 살다 보면 사랑하는 사람을 만나고 싶지만, 딱히 반갑지 않은 사람을 만날 때가 많다. 어쩌면 기다리고 그리워하는 님은 내가 별로 만나고 싶어 하지 않는 사람보다 만나기 어려운지도 모른다. 세상살이도 그렇고 사랑하는 일도 그렇다. 그러니 괜히 만만한 개에게 화풀이한다. 너 때문에 그이가 오지 않는다면서 노래의 겉은 개를 꾸짖고 있지만, 속은 기다리는 님은 만나기 어렵다는 말을 하고 있는지도 모른다.[168)]

한편, 이 노래를 다르게 풀 수도 있다. 떳떳한 사랑이 아닌 남의 눈을 두려워하는 사랑을 나누고 있는 노래로 풀 수도 있다. 곧 말하는 이는 아슬아슬한 사랑을 나누고 있는 사람이다. 말하는 이를 여자라고 가정해 보자. 그러면 '미운 님'은 개가 꼬리를 치며 반기는 것으로 보아 집주인(본남편)이다. '고운 님'은 개가 컹컹 짖는 것으로 보아 여성의 샛서방(사이서방)이다. 여주인이 미워하는 집주인은 개가 반기고 여주인이 기다리고 사랑하는 외간 남자는 개가 짖어 돌아가게 한다는 재미있는 상황이 노래 속에 담겨 있다. 님이 오지 못하게 막는 개에게 여주인은 쉰밥도 주지 않겠다고 핀잔한다. 애타게 기다리는 님이 샛서방인 것도 웃기고, 그 님과 만나는 일이 이루어지지 않는 것을 개 탓이라 여긴 것도 웃기다. 게다가 개가 하는 짓을 그리는 말(치쒸락 ᄂᆞ리쒸락, 므르락 나으락)과 여러 가지 시늉말(홰홰, 버동버동, 캉캉)이 더 웃음 짓게 만든다.

김홍규는 이 노래를 다음과 같이 풀었다. 여러 사내가 들고 날 수 있는

---

168) 그래서 한창훈은 이 노래에 나오는 개는 말하는 이가 만들어낸 소품일 뿐이라고 하였다. '말하는 이의 의지와 정반대인 개의 행동'을 끌어들여 '미운 사람과는 만나기 쉽고 고운 님과는 만나기 어렵다는 개연적 진실'을 말하고 있다고 풀었다. 한창훈(2008), 「사설시조에 나타난 웃음의 몇 양상」, 『시가와 시가교육의 탐구』, 월인, 181쪽. 이런 풀이에 따르면 이 노래는 '빗대어 말하기의 틀(은유 구조)'로 되어 있는 셈이다. 다시 말해 개가 님을 쫓는다는 말은 기다리는 님을 만나 사랑을 이루기가 어렵다는 뜻을 담고 있다.

기생집이나 주막 같은 곳에 있는 여인이 개를 기르고 있다. 예전부터 자주 오갔지만 이제는 미워진 님도 있고 요즘에야 오가지만 부쩍 가까워진 님도 있다. 그런데 개는 오래전부터 보던 사내와는 낯이 익어서 그가 오면 꼬리 치며 반기고, 여주인과 요사이 가까워진 사내는 아직 낯설어서 보기만 하면 사납게 짖어댄다. 그러니 여주인은 제 마음과 정반대로 행동하는 이 개가 미울 수밖에 없다. 그래서 밥이 남아도 줄 수 없다고 개에게 벌을 내리려고 벼르고 있다.[169]

> 바독이 검동이 靑揷沙里 中에 죠 노랑 암ᄏᆡ갓치 얄믜오랴
> 뮈온 님 오면 반겨 ᄂᆡ닷고 고은 님 오면 캉캉 지져 못 오게 ᄒᆞᆫ다
> 門밧긔 ᄀᆡ장ᄉᆞ 가거든 찬찬 동혀 주이라
>
> – 김수장(金壽長), 『해동가요(海東歌謠) 주씨본(周氏本)』 543, #189.3

> 바둑이 검둥이 청삽사리 중에 저 노랑 암캐같이 얄미우랴
> 미운 님 오면 반겨 내닫고 고운 님 오면 캉캉 짖어 못 오게 한다
> 문밖에 개장사 가거든 찬찬 동여 주리라

바둑이 검둥이 청삽사리(靑揷沙里) 같은 많은 개들이 있으나 그 가운데 노랑 암캐가 가장 밉다. 이 노랑 암캐는 미운 님 오면 반겨 내닫고 고운 님 오면 컹컹 짖어 못 오게 하기 때문이다. 그런데 개밥을 주지 않는 데서 그치는 것이 아니라 개장사에게 칭칭 동여 팔아 버리겠다고 으름장을 놓았다. 노랑 암캐만 아니면 고운 님과 달콤한 사랑을 나눌 수 있는데 노랑 암캐는 고운 님을 늘 쫓는다. 이 개 때문에 기다리는 일이 헛일이 되고 만다. 그러니 이 개를 개장사에게 동여 주고 팔아 넘겨야 기다리는 보람도 생긴다.

---

169) 김흥규(2016), 앞의 책, 241~242쪽.

내게는 元首 업서 개와 둙이 큰 怨讐ㅣ로다

碧紗窓 깁흔 밤의 품의 드러 ᄌᆞᄂᆞᆫ 님을 쟈른 목 느리어 홰홰쳐 우러 니러 가게 ᄒᆞ고 寂寂重門의 왓ᄂᆞᆫ 님을 드르락 나오락 캉캉 즈저 도로 가게 ᄒᆞ니

아마도 六月 流頭 百種 前의 스러뎌 업시 ᄒᆞ리라

- 김두성(金斗性), 『교주가곡집(校註歌曲集)』 1440, #904.1

내게 원수는 (따로) 없고 개와 닭이 큰 원수로다

벽사창 깊은 밤에 내 품에 들어 자는 님을 짧은 목 늘여 홰를 치고 울어 대, (님이) 일어나서 가게 하고, 적적한 중문에 온 님을 들락날락 하면서 캉캉 짖어 도로 가게 하니

아마도 유월 유두 (칠월) 백중날 되기 전에 죽여 없애 버릴 것이라

개와 닭은 님과 내가 함께 있는 것을 방해하는 원수(怨讐) 같은 것들이다. 닭은 짧은 목을 늘려 홰를 치고 울어, 푸른 비단 창〔벽사창 碧紗窓〕 깊은 밤에 내 품에 들어 자는 님을 깨워 돌아가게 한다. 개는 조용〔적적 寂寂〕한 중문(重門, 대문 안에 거듭 세운 문)에 슬며시 온 님을 들락날락 하면서 캉캉 짖어 도로 돌아가게 만든다. 이런 얄미운 것들은 한여름 날 몸을 보하기 위해 잡아먹어 버리는 게 좋다. 유월(六月) 유두(流頭), 7월 백종(百種, 백중) 같은 여름철 명절이 닥치면 사람들은 닭과 개를 잡아먹는데 그때 죽게 될 것이라고 했다. 「개를 열 마리 넘게 기르되」에서는 밥을 주지 않겠다고 했고, 「바둑이 검둥이 청삽사리 중에」는 개장사에게 팔겠다고 했고, 이 노래에서는 여름 복날에 잡아먹겠다고 했다.

이 노래에서 말하는 이가 있는 곳은 푸른 비단 창이 있는 곳이니 말하는 이는 여인이라 할 수 있다. 님은 닭이 울어 날이 새면 돌아가야 하는 사내이다. 또 그 사내가 올 때 개가 짖는다고 했으니 자주 오는 이가 아니라 가끔 오는 손님일 것이다. 님과 나의 사랑을 헤살놓는 닭과 개를 잡아 죽이겠다고 한 것은 님과 함께하고 싶은 마음이 그만큼 간절하다는 것을

이른다.

다음 노래는 정든 님이 오면 짖지 말라고 개를 살살 달래고 있다.

> ᄀᆡ야 검둥ᄀᆡ야 두 귀 축 쳐진 이만ᄒᆞᆫ ᄀᆡ야
> 나 먹든 수ᄑᆞ머리를 ᄂᆡ 안이 먹고 너를 주니
> 밤중만 졍든 님 오시거든 보고 잠잠

『시가요곡(詩歌謠曲)』 123, #193.1

> 개야 검둥개야 두 귀 축 처진 이만 한 개야
> 내가 먹던 수파머리를 내 아니 먹고 너를 줄 테니
> 밤중에 정든 님 오시거든 보고 잠잠 (하여라)

두 귀가 축 늘어지고 이만 한 정도의 몸집을 가진 검둥개를 부르며 말한다. 내가 먹던 수파머리[170]를 안 먹고 줄 테니 밤중에 정든 님이 오시면 짖지 말고 잠잠하라고 일렀다. 개에게 먹을 것으로 꼬드기며 어른다. 앞의 노래들이 개를 꾸짖고 나무라고 윽박지르고 있는 것과 달리 이 노래에서는 살살 달래는 꾀를 썼다.

말하는 이가 기다리는 정든 님은 밤중에만 오는 님으로 보아, 남의 눈을 피해 오는 사람으로 짐작할 수 있다. 말하는 이가 나누고 있는 사랑은 남의 눈을 두려워하는, 탈이 생길 수 있는 사랑이다. 기다리는 님은 낮에는 떳떳하게 오지 못하고 한밤중에 슬그머니 오는 님이니, 그 님을 보고 개가 짖어대면 골치 아프다. 그러니 내가 먹던 좋은 음식도 아껴서 개한테 주면서까지 개가 님을 쫓는 것을 막아 보고자 했다. 어쩌면 꾸짖는 것보다 이렇게 타이르고 달래는 것이 더 나을 수도 있으리라.

---

170) 수파머리: 먹을거리인 것 같은데, 무엇인지 찾지 못했다.

4) 외로움

님이 없는 쓸쓸한 빈 방에서 외롭게 지내는 마음을 읊은 노래들이 있다. 자연물을 보고 외로움을 느끼거나 그저 혼자 앉아 한숨 쉬고 눈물짓는 노래들이다.

사람이 슬프면 새가 운다고 하고 기쁘면 새가 노래한다고 한다. 자연에서 들리는 소리도 그것을 듣는 사람의 마음에 따라 달리 느끼게 된다. 외로운 이는 여러 자연물의 소리가 구슬프게 느껴진다.

> 귓도리 져 귓도리 에엿부다 져 귓도리
>
> 어인 귓도리 지ᄂᆞᆫ ᄃᆞᆯ 새ᄂᆞᆫ 밤의 긴 소릐 쟈른 소릐 節節이 슬픈 소릐 제 혼자 우러 녜어 紗窓 여왼 ᄌᆞᆷ을 ᄉᆞᆯ드리도 ᄭᆡ오ᄂᆞᆫ고야
>
> 두어라 제 비록 微物이나 無人洞房에 내 ᄠᅳᆺ 알 리ᄂᆞᆫ 저ᄲᅮᆫ인가 ᄒᆞ노라
>
> 『청구영언(靑丘永言) 진본(珍本)』 548, #465.1

> 귀뚜라미 저 귀뚜라미 가엾다 저 귀뚜라미
>
> 어찌 귀뚜라미는 지는 달 새는 밤에, 긴 소리 짧은 소리 마디마디 슬픈 소리, 제 혼자 울어 사창 여윈잠을 살뜰히도 깨우는구나
>
> 두어라 제 비록 미물이나 님 없는 외로운 방에 내 뜻 알아줄 것은 저뿐인가 하노라

귀뚜라미를 여러 번 부르는데[171] 그 귀뚜라미를 가엾게 여긴다. 어찌 된 일인지 귀뚜라미는 달이 지는 밤이 새도록 길게도 울고 짧게도 우는데, 그 소리의 마디마디가〔절절節節이〕 슬프게 들린다. 그 귀뚜라미도 혼자 슬피 우는데, 그 소리가 사창(紗窓)에 깊은 잠을 못 자고 있는 나를 살뜰히도 깨운다. 귀뚜라미가 하잘 것 없는 것〔미물 微物〕이나 님이 없는 외로운

---

171) 이 노래에도 'aaba'꼴의 말가락을 썼다. '귓도리(a), 져 귓도리(a), 에엿부다(b), 져 귓도리(a)'

방〔무인동방 無人洞房〕에 님을 그리며 홀로 지내는 내 뜻을 알아주는 것은 이 귀뚜라미밖에 없다고 한다. 쓸쓸한 빈 방에서 외로워 깊이 잠을 이루지 못하는 이에게는 귀뚜라미 소리도 구슬프게 들릴 수밖에 없다. 그래서 그 귀뚜라미가 꼭 나와 같고 내 마음을 담아 우는 것처럼 느껴진다. 귀뚜라미의 울음소리가 외로운 마음을 더욱 쓸쓸하게 한다.

> 月明紗窓ᄒᆞ고 杜鵑이 슬피 울 제
> 獨宿空房 이내 情事
> 아마도 世上에 짝 없는가 하노라
>
> – 매화(梅花), 『동국명현가사집록(東國明賢謌詞集錄)』 293, #3645.1

> 달 밝은 사창 밖에 두견이 슬피 울 제
> 홀로 외롭게 지내는 이 내 마음과 같아
> 아마도 세상에 짝 없는가 하노라

달이 사창에 밝고〔월명사창 月明紗窓〕, 두견새의 소리가 들려온다. 두견(杜鵑)이는 앞에서도 말했듯이 사람들이 슬픈 새로 여기는 새로, 그 울음소리는 피를 토하는 소리라 하여 매우 구슬프다. 님이 없이 홀로 지내는〔독수공방 獨宿空房〕[172] 이내 마음과 사랑〔정사 情事〕을 울어주고 있는 것 같다. 아마도 너도 나와 같이 세상에 짝이 없어 그렇게 슬피 우는 것 아니냐고 했다. 두견이의 울음소리를 들으니 사랑을 함께 나누고 싶은 이가 내 곁에 없어 더욱 외롭고 쓸쓸하고 서글퍼진다.

이 노래는 짧은 노래(평시조)이면서도 짧은 노래의 말가락을 조금 벗어나 있다. 먼저 둘째 줄(중장) '독수공방 이 내 정사'로 끝나고 다음에 해야

172) 독수공방(獨宿空房): '홀로 자는 외로운 방'이란 뜻으로 본디 결혼한 여자가 지아비 없이 홀로 밤을 지내는 일을 이른다. 이때 '숙(宿)'을 '수'로 읽는다. '獨守空房'으로 쓰기도 한다. 당(唐) 이백(李白)의 시 「오야제(烏夜啼)」에 "베틀의 북을 멈추고 실의에 젖어 먼 곳의 님을 생각하니 독수공방에 눈물이 비오듯 하네(停梭悵然憶遠人 獨宿空房淚如雨)."

할 말을 하지 않았다. 단호한 느낌을 준다. 다음 마지막 줄(종장) 두 번째 마디는 다섯 글자 가깝게 길어야 하는데, '세상에'로 세 글자밖에 쓰지 않았다. 뜻밖에도 홀로 지내게 된 제 모습을 많은 말을 쓰지 않고 이렇게 짧게 줄여 드러냈다. 그래서 이 노래는 외로운 마음과 생각을 길게 늘여 말하기 싫다는 속뜻을 담고 있다.173)

> 기러기 우는 밤에 너 홀노 좀이 업셔
> 殘燈 도도 혀고 輾轉不寐ᄒᆞᄂᆞᆫ ᄎᆞ에
> 窓밧게 굵은 비소릐에 더욱 茫然ᄒᆞ여라
>
> – 강강월(康江月), 『병와가곡집(瓶窩歌曲集)』 548, #568.1

> 기러기 우는 밤에 내 홀로 잠이 없어
> 잔등 돋우어 켜고 뒤척이며 잠 못 이루는 차에
> 창밖의 굵은 빗소리에 더욱 망연하여라

기러기가 울어 서글픈 마음을 더욱 어둡게 한다. 외롭게 홀로 지내니 잠도 오지 않아 희미한 등불(잔등 殘燈)을 돋우어 켜고 있자니 더욱 뒤척이며 잠을 이루지 못한다(전전불매 輾轉不寐). 게다가 창밖에는 굵은 비가 내리니 그 소리에 더욱 외롭고 막막하기만(망연 茫然) 하다. 기러기, 잔등, 빗소리 같은 말은 외로움을 더욱 부추기는 말이다. 마음이 울적하고 외로울 때 기러기가 슬피 울고, 등불도 꺼져갈 듯 희미하고, 빗소리까지 크게 들리면 그 우울한 마음이 더욱 심해질 수밖에 없다.

> 寂無人俺重柴扉ᄒᆞ고 滿庭花月明時예
> 獨倚紗窓ᄒᆞ야 長歎息할 졔
> 遠村에 一鷄鳴ᄒᆞ니 ᄋᆡᄭᅳᆫᄂᆞᆫ듯 ᄒᆞ여라
>
> – 백련향(白蓮香), 『동국명현가사집록(東國明賢謌詞集錄)』 64, #4269.1

---

173) 말가락을 바탕으로 이렇게 풀이해 본 것은 조동일(2017), 앞의 책, 50쪽에서 도움을 받았다.

조용하여 사람도 오지 않는 삽짝은 굳게 닫혀 있고 뜰에는 꽃과 밝은 달빛만 가득한 때에
홀로 사창에 기대어 긴 한숨을 쉴 제
먼 마을에 한 마리 닭 울음소리 들리니 애 끊는 듯하여라

한자말을 많이 써서 우리말 노래다운 멋을 잃어버렸으나 풀이해 본다. '적무인엄중시비(寂無人俺重柴扉)'는 조용하고 사람도 오지 않는데 삽짝을 굳게 닫았다는 뜻으로 풀 수 있다. '만정화월명시(滿庭花月明時)'는 뜰에 꽃과 밝은 달빛이 가득한 때라는 뜻이다. 님을 만나기 딱 좋은 때이다. 그런데 이런 때에 님은 오지 않고 나만 홀로 외롭게 사창에 기대어〔독의사창 獨倚紗窓〕 긴 한숨〔장탄식 長歎息〕을 짓고 있다. 더군다나 날이 샜는지 먼 동네〔원촌 遠村〕에서 닭 울음소리〔일계명 一鷄鳴〕가 들리니 애가 끊어지듯 슬프다. 외롭게 홀로 한숨 지으며 잠 못 이루다 동이 트고 말았다.

다음 이정보의 노래는 서로 어울리며 짝과 같이 노는 새와 나비를 부러워하면서, 외롭게 지내는 자신의 처지를 서글퍼하는 노래이다.

어화 造物이여 골오도 안이ᄒᆞᆯ샤
졉이 雙雙 나뷧 雙雙 翡翠 鴛鴦이 다 雙雙이로되
엇덧타 에엿분 내 몸은 獨宿空房ᄒᆞᄂᆞᆫ이

- 이정보(李鼎輔), 『해동가요(海東歌謠) 주씨본(周氏本)』 360 , #3217.1

어와 조물주여, 고르지도 않으십니다
제비 쌍쌍 나비 쌍쌍 비취 원앙이 다 쌍쌍이로되
어떻다 가엾은 내 몸은 독수공방하는고

이 노래는 조물주(造物主)가 고르지 않다고 탓한다. 조물주는 세상의 많은 생물을 지을 때 고르게 짓고 만들어야 하는데 공평치 못하다는 말이다. 제비나 나비 비취(翡翠),[174] 원앙(鴛鴦)[175]은 다 쌍쌍(雙雙)이 어울

리게 만들어놓고 어찌하여 가엾은 나는 늘 홀로 외로운 빈 방에서 쓸쓸하게 지내게 만들었느냐고 하소연한다. 제비, 나비, 비취, 원앙은 다 짝이 있어 외롭지 않지만 나만 홀로 빈 방에서 외롭게 지내야 한다. 내가 쓸쓸하면 짝끼리 어울려 노는 여러 새들과 나비가 더욱 내 외로운 마음을 건드린다.

위 노래는 지은이는 선비지만 말하는 이는 아낙이다. 앞에서도 말했듯이 이정보가 잔치마당에서 놀고 즐기기를 좋아해서 이런 노래를 지어 불렀다고 할 수 있다. 노래 마당의 흥을 돋우기 위한 작품이다. 그러니 이 노래는 남의 말을 내가 해주는 "**대신 말하기**"라 할 수도 있고, 내 목소리가 아닌 남의 목소리를 빌려 노래했으니 "**남의 목소리 빌리기**"라 할 수도 있다.

외롭게 지내는 슬픔의 정도가 강한 노래를 더 살펴보자.

> 님이 가신 後에 消息이 頓絶ᄒᆞ니
> 窓밧긔 櫻桃가 몃 번이나 픠엿ᄂᆞᆫ고
> 밤마다 燈下에 홀노 안저 눈물계워 ᄒᆞ노라
>
> \- 송대춘(松臺春), 『병와가곡집(甁窩歌曲集)』 552, #4074.1

> 님이 가신 뒤에 소식이 끊겼으니
> 창밖에 앵도가 몇 번이나 피었는고
> 밤마다 등불 아래 홀로 앉아 눈물겨워 하노라

---

174) 『초사(楚辭)』, 「초혼(招魂)」에 "비취새 모양의 구슬 달린 옷을 입으니 일제히 빛을 발하는 듯 현란하여라(翡翠珠被 爛齊光些)." 「왕일주(王逸注)」에 "수컷은 비라 하고 암컷은 취라 한다(雄曰翡 雌曰翠)."

175) 진(晉) 최표(崔豹)의 『고금주(古今注)』 권중(中), 「조수(鳥獸) 제4」에 "원앙은 물새 중에서 오리의 종류이며 암수가 서로 헤어지지 않는다. 사람이 그중 한 마리를 잡으면 다른 한 놈이 상사병이 나서 죽는다. 그러므로 그것을 '필조'라 한다(鴛鴦 水鳥鳧類也 雌雄未嘗相離 人得其一 則一思而至死 故曰疋鳥)."

앵두꽃과 열매는 사랑을 속삭이는 노래에 자주 나타난다. 창밖에 앵두〔앵도 櫻桃〕 꽃이 여러 번 피고 질 동안, 곧 여러 해 동안, 님의 소식(消息)은 끊어졌고〔돈절 頓絶〕, 가신 님은 다시 올지 안 올지 알 수가 없다. 그런 님을 생각하며 밤마다 등잔 불 아래〔등하 燈下〕에서 홀로 앉아 눈물을 이기지 못하고 괴로워한다.

5) 못난 내 모습

님을 그리워하지만 자신의 못난 모습 때문에 님과 다시 이어지기를 그만 두겠다는 노래들이 있다.

> 내 양즈 놈만 못흔 줄 나도 잠가 알건마는
> 연지도 바라려 잇고 분썩도 아니 미닉
> 이러코 괴실가 뜻은 전혀 아니 먹노라
>
> – 정철(鄭澈), 『송강가사(松江歌辭) 이선본(李選本)』 45, #966.1

> 내 모습 남만 못한 줄 나도 잠깐 알건마는
> 연지도 버려 있고 분도 아니 바르네
> 이렇게 사랑하시리라는 뜻은 전혀 아니 먹노라

내 얼굴 모습〔양자 樣姿〕이 남보다 못한 줄을 나도 잠시 알아, 연지(臙脂)도 버리고 분때〔분대 粉黛〕도 아니 바른다고 했다.[176] 이렇게까지 사랑하실 뜻은 전혀 아니 먹는다고 했다. 한마디로 내가 그렇게 어여쁘지 않으니

---

176) 박을수(1992), 『한국시조대사전(상)』, 아세아문화사, 239쪽은 '분씩'를 '분으로 생긴 때'로 풀어 '분썩도 아니 미닉'를 '분으로 생긴 때를 지우지 아니 하네'로 풀었지만, 권순회·이상원·신경숙 주해(2017), 『청구영언』, 국립한글박물관, 59쪽에서 '분씩'는 '분대(粉黛)'로 화장하는 분가루와 눈썹을 그리는 먹, 곧 분단장으로 풀었고, '미닉'는 '미네', 곧 '눌러서 얇게 펴네, 바르네'로 풀었다. 한편 이정옥 주해(2017), 『주해 악학습령』, 경진출판, 141쪽은 '때'는 '자태(姿態)'와 같은 뜻으로 단장을 하거나 멋을 낸다는 뜻도 있다고 보았다. 그래서 '분씩'를 '분을 칠하여 멋을 냄'으로 풀었다.

님이 나를 사랑해주기를 바라는 염치없는 마음을 먹지 않겠다고 했다.

선비가 여인의 노래를 지었다. 이 노래에 임금 그리는 뜻이 담겼다고 한다면, 내가 다른 벼슬아치보다 못났으니 임금께서 나를 다시 찾거나 벼슬을 내려주기를 어떻게 바라겠느냐는 속내가 들어 있다. 내가 임금에게 못난 모습을 많이 보였기 때문에 그런 마음을 먹을 수 없다는 말이다.

전재강은 이 노래가 님과 내 사이가 끊어지는 것을 받아들이는 것이 아니라, 진심과 충심을 지닌 진정한 나를 님께 드러내고 힘주어 말하는 역설의 뜻이 담겨 있다고 하였다. 그래서 사랑을 아주 그만 둔 것이 아니라고 보았다. 또한 아첨과 능력으로 겉을 포장한 이들과 같이 님과 으레 겉치레로 만나는 것이 아니라, 옥 같은 마음과 충심을 가지고 님을 만나고자 하는 지은이의 강렬한 현실 지향을 역설로 드러냈다고 보았다.177) 이와 같은 풀이에 따르면 이 노래의 겉뜻은 님이 나를 사랑해주기를 바라지 않는다는 말이지만, 속뜻은 내가 비록 못났지만 님을 그리워하고 사랑하는 마음만은 다른 누구보다도 진실하다는 말이다.

이와 비슷한 노래가 다른 노래책에도 있는데 지은이를 밝히지 않았다.

> 내 樣子 못 고운 줄 낸들 아니 짐쟉ᄒᆞ랴
> 臙脂ᄂᆞᆫ커니와 面紛도 아닌노라
> 어디서 이 냥ᄌᆞ 가지고 날 괴쇼셔 ᄒᆞ리오

『근화악부(槿花樂府)』 67, #968.1

> 내 모습 곱지 못한 줄을 낸들 아니 짐작하랴
> 연지뿐만 아니라 분 바르기도 아니 하노라
> 어디서 이 얼굴 가지고 날 사랑하소서 하리오

177) 전재강(2004), 「정철 시조에 나타난 현실 지향과 풍류의 성격」, 『시조학논총』 21집, 한국시조학회, 217쪽. 그러나 최규수는 님의 사랑을 전혀 바라지 않는다는 단호한 뜻을 나타낸 것으로 보았다. 최규수(2002), 「송강 시가에서 자의식의 비유적 형상화와 여성 화자의 의미」, 『한국고전여성문학연구』 5, 한국고전여성문학회, 274쪽.

'내 얼굴〔양자 樣姿〕이 곱지 못한 줄을 나라고 짐작하고 있지 않겠는가, 연지는 말할 것도 없고 얼굴에 분 바르기〔면분 面粉〕도 아니 하노라, 어디서 이 얼굴 가지고 나를 사랑하시라고 하겠는가' 하였다. 정철의 노래와 마찬가지로 님에게 사랑받을 만큼 어여쁘지 않으니, 연지나 분으로 예쁘고 아름답게 꾸밀 생각도 없고, 님이 나에게 사랑을 주기를 바라지도 않는다고 읊었다. 어떻게 보면 제 분수를 알고 오르지 못할 나무를 쳐다보지 않겠다는 노래인데, 또 다르게 보면 님에게 버림받은 한 아낙이 다시 사랑 받기를 접은 쓸쓸한 노래로 들린다.

우리도 지레 사랑을 접는 때가 있다. 내가 이렇게 보잘것없는데, 내 겉모습과 내 얼굴이 이런데, 어떻게 내가 감히 그 사람에게 다가간단 말인가, 고백한단 말인가, 사랑해 달라고 매달린단 말인가 하면서 물러설 때가 있다. 그래서 속으로 짝사랑하며 가슴앓이만 하다 끝나는 때가 아주 많다. 많이 사랑할수록 더욱 그렇다. 차일까 봐, 그나마 편한 사이마저 어색하게 될까 봐, 망설이다 머뭇거리다 그러고는 '내가 이렇게 못났는데' 하면서 그만 둔다.

그런데 이 노래들을 다르게 풀이할 수도 있다. 겉은 님의 사랑을 바라지 않는다고 했지만, 속뜻은 나는 그 누구보다도 나 자신을 잘 알기 때문에, 다른 여인들과 같이 얼굴이나 겉모습을 꾸며가면서까지 님에게 잘 보이려고 하지 않겠다는 말을 하고 있다고 할 수 있다. 연지나 분으로 화려하게 치장하는 이들은 님에게 잘 보이기 위해 자신의 본 모습을 꾸미고 덮는 이들이지만, 나는 나의 본 모습을 있는 그대로 님에게 보이고, 참된 마음으로 님을 섬기겠다는 뜻이 들어 있다고 풀 수도 있다.[178] 때로는 나를 낮추고 덧씌운 것을 걷어내고 솔직하게 나아가면 사랑하는 이와 함께하는 뜻을 이룰 수 있을지 모른다.

---

178) 이런 풀이는 앞에서 전재강이 정철의 노래를 색다르게 풀이한 데서 도움을 얻은 것이다.

문학 작품은 속(이면)과 겉(표면)이 늘 함께 있기 때문에 여러 가지 뜻으로 읽을 수 있는 것이고, 말하는 것도 있지만 말하지 않는 것도 있기 때문에, 작품에서 말하고 있지 않는 '없음'도 읽어내야 한다.179)

다음 노래는 늙어 버려 볼품없는 내 모습을 안타까워하면서도 님이 다시 찾아주실 것을 바라고 있다.

> 靑春에 곱던 양ᄌ 님으로야 다 늙거다
> 이제 님이 보면 날인 줄 알으실까
> 아모나 내 形容 그려다가 님의손ᄃ 드리고져
>
> \- 강백년(姜栢年), 『청구영언(靑丘永言) 진본(珍本)』 168, #4826.1

> 청춘에 곱던 모습 님 때문에 다 늙었구나
> 이제 님이 보면 난 줄 알으실까
> 아무나 내 모습 그려다가 님에게 드렸으면

젊었을 때〔청춘 靑春〕 고운 얼굴 모습(양자)이 님을 애타게 그리워하다가 다 늙어 버렸다. 이제 님이 이런 늙어 버린 얼굴을 보면 나인 줄 아시겠는가, 아무나 내 모습〔형용 形容〕 그려다가 님에게 드리기를 바랐다. 이제 나는 늙어 버려 옛날 젊었을 때의 고운 얼굴은 아니지만, 이렇게 된 까닭은 님을 생각하다가 애를 끓이고 속이 탔기 때문이니 이런 속사정을 님이 알았으면 좋겠다고 여겨 아무나 이 모습을 그려다 님에게 전해주라고 하였다. 더 늙기 전에 내 모습을 님에게 보이고 싶어 한다. 지금도 많이 늙어 님이 못 알아보실 텐데 아주 늙어 버리면 실낱같은 희망도 가질 수 없게 된다.

강백년(姜栢年, 1603~1681)의 노래는 시골로 내려온 벼슬아치가 님에게 버림받은 이의 목소리를 빌려 자신의 처지를 푸념하고 있는 노래이다.

---

179) Macherey, Pierre, *Pour une théorie de la production littéraire*, 윤진 옮김(2014), 『문학생산의 이론을 위하여』, 그린비, 48쪽, 126~127쪽.

임금의 곁을 떠난 지 오래된 자신을 임금님은 잊고 있는 것이 아닌가 하고 안타까워한다. 이 노래에서 말하고 싶은 것은 님(임금)이 나를 다시 찾아주라는 것이다. 임금이 나를 다시 불러주실 것을 바란 노래이다.[180]

다음 평양 기녀 매화의 노래는 늙어 버려 못난 제 모습을 안타까워한 노래이다.

> 梅花 녯등걸에 春節이 도라오니
> 녜픠던 柯枝에 픠엄즉 ᄒᆞ다마ᄂᆞᆫ
> 春雪이 亂紛紛ᄒᆞ니 필ᄯᅩᆼ말ᄯᅩᆼ ᄒᆞ여라
>
> – 매화(梅花), 『병와가곡집(甁窩歌曲集)』 543, #1615.1

> 매화 해묵은 등걸에 봄철이 돌아오니
> 옛 피던 가지에 필 만도 하련마는
> 봄눈이 어지럽게 날리니 필 듯 말 듯하여라

등걸은 나무줄기를 베고 남은 밑동이나 여기서는 그냥 줄기를 가리킨다. 오래된 매화(梅花) 나무가 있고 그 매화나무의 해묵은 줄기(옛 등걸)에도 봄철〔춘절 春節〕은 돌아온다. 오래되어 낡은 나무이기는 하지만 옛날 피었던 것처럼 가지에 매화꽃이 필 수도 있겠는데, 난데없이 봄눈〔춘설春雪〕이 어지럽게 날려〔난분분 亂紛紛〕 꽃피는 것을 가로막는다.

봄눈 때문에 매화꽃이 필동말동 한다고 하였는데, 이 노래의 더 깊은 풀이를 위해 노래책의 해설에서 도움을 받을 필요가 있다. 이 노래는 지은이인 매화가 유춘색(柳春色)이라는 서백(西伯)[181]을 두고 춘설(春雪)이

180) 소현세자의 빈(嬪)인 강빈(姜嬪)이 병자호란 때 지아비와 함께 청나라 심양에 볼모로 잡혀갔다가 7년 만에 돌아왔는데, 시아버지인 인조 임금에게 미움을 받고 억울한 누명을 쓰게 되자 그것을 풀어주려고 끼어들었다가 끝내 벼슬자리를 빼앗기고 시골로 내려가 이 노래를 지었다고 한다. 이나향(2016), 「시조의 생산적 수용 교육 연구」, 서울대학교 박사학위논문, 121쪽.

라는 기생과 알력다툼을 한 노래라는 설명이 있다.182) 그래서 춘설이 유춘색 가까이서 얼씬거리기 때문에 매화인 자기가 제대로 꽃을 피울 수 없다는 말이다. 이렇게 이 노래는 춘설 때문에 님의 사랑을 차지할 수 없는 안타까움을 읊었다. '옛 등걸'이라는 말을 보면, 늙어서 제 구실을 못하는 기생의 아쉬움도 나타나 있다. 곧 늙어서 님에게 멀어져 님의 사랑을 다투고 있는 춘설에게 사랑을 빼앗긴 것을 서글퍼하는 노래이다. 춘설은 젊고 예쁜 기녀이고 매화 옛 등걸은 늙어 버린 기녀이다. 춘설과 매화는 봄에 내리는 눈과 봄에 피는 꽃 매화의 뜻도 있지만, 님을 두고 다투고 있는 두 기녀를 뜻하기도 한다. 이런 뜻겹침이 이 노래가 가지고 있는 묘한 맛이다.183)

봄눈이 어지럽게 날리는 어려움 속에서도 매화는 꽃을 피울 수 있다. 본디 매화라는 꽃은 '설중매(雪中梅)'라 하여 사람들은 이 꽃을 눈 속에서도 꽃을 피우는 강인한 꽃으로 여겨 왔다. 그러니 이 노래에는 비록 지금은 내가 어려움을 만나 힘들지만 그 어려움을 이겨내고 님의 사랑을 다시 차지할 수 있다는 희망도 담겨 있다. 어려움을 이겨낸 사랑은 더욱 아름답고 더욱 오래 간다.

늙는 것은 서러운 일인데, 님까지 나를 찾아주지 않으면 더욱 서럽다.

---

181) 서백(西伯)은 서쪽 고을의 어른 또는 원님이란 뜻으로 본디 중국 주(周)나라 문왕(文王)을 가리키나 우리나라 평안도 관찰사, 곧 평안감사를 달리 이르는 말이기도 하다. 평안도를 예부터 관서(關西)라 했기 때문이다.

182) 『서울대본 악부(樂府)』 77과 『병와가곡집(瓶窩歌曲集)』에 "유춘색이 다시 서백이 되어 춘설을 가까이 하자 일부러 이 노래를 지었다(柳春色再莅西伯時 親狎春雪 故作此歌).";『청구영언 진본』에 "평양 기생 매화, 춘설 또한 기녀이다(平壤妓梅花 春雪亦妓)." 한편 자하(紫霞) 신위(申緯, 1769~1845)는 그의 『소악부(小樂府)』에서 이 노래를 다음과 같이 한시로 옮겼다. "매화나무 옛 등걸 늙은 줄기 뻗은 곳에, 추위를 떨치고 올해도 봄바람 돌아오니, 옛 피던 가지에 매화 또 핌 직하다마는, 봄눈이 펄펄 날리니 필동말동 하여라(一樹槎枒鐵幹梅 犯寒年例東風回 舊開花想又開著 春雪紛紛開未開)."

183) 이 노래의 노랫말은 12가사 「매화타령(梅花打令)」에도 나온다.

남기라도 고목이 되면 오든 사이 아니 오고

ᄭᅩᆺ이라도 십일홍 되면 오든 봉뎝조 아니 오고 깁든 물이라도 엿터지면 오든 고기도 아니 오고 우리 인싱이라도 늙어지면 오시든 정판도 에돌아가구나

차마 가지로 긔가 막혀서 나 못 살갓네

『악부(樂府) 고대본(高大本)』 888, #807.1

나무라도 고목이 되면 오던 새도 아니 오고

꽃이라도 시들면 오던 벌과 나비도 아니 오고, 깊은 물이라도 얕아지면 오던 고기도 아니 오고, 우리 인생도 늙어지면 오시던 정든 님도 돌아가는구나

차마 갖가지로 기가 막혀서 나 못 살겠구나

어제 감던 머리 현마 오ᄂᆞᆯ 다 셸소냐

鏡裏衰容이 이 어인 늘그니오

님계셔 뉜다 ᄒᆞ셔든 내 긔로다 ᄒᆞ리라

『청구영언(青丘永言) 진본(珍本)』 299, #3251.1

어제 검던 머리 설마 오늘 다 희어질쏘냐

거울 속 야윈 얼굴 이 어떠한 늙은인가

님께서 누구냐 하시거든 내 그로다 하리라

첫 번째 노래는 나무도 고목이 되면 새도 깃들지 않고 꽃도 열흘 피었다 시들면〔십일홍 十日紅〕[184] 벌과 나비〔봉접 蜂蝶〕가 찾지 않고 물도 얕아지면 고기가 아니 오고 우리 인생도 늙어지면 정든 님도 돌아선다고 했다. 그래서 차마 가지가지로 기가 막혀 못 살겠다고 푸념하였다. 그렇지 않아도 님이 나에게 자주 오지 않는데, 이제는 늙어 버려 더 찾지 않을

184) '열흘 붉은 꽃이 없다(화무십일홍花無十日紅)'는 말이 있다. 청(淸) 적호(翟灝)의 『통속편(通俗編)』에 "사람은 천 일을 하루같이 좋을 수 없고, 꽃은 백날을 붉게 피어 있을 수 없다(人無千日好 花無百日紅)."

것이라고 생각한다.

두 번째 노래는 검은 머리가 설마 오늘 다 희게 되었을까 걱정하면서 거울을 들여다보니 많이 야위고 늙어 버린 얼굴〔경리쇠용 鏡裏衰容〕 때문에 님도 나를 못 알아보고 누구냐고 물어볼 것이라고 했다. 그때에 이렇게 늙은이가 되어 버렸지만 '님이 알고 있던 바로 그 사람입니다'라고 대답할 것이라 했다. 님도 알아볼 수 없을 만큼 늙어 버린 제 모습을 서글퍼하고 있다. 사람은 늙은이보다는 젊고 싱싱한 이를 찾게 된다. 님을 그리는 이는 늙어 야위고 볼품없이 되어 사랑을 못 받게 될까 봐 두려워하고 걱정하게 된다.

漢陽셔 떠온 나뷔 百花叢에 들거고나
銀河月에 즘간 쉬여 松臺에 올나안져
잇다감 梅花春色에 興을 계워ᄒᆞ노라

– 송대춘(松臺春), 『병와가곡집(甁窩歌曲集)』 551, #5316.1

한양에서 떠온 나비 여러 꽃무리에 들었구나
은하수와 달에 잠깐 쉬어 소나무 언덕에 올라 앉아
이따금 매화 봄빛에 흥을 이기기 못하노라

한양(漢陽)에서 날아 온 나비가 온갖 꽃떨기〔백화총 百花叢〕에 들었는데, 은하수와 달〔은하월 銀河月〕에도 잠깐 쉬었다가 소나무 언덕〔송대 松臺〕에도 올라앉았다가, 이따금 매화의 봄기운〔매화춘색 梅花春色〕에 흥(興)을 이기지 못한다.

그러나 여기에 나오는 말들의 속뜻을 캐 보면 이 노래가 어떤 말놀이를 하고 있는지 알게 된다. 서울에서 날아 온 나비는 선비를 가리키고, 꽃들과 은하월, 송대, 매화는 기녀들을 가리킨다. 님이라 할 수 있는 나비는 말하는 이인 송대에만 앉는 것이 아니고 여러 다른 꽃들과 은하월이나 매화에도 앉는다. 다시 말해 님은 나에게만 오는 것이 아니라 다른 여인이나 기녀들에게도 간다. 그래서 님을 나 혼자만 가질 수 없다. 그래서 님이 다른 기녀에게도 가는 것을 어쩔 수 없이 받아들인다.

이 노래는 여러 뜻으로 읽을 수 있다. 한곳에 머무르지 않고 여기저기 날아다니는 나비처럼 이 여자 저 여자에게 눈길을 주는 한 사내를 비꼬고 있다고 볼 수도 있다. 아니면 남자가 고르는 대로 따라야지 내 뜻대로 남자를 독차지할 수도 없다는 기녀의 슬픔을 노래하고 있다고도 할 수 있다. 여러 여자를 오가며 즐기는 남자를 그저 담담히 바라만 보고 있는 노래로도 볼 수 있다. 어쨌든 이 노래는 기녀들의 이름을 말놀이 삼아 지은 노래이다. 어떻게 보면 기녀이기 때문에 겪을 수밖에 없는 어두운 사랑을 노래했지만, 그 어두움을 걷어내고자 말놀이로 노래를 지었다.

> 늙써다 물러가쟈 마음과 議論ᄒᆞᆫ이
> 이 님 ᄇᆞᆯ이고 어듸어로 가잣 말고
> ᄆᆞ음아 너란 잇썰아 몸만 물러 갈이라
>
> 『해동가요(海東歌謠) 일석본(一石本)』 397, #1165.1

> 늙었다 물러가자 하고 마음과 의논하니
> 이 님을 버리고 어디로 가잔 말인가
> 마음아, 너만 있거라, 몸만 물러가리라

내가 늙어 버려 님은 나를 사랑해 주지 않을 것이라고 생각한다. 그래서 물러가자고 다짐하는 일을 마음과 의논(議論)한다. 그런데 마음이 이르기를 '이 님을 버리고 어디로 간단 말인가?' 한다. 늙고 못난 모습 때문에 님 앞에 나서기 부끄러우니 님을 떠나려고 마음먹지만 한편으로 생각해 보니 님이 걱정스러워지기도 한다. 이 님을 버리고 내가 어디로 갈 것인가. 그러나 더 이상 님 앞에 얼씬거려서는 안 된다. 그래서 마음은 님에게 두더라도 몸은 물러나겠다고 마무리를 짓는다. 몸은 떠나 있지만 마음만은 늘 님을 그리고 생각하겠다는 말이다. 떠날 때는 떠나야 한다는 말을 하고 있다. 이형기의 시 「낙화」에 “가야할 때가 언제인가를 분명히 알고 가는 이의 뒷모습은 얼마나 아름다운가.” 하는 말이 떠오른다.

6) 님을 걱정

님이 어려운 일을 겪고 있을 때, 그 님을 걱정하는 노래들이 있다. 다음과 같은 임금 그리는 노래에서는 어지러운 정치상황에서 어려움을 겪고 있는 임금을 걱정한다.

> 이ᄂᆞᆫ 져 외다 ᄒᆞ고 져ᄂᆞᆫ 이 외다 ᄒᆞ니
> 每日의 ᄒᆞᄂᆞᆫ 일이 이 ᄡᅡ홈뿐이로다
> 이 즁의 孤立無助ᄂᆞᆫ 임이신가 ᄒᆞ노라
>
> \- 이덕일(李德一), 「우국가(憂國歌)」, 『칠실유고(漆室遺稿)』 14, #3751.1

> 이는 저가 그르다 하고 저는 이가 그르다 하니
> 날마다 하는 일이 이런 싸움뿐이로다
> 이 중에 홀로 외로우신 이는 님이신가 하노라

이쪽에서는 저쪽이 틀렸다고 꼬집고 저쪽에서는 이쪽이 틀렸다고 비꼬고 날마다 하는 일이라곤 이렇게 싸우는 일뿐이다. 이 가운데 도와주는 이가 없이 홀로 외롭게 있는 이〔고립무조 孤立無助〕는 님이시다. 위 이덕일(李德一, 1561~1622)의 노래는 「우국가(憂國歌)」 스물여덟 마리 가운데 열네 번째 노래이다. ‘우국가’라는 제목이 붙어 있는 것을 보면 알 수 있듯이 나라와 임금을 걱정해서 지은 노래이다. 우국가는 지은이가 광해군의 잘못된 정치와 그때 당파 싸움을 비판하고 벼슬에서 물러나 지낼 때 지은 노래이다.[185] 이 노래에서는 저마다 상대편이 틀렸고 잘못됐다고 하면서 서로 싸우기만 하는 다툼 속에서 혼자 도움도 받지 못하는 분은 님이라고 하였다. 당파 싸움의 소용돌이에서 힘들어하는 임금을 걱정하며 지은 노래이다. '고립무조(孤立無助)'라는 말이 싸움을 그칠 수 없는 임금의 어려운 처지를 말해주고 있다.

예나 요즘이나 다를 바 없다. 나라를 위해, 백성을 위해 벼슬을 사는 것이 아니라 제 한 몸 잘 먹고 배 부르자고 벼슬을 사는 이들이 많다. 또 우리 당이 정권을 잡아야 하니 다른 당이 하는 말은 어떻게 하든지 깎아내려야 한다. 오늘날 국회의원이라고 하는 이들이 싸우는 꼴을 보라. 나라가 싸우다 망했다. 그러나 지난날 잘못했던 일을 거울삼아 정신 차리기는커녕 하나도 달라진 것이 없다. 나라가 망해도 내가 가지고 있는 것을 내려놓을 수 없다고 여기는 이들이 정치하는 이들이다. 그래서 나라를 팔아먹으면서까지 제 배를 불린 이들이 있지 않은가. 한심하기 그지없다.

이덕일의 노래는 벼슬아치들의 민낯을 있는 그대로 보여주고 있다. 날마다 싸움만 하는 벼슬아치들, 이런 이들에 끼어 고립되어 이럴 수도 없고 저럴 수도 없는 임금, 이런 사이 나라는 기울고 백성의 삶은 고달파진다. 이 노래에는 임금과 나라를 걱정하는 마음이 담겨 있다.

하늘이 놉흐시딕 人間事를 숣피시고
鬼神이 그윽ᄒᆞ되 보기를 잘ᄒᆞᄂᆞ니
ᄒᆞ믈며 엇더ᄒᆞ신 우리 님을 속이오려 ᄒᆞᄂᆞᆫ다

– 김이익(金履益), 『관성잡록(觀城雜錄)』 7, #5237.1

하늘이 높으시어 세상일을 살피시고

185) 『칠실유고(漆室遺稿)』, 「칠실공우국가서(漆室公憂國歌序)」에 "광해군의 정치가 어지럽고 헐뜯고 알랑거리는 이들이 조정에 가득 차 있으니 공이 물러나와 구석지고 으슥한 시골에서 엎드려 있으면서, 날마다 하는 말이 나랏일이요 의기가 북받치는 슬픔으로 눈물 흘리지 않은 적이 없어, 나라 걱정하는 노래 스물여덟 마리를 지었다(光海政亂 讒佞滿朝 公退伏窮鄕 每語及國家事 未嘗不慷慨流涕矣 嘗作憂國歌二十八章)." 본디 글은 박을수(2000), 앞의 책, 339쪽에서 가져옴.

귀신이 그윽하여 보기를 잘하나니
하물며 우리 님이 어떠하신데 속이려 하는가

하늘이 높으시므로 세상의 사람 일〔인간사 人間事〕을 다 살피시고, 귀신(鬼神)이 깊숙이 속속들이 보기를 잘한다고 했다. 곧 하늘과 귀신이 세상을 잘 살핀다는 말이다. 그런데 그 누가 우리 님을 속이려 하느냐고 읊었다. 김이익의 노래는 '우의(寓意)'라는 말을 붙인 것으로 보아 무엇인가를 빗대어 말한 노래임을 짐작할 수 있다. 이 노래는 함경도 이원(利原)에 귀양 갔을 때 지은 것인데, 자기가 귀양 간 것은 죄가 있어서가 아니라, 알랑거리는 벼슬아치들이 임금을 속였기 때문이라는 것을 말하고 싶어서 지은 노래이다.[186] 정조 임금을 걱정하는 마음과 아울러 임금을 속이려는 무리들을 비꼬고 있다.

다음 노래는 한 여인이 낭군을 걱정하는 노래이다.

ᄇᆡᆨ발낭군 날 보ᄂᆡ고 나 ᄌᆞ든 방 홀노 안져
노든 형용 ᄉᆡᆼ각ᄒᆞ고 업는 잠 더 업스련이
아마도 녀힝은 한 번 허신 어려운가

- 이세보(李世輔), 『풍아(風雅) 대(大)』 126, #1886.1

흰 머리 낭군이 날 보내고 나 자던 방 홀로 앉아
놀던 모습 생각하고 없는 잠 더 없으려니
아마도 여자의 행실은 한 번 몸 허락하기 어려운가 (하노라)

이 노래의 말하는 이를 백발낭군(白髮郎君), 곧 노인으로 보는 견해가 있었으나[187] 찬찬이 읽어 보면 말하는 이가 여인임을 알게 된다.[188] 머

186) 정홍모(2001), 앞의 책, 107쪽.

187) 진동혁(1982), 「이세보의 애정시조 고찰」, 『동양학』 12, 단국대학교 동양학연구원, 73쪽; 정홍모(2001), 앞의 책, 147쪽.

리가 허옇게 센 낭군이 나를 보내고 내가 자던 방에 홀로 앉아 내가 놀던 모습〔형용 形容〕을 생각하면서 잠을 이루지 못할 것을 생각하니 안타깝다고 하였다. 늙은 낭군을 아프게 한 자신을 보고 몸을 허락〔허신 許身〕하기 어려운 여자의 행실〔여행 女行〕을 깨달았다고 읊었다. 자신이 떠나온 뒤 혼자 남아 외롭게 지낼 늙은 지아비를 걱정하고 있는 노래이다.

추위는 어이하야 이갓치 맵고 쓰면
바람은 어이하야 이다지 짓굳게 부는고야
행여냐 우리 님 선잠 깨실가 두려워하노라

『노정집(蘆汀集)』 7, #4959.1

추위는 어찌하여 이같이 맵고 쓰며
바람은 어찌하여 이다지도 짓궂게 부는가
행여나 우리 님 선잠 깨실까 두려워하노라

이 노래는 있는 그대로 읽어도 바로 풀이할 수 있는 노래이다. 맵고 쓴 추위와 짓궂게 부는 바람 때문에 행여 님께서 선잠(깊이 들지 못하는 잠)이 깰까 걱정하는 노래이다. 궂은 날씨 때문에 잠을 제대로 이루지 못할 님을 생각하며 읊었다.

그리워하면 걱정하게 된다. 잠은 잘 자고 있는지, 밥은 잘 먹고 있는지, 아프지는 않은지, 무슨 일은 없는지, 늘 마음이 쓰인다.

다음 엮음 노래는 병든 지아비를 걱정하는 아낙의 마음을 읊었다.

書房님 病들여 두고 쓸 것 업셔 종루 져직 달릭 파라
비 사고 감 ᄉᆞ고 榴子 ᄉᆞ고 石榴 삿다 아ᄎᆞ아ᄎᆞ 이저고 五花糖을 니저발여

188) 김형철(2005), 「조선시대 애정시조 연구」, 전남대학교 박사학위논문, 124쪽과 손정인(2011), 「이세보 애정시조의 성격과 작품 이해의 시각」, 『한민족어문학』 59, 한민족어문학회, 254쪽은 이 노래의 말하는 이를 여성으로 보았다.

고ᄌᆞ

水朴에 술 ᄭᅩᄌᆞ 노코 한숨 계워 노라

- 김수장(金壽長), 『해동가요(海東歌謠) 주씨본(周氏本)』 540, #2512.1

서방님 병 들여 두고 쓸 것 없어 종루 저자에 다리를 팔아

배 사고 감 사고 유자 사고 석류를 샀다 아차아차 잊었네, 오화당을 잊어버렸구나

수박에 숟가락 꽂아놓고 한숨 겨워 하노라

이 노래는 딱히 님을 그리워하는 노래는 아니기 때문에 '님을 그리는 노래'에 넣기에는 조금 모자람이 있다. 다만, 님을 걱정하는 마음이 노래에 들어 있기 때문에 여기에서 다룬다. 노래에 나오는 이는 병든 지아비를 모시고 사는 한 아낙으로 보인다. 이 아낙은 지아비가 병이 나자 팔 것이 없어 자신의 머리를 꾸미는 다리를 종루(鐘樓) 저잣거리에 팔아 지아비가 좋아하는 과일들(배, 감, 유자榴子, 석류石瘤)을 사서 수박화채를 만들었는데, 깜박 잊고 오화당(五花糖, 다섯 빛깔로 물들여 만든 중국 사탕)을 사지 않아, 수박에 숟가락을 꽂아놓고 한숨 쉬고 있다. 아낙은 다시 저잣거리에 나가 오화당을 사 오면 되겠지만, 다시 가는 일이 번거로워서가 아니라, 아마도 여러 과일들을 사느라고 있던 돈을 다 써 버려서 안타까워하고 있는 듯하다. 노래의 말하는 이를 이 아낙으로 볼 수도 있고, 아니면 이 아낙을 곁에서 지켜본 이로 볼 수도 있다.

삶에서 겪은 일을 그대로 노래로 옮겨놓은 듯하다. 병든 남편을 위한 아낙의 희생을 읽을 수 있는 노래이다. 한편 이 노래는 '아차차, 내 정신 좀 봐라, 가장 중요한 오화당을 빠뜨렸구나, 화채에 설탕이 없으면 무슨 맛으로 먹는단 말이냐.'는 속뜻이 들어 있어 진솔하고 웃음 섞인 면도 있다. 머리칼을 팔아 남편의 아픔을 조금이나마 덜고자 하는 이 여인을 보고 가족을 위해 몸 바치는 어머니 같은 사랑과 아무 조건 없이 한 없이 희생하는 사랑을 떠올리게 된다.189)

그런데 이 노래를 지은 이가 소리꾼(가객) 김수장(金壽長, 1690~?)이다. 김수장은 점잖은 짧은 노래(평시조)도 지었지만, 엮음 노래(사설시조)도 많이 지었다. 남녀 사이의 사랑이나 여느 백성의 나날살이에서 겪는 느낌을 엮음 노래에 담아 숨김없이 드러내기도 했다. 엮음 노래는 한편으로는 허튼 소리로 말놀이나 말장난을 수선스럽게 떠벌이기도 하고 말을 길고 촘촘히 엮어 가면서 있는 그대로를 점잔 빼지 않고 드러내기 때문에 이름을 밝히지 않고 짓는 때가 많지만, 김수장은 그때에 꽤 무게가 있는 소리꾼이었는데도 제 이름을 떳떳하게 밝히고 엮음 노래를 짓고 불렀다. 『청구영언』을 엮은 김천택이 엮음 노래를 한 마리도 짓지 않은 것에 견주면 아주 다른 길을 간 셈이다. 김수장은 이와 같이 여느 백성의 삶을 있는 그대로 보여주는 엮음 노래에 관심이 많았기 때문에, 지아비를 위해 자신의 머리 장식을 팔아 섬기는 여염집 아낙의 모습도 노래로 남길 수 있었을 것이다.

---

189) 이 노래의 풀이는 이형대(2000), 「사설시조와 여성주의적 독법」, 『시조학논총』 제16집, 한국시조학회, 405쪽에서 많은 도움을 받았다.

님을 탓하는 노래

5. 님을 탓하는 노래

님을 그리워하다 지치면 나중에는 그 님을 탓하게 된다. 님의 말과 하는 짓을 못마땅해하거나 님을 믿지 못하거나, 님이 다른 이를 찾아가는 것을 시샘하거나 님에게 따지는 노래들이 있다. 또한 나를 속인 님에게 서운함을 느끼거나, 때로는 님을 꾸짖기도 하고, 님의 잘못을 비웃고 비꼬기도 한다. 이런 노래들을 모두 '님을 탓하는 노래'로 다루어 본다.

1) 시샘

시샘하는 노래들은 질투의 노래라 할 수 있다. 님이 못마땅해 님을 탓하는 마음이 들어가 있는데, 그 속내는 님이 다른 사람에게 가 있고 나를 돌아보지 않기 때문이다.

金爐에 香盡ᄒᆞ고 漏聲이 殘ᄒᆞ도록
어듸 가 이셔 뉘 思郞 밧치다가
月影이 上欄干ᄏᆡ야 脈 바드러 왓ᄂᆞ니

- 김상용(金尙容), 『병와가곡집(甁窩歌曲集)』 221, #530.1

금향로의 향이 다 타고 물시계 소리 다하도록
어디 가 있어 누구에게 사랑을 바치다가
달그림자가 난간까지 올라오자 속 떠보러 왔는가

금으로 만든 향 피우는 좋은 그릇〔금로 金爐〕에 향을 피우며 님을 기다리는데, 이미 그 향이 다 타 버리고〔향진 香盡〕, 물시계에서 물 떨어지는 소리〔누성 漏聲〕가 잔잔해질 만큼 밤이 깊었는데도 님은 오지 않는다. 님은 어디 가 있으며, 누구에게 사랑을 바치고 있는가?[1] 이렇게 애타게 기다리는데 달그림자〔월영 月影〕가 난간까지 올라오게〔상난간 上欄干〕 되어서야 나타난다. 그러자 이렇게 늦게 와서 내 속마음을 떠보러〔맥脈 받으러〕[2] 왔는가 하면서 님을 탓하고 있다. 둘째 줄(중장)을 보면 님이 다른 사람과 사랑을 나누고 있다고 하고 있어, 다른 이에게 가서 늦게 돌아온 이를 시샘하는 마음이 배어 있다.[3]

이 노래의 말하는 이는 남성일 수도 있고 여성일 수도 있다. 남성이라면 다른 사내에게 사랑을 바치고 돌아온 기녀를 탓하고 있는 노래가 될 것이다. 말하는 이가 여성이라면 다른 여인과 사랑을 나누고 돌아온 사내를 탓하는 노래가 될 것이다. 그런데 사람들은 대개 기다리는 이는 여성으로 밖으로 나가 돌아다니는 이는 남성으로 생각하게 된다.[4] 그래서 이 노래를 여성의 노래로 읽게 된다.

다음 지은이를 모르는 노래는 매우 앙칼진 목소리를 내고 있다.

---

1) '뉘 思郎 밧치다가'를 박을수(1992), 『한국시조대사전(상)』, 아세아문화사, 161쪽은 '누구의 사랑을 받다가'로 풀었고, 이정옥(2017), 『주해 악학습령』, 경진출판, 176쪽은 '누가 사랑을 바치다가'로 풀었다.

2) 이 노래에서 '맥脈 받다'는 '맥을 보다', '맥을 짚다'는 뜻으로 남의 마음이나 뜻을 헤아린다는 뜻으로 썼다.

3) 이 노래는 북송(北宋) 왕안석(王安石, 1021~1086)의 「야직시(夜直詩)」를 따와 지은 것이다. 시는 다음과 같다. "향불 꺼지고 물시계 소리도 조용한데, 가벼운 바람 따라 추위가 스며든다. 괴로운 봄밤 잠들지 못 하는데, 달그림자는 난간 위에 떠올랐다(金爐香盡漏聲殘 翦翦輕風陣陣寒 春色惱人眠不得 月移花影上欄杆)."

4) Barthes, Roland, *Fragments d'un discours amoureux*, 김희영 옮김(2004), 『사랑의 단상』, 동문선, 31쪽에 "여자는 칩거자, 남자는 사냥꾼·나그네이다. 여자는 충실하며(그녀는 기다린다), 남자는 나돌아 다닌다(항해를 하거나 바람을 피운다)."

달아 두렷혼 달아 임의 동창 비쵠 달아
임 홀노 누잇드냐 어늬 낭즈 품엇드냐
져 달아 본 딕로 일너라 ᄉᆞ싱결쌴

『남훈태평가(南薰太平歌) 단(單)』 118, #1222.1

달아 뚜렷한 달아 님의 동창 비친 달아
님 홀로 누웠더냐 어느 낭자 품었더냐
저 달아 본 대로 일러라 사생결단 (하리라)

달에게 묻는다. 님이 있는 동창을 비추고 있는 달아, 님이 홀로 누워 자고 있느냐, 아니면 어떤 아가씨(낭자)를 품고 있느냐, 저 달아 본 대로 일러라, 만약 님이 다른 아가씨를 품고 있다면 죽고 사는 일을 끝장내리라. 끝에 '사생결단(死生決斷)'이라는 말까지 써가며 사납고 드센 목소리를 내고 있다. 아마도 그동안 참고 참았던 것이 터진 것일 수도 있다. 시샘하는 노래의 끝을 보여주고 있는 듯하다.

그런데 달은 말을 할 수 없기에 님이 어떻게 지내는지 일러줄 수 없다. 그러니 이 노래는 한 번 해본 말일 수도 있다. 실제로 죽고 살기를 판가름하고 끝장을 내겠다는 것이 아니고 내 마음이 그 정도로 다급하다는 것을 이르고 있다.

님이 혜오시매 나는 傳兮 밋어써니
날 ᄉᆞ랑ᄒᆞ는 情을 뉘손ᄃᆡ 옴기신고
처엄의 뮈시던 거시면 이대도록 셜우랴

- 송시열(宋時烈), 『해동가요(海東歌謠) 박씨본(朴氏本)』 201, #4095.1

님이 생각하시매 나는 전혀 믿었더니
날 사랑하던 정을 누구에게 옮기셨나
처음에 미워하시던 것이면 이토록 서러우랴

위의 노래는 지은이를 생각하지 않고 살펴보면 님에게 버림받은 이의 노래이다. 님이 나를 늘 생각하셔서 나는 님을 굳게 믿었는데, 나를 사랑하던 뜻을 다른 누구에게 옮기셨는가, 처음부터 미워하셨다면 이렇게까지 서럽지는 않았을 것이라고 하였다. 나를 사랑해준 님이 그 정을 다른 이에게 옮겨 버리고 처음 사랑했던 마음을 거두어 버린 것을 슬퍼하고 있다. '뉘 손에 옮기신고'에서 시샘하는 마음을 느낄 수 있다.

위 송시열(宋時烈, 1607~1689)의 노래는 임금 그리는 노래로 숙종(肅宗, 1661~1720)이 자신을 멀리하고 다른 당파 사람들의 말만 듣는 것을 보고, 님과 멀어진 이의 처지로 자신의 마음을 드러냈다.[5] 노론(老論)의 우두머리였던 송시열은 다른 당파 사람들의 공격을 받을 수밖에 없었고, 임금은 따로 한 신하만을 좋아하고 믿을 수는 없기 때문에 이런 노래를 지었다고 할 수 있다.

다음 노래도 다른 여자에 빠진 사내를 못마땅해하고 있다.

> 靑天의 ᄯᅥᆺᄂᆞᆫ 그 매 님의 매와 ᄀᆞᆺ할시고
> 단쟝구 ᄲᅢ깃회 방울 소릐 더욱 ᄀᆞᆺ다
> 우리 님 어듸가 酒色의 ᄌᆞᆷ겨 매 ᄯᅥᄂᆞᆫ 줄 모로ᄂᆞ니
>
> \- 정철(鄭澈), 『청구영언(靑丘永言) 연민본(淵民本)』 59, #4811.1

> 푸른 하늘에 떠 있는 그 매, 님의 매와 같구나
> 단장고 빼깃에 방울 소리 더욱 같다
> 우리 님 어디가 주색에 잠겨 매 떠 있는 줄 모르는고

푸른 하늘〔청천 靑天〕에 떠서 나는 매를 보고 님을 생각한다. 매의 단장고[6]와 꽁지에 달린 빼깃[7]을 보고, 매에 달린 방울 소리를 듣고, 그 매가

---

5) 이 노래는 『청구영언(靑丘永言) 진본(珍本)』의 무씨명(無氏名) 조의 '견적(譴謫)'에 실려 있는데, '견적'은 죄를 물어 귀양 보내는 것이다. 곧 귀양 간 이가 부르는 노래로 여겼다.

님의 매인지 알아차린다. 이 님은 매사냥을 즐기는 사내로 보인다. 그런데 그 님은 술과 여자〔주색 酒色〕에 잠겨 있는 것으로 보아 차분하고 점잖은 사내가 아니라 아주 놀기 좋아하는 한량으로 보인다. '어디가 주색에 잠겨'라는 말에 시샘하는 마음과 님을 못마땅해하는 마음이 담겨 있다. 이 노래는 『청구영언(青丘永言) 연민본(淵民本)』에서 정철로 지은이를 밝히고 있으나, 다른 노래책들은 지은이 이름이 없다.

> 梨花에 露濕도록 뉘게 잡혀 못 오든고
> 오쟈락 뷔혀잡고 가지 마소 ᄒᆞ는듸 無端히 썰치고 오쟈 흠도 어렵더라
> 져 님아 네 안흘 져버 보스라 네오 긔오 다르랴
>
> 『청구영언(青丘永言) 진본(珍本)』 477, #3900.1

> "배꽃에 이슬이 젖도록 누구에게 잡혀 못 오던가?"
> "옷자락 부여잡고 가지 마소 하는데 무단히 떨치고 오자 함도 어렵더라,
> 저 님아 네 마음을 헤아려 보아라 너나 그나 다르랴"

위 엮음 노래는 말 주고받기(대화체) 노래로 색다른 말하기를 하였다. 노래의 쉬운 풀이를 위해, 대화를 나누고 있는 두 사람 가운데, 늦게 돌아온 이를 남성이라 하고 그런 남성을 탓하고 있는 이를 여성이라고 생각해 보자. 먼저 오랫동안 기다린 여성이 배꽃〔이화 梨花〕이 이슬에 젖도록〔로습露濕도록〕, 곧 날이 밝아 아침이 다 되도록 누구에게 잡혀서 못 왔냐고 남성에게 따진다. 그러자 남성이 그 사람이 옷자락을 부여잡고 가지 마소 하는데, 차갑게〔무단無端히〕 떨치고 오기가 어려웠다고 얼버무린다. 그러면서 남성은 네 마음을 헤아려 보아라, 날 기다리는 너나 내 옷자락을 잡고 가지 말라고 매달리는 그 사람이나 마음 아프기는 한결같지 않느냐고 하였다. 너무 나를 닦아세우지 말라고 하면서 둘러댄다. 그런데 남성은

---

6) 단장(丹粧)고: 사냥하는 매의 몸에 꾸미는 치장.
7) 빼깃: 매의 꽁지에 매 임자가 알아볼 수 있게 덧꽂아 맨 새의 깃털.

어찌 보면 좀 뻔뻔스러운 말을 하고 있다. 나를 보내기 싫어하는 그 사람이나 나를 밤새도록 기다린 너나 속 타기는 마찬가지니 너도 그 사람 마음을 헤아려 시샘하지 말고 마음을 누그러뜨리라고 하고 있다.

그러나 이 엮음 노래를 어떻게 즐겼는가를 곰곰이 따져 보면, 이 노래는 키득키득 거리고 웃어 보자고 한 데서 지은 노래임을 짐작할 수 있다. 이 노래는 여러 노래책에 실려 있을 정도로 꽤 즐겨 부른 노래인데, 만횡(蔓橫)이나 롱(弄)[8] 같은 가락에 얹어 부른 것으로 보아 말을 엮어가며 수다스럽게 놀이 삼아 부르는 노래로 볼 수 있다. 이 노래에 나오는 남성은 밤새도록 다른 이와 같이 있다 돌아와서는 이미 사귀고 있는 이와 실랑이를 하고 있다. 다른 여인을 만나고 온 사내가 저를 나무라는 여인에게, 제 잘못을 뉘우치기보다는 오히려 떳떳하게, 너무 시샘하거나 강짜를 부리지 말라고 하는 노래이다. 이런 노래를 지어 즐겼던 까닭은 노래를 짓고 부르는 이들도 이런 일을 겪었든지, 아니면 이런 일을 한 번쯤 겪고 싶든지, 아니면 이런 일은 누구나 겪을 수 있고 얼마든지 이웃에서 볼 수 있으니, 한 번 들추어내어 키득거리고 웃어 보려고 했기 때문이다. 임자 있는 이나 다른 이를 사랑하고 있는 이를 기다리는 일은 사람살이에서 있을 수 있는 일이다. 엮음 노래는 이렇듯 무엇인가 모자라고 불안하고 아슬아슬한 사랑 이야기를 노랫말로 삼기도 한다. 사랑의 아름다운 모습뿐만 아니라 구질구질하고 어둡고 끈적끈적한 모습도 그려 보였다.

그러고 보면 사랑은 아름답기만 한 것 같지는 않다. 때로는 님 둔 님(다른 이를 사랑하는 님)을 기다리기도 하고, 내가 사랑하는 님이 만나고 있는 이를 시샘하기고 하고, 나에게만 사랑을 주지 않고 다른 이와 만나는 이와 다투고 실랑이하기도 한다.

시샘하는 노래에는 아내와 첩의 다툼이 나오는 노래가 있다. 조선 때는 남자가 첩을 두는 것이 흠이 아니었다. 첩을 많이 두는 이는 높은 자리에

8) 만횡(蔓橫)이나 롱(弄)은 흥청거리며 치렁치렁한 멋을 보이는 가락이다.

있고 많은 재산을 가지고 있는 이로 오히려 첩을 두는 것을 자랑으로까지 여기기도 했다. 그러니 본부인과 둘째나 셋째 부인이 되는 첩이 한 지아비를 두고 다투고 시샘하는 일이 벌어질 수밖에 없었을 것이다.

져 건너 月仰바회 우희 밤즁마치 부헝이 울면

녯사ᄅᆞᆷ 니론 말이 ᄂᆞᆷ의 싀앗 되야 ᄌᆞᆺ밉고 양믜와 百般 巧邪ᄒᆞᄂᆞᆫ 져믄 妾년이 急殺 마자 죽ᄂᆞ다 ᄒᆞ데

妾이 對答ᄒᆞ되 안해님겨오셔 망녕된 말 마오 나ᄂᆞᆫ 듯ᄌᆞ오니 家翁을 薄待ᄒᆞ고 妾 새옴 甚히 ᄒᆞ시ᄂᆞᆫ 늘근 안ᄒᆡ님 몬져 죽ᄂᆞ다데.

『청구영언(青丘永言) 진본(珍本)』 564, #4236.1

“저 건너 월앙바위 위에 밤중쯤 부엉이 울면

옛사람 이른 말이 남의 첩 되어 아주 얄밉게 온갖 간사한 꾀를 부리는 젊은 첩년이 급살 맞아 죽는다 하네.”

첩이 대답하되 “아내님께서는 망령된 말 마오. 나는 듣자오니 남편을 박대하고 첩 시샘 심히 하시는 늙은 아내님 먼저 죽는다 하네.”

이 노래는 늙은 아내와 젊은 첩이 다투는 대화인데, 노래 가운데 서술자가 나오기도 해서 노래보다는 이야기글처럼 느껴진다. 먼저 늙은 아내인 본부인이 말한다. 저 건너 월앙(月仰)바위 위에 밤중쯤 되어 부엉이가 울면 옛사람이 이르기를 남의 첩(시앗)이 되어 얄밉고 얄미워(ᄌᆞᆺ밉고 양믜와) 온갖 교묘하고 간사한 꾀를 부리는〔백반교사百般巧邪ᄒᆞᄂᆞᆫ〕 젊은 첩(妾)년이 급살(急煞) 맞아 죽는다고 하니 너도 급살 맞아 죽을 것이라고 한다. 큰마누라가 첩을 매우 시샘하여 갑자기 죽어 버렸으면 좋겠다고 여기고 있다. 아마도 첩이 지아비에게 온갖 아양을 떨고 나쁜 꾀로 늙은 아내를 해코지 했던 것 같다. 그러자 첩이 대답한다. 아내님에게 망령된 말을 하지 말라면서 저가 듣기로는 지아비〔가옹 家翁〕를 박대(薄待)하고 첩을 심하게 시샘하면 늙은 아내님이 먼저 죽는다고 한다고 했다. 내가 갑자기

죽는 것이 아니라 나를 시샘하고 지아비를 함부로 대하는 늙은 아내님이 먼저 죽을 것이라고 당차게 몰아세우고 되받아치고 있다. 어쩐지 늙은 아내가 젊은 첩에게 밀리고 있는 것 같다. 월앙이라는 바위 위에서 부엉이가 울면 누가 죽는다는 전설을 자기에게 유리하게 풀어서 서로 네가 죽을 것이라며 다투고 있다.

조선 때는 사내가 첩을 두고 살던 때라 첩과 큰마누라의 다툼은 집안에서 늘 일어날 수 있는 일이었을 것이다. 이것이 큰 사회문제가 되기도 했을 것이다. 그래서 시샘(질투)하는 아내는 쫓겨나기도 했다. 엮음 노래는 삶에서 일어날 수 있는 갖가지 자질구레한 일까지도 이렇게 노래에 담아냈다. 이 노래는 첩과 늙은 지어미의 다툼을 그리고 있지만 무겁기보다는 가볍게 웃어넘길 만한 이야기로 느껴진다. 엮음 노래의 말하기 방식 때문이다.

다음 노래는 시샘하는 아내와 첩을 모두 싸잡아 닦아세우는 남성의 노래이다.

> 술 두고 날 안 주ᄂᆞᆫ 妾과 妾ᄒᆞᆫ다고 새오ᄂᆞᆫ 안ᄒᆡ
> 둘 다 잡아 내여 보내고져 濟州 귀향
> 一年의 열두 赦 ᄂᆞ린들 플릴 주리 이시랴
>
> 『근화악부(槿花樂府)』 390, #2825.1

> 술 두고 나에게 안 주는 첩과 첩 얻었다고 시샘하는 아내
> 둘 다 잡아내어 보내고자 제주 귀양살이
> 일 년에 열두 번 사면이 내린들 풀어줄 리가 있겠는가

첩은 젊고 어여쁜 여인으로 삼는 때가 많은데, 그 첩이 술시중을 잘 해주지 않는 모양이다. 그래서 첩은 술을 두고 나에게 주지 않는다고 타박한다. 또한 아내는 첩을 얻었다고 시샘한다. 첩에게 지아비를 빼앗겼다고 생각하는 아내는 괴로울 수밖에 없고 시샘할 수밖에 없다. 그러나 이런 시샘은 조선 시대에는 잘못 된 것으로 여겼다. 그래서 지아비를 제대로

섬기지 못하는 첩과 시샘으로 집안을 시끄럽게 만드는 아내 두 사람 모두 잡아서 제주도같이 멀리 떨어진 곳으로 귀양을 보내고 싶다고 했다. 그리고 일 년에 열두 번이나 죄인을 놓아주는 사면(赦免)이 내려도 풀어줄 리가 있겠는가라고 하였다. 아내와 첩의 다툼이나 시샘이 심해 이런 노래로 처첩의 문제나 갈등을 비꼬려고 했다고 볼 수 있다.

그런데 이 노래의 말하기가 듣는 이나 읽는 이들이 웃음 짓게 만든다. 아내와 첩이 문제가 있다고 해서 귀양 보낸다는 생각이 우습고, 귀양 보내는 일은 임금이나 할 수 있는 일인데 말하는 이가 멀리 제주까지 보내 버리고 싶다고 한 말도 우습다. 또 아무리 사면령이 내려도 풀어줄 수 없다고 한 말도 웃음을 자아낸다.

시샘은 여자만 하는 것이 아니다. 남자도 다른 사내와 만나는 여인에게 시샘을 느끼고 닦달한다.

속적우리 고은 ᄯᅢ치마 밋머리예 紛ᄯᅢ 민 閣氏
엇그제 날 소기고 어듸가 ᄯᅩ 눔을 소길려 ᄒᆞ고
夕陽에 곳柯枝 것거 쥐고 가는 허리를 ᄌᆞ늑ᄌᆞ늑 ᄒᆞ는다

- 김수장(金壽長), 『해동가요(海東歌謠) 주씨본(周氏本)』 555, #2749.1

속저고리 고운 때때치마 민머리에 분 바른 각시
엊그제 날 속이고 어디 가 또 뉘를 속이려 하고
해거름에 꽃가지 꺾어 쥐고 가는 허리를 조용히 흔드느냐

여인의 차림새를 먼저 말하는데, 이런 고운 차림새로 꾸미는 것을 다른 사내를 꾀기 위한 짓으로 보고 있다. 고운 속저고리에 알록달록하고 예쁜 때때치마를 두르고 머리에 쪽을 지지 않았고, 분(분紛ᄯᅢ → 분대粉黛)을 얼굴에 발랐다. 이렇게 잘 꾸민 여인에게 사내는 엊그제 날 속이고 어디 가서 또 누구를 속이려고 해거름〔석양 夕陽〕에 꽃가지를 꺾어 쥐고 가는 허리를 조용히 흔들면서 꼬리를 치느냐고 나무란다. 아마도 사내는 이 여인

의 달콤한 말과 속삭임에 속았던 것 같다. 그리고 저만을 따르고 섬길 줄 알았던 여인이 다른 사내에게도 꼬리 치기 위해 잘 차려 입고 얼굴을 꾸미고 나가는 모습을 보고 시샘을 느껴 이런 노래를 부른다.

지은이는 소리꾼 김수장인데, 말하는 이가 지은이 자신일 수도 있고 아닐 수도 있다. 말하는 이가 지은이 자신이라면, 김수장이 겪었던 일을 두고 읊은 노래라 할 수 있다. 노래에 나오는 여인은 꽤나 사내들의 눈길을 끄는 여인으로, 사내들을 사냥하는 데 솜씨가 있는 것 같다. 아니면 지은이가 그렇게 바라보았을 수도 있다. 그저 예쁘게 꾸미고 꽃가지를 꺾어 쥐고 걷는 모습을 보고 '저 여자가 또 누구를 꾀려고 저러지?' 이렇게 생각했을 수도 있다. 그래서 나도 속았고 또 다른 사내도 속을 것이라고 말하고 있다. 말하는 이는 이 여인에게 엊그제 속았기 때문에, 여인의 차림새와 하는 짓이 여러 사내에게 꼬리 치는 것으로 보였을 수 있다.

다음 노래는 그동안 쌓였던 것이 터진 사내의 퍼붓는 말이 나오는 노래인데, 다른 어린 사내와 눈이 맞은 계집 때문이다.

얼고 조코 뜻 다라온 년아 밋졍조차 不貞ᄒᆞᆫ 년아
엇더ᄒᆞᆫ 어린 놈을 黃昏에 期約ᄒᆞ고 거즛믹바다 자고 가란 말이 입으로 ᄎᆞ마 도와 나ᄂᆞᆫ
두어라 娼條冶葉이 本無定主ᄒᆞ고 蕩子之探春好花情이 彼我의 一般이라 허믈ᄒᆞᆯ 줄이 이시랴

『청구영언(青丘永言) 진본(珍本)』 550, #3281.1

얼굴 깨끗하고 뜻 더러운 년아 밑의 행실조차 추잡한 년아
어떠한 어린놈을 저물녘에 약속하고, 거짓으로 떠보아 자고 가란 말이 입으로 차마 나오느냐
두어라 기생이 본디 주인 없고 방탕한 사내가 봄꽃 즐기는 마음은 서로 마찬가지라 허물할 것이 있으랴

얼굴은 깨끗하지만 뜻은 더럽고, 게다가 밑정(아랫도리 행실)조차 부정(不貞)하다고 하면서 매우 심하게 욕을 퍼붓고 있다. 어떻게 생긴 어린 놈을 꾀어 어두워질 무렵〔황혼 黃昏〕에 만나자고 약속〔기약 期約〕해놓고, 나 보고 거짓으로 속을 떠보며 자고 가라는 말이 입으로 차마 되어 나오느냐고 꾸짖는다. 여인은 다른 젊은 사내와 눈이 맞아 밤에 만나기로 해놓고, 나에게 거짓말로 자고 가라고 한다. 어디서 그런 거짓말을 차마 할 수 있으며, 내 속을 떠보고 있느냐고 을러멘다. 그러다가 마음을 고쳐먹고 내려놓는다. 두어라 기생이란 것은〔창조야엽 娼條冶葉〕[9] 본디 정해진 임자가 없는 것이고〔본무정주 本無定主〕, 방탕한 사내가 봄꽃 좋아하는 뜻〔탕자지탐춘호화정 蕩子之探春好花情〕은 너나 내나 마찬가지니〔피아彼我의 일반一般〕 네 잘못만 탓할 수 있겠느냐고 했다. 너는 기생이라 여러 사내를 만나는 일은 어쩔 수 없는 일이고, 나도 술과 여자를 좋아하는 난봉꾼이니 누구를 탓하고 누구 잘못이라고 들추어내겠느냐는 뜻이다. 다른 젊은 사내에게 마음이 가 있는 기녀에게 나만 섬기고 나에게만 몸을 바치라고 우격다짐할 수는 없다. 처음에는 젊은 놈을 꼬드긴 기녀를 더럽고 막됐다고 욕을 퍼부었지만 나중에는 시샘해 보았자 쓸데없는 일이라 여기고 그만둔다.

이 노래는 처음에는 매우 속된 욕으로 시작했는데 끝에는 어려운 한자말을 쓰고 있어 그 말하기나 글체가 처음과 나중이 아주 딴판이다. 격이 낮고 속된 욕으로 시작해서 점잖고 무게 있는 어려운 말로 끝냈다.

2) 님의 잘못

사랑을 나누면서 일어나는 안 좋은 일들을 님의 잘못으로 돌리고 그 님을 탓하는 노래들이 있다.

---

9) 창조야엽(娼條冶葉): 야엽창조(冶葉倡條). 아리따운 잎과 노래하는 가지. 몸가짐과 맵시가 예쁘고 목청이 아름다운 기생을 이르는 말.

다음 노래는 나에게 거짓말을 일삼는 사내를 탓하고 있는 노래이다.

> 도련님 날 보시ᄒᆞᆯ 제 피나모 굽격지에 잣징 박아 주마터니
> 도련님 날 보신 後ᄂᆞᆫ 굽격지는ᄏᆞ니와 헌 신짝 ᄒᆞ나토 나 몰ᄂᆡ라
> 이 後란 도련님 날 보고 눈금젹ᄒᆞᆯ 제 나ᄂᆞᆫ 입을 빗쥭ᄒᆞ리라
>
> 『악부(樂府) 고대본(高大本)』 627, #1337.1

> 도련님 날 보시려 할 때 피나무 굽 달린 나막신에 잔 징을 박아 주마 하시더니
> 도련님 날 보신 뒤는 굽 달린 나막신은커녕 헌 신짝 하나도 나 몰라라 하시니
> 이 뒤에는 도련님 날 보고 눈 끔쩍하면 나는 입을 삐쭉하리라

도련님은 날 보려고 피나무로 만든 굽 달린 나막신(피나무 굽격지)에 잔 징[10]을 박아 주겠다고 꾀었는데, 곧 좋은 신발을 선물로 주겠다는 달콤한 말을 했는데, 나를 보고 난 다음부터는 굽격지는커녕 헌 신짝 하나도 나는 그런 말을 했는지 모르겠다고 하면서 주지 않는다. 그러니 이다음부터는 나를 보고 눈을 끔쩍거리며 눈빛을 던지더라도 입을 삐쭉거리고 넘어가지 않겠다고 하였다.

오늘날도 갖가지 달콤한 말로 사귀려는 사람을 속인다. 그리고 서로 사귀게 되거나 그 사람이 내 사람이 되면 태도가 싹 달라진다. 더욱이 결혼하게 되면 연애하던 때와는 아주 딴판이 되는 때가 있다. 저 사람이 나에게 넘어오게 하려고 갖은 힘을 다 쓰다가 넘어오면 이제 마음을 놓고 지난 적에 했던 말과 약속은 까맣게 잊어버린다.

다음 노래는 온갖 것들을 다 해주겠다면서 더 큰 흰소리를 하는 님이 나온다. 좋은 신발에 그치는 것이 아니다.

---

10) 신발의 바닥 가죽 창이나 말굽, 쇠굽 따위에 박는, 대가리가 크고 넓으며 길이가 짧은 못.

都令님 날 보려 할 제 百番 남아 달ᄂᆡ기를

高臺廣室 奴婢田畓 世間什物을 쥬마 판 쳐 盟誓ㅣ ᄒᆞ며 大丈夫ㅣ 헐마 헷말 ᄒᆞ랴 이리져리 좇찻써니 至今에 三年이 다 盡토록 百無一實ᄒᆞ고 밤마다 불러 ᄂᆡ야 단잠만 ᄭᆡ니

自今爲始ᄒᆞ야 가기난 커이와 누 거겨 달희고 닙울 빗죽ᄒᆞ리라

– 김민순(金敏淳), 『교합아악부가집(交合雅樂部歌集)』 36, #1336.1

도련님 날 보려고 할 때 백 번 넘게 이르기를

고대광실 노비전답 세간집물을 주마고 큰소리 치고 맹세하며, 대장부가 설마 헛말 하랴, 이리저리 좇았더니, 지금 3년이 다 되도록 백에 하나도 사실이 없고, 밤마다 불러내어 단잠만 깨우니

이제부터 시작해서 가기는커녕 눈을 흘기고 입을 삐쭉하리라

이 노래도 앞에서 본 노래와 그 말하기가 비슷하다. 도련님은 나를 제 사람으로 만들려고 여러 말로 꼬드긴다. 백 번 넘게 하는 말이 크고 좋은 집〔고대광실 高臺廣室〕, 계집종과 사내종과 논밭〔노비전답 奴婢田畓〕, 갖가지 살림살이〔세간집물 世間什物〕[11]를 주겠다고 큰소리치며 맹서(盟誓)한다. 대장부(大丈夫)가 설마 거짓말 하겠느냐 하시기에 나는 이리저리 좇아 다녔는데, 지금(至今) 3년(三年)이 다 되도록 백에 하나도 사실인 것이 없고〔백무일실 百無一實〕, 밤마다 불러내어 단잠만 깨운다. 그러니 나는 이제부터 새로 시작하여〔자금위시 自今爲始〕, 도련님이 불러도 가기는커녕 눈 흘기고 입을 삐쭉거리겠다고 하였다. 나에게 시집오면 좋은 집에서 여러 종을 거느리고 떵떵거리고 살게 해주겠다고 꾀는 도령의 거짓말에 더는 속지 않고 불러도 가지 않고 콧방귀를 뀌겠다고 한다. 저를 홀리고 꾀려고 온갖 거짓말을 늘어놓은 사내에게 속은 아가씨가 이제 정신 차리겠다고 한 노래이다. 그러나 이 여인이 할 수 있는 일은 고작 입을 삐쭉거리는

11) '집물(什物)'은 집안 살림에 쓰는 갖가지 세간이나 그릇, 연장을 이른다.

일밖에 없어 거짓을 일삼은 도령에 보기 좋게 되갚음을 할 수 없는 신분이나 처지로 보인다.

위 김민순(金敏淳, 1776~1859)의 엮음 노래에 나오는 여인은 바람둥이 도령의 말에 혹해 밤나들이를 일삼던 여염집 아가씨일 수도 있고, 아니면 한량 도령에게 몸을 바쳤던 기녀일 수도 있다. 이 여인은 많은 물질과 재산을 준다는 유혹에 넘어가 3년이나 사내를 따랐지만 한 가지도 얻은 것 없어 자신을 속인 도령을 원망하고 있다. 님은 지금까지 거짓말로 나를 3년이나 속인 것이다. "김민순은 앞선 시대 선비들이 가졌던 엄격한 이념이나 절제된 미의식에서 벗어나 도시 분위기의 질탕한 풍류생활을 노래에 남겼는데,"[12] 이 노래도 김민순이 기생들과 풍류를 즐기면서 놀이마당에서 불렀던 것으로 보인다. 노래에 나오는 이야기는 심각하지만 엮음 노래에서만 볼 수 있는 익살스러운 말하기로 그 심각함이 느껴지지 않는다. 엮음 노래는 이렇듯 진지하게 말해야 할 것도 웃음으로 덧씌워 말한다.

이런 노래들은 님이 하는 달콤한 거짓말에 속아서는 안 된다는 노래이다. 그때의 세상 돌아가는 형편을 그렸다고도 할 수 있다. 예나 지금이나 장가들고 시집가려면 참말만 해서는 안 된다. 그럭저럭 둘러대고 속여야 짝을 차지할 수 있다. 그런데 엮음 노래가 놀이마당에서 하는 허튼 소리임을 생각해 보면, 그저 듣고 웃어 보자는 뜻에서 지은 노래일 수도 있다.

다음 노래도 거짓말 하는 님을 탓하고 있다.

> 슈박가치 두렷한 님아 참외 가튼 ᄃᆞᆫ 말ᄉᆞᆷ 가노
> ᄀᆞ지ᄀᆞ지 ᄒᆞ시는 말이 말ᄆᆞ다 외말이로다
> 구십월 씨동아가치 속 성긘 말 말으시소

『객악보(客樂譜)』 450, #2788.1

12) 정흥모(2001), 『조선후기 사대부 시조의 세계인식』, 월인, 143쪽.

수박같이 둥근 님아 참외 같은 단 말씀 마소
가지가지 하는 말이 말마다 그룻된 말이로다
구시월 씨동아같이 속 빈 말 말으시오

수박같이 둥근 님아 참외 같은 달콤한 말 하지 마소, 갖가지로 하는 말이 말마다 모두 그른 말이요, 구시월 씨동아[13] 같이 속 빈 말을 하지 말라고 했다. 님이 하는 모든 말이 입에 발린 말이며 거짓말이라 한다. 마음에도 없는 겉치레로 하는 말을 하지 말라고 하였다. 이 노래의 말하는 이도 님이 하는 달콤한 말에 넘어갔다. 그 말이 모두 빈 말이었음을 알고 님을 탓하고 있다.

그런데 이 노래는 그냥 말놀이로 들을 수 있다. 여러 가지 과일이나 채소 이름을 살려 써서 말놀이 노래를 지었다. 수박, 참외, 가지, 외(오이)가 나오는데, 둥근 모습의 님을 나타내려고 '수박'을, 달콤한 말씀을 나타내려고 '참외'를, 갖가지 하는 말을 나타내려고 '가지'를 가져다 썼다. 그리고 틀린 말, 그른 말을 '외말'이라 해서 오이 이름을 살려 썼다. 또 '동아'는 박의 하나로 '속이 빈 말'을 나타내기 위해 가져다 쓴 말이다.

다음은 높은 벼슬을 지낸 선비의 사랑 노래인데 거짓말 하는 님을 탓하고 있다.

思郞이 거즛말이 님 날 思郞 거즛말이
꿈에 와 뵈단 말이 긔 더욱 거즛말이
날 갓치 좀 아니 오면 어늬 꿈에 뵈리오

– 김상용(金尙容), 『병와가곡집(甁窩歌曲集)』 219, #2245.1

사랑이 거짓말이, 님이 나를 사랑한다는 거짓말이
꿈에 와 보인다는 말이 그것이 더욱 거짓말이로다
나같이 잠이 안 오면 어느 꿈에 보이겠는가

---

13) 동아: 박과에 딸린 한해살이 넝쿨풀로 열매는 호박 비슷하여 긴 타원 모양임.

김상용(金尙容, 1561~1637)은 선조와 인조 때 높은 벼슬을 지낸 선비인데 이런 사랑 노래를 지었다. 임금 그리는 속뜻도 전혀 없어 남녀 사이의 사랑 노래이다. 사랑이란 말 자체가 거짓말이라고 하면서 사랑을 부정하면서 시작했다. 님이 나를 사랑한다는 말 또한 거짓말이다. 님은 꿈에 내가 나타나서 나를 보았다고 말하지만 그것은 더욱 거짓말이다. 나는 님이 그리워서 잠을 이루지 못하고 꿈도 꾸지 못하는데, 님은 나를 사랑한다면서 잠만 잘 자고 있으니 님이 나를 사랑한다는 말은 거짓말이며 꿈에 보인다는 말은 더욱 거짓말인 셈이다. 정말 님이 나를 사랑한다면 나같이 잠을 이루지 못할 것이니 꿈도 꾸지 못할 것이다. 그러니 어느 꿈에 나를 볼 것인가. 나를 참으로 사랑하지 않기 때문에 잠도 잘 자고 꿈도 잘 꾸는 것이다. 아주 짧은 노래에 많은 말을 담아냈다. 짧은 노래(평시조)의 참맛은 이러한 말 줄임(함축)에 있다.

이리ᄒᆞ여 ᄂᆞᆯ 소기고 져리ᄒᆞ여 ᄂᆞᆯ 소기니
怨讎 이 님을 발셔 니졈즉 ᄒᆞ다마난
원쉬야 怨讎ㅣ 일시 올토다 닛칠 젹이 업세라

- 송이(松伊), 『청구영언(青丘永言) 가람본(嘉藍本)』 305, #3780.2

이리하여 날 속이고 저리하여 날 속이니
원수 같은 이 님을 벌써 잊을 만도 하다마는
원수가 원수이기는 옳도다 잊혀지지 않는구나

이리하여 날 속이고 저리하여 날 속였다는 말은 여러 번 나를 속였다는 말이다. 거짓말은 거짓말을 낳게 된다. 한 번 속이게 되면 또 속이게 된다. 이렇게 저렇게 갖은 말로 나를 속였으니 이 님은 원수(怨讎)라 할 수 있다. 원수 같은 이 님을 벌써 잊는다 해도 그른 것이 아니다. 이 사람은 나를 자주 속였기 때문이다. 그런데 쉽게 잊히지 않는다. 그래서 하는 말이 원수이기는 원수일시 분명하다. 잊으려 해도 잊을 수가 없으니 정말 나를 괴롭게 하는 원수나 다름없다. 나를 속여서 원수이기도 하지만 못 잊게 해서 나를 아프게 하니 원수이기도 하다. 한번 마음을 주고 사랑하게 되면 나를 돌아보지 않고 나를 속여도 쉽게 잊을 수가 없다. 알면서도, 당하면서도 그 원수 같은 님을 접을 수 없다. 님을 탓하지만 그 님을 온전히 포기할 수 없는 자신의 괴로움까지도 읊고 있다. 그러니 아픔이 더욱 커질 수밖에 없다.

다음 엮음 노래에는 서로 네가 나를 속였다며 다투는 남녀가 나온다.

> 이연아 말 듯가라 구읍고 나마 ᄌᆡ즐 연아
> 쳐음 너을 볼 제 百年을 ᄉᆞᄌᆞ커널 네 말로 信聽ᄒᆞ고 집 팔고 터 팔고 머길소 ᄌᆡ장말에 ᄉᆡ옵논 마ᄌᆞ 파라 너을 아니 쥬엇난야 무ᄉᆞ시 뉘 낫바셔 쇼ᄃᆡ을 놀이나니
> 져 임아 임도 나을 쇼겻난야 ᄂᆡ들 아니 속일소야
>
> 『악부(樂府) 나손본(羅孫本)』 179, #3750.1

> "이년아 말 듣거라, 굽어뜨리고 나면 자지러뜨릴 년아,
> 처음 너를 볼 때, 백 년을 살자고 하거늘, 네 말을 그대로 믿고, 집 팔고 터 팔고, 검은 소 붉은 말에 새암논마저 팔아, 너를 아니 주었더냐, 무슨 일 누가 나빠서 샛서방과 놀았느냐."
> "저 님아, 님도 나를 속였거든, 난들 아니 속일쏘냐?"

사내가 처음부터 욕으로 시작한다. "구읍고 나마 ᄌᆡ즐 연아"가 정확히 무슨 뜻인지 모르겠다. 김흥규는 '굽고 남아 잦을 년아'로 풀었고,[14] 이정옥은 '굽어뜨리고 나면 자지러뜨릴 년아'로 풀었다.[15] 어쨌든 사내는 매우 화가 나 있다. 여자가 이 사내 몰래 바람을 피웠기 때문이다. 사내는 처음에 백 년을 살자고 하는 여자 말을 믿고 곧이들어〔신청信聽하고〕 모

14) 김흥규(2015), 『사설시조의 세계-범속한 삶의 만인보』, 세창출판사, 110쪽.
15) 이정옥(2017), 앞의 책, 627쪽.

든 것을 다 해준다. 집도 팔고, 터도 팔고, 소와 말, 논까지 팔아 여인에게 다 주었다. 이 노래에 나오는 "머길쇼", "쥐장말", "싀옵논"은 무슨 뜻인지 잘 모르겠다. 김흥규는 "머길쇼"는 '검은 소',[16] "쥐장말"은 '붉은 말', "싀옵논"은 '새암논'이라 하였고, '새암논'은 가뭄에도 물이 마르지 않아 농사가 잘 되는 좋은 논(?)으로 풀었다.[17] 아무튼 모두 좋은 소와 좋은 말, 좋은 논을 가리키는 말로 보인다. 이렇게 좋은 것들을 다 주었는데, 무엇이 마음에 안 들어서, 누가 나빠서 샛서방과 놀아났느냐고 몰아붙인다. 그러자 여자는 너도 나를 속였으니 나라고 속이지 말란 법이 어디 있느냐며 당당하게 맞선다.

이 노래에서 "쇼딕을 놀이나니"를 어떻게 풀이하느냐에 따라 이 노래 속에 나오는 사내와 여자의 사이가 어떤 사이인지 가늠할 수 있다. 이 말을 '샛서방을 놀리느냐'로 풀이하면 노래에 나오는 사내는 여자의 샛서방이 된다. 그러니까 이 사내는 지아비 있는 아낙을 꾀기 위해 온갖 재산을 팔아 다 준 사내가 된다. 한편 "쇼딕을 놀이나니"를 '샛서방과 놀았느냐'로 풀면 다른 사내(샛서방)와 눈이 맞은 아낙과 그 아낙을 욕하는 사내의 이야기가 된다.[18]

여자가 떠는 아양과 달콤하게 한 말에 속은 한 사내가 가지고 있는 모든 것을 팔아 다 주었다고 하는 이야기는 노래에 나오는 꾸며낸 사람들을 웃음거리로 만들고 있다. 이 노래를 듣거나 읽는 이는 사태가 심각하다거나 노래에 나오는 사내와 아낙의 갈등이 심하다고 느끼지 않는다. 여자의

16) '배먹이소'라는 것이 있는데, 서로 돕기 위해 읍이나 면에서 빌려주는 어미 소로, 이 소가 송아지를 낳으면 소를 빌린 사람은 송아지를 읍이나 면장에게 돌려준 뒤 소를 가질 수 있다.

17) 김흥규(2015), 앞의 책, 110쪽.

18) 김흥규는 '한 눈을 팔았느냐'로 풀었다. 위의 책, 같은 곳. 김형철은 이 노래에 나오는 남성은 한량, 여성은 기녀로 이 노래는 기녀에게 모든 재산을 갖다 바친 한량과 기녀의 관계를 풍자하고 있다고 풀었다. 김형철(2005), 「조선시대 애정시조 연구」, 전남대학교 박사학위논문, 112쪽.

말에 넘어가 온 살림살이를 팔아서 줘 버린 좀 모자라 보이는 사내, 그런 사내에게 먼저 속였다며 시치미를 떼 버리는 당돌한 아낙, 이런 대화를 듣고 웃음을 짓게 된다. 놀이를 위한 노래이다.

그러나 이런 노래들을 그저 웃고 즐기려고 지은 노래로만 보아서는 안 된다고 말하는 이도 있다. 엮음 노래가 본디 그 자리에 모인 사람들을 웃게 하려고 지은 노래이기는 하지만, 그 안에는 그때 사람들이 살아가는 모습이 고스란히 담겨 있기에 속뜻을 캐내어 보면 무슨 말을 하고 싶은지 알 수 있다고 한다. 이 노래도 다시 파헤쳐 보면 여러 가지로 풀이할 수 있다. 먼저 서로 믿음으로 굳게 서 있지 않으면 참다운 사랑을 이룰 수 없고, 나중에는 서로를 속이기까지 하게 된다는 것을 말하고 있다고 풀이할 수 있다. 사내는 저를 속인 아낙에게 욕을 퍼붓지만 아낙도 사내를 똑같이 생각하고 있다. 또한 참다운 사랑은 물질이나 재산으로 얻을 수 없다는 것을 말하고 있다고도 할 수 있다. 이 노래에 나오는 사내는 자신이 가지고 있는 소중하고 귀한 것들을 다 팔아 아낙에게 주었지만 나중에는 배신을 당하고 만다. 사랑은 돈으로 살 수 없다. 그리고 세상살이가 사람들이 바라는 대로 되지 않는다는 것을 말하고 있기도 하다. 어떻게 해서든 내가 바라는 사랑을 이루려고 하지만 살다 보면 뜻대로 되지 않을 때가 훨씬 많다. 사랑에는 늘 어려움이 생기기 마련이고 때로는 두 사람이 갈라서야 할 때도 생긴다. 뜻하지 않게 엉뚱한 일이 벌어지기도 하고 뒷목 잡을 일이 생기기도 한다. 사랑은 순탄하지만은 않다. 이렇게 여러 가지 눈으로 이 노래를 볼 수 있다. 문학 작품의 뜻풀이(해석)와 맛보기(감상)는 늘 열려 있다. 그러나 한 가지 분명한 것은 이 노래가 무엇을 말하려고 하든지, 마지막에는 가벼운 웃음으로 처리하고 끝난다는 것이다. 이것이 엮음 노래가 가지고 있는 보람(특징) 가운데 하나이다. 모든 일을 웃음으로 덮어 버리고 끝낸다.

다음 이정구(李廷龜, 1564~1635)의 노래는 님이 나에게 믿음을 주지 못하고 있음을 말하고 있다.

님을 미들 것가 못 미들슨 님이시라
미더온 時節도 못 미들 줄 아라스라
밋기야 어려와마는 아니 밋고 어이리

- 이정구(李廷龜), 『청구영언(靑丘永言) 진본(珍本)』 104, #4070.1

님을 믿을 건가 못 믿을 건 님이시라
미더운 시절도 못 믿을 줄 알았도다
믿기야 어렵지마는 아니 믿고 어쩌랴

'님을 믿을 것인가' 하고 물은 다음 믿지 못할 것은 님이라고 말하고 있다. 믿고서 지내던 때도 진심으로 믿지 않았음을 알고 있었다고 하면서 믿기 어렵기는 하지만 그래도 믿지 않고서 또 어찌하겠느냐고 하였다. 믿을 수 없는 님에 대한 노래이다. 이 노래에는 나를 속인 님을 탓하는 마음이 담겨 있다. 하지만 끝줄(종장)에서 이런 님이라도 믿을 수밖에 없다고 하여 님을 탓한 뒤에는 다시 님에 대한 믿음을 다짐하고 있다.

이 노래는 임금 그리는 노래로 보기도 하는데, 벼슬아치가 님(임금)을 탓할 수는 있지만 그렇다고 끝까지 저버리고 믿지 않을 수는 없다는 말을 하고 있다. 조선 때 벼슬아치들에게 임금은 하늘같이 섬겨야 하는 분이기 때문이다. 또한 님을 걱정하는 마음도 담겨 있다. 이 노래를 광해군 때 어지러운 나라를 걱정하여 지은 노래로 보면, 임금이 잘못 다스리고 능력이 모자람을 탄식하면서도 그래도 임금을 믿어야 하지 않겠느냐고 생각해서 지은 노래라 할 수 있다.

다음은 나를 믿지 않고 미심쩍어하는 사내를 탓하는 노래이다.

풍뉴 번화 다 버리고 일부동ᄉᆞᄒᆞ난 나를
되 업시 의심ᄒᆞ니 원심인들 아니 날가
아마도 이 말른 유정낭군 졍 닷톰인가

- 이세보(李世輔), 『풍아(風雅) 대(大)』 131, #5199.1

풍류와 번화를 다 버리고 한 지아비를 섬기는 나를
죄 없이 의심하니 원망인들 아니 날까
아마도 이 말은 유정한 낭군의 정다툼인가 (하노라)

풍류(風流)와 번화(繁華)를 다 떨쳐 버리고 한 지아비만을 섬기겠다는 다짐〔일부종사 一夫從事〕으로 살아온 나를 아무 죄도 없는데 의심하니 원망하는 마음〔원심 怨心〕인들 아니 나겠느냐고 하였다. 마지막 줄(종장)은 두 가지로 풀 수 있다. 먼저 '내가 하는 말은 참으로 원망하는 말이 아니라 유정(有情)한 낭군에 대한 정다툼이다'고 풀 수 있다. 또는 '이렇게 나를 미심쩍어 하는 말은 유정한 낭군이 정다툼하는 말이다'고 풀 수도 있다. 그러면 낭군이 나를 의심해서 원망했지만, 그 말들이 다 나를 사랑해서 한 말이었으니 지금은 이해한다는 뜻이 된다.

이 노래의 말하는 이는 첫줄(초장)에 나오는 말로 보아 기녀였거나 떠돌아다니는 놀이패에서 일했던 여성으로 보인다. 그 일을 그만두고 집안에 들어앉아 한 사내만을 섬기려고 하는데, 자신이 지난날 그런 일을 했던 여성이라 아마도 남편의 의심을 받았던 모양이다. 그래서 이 노래에는 억울함을 풀고 싶어 하는 마음도 들어 있다.

무단히 사람 보고 사자 사자 달래더니
월미심 일미기에 못 산다니 웬 말이오
어찌타 경박낭군이 정 어려워

- 이세보(李世輔), 『풍아(風雅) 대(大)』 132, #1680.1

무단히 사람 보고 살자 살자 달래더니
얼마 되지 않아 못 산다니 웬 말이오
어찌타 경박스러운 낭군이 정 어려워

이세보는 사랑 노래를 많이 지은 선비인데[19] 이 노래는 여자의 처지가 되어서 낭군이 경박하다고 탓하고 있다. 이세보는 제 목소리로 부르는 노래도 많이 지었지만 위 노래와 같이 기녀나 아낙의 목소리로 부르는 노래도 많이 지었다.[20]

아무 까닭 없이 사람 보고 살자 살자 어르면서 꼬드기더니 달도 깊지 않고〔月未深〕, 날도 얼마 되지 않아〔日未幾〕— 곧 얼마 되지 않아 — 이제 와서 못 산다고 하니 그게 무슨 말이냐며 닦달한다. 그러면서 경박스러운 낭군과 나누는 정이 어렵다고 읊었다. 무턱대고 살자고 조르다가 오래 가지 않아 못 살겠다고 하는 사내는 약속을 지키지 않는 가볍고 믿음이 가지 않는 사람이다. 그런 사내와 사랑과 정을 나누기는 어렵다. 사랑을 할 때에도 오래 이어가는 사랑을 해야 함을 이르며, 가볍게 만나고 헤어지는 남자의 믿음 없음을 탓하고 있다.

다음 황진이의 노래는 님을 강하게 탓하고 있지는 않지만, 저를 믿지 못하는 님에 대해 섭섭함을 이야기하고 있다.

> 내 언제 無信ᄒᆞ여 임을 언지 속엿관ᄃᆡ
> 月沈 三更에 온 뜻이 전혀 업ᄂᆡ
> 秋風에 지는 닙 소ᄅᆡ야 낸들 어이 ᄒᆞ리오
>
> - 황진이(黃眞伊), 『병와가곡집(甁窩歌曲集)』 540, #970.1

> 내 언제 신의가 없어 님을 언제 속였기에
> 달 없는 깊은 밤에 온 뜻이 전혀 없네
> 가을바람에 지는 잎 소리야 낸들 어이하리

이 노래는 화담(花潭) 서경덕(徐敬德, 1489~1546)이 황진이를 생각하

---

19) 진동혁(1983), 『이세보 시조연구』, 집문당, 104쪽; 박노준(1994), 「이세보 애정시조의 특징과 그 시가사적 위상」, 『어문논집』 33, 고려대 국어국문학 연구회, 247쪽.

20) 박지선(2008), 「이세보 애정관련 작품 진정성 문제와 표현기법」, 『반교어문연구』 25집, 반교어문학회, 152~168쪽.

며 부른 노래에 대한 답으로 지은 노래이다.21) 그럼 서경덕의 노래도 아울러 살펴보자.

ᄆᆞ음이 어린 後ㅣ니 ᄒᆞᄂᆞᆫ 일이 다 어리다
萬重 雲山에 어ᄂᆡ 님 오리마는
지ᄂᆞᆫ 입 부ᄂᆞᆫ ᄇᆞ람에 힝혀 귄가 ᄒᆞ노라

- 서경덕(徐敬德), 『병와가곡집(甁窩歌曲集)』96, #1526.1

마음이 어리석은 뒤라 하는 일이 다 어리석구나
구름 덮인 깊은 산에 어느 님이 오겠는가마는
떨어지는 잎, 부는 바람에 행여 그인가 하노라

서경덕이 황진이를 애타게 기다리며 '마음이 어리석으니 하는 일이 다 어리석구나, 구름 덮인 깊은 산중〔만중운산 萬重雲山〕에 어느 누가 찾아 오겠는가마는, 나뭇잎 떨어지는 소리와 부는 바람소리에 행여 그 사람인가 한다.'고 노래하였다. 이 노래를 듣고 그를 찾아간 황진이가 되받아 부른 노래가 앞의 노래 「내 언제 무신하여」이다. 서경덕은 행여 황진이가 왔는가 보니 바람 불어 나뭇잎 떨어지는 소리임을 알고 자신이 어리석다고 노래했다. 곧 황진이를 온전히 믿지 못하였다.

그러나 황진이는 내가 언제 님에게 믿음을 주지 않았으며〔무신無信하여〕, 언제 님을 속인 적이 있었느냐고 한다. 나는 약속을 어기지 않고 달 없는 깊은 밤중〔월침삼경 月沈三更〕에 어김없이 찾아왔는데, 님이 나를 미심쩍어하는 것을 보니 내가 온 뜻이 전혀 없다고 서운해한다. 그러면서 나뭇잎 떨어지는 소리야 들리지 않게 할 수 없는 일이니, '추풍(秋風)에

21) 『동가선(東歌選)』에 "서화담이 약속이 있어 밤에 찾아갔는데, 화담이 홀로 앉아 어둠 속에서 초연히 노래를 부르고 있었다. 이 노래를 지어 응답하였다(與徐花潭有約 夜去之 則花潭獨坐 悄然歌之暗中 作此歌而應之)." 박을수 엮음(2000), 『시조의 서발 유취』, 아세아문화사, 380쪽에서 가져옴.

지는 잎 소리야 낸들 어이하리오' 하고 되묻고 있다.[22] 그러므로 이 노래는 자신을 온전히 믿지 못한 님에 대해 섭섭하다고 이른 노래이다.

황진이의 노래를 이민성(李民宬, 1570~1629), 남구만(南九萬, 1629~1711), 신위(申緯, 1769~1847) 같은 선비들이 한시(漢詩)로 옮겼는데, 그 가운데 남구만이 옮긴 것이 원판의 노랫말 속살을 제대로 드러냈다고 할 수 있다. 그 시는 다음과 같다.

어찌 일찍이 첩이 신의가 없어	何曾妾無信
그대를 속인 적이 있었나요?	乃與君相欺
깊은 밤 멀리서 온 저의 뜻을	深夜遠來意
그대가 그리도 몰라주시다니	而君諒不知
우는 바람에 지는 잎이란 본디 무정한 것	鳴風落葉本無情
낙엽 절로 지는 소리야 첩이 어쩌겠어요?	渠自爲聲妾何爲[23]

한시로 옮긴 것을 보면 '첩(황진이)은 그대(서경덕)를 여태 속인 적이 없었고 이 깊은 밤에 멀고 험한 길을 마다 않고 헤치고 찾아왔는데, 그런 저의 정성과 마음을 몰라주니 서운합니다. 그리고 바람에 지는 잎 소리를 듣고 제가 온 것인 줄 잘못 아셨는데 그것까지 내가 어떻게 하겠습니까?' 하고 읊었다. 「내 언제 무신하여」의 본디 뜻을 살려 잘 옮긴 작품이라 할 수 있다.

황진이의 노래는 눈여겨볼 값어치가 있다. 남녀 사이의 사랑에서는 믿음이 중요한데 그 믿음을 제대로 보여주지 못한 사내를 여성이 나무라고 있다. 여성만이 남성에게 한없이 순종해야 하는 것이 아니라 서로의 믿음

---

22) 이 노래에 대한 풀이는 임주탁(2006), 「이야기 문맥을 고려한 황진이 시조의 새로운 해석」, 『우리말글』 38, 우리말글학회, 19~21쪽을 따랐다. 많은 이들이 황진이 노래의 '온 뜻'을 '올 뜻'으로 바꿔 풀이하고 있는데, 이렇게 바꾸면 오는 이는 황진이가 아니고 님(서경덕)이 된다. 그러나 서경덕이 먼저 「마음이 어린 후이니」를 불렀고 이를 받아서 황진이가 「내 언제 무신하여」를 불렀기에, 이 맥락에 맞추어 보면 '오는' 이는 황진이지 서경덕일 수가 없다. 김석회(2011), 「고전 시가 작품 해석의 몇 가지 국면에 관한 고찰」, 『문학치료연구』 제20집, 한국문학치료학회, 138~140쪽.

23) 남구만(南九萬)의 『약천집(藥泉集)』 제1권, 「시(詩)」.

이 중요하다고 이른다. 황진이는 사내에게 끌려가는 사랑을 바라지 않았다. 사랑이 오래가려면 어느 한쪽이 다른 쪽에 끌려가서는 안 된다. 서로에게 믿음을 주고 서로가 세워줄 때, 그 사랑은 오래간다.

나를 버리고 가는 님을 호되게 꾸짖는 노래도 있다.

> 오냐 말 아니ᄶᅡ나 실커니 아니 말랴
> 하늘 아래 너ᄲᅮᆫ이면 아마 내야 ᄒᆞ려니와
> 하늘이 다 삼겻스니 날괼 인들 업스랴
>
> \- 문향(文香), 『전사본(傳寫本)』 1, #3381.1

> 오냐! '말라'고 하거나 말거나, 싫은 것이니 아니 그만두랴
> 하늘 아래 너뿐이면, 아마 '나로다' 하고 뽐낼 터이지만
> 하늘이 다 만들었으니 날 사랑할 사람이 또 없겠는가?

오냐, 네가 그만두라 아니 해도 내가 싫으니 그만두련다. 하늘 아래에 사내가 너뿐이라면 아마 '나라' 하고 으스대겠지만, 하늘이 사람을 만들어 낼 때는 너 아닌 다른 사내도 많이 태어나게 해서, 내 짝도 만들었을 것이니, 날 사랑해 줄 사내가 없겠는가? 반드시 있을 것이니 나는 그 사람을 찾을 것이다. 이렇게 노래하였다.

이 노래는 조선 선조(宣祖) 때 성천(成川) 기생이었던 문향(文香)이 중국에 사신으로 갔다가 돌아오는 송포(松浦) 정각(鄭瑴)을 만나 사귀다가 그에게 지어 준 것이라 한다. 얼마 동안 사귀다 헤어지게 되자, 너 아니라도 날 다시 아끼고 사랑해 줄 님이 있을 것이라고 하여 헤어지면서도 매달리거나 눈물바람을 하지 않고 도리어 버리고 가는 사내를 매섭게 꾸짖고 있다. 네가 싫다면 나도 새로운 사랑을 찾아 나서겠다고 하여 헤어짐의 슬픔 따위는 벗어던져 버렸다. 더욱이 헤어지는 님에게 "오냐", "너" 하면서 해라체를 쓰고 있어 기녀가 선비에게 말까지 낮추며 함부로 대한다. 매우 당차고 사납다. 아마도 문향과 헤어지는 사내가 큰 잘못을 했거

나 책잡힐 일을 한 것으로 어림짐작할 수 있다.

여기에는 기녀라도 함부로 대하지 말하는 뜻이 담겨 있다. 기녀가 비록 술과 웃음과 재주를 파는 천한 신분이지만, 기녀도 인격을 가진 사람이다. 오래 사귀지 않고 한동안 사귀는 여자라 해서 떠날 때는 쓰다 만 물건 버리듯 그렇게 해서는 안 된다고 외치고 있다. 그러나 한편으로는 왠지 모를 씁쓸함도 배어 있다. 기녀이기 때문에 겪을 수밖에 없는 헤어짐에 한 번 고래고래 소리를 질러 본 것일 수도 있다.

이 노래를 눈여겨봐야 하는 까닭은 여인이 부른 다른 노래와 견주어 보면 그 말투가 여느 여성 노래와 다르기 때문이다. 거의 남성의 말투에 가깝다. 저를 버리고 가는 님을 꾸짖으면서 헤어짐 때문에 생긴 화를 속으로 삭이거나 가슴에 꾹 눌러 담아두지 않고 밖으로 시원하게 퍼붓고 구김 없이 드러냈다. 화를 내지 않고 속으로 끙끙 앓기만 하면 그것도 병이 되기 마련이다.

> 가마귀 칠ᄒᆞ여 검으며 ᄒᆡ오리 늙어 세더냐
> 天生 黑白은 녜부터 잇건마ᄂᆞᆫ
> 엇더타 날 보신 님은 검다 셰다 ᄒᆞᄂᆞ니
>
> 『병와가곡집(甁窩歌曲集)』 658, #624.1

> 까마귀 칠하여 검으며 해오리 늙어 희더냐
> 천생 흑백은 예부터 있건마는
> 어떻다 날 보신 님은 검다 희다 하나니

까마귀는 누가 검은색을 칠해서 검게 된 것이 아니고 해오리도 늙어서 흰 빛깔을 띠는 것이 아니다. 검고 흰 것은 하늘이 처음부터 정해준 것이요 예부터 있었던 것인데 어찌하여 나를 보신 님은 검다 희다 하면서 옳고 그름을 가리려 하느냐고 하였다. 검다 희다고 따지면서 네가 옳으니 그르니 하면서 핀잔을 주는 님을 비꼬았다. 사람마다 타고난 성품이나 기질이 있으며 자기 나름대로 생김새와 보람(특징)을 가지고 있는데 어찌하여 님이 생각하는 눈과 잣대로 나를 가늠하느냐고 님의 잘못을 꾸짖었다.

닷는 말도 誤往 ᄒᆞ면 셔고 셧는 소도 이라타 ᄒᆞ면 가ᄂᆡ
深疑山 모진 범도 警蹔곳ᄒᆞ면 도서거던
閣氏님 뉘 어미 ᄯᆞᆯ이완ᄃᆡ 蹔說을 不聽ᄒᆞᄂᆞ니

『병와가곡집(瓶窩歌曲集)』 1019, #1202.2

달리는 말도 오왕 하면 서고 서 있는 소도 이라타 하면 가니
심의산 사나운 범도 깨우치고 타이르면 돌아서거든
각시님 뉘 어미 딸이기에 깨우치는 말을 듣지 않나

한 사내가 젊은 아낙을 꾸짖고 있다. 옛 노래에 나오는 '각시'를 기녀로 보는 때가 많은데, 이 노래에서 사내가 부르는 각시도 기녀로 볼 수도 있다. 이 여인은 사내의 말을 잘 듣지 않았던 것 같다. 그래서 사내는 달리는 말도 '오왕(誤往)' 하면 서고, 서 있는 소도 '이라타' 하면 가고,[24] 깊은 산〔심의산 深疑山〕 사나운 범도 깨우치고 타이르면〔경서警蹔하면〕 돌아서는데, 각시님 너는 그 누구 어미의 딸이기에 깨우치는 말〔서설 蹔說〕을 듣지 않느냐〔불청 不聽〕고 꾸짖는다. 말이나 소, 호랑이까지도 잘 구슬리고 어르면 말을 알아듣고 내 뜻을 따라주는데 어떻게 된 일인지 이 여인네는 내 말에 조금도 아랑곳하지 않느냐고 나무랐다. 아마도 이 여인은 꽤 콧대가 높은 여인이었던 것 같다.

24) '誤往'은 말을 세울 때 쓰는 '오왕'을 한자로 적은 것인데, '잘못 가고 있다'는 뜻을 나타낸 말이기도 하다. '오왕'과 '이라타'는 말과 소를 부릴 때 쓰는 말이다.

3) 쌀쌀맞은 님

님을 탓하는 노래 가운데는 나는 그대를 언제나 생각하고 그리워하는데 그대는 나를 잘 찾지 않거나 잊어버려 속이 상해 부른 노래들이 있다. 또 애타게 그리워하는 내 마음을 몰라주는 님이 야속하고 무정하여 부른 노래들이 있다.

이세보의 노래에 정 없고 쌀쌀맞은 님을 탓하는 노래들이 있다.

ᄇᆞᄅᆞᆷ은 지동치듯 불고 비 쥭쥭 오는 날 밤의
불피풍우 오는 임은 ᄉᆞᄅᆞᆷ마다 친키 어려
아마도 정 어렵기는 임이신가

- 이세보(李世輔), 『풍아(風雅) 대(大)』 357, #1796.1

바람은 땅이 흔들리듯 불고 비는 주룩주룩 오는 날 밤에
바람과 비를 피하지 않고 오는 님은 사람마다 친하기 어려우니
아마도 정이 없기는 님이신가 (하노라)

폐부의 샥인 졍셩 임이 짐쟉ᄒᆞ시기로
쇼샹강 건넌 후의 슈히 갈가 ᄇᆞ랏더니
져근듯 샴년 되니 아됴 나를 이즈신가

- 이세보(李世輔), 『풍아(風雅) 대(大)』 166, #5181.1

가슴 속 깊이 새긴 정성을 님이 짐작하시기로
소상강 건넌 뒤에 얼른 갈까 바랐더니
어느덧 삼 년 되니 아주 나를 잊으신가

풍뉴 ᄌᆞ약시의 ᄊᆞᆫ말ᄒᆞ는 그 ᄉᆞ람과
샴경쵹ᄒᆞ 셰우중의 슐 취ᄎᆞ 가는 임은

아마도 다시 보면 정 어려워

– 이세보(李世輔), 『풍아(風雅) 대(大)』 112, #5201.1

풍류가 한창 일 때 딴말하는 그 사람과

한밤중 촛불 아래 가랑비에 술 취해 가는 님과

아마도 다시 보면 정을 느끼기 어려워 (하리라)

첫 번째 노래는 바람이 땅이 흔들리듯〔지동地動치듯〕 세차게 불고 비까지 주룩주룩 내리는 날 밤에, 비바람을 피하지 않고〔불피풍우 不避風雨〕 오는 님을 사람마다 친하기는 어렵다고 했는데, 이 말은 나만을 위해서 궂은 날씨에도 찾아온다는 말로 참으로 내 사람으로 여길 님이란 말이다. 그러나 이 님은 정이 없어 오지 않는다고 탓하고 있다.

두 번째 노래는 가슴 속〔폐부 肺腑〕 깊이 새긴 정성을 님이 짐작하시기로 소상강 건넌 뒤 쉬이 갈까 바랐더니 잠깐 사이에 3년이 되니 아주 나를 잊으신가 하였다. 여기서 소상강은 중국의 소상강을 가리키기보다는 님과 내가 강을 사이에 두고 멀리 떨어져 있다는 뜻으로 쓴 말에 지나지 않는다. 그 강을 건넌다는 말은 님과 다시 가까워진다는 뜻이다. 3년이 다 지나도록 나를 찾아주지 않는 님은 나를 아주 잊어버리지 않았는지 서글퍼한다. 나를 잊으신 님, 무정한 님을 탓하고 있다. 이 노래는 철종을 그리며 지은 임금 그리는 노래이다. 귀양 와서 어려움을 겪고 있는 자신을 풀어주기를 바라는 마음을 담았다.

세 번째 노래는 풍류가 한창일 때 딴말하여 흥을 깨는 사람과 한밤중 가랑비가 내리고 술이 취해 정신이 없는데도 가려는 님은 아마도 참된 정을 느끼기 어려울 것이라고 읊었다. 이 노래에서 말하는 이가 탓하는 사람은 둘이다. 한 사람은 풍류를 제대로 즐길 줄 모르는 사람이다. 그 사람은 풍류가 한창 무르익었을 때 딴말(엉뚱한 말)을 해서 흥을 깨뜨린다. 그다음 사람은 한밤중 촛불 아래〔삼경촉하 三更燭下〕에서 정답게 말을 주고받은 사람으로 보인다. 그래서 이 사람은 앞에서 풍류의 흥을 깨뜨린

이를 '사람'이라고 한 것과 달리 '님'이라고 했다. 이 사람에게는 어느 정도 정을 느꼈던 것 같다. 그런데 이 '님'도 가랑비가 오는 궂은 날씨에도 그것도 술이 취했는데도 가 버린다. 이 노래의 말하는 이는 아무래도 기녀라는 생각이 든다. 풍류를 제대로 즐길 줄 모르는 사내와 밤이 깊어 비가 오는데도 제 집으로 가 버리는 사내를 탓하고 있다. 그러니 이 노래에는 '남의 님'을 두고 겪는 기녀의 아픔도 배어 있다.25)

다음 노래는 무엇인가 나에게 잘못했거나 서운하게 했던 여인에게 한마디 하는 노래이다.

> 이팔 시졀 고은 ᄐᆡ도 과이 밋고 ᄌᆞ랑 마라
> 광음무정 네 홍안이 ᄇᆡᆨ발공도 쟘간이라
> 아마도 동원도리 편시츈인가
>
> – 이세보(李世輔), 『풍아(風雅) 대(大)』 124, #3894.1

> 젊은 때 고운 모습 지나치게 믿고 자랑 마라
> 세월은 무정하여 네 고운 얼굴이 늙기도 잠깐이라
> 아마도 봄 동산의 복숭아꽃도 잠깐인가 (하노라)

먼저 노래에 나오는 어려운 한자말을 풀어 본다. '이팔시절(二八時節)'은 열여섯 젊은 때를 가리킨다. '광음(光陰)'은 빛과 그늘이란 말인데 빛은 해를 가리키고 그늘은 달을 가리켜 세월이란 뜻을 지니고 있다. '광음무정(光陰無情)'은 무정한 세월을 이른다. '홍안(紅顔)'은 젊을수록 얼굴에 혈색이 돌아 발그레하기 때문에 여자의 아름답고 고운 얼굴을 가리키는데, 나중에는 미녀란 뜻으로 쓰기도 했다. '백발공도(白髮公道)'는 백발(白髮)은 누구나 때가 되면 공평히 찾아온다는 말이다. '동원도리편시춘(東園桃李片時春)'은 당(唐)나라 왕발(王勃)의 노래 「높은 대에 올라: 임고

---

25) 이 노래의 풀이는 손정인(2011), 「이세보 애정시조의 성격과 작품 이해의 시각」, 『한민족어문학』 59, 한민족어문학회, 249쪽을 바탕으로 하였다.

대(臨高臺)」의 한 구절로 '봄 동산에 복숭아꽃이 잠깐 피었다가 곧 진다'는 말로 젊은 때도 한때이고 금방 늙게 된다는 뜻을 지니고 있다.

열여섯 젊은 나이에 고운 얼굴과 몸매를 지나치게 믿고 자랑하지 말라고 했다. 세월도 무정하여 네 고운 얼굴과 모습도 나중에 늙게 되어 흰 머리도 생길 것인데 그 시간이 잠깐이라. 지금은 아름답다고 뽐내지만 세월은 빠르게 흘러 금방 늙게 된다. 아마도 봄 동산에 복숭아꽃이 잠깐 피었다 진다는 말을 듣지 못했는가, 젊음도 한때뿐이니 너무 그렇게 도도하게 굴지 말라고 읊었다.

한 남성에게 콧대 높게 젠체하는 여인을 나무라는 노래로 볼 수 있다. '네가 잘났으면 얼마나 잘났기에 그렇게 뽐내고 콧대가 높으냐, 너도 영원히 늙지 않고 끝까지 아름다울 줄 아느냐, 세월이 빨리 지나가면 너도 곧 늙을 텐데, 너무 그렇게 비싸게 굴지 마라' 이렇게 읽을 수 있다.[26)]

엇그제 이별ᄒᆞ니 ᄎᆞᆷ아 못 이져 ᄯᅩ 다시 가셔
ᄉᆡ롭고 간절ᄒᆞᆫ 마음 피ᄎᆞ 잇고 노ᄌᆞ 하니
져 임은 ᄉᆡ ᄉᆞᄅᆞᆷ 거러 두고 아니 본 체

『악부(樂府) 나손본(羅孫本)』 320, #.1

엇그제 이별하니 차마 못 잊어 또 다시 가서
새롭고 간절한 마음 서로 잊고 놀자 하니
저 님은 새 사람 걸어 두고 아니 본 체 (하더라)

이 노래는 '님을 여읜 노래'에 들 수도 있고, '시샘'의 노래에 들 수도 있다. 노랫말을 두루 살펴보면 나에게 마음이 아주 떠나 너무도 쌀쌀맞은 님을 탓하고 있으므로 여기에서 다룬다. 엇그제 이별한 님을 차마 못 잊고 또 다시 찾아간다. 새롭고 간절한 마음으로 서로 지난날은 잊어버리고 놀

26) 한편 이 노래를 한 남성이 여성을 꾀는 노래로 볼 수도 있다. 어차피 너도 곧 늙게 될 것이니 지금 젊었을 때 놀아 보자는 뜻으로 읽을 수도 있다.

자고 하는데 저 님은 다른 이를 새로 만나 나를 본 체도 아니 한다. 저 님은 나와 헤어지자마자 다른 이와 사귀어 만나고 있다. 나는 그 님을 못 잊어 다시 찾아갔지만 님은 나를 거들떠보지도 않고 쌀쌀맞게 대한다.

이 노래에 나오는 님은 오히려 이별을 바라고 있었을 수도 있다. 님에 대한 간절한 마음은 나만 크지 님은 그렇지 않다. 그래서 다시 찾아가서 매달려 보지만 아는 체도 않는다.

4) 비웃음과 비꼬기

님을 탓하고 못마땅해하는 마음이 커지면 비웃고 비꼬기까지 하게 된다. 거의 모두 여인이 남성을 비꼬는 노래들이다.

> 보거든 걱디 말고 걱거시면 ᄇᆞ리디 말디
> 보고 걱고 걱고 바리미 君子의 行實일까
> 두어라 路柳墻花ㅣ니 누를 怨望ᄒᆞ리오

『교주가곡집(校註歌曲集)』 305, #2008.1

> 보거든 꺾지 말고 꺾었으면 버리지 말 것이지
> 보고 꺾고 꺾고 버림이 군자의 행실일까
> 두어라 (나는) 기생이니 누구를 원망하리오

노류장화(路柳墻花)는 누구든지 꺾을 수 있는 길가의 버들과 담 밑의 꽃이라는 뜻으로, 몸을 파는 여자, 곧 기생을 이른다.27) 이름 없는 기녀의 노래이다. 기생의 신분이나 처지이기 때문에 누구를 원망(怨望)하겠느냐며 제 신세를 푸념한 노래이지만, 앞의 말들을 잘 들어 보면 기녀들을

---

27) 명(明) 구우(瞿佑)의 『전등신화(剪燈新話)』, 「애경전(愛卿傳)」에 "저는 본디 기생으로 좋은 집안에서 난 사람이 아닙니다. 산에서 멋대로 자란 꿩과 들에서 자유로이 자란 따오기는 집안에서 길들이지 못하고, 노류장화는 누구든지 사람마다 쉽게 꺾을 수 있습니다(妾本倡流 素非良族 山鷄野鶩 家莫能馴 路柳墻花 人皆可折)."

함부로 대하는 사내들을 비꼬고 있는 노래임을 알 수 있다. 보거든 꺾지 말고 꺾거든 버리지 말아야 하는데, 사내들은 보고 꺾고 또 꺾고 버린다. 이렇게 기녀라고 함부로 보고 꺾고 버리는 것이 군자(君子)라 일컫는 이들의 행실(行實)이냐고 비꼬았다. 너희들이 참다운 선비요 사내라면 기녀라도 함부로 대하지 말라고 읊은 노래이다. 기녀도 사람이요, 엄연한 인격체인데 헌 신짝 버리듯 한 번 즐기고 버리는 사내들의 못된 버릇을 꼬집고 따졌다.

北斗星 기울어지고 更五點 ᄌᆞ자 간다
十州佳期는 虛浪타 ᄒᆞ리로다
두어라 煩友한 님이니 새와 무슴 ᄒᆞ리오

– 다복(多福), 『해동가요(海東歌謠) 주씨본(周氏本)』 145, #2121.1

북두성 기울어지고 경오점 잦아들어 간다
십주의 아름다운 약속은 미덥지 못하리로다
두어라 번우한 님이니 시샘해서 무엇 하리오

북두성(北斗星)도 이미 기울어지고 경(更, 하룻밤을 다섯으로 나눈 것)과 점(點, 경을 다시 다섯으로 나눈 것)을 알리는 소리가 잦아들어 간다. 경(更)에는 북을 점(點)에는 징을 쳤다. 그런 시간을 알리는 북소리나 징소리가 가라앉으며 조용해졌다. 곧 시간이 많이 흘렀다는 말이다. 그런데 십주(十州)의 아름다운 약속〔가기 佳期〕[28]은 미덥지 못하다〔허랑虛浪타〕 하였

28) '십주(十州)'는 본디 도가(道家)에서 말하는 바다 가운데에 있어 신선들이 산다고 하는 열 개의 섬인데, 신비스러운 경치(선경仙境)을 가리키는 말로 쓴다. 한(漢) 동방삭(東方朔)의 『해내십주기(海內十州記)』에 "한나라 무제가 이미 서왕모가 말한 팔만의 큰 바다 가운데에 조주, 영주, 현주, 염주, 장주, 원주, 류주, 생주, 봉린주, 취굴주들이 있다는 말을 들었는데, 이 열 개의 섬은 사람 자취가 아주 드문 곳이었다(漢武帝聞西王母說 巨海之中有 祖洲 瀛洲 玄洲 炎洲 障洲 元洲 流洲 生洲 鳳麟洲 聚窟洲 有此十洲乃人跡稀絶處)." '십주가기(十州佳期)'는 십주에서 서로 만나기로 한 아름다운 약속인데, '십주(十州)'가 노가재(老歌齋) 김수장(金壽長, 1690~1766)을 가리키는

다. 말하는 이는 님과 십주의 아름다운 약속을 했는데, 그 님이 약속을 저버리고 밤이 깊도록 오지 않았다. 그렇게 미덥지 못한 님을 탓하고 있다. 나중에는 '두어라 님은 벗도 많고 할 일도 많으니〔번우 煩友〕,[29] 시샘해서 무엇 하겠는가' 하고 내려놓고 그만둔다. 아무래도 저가 기녀이기 때문에 접어야 한다고 생각한 듯하다. 이 노래는 기녀의 신분이라 님이 약속을 지키지 않아도 어쩔 수 없다는 것을 말하였으나, 이렇게 약속을 함부로 어기는 사내를 비꼬는 뜻도 들어 있다.

> 이바 이 집 사ᄅᆞᆷ아 이 셰간 어찌 살리
> 솟벼 다 ᄣᆞ리고 죡박귀 다 업괴야
> ᄒᆞ믈며 기울계 대니거든 누를 밋고 살리
>
> \- 정철(鄭澈), 『송강가사(松江歌辭) 이선본(李選本)』 224, #3840.1

> 이봐 이 집 사람아, 이 살림살이로 어떻게 살리
> 솥 따위 다 깨뜨리고 쪽박 다 없구나
> 하물며 밀기울과 겨로 끼니를 이어가니 누구를 믿고 살리

집안이 가난하여, 솥도 바가지도, 아무 살림살이가 없고 게다가 먹을 양식까지 없어서 밀기울이나 쌀겨, 보리겨로 끼니를 이어가게 되니 누구를 믿고 살겠느냐고 읊었다.[30] 집안 살림을 제대로 꾸려가지 못하는 남성을 여인의 목소리로 비판하고 풍자하고 있는 노래이다. 이 노래를 당시 시대 상황과 관련지어 풀이하면 나라가 어려운데 당파 싸움이나 하고 있

것으로 보면, '십주가기'는 김수장과 한 약속이 된다. 성기옥(1999), 「고전 여성 시가의 작가와 작품」, 『한국고전여성작가연구』, 태학사, 134쪽; 조연숙(2010), 「기녀시조의 전개 양상과 성격」, 『아시아여성연구』 49-2, 숙명여자대학교 아시아여성연구소, 237~238쪽.

29) 노래책에 따라 煩友, 煩憂, 繁友로 쓰고 있다. 그래서 이 노래에 나오는 님은 벗이 많거나 걱정거리가 많은 님이다.

30) 이 노래는 이희승(2004), 『고시조와 가사 감상』, 집문당, 93~108쪽에서 자세하게 풀었다.

는 벼슬아치들의 모습을 비꼰 것이라고 볼 수 있다. 저를 바로 드러내지 않고 일부러 여인의 모습으로 탈을 쓴 까닭은 제 말로 바로 말하면 다른 쪽 당파의 공격을 받을 수 있기 때문이다. 벼슬아치가 아낙의 목소리를 빌린 데는 이렇듯 정치 싸움에 휩싸이지 않기 위한 셈이 들어 있다.

위 노래는 앞에서 살핀 다음 노래와 관련이 있다.[31)]

기울 계 대 니거니ᄯᅩ나 쪽박귀 업거니ᄯᅩ나
비록 이 셰간 판탄ᄒᆞᆯ만졍
고온 님 괴기옷 괴면 그ᄅᆞᆯ 밋고 살리라

- 정철(鄭澈), 『송강가사(松江歌辭) 이선본(李選本)』 25, #586.1

밀기울과 겨로 끼니를 잇거나 말거나 쪽박이 없거나 말거나
비록 이 살림 깨질망정
고운 님이 사랑하기만 하면 그를 믿고 살리라

두 노래가 이어진 노래이다. 앞의 노래 「이바 이 집 사람아」에 답을 한 노래가 뒤의 노래 「기울계 대 니거니따나」이다. 다시 말해 집안 꼴이 이렇게 말이 아닌데도 누구를 믿고 살 것이냐고 묻자, 아무리 살림이 어려워도 님이 나를 아끼고 사랑해 준다면 그 님을 믿고 살겠다고 한 노래들이다. 그러니 두 노래를 이어진 노래로 보고 풀이하는 것이 좋다.

青天 구룸 밧긔 노ᄑᆡ ᄯᅥᆺᄂᆞᆫ 白松骨이
四方千里를 咫尺만 너기ᄂᆞᆫᄃᆡ
엇더타 싀궁츼 뒤져엇 먹ᄂᆞᆫ 올히ᄂᆞᆫ 제 집 門地方 넘나들기를 百千里만 너기더라.

『청구영언(青丘永言) 진본(珍本)』 495, #4802.1

31) 이에 대한 자세한 풀이는 신용대(1990), 「정철 시조의 비판적 현실 인식」, 『인문학지』 5, 충북대학교 인문학연구소, 9~12쪽.

청천 구름 밖에 높이 떠 있는 백송골이
사방 천 리를 가깝다고 여기는데
어찌타 시궁창 뒤져 얻어먹는 오리는 제 집 문지방 넘나들기를 백리천리만 여기더라

푸른 하늘〔청천 靑天〕 구름 밖에 높이 떠 있는 흰 송골매〔백송골 白松骨〕는 사방(四方) 천 리(千里)를 가깝게 여긴다. 여기저기 가야 할 데는 바로 찾아간다. 그런데 시궁창을 뒤져 빌어먹는 오리는 제 집 문지방 넘나들기를 백천리(百千里)로 여기고 집에 자주 오지 않는다. 이 노래는 흰 송골매와 오리 이야기를 하고 있지만, 그 속내는 다른 사내와 내 집 지아비를 견주어 집에 자주 오지 않는 지아비를 비꼬고 있는 노래이다. 흰 송골매는 높이 떠서 먼 거리에 있는 곳도 가까운 곳처럼 갈 수 있는 새인데, 제 모습을 뽐내는 멋있는 모습을 가진 사내를 빗댄 말이다. 이 사내는 멀리 나갔다가도 때가 되면 바로 집으로 돌아오는 사내이다. 그런데 우리 집 사내는 그 꼴이 마치 시궁창을 뒤져서 빌어먹는 오리에 가깝다. 그렇게 볼품없으면서도 제 집으로 돌아오는 길을 백리천리처럼 멀게 여겨 좀처럼 집에 들어오지도 않는다.32)

지아비를 시궁창 오리에 빗대어 집안 살림을 제대로 꾸려가지도 못하고 남한테 빌붙어서 얻어먹는 못난 사내로 여기고 있으며, 그렇게 볼품도 없고 능력도 없으면서 집에도 자주 들어오지 않고 다른 데나 기웃거리고 있다고 날카롭고 매섭게 비꼬고 있다. 엮음 노래나 되니까 이런 말을 할 수 있다. 다른 옛 노래에서 지아비를 이렇게 깎아내리고 닦아세우는 말은 보기 드물다. 엮음 노래는 이렇듯 하기 어려운 말도 거리낌 없이 마음껏 할 수 있는 노래이다. 집안 사내가 못나면 이렇게 몰아세우고 나무랄 수

32) 조규익은 '제집 문지방'을 '제 아내의 그곳'으로 볼 수 있다고 보아, 지아비가 잠자리에서 나를 만족시켜 주지 못하고 있다는 불만을 나타내고 있다고 풀었다. 또한 백송골은 샛서방으로 나를 황홀하게 만드는 솜씨를 가진 사내로 보았다. 조규익(2009), 『만횡청류의 미학: 우리의 옛 노래 문학(수정 증보판)』, 박이정, 129쪽, 234쪽.

있는 아낙이 엮음 노래에서는 나올 수 있다. 여인들이 짓거나 부른 짧은 노래(평시조)나 긴 노래(규방가사)에서는 좀처럼 보기 드문 목소리이다.

또한 이 노래를 듣다 보면 어떻게 이런 빗대어 말하기를 할 수 있는지 엷은 웃음을 띠게 된다. 멋있고 잘났으면서도 때가 되면 집으로 돌아오는 다른 집 사내를 하늘을 높이 떠다니다 여러 곳을 가까이 여기는 흰 송골매에 빗대었다. 낮고 더러운 곳에서 빌어먹기만 하고 집안의 걱정거리만 되는 지아비를 시궁창의 오리에 빗대었다. 빗대어 말하기는 그 테두리가 정해져 있지 않다. 넓으면 넓을수록, 깊으면 깊을수록 좋은 빗대기를 만들 수 있다. 점잖고 아름다운 빗대기도 해야 하지만 이런 시원스럽고 웃음 섞인 빗대기도 해야 한다.

한편 이 노래를 사람 됨됨이의 다름을 이야기한 노래로 볼 수도 있다. 어떤 이는 넓고 먼 하늘을 가깝게 여겨 자유롭게 날아다닐 수 있을 만큼 배포가 크고 기상이 높은데, 내가 아는 어떤 이는 제 구실도 제대로 못하고 참으로 재주 없다는 말을 하고 있다고 할 수 있다. 사람의 잘나고 못난 모습을 새에 빗대어 말한 노래가 된다.

앞에서 본 노래들과 달리 다음 노래는 어느 여인을 비꼬는 노래이다. 하지만 한편으로는 이 여인을 불쌍히 여기는 마음도 느껴진다.

> 細雨 ᄲᅳ리ᄂᆞᆫ 날에 紫的 쟝옷 뷔혀ᄌᆞᆸ고
> 梨花 퓐 골노 딘동한동 가ᄂᆞᆫ 閣氏
> 어듸 가 뉘 거즛말 듯고 옷 젓ᄂᆞᆫ 줄 모로ᄂᆞ니

『청구영언(青丘永言) 육당본(六堂本)』 402, #2680.1

> 가랑비 뿌리는 날에 자줏빛 장옷 부여잡고
> 배꽃 핀 골짜기로 허둥지둥 가는 각시
> 어디 가 뉘 거짓말 듣고 옷 젖는 줄 모르느냐

가랑비가 뿌리는 날에 한 여인이 자줏빛〔자적 紫的〕 장옷을 걸쳐 입고 길을 나선다. 누군가를 만나기 위해 차림새를 갖추고 길을 나섰는데, 뜻하지 않게 비를 만났다. 배나무 꽃〔이화 梨花〕이 핀 골짜기로 겨를 없이 바쁘게 허둥지둥 간다. 젊은 아낙의 마음이 바쁘다는 것을 알 수 있다. 마지막에는 누구의 거짓말을 듣고 옷 젖는 줄을 모르느냐고 하였다. 말하는 이는 이 아낙이 그만 어떤 사내의 거짓말에 속아 옷이 젖는 줄도 모르고 하염없이 길을 간다고 생각하였다. 그러면서 안쓰러워하고 걱정하는 마음도 내비치고 있다. 정말 이 아낙이 속임수에 말려들었는지는 알 수 없으나 비가 오는데도 바삐 가는 모습이 왠지 걱정스럽기는 하다. 왜냐하면 우리는 살아가면서 이런 일을 많이 겪어 왔기 때문이다. 사랑의 수렁에 빠지면 앞뒤 돌아보지 않고 제 몸과 삶이 상하는지 알아차리지 못하고 물불을 가리지 않는 때가 있다. 나방이 불 속으로 달려들 듯이, 기러기가 깊은 물을 두려워하지 않듯이. 그러나 나중에 속았다는 것을 깨닫고 배신을 느끼고 크나큰 상처를 받기도 한다.

이 노래의 마지막에 하는 말 '옷 젖는 줄 모르느냐'를 새겨들어야 한다. 이 말에는 얼마나 험한 꼴을 당하려고 하느냐, 얼마나 큰 상처를 받으려고 하느냐, 그 큰 아픔을 어떻게 감당하려고 하느냐, 얼마나 네 신세를 망치려고 하느냐 같은 뜻을 담고 있다. 사랑에 몸달아 앞뒤 가리지 않고 달려갈 때 난데없는 큰 올가미에 빠지고 만다. 그런 사랑의 덫에 걸려든 아낙을 깨우치는 노래이기도 하다.

ᄆᆞ음이 어린 後ㅣ니 ᄒᆞᄂᆞᆫ 일이 다 어리다

萬重 雲山에 어ᄂᆡ 님 오리마ᄂᆞᆫ

지ᄂᆞᆫ 입 부ᄂᆞᆫ ᄇᆞ람에 힝혀 귄가 ᄒᆞ노라

\- 서경덕(徐敬德)

풀이와 웃음의 사랑 노래

6. 풀이와 웃음의 사랑 노래

가르침이나 사람의 도리에 찌든 이들은 헛생각으로라도 그것에서 벗어나려는 즐거움을 마음껏 맛보고자 한다. 그래서 노래로 무엇이든지 부르게 된다. 옛 노래 가운데 많은 노래들이 점잖고 의젓한 노래들이지만, 사랑을 노래한 노래들이 여기에서 벗어나고자 했고, 더욱이 엮음 노래 가운데는 겉치레와 사람이 지켜야 한다는 도리 따위는 다 집어던져놓고 홀가분하게, 걸판지게 한 번 놀아 보자는 노래가 많았다. 사람들은 이런 노래에서 시원한 재미와 즐거움을 느끼게 된다. 그래서 때로는 낯뜨거운 이야기를 노래하면서도 웃음을 터뜨리게 된다. 너무 무겁게 생각하지 말고 너도 나도 그냥 떠들고 한바탕 크게 웃어 보자는 뜻이다. 그러니 이런 노래들은 사람은 어떻게 살아야 한다고 조이고 있는 것에서 풀려나고자 하는 노래이다. 따라서 이런 노래들을 '풀이와 웃음의 사랑 노래'로 다룬다.

1) 힘 좋고 잘하는 님

님의 밤일 솜씨나 님의 연장이 훌륭하다고 대놓고 말하는 노래가 있다. 이런 노래들의 본바탕은 웃으려고 지은 노래들이다. 그래서 말하는 이가 여성인 때가 많다.

듕놈도 사ᄅᆞᆷ이냥ᄒᆞ야 자고 가니 그립ᄃᆞ고

즁의 숑낙 나 베옵고 내 죡도리 즁놈 베고 즁의 長衫 나 덥습고 내 치마란 즁놈 덥고 자다가 ᄭᆡᄃᆞ르니 둘희 ᄉᆞ랑이 숑낙으로 ᄒᆞ나 죡도리로 ᄒᆞ나

이튼날 ᄒᆞ던 일 ᄉᆡᆼ각ᄒᆞ니 홍글항글 ᄒᆞ여라

『청구영언(靑丘永言) 진본(珍本)』 552, #4440.1

중놈도 사람인 양하여 자고 가니 그립다고

중의 송낙 베고 내 족두리 중놈 베고 중의 장삼 나 덮고 내 치마는 중놈 덮고

자다가 깨달으니 둘의 사랑이 송낙으로 하나 족두리로 하나

이튿날 하던 일 생각하니 홍글항글 하여라

첫말부터 '중놈도 사람이 듯하다'고 하여 중을 업신여기고 아주 깎아내렸다. 사람으로도 여기지 않던 그 중놈이라도 자고 가니 그립다. 아마도 중이 간밤에 이 아낙을 아주 즐겁게 해 준 모양이다. 중이란 놈도 같이 자 보니까 그 재미를 잊을 수 없다. 중이 쓰던 모자인 송낙을 내가 베고, 내 족두리는 중이 베고, 중의 옷인 장삼(長衫)은 내가 덮고, 내가 두른 치마는 중이 덮었다는 말은 두 사람이 하나가 되었다는 말이다. 두 사람의 하룻밤 잠자리의 재미가 진정한 사랑이라고까지 느끼고 있다. 그래서 둘의 사랑이 송낙으로 하나, 족두리로 하나가 되었다고 이어서 말하였다. 마지막에 하는 말은 더욱 큰 웃음을 터뜨리게 한다. 자고 갠 다음날 중과 함께했던 즐거움을 생각하니 마음이 들뜨고 설렜다(홍글항글)[1] 고 한다. 이렇듯 엮음 노래에서 끝글(종장)은 지금까지 했던 말을 발판 삼아 높이 뛰어오른다. 그래서 '팡' 하고 터뜨리는 맛이 생긴다. 하나의 풍선 효과이다. 풍선에 바람을 조금씩 잔뜩 불어넣고 나서 마지막에 팡 터뜨린다. 엮음 노래의 마지막은 이렇듯 풍선이 터지는 것처럼 깨뜨림(파격), 세찬 부딪침(충격), 터무니없음(황당함), 어긋남(일탈)이 드러난다. 엮음 노래의 이런 말하기를 '**풍선 터뜨리기**'로 이름 붙일 수 있다.[2]

1) 홍글항글: 홍뚱항뚱. 어떤 일에 정신을 온전히 쓰지 아니하고 꾀를 부리거나 마음이 들떠 행동하는 모양.

2) 서양 노래의 하나인 소네트(sonnet)는 14줄로 되어 있는데, 셰익스피어(Shakespeare)의 소네트는 흔히 12줄의 문제(problems)와 2줄의 해결(solutions)의 틀로 되어 있다.

세상과 끊고 부처님의 길을 닦아야 하는 중이 한 아낙과 밤을 같이 보내는 일을 이야기하는 것부터가 어떤 도덕이나 규범 같은 것은 싹 다 집어던져 버리자는 뜻이 있다. 중을 나오게 해야 이야기가 더 재미있게 되고, 어떤 이와 밤을 지낸 즐거움을 자랑 삼아 떠드는 이를 여인으로 내세워야 더욱더 우스꽝스러워진다. 점잔빼고 삼가는 노래는 이제 그만하고 야한 이야기나 하면서 놀아 보자고 할 때 이런 노래를 짓고 즐기게 된다.

중을 우스꽝스럽게 만든 노래는 다음에도 나온다.

> 청울치 뉵ᄂᆞᆯ 메토리 신고 휘대 長衫 두루혀 메고
> 瀟湘斑竹 열 두 ᄆᆞ듸를 불흿재 ᄲᅢ쳐 집고 ᄆᆞ르 너머 재 너머 들 건너 벌 건너 靑山石逕으로 흿근누은 누은흿근 흿근동 너머가읍거늘 보온가 못 보오가 긔 우리 난편 禪師즁이
> ᄂᆞᆷ이셔 즁이라 ᄒᆞ여도 밤즁만 ᄒᆞ여셔 玉 ᄀᆞᆺ튼 가슴 우희 슈박 ᄀᆞᆺ튼 머리를 둥굴썰썰 썰썰둥굴 둥굴둥실 둥굴러 긔여 올라올 져긔ᄂᆞᆫ 내사 죠해 즁書房이
>
> 『청구영언(靑丘永言) 진본(珍本)』 577, #4792.1

> 청올치로 만든 육 날 미투리 신고 전대 장삼 둘러 메고
> 소상반죽 열두 마디를 뿌리째 빼어 짚고, 산마루 넘어 고개 넘어, 들 건너 벌 건너 청산 돌길로 희뜩누릇 누릇희뜩 희뜩 넘어 가시거늘, 보았나 못 보았나, 그 우리 남편 선사중이다
> 남이야 중이라 하여도 밤중쯤 되어서 옥 같은 가슴 위에 수박 같은 머리를 둥굴껄껄 껄껄둥글, 둥글러 기어 올라올 때에는 나야 좋아 중 서방이

남편이 중이라고 했으니, 비구니이거나 중과 바람을 피우고 있는 아낙이다. 중을 지아비로 두고 있다는 이야기부터가 우스꽝스럽다. 앞머리에

그런데 이 사이에 큰 어그러짐(imbalance)이 생기며 익살스러움을 자아내 바늘(pin)로 풍선(balloon)을 찌르는 효과를 보인다. Fussell, Paul(1979), *Poetic meter and poetic form*, New York : Random House, pp. 122~123.

서는 중 서방의 차림새를 요란하게 이야기하고 있다. 청올치(칡덩굴의 속 껍질)로 만든 여섯 날(육 날)의 미투리(삼이나 노로 짚신처럼 삼은 신)를 신고, 전대(휘대, 돈이나 물건을 넣어 허리에 매거나 어깨에 두르기 편하게 만든 자루)를 찬 장삼(長衫, 중의 웃옷)을 돌려 멨다. 소상반죽(瀟湘斑竹)[3]은 중국 소상강에서 나는 아롱무늬가 있는 대나무이다. 그 대나무의 열두 마디를 뿌리째 빼어 지팡이 삼아 짚고, 산마루를 넘고 고개를 넘고 들을 건너고 벌판을 건넌다. 푸른 돌길〔청산석경 靑山石逕〕로 흰빛과 누른빛이 뒤섞여 얼비치는 모습을 하고 넘어 가는 것을 보는가 못 보는가 하고 묻는다. 그렇게 멋진 사람이 우리 남편 선사(禪師)[4]라 한다. 남들이 중이라고 하며 사내구실 못한다고 여기지만 밤중만 되면 옥 같은 내 가슴 위에 수박 같은 머리를 둥글러 기어 올라올 때에는 나는 얼마나 좋은지 모른다고 하였다. 중 서방은 이 아낙을 밤마다 달갑게 해 주는 솜씨를 가졌다. 그래서 아낙은 중 서방과 함께하는 잠자리의 즐거움을 자랑하고 있다. 여러 시늉말들(흿근누은 누은흿근 흿근동, 둥굴썰썰 썰썰둥굴 둥굴둥실 둥굴러)은 없어도 될 말이지만 노래의 말가락과 재미를 위해서 집어넣었다.

世上衣服 手品制度 針線高下 허도 ᄒᆞ다

양 樓緋 두올 ᄯᅳ기 샹침ᄒᆞ기 ᄶᅡᆨ금질과 ᄉᆡ발스침 감침질에 반당침 ᄃᆡ올ᄯᅳ기

---

3) 소상반죽(瀟湘斑竹): 소상강(瀟湘江)에서 순(舜)임금의 두 부인 아황(娥皇)과 여영(女英)이 피눈물을 뿌리고 몸을 던져 자결하니 그곳에 대나무가 났는데, 두 부인의 피눈물 흔적이 대에 묻어 대나무가 얼룩이 져 있었다고 한다. 이 대를 무늬가 있는 대라 하여 '반죽(斑竹)'이라 한다. 장화(張華)의 『박물지(博物志)』, 「사보(史補)」에 "동정 호수 안에 있는 군산에, 요 임금의 두 딸이자 순임금의 두 왕비인 아황과 여영이 살고 있었는데, 이들을 상부인이라고 한다. 순임금이 죽자 두 왕비는 울어, 눈물을 대나무에 떨어뜨리니 대나무에 전부 반점이 생겼다(洞庭之山 堯之二女 舜之二妃居之 曰湘婦人 舜崩二妃啼 以涕揮竹盡斑)." 남영로(南永魯)의 『옥루몽(玉樓夢)』 5회에 "줄을 골라 한 곡을 연주하자 그 소리가 쓸쓸하고 처절하여 소상반죽에 성근 비가 떨어지는 것 같았다(調絃更奏一曲 其聲 簫瑟悽切 如落踈雨於瀟湘斑竹)."

4) 선사(禪師): 불교 선종(禪宗)에서, 참선하여 진리에 이른 스님. 중을 높여 부르는 말이기도 함.

긔 다 죠타 ᄒᆞ려니와

우리의 고은 님 一等才質 삿쓰고 박금질이 第一인가 ᄒᆞ노라

『청구영언(靑丘永言) 육당본(六堂本)』 861, #2665.1

세상 옷들 만드는 솜씨와 바느질 잘하고 못하기는 많고 많다

두 줄 누비 바느질, 두올 뜨기, 상침질과 깎음질과 새발 호는 바느질, 감침질에, 반당침으로 대올뜨기, 그것들 다 좋다 하려니와

우리의 고운 님 일등 솜씨는 사뜨기와 박음질이 가장 뛰어난가 하노라

온갖 바느질 솜씨를 초들고 있다. 세상 옷〔세상의복 世上衣服〕을 재고 마르고 신분에 맞게 짓는 솜씨〔수품제도 手品制度〕와 바느질 잘하고 못하는 솜씨〔침선고하 針線高下〕가 많고 많다. 두 줄로 누비는 바느질〔양누비 兩縷緋〕, 두 올로 뜨는 바느질(두올뜨기), 실밥이 겉으로 들어나게 꿰매는 바느질〔상침上針질〕, 깎음질, 새발 모양으로 호는 바느질(새발스침), 감치는 바느질(감침질), 박음질의 하나로 바늘을 넣은 구멍과 바늘을 빼낸 구멍의 중간에 바늘을 들이밀어 한 땀 앞에서 바늘을 빼내는 반땀침(반당침), 올을 크게 뜨는 바느질(대올뜨기) 따위의 여러 바느질 솜씨가 있어 이런 것들이 다 좋다 하지만, 우리 고운 님의 가장 훌륭한 바느질 솜씨〔일등재질 一等才質〕는 올이 풀리지 않도록 가장자리를 실로 감치는 '사뜨기'와 먼저 한 땀 뜨고 다시 한 땀을 바깥쪽에서 처음 땀 쪽으로 절반씩 되돌려 뜨는 바느질인 '박음질'이 가장 뛰어나다고 하였다. 다시 간추리면 여러 바느질이 있는데, 그 가운데 우리 님은 사뜨기와 박음질을 가장 잘한다고 이야기한 노래이다.

이 노래를 단순히 바느질 노래로 읽을 수는 있다. 그러면 이 노래의 말하는 이는 사내일 수도 있다. 한 사내가 지어미의 바느질 솜씨를 자랑하고 있는 노래가 된다. 그러나 이렇게 읽으면 싱거운 노래이다. 이 노래에 나오는 "삿쓰고 박금질"은 '사뜨기'와 '박음질'이라는 바느질을 가리키기도 하지만, '샅을 뜨고, 박음질 한다'는 뜻을 가지고 있기도 하다. 이렇게 되면 이 노래의 말하는 이는 아낙이 된다. 한 아낙이 지아비의 밤일 솜씨를 이

야기한 노래가 된다. 소리가 비슷한 말을 살려 써서 감추고 있는 속뜻을 묘하고 재치 있게 말하였다. 사내와 살을 섞는 사랑을 바느질에 빗대어 노래하였는데, 두 가지 뜻이 겹치는 말을 써서 넌지시 야한 말장난을 하고 있다.

이렇듯 흔히 엮음 노래에서 밤일 잘하는 사내나 연장(남근)이 좋은 사내를 바라는 아낙이 나온다. 힘없고 시원찮은 지아비는 필요 없으니 나를 만족시켜 줄 다른 사내를 아무나 불러들이기도 하고, 돈 많고 겉모습 멋있고, 아는 것 많은 사내보다는 밤일 잘하는 사내를 고르겠다고 하기도 한다. 이런 야한 말장난은 아낙의 목소리로 해야 더 우스꽝스럽기 때문이다.

> 高臺廣室 나ᄂᆞᆫ 마다 錦衣玉食 더옥 마다
>
> 銀金寶貨 奴婢田宅 비단치마 大段쟝옷 蜜羅珠 겻칼 紫芝 鄕織 져고리 ᄯᆞᆫ머리 石雄黃 오로 다 ᄭᅮᆷᄌᆞ리 ᄀᆞᆺ고
>
> 眞實로 나의 平生 願ᄒᆞ기ᄂᆞᆫ 말 ᄌᆞᆯ하고 글 ᄌᆞᆯᄒᆞ고 얼골 ᄀᆡ쟈ᄒᆞ고 품ᄌᆞ리 잘ᄒᆞᄂᆞᆫ 져믄 書房이로다
>
> 『청구영언(青丘永言) 진본(珍本)』 559, #266.1

> 크고 좋은 집 나는 싫다, 비단 옷 흰 쌀밥 더욱 싫다
>
> 금은보화 노비와 논밭과 집 비단치마 비단장옷 밀화주 장도 자줏빛 향직 저고리 딴머리 석웅황 모두 다 꿈만 같고
>
> 진실로 나의 평생 원하기는 말 잘하고 글 잘하고 얼굴 깨끗하고 잠자리 잘하는 젊은 서방이로다

크고 좋은 집〔고대광실 高臺廣室〕과 비단 옷과 흰 쌀밥〔금의옥식 錦衣玉食〕 같은 호화롭고 사치스러운 것은 나는 마다한다. 금이나 은 같은 매우 귀중한 물건〔은금보화 銀金寶貨〕, 계집 종과 사내종〔노비 奴婢〕, 논밭과 집〔전댁 田宅〕, 비단 치마, 대단(大緞) 장옷,[5] 밀화주(蜜花珠)로 꾸민 작은 칼〔밀나주蜜羅珠 겻칼〕,[6] 자줏빛 우리나라 천으로 만든〔자지향직 紫芝鄕織〕

저고리, 딴머리,[7] 석웅황(石雄黃)[8] 오롯이 다 꿈자리만 같으니 이런 헛된 것들은 다 싫다고 한다. 참말로 내가 평생 바라기는 말 잘하고 글 잘하고 얼굴 깨끗하고 잠자리 잘하는 젊은 서방이라고 한다.

이 노래의 말하는 이는 아직 시집가지 않은 아가씨로 보이는데, 다른 것보다도 잘생기고 밤일 잘하는 젊은 사내가 내 짝이 되었으면 좋겠다고 노래한다. 많은 물질이나 재산, 좋은 집이나 옷, 노리개, 장신구보다도 나를 즐겁게 해주는 사내, 나에게 잘해주는 사내가 내가 바라는 짝이다. 더욱이 여성이 '잠자리 잘하는 젊은 서방'을 바란다고 대놓고 말하고 있어 웃음을 자아낸다.

> 石崇의 累鉅萬財와 杜牧之의 橘滿車風采라도
> 밤일을 홀 저긔 제 연장 零星ᄒᆞ면 쑴자리만 자리라 긔 무서시 貴홀소냐
> 貧寒코 風度ㅣ 埋沒홀지라도 졔 거시 무즑ᄒᆞ여 내 것과 如合符節곳 ᄒᆞ면 긔 내 님인가 ᄒᆞ노라
>
> 『청구영언(青丘永言) 진본(珍本)』 546, #2541.1

> 석숭의 많은 재산과 두목지의 귤 선물 받은 풍채라도
> 밤일을 할 때에 제 연장 하찮으면 꿈만 꿀 것이니, 그 무엇이 귀할쏘냐
> 가난하고 풍채가 없을지라도 제 것이 묵직하여 내 것과 딱 맞기만 하면 그가 내 님인가 하노라

석숭(石崇)[9]이 가지고 있는 매우 많은 재산〔누거만재 累鉅萬財〕과 귤을

---

5) 대단(大緞) 장옷: 대단은 중국에서 나는 비단. 장옷은 옛날에 여자가 나들이할 때 얼굴을 가리려고 머리에서부터 길게 내려쓰던 옷.

6) 밀나주(蜜羅珠) 겻칼: 노리개로 차는, 밀화 구슬로 꾸민 곁칼. 밀화(蜜花)는 밀랍 같은 누런빛이 나고 젖송이 같은 무늬가 있는 호박(琥珀).

7) 딴머리: 여자의 밑머리에 덧대어 얹는 머리털.

8) 석웅황(石雄黃): 누른 빛깔의 광물로 물감이나 화약을 만드는 데 쓴다. 여기서는 노랗게 물들인 댕기의 뜻인 듯.

수레에 가득 채운〔귤만거 橘滿車〕 두목지(杜牧之)의 잘난 풍채(風采)라도,[10] 밤일을 할 때 제 연장이 보잘것없으면〔영성零星하면〕 꿈자리만 잘 것이라고 했다. 곧 아무리 많은 재산이 있고 아무리 잘나고 좋은 겉모습을 지녔더라도 연장(남근)이 시원찮으면 밤에 꿈만 꿀 것이라는 말이다.[11] 그러면서 그 무엇이 귀하겠는가? 하고 물었다. 가난하고〔빈한貧코〕 풍채와 태도〔풍도 風度〕가 하나도 없을지라도〔매몰埋沒할지라도〕, 저 사람의 것(곧 연장)이 묵직하여 내 것과 부절[12]을 합친 듯이 딱 들어맞기만 하면〔여합부절如合符節곳 하면〕, 그 사람이 참으로 내 님이라고 하였다. 돈 많고 잘난 것 다 쓸데없고, 연장이 나하고 맞아 속궁합이 좋으면 된다고 노래했다. 사내의 연장은 묵직하여야 하고 또 잠자리에서 나를 만족시켜 줄 수 있어야 한다는 말이다.

석숭(石崇)이 같이 재물을 많이 가진 부자나 두목(杜牧)과 같이 잘생긴 사내보다도 밤일 할 때 나와 꼭 들어맞아 잠자리를 즐겁게 해주는 사내가 진정한 내 님이라고 말하고 있다. 사내가 갖추어야 할 것 가운데 나에게 들어맞는 좋은 연장이 가장 중요하다고 이르고 있다.[13] 노랫말의 겉만

---

9) 석숭(石崇): 중국 진(晋)나라 때 발해(渤海) 남피(南皮) 사람으로 큰 부자이며 문장가, 항해와 무역으로 돈을 벌어 그 부귀와 영화로움이 비길 데가 없었다고 한다. 부자를 빗대는 말로도 쓴다. 땔나무 대신 촛불을 쓰고 50리나 되는 비단의 장막을 만들 만큼 낭비 버릇이 심했다고 한다. 권신 사마소(司馬昭)와 가까운 왕개(王愷)와 부를 다투었으나 왕개가 항상 졌다고 한다. '팔왕(八王)의 난(亂)' 때 조왕(趙王) 사마륜(司馬倫)이 그를 죽였다.

10) 귤만거(橘滿車)는 '취과양주귤만거(醉過揚洲橘滿車)'에서 나온 말로, 술 취해 양주 거리를 지나면 기녀들이 던진 귤로 수레가 한가득이었다는 뜻이다. 두목(杜牧, 당唐 803~853)은 시인으로도 유명하지만 미남으로도 더욱 널리 알려져 있다. 그는 승상 우승유(牛僧儒)를 따라 양주에서 일했는데, 종종 기생집을 드나들어 기생들 사이에 이름이 높았다. 얼마나 인기가 높았던지 그가 술에 취하여 양주 거리를 지나가면 그를 사랑하는 기생들이 사랑의 표시로 귤을 던져 그 귤이 그가 탄 수레를 금세 가득 채웠다고 한다.

11) '꿈자리만 자리라'를 '꿈속에서만 잘 것이다'로 풀기도 한다.

12) 부절(符節): 돌이나 대나무, 옥 따위로 만든 물건에 글자를 새겨 다른 사람과 나눠 가졌다가 나중에 다시 맞추어 증거로 삼는 물건.

13) 김형철은 이 노래의 내용과 글투(문체)로 보아 지은이는 틀림없이 남성이라고 하였

보면 말하는 이는 매우 밝히는 아낙이다.

> 밋남진 그 놈 紫驄 벙거지 쁜 놈 소ᄃᆡ書房 그놈은 삿 벙거지 쁜 놈 그 놈
> 밋남진 그 놈 紫驄 벙거지 쁜 놈은 다 뷘 논에 졍어이로되
> 밤中만 삿 벙거지 쓴 놈 보면 실별 본 듯 ᄒᆞ여라
>
> 『청구영언(青丘永言) 육당본(六堂本)』 830, #1763.1

> 본남편 그놈은 자총 벙거지를 쓴 놈이고, 샛서방 그놈은 삿갓 벙거지를 쓴 그놈인데
> 본남편 그놈 자줏빛 벙거지를 쓴 놈은 다 빈 논에 허수아비로되
> 밤중만 삿갓 벙거지 쓴 놈 보면 샛별 본 듯하여라

본남편(밑남편) 그놈은 자줏빛 말총〔자총 紫驄〕 벙거지를 쓴 놈이고, 샛서방〔소대서방 書房〕 그놈은 삿갓 벙거지를 쓴 놈이다. 본남편이 쓴 벙거지가 샛서방이 쓴 벙거지보다 보기에는 멋있다. 그런데 자줏빛 벙거지를 쓴 밑남편 그놈은 다 빈 논에 허수아비 같은 놈이다. 빈 논에 허수아비는 아무 쓸모가 없다. 지아비는 나를 달갑게 해주지 못하고 있다. 한편 삿갓 벙거지 쓴 놈, 곧 샛서방은 밤중만 되면 샛별 본 듯이 반갑다고 한 것으로 보아 밤에 나를 흐뭇하게 해주는 사내이다.

이 노래에 나오는 벙거지는 남근을 가리키기도 한다. 이 노래의 아낙은 본남편(밑남진)과 샛서방(소대서방)을 견주면서, 자총 벙거지 같은 연장을 가진 본남편은 가을걷이가 끝난 뒤 허수아비처럼 쓸모가 없는데, 삿 벙거지 같은 연장을 가진 샛서방은 샛별 본 듯 새롭고 반갑다고 생각한다. 아낙은 지아비와 다른 사내의 연장을 견주고 값매김하면서 저를 더 즐겁게

다. 김형철(2005), 「조선시대 애정시조 연구」, 전남대학교 박사학위논문, 126쪽. 곧 남성이 자기네들끼리 웃고 즐기기 위해서 여성이 말하는 것처럼 노래를 만들어놓고, 야한 말장난을 했다고 보았다. 얼마든지 그렇게 생각할 수 있다. 아니면 여성들 가운데 기녀는 선비나 소리꾼(가객)만큼이나 글재주가 있었기 때문에 기녀가 술자리나 놀이마당에서 잔치의 홍을 위해서 지었다고 볼 수도 있다.

해주는 샛서방을 찾고 바란다. 대놓고 다른 사내를 찾는 바람피우는 아낙이나, 웃기 위해 만들어낸 아낙일 수 있다. 그러면 이 노래는 '내 노래'가 아니고 '거짓으로 꾸며 만든 이의 노래'가 된다.

밋난편 廣州ㅣ ᄡᆞ리뷔 쟝ᄉᆞ 쇼대난편 朔寧 닛븨 쟝ᄉᆞ

눈경에 거론 님은 ᄯᅮᄯᅡᆨ ᄯᅮ두려 방망치 쟝ᄉᆞ 돌호로 가마 홍도ᄭᅢ 쟝ᄉᆞ 뷩뷩 도라 물레 쟝ᄉᆞ 우물젼에 치ᄃᆞ라 ᄀᆞᆫ댕ᄀᆞᆫ댕 ᄒᆞ다가 워렁충창 풍 ᄲᅢ져 물 ᄃᆞᆷ복 ᄯᅥ내ᄂᆞᆫ 드레곡지 쟝ᄉᆞ

어듸 가 이 얼골 가지고 죠릐 쟝ᄉᆞ를 못 어드리

『청구영언(青丘永言) 진본(珍本)』 565, #1762.1

본남편 광주 싸리비 장사, 샛서방 삭녕 잇비 장사

눈빛으로 관계 맺은 님은 뚝딱 두드려 방망이 장사, 도르르 감아 홍두깨 장사, 빙빙 돌아 물레 장사, 우물가에 급히 달려가 간댕간댕하다가 워렁충창 풍 빠져 물 담뿍 떠내는 두레박 장사

어디 가 이 얼굴 가지고 조리 장사를 못 얻으랴

이 노래에서 아낙이 사귀고 있는 사내가 여럿이다. 본남편(밑남편)은 광주(廣州) 싸리비 장사이다. 샛서방(소대남편)은 삭령(朔寧) 잇비(벼의 짚으로 만든 빗자루) 장사이고, 눈 살짝 감고 꼬여낸 님은 방망이 장사, 홍두깨 장사, 물레 장사, 드레꼭지(두레박) 장사이다. "눈경에 거론님"은 눈으로 정을 주고받은 님으로 아직 샛서방으로 삼지는 못했지만 곧 샛서방이 될 수 있는 이들이다. 여기에 나오는 장사치들을 재미있게 말하려고 시늉말을 말가락으로 썼다. 방망이 장사 앞에는 '뚝딱 뚜드려', 홍두깨 장사 앞에는 '도르르 감아', 물레 장사 앞에는 '빙빙 돌아'라는 꾸밈말을 썼다. 또 드레꼭지(두레박) 장사 앞에는 '간당간당'하다가 '워렁충창'이라는 시늉말로 두레박이 물에 폭 빠지는 모습을 그렸다. 이렇듯 아낙의 애인이 모두 다섯이나 된다.

이 노래는 자세히 들여다보면 밤일 잘하는 사내들의 장기를 말하고 있다. 본남편은 싸리비처럼 거칠기만 한데, 샛서방은 잇비처럼 부드럽다. 또 아낙이 꼬여낸 남정네들은 뚝딱 두드리는 방망이, 도르르 감는 홍두깨, 빙빙 도는 물레처럼 온갖 재주를 부려 아낙을 만족시켜 준다. 그 가운데 가장 뛰어난 솜씨를 가진 사내는 드레꼭지 장사인데, 이 사내는 우물 앞에 치달아서는 떨어질 듯 떨어질 듯 간댕간댕하다가 워렁충창 풍, 우물에 빠져서는 물을 담뿍 떠내는 재주를 가졌다. 우물이 여성의 은밀한 곳을 상징한다면 이런 말들은 모두 야한 말(음사 淫辭)이 된다.

그런데 아낙은 마지막에 가서 세상에서 자신이 가장 예쁜 줄 알고, 이 얼굴 정도라면 어디 가서 조리 장사를 얻지 못하겠느냐고 큰소리친다. 이 마지막 말을 어떻게 풀이하느냐에 따라 노래가 담고 있는 뜻이 조금 달라진다. 조리 장사가 밤일 잘할 것 같은 드레꼭지 장사보다도 한 수 위라고 풀 수도 있다. 그러면 이 조리 장사는 어떤 재주를 부릴 수 있는지는 모르지만 나를 즐겁게 해주기는 이 조리 장사를 따를 사내가 없다는 것을 말하고 있다. 한편 쌀을 이는 때 쓰는 조리는 대오리나 싸리를 엮어 만들기 때문에 그 생김새가 곰보같이 얼금얼금하다. 그러니 조리 장사는 곰보 얼굴을 한 사내일 수 있다. 그러면 마지막에 한 말은 이만한 얼굴 가지고 곰보 사내를 못 얻겠느냐는 말이 된다. 여러 훌륭한 사내들과 관계를 맺을 수 있는 얼굴을 가졌으니 어디를 가더라도 곰보 사내쯤은 넉넉히 꼬여낼 수 있다는 뜻이 된다.

술이라 ᄒᆞ면 ᄆᆞᆯ 믈 혀 듯 ᄒᆞ고 飮食이라 ᄒᆞ면 헌 ᄆᆞᆯ 등에 셔리황 다앗듯
兩水腫 다리 잡조지 팔에 할ᄀᆡ눈 안ᄑᆞᆺ 쎱장이 고쟈 남진을 만셕듕이라 안쳐 두고 보랴
囪밧긔 통메 장ᄉᆞ 네나 ᄌᆞ고 니거라

『병와가곡집(甁窩歌曲集)』 1062, #2866.1

술이라 하면 말이 물 켜듯하고 음식이라 하면 헌 말 등에 석유황 닿듯 하고

부은 두 다리 잡좆이 팔에 흑보기 눈 안팎곱사등이 고자 남편을 망석중이라 앉혀두고 보겠는가

창밖의 통메장사 너나 자고 가거라

지아비라고 하는 이는 참으로 시원찮고 쓸모가 없다고 이르고 있다. 술이라면 말이 물을 핥아 마시듯 한없이 마셔 대고 음식은 상처 난 말 등에 석유황(石硫黃)을 댄 듯 먹지 않는다.[14] 술에 찌든 비실비실한 사내이다. 그런데다 두 다리는 붓고〔양수종兩水腫 다리〕 팔은 쟁기의 잡좆같이 짧으며(잡조지팔)[15] 한쪽으로 흘기는 눈에다 안팎곱사등이인 고자인 사내이다. 이런 사내를 망석중이(나무로 만든 꼭두각시)라 앉혀두고 보겠느냐며 푸념하고 느닷없이 창밖에 통메장사(통을 메우라고 하는 물통 땜질하는 장사)를 불러 '네나 자고 가거라' 하고 말하고 있다.[16] 내 사내는 몸도 약하고 밤일도 못하는 고자이니 너나 나를 좀 밤에 즐겁게 해달라고 하고 있다. 홧김에 하는 말일 수도 있지만 힘없고 사내구실도 제대로 못하는 남편에게 실망한 아낙이 장사치를 불러 남편 대신 내 사내가 되어 달라고

14) 조선 때 짐을 옮기는 데 썼던 말은 사람들이 자주 부려 등이 허는 피부병이 많았다고 한다. 이때 석유황을 등에 바르는데, 살갗에 큰 자극을 주어 말이 놀라고 뛰는 일이 있다고 한다. 남편이 음식 먹기 싫어하는 버릇을 말의 이런 행동에 빗대어 말하였다. 김홍규(2015), 『사설시조의 세계-범속한 삶의 만인보』, 세창출판사, 194쪽. 그러나 조동일은 음식이라고 하면 헌 말에 생기가 돌게 하는 약재 석류황이 닿은 듯이 반가워 한다는 뜻으로 풀었다. 곧 술을 잘 마시고 음식도 좋아하는 원기 왕성한 남편이라고 보았다. 조동일(2017), 『시조의 넓이와 깊이』, 푸른사상, 281쪽. 이렇게 풀면 이 노래에 나오는 사내는 술이나 음식은 잘 먹으면서도 생김새는 볼품없고 밤일 못하는 미운 지아비이다.

15) 잡좆은 쟁깃술 가운데에 박은 나무로 쟁기를 들거나 뒤로 물릴 때에 이것을 잡아 쳐든다. 한편 '잡'을 쓸데없다는 뜻을 지닌 앞가지(접두사)로 보고 '조지'를 사내의 연장으로 본다면, '잡조지'는 '아무 쓸모없는 사내의 연장'이라는 뜻을 지니게 된다. 곧 고자 남편의 연장은 이렇게 쓸모가 없다는 농익은 말장난이 숨어 있다. 이영태(2018), 『프로이트의 농담 이론과 시조의 허튼 소리』, 채륜, 81쪽.

16) 조동일은 '자고'가 아니고 '지고'로 해야 말이 통한다고 보았다. 곧 '네나 자고 가거라'가 아니고 '네가 지고 가거라'로 천덕꾸러기 같이 미운 남편 녀석을 장사더러 통을 지고 가듯이 지고 가라는 말로 풀었다. 조동일(2017), 앞의 책, 281쪽.

한다. 못난 지아비를 둔 아낙이 장사치라도 불러 욕구를 풀어 보겠다는 우스꽝스럽게 꾸민 이야기로, 한바탕 크게 웃어 보자고 지은 노래일 수 있다.

하지만 김흥규는 이 노래 마지막에서 아낙이 하는 말이 홧김에 하는 말일 수도 있지만, 진담이 되기도 한다고 하였다. 그리고 엮음 노래의 이러한 짓궂은 말하기를 단지 웃고 즐기기 위한 것으로 생각해서는 안 되고, 웃음 속에서 사람살이의 여러 가지 탐욕, 어리석음, 잘못과 갖가지 얽힌 사건을 날카롭게 보여주고 있음을 읽어야 한다고 말한다. 이렇게 엮음 노래를 읽게 되면, 이 노래는 숱한 날들을 궂은일에 시달리면서 밤이면 한숨 쉬며 뒤척이던 어느 아낙이 그나마 지아비가 사내구실이라도 하면 어느 정도 고단함을 이길 수 있겠으나, 그것도 할 수 없는 힘겨운 삶을 푸념한 노래로 볼 수 있다.[17)]

다음 노래는 내가 바라는 사내의 연장 모습을 자세하게 그리고 있어 낯뜨겁기까지 하다.

白華山 上上頭에 落落長松 휘여진 柯枝 우희
부헝 放氣 쒼 殊常ᄒᆞᆫ 옹도라지 길쭉 넙쭉 어틀머틀 믜뭉슈로 ᄒᆞ거라 말고 님의 연장 그러코라쟈
眞實로 그러곳 홀쟉시면 벗고 굴물진들 셩이 므슴 가싀리.

『청구영언(青丘永言) 진본(珍本)』 545, #1941.1

백화산 꼭대기에 낙락장송 휘어진 가지 위에
부엉이 방귀 뀐 수상한 혹 길쭉 넓쭉 우툴두툴 뭉글뭉글하지 말고 님의 연장이 그랬으면
진실로 그러기만 할 것이면 벗고 굶은들 무슨 성가실 일 있으랴

백화산(白華山)은 충청북도 괴산군의 연풍면과 경상북도 문경시의 마성면 경계에 있는 산이라고 한다.[18)] 이 산의 꼭대기에 가지가 길게 축축

17) 김흥규(2015), 앞의 책, 194~195쪽.

늘어진 키가 큰 소나무[낙락장송 落落長松] 가지 위에, 부엉이 방귀[19]처럼 여느 것과는 다른[수상殊常한] 소나무 혹(옹도라지)[20]이 있는데, 길쭉하고 넓적하고 우툴두툴하고 뭉글뭉글한 혹이 있다. 그런데 혹이 그런 모습을 하고 있다고 하지 말고, 님의 연장, 곧 남근이 그런 모습을 했으면 좋겠다고 한다. 님의 연장이 그 소나무 혹처럼 길고 넓고 울퉁불퉁 뭉글뭉글하면 좋겠다는 말이다. 님이 이런 연장으로 잠자리에서 나를 즐겁게 해준다면 벗고 굶주리더라도 무슨 성가신 일이 있겠느냐고 하였다. 다른 일 때문에 삶이 좀 힘들어도 연장 좋은 님이 있으면 된다는 말이다.

다음 노래는 엮음 노래 가운데서도 그 낯뜨거운 정도가 아주 심한 노래이다.

간밤의 ᄌᆞ고 간 그놈 암아도 못 니즐다

瓦冶ㅅ놈의 아들인지 즌흙에 ᄲᅩᆷᄂᆡ듯시 두더쥐 佾息인지 국국기 뒤지듯시 沙工의 成佾인지 沙御ᄯᅢ 질으듯시 平生에 처음이오 凶症이도 야르제라

前後에 나도 무던이 격거시되 참 盟誓 간밤 그놈은 참아 못 니즐ᄭᆞ ᄒᆞ노라

- 이정보(李鼎輔), 『해동가요(海東歌謠) 주씨본(周氏本)』 383, #92.1

간밤에 자고 간 그놈 아마도 못 잊겠구나

기와 굽는 놈의 아들인지 진흙에 우쭐대듯이, 두더지 자식인지 샅샅이 뒤지듯이, 사공의 자란 하인인지 상앗대로 지르듯이 평생에 처음이요, 음흉하고 험상궂음도 야릇해라

전후에 나도 무던히 겪었으되, 참 맹서치, 간밤 그놈은 차마 못 잊을까 하노라

간밤에 자고 간 사내를 '그놈'이라고 해서 말을 거침없이 하는 여인이 나온다. 그 사내가 간밤에 얼마나 달갑게 해 주었던지 잊지 못하겠다고

---

18) 김천택 엮음, 권순회·이상원·신경숙 주해(2017), 『청구영언』, 국립한글박물관, 313쪽.
19) 부엉이 방귀: 소나무 혹병으로 소나무 가지나 줄기에 생긴 큰 혹이다.
20) 옹도라지: 옹두리. 나무의 가지가 떨어지거나 상한 자리에 결이 맺혀 불퉁해진 것.

했다. 그리고 그 사내의 솜씨를 여러 가지로 빗대어 말하는데, 낯 뜨겁게 다 드러내놓고 이야기한다. 기와 굽는 사람(와야 瓦冶)의 아들인지 진흙에서 뽐내듯 한다고 했는데, 진흙은 여인의 은밀한 곳을 가리킨다. 기와 굽는 이가 진흙을 잘 알고 잘 다루듯이 여인의 그곳을 잘 다룬다는 뜻이다. 두더지 자식(영식 令息)인지 샅샅이 뒤지듯이 한다고 했다. 또 사공(沙工)의 다 자란 아이(성령 成伶)인지 상앗대(사어대沙御대) 지르듯이 한다고 했다. 여인과 함께하는 잠자리에서 여인을 흐뭇하게 해주는 것을 이렇게 빗대어 말했다. 이렇게 나를 즐겁게 해주니 평생(平生)에 처음이요, 음흉하고 험상궂기도(흉증 凶症) 하고 야릇하다고 했다. 지난날에도 다른 사내와 잠자리를 무던히 겪었지만 참말로 맹세(맹서 盟誓)하지만 간밤 그놈은 차마 못 잊을 것 같다고 하였다.

이정보 노래에 나오는 여인은 이렇듯 잠자리의 즐거움을 거침없이 드러내놓고 말하고 있다. 남자가 잠자리에서 보이는 솜씨가 뛰어남을 말하고 있는데, 기왓장이가 진흙을 이기듯이, 두더지가 땅 속 곳곳을 뒤지듯이, 노련한 사공이 상앗대로 바닥을 질러 배를 밀어가듯이 한다는 말에 빗대었다. 끝에 나오는 '전후(前後)에 나도 무던히 겪었으되'라는 말로 보아 이 여인은 청루(靑樓)의 여자로 보인다.[21] 이 노래의 말하는 이는 겉으로만 놓고 본다면 그때 사회규범이나 제도에서 꺼리는 일을 힘차게 무너뜨리고 자신의 육체적 욕망을 스스럼없이 말하고 있는 여인이다.

이 노래의 지은이가 정말 이정보인가에 대해 생각하게 되면[22] 이 노래

21) 박노준(1998), 「사설시조와 애로티시즘」, 『한국시가연구』 3호, 한국시가학회, 350쪽.

22) 이정보가 틀에서 벗어나고자 하고 노는 풍류객 노릇을 하더라도 스스로를 여자로 바꾸어놓고 그 정도로 심한 수작을 했을 수는 없다면서, 아주 깜짝 놀랄 노래를 이정보에게 갖다 붙여놓아 더욱 흥미롭게 만들었다고 보는 생각이 많다. 조윤제(1954), 『한국시가사강』, 을유문화사, 365쪽; 조동일(2005), 『한국문학통사3』(제4판), 지식산업사, 326쪽; 진동혁(1980), 「이정보연구」, 국어국문학회 엮음, 『시조문학연구』, 정음사, 341쪽. 이와 달리 김학성은 이정보가 경화사족(京華士族)으로 엮음 노래(사설시조)를 힘껏 짓고 즐겼기 때문에 이정보의 노래로 보았다. 김학성(2004), 『한국시가의 담론과 미학』, 보고사, 158~159쪽.

가 지니는 웃음의 효과는 더욱 커진다. "흔히 사회 통념을 따르는 내용을 노래하는 엮음 노래(사설시조, 장형시조)는 지은이의 이름을 밝히지만, 본능의 참모습을 내보이는 노래는 이름을 밝히지 않는다. 왜냐하면 잔치 자리나 분위기에 따라 말할 수 있었던 야한 말장난이 일단 그 자리를 떠나면 다시 감추어야 할 내용이 되기 때문이다."[23] 그렇다면 이 노래의 지은이는 이정보가 아니라 뒷날 사람들이나 노래책을 엮은이들이 지은이를 이정보라고 적어서 전하게 되었다고 할 수 있다. 장난꾼들이 충의나 유가의 철학을 사람이 지켜야 할 도리로 삼는 선비나 벼슬아치를 야한 노래의 지은이로 적어 노래를 듣거나 읽는 이들을 더 크게 웃게 만들려고 했다고 볼 수 있다.

다음 노래에는 지아비가 밤마다 잠자리에서 힘들게 한다는 아낙의 볼멘소리가 나온다.

> 얽고 검고 ᄏᆡ 큰 구레나롯 그것조차 길고 넓다
> 쟘지 아닌 놈 밤마다 ᄇᆡ에 올라 죠고만 구멍에 큰 연장 너허 두고 흘근할적 ᄒᆞᆯ 제ᄂᆞᆫ 愛情은ᄏᆞ니와 泰山이 덥누로ᄂᆞᆫ 듯 ᄌᆞᆫ放氣 소릐에 졋 먹던 힘이 다 쓰이노ᄂᆡ라
> 아므나 이 놈을 ᄃᆞ려다가 百年同住ᄒᆞ고 永永 아니 온들 어느 개ᄯᆞᆯ년이 ᄉᆡ앗새옴 ᄒᆞ리오

『청구영언(青丘永言) 진본(珍本)』 569, #3284.1

> 얽고 검고 키 큰 구레나룻 그것조차 길고 넓다
> 젊지 않은 놈이 밤마다 배에 올라 조그만 구멍에 큰 연장 넣어 두고 흘근흘근할 때는 애정은 말할 것도 없거니와 큰 산이 덮어 누르는 듯 잔방귀 소리에 젖 먹던 힘이 다 쓰이는구나
> 아무나 이놈을 데려다가 한평생 함께 살고 영영 아니 온들 어느 개딸년이 첩 시샘하리오

---

23) 김대행(1991), 『시가시학연구』, 이화여자대학교출판부, 392~393쪽.

이 노래의 아낙도 잠자리에서 겪은 일을 대놓고 이야기하고 있다. "싀앗 새옴"[24]이라는 말로 보아 노래에 나오는 사내는 아낙의 지아비임을 알 수 있다. 노래의 시작부터 제 남편의 생김새를 그리는데 얼굴이 얽고 살갗 빛은 검고 키가 크고 구레나룻[25]이 난 사람이다. 남편의 얼굴과 겉모습에 별로 호감을 갖고 있지 않는 것 같다. '그것조차 길고 넓다'고 해서 남편의 연장은 튼실하다고 이른다. 젊지 않고[26] 나이는 들었지만 밤일하는 힘이나 솜씨는 젊은 사내보다 낫다. 이런 사내를 지아비로 둔 아낙이니 밤마다 성적 욕망을 채워주느라 '젖 먹던 힘이 다 쓰인다.' 그런데 '애정은커니와'라는 말을 보면 "옛말(중세국어)에서 '-ᄏ니와'는 '-커녕'의 부정의 뜻과 함께 '말할 것도 없이'의 긍정의 뜻도 같이 지니기 때문에 '젖먹던 힘 다 쓰'는 상황이 반드시 괴롭기보다는 그 반대일 수가 있다."[27] 다시 말해 이 노래는 겉으로는 밤마다 저를 힘들게 하는 지아비가 지긋지긋하다고 말하고 있으나, 속뜻은 자신을 늘 녹초로 만들어 버릴 만큼 정력이 센 남편을 은근히 자랑하고 있는 노래이다. 마지막에 이 사내의 정력을 당해낼 수 없으니 다른 이가 데려가도 시샘하지 않겠다고 하는 아낙의 말은 큰 웃음을 터뜨리게 한다.

---

24) "싀앗 새옴"은 본부인이 첩을 시샘하는 것이다. "싀앗"은 '시앗'으로 남편의 첩을 일컫는다.

25) 노랫말에 나오는 "구레나룻"을 남자 성기 주변에 난 털을 가리킨다고 보기도 한다. 김용찬(2001), 『교주 병와가곡집』, 월인, 427쪽.

26) "쟘지 아닌"을 '젊지 않은'으로 풀지 않고 남자 아이의 성기 '잠지'를 가리키는 것으로 보고 '잠지 아닌 놈' 곧, '아이의 성기가 아닌 어른의 성기'로 풀기도 한다. 조세형(2003), 「사설시조의 중층성과 욕망의 언어」, 『한국고전여성문학연구』 7, 한국고전여성문학회, 115쪽.

27) 조세형(2003), 위의 글, 115쪽; 김상진(2014), 「시조에 나타난 아니마와 아니무스의 형상」, 『국제어문』 제62집, 국제어문학회, 215쪽. 박애경은 이 노래의 말하는 이를 실제 여성으로 보고 성적 수세에 놓일 수밖에 없는 여성의 진지한 고발로 읽었다. 박애경(2000), 「사설시조의 여성화자와 여성 섹슈얼리티」, 『여성문학연구』 3집, 한국여성문학회, 99쪽.

여기서 잠깐 엮음 노래에 나오는 여성의 목소리에 대해 생각해 보자. 엮음 노래의 여성 목소리를 연구한 글들은 엮음 노래에 나오는 여성의 성격을 밝히면서 남성의 도구 노릇이나 남성들의 욕망이나 즐거움을 위해 불러들인 문학 장치라는 견해가 있다.[28] 이런 연구들은 흔히 '타자성'[29]이라 하여 여성 스스로가 주체가 되지 못하고 남성들이 왜곡한 여성이며 대상화된 타자의 여성이라고 말하고 있다. 이와 달리 엮음 노래의 여성 목소리를 여성의 욕망과 본능을 자유롭게 표현했다는 견해도 있고,[30] 그와 상관없이 놀이의 즐거움을 위해 선택한 시의 화자(話者)라는 견해들이 있다.[31] 한편 엮음 노래의 여성 목소리의 성격을 살필 때, 지은 이와 말하는 이가 같고 다른지를 파고드는 것보다 시에서 표현하고 있는 이야기의 내용이 무엇을 겨냥하는지를 찾는 것이 더 중요하다고 한 견해도 있다.[32]

엮음 노래에 나오는 여성 목소리를 들어 보면, 어떻게 여자가 이런 말을 대놓고 할 수 있느냐고 물을지 모르겠으나 이것은 어디까지나 말하는 이를 일부러 여인으로 내세워서 더 큰 웃음을 만들려고 한 생각에서 나왔다고 할 수 있다. 엮음 노래에는 앞에서 살펴보았듯이 밝히는 여자가 많이 나온다. 그 가운데는 우스꽝스러움을 위해 만들어낸 거짓 인물이 많다.

---

28) 박애경(2000), 위의 글, 113쪽.

29) '타자성(Other)'은 시몬느 드 보부아르(Simone de Beauvoir)가 쓴 말로, 여성은 남성에 의해 규정되고 구별되어지는 존재로 부차적이고 비본질적인 특성을 지니게 되므로, 남성이 주체이고 절대적인 존재인 것과 반대로 타자성을 띠게 된다고 하였다. Beauvoir, Simone de(1908), tr. and ed. by Parshley, H. M.(1952), *The Second Sex*, New York: Vintage Books. p. xix.

30) 김흥규(2003), 「사설시조의 애욕과 성적 모티프에 대한 조명」, 『한국시가연구』 제13집, 한국시가학회; 박상영(2014), 「사설시조 속 여성 형상의 제시 양상과 그 의미」, 『시조학논총』 제40집, 한국시조학회.

31) 박노준(1998), 앞의 글; 류수열(2000), 「놀이로 본 사설시조의 애로티시즘」, 『선청어문』 28집, 서울대학교 국어교육과.

32) 이형대(2000), 「사설시조와 여성주의적 독법」, 『시조학논총』 제16집, 한국시조학회, 423쪽.

이런 낯뜨겁고 야한 이야기를 여성의 입으로 말하게 만들어 더 크게 웃어 보자는 뜻이다. 그러니 이런 노래들에서 여성의 삶이나 여성이 바라는 것을 살피고 들여다볼 수 있다는 생각은 아주 틀렸다고는 할 수 없으나 조금 문제가 있다. 이런 노래들의 말하는 이는 진짜 여성의 목소리라기보다는 꾸며낸 '**가짜 여성의 목소리**'가 많기 때문이다.

걸쭉한 잠자리 이야기의 엮음 노래는 말하는 이가 남성인 때보다 여성인 때가 더 낯뜨거울 때가 많다. 박노준은 이런 엮음 노래에서는 말하는 이가 여성일 때 더 위력을 보일 수 있다고 보았다. 여성을 밝히는 이로 바꿔놓고 윤리를 집어던지고 색기 넘치는 말과 행동을 지나치게 하게 하면 지은이도 야릇한 성적 쾌감에 빠지고, 노래를 듣는 남성들도 흥분에 사로잡히게 된다. 이렇게 되는 까닭은 말하는 이가 여성이라야 그 걸쭉한 입이 효과를 거두기에 알맞기 때문이라고 하였다.[33] 똑같이 성적 욕망을 노래하더라도 남성의 목소리로 말할 때보다 여성의 목소리로 말할 때 음란함의 정도가 훨씬 높아진다.[34]

조선 시대 때 여성은 조신하고 정숙하게 말하고 행동해야 한다는 강요를 받고 살아야 했다. 그때는 남성 중심 사회이고 여성은 남성에 종속되거나 지배된 사회였기 때문이다.[35] 그런 여성들이 엮음 노래에 보이는 것처럼 낯뜨거운 야한 이야기를 스스럼없이 하는 것은 엄청나게 놀라운 일이다. 조신하고 얌전해야 하는 여성이 질탕한 성적 놀이나 장난을 노래하면 그 틀깨기의 효과가 더욱 커지게 된다. 우리는 나날의 삶에서 그렇게 말하고 행동하지 않을 것 같은 사람이 예상치도 않은 말과 행동을 할 때 더욱 놀라게 되는데, 이런 이치와 같다.

일반적으로 "여자는 수줍어하면서 (인간성의 근본인) 금기를 지킨다."[36]

---

33) 박노준(1998), 앞의 글, 366쪽.

34) 김상진(2014), 앞의 글, 213쪽.

35) Deuchler, Martina(1992), *The Confucian Transformation of Korea*, Cambridge: Harvard University Press, p. 231.

36) Bataille, Georges, *L'erotisme*, 조한경 옮김(1993), 『에로티시즘』, 민음사, 148쪽.

읽는 이는 수줍어하는 여성의 인상을 지니게 되는데, 이러한 상식의 인상이 깨어질 때 혼돈을 겪고 이 혼돈이 바로 놀라움과 함께 웃음을 가져다 준다.[37] 그러니 엮음 노래에 나오는 여성은 놀이의 흥을 최대한 끌어올리기 위해, 더 큰 웃음을 위해 만들어낸 거짓 장치요 가짜 목소리인 때가 많다.

지은이를 밝히지 않은 엮음 노래에 나오는 여성에 대해서 남성이 여성의 탈을 쓰고 남성 자신의 쾌락과 욕망을 노래했다고 보기도 하고,[38] 억눌려 있던 욕망을 표현하고자 하는 여성이나 기녀의 목소리로 보기도 한다.[39] 그래서 엮음 노래에서 사랑의 욕망이나 성적 사건의 주인공이 여성인 경우가 많은 것은 여성의 극심한 성적 금제, 억압, 훼손된 욕망 때문이라고 보기도 한다.[40] 그런데 엮음 노래는 웃고 떠들고 놀기 위해 부른 노래가 많다. 엮음 노래는 굳은 관념에 얽매이기를 마다하고 삶의 발랄한 모습을 노래하려고 했기 때문에 웃음이 줄기를 이룬다. 그러므로 엮음 노래의 여성 목소리를 남성의 탈이나 실제 여성의 말하기로 볼 수도 있지만, 풍류방에서 엮음 노래를 짓고 즐기는 이들이 '**꾸며낸 여성의 목소리**'로 볼 수도 있다.

---

37) 엄국현(1996), 「한국 고대가요와 어릿광대의 세계」, 김준오 엮음, 『한국현대시와 패러디』, 현대미학사, 262쪽.

38) 박혜숙(1998), 「고려속요의 여성화자」, 『고전문학연구』 14집, 한국고전문학회, 24쪽; 박애경(2000), 앞의 글, 97~113쪽; 김용찬(2002), 「시조에 구현된 여성적 목소리의 표출 양상」, 『한국고전여성문학연구』 4, 한국고전여성문학회, 84~89쪽; 신은경(2004), 「조선후기 '님' 담론의 특성과 그 의미-사설시조와 잡가를 중심으로」, 『시조학논총』 20, 한국시조학회, 119~120쪽; 박상영(2014),「사설시조 속 여성 형상의 제시 양상과 그 의미」, 『시조학논총』 제40집, 한국시조학회, 157~158쪽.

39) 박노준(1998), 앞의 글, 365~367쪽; 이형대(2000), 앞의 글, 412~426쪽; 김흥규(2003), 앞의 글, 181~203쪽; 조성진(2012), 「화자의 '시선'과 사설시조 담당층 문제-명대 악부민가와의 비교를 통해」, 『국문학연구』 제26호, 국문학회, 75~91쪽; 박상영(2015), 「고전시가 속 여성 시선의 한 양상과 시가미학사적 전승」, 『국학연구론총』 15, 택민국학연구원, 27쪽. 한편 김상진(2014), 앞의 글, 215쪽은 여성들의 욕망을 실감나게 말했을 수도 있고, 남성들이 야한 이야기를 즐기기 위해 지어낸 지나친 말하기일 수도 있다고 보아 두 가지 견해를 모두 받아들였다.

40) 김흥규(2003), 앞의 글, 190쪽.

2) 삼가기 어려운 몸

마음으로 하는 사랑도 있지만, 몸으로 하는 사랑도 있다. 본디 아름다운 사랑은 마음과 몸 두 가지를 고르게 하는 사랑이다. 마음으로 하는 사랑은 깊고 오래간다. 그러나 마음으로만 사랑하면 텅 비어 채울 수 없는 때가 생긴다. 그러니 몸으로 하는 사랑도 있어야 한다. 그러나 몸으로만 하는 사랑은 옅고 얼른 식는다. 따라서 오래가지 못한다. 그러기에 몸으로만 하는 사랑은 동물의 사랑과 비슷하다. 이렇다면 몸으로 하는 사랑과 마음으로 하는 사랑을 고르게 해야 얼른 식지 않고 길이 갈 수 있으며 모자람이 없고 서로를 채워줄 수 있다.

사랑 노래에는 몸으로 하는 사랑에만 무게를 두는 노래가 있다. 이런 노래들은 가볍고 옅은 몸의 사랑을 노래하기 때문에, 그냥 웃고 즐기자는 뜻에서 지어 부른 노래이다. 사람은 몸의 본능이라는 것이 있어 삼가기 어려울 때가 있다. 그러나 이것을 낮은 것이라 하여 업신여길 수만은 없다. 앞에서도 말했듯이 몸으로 하는 사랑이 있어야 마음으로만 하는 사랑이 채우지 못하는 것을 채워줄 수 있기 때문이다. 선비든 소리꾼이든 기녀이든 이런 노래를 짓고 즐기는 일을 드러내는 것이 자랑할 만한 일이 아니었기 때문에, 몸의 사랑 노래들은 거의 모두가 지은이의 이름이 없다.[41]

남녀 사이에 나누는 몸의 사랑은 서로 만나서 풀어야 한다. 그런데 만나지 못해 풀지 못하니 몸에서 일어나는 불을 삼가기 어렵다고 말한 노래가 있다.

礪山 端川 썩갈나무 입도 새로 속립 나니
쇼마ᄉᆞᆫ 졸나매고 前에 ᄒᆞ든 行實 버리자 하얏드니

41) 그러나 김흥규는 점잖은 노래들 가운데도 지은이를 밝히지 않은 노래가 무척 많기 때문에, 많은 엮음 노래가 비속하여 지은이 이름을 밝히기를 꺼려했다는 것에 찬성하지 않는다. 김흥규(2015), 앞의 책, 69쪽.

밤이면 궁벅국새 우는 소릐에 바릴지 말씨

『악부(樂府) 고대본(高大本)』3, #3307.1

여산 단천 떡갈나무 잎도 새로 속잎 나니

치마끈 졸라매고 전에 하던 행실 버리자 하였더니

밤이면 뻐꾸기 우는 소리에 버릴지 말지

여산(礪山)은 전라북도에 있는 고을 이름이다.[42] 단천(端川)은 함경남도에 있는 고을 이름이다.[43] 단천을 그냥 여산이라는 고을 가까이에 있는 냇물로 보기도 한다. 여산과 단천의 떡갈나무 잎도 새로 속잎이 나니 치마끈을 졸라매고 전(前)에 하던 행실(行實)을 버리자고 다짐하였는데, 밤이면 뻐꾹새가 울어 마음을 바로잡을 수 없어 전에 하던 행실을 버릴 수 있을지 없을지 모르겠다고 하였다. 전에 하던 행실은 앞에 나온 '치마끈 졸라매고'란 말을 보아 치마끈을 함부로 풀었던 행실, 곧 사내와 자주 몸으로 나누었던 사랑을 가리킨다. 이제 마음을 다잡고 지난날처럼 헤프게 살지 말고 몸을 좀 삼가고 살기를 다짐하지만, 뻐꾸기 우는 소리를 들으니 다시 또 마음이 싱숭생숭해져서 그렇게 할 수 있을지 걱정한다.

비슷한 노래가 또 있다.

---

42) 여산(礪山)은 전라북도 익산시(益山市)의 여산면(礪山面)과 낭산면(朗山面) 지역에 있었던 군(郡). 여량(礪良)과 낭산(朗山)이 합쳐져 생긴 이름. 『신증동국여지승람(新增東國輿地勝覽)』 권지34, 「전라도(全羅道), 여산군(礪山郡)」에 "여산군……본조 공정왕 2년에 두 현의 이름을 따서 여산현이라 하였고, 세종 18년에 원경황후의 외향인 까닭으로 군으로 승격하여, 충청도에 예속시켰다가 26년에 다시 본도에 예속시켰다(礪山郡……本朝恭靖王二年 採二縣名 稱爲礪山縣 世宗十八年 以元敬王后外鄕 陞爲郡 移隸忠淸道 二十六年 還隸本道)."

43) 『신증동국여지승람(新增東國輿地勝覽)』 권지49, 「함경도(咸鏡道), 단천군(端川郡)」에 "원(元)나라에 함몰되어 독노올(禿魯兀)이라 일컫던 것을 공민왕(恭愍王)이 되찾았고, 신우(辛禑) 때에 단주 안무사(端州安撫使)로 고쳤다. 본조 태조(太祖) 7년에 지단주사(知端州事)로 고쳤고, 태종(太宗) 13년에 예에 의하여 지금의 이름으로 고쳐 군(郡)으로 만들었다(端川郡……元稱禿魯兀 恭愍王收復之辛禑改端州安撫使 本朝太祖七年改知端州事 太宗十三年例今名爲郡)."

푸른 거선 버들이요 우넌 거션 벅국이라
치ᄆᆡᄭᅳᆫ 즐너ᄆᆡ고 이 힝실 마짓더니
뒤동샨 궁벅궁 우ᄂᆞᆫ ᄉᆡ 소ᄅᆡ 버릴동말동

『삼가악부(三家樂府)』 55, #5188.1

푸른 것은 버들이요, 우는 것은 뻐꾸기라
치마끈 졸라매고 이 행실 그만두자 했더니
뒷동산 뻐꾹뻐꾹 우는 새 소리에 버릴동말동

앞의 노래처럼 푸른 버들이나 우는 뻐꾹새 때문에 더욱 마음이 움직여 몸을 삼가는 일이 어렵다고 한 노래이다. 푸른 버들을 보고 뻐꾸기 소리를 들으니 더욱 님 생각이 나고, 사내 생각이 난다. 그래서 "버릴동말동", 곧 버릴 수 있을지 저도 자신 있게 말을 못하고 있다. 이런 노래들은 일부러 아낙을 말하는 이로 삼아 입 밖에 내기 힘든 이야기를 하고 있다. 그래야 더 우습기 때문이다. 조용하고 얌전해야 할 아낙이 이런 말을 대놓고 하고 있으니 큰 웃음을 짓게 된다.

한편 이런 노래들을 달리 풀이할 수도 있다. 아낙은 정절이라 해서 아무에게나 몸을 바쳐서는 안 되며 늘 삼가고 한 사내에게만 몸을 바쳐야 한다. 더욱이 조선 때 아낙은 이렇게 살아야만 한다고 나라가, 사내들이, 또 법과 도덕이란 것이 힘과 억지로 내리눌렀다. 그런데 이 노래에 나오는 아낙은 남의 눈 때문에 지난날 했던 짓을 버리고 몸을 삼가고 살겠다고 하지만 그것이 마음먹은 대로 되지 않는다고 말한다. 본능이나 욕정은 삼가기가 어렵다. 사내도 그렇지만 아낙에게도 마찬가지다. 이미 남녀 사이 나누는 사랑은 하늘에서 준 것이요 누구나 다 가지고 있는 본능인데 이것을 버리겠다 다짐한다고 버릴 수 있는가.[44] 아낙이라도 하고 싶은

44) 허균(許筠, 1569~1618)은 "남녀의 정욕은 하늘이 준 것이요, 윤기의 분별은 성인의 가르침이다. 하늘이 성인을 일등으로 높였으니, 나는 하늘을 따르지 감히 성인을

사랑은 하면서 살아가야 함을 이르고 있다고 할 수 있다.

다음 노래는 늙은 아낙이 젊은 사내를 만나러 가는 장면을 노래했다.

白髮에 환양 노는 년이 져믄 書房 ᄒᆞ랴 ᄒᆞ고
셴 머리에 墨漆ᄒᆞ고 泰山峻嶺으로 허위허위 너머가다가 과그른 쇠나기에 흰 동정 거머지고 검던 머리 다 희거다
그르사 늘근의 所望이라 일락 배락 ᄒᆞ노매.

『청구영언(青丘永言) 진본(珍本)』 507, #.1890.1

흰머리에 화냥질 하는 년이 젊은 서방 얻으려 하고
흰머리에 먹칠하고 태산준령으로 허둥지둥 넘어가다가 때 아닌 소나기에 흰 동정 검어지고 검던 머리 다 희었도다
글러라 늙은이 소망이라 될락 말락 하도다

늙은 아낙을 백발(白髮)에 화냥질 하는 년이라고 하여 아주 깔보았다. 화냥질은 서방질로 다른 사내와 바람을 피우는 짓이다. 이 아낙이 젊은 사내를 어떻게 해서 꾀었는지 이 사내와 만나기로 한 것 같다. 이 젊은 사내를 서방(書房)으로 얻으려고 머리를 물들이는 염색을 위해, 허옇게 센 머리를 먹으로 검게 칠〔묵칠 墨漆〕을 하였다. 높은 산의 험한 고개〔태산 준령 泰山峻嶺〕를 힘들게 넘어간다. 젊은 사내가 기다리는데 높은 산과 고

따르지는 않겠다."고 하였다. 이식(李植)의 『택당집(澤堂集)』, 「잡저(雜著) · 시아대필(示兒代筆)」에 "男女情欲天也 倫紀分別 聖人之教也 天且高聖人一等 我則從天而不敢從聖人." 이옥(李鈺, 1760~1812)의 「이언(俚諺)」 '이난(二難)'에 "정을 살피는 일로는 남녀의 정을 살피는 것보다 더 참된 것이 없다.……오직 남녀 사이 일만은 사람살이 본디의 일이요 천도(天道) 자연의 이치이다.……천지만물에 대한 살핌도 이 남녀의 정에서 살펴보는 것보다 더 참된 것이 없다(情之觀 莫眞乎觀乎男女之情……而獨於男女也 則卽人生固然之事也 亦天道自然之理也……天地萬物之觀 於是乎 莫眞於觀男女之情矣)." 이옥(李鈺), 실시학사 고전문학연구회 옮김(2009), 『완역(完譯) 이옥전집(李鈺全集)』, 휴머니스트, 411~412쪽. 이와 같이 선비들 가운데는 남녀 사이의 사랑 노래나 이야기를 부끄럽게 여기지 않는 이들도 있었다.

개가 문제이겠는가. 있는 힘을 다해 넘어가는데 난데없이 소나기를 만난다. 그래서 흰 동정[45]이 검어지고 검게 칠한 머리도 다시 희게 변한다. 마지막은 늙은 아낙의 말인지, 아니면 그 아낙의 모습을 지켜본 이가 하는 말인지는 모르나 그르도다,[46] 늙은이의 소망(所望)이라 될락 말락(일락배락) 하는가 보다고 하였다.

젊은 사내를 제 사람으로 삼으려고 흰 동정이 달린 좋은 옷을 입고 머리에 먹칠하고 길을 나선 늙은 아낙을 화냥질 하는 년으로 욕을 하였으나 나중에는 가엾고 불쌍하게 여긴다. 늙은이가 바라는 일이라, 이룰 수 있을지 없을지 모른다고 했다. 늙은 아낙이라도 젊은 사내를 좋아하고 바랄 수 있다. 누구나 이런 욕망을 가질 수 있음을 이 노래는 일러준다. 그러나 그 욕망을 이루기는 쉽지 않음도 아울러 일깨워준다. 사람이 하고 싶은 대로 바라는 대로 일이 이루어지지는 않는다. 노래에 나오는 늙은 아낙도 설레고 마음이 들떠 높은 고갯길도 마다 않고 힘을 다해 넘어가지만 때 아닌 소나기를 만나 꼴이 말이 아니게 되었다. 어쩌다 좋은 기회를 갖게 되었는데 그만 일이 틀어졌다. 젊은 사내를 만날 수 있을지, 만나도 이 늙은 아낙의 서방으로 삼을 수 있을지 자신 있게 말할 수 없다.

그런데 이 노래를 듣고 있노라면 엷은 웃음을 짓게 된다. 첫마디부터 늙은 아낙의 욕심을 비아냥거렸다. 또한 늙은 아낙이 젊은 사내를 만난다고 하는 이야기부터가 터무니없음을 지니고 있기도 해 웃으려고 지은 노래임을 짐작하게 한다.

새악시 書房 못 마자 애쓰다가 주근 靈魂

건 삼밧 쑥삼 되야 龍門山 開骨寺에 니 싸진 늘근 즁놈 들뵈나 되얏다가

45) 동정: 한복의 저고리 깃 위에 덧대어 꾸미는 흰 헝겊 오리.

46) 권순회·이상원·신경숙(2017), 앞의 책, 291쪽은 “그르사”를 ‘그르도다’로 풀었고, 김홍규(2015), 앞의 책, 203쪽은 ‘그나마’로, 조동일(2017), 앞의 책, 295쪽은 ‘그것이라사’로 풀었다.

잇다감 ᄯᆞᆷ 나 ᄀᆞ려온 제 슬쪄겨 볼가 ᄒᆞ노라.

『청구영언(靑丘永言) 진본(珍本)』 494, #2481.1

색시 서방 못 맞아 애쓰다가 죽은 영혼
건 삼밭 뚝삼 되어 용문산 개골사의 이 빠진 중놈의 들보나 되었다가
이따금 땀 나 가려울 때 슬슬 스쳐 볼까 하노라

어떤 젊은 여인이 결혼도 못하고 죽었다. 서방(書房)을 맞이하지 못하고, 시집가려고 애쓰다가 죽어 영혼(靈魂)이 되었다. 이렇게 죽은 넋이라도 남자와 이루지 못한 몸의 사랑을 해보라고 말한다. 기름진 삼밭의 뚝삼[47]이 되어 용문산(龍門山)[48] 개골사(開骨寺)의 이 빠진 늙은 중의 들보가 되라고 한다. 들보[49]는 남자가 입는 속바지이다. 그래서 이따금 땀이 나서 가려울 때 슬슬 스쳐 남자의 살 냄새라도 맡고 남자의 살갗에 닿아 풀지 못한 한이라도 풀어 보라고 한다. 그런데 왜 젊은 사내가 아니고 이 빠진 늙은 중인지 궁금하다. 아마도 이런 늙은 중이라도 사내 냄새가 나니 사내와 사랑을 나누지 못한 아쉬움을 풀 수 있을 것이라 생각한 것 같다. 아니면 일부러 늙은 중을 내세워 더욱 웃음이 터지게 하려고 했을 수도 있다. 또는 늙은 중은 오랫동안 도를 닦고 여인을 가까이 하지 않았기 때문에 더욱 욕망을 억누르고 살았던 사람이니, 살을 부비고 섞는 사랑의 맛을 나누기에 더욱 알맞은 사내가 될 수도 있다.

다음 노래에는 제 있는 방까지 찾아 온 사내를 받아들이는 아낙의 목소리가 나온다.

---

47) 뚝삼: 경마(檾麻). 어저귀, 아욱과의 한해살이풀로 그 섬유는 새끼 따위를 꼬는 데 쓰임.

48) 용문산(龍門山): 경기도 양평군에 있는 산. 『신증동국여지승람(新增東國輿地勝覽)』 권지8, 「경기(京畿), 양근군(楊根郡)」에 "용문산(龍門山): 다른 이름은 미지산(彌智山)인데, 군 동쪽 33리 되는 곳에 있다. 또 지평현(砥平縣) 편에 있다(龍門山: 一名彌智山 在郡東三十三里 又見砥平縣)."

49) 들보: 남자가 다리샅에 병이 생겼을 때 샅에 차는 헝겊.

왜 와씀나 왜 와씀나 나 홀로 자는 방에 왜 와씀나
오기는 왓거이와 자최 업시 잘 단녀가오
갓득에 말 만코 탈 마는 집안에 모다깃녕 날까

『남훈태평가(南薰太平歌) 단(單)』 186, #3521.1

왜 왔습나, 왜 왔습나, 나 홀로 자는 방에 왜 왔습나
오기는 왔으니 자취 없이 잘 다녀가오
가뜩이나 말 많고 탈 많은 집안에 몰매 맞을까 (하노라)

이 노래도 첫줄(초장)에서 말의 재미를 위해 'aaba꼴'의 말가락을 쓰고 있다. 나 혼자 자는 방에 왜 왔느냐고 여러 번 묻는다. 다음 말은 아무래도 아낙의 말로 보인다. 왜 왔느냐고 몰래 들어온 사내를 꾸짖다가 다시 마음을 돌려, '와서는 안 되는 곳을 찾아왔지만, 이미 와 버렸으니, 왔다 간 흔적을 남기지 말고 잘 다녀가'라고 했다. 처음에는 사내에게 가라고 하려다가 여기까지 왔으니 남에게 들키지 말고 나와 잘 즐기다가 가라고 했다. 그런 다음 가뜩이나 말 많고 탈 많은 집안에 이 일이 들통 나고 보면, 내가 여러 사람한테 몰매를 맞을까 두렵다고 했다.[50] 아낙이 외간남자를 끌어들이면 집안사람들이 가만있을 리가 없다. 더구나 이 집은 말 많고 탈 많은 집안이라고 한 것으로 보아 양반 집안일 수가 있다. 이런 점잖은 양반 댁 아낙이 남의 남자와 밤에 몰래, 그것도 제가 자는 방에서 만난다는 일은 있을 수 없는 일이다. 아마도 이 아낙은 지아비를 잃은 홀어미로 시댁에서 수절하고 있는 아낙으로 짐작이 된다. 얌전하고 깨끗해야 할 선비 집안 아낙이 제 방까지 들어온 사내를 받아들이고 집안사람들 몰래 은밀한 사랑을 나누는 일을 꾸며 노래로 만들어 불렀다. 바람을 피우는 사람이 다른 누구보다도 선비 집안 아낙이라면 더욱 그 놀라움은

50) '모다깃녕'은 여러 사람이 한꺼번에 덤벼서 몰매를 때리는 것(또는 그러한 명령)이다. 김흥규(2003), 앞의 글, 194쪽.

커진다. 더 큰 틀깨뜨리기(파탈)와 웃음을 위해 이런 노래를 지어 불렀다. 또한 이 노래를 달리 보면, 지체 높은 양반 댁에서 수절하는 아낙이라도 남녀 사이의 정에 이끌리는 사랑은 어쩔 수 없는 것이니, 너무 도덕이나 관습으로 이 아낙을 억누르려고 하는 그때 사람들의 잘못된 생각을 따끔하게 꾸짖는 노래가 되기도 한다.

다음 노래에는 더 되바라진 아낙이 나온다.

> 窓밧긔 窓 치ᄂᆞᆫ 님아 네 窓 치다 ᄂᆡ 나가랴
> 너도곤 勝ᄒᆞᆫ 님을 이기 거러 뉘엿노라
> 져 님아 날 보랴 ᄉᆞ시거든 모릐 뒷날 오너라

『시조(時調) 경대본(慶大本)』 262, #4534.1

> 창밖에 창 치는 님아, 네가 창을 친다고 내가 나가랴
> 너보다 뛰어난 님을 이미 걸어 뉘였노라
> 저 님아, 날 보려면 모레 뒷날 오너라

창밖에서 한 사내가 창을 두드린다. 사내는 아낙이 자는 방 창문을 치거나 두드려서 자신이 왔다는 것을 알리고, 문을 열어 달라고 신호를 보내고 있다. 그런데 아낙은 네가 창을 친다고 내가 나가겠느냐고 한다. 지금 나가지 못하는 까닭이 그다음에 나온다. 너보다 더 뛰어난 님을 내가 이미 넘어뜨려 이 방에 뉘였다고 한다. 그러면서 날 보고 싶거든 모레 뒷날 오라고 한다. 이 아낙은 어지간한 바람둥이인 것 같다. 창을 치는 사내하고도 여러 번 만났던 것 같고, 그 사내보다 더 잘하는 사내를 꼬드겨 제 방까지 끌어들였다. 그렇다고 지금 창밖에 있는 사내하고도 재미를 보고 싶으니 모레 뒷날 오라고 하고 있다. 이 아낙의 엉뚱하고 황당한 말에 웃음을 터뜨리게 된다.

이 노래의 말하는 이를 기녀로 볼 수도 있다. 기녀는 여러 사내를 만나고 잠자리를 같이하기에 오늘밤은 꽤 멋진 사내를 이미 걸어서 내 옆에

눕게 만들었으니 창밖에서 나를 부르는 다른 사내에게 이틀 뒤에 오라고 이른 노래가 된다.

다음 노래는 아낙을 몰래 찾아오는 이가 중이라서 더욱 웃음을 자아낸다.

> 囱밧긔 어른어른ᄒᆞᄂᆞ니 小僧이올소이다
>
> 어졔 져녁의 動鈴ᄒᆞ랴 왓든 듕이올ᄂᆞ니 閣氏님 ᄌᆞᄂᆞᆫ 房 둑도리 버셔 거ᄂᆞᆫ 말 그ᄐᆡ 이 ᄂᆡ 쇼리 숑낙을 걸고 가자 왓소
>
> 져 듕아 걸기ᄂᆞᆫ 걸고 갈지라도 後ㅅ말이나 업게 ᄒᆞ여라
>
> 『병와가곡집(甁窩歌曲集)』 937, #4533.1

> 창밖이 어른어른하니 "소승이올시다,
>
> 어제 저녁의 동냥하러 왔던 중이니 각시님 자는 방 족두리 벗어 걸어놓은 말뚝 끝에 이내 소리 송낙을 걸고 가자고 왔소."
>
> "저 중아, 걸기는 걸고 갈지라도 뒷말이나 없게 하여라."

창밖에 무슨 그림자가 어른어른 거리는데, 누군가 말을 건넨다. '소승(小僧)이올시다. 어제 저녁에 동냥(동령 動鈴)하러 왔던 바로 그 중이온데, 각시(閣氏)님 자는 방에 있는 족두리 걸어놓은 말코지 끝에 이내 소리 송낙을 걸고 가자고 왔소.'[51] 한다. 그러자 젊은 아낙이 '저 중아, 걸기는 걸고 갈지라도 뒷말이나 없게 하여라.' 하였다. 중이 지난 저녁에 동냥하러 왔다가 이 집 젊은 아낙을 보고 마음에 두었던지 못 잊고 다시 몰래 찾아와서 작업을 걸고 있다. 제가 쓴 모자인 송낙을 그대 족두리 걸어놓은 말코지에 걸고 가겠다고 한다. '걸다'는 말에는 '다리를 걸다'는 뜻도 지니고 있어 잠자리를 같이하자는 속내가 담겨 있다. 하룻밤 자고 가겠다

51) 동령(動鈴)은 요령을 흔들다는 말로 구걸하다, 동냥하다는 뜻이다. 말코지는 물건을 걸기 위하여 벽 따위에 달아 두는 나무 갈고리. 흔히 가지가 여러 개 돋친 나무를 짤막하게 잘라 다듬어서 노끈으로 달아맨다. 송낙은 중이 쓰던 모자이고 그 앞에 있는 '소리'는 송낙을 강조하기 위해 쓴 뜻 없는 말이다.

는 말을 이렇게 에둘러 말했다. 부처님의 도를 닦아야 하는 중이 남의 집 아낙이나 넘보고 있으니 여기에 나오는 중은 땡중이다. 그런데 이런 중의 꼬드기는 말에 아낙의 말이 더 큰 웃음을 터뜨리게 만든다. 들어와서 즐기고 가되 뒷말이나 없게 하라고 하여 입단속을 시켰다. 젊은 아낙을 탐하는 중, 그런 중과 스스럼없이 즐기고 소문이 나지 않기를 조심스러워하는 여인, 엮음 노래에 나타나는 이와 같은 사람들은 웃음의 밑감이 된다.

다음 노래는 위 노래와 비슷한 말하기를 하고 있는데, 찾아온 이가 여승이어 더욱 큰 웃음을 짓게 한다.

어와 게 뉘옵신고 거넌 佛堂 동녕僧이 내 올너니
홀 居士 혼ᄌᆞ 자시ᄂᆞᆫ 방 말독 겻희 내 숑낙 걸나 와숩더니
오냐아 걸기ᄂᆞᆫ 거러라커니와ᄂᆞᆫ 훗말 업시 ᄒᆞ여라

『청구영언(靑丘永言) 연민본(淵民本)』 229, #3174.1

"어와, 게 누구시오?" "건넌 불당 동냥중이 나일러니
홀 거사 혼자 자시는 방 말뚝 곁에 내 송낙 걸려고 왔소."
"오냐, 걸기는 걸 수 있지마는 뒷말 없이 하여라."

밤중에 혼자 자고 있는 사내의 방에 찾아온 이가 동냥하는 여자 중이다. 그 여자 중이 하는 말이 웃기다. 홀로 지내는 거사(居士) 방의 옷을 거는 말뚝 곁에 내 송낙을 걸려고 왔다고 한다. 앞에서도 말했듯이 '걸다'는 '다리를 걸다'는 말로 잠자리를 같이하자는 뜻이 있다. 여승이 어떤 사내의 방을 찾아와서 잠자리를 같이하자고 말한다. 그러자 그 사내가 하는 말이 또 웃기다. 다리를 걸어 자고 갈 수 있지마는 남의 눈에 띄거나 남의 입방아에 오르내리지 않게 조용히 자고 가라고 이른다.

깨끗하고 바른 사랑이 아니라 남의 손가락질을 받는 몹쓸 짓은 중이나 아낙이 해야 더 놀라운 일이 된다. 중이면서도 여자인 여승이 이런 일을 벌이게 해서 그 놀라움이 더욱 커지게 했다. 세상에서 여느 사람들이 하

는 생각의 틀을 아주 깨트리려고 이런 노래를 지어 불렀다. 이 노래를 들으면 놀라기도 하지만 웃음도 터뜨리게 된다.

댁들에 丹著 丹술 사오 져 쟝ᄉᆞ야 네 황호 몃가지나 웨는이 사쟈
알에燈罄 웃燈罄 걸燈罄 즈을이 수著 국이 동희 銅爐口 가옵네 大收官 女妓 小各官 酒湯이 本是 뚤어져 물 조로로 흘으는 구머 막키여
쟝ᄉᆞ야 막킴은 막혀도 後ㅅ 말 업씨 막혀라

『해동가요(海東歌謠) 일석본(一石本)』 586, #1327.1

"댁들아, 단저 단술 사소 (외치는) 저 장사야, 네 등짐 몇 가지나 (된다고) 외치는가, 사자."
"아래등경, 윗등경, 걸등경, 조리, 수저, 국자, 동이, 통노구, 갑니다. 대수관 여기와 소각관 술파는 계집이 본시 뚫어져 물 조르르 흐르는 구멍 막으소."
"장사야 막기는 막아도 뒷말이나 없이 막아라."

위 노래는 등짐장수와 아낙이 나누는 대화이다. "댁(宅)들에"는 장사치가 아낙을 부르는 말이다. 시골에서는 '집이들' 이렇게 부르기도 했다. 요즘 말로 하면 '여보 아주머니들'이란 말이다. 단저(丹著→丹箸)와 단술(丹술), 곧 숟가락과 젓가락 묶음을 사라고 외치는 장사치를 불러 아낙이 묻는다.[52] 네 황아[53]가 몇 가지나 있다고 외치는가, 살 만한 물건이 있으면 사자고 한다. 그러자 장사치가 파는 물건들이 무엇인지 다 초들고 있다. 등경(燈罄)은 등경(燈檠)으로 등잔걸이다. 아래 등잔걸이, 위 등잔걸이, 걸 등잔걸이, 쌀을 이는 조리, 숟가락과 젓가락(수著→수箸), 국자, 동이, 놋쇠로 만든 작은 솥인 퉁노구〔동노구 銅爐口〕가 있다고 외친다. 대수

52) 단저와 단술을 젓가락과 숟가락 묶음으로 풀지 않고, 달게 담근 김치와 단술(쌀밥에 엿기름을 부어 삭혀서 끓인 음료)로 풀기도 한다.

53) 황아: 옛날 담배쌈지, 바늘, 실 따위의 자질구레한 일용품을 이르던 말. 떠돌이 장사치가 등짐으로 파는 물건. '황호'는 '황아'의 옛말.

관(大收官)은 큰 고을 원님을 뜻하는 것 같다. 다른 노래책은 목사(牧使)를 일컫는 대목관(大牧官)으로 적고 있다. 소각관(小各官)은 낮은 벼슬아치이다. 주탕(酒湯)은 고을의 계집종으로 얼굴이 고운 여자를 이르는 말이기도 하고 술파는 계집을 이르기도 한다. '대수관 여기와 소각관 주탕이 본시(本是) 뚫어져'라는 말을 자연스럽게 풀기 어려운데, '주탕'은 계집종을 이르기도 하지만 물을 담는 그릇이란 뜻도 있으니 '고을의 높고 낮은 여러 벼슬아치들이 쓰는 물그릇이 처음부터 뚫어졌다'는 말일 수 있다. 장사치는 그렇게 뚫어져 물이 조르르 흘러내리는 그릇의 구멍을 때워 막는 일도 해준다고 말한다. 물건들만 파는 것이 아니고 구멍 난 물건을 때워주기도 한다. 그러나 여기서 구멍은 여인의 은밀한 곳을 가리키는 말인데, 고을 관원들을 모시는 관기(官妓)나 계집종은 여러 남성들과 관계를 갖기 때문에 처음부터 그곳이 뚫어져 있다고 말하는 것이고, 구멍을 막아준다는 말은 그릇의 구멍을 막아준다는 말이 아니고 여인의 구멍을 막아준다는 말이니, 잠자리를 같이하자는 말이다. 다시 말해 아낙에게 잠자리를 같이하자고 넌지시 꾀고 있다. 그런데 이런 장사치의 야한 말장난에 아낙이 하는 말이 또 웃음을 터뜨리게 한다. 막기는 막아도 뒷말이나 없이 막으라고 한다. 다른 이들에게 소문이나 내지 말고 조용히 자고 가라는 말이다. 장사를 하면서 아낙에게 넌지시 살을 섞어 보자는 사내와 그런 사내에게 남에게 들통 나지 않게 입단속을 하는 아낙, 이들은 웃음을 위해 거짓으로 꾸며 만들어낸 사람들일 수 있다.[54)]

54) 그러나 조동일은 이 노래를 달리 풀었다. 고을의 관원과 관계를 가지는 술파는 여자(주탕)의 그곳이 여러 사내와 관계를 너무 많이 가지다 보니 막히게 되었다고 장사치가 이르자, 물건을 사려는 아낙이 뒷말 없이 막히게 하라고 해서 자기와 상관없는 일을 두고 상상을 하고 공연한 간섭을 하면서 즐거워했다고 풀었다. 또 장사치가 파는 물건들은 모두 남녀가 만나 즐길 때 쓰는 것들인데 이런 물건들을 사면 남녀 관계가 이루어질 것이라고 착각하게 만들어 물건이 잘 팔리게 상술을 쓰고 있다고 풀었다. 조동일(2017), 앞의 책, 415쪽.

어이려뇨 어이려뇨 싀어마님아 어이려뇨

쇼대남진의 밥을 담다가 놋쥬걱 잘를 부르쳐시니 이를 어이ᄒᆞ려뇨 싀어마님아

져 아기 하 걱졍 마스라 우리도 져머신 제 만히 것거 보왓노라

『청구영언(青丘永言) 진본(珍本)』 478, #3233.1

"어찌하나요 어찌하나요 시어머님아 어찌하나요,

샛서방의 밥을 담다가 놋주걱 자루를 부러뜨렸으니, 이를 어찌하나요, 시어머님아."

"저 아기 너무 걱정 말아라, 우리도 젊었을 때 많이 꺾어 보았노라."

이 노래는 며늘아기와 시어머니가 주고받는 대화로 되어 있다. 며느리가 시어머니를 부르는데 "어이려뇨(어찌하나요)"를 되풀이하여 조마조마한 마음을 말가락을 써서 나타냈다.[55] 샛서방(쇼대남진, 간부間夫. 지아비 있는 아낙이 지아비 몰래 사귀는 사내)의 밥을 담다가 놋쇠로 만든 주걱 자루를 부러뜨렸으니 이 일을 어찌하느냐고 묻는다. 그 뒤에 시어머니의 말은 더욱 웃음을 터뜨리게 한다. 우리도 주걱 부러뜨린 일은 젊었을 때 많이 해보았으니, 너무 호들갑 떨지도 말고 걱정도 하지 말라고 했다.

이 노래에 나오는 며늘아기는 한 지아비만을 섬기고 몸을 삼가는 여느 여인과는 거리가 먼 아낙이다. 지아비가 아닌 다른 사내와 사귀고 있는데, 그 사내에게 밥을 많이 담아 주기 위해 밥을 꾹꾹 눌러 담다가 주걱 자루를 부러뜨리고 만다. 이런 일이 무엇이 자랑이라고 시어머니에게 일러바친다. 그런데 그 말을 들은 시어머니는 젊었을 때 겪었던 일을 털어놓고 걱정하지 말라고 달랜다. 참으로 어이없고 우스꽝스러운 이야기이다. 이

---

55) 이 말가락도 'aaba'꼴의 말가락이다. "어이려뇨"를 되풀이함은 며늘아기의 다급하고 조마조마한 마음을 나타내기도 하지만, 이 노래에서 나누는 두 사람의 대화가 심각하거나 진지하지 않다는 것을 보여주고 단지 웃기 위해 꾸며낸 대화임을 짐작하게 해 준다.

노래도 많은 엮음 노래들과 마찬가지로 마지막에 가서 듣는 이나 읽는 이들이 짐작했던 것과는 아주 딴판이 되는 '뒤집기'가 일어나고 있다. 또한 이 노래는 앞쪽에서 했던 말하기도 웃기지만, 마지막에 시어머니의 말이 더 큰 웃음을 터뜨리게 하므로, 웃음을 점점 부풀리다 끝에 가서 '빵' 하고 터뜨리는 '풍선 터뜨리기'의 본보기 노래이다.

며느리와 시어머니가 지아비가 아닌 샛서방에게 밥을 차려 주는 일을 대놓고 이야기하고 있는데, 이런 일은 좀체 있을 법한 일은 아니기에, 이 노래에 나오는 며느리와 시어머니는 재미를 위해서 꾸며낸 사람들일 수 있다. 더군다나 시어머니가 "우리도"라는 말을 해서 샛서방을 두는 못된 짓을 너나 나나 할 것 없이 다들 하고 있다는 말은 이 노래가 꾸민 이야기를 노랫말 삼아 즐겁게 놀아 보자는 뜻에서 지은 노래임을 짐작하게 해 준다. 엮음 노래는 이렇듯 한바탕 크게 웃어 보자는 노래가 많다.

니르랴 보쟈 니르랴 보쟈 내 아니 니르랴 네 남진ᄃᆞ려

거즛 거스로 물 깃ᄂᆞᆫ 체ᄒᆞ고 통으란 ᄂᆞ리와 우물젼에 노코 ᄯᅩ아리 버서 통조지에 걸고 건넌집 쟈근 金書房을 눈 ᄀᆡ야 불러ᄂᆡ여 두 손목 마조 덤셕 쥐고 슈근슈근 말ᄒᆞ다가 삼 밧트로 드러가셔 므스 일 ᄒᆞ던지 ᄌᆞᆫ 삼은 쓰러지고 굴근 삼대 ᄠᅳᆺ만 나마 우줅우줅ᄒᆞ더라 ᄒᆞ고 내 아니 니르랴 네 남진ᄃᆞ려

져 아희 입이 보도라와 거즛말 마라스라 우리는 ᄆᆞ을 지서미라 실삼 죠곰 ᄏᆡ더니라

『청구영언(靑丘永言) 진본(珍本)』 576, #3770.1

"일러나 보자, 일러나 보자, 내 아니 이르랴, 네 남편더러.

거짓 것으로 물 긷는 체하고, 통은 내려서 우물가에 놓고, 똬리 통꼭지에 걸고, 건넛집 작은 김서방을 눈 속여 슬쩍 불러내어, 두 손목 마주 덥석 쥐고, 수군수군 말하다가 삼밭으로 들어가서 무슨 일 하는지 잔 삼은 쓰러지고, 굵은 삼대 끝만 남아 우줄우줄 하더라, 하고 내 아니 이르랴, 네 남편더러."

"저 아이 입이 보드라워 거짓말 마라, 우리는 마을 지어미라, 실삼 조금 캤더니라."

이 노래도 두 사람이 나누는 대화로 되어 있다. "니르랴 보쟈 니르랴 보쟈"를 어떻게 푸느냐에 따라 이 노래의 풀이는 조금 달라진다. '이르나 보자'로 풀 수도 있고 '일러나 보자'로 풀 수도 있다. '이르나 보자'로 풀면 '네가 진짜로 이르는지 보자'의 뜻으로 일러바치겠다고 하는 아이에게 아낙이 하는 말이다. '일러나 보자'로 풀면 일러바치겠다고 한 아이의 말이 된다. 여기서는 '일러나 보자'로 풀겠다. 요즘말로 하면 '안 이르나 보자' 또는 '이를 거야' 정도의 뜻이 된다.

아이는 김서방과 삼밭에 있던 아낙을 지켜본 다른 아낙일 수도 있고, 아니면 어떤 어린아이일 수도 있겠는데, 이 아이는 네 남편에게 네가 한 못된 짓을 일러바치겠다고 윽박지르고 있다. 거짓으로 물 길러 가는 체하고 통은 내려 우물가에 놓고 또아리는 벗어서 통꼭지(통의 바깥쪽에 달린 손잡이)에 걸고, 건넛집 작은 김서방을 남의 눈을 속여 불러내어, 두 손목 마주 덥석 쥐고 수근숙덕 말하다가 삼밭으로 들어가서 무슨 짓을 하는지, 작은 삼은 쓰러지고 굵은 삼대는 끝만 남아 우줄우줄 흔들리던 것을 내가 다 보았다고 하면서 네 남편에게 다 말하겠다고 한다. 그러자 들킨 아낙이 발뺌한다. 네가 입이 보드라워, 곧 입이 가벼워 거짓말을 하는데, 우리는 마을 아낙으로 실삼(가는 삼)을 조금 캐러 삼밭에 들어갔을 뿐 다른 짓은 하지 않았다고 능청스럽게 딴청을 피운다. 사내와 같이 들어가 놓고 두 사람이 '마을 지어미'라고 해서 삼밭에 들어간 이는 사내가 아니라 같은 마을 아낙이라고 얼결에 어긋나게 둘러대고 있다.

김서방을 불러내어 삼밭으로 들어가는 일을 그리고 있는 말들이나, 삼밭에서 벌어지는 모습을 이야기한 말들이 웃음을 터지게 한다. "슈근슈근"이나 "우즑우즑" 같은 시늉말은 재미를 더해 준다. 옛 노래에서 말하고자 하는 알짬은 흔히 끝글(종장)에서 드러나는데, 엮음 노래도 이 노래에서 보여주는 것과 같이 끝에서 웃음을 세차게 끌어올린다. 이르겠다고 윽박지르는 아이도 짓궂고, 속 들여다보이는 거짓말로 둘러대는 아낙은 안돼 보이기도 하고 우습기도 하다. 이 노래의 또 다른 재미는 말의 흐름새이다. 같은 말의 되풀이와 흐름소리(유음)를 살려 써서 부드럽게 미끄러지는 듯한 말의 엮음은 빠르고도 촘촘한 느낌이 들어 말가락을 느끼게 해준다. 엮음 노래의 장점은 이러한 '**말 엮어 짜기**'에 있다.[56] 그래서 더욱 밝고 흥겨운 노래를 만들고 있다. 벌어진 일은 불륜이라는 심각한 사태이지만 그 표현 방식은 전혀 심각하지 않다. 그래서 엮음 노래는 '**심각한 이야기를 심각하지 않게 이야기**'하는 노래이다.

앞에서 살핀 노래들처럼 엮음 노래에는 대화체 노래가 두드러지게 많다. 대화체 노래는 꾸며낸 거짓의 인물들이 이야기를 주고받는 노래이다. 지은이가 말을 하는 것이 아니기에 지은이는 구경꾼이 되어 다른 사람의 이야기를 듣고 전달하는 구실을 하게 된다. 그래서 일어난 일이나 노래 속 사람의 말과 하는 짓을 보여주거나 값매김하게 된다. 이런 노래의 말하는 이는 꼭 이야기글(서사나 소설)의 해설자(서술자, narrator)같이 남의 이야기를 전해주는 노릇을 하게 되므로, 지은이의 생각이 객관화된 노래 속 인물의 목소리에 기대어 나타난다.

대화체 엮음 노래는 현장을 극처럼 보여주고 심리를 그리는 효과를 위해 대화라는 말하기 틀을 가져왔기 때문에, 보여주고자 한 세계가 단순한 주관의 정서를 넘어 객관이 된다.[57] 이런 노래들은 객관적 거리를 두고 바라보는 세계를 노래하기 때문에 주체와 객체의 화합이라는 서정시의 특징이 잘 드러나지 않는다.[58] 말하는 이는 아주 적게 끼어들며 노래 속에 나오는 사람들의 말이 많이 차지하게 된다. 그래서 지은이가 제 감정

---

56) 엮음의 원리는 신은경(1992), 『사설시조의 시학적 연구』, 개문사, 213~227쪽.

57) 전재강(1993), 「고시조에서의 애정 문제(2)-장형시조를 중심으로」, 『문학과 언어』 14, 한국문화융합학회, 249쪽.

58) 고정희(2009), 『한국고전시가의 서정시적 탐구』, 월인, 309쪽.

을 말하는 양은 적어지게 된다. 이는 이야기(서사)와 같은 성격을 지니게 되어 짧은 노래(평시조)에서 혼잣말처럼 하는 말하기와 다른 모습을 띠게 된다.[59] 대화체 엮음 노래에 나오는 이들의 말은 지은이나 말하는 이의 '내 이야기'가 아니라 '**남의 이야기**'인 셈이다. 대화체 노래는 구경꾼이 대신 말해주는 방식이라 때로는 "서정을 벗어나 서사나 극에 가까울 때가 있다."[60]

대화체 노래가 이와 같이 "**꾸며낸 사람들의 말 주고받기**"이기 때문에, 지은이가 제 생각과 느낌을 말하는 것이 아니라 꾸며낸 사람들이 하는 말을 거리를 두고 전해주는 말하기처럼 들리게 된다. 그러니 말하기 어려운 이야기도 할 수 있게 된다. 더욱이 대놓고 말하기 조심스러운 야한 이야기나 낯뜨거운 말장난도 노래 속에 나오는 사람들에 기대어 쉽사리 말할 수 있게 된다. 꾸며낸 사람들이 주고받는 말은 거짓일 때가 많고, 정상이나 상식을 벗어난 말일 때도 많다. 무겁고 어두운 것도 우습게 이야기할 수 있고, 쉽게 말하기 어려운 것도 스스럼없이 드러낼 수 있다. 대화체 노래는 좀 더 넉넉하고 가멸찬 표현을 하려고 만들어낸 색다른 말하기 방식이다.

> ᄉᆞ람마다 못할 것은 남의 님씌다 情드려 놋코 말 못ᄒᆞ니 ᄋᆡ연ᄒᆞ고 통ᄉᆞ정 못ᄒᆞ니 나 죽깃구나
>
> ᄭᅩᆺ이라고 ᄯᅳᆺ어를 내며 닙히라고 훌터를 ᄂᆡ며 가지라고 ᄯᅥᆨ거를 ᄂᆡ며 ᄒᆡ동청 보라ᄆᆡ라고 제 밥을 가지고 굿여를 낼가 다만 秋波 여러 번에 남의 님을 후려를 내여 집신 간발ᄒᆞ고 안인 밤즁에 월장도쥬ᄒᆞ야 담 넘어 갈 제 ᄉᆡᄋᆡ비 귀먹

59) 강명혜(1994), 「사설시조의 언술 연구」, 『시조학논총』 제10집, 한국시조학회, 207~209쪽. 박기호는 대화체 엮음 노래에 나오는 말하는 이의 특징을 시인과 화자가 분리된다는 '화자의 허구화'로 정리하였고, 대화체 엮음 노래를 세 가지로 잘게 가르고 자세히 그 속살을 풀었다. 박기호(1991), 「대화체 장시조 연구」, 『시조학논총』 7, 한국시조학회, 40~44쪽.

60) 강명혜(1994), 앞의 글, 215쪽.

쟁이 잡녀석은 남의 속ᄂᆡ는 조곰도 모로고 안인 밤즁에 밤ᄉᆞ람 왓다고 소ᄅᆡ를 칠 제 요ᄂᆡ 간장이 다 녹는구나

ᄎᆞᆷ으로 네 모양 그리워셔 나 못 살게네

『악부(樂府) 고대본(高大本)』 919, #539.1

사람마다 못할 것은 남의 님께다 정들여놓고 말 못하니 애연하고 통사정 못하니 나 죽겠구나

꽃이라고 뜯어를 내며 잎이라고 훑어를 내며 가지라고 꺾어를 내며 해동청 보라매라고 제 밥을 가지고 꾀어를 낼까, 다만 추파 여러 번에 남의 님을 후려를 내어 짚신 감발하고 아닌 밤중에 담을 넘고 달아나려 담 넘어 갈 제 시아비 귀머거리 잡녀석은 남의 속내는 조금도 모르고 아닌 밤중에 밤사람 왔다고 소리를 칠 제 요 내 간장이 다 녹는구나

참으로 네 모양 그리워서 나 못 살겠네

사람마다 못할 것이 남의 님에게 정(情)을 주는 일이고, 이런 일은 입 밖으로 내서 말을 못하니 슬프고〔애연 哀然〕, 이렇게 통사정을 못하니 죽겠다고 하였다. 다음에는 남의 님을 꾀는 일이 어렵다고 일렀다. 꽃이라고 뜯어낼 수 있으며, 잎이라고 훑어 낼 수 있으며, 가지라고 꺾어낼 수 있으며, 해동청[61] 보라매[62]라고 먹이를 가지고 꾀어 낼 수 있겠느냐고

61) 해동청(海東青): 사냥에 쓰는 매(鷹)의 하나. 해청(海青)·송골(松鶻)이라고도 함. 이수광(李睟光, 1563~1628)의 『지봉유설(芝峯類說)』 권20, 「금충부(禽蟲部), 조(鳥)」에 "〈소설〉에 보면 '등주 해안에 송골매가 있으니 고려에서 날아온 것으로 이것을 해동청이라 한다'고 했다. 그렇다면 해동청은 곧 송골의 종류이고, 매의 족속이 아니다. 또 〈원사〉를 보면, '문종 때에 태평왕 연첩목아에게 해동의 백골과 청골 한 마리씩 내렸다'고 했다. 지금 풍속에서는 송골을 해동청이라고 하는데 아마 이것일 것이다(按小說曰 登州海岸 有鶻 自高麗飛渡 號海東青 然則海東青乃鶻類 非鷹族也 又按元史 文宗時 賜太平王燕帖木兒海東白鶻青鶻各一云 今俗以松鶻爲海東青 盖是)."

62) 보라매: 13세기 몽골의 풍속이 고려에 많이 전해졌으며 고려에서도 몽골식 매사냥을 많이 하게 되었다. 그때에 몽골 말로 '보로(boro)'가 고려 말에 들어와 '보라매'가 되었다. '보라매'는 앞가슴에 담홍색의 털이 난 매로서 어렸을 때에 길들여서 매사냥을 하는 데 널리 쓰였다. 『송남잡지(松南雜識)』, 「어렵류(漁獵類)」에 "우리나라의 노

했다. 남의 님은 함부로 쉽사리 제 사람으로 만들기 어렵다고 하였다. 그러나 어떻게 해서든지 내 님으로 만들어 보겠다는 뜻도 담고 있다. 드디어 님을 꾀어 들이는 일을 이루고야 만다. 추파(秋波)[63] 여러 번에 남의 님을 후려낸다. 그리고 그 님과 뜻하지 않은 밤중에 짚신을 신고 감발을 하고[64] 담을 넘어 달아나려고 한다〔월장도주 越牆逃走〕. 그런데 '귀먹쟁이 잡녀석'이라고 한 시아버지가 귀가 어두운데도 어떻게 알았는지 달아나는 것을 보고 밤사람(도둑놈)이 왔다고 소리를 친다. 시아비 때문에 남의 님과 밤중 도망하려던 일은 물거품이 되고 만다. 그러면서 허겁지겁 제 방으로 돌아와 그 님이 그리워 못 살겠다고 푸념한다.

이 노래의 말하는 이는 사내일 수도 있고 아낙일 수도 있다. 사내라면 어떤 남의 집 아낙을 꼬여 밤중에 같이 도망치려다 그 집 시아비에게 들킨 일을 두고 한 노래가 된다. 말하는 이가 아낙이라면 남의 지아비나 다른 여인의 사내를 어렵게 꾀어내어 그 사내와 같이 약속을 하고 밤중에 도망치기로 하고 담을 넘다 그만 시아비에게 들켜 그 사내는 허둥지둥 가 버리고 나는 방으로 급히 돌아와 한숨 쉬는 노래가 된다.

긴박하고 흥미로운 장면을 노래했다. 아마 이 일이 벌어진 다음 이 집안의 시아버지는 담장 단속을 단단히 하고 밤마다 문지기나 담장지기를 세우든지 아니면 제 스스로 나와서 도둑을 지켰을 수도 있다. 달아날 수

래에 '산지니 수지니, 해동청, 보라매'라고 하였는데, 보라는 바로 추황이다(海東有俗歌云 山陳鷹手陳鷹海東青甫羅鷹 甫羅而秋黃)."

63) 추파(秋波): 북송(北宋) 때의 사람인 사곤(謝鯤)은 자(字)가 유여(幼輿)인데, 이웃집에 한 여인이 살고 있어 한 번은 그 집을 찾아가 그 여인을 꾀려 하였다. 마침 베를 짜고 있던 그 여인은 사곤을 막으려고 그에게 북을 집어던졌고, 사곤은 북에 맞아 이가 두 개나 부러졌으나 아무렇지도 않은 듯 돌아왔다고 한다. 동파(東坡) 소식(蘇軾)이 이러한 일을 바탕으로 「백보홍시(百步洪詩)」를 지었고, 이 시에 추파라는 말이 나온다. "아름다운 이가 눈을 돌아보지 아니한다, 유여가 말을 걸려고 하자 북을 던져 막네(佳人未肯回秋波 幼輿欲語防飛梭)."

64) 감발하다: 발에 발감개를 하다. 발감개는 먼 길을 가는 사람이나 막일을 하는 사람들이 버선 대신에 발에 감던 좁고 긴 무명.

있는 좋은 때를 놓치고 만 아낙은 그 뒤에 달아날 틈이나 짬을 얻지 못했을 것이다. 그래서 '참으로 네 모양 그리워서 나 못 살겠네' 하고 넋두리를 하고 있다. 남의 님을 후려내는 일도 우습지만, 그 님과 함께 한밤에 내빼려다[65] 시아버지에게 들킨 일과 그런 시아버지를 '잡녀석'이라고 욕하는 말도 우습다.

그런데 이런 노래들을 어떻게 읽을 것인가 생각해 볼 필요가 있다. 앞에서도 말했듯이 엮음 노래는 '웃자고 한 말'인 노래가 많다. 이 노래도 그저 웃자고 지은 노래일 수도 있다. 그러나 모든 엮음 노래를 웃자고 한 말이라고만 생각해서는 안 된다는 이도 있다. 그러면 이런 노래들에서 우리는 무엇을 읽을 수 있을까.

먼저 비꼬기(풍자)로 읽을 수 있다. 그때 지아비 있는 아낙이나 지어미 있는 사내가 눈이 맞아 집안사람들 몰래 밤중에 달아나려는 못된 짓을 비꼬려고 이런 노래를 짓고 불렀을 수 있다. 사람이 지켜야 할 도리나 규범을 벗어난 이들을 꼬집기 위한 노래이다. 이런 풀이가 아주 틀렸다고는 할 수 없으나 엮음 노래는 윤리나 도덕을 중요하게 여기는 노래는 아니기 때문에 엮음 노래를 비꼬기로 읽는 것은 아주 좁고 치우친 풀이이다.

한편 사람은 이렇게 살아야 한다는 정해진 규범이나 가치, 질서에 얽매이지 말고 하고 싶은 말을 실컷 해보자는 뜻에서 이런 노래를 지었을 수 있다. 본디 엮음 노래는 하고 싶은 말을 마음껏 해보는 노래이다. 사람들은 머리를 아프게 하고 삶을 조이고 얽매이게 하는 것은 한 번쯤은 집어던지고 엉뚱하고 우스꽝스러운 이야기도 하면서 지내 보자고 생각한다. 여기서 더 나아가면 누구나 일탈을 꿈꾸고 싶어서 이런 노래를 짓고 불렀다고 풀이할 수도 있다. 사람은 흐트러지지 않고 점잖고 바르게만 살 수 없다. 누구나 잘못도 저지르고 때로는 짜인 틀에서 크게 벗어나고자 한다.

---

65) 조동일은 아낙이 다른 집 사내와 같이 달아나려고 하다가 들킨 것이 아니고, 혼자 담을 넘다 들킨 것으로 보았다. 조동일(2017), 앞의 책, 214쪽.

나도 그럴 수 있고 너도 그럴 수 있으니 이런 노래를 지어 즐길 수 있다. 그래서 어떤 이는 엮음 노래야말로 삶을 거짓 없이, 꾸밈없이 보여주는 참 노래라고 추기도 했다.66)

또는 김흥규의 말처럼 엮음 노래가 '범속한 삶의 희극적 만인보(萬人譜)'를 담고 있기 때문에, 이런 노래들은 세속적 삶의 여러 구비에서 볼 수 있는 사람들의 모습과 표정을 우습게 노래했다고 풀이할 수 있다. 여기에는 사람이면 빠져들 수밖에 없고, 스스로도 삼갈 수 없는 욕망이나 절실한 갈망과 일그러진 모습들이 담겨 있다.67)

엮음 노래는 읽으면 읽을수록 튀는 노래이다. 아직까지도 읽는 이들을 어리둥절하게 만들기도 한다. 그래서인지 엮음 노래가 어떤 노래인지 말하는 이마다 달리 이야기한다. 유교 윤리를 비판하는 노래로 보기도 하고, 웃고 놀기 위해 부른 노래로 보기도 하고, 여느 백성의 삶을 그대로 보여주는 노래로 보기도 한다. 엮음 노래를 여러 눈으로 달리 보는 것도 좋은 문학 감상이라고 생각한다. 한 가지로만 못 박아서 풀이하는 일은 좋은 감상이라 할 수 없다.

엮음 노래의 성격을 여러 가지로 풀이할 수도 있지만, 또렷하게 말할 수 있는 한 가지는 엮음 노래가 잔치와 놀이의 마당에서 즐거움을 위해 부르는 노래였다는 점이다. 그러기에 노랫말의 속살에 줄을 칠 까닭이 없었다. 나날살이에서 흔히 쓰는 말을 다듬지 않고 써서 밋밋하지만 살아 움직인다. 엮음 노래에 나오는 말하는 이나 사람들은 자신의 잘못, 모자람, 깨끗하지 못함, 바보스러움, 억누르지 못하는 욕망 따위를 거침없이 쏟아낸다. 이런 것들은 오히려 노래하지 않으면 더 좋을 내용들인데 노래

66) 마악노초(磨嶽老樵)의 『청구영언(靑丘永言)』, 「후발(後跋)」에 "민간의 노래 소리에 이르면 곡조는 비록 아름답고 세련되지 못하나 무릇 기뻐 즐기면 원망하고 탄식하고 미쳐 날뛰며 거칠게 구는 모습과 태도는 각각 자연의 진기에서 나온 것이다(至於里巷謳歈之音 腔調雖不雅馴 凡其愉佚怨歎猖狂粗莽之情狀態色 各出於自然之眞機)."

67) 김흥규(2015), 앞의 책, 220~224쪽.

했다는 것은 이런 것들이 누구에게나 있을 수 있기 때문이다. 사람은 누구나 실수도 하고, 미련하고 모자란 짓을 하기도 하고, 어떨 때는 바보스럽기까지 하며, 본능이나 욕망을 절제하지 못하기도 한다. 감출 수 없고 참을 수 없는 느낌과 바람을 엮음 노래로 풀 수 있었다. 즐기기 위한 노래는 더 이상 점잔을 뺄 까닭도 없으며 은밀하게 속삭여야 할 성적인 놀음도 대놓고 노래할 수 있었다.

> 듸들에 臙脂라 紛들 사오 져 장ᄉᆞ야 네 臙脂粉 곱거든 사쟈
> 곱든 비록 안이되 ᄇᆞᆯ음연 네 업든 嬌態 절로 나는 臙脂粉이외
> 眞實로 글어ᄒᆞᆯ 량이면 헌 속ᄡᅥ슬 ᄑᆞᆯ만정 대엿 말이나 사리라
>
> 『해동가요(海東歌謠) 일석본(一石本)』 546, #1329.1

> “댁들아 연지와 분들 사시오.” “저 장사야 네 연지분이 곱거든 사자.”
> “비록 곱지는 않지만, 바르면 네 없던 교태가 절로 생기는 연지분이외다.”
> “진실로 그러할 것 같으면, 헌 속곳을 팔망정 대여섯 말이나 사리라.”

연지(臙脂)와 분(粉)을 파는 이, 요즘말로 하면 화장품 장사다. 옛날에는 방물장수쯤 되겠다. 이 장사치가 마을을 돌아다니면서 여염집 아낙들을 부르며 연지분을 사라고 외친다. 그런데 한 아낙이 네가 파는 연지분이 곱다면 사겠다고 한다. 장사치는 곱지 않은 얼굴이더라도[68] 이 연지분을 사서 바르면 전에 없던 교태(嬌態, 아리따운 모습이나 맵시)가 절로 생겨나는 연지분이라고 부풀려 말한다. 요즘말로 하면 과장·허위 광고인 셈이다. 그 말에 솔깃한 아낙이 진실(眞實)로 그렇다면야 헌 속곳을 팔망정 대여섯 말이라도 사겠다고 한다. ‘헌 속곳을 팔망정’은 ‘헌 속곳을 팔

68) ‘비록 곱지는 않지만’을 ‘얼굴이 비록 곱지는 않지만’으로 풀 수도 있고, ‘연지분이 비록 곱지는 않지만’으로 풀 수도 있다. 다시 말해, 곱지 않은 것의 임자말(주어)이 얼굴일 수도 있고 연지분일 수도 있다.

아서라도'의 뜻이기도 하지만, 조금 더 나아가면 '속곳을 풀다'는 말로 바뀌어 '몸을 팔아서라도'의 뜻이다. 이 아낙은 연지분을 살 만큼 돈을 가지고 있지 않는 듯하다. 그러나 얼굴을 곱게 만들어 준다는 연지분을 지나친 방법을 써서라도 사서 사내에게 사랑을 받으려고 한다. 아마도 지금은 누구한테도 사랑을 받지 못하고 있는 처지인 것 같다. 그래서 그 사랑을 다시 찾기 위해 '대여섯 말'이나 되는 많은 양의 연지분을 사려고 한다. 많이 사서 오랫동안 바르면 더 예뻐질 줄로 생각하고 있다. 사랑 받고자 하는 마음을 이렇게 지나치게 부풀려서 드러내고 있다. 이런 **'지나친 말하기'**에서 듣는 이나 읽는 이들은 웃음을 터뜨리게 된다.

예나 지금이나 여성이 예뻐지고 아름다워지고 싶어 하는 것은 다를 바가 없는 것 같다. 어쩌다가 장사치의 말이 거짓말이라도 내가 가지고 있는 것을 다 주고라도 그 신비한 화장품을 사고 싶은 여성의 심리가 나타나 있다. 이 노래는 그저 웃어 보자고 해서 지어낸 노래일 수도 있지만, 아름다워지고 싶은 여성의 욕망을 드러낸 노래로 볼 수도 있다. 우리는 흔히 장난으로 하는 말에도 깊은 뜻이 들어 있다고 느낄 때가 있는데, 엮음 노래의 웃음 속에도 뼈 있는 속내가 들어 있다.

ᄃᆡᆨ들에 나모들 사오 져 장ᄉᆞ야 네 나모 갑시 언매 웨ᄂᆞᆫ다 사쟈
ᄡᆞ리남게ᄂᆞᆫ ᄒᆞᆫ 말 치고 검부남게ᄂᆞᆫ 닷 되를 쳐서 合ᄒᆞ야 혜면 마 닷 되 밧습ᄂᆡ 삿 대혀 보으소 잘 붓슴ᄂᆞ니
ᄒᆞᆫ적곳 사 ᄯᆡ혀 보며ᄂᆞᆫ ᄆᆡ양 사 ᄯᆡ히쟈 ᄒᆞ리라

『청구영언(青丘永言) 진본(珍本)』 535, #1326.1

"댁들아 나무들 사오." "저 장사야 네 나무 값이 얼마 외치는가, 사자."
"싸리나무에는 한 말 치고 검불나무에는 닷 되를 쳐서 합하여 셈하면 한 말 다섯 되 받습니다. 사 때어 보십시오. 잘 붙습니다.
한 번만 사 때어 보면 늘 사 때자 하리라."

위 노래도 말 주고받기 노래인데, 나무 장사와 아낙네의 대화로 되어 있다. 나무 장사가 아낙네들에게 나무를 사라고 소리치자 한 아낙네가 나무 값을 묻고 사겠다고 한다. 그러자 나무 장사는 싸리나무는 한 말이고 검불나무는 닷 되이고, 두 가지를 합쳐 셈하면 한 말 닷 되 받는다고 한다. 이 싸리나무와 검불나무를 사서 때 보면 불이 잘 붙는다고 말한다. 옛날에는 물건을 살 때 주로 쌀이나 보리 같은 곡식으로 샀기 때문에, '말'이니 '되'니 하는 곡식의 들이를 재는 도구가 나온다. 이렇게 나무 값을 이른 다음 나무 장사는 한 번만 사서 불을 때 보면 언제나〔매양 每樣〕 사서 때자고 할 것이라고 말한다. 그만큼 불이 잘 붙어 다음에도 또 사게 될 것이라 했다.

이렇게만 읽으면 이 노래는 싱겁다. 그냥 장사치와 아낙네가 나무 값을 묻고 답하는 노래일 뿐이다. 그런데 이 노래를 꼼꼼히 들여다보면, 장사치와 아낙네가 말소리의 비슷함을 살려 쓰면서 야한 말장난을 나누고 있는 노래임을 알게 된다.[69] 이 노래에 나오는 다음 말들은 두 가지 뜻이 겹쳐 있다. "삿 대혀 보으소 잘 붓슴ᄂᆞ니"는 '(나무를) 사서 때 보시오 (불이) 잘 붙습나니'라는 뜻인데, 이 말은 곧 '샅(허벅지)을 대 보시오 잘 붙습나니'라는 뜻도 된다. 또 "ᄒᆞᆫ 적곳 사 ᄯᅢ혀 보며ᄂᆞᆫ ᄆᆡ양 사 ᄯᅢ히쟈 ᄒᆞ리라"는 '한 번 사서 때 보면 매양 사서 (불) 때자 하리라'는 뜻인데, 이 말은 '한 번 샅(허벅지)을 대 보면 매양 샅 대자 하리라'는 뜻도 들어 있다. 허벅지 살을 대 보면 잘 붙게 되고, 한 번 대 보면 늘 대 보자고 하게 될 것이라는 말이다. 두 사람이 주고받는 말에 엉큼한 속내가 들어 있다.[70]

---

69) 김흥규(2002), 「'장사치-여인 문답형 사설시조'의 재검토」, 김학성·권두환(편), 『신편 고전시가론』, 새문사, 358~359쪽.

70) 조규익은 이 노래에 나오는 나무를 사내의 남근을 가리킨다고 보았다. 싸리나무는 한 말이라 하고, 검불나무는 닷 되라고 한 것은 싸리나무가 검불나무보다 갑절이나 비싸다는 말인데, 싸리나무는 튼튼한 남근을, 검불나무는 나약한 남근을 이른다고 풀었다. 조규익(2009), 『만횡청류의 미학: 우리의 옛 노래 문학(수정 증보판)』, 박이정, 256쪽.

장사치와 아낙이 말을 주고받는 노래들을 '댁들에 노래'라고 일컫기도 한다. 조금 자질구레한 이야기이나, 첫머리에 하는 말을 장사치의 말이 아닌 아낙이 하는 말로 볼 수도 있다. 이를테면 '댁들아 연지나 분들 사오(하고 외치는) 저 장사야, 네 연지분 곱거든 사자.', '댁들아 나무들 사오(하고 외치는) 저 장사야, 네 나무 값이 얼마 외치는가, 사자.' 이렇게 모두 아낙이 하는 말로 여길 수도 있다. 이렇게 충분히 볼 수 있는 까닭은 노래의 첫글(초장)을 두 사람의 말로 나누지 않고 한 사람이 한 말로 보면 글(장)이 깨어지지 않기 때문이다. 옛 노래를 실은 거의 모든 노래책이 띄어쓰기나 줄 바꿔 쓰기를 하지 않았기 때문에 노랫말을 어떻게 나누어 보느냐에 따라 말하는 이가 달라질 수 있다.

다음 노래도 장사치와 여인의 대화로 되어 있다.

閣氏네 더위들 ᄉᆞ시오 일은 더위 느즌 더위 여러 ᄒᆡ포 묵은 더위

五六月 伏 더위에 情에 님 만나이셔 ᄃᆞᆯ ᄇᆞᆰ근 平牀 우희 츤츤 감겨 누엇다가 무음 일 ᄒᆞ엿던디 五臟이 煩熱ᄒᆞ여 구슬 ᄯᆞᆷ 들니면서 헐덕이ᄂᆞᆫ 그 더위와 冬至ᄃᆞᆯ 긴긴 밤의 고은 님 ᄑᆞᆷ의 들어 ᄃᆞ스ᄒᆞᆫ 아ᄅᆞᆷ목과 둑거온 니불 속에 두 몸이 ᄒᆞᆫ 몸 되야 그리져리 ᄒᆞ니 手足이 답답ᄒᆞ고 목굼기 타올 적의 웃목에 ᄎᆞᆫ 슉늉을 벌덕벌덕 켜ᄂᆞᆫ 더위 閣氏네 ᄉᆞ랴거든 所見ᄃᆡ로 사시읍소

쟝ᄉᆞ야 네 더위 여럿 듕에 님 만난 두 더위ᄂᆞᆫ 뉘 아니 됴화ᄒᆞ리 ᄂᆞᆷ의게 ᄑᆞ디 말고 ᄇᆞᄃᆡ 내게 ᄑᆞᄅᆞ시소

- 신헌조(申獻朝), 『봉래악부(蓬萊樂府)』 20, #60.1

"각시네 더위들 사시오, 이른 더위 늦은 더위 여러 해 동안 묵은 더위

오뉴월 복 더위에 정든 님 만나 달 밝은 평상 위에 칭칭 감겨 누웠다가 무슨 일 하였던지 오장이 열이 나고 구슬땀 흘리면서 헐떡이는 그 더위와, 동짓달 긴긴 밤에 고운 님 품에 들어 따스한 아랫목과 두꺼운 이불 속에 두 몸이 한 몸 되어 그리저리 하니 손발이 답답하고 목구멍 탈 때에 윗목에 찬 숭늉을 벌

컥벌컥 켜는 더위, 각시네 살려거든 소견대로 사시오."

"장사야, 네 더위 여럿 중에 님 만난 두 더위는 누가 아니 좋아하리, 남에게 팔지 말고 부디 내게 파시오."

장사가 물건을 파는 것이 아니라 더위를 판다. 꾸며낸 말임을 알 수 있다. 더위팔기는 정월 대보름에 하던 놀이인데, 이 놀이를 노랫말 삼아 재미있게 말을 엮어가고 있다. 장사치가 파는 더위는 여러 더위가 있는데 첫글(초장)에는 세 가지 더위가 나온다. 이른 더위, 늦은 더위, 여러 해 동안 묵은 더위이다. 그런데 가운뎃글(중장)에는 님을 만나 생기게 된 더위가 나오는데 그 더위는 아주 자세하게 이야기하고 있다. 님을 만나 생긴 첫 번째 더위는 오뉴월 더운 복날 달 밝은 평상 위에 님과 함께 몸을 감고 누웠는데 몸에 열이 나고〔오장五臟이 번열煩熱하여〕 구슬땀 흘리면서 헐떡이는 더위이다. 더운 여름밤에 밖에 나가 평상 위에서 님과 뜨겁게 사랑을 나누는 장면을 이렇게 이야기했다. 님을 만나 생긴 두 번째 더위는 동짓달 긴긴 밤에 고운님 품에 들어 따스한 아랫목과 두꺼운 이불 속에서 두 몸이 한 몸 되어 손발이 답답하고 목이 타서 윗목에 두었던 찬 숭늉을 벌컥벌컥 들이키는 더위이다. 겨울밤에 방에서 님과 함께 뜨거운 몸의 사랑을 나누는 것을 이렇게 이야기했다. 끝글(종장)의 각시네의 대답이 우습다. 여러 더위 가운데 님 만난 두 더위는 남에게 팔지 말고 부디 나에게 팔라고 한다. 이 노래에 나오는 여인은 님을 만나 그런 뜨거운 사랑을 나누기를 바란다. 장사치의 걸쭉한 말하기도 웃기지만 아낙네의 천연덕스러운 대답이 더 큰 웃음을 터뜨리게 한다.

물건을 파는 장사치와 사려는 아낙의 말 주고받기가 더위를 사고파는 데까지 이르렀다. 더위는 물건이 아니기 때문에 사고팔 수 있는 것이 아니니 **'말 만들어내기'**, **'말 지어내기'** 노래라 할 수 있다. 따라서 노래에 나오는 더위 파는 장사나 각시네는 만들어 낸 사람이다. 이런 말을 꾸며내서 술자리나 놀이마당에서 웃고 즐기자고 지은 노래이다. 더욱이 이 노래를 선비인 신헌조(申獻朝, 1752~1807)가 지었다는 점은 더욱 읽는 이들을 놀라게 한다.[71] 성과 관련된 쾌락을 이렇게 양반 남성이 자유롭게 노래했다는 것이 파격이다. 선비가 지은 이러한 노래는 술자리나 놀이 문화와 관련지어 읽어야 한다. 앞에서 말했듯이 엮음 노래는 잔치마당의 재미나 흥이 무르익었을 때 흐트러져도 될 때 자유롭게 불렀던 노래이다. 그러니 야한 이야기의 노래들은 말놀이라고 보아야 한다. 그저 즐거움을 위한 노래이다. 선비들이 지었다고 하는 엮음 노래는 "말장난을 하기 위한 웃음 그 이상의 것이 아니다."[72] 이런 노래들은 어떤 도덕이나 규범 따위를 던져 버리고 신명나게 한 판 놀아 보자는 뜻에서 지은 노래들이다. 그래서 여기에 나오는 장사치나 아낙은 놀이를 위해 꾸며낸 사람에 지나지 않는다.

김흥규는 장사치와 아낙네가 묻고 답하는 엮음 노래의 갈래를 크게 두 가지로 나누었는데, 「각시네 더위들 사시오」와 같이 '관심 갖는 일을 그대로 겉으로 드러낸 노래'와 「댁들에 나모들 사오」와 같이 '말소리의 비슷함을 이용한 노래'로 나누었다. 앞엣것은 관심을 가지고 있는 것과 그것을 나타낸 말 사이에 굴절이 없거나 적은 노래이며, 뒤엣것은 뜻겹침〔중의성 重義性〕이나 다른 뜻으로 생각하게 하는 것〔연상적聯想的 전의轉意〕을 품고 있는 노래라고 설명하였다.[73] 남녀 사이의 성 문제에 대한 속된 표현이 겉에 숨김없이 드러난 것과 속에 감추어진 것으로 나눈 것이다.[74]

장사치와 아낙의 대화나 홍정의 노래는 지은이가 제 말을 하기보다는 만들어낸 사람을 내세워 말을 하기 때문에, 지은이의 모습을 감출 수 있

---

71) 조동일은 이 노래가 『봉래악부(蓬萊樂府)』에 실려 있다고 해서 신헌조가 지은 노래로 볼 수 없고, 『봉래악부』에 손을 댄 사람이 노랫말을 고치고 바꿔서 엉뚱한 장난을 했다고 보았다. 조동일(2005), 앞의 책, 『한국문학통사3』, 326쪽.

72) 김대행(1991), 앞의 책, 392쪽.

73) 김흥규(2002), 앞의 글, 356~358쪽.

74) 김흥규는 두 번째 것이 웃음의 정도가 더 짙으며 자극적이라 하였다. 위의 글, 363쪽. 야한 이야기는 다 드러내는 것보다 은근히 비유법을 써가면서 말하면 그 효과가 크다.

다. 그래서 지은이가 하고자 하는 말을 꾸며낸 사람들의 말하기로 펼쳐나갈 수 있다. 그러니 말하기 조심스러운 몸으로 나누는 사랑 이야기도 쉽게 말할 수 있다.

몸의 사랑 노래에서 말하는 이가 아낙이 아니라 사내가 나오는 노래들도 있다.

> ᄌᆞᆫ솔밧 언덕 ᄋᆞᆯᄒᆡ 굴죽 ᄀᆞᆺ튼 고래논을
> 밤마다 장기 메워 물 부침의 ᄡᅵ 지우니
> 두어라 自己買得이니 他人幷作 못ᄒᆞ리라
>
> - 신헌조(申獻朝), 『봉래악부(蓬萊樂府)』 11, #4154.1

> 잔솔밭 언덕 아래 썩 기름지고 넓고 좋은 논을
> 밤마다 쟁기질하여 물을 주고 씨 뿌리니
> 두어라 내가 사서 얻은 것이니 다른 이와 같이 지을 수 없으리라

이 노래는 겉으로만 보면 좋은 논을 내가 구해서 농사를 잘 짓고 있으니 다른 이와 나누어 농사짓지 않겠다는 말이다. 또 다른 속뜻이 있는데, 논은 여인의 몸을 가리키고 농사짓는 일은 사내가 여인과 밤을 같이 보내는 일로 풀 수 있다. 그러면 내 여인은 나만 가질 수 있고 다른 이는 가질 수 없다는 뜻으로 내 사람만을 사랑하고 지켜주어야 한다는 뜻이 담겨 있다. 여기까지만 풀면 이 노래는 남을 탐하거나 남에게 눈길을 주지 말고 우리끼리만 사랑을 나누자는 노래라 할 수 있다. 여기에는 사랑의 절개나 지조를 지켜야 한다는 뜻도 담고 있다. 앞쪽에서 살핀 노래 「내 사랑 남 주지 말고」와 말하고자 하는 알짬이 비슷한 노래이다.

그런데 노랫말을 잘 파헤쳐 보면 이 노래가 야한 말장난의 노래임을 알게 된다. '잔솔밭'은 여인의 은밀한 곳에 난 털을 가리키고, '기름지고 넓고 좋은 논'은 여인의 은밀한 그곳을 가리킨다. '쟁기질 하여 물주고

씨 뿌리'는 일은 낮에 해야 하는 농사일인데, '밤마다' 한다고 말해 여기서 말하는 쟁기질과 물주고 씨 뿌리는 일이 농사일이 아니고, 남녀가 밤에 잠자리를 같이한다는 뜻임을 짐작할 수 있다. '내 힘으로 사서 얻은 논이니〔자기自己 매득買得이니〕 다른 사람과 같이 농사짓지〔타인병작 他人幷作〕 못하리라'는 말은 내가 공을 들여 이 여자를 내 사람으로 만들었으니, 어찌 다른 사내와 함께 나누어 가질 수 있겠느냐는 말이다. 이 여인은 나하고만 사랑을 나누어야지 몸을 다른 이에게 바쳐서는 안 된다는 뜻이다. 곧 나와만 잠자리를 해야지 바람을 피우거나 딴 놈과 눈이 맞아서는 안 되고, 다른 사내들도 내 여인을 넘보아서는 안 된다고 이르고 있다.

이런 노래를 선비가 지었다는 것이 또한 놀랍다. 신헌조는 앞에서 살펴본 「각시네 더위들 사시오」 같은 다른 야한 노래도 지었는데, 그때 선비가 지켜야 할 점잖고 의젓함을 아주 벗어던지고 지나치게 사랑놀이에 빠졌다 싶을 만큼 이런 의뭉스러운 말장난을 하였다. 선비들도 때로는 틀이나 관습, 규범이나 도덕에서 벗어나고 싶었는지 모른다.

각시ᄂᆡ 玉 ᄀᆞᆺ튼 가슴을 어이구러 다혀 볼고
土綿紬 紫芝 쟈져구리 속에 깁적삼 안셥히 되되여 죤득죤득 대히고 지고
잇다감 ᄯᆞᆷ 나 ᄇᆞᆺ닐 제 써힐 뉘를 모르리라

『청구영언(青丘永言) 진본(珍本)』 480, #62.1

각시네 옥 같은 가슴을 어떻게 대어 볼까
토주 자주색 작저고리 속에 깁적삼 안섶이 되어 존득존득 대고 지고
이따금 땀 나 붙어 있을 때 뗄 줄을 모르리라

어떤 사내가 젊은 아낙을 마음에 품었던 것 같다. 그 아낙의 옥같이 곱고 아름다운 가슴을 어떻게 하면 한 번 대 볼까 하고 응큼한 마음을 품는다. 그러나 그 아낙이 내 사람이 되어 내가 바라는 대로 하기는 어려웠던

지 머릿속으로 야릇한 상상을 한 번 해본다. 여인이 입는 톳면주(土綿紬)[75] 자주 빛〔자지 紫芝〕 작저고리[76] 속에 깁적삼[77] 안섶[78]이 된다고 했다. 실제로는 그 가슴을 대어 보고 만질 수 없으니 아낙이 입는 저고리 안쪽의 헝겊이 되어 그 아낙의 가슴을 대어 보겠다는 말이다. 그리고 이따금 땀이 나서 붙어 있을 때는 떨어질 줄 모르게 딱 달라붙어 있으면 좋겠다고 하였다.

아낙의 고운 젖가슴을 손대 보고 싶어 이런 엉뚱한 상상을 해본다. 아낙의 속저고리 안섶이 되면 늘 얼마든지 살갗에 닿고, 가슴에 닿을 수 있다. 더욱이 땀이 나면 더 찰싹 달라붙을 수 있다. 젊은 아낙이 내 님이 되기 어렵기에 이렇게라도 짓궂은 생각을 해서 모자람을 채워 보고자 했다.

엮음 노래에는 이렇듯 모자라고 일그러진 모습을 지닌 이의 목소리가 많이 나타난다. 엮음 노래는 짧은 노래(평시조)를 따라가려는 노래도 있지만 짧은 노래에서 아주 벗어나려는 노래도 많았다. 짧은 노래에서 벗어나려는 노래들은 거의 모두 '**점잖음을 무너뜨리는 노래**'들이다.

半 여든에 첫 계집을 ᄒᆞ니 어릿두릿 우벅주벅 주글번 살번 ᄒᆞ다가
와당탕 드리ᄃᆞ라 이리저리 ᄒᆞ니 老都令의 ᄆᆞ음 홍글항글
眞實로 이 滋味 아돗던들 길적부터 ᄒᆞᆯ랏다

『청구영언(靑丘永言) 진본(珍本)』 508, #1824.1

반 여든에 첫 계집을 하니 어릿어릿 우적우적 죽을 뻔 살 뻔하다가
와당탕 들이달아 이리저리 하니 노도령의 마음 홍글항글
진실로 이 재미 알았던들 길 때부터 할 것을

---

75) 톳면주(綿紬): 토주(吐紬). 바탕이 두텁고 빛깔이 누른 비단.

76) 작저고리: 껴입은 겉저고리와 속저고리. 겉저고리, 속저고리, 속적삼 세 벌을 겹쳐 입는 것을 저고리 삼작이라 한다.

77) 깁적삼: 비단으로 만든 적삼. 깁은 명주실로 바탕을 조금 거칠게 짠 비단. 적삼은 저고리 모양의 윗도리로 땀이 배지 않도록 입는 홑옷.

78) 안섶: 저고리나 두루마기의 안으로 들어간 섶. 섶은 아래쪽에 달린 길쭉한 헝겊.

마흔이 다 되어 처음으로 여자와 몸의 사랑을 나누는 노총각의 노래이다. 반(半) 여든, 곧 마흔이 되어 처음으로 계집을 만나 즐거움을 누린다. '어릿두릿'은 일이 손에 익지 않아 어리둥절한 모습이고 '우벅주벅'은 일을 서둘러 덤비는 모습이다. 처음으로 하기 때문에 이렇듯 서툴고 갈팡질팡한다. 그래서 죽을 뻔 살 뻔한다. '와당탕 들이달아'는 말도 노총각(노도령 老都令)의 서툰 솜씨를 나타낸다. 그래도 익숙하지는 않지만 마음은 정신을 가누지 못할 만큼 들떠 있다. 그래서 진실(眞實)로 이런 재미〔자미滋味〕를 알았던들 기어다닐 때부터, 곧 아이 때부터 했으면 좋았겠구나 하였다. 마흔에야 처음으로 여성과 잠자리를 같이하게 된 사내의 서툰 솜씨를 우스꽝스럽게 이야기한 노래이다. 한편으로는 조금 지나친 말하기를 하였다. 이런 말하기를 '과장법'이라고 하는데, 이와 같이 이야기하는 까닭은 이 노래를 듣는 자리에 있는 이들을 더 웃기게 만들려는 의도 때문이다.

長衫 뜨더 즁의 젹삼 짓고 念珠 뜨더 당나귀 밀밀치 ᄒᆞ고
釋王世界 極樂世界 觀世音菩薩 南無阿彌陁佛 十年工夫도 너 갈 듸로 니거
밤즁만 암居士의 품에 드니 念佛경이 업세라.

『청구영언(靑丘永言) 진본(珍本)』 514, #4195.1

장삼 뜯어 홑바지와 홑저고리 짓고 염주 뜯어 당나귀 밀치 하고
석왕세계 극락세계 관세음보살 나무아미타불 십 년 공부도 너 갈 데로 가거라
밤중쯤 여인의 품에 드니 염불 생각이 없어라

말하는 이가 스님이라 읽는 이를 더욱 놀라고 어리둥절하게 한다. 입던 장삼(長衫)을 뜯어 홑바지〔중의 中衣〕와 홑저고리를 만들고 염주(念珠)를 뜯어 당나귀 밀치[79]로 삼는다. 중노릇을 때려치우고 여느 사내들같이 옷

79) 밀치: 말, 당나귀 따위의 꼬리 밑으로 둘러서 안장 뒤에 잡아맨 끈으로 안장이 앞으

을 해 입고 나귀를 타 보겠다는 말이다. 석왕세계 극락세계 관세음보살 나무아미타불(釋王世界 極樂世界 觀世音菩薩 南無阿彌陁佛) 같은 염불을 십 년(十年) 동안이나 공부(工夫)했으나 이제는 너 갈 데로 가라고 하면서 염불이나 스님이 하는 공부는 그만두겠다고 했다. 그리고 밤중에 아낙〔암거사 居士〕의 품에 드니 염불할 경황〔염불念佛경〕이 없다고 했다. 아낙네와 같이 밤을 지내는데 불경이나 외우는 그런 고리타분 짓을 할 겨를이 없다는 말이다.

중이었으나 어떻게 한 여인을 알게 되고 그만 사랑에 빠져서 십 년이나 부처님의 길을 닦았던 일을 다 팽개친다. 장삼을 뜯어 바지와 저고리를 짓고 염주를 뜯어 나귀 안장에 딸린 밀치를 만든다는 말은 스님이 하는 거룩한 일을 버리고 세상 속으로 떨어지겠다는 말이다. 남녀 사이의 사랑과 정은 이렇듯 십 년 공부도 헌신짝 버리듯 무너뜨린다. 스님이 몸이 달아올라 불타오름을 못 이기고 스님이 가야 할 길을 저버리는 일은 매우 심각한 일이다. 그러나 이 노래를 듣고 있으면 엷은 웃음을 띠게 된다. 그 말하기가 우스꽝스러움을 담고 있다.

다음 노래는 나무 팔자 노래이나 속뜻을 잘 캐내어 보면 꼭 나무 이야기만은 아니라는 것을 알 수 있다.

엇썬 남근 八字 有福ᄒᆞ야 大明殿 大들栿 되고
ᄯᅩ 엇던 남근 八字 사오나와 난番 宵鏡 다섯 든番 宵鏡 다섯 掌務公事圓 合ᄒᆞ야 열두 宵鏡의 都막대 된고
출하로 검온고 술ᄶᅢ 되야 閣氏네 손에 쥐물려나 볼ᄭᅡ ᄒᆞ노라

『해동가요(海東歌謠) 일석본(一石本)』 544, #3148.1

어떤 나무는 팔자 좋아 대명전 대들보 되고
또 어떤 나무는 팔자 사나워 번을 서고 나오는 소경, 다섯 번을 선 소경,

로 쏠리지 않도록 하는 것.

다섯 장무공사원 합해 열두 소경의 지팡이 되는가
차라리 거문고 술대 되어 각시네 손에 주물려나 볼까 하노라

나무의 옛말은 '나모'이고 토씨(조사)가 덧붙을 때 홀소리(모음) 하나가 없어지고, 'ㄱ'이 덧생기는 말이다.[80] 그래서 나모에 '은'이라는 토씨가 붙으면 '나모+은'에서 홀소리 'ㅗ'가 떨어져 나가고 닿소리 'ㄱ'이 덧붙어 '낡+은'으로 바뀌어 '남근'이 된다. 이렇게 되면 '나무는'이라는 뜻의 '남근'은 남자의 연장인 '남근(男根)'이라는 뜻도 속에 감추게 된다. 그래서 이 노래는 겉은 나무의 노래이지만 속은 사내의 연장을 이야기하는 노래이다.

먼저 겉뜻부터 보자. 어떤 나무는 팔자(八字)가 유복(有福)하여 대명전 대들보가 된다. 대명전(大明殿)은 개성에 있는 궁궐 이름인데[81] 여기서는 그냥 궁궐이라는 뜻으로 썼다. 굵고 튼튼한 좋은 나무는 궁궐 대들보로 쓴다. 그러나 팔자가 사나운 나무는 여러 장님〔소경 宵鏡〕들의 지팡이로 쓴다. 그런데 노랫말에 나오는 맹인들은 번(番)을 서고 나오는 맹인들과 사무를 맡아보는 맹인〔장무공사원 掌務公事圓〕들까지 모두 열둘이나 되지만 지팡이는 하나밖에 없다. 도(都)막대란 가장 우두머리 지팡이로 맹인들의 길을 인도하고 안내하는 하나뿐인 지팡이를 가리킨다. 이 지팡이는 여러 맹인들한테는 소중하지만[82] 맹인들을 이끌어야 하기 때문에 고달프다. 큰 궁궐의 대들보가 된 나무보다는 팔자가 아주 사납다. 그래서 차라리 거문고 술대가 되어 거문고를 타는 여인의 손에 주물려나 보고 싶다고 하

---

80) 고영근(2010), 『표준 중세국어문법론』, 집문당, 109쪽.

81) 『신증동국여지승람(新增東國輿地勝覽)』 권지5, 「개성부(開城府) 하(下)」에 "대명궁: 인종(仁宗)이 순천관(順天館)을 고쳐서 대명궁으로 하였는데, 일찍이 금(金)나라 사신을 여기에서 배웅하였다(大明宮: 仁宗改順天館爲大明宮 嘗餞金使于是)."

82) '장님 열 사람에 막대기 하나'라는 뜻으로 아주 요긴하고 간편하게 쓰는 소중한 물건을 '십맹일장(十盲一杖)'이라 한다. 이익(李瀷)의 『성호전서(星湖全書)』 권7, 「백언해(百諺解)」에 "열 장님의 집에 나갈 때 오직 지팡이 하나(十盲之室 出維一杖)." 홍만종(洪萬宗)의 『순오지(旬五志)』 하(下), 「언기요절(言其要切)」에 "열 장님에 한 지팡이(十瞽一杖)."

였다. 거문고는 술대라는 작은 막대를 가지고 줄을 뜯는 악기이다.

이제 속뜻을 보자. 나무를 남자의 연장으로 본다면 마지막에 하는 말이 어떤 속내를 담고 있는지 짐작할 수 있다. 여인이 내 연장을 손으로 주물러 주기를 바라고 있다. 이는 그 어떤 것도 다 싫고 여인의 손에, 여인의 품안에서 사랑을 즐기겠다는 뜻이다.

다음 노래에는 범나비가 봄의 흥을 못 이겨 꽃을 찾아 나섰다 뜻하지 않게 그물에 걸린 이야기가 나온다. 그러나 속뜻은 어떤 사내가 여인을 탐냈다가 어려움을 겪게 되는 내용이다.

> 나는 진정말이지 ᄉᆞᆷ각산 거ᄒᆞ든 범나뷔로 장안 만호를 나려다 보니
>
> 오ᄉᆡᆨ이 영롱키로 화ᄀᆡ단절인가 츈흥을 못 익여 나려를 왓다가 돌아가든 회로에 이 몸이 앗ᄎᆞ 실수되야 인왕산 蝶絲에 나 걸녓고나 엘라 노와라
>
> 나 못 놋켓구나 열발가락이 씨여서도 나 못 놋켓네
>
> 『악부(樂府) 고대본(高大本)』 913, #936.1

> "나는 참으로 삼각산에 살던 범나비로 서울 여러 집을 내려다보니
>
> 다섯 빛깔이 영롱하기로 꽃피고 좋은 단오 때에 봄 흥취를 못 이겨 내려를 왔다가 돌아가는 길에 아차 실수 되어 인왕산 거미줄에 내가 걸렸구나, 에라 놓아라"
>
> "나 못 놓겠구나, 열 발가락이 찢어져도 나 못 놓겠네"

나비와 거미를 사람처럼 여기고 둘이 실랑이하는 이야기를 노랫말로 삼았다. 범나비는 삼각산에 사는데 서울 여러 집〔장안만호 長安萬戶〕을 내려다보다 다섯 빛깔〔오색 五色〕이 눈부시게 반짝이게〔영롱 玲瓏〕 온갖 꽃이 피어 있는 좋은 단오 때〔화개단절 花開端節〕에 봄의 흥〔춘흥 春興〕을 못 이겨 내려온다. 그러다 돌아가는 길〔회로 回路〕에 실수하여 인왕산 거미줄〔접사 蝶絲〕에 걸리고 만다. 거미에게 놓으라고 하지만 거미는 열 발가락

이 찢어져도 못 놓겠다고 한다.

범나비는 꽃을 찾아 나섰다가 꽃을 탐하는 데에 정신이 팔려 꽃 사이에 숨어 있는 거미를 미처 보지 못해 그만 위험에 빠졌다. '아차 실수'라고 했듯이 자신이 조심하지 못해 이렇게 그물에 걸렸다. 어떻게든 빠져나가려고 발버둥치지만 거미는 놓아주지 않는다. 이 노래에서 범나비는 여러 여인을 탐하는 사내를 가리킨다. 온갖 꽃들은 여러 여인네들을 가리키고 거미는 그 여인네 가운데 한 사람일 수도 있고 뜻하지 않게 만난 어떤 어려움일 수 있다. 어떤 사내가 춘정을 이기지 못하고 여인을 탐하러 여인네들이 많은 곳으로 왔다가 어떤 곤경이나 난처함에 빠져 사랑의 갈등을 겪고 있는 이야기로 읽을 수 있다.

이 노래는 놀이마당이나 잔치마당에서 벌어질 수 있는 남녀 사이의 사랑 다툼을 두고 읊은 노래일 수 있다. 여러 사내와 기녀들이 모인 술자리에서 놀기 좋아하는 사내와 기녀가 실랑이를 벌이는 일은 얼마든지 있을 수 있다. 그런데 실제 남녀를 노랫말에 담지 않고 나비와 거미로 바꿔서 노랫말에 담은 것은 다툼이나 실랑이를 심각하게 그리기보다는 재미있게 그리려 했기 때문이다. 웃음과 재미를 위해서 사람이 아닌 곤충의 목소리를 담았다. 더욱이 마지막에 '발가락이 찢어져도 나는 못 놓겠네'라는 말은 굳어 있는 무거운 분위기를 완전히 누그러뜨린다. 엮음 노래의 이런 말하기는 웃음을 머금고 있어 진지하고 엄숙한 것을 깨뜨린다.[83]

이제까지 살펴본 바와 같이 많은 엮음 노래에서 걸쭉하고 낯뜨겁고 농익은, 야한 말장난의 노랫말들을 만날 수 있었다. 잔치나 놀이를 즐기는 이들은 시간이 지날수록 딱딱하고 지루한 노래보다는 웃음과 익살이 넘치는 노래를 부르게 되기 쉽다. "잔치나 놀이마당(풍류 공간)은 유교 이념과 이를 지키려던 제도 장치에서 자유로운 하나의 사각지대였다."[84] 우

83) 조성진(2013), 「사설시조 사랑 노래에 나타난 웃음의 의미」, 『한국시가연구』 제35집, 한국시가학회.

84) 박애경(2000), 앞의 글, 110쪽.

리가 나날살이에서 우스갯소리 삼아 야한 이야기를 주고받기도 하는데, 이런 이야기는 놀이나 술자리의 분위기가 한껏 물이 올랐을 때 스스럼없이 허용되기도 한다.[85] 잔치나 술자리에 모인 누구나 이런 노래가 받아들여질 분위기가 되면 심각하거나 무거운 노래보다는 쾌감과 즐거움을 겨냥하는 노래를 부르게 된다. 이와 같이 성(性)에 관한 재미있는 이야기가 많은 엮음 노래의 성격을 "사회의 거짓 얼굴(가면)을 벗어 던지고 본능의 참 얼굴(진면)을 내보이는 모습"[86]으로 설명하기도 하며, "인간 정신이 지니고 있는 쉼(휴식)과 놀이(유희) 본능"[87]이라고 설명하기도 한다.

엮음 노래뿐만 아니라 선비들이 지은 이야기책들 가운데서도 야한 이야기가 많이 나온다. 이를테면 서거정(徐居正, 1420~1488)의 『태평한화골계전(太平閑話滑稽傳)』, 강희맹(姜希孟, 1424~1483)의 『촌담해이(村談解頤)』, 송세림(宋世琳, 1479~?)의 『어면순(禦眠楯)』, 성여학(成汝學, ?~?)의 『속어면순(續禦眠楯)』, 홍만종(洪萬宗, 1643~1725)의 『명엽지해(蓂葉志諧)』 같은 많은 이야기책들 속에는 곳곳에 성(性)과 관련된 우스개 이야기가 실려 있다. 선비들도 때로는 가볍고 웃고 즐길 만한 이야기를 글로 남겨 한때나마 점잖음, 삼감, 의젓함에서 벗어나고 싶어 했다고 할 수 있다. 서거정이 문왕(文王)과 무왕(武王)이 긴장과 이완을 알맞게 맞추어 나라를 다스렸다고 말했듯이,[88] 팽팽하게 조여야 할 때도 있어야 하지만 느슨하게 풀 때도 있어야 한다.[89] 사람이 너무 팽팽한 긴장 속에서만 살

85) 야한 이야기(음담패설)는 문화에 따라 그 표현 방법은 다를지라도 거의 전 세계에 두루 펴져 있다. 성(性)에 대해 말하는 것을 꺼리는 사회에서는 이것을 깨뜨린다는 점이 바로 웃음을 자아내게 한다. 류종영(2005), 『웃음의 미학』, 유로, 150쪽.

86) 김대행(1991), 앞의 책, 384~393쪽.

87) 류해춘(1991), 「사설시조에 나타난 시적 화자의 유형과 그 특성」, 『어문학』 제52집, 한국어문학회, 323쪽.

88) "그러나 그대는 듣지 못했는가? '우스갯소리를 잘 하신다'는 말과, '문왕과 무왕도 한 번 당겼다 한 번 늦추었다 하는 방법을 쓰셨다'는 것을(然子不聞善戲謔兮 文武弛張之道乎)." 서거정·이내종 역주(1998), 『태평한화골계전(太平閑話滑稽傳)』, 태학사, 15~18쪽.

면 숨이 막힌다. 때로는 느슨하게 풀어 마음껏 지껄이고 크게 소리 내어 웃을 수 있어야 숨통이 트인다. 선비들이 우스개 이야기책을 엮으면서 야한 이야기도 실은 것은, 엮음 노래에서 드러내놓고 하기 힘든 이야기도 마음놓고 하면서 웃고 즐기자는 뜻과 통한다.

3) 말놀음과 글자놀이

말놀음은 말을 가지고 노는 말놀이, 말장난, 말재롱, 말재간인데, 어려운 말로 '언어유희(言語遊戲, pun)'라고 한다. 말놀음과 글자놀이는 말과 글을 본디 쓰는 길과 다르게 써서 재미를 끌어내는 것이다. 이렇게 말놀음과 글자놀이를 바탕으로 지은 노래들 가운데는 몸으로 하는 사랑과 야한 농담에 관한 노래가 많다.

> 玉이 玉이라커늘 焚玉만 너겨쩌니
> 이제 보아ᄒᆞ니 眞玉일시 적실ᄒᆞ다
> 내게 술송곳 잇던니 뚜러볼가 ᄒᆞ노라
>
> \- 정철(鄭澈), 『근화악부(槿花樂府)』 391, #3486.1

> 옥이 옥이라 하길래 번옥으로만 여겼더니
> 이제 살펴보니 진짜 옥이 분명하구나
> 내게 살송곳 있으니 뚫어 볼까 하노라

---

89) 활을 쓸 때에는 활줄을 걸어 팽팽하게 해놓아야 하고 활을 쓰지 않을 때에는 활줄을 풀어놓아야 하듯이, 백성을 다스릴 때에도 긴장(조임)과 이완(풂)을 알맞게 맞추어야 함을 '문무이장의 도(文武弛張之道)'라고 한다. 『예기(禮記)』, 「잡기(雜記)」에 "긴장시키기만 하고 이완시키지 않는 것은 문왕과 무왕도 그렇게 할 수 없었다. 이완시키기만 하고 긴장시키지 않는 것은 문왕과 무왕도 그렇게 하지 않았다. 한 번 긴장시키고 한 번 이완시키는 것이 문왕과 무왕의 다스리는 길이었다(張而不弛 文武弗能也 弛而不張 文武弗爲也 一張一弛 文武之道也)."

鐵이 鐵이라커늘 섭鐵만 너겨써니

이제야 보아ᄒᆞ니 正鐵일시 분명ᄒᆞ다

내게 골블무 잇던니 뇌겨 볼가 ᄒᆞ노라

- 진옥(眞玉), 『근화악부(槿花樂府)』 392, #4706.1

철이 철이라 하길래 가짜 철로만 여겼더니

이제야 살펴보니 진짜 철이 분명하다

내게 골풀무가 있으니 녹여 볼까 하노라

정철과 기녀 진옥이 주고받은 노래이다.[90] 먼저 정철이 옥이라 옥이라 하길래 시원찮은 분옥(焚玉→번옥 燔玉)[91]으로만 알았는데 이제야 잘 보니 참옥이 틀림없다고 했다. 진옥도 철이라 철이라 하길래 잡스러운 것이 섞인 그저 그런 철로만 알았는데, 이제야 잘 보니 진짜 철이 틀림없다고 했다. 그런데 이 두 노래의 끝줄이 충격을 준다. 정철은 내게 있는 살송곳으로 뚫어 보겠다고 했고 진옥은 내게 있는 골풀무[92]로 녹여 보겠다고 했다. 살송곳은 남성, 골풀무는 여성의 성기를 가리킨다. 둘이 사랑을 뜨겁게 나누어 보겠다는 노래이다.

위 두 노래는 말놀이와 글자놀이로 웃음을 주기도 하다. 진옥과 정철은 진짜 옥과 진짜 철을 이르기도 하지만 사람 이름을 가리키기도 해서 소리가 같은 말을 가지고 두 가지 뜻이 겹치게 해서 재미있게 노랫말을 지어냈다. 말글을 가지고 노는 솜씨와 재치가 번뜩인다.

---

90) 『근화악부(槿花樂府)』에 "정송강이 기녀 진옥과 더불어 술잔을 주고받으며 지은 것이다, 평양기생 진옥은 자가 설중매인데 글을 잘하고 노래를 잘 불러 세상에 이름을 떨쳤다(鄭松江與妓眞玉酬答; 平壤妓生眞玉 字雪中梅 以能文善歌絶世之名 色鳴於一道內)." 이 노래의 지은이를 옥이, 철이로 적고 있는 노래책들도 있는데, 많은 기녀들이 즐겨 불렀던 노래였던 것 같다.

91) 분옥은 번옥으로 '번옥(燔玉)'은 돌가루로 구워 만든 옥이다.

92) 골풀무는 불을 피우기 위하여 바람을 일으키는 기구의 하나. 땅바닥에 네모지게 골을 파서 중간에 굴대를 가로 박고 그 위에 골에 꼭 맞는 널빤지를 걸쳐놓은 것으로, 널빤지의 두 끝을 두 발로 번갈아 가며 디뎌서 바람을 일으킨다.

진옥은 정철이 강계(江界)에 귀양 가 있을 때[93] 만난 기녀이다. 진옥은 귀양살이를 하고 있는 정철의 벗이 되었고 정철의 부인도 남편을 위로해 주는 진옥을 고맙게 여겼다고 한다. 그런데 아무리 두 사람이 술과 노래, 풍류를 좋아한다고 해도 정말 이런 낯뜨거운 노래를 부르며 즐겼을지 믿기 어렵기도 하다. 김흥규는 정철의 이 노래가 확실하지 않은 이야기를 가지고 꾸며낸 노래로 믿을 수 없기 때문에 정철의 노래로 보기 힘들다고 했다.[94] 김학성도 선비들이 풍류 중에 말놀이를 위해 성적으로 웃음의 대상인 두 사람을 끌어왔을 뿐이지 정철과 진옥을 실제 지은이라고 믿기는 어렵다고 하였다.[95] 그러나 윤영옥은 송강이 기녀를 첩으로 삼아 시나 노래를 짓게 할 정도로 호탕한 모습을 지녔기 때문에 송강이 진옥과 이런 글자놀이를 즐겼을 것이라고 보았다.[96]

『조선왕조실록』에도 정철이 술과 여자에 빠져 경박한 사람이었다는 평이 있고,[97] 김장생(金長生, 1548~1631)이 지은 정철의 「행록(行錄)」에는 송강이 술과 여자를 벗어나지 못한 것이 흠이라고 적고 있어[98] 진옥과

---

93) 정철은 1591년 선조에게 세자를 책봉해야 한다고 건의했다가 선조의 미움을 샀는데, 이를 틈타 여러 벼슬아치들이 그가 문제가 많은 사람이라고 헐뜯어 북녘 땅으로 귀양 간다. 박영주(2003), 『고집불통 송강 평전』, 고요아침, 263~264쪽.

94) 김흥규(1993), 『송강 시의 언어』, 고려대학교출판부, 292쪽.

95) 김학성(1997), 『한국 고시가의 거시적 탐구』, 집문당, 329쪽.

96) 윤영옥(1983), 「기녀시조의 고찰」, 『여성문제연구』 제12집, 대구효성가톨릭대학교 사회과학연구소, 199쪽.

97) 『선조실록』 19권, 선조 18년 4월 16일 정사(丁巳) 1번째 기사에 "더구나 술과 여자에 빠져 몸가짐이 미친 사람과 같았으므로 관청의 일은 뒷전으로 미루면서도 늘 자기와 의견을 달리하는 사람을 내쫓아 나중에는 총마(驄馬: 대간臺諫)의 영광을 차지하기까지 하였다(而況酖酗酒色 行已倡狂 餘事官務 每劾異己 至叨驄馬之榮)." 『선조수정실록』 25권, 선조 24년 2월 1일 무진(戊辰) 6번째 기사에 "임금이 곧바로 불러 말하고자 하는 것을 물으니 덕인 무리가, 정철이 술과 여자를 탐하여 나라를 어지럽히고 있다고 막말을 하였다(上卽召見 問所欲言 德仁等極言澈貪于酒色 誤國亂政)." 읽는 이들이 알아둘 일은 『선조실록』은 북인(北人)들이 엮었기 때문에 정철을 비롯한 서인(西人) 무리들을 나쁘게 적고 있다. 그래서 나중에 『선조수정실록』을 만들게 된다.

98) 『송강별집(松江別集)』 권지4(卷之四), 「부록(附錄) · 행록(行錄) · 김문원공장생(金

이런 노래를 즐기고 불렀을 것이라고 넉넉하게 미루어 짐작할 수도 있겠다. 또는 이 노래들이 그때 사람들이 정철이나 진옥이라는 이름을 끌어들여 지어낸 노래라 한다면 정철이 평소 술과 흥을 즐겼기 때문일 것이다. 사람들은 사랑과 낭만을 담은 이야기나 노래를 꾸며내기를 좋아하는데, 정철은 올곧고 고집이 센 선비이기도 했지만 워낙 술과 놀이를 좋아했기 때문에, 노래를 부르고 즐기는 잔치나 놀이마당에서 소리꾼들이 정철과 진옥의 이름을 가져와 이와 같은 노래를 지었을 수도 있겠다.

다음은 기녀 한우와 선비 임제의 말놀이 노래이다.

北天이 몱다커늘 雨裝업시 길을 나니
山에는 눈이 오고 들에는 ᄎᆞᆫ비로다
오늘은 ᄎᆞᆫ비 마자시니 어러 잘가 ᄒᆞ노라

- 임제(林悌), 『해동가요(海東歌謠) 박씨본(朴氏本)』 101, #2135.1

북녘 하늘이 맑다고 하거늘 비옷 없이 길을 나서니
산에는 눈이 오고 들에는 찬비로다
오늘은 찬비 맞았으니 얼어서 자 볼까 하노라

어이 얼어 잘이 므스 일 얼어 잘이
鴛鴦衾 翡翠衾을 어듸 두고 얼어 자리
오늘은 ᄎᆞᆫ비 맛자신이 녹아 잘까 ᄒᆞ노라

- 한우(寒雨), 『해동가요(海東歌謠) 박씨본(朴氏本)』 271, #3235.1

文元公長生)」에 "공은 가슴 속에 품고 있는 생각이 소탈·상쾌하며 말이 호방하여 사람을 감동시키는 점이 많으나, 다만 높은 벼슬아치로서 널리 너그러움을 베풀어 받아들이는 마음그릇이 적고, 또 때로는 술과 여자를 벗어나지 못한 것이 그 흠이었다(公胸懷疏爽 言語豪放 多有動人處 但無大臣寬弘容衆之量 且於酒色 時不能擺脫 此其欠也)."

어찌 얼어 자리, 무슨 일로 얼어 자리
원앙금 비취금을 어디에 두고 얼어서 자리
오늘은 찬비 맞았으니 녹이고 자 볼까 하노라

두 노래는 임제(林悌, 1549~1587)와 한우(寒雨)가 주고받은 노래이다.[99] 임제가 북녘 하늘〔북천 北天〕이 맑다고 하기에 비옷〔우장 雨裝〕을 챙기지 않고 길을 나섰다가 산에는 눈이 오고 들에는 찬비가 내려 흠뻑 젖는다. 이렇게 찬비를 맞았으니 얼어서 자고 가야겠다고 한다. 이 노래에서 '찬비'는 두 가지 뜻을 지니고 있다. 그래서 그 뒤에 오는 '얼어 잘까'도 두 가지 다른 뜻을 지니게 된다. '찬비'의 겉뜻은 그냥 차가운 비이고 그것을 맞으면 얼어서 춥게 잘 수밖에 없다. 그러나 '찬비'는 한우(寒雨)라는 기생 이름을 우리말로 옮긴 말로서, 그와 얼어 잔다는 말은 어울려 잠자리를 같이한다는 뜻도 담고 있다.[100] '같은 소리 다른 뜻의 낱말(동음이의어)'을 부려 써서 말재간을 부리고 있다.

임제의 노래에 대한 대답으로 한우는 다음과 같이 노래한다. 어찌 얼어 자리, 무슨 일로 얼어 자리, 원앙을 새긴 비취색의 비단 이불〔원앙금 비취금 鴛鴦衾 翡翠衾〕[101]을 두고 얼어 잔다고 하는가, 오늘은 찬비를 맞아 몸이

---

99) 『해동가요(海東歌謠)』에 "임제는 자를 자순(子順), 호는 백호(白湖)라 하며 금성(錦城: 오늘날 나주) 사람이다. 선조 때에 과거에 급제, 벼슬은 예조정랑에 이르렀다. 시와 글짓기를 잘하고, 거문고를 잘 타며, 노래를 잘 불러 마음이 탁 트인 선비였다. 이름난 기생 한우를 보고 이 노래를 불렀다. 그날 밤 한우와 같이 잤다(字子順 號白湖 錦城人 宣廟朝登第 官至禮曹正郎 詩文琴歌俱奇 常以豪士 見名妓寒雨 作此歌與同寢)."; 『교주가곡집(校註歌曲集)』에 "한우가 지은 노래 한 마리, 평양의 기녀이고 해동가요에 이르기를 오른쪽 임제 노래에 한우가 답한 노래로 임제의 본 노래를 도움삼아서 보라(寒雨 一首 平壤妓女 海東歌謠云 右林悌寒雨答歌 叅看林悌原歌上出)." 본디글(원문)은 박을수 엮음(2000), 『시조의 서발유취』, 아세아문화사, 359쪽에서 가져옴.

100) 옛말에 '얼이다'는 '배필로 삼게 하다', '혼인하다'의 뜻이 있었다. 한글학회(1992), 『우리말큰사전4-옛말과 이두』, 어문각, 5256쪽.

101) 원앙은 짝을 버리지 않는 새라 부부가 덮고 자는 이불에 원앙을 새긴다. 비취금은 비취색(곱고 짙은 초록색)의 비단 이불이라는 뜻으로, 젊은 부부가 덮는 화려한 이불

얼어 있으니 이런 따뜻한 이불을 덮고 몸을 녹여 자고 가는 것이 어떻겠느냐고 하였다. 이 말은 나(찬비)와 오늘 만났으니 함께 밤을 보내자는 말이다.

다음 노래는 한우의 노래에 정철의 이름을 넣어 재미있게 만들어낸 노래이다.

> 그 무슴 어러 잘고 또 무슴 어러 잘고
> 원앙금 즛벼개 어듸 두고 어러 잘고
> 정철노 자물쇠 지어 잠겨 잘가 ᄒᆞ노라

『고금명작가(古今名作歌)』 46, #500.1

> 그 무슨 일로 얼어 잘꼬, 또 무슨 까닭에 얼어 잘꼬
> 원앙 이불 잣베개 어디 두고 얼어 잘꼬
> 정철로 자물쇠 만들어 잠겨 잘까 하노라

무슨 일로, 무슨 까닭으로 얼어 잘까, 원앙을 수놓은 좋은 이불(원앙금)과 잣베개[102]가 여기 있는데 어찌 얼어 잘까, 정철로 자물쇠 만들어 잠겨자 보면 좋겠다고 하였다. 정철은 무쇠를 불려서 만든 쇠붙이인 정철(正鐵)을 뜻하기도 하고 사람 이름 정철(鄭澈)을 뜻하기도 한다. '정철로 자물쇠 지어 잠겨 잘까 한다'는 말은 정철 같은 쇠붙이로 자물쇠를 만들어 걸어 잠그고 자겠다는 말도 되지만, 송강(松江) 정철이라는 사내와 함께 지내겠다는 말도 된다. 어느 여성이 정철과 하룻밤을 지내기 위해서 지은 노래라 볼 수도 있고, 노래를 즐기는 사람들이 정철이라는 사람 이름을 끌어들여 재미있게 지어 불렀다고 할 수도 있다. 송강 정철은 앞에서 살폈듯이 진옥이라는 기생과 글자놀이하는 노래를 남길 만큼 멋스러움과 흥겨움을 즐겼기 때문에 이런 말놀이 노래가 생겨났을 것이다.

을 이르는 말이다.

102) 잣베개: 여러 빛깔의 헝겊을 고깔 모양으로 조그맣게 접어서 양쪽 면에 돌려 가며 꿰매 붙이고, 다시 안쪽으로 꿰매 붙여 잣 모양처럼 꾸민 베개.

얽거든 머지 마나 멀거든 얽지 마나
쟈른 킈 큰 얼굴의 ᄀᆞᄌᆞᆷ도 ᄀᆞ즐시고
경샹도 닐흔 두 고을의 수ᄎᆞ 이러 낫고나

『고금명작가(古今名作家)』 9, #3282.1

얽거든 멀지 말거나 멀거든 얽지 말거나
짧은 키 큰 얼굴에 모습도 잘도 갖추었구나
경상도 일흔두 고을에 수차 일어났구나

얽게ᄂᆞᆫ ᄉᆞ나희요 ᄂᆞᆾ 크기ᄂᆞᆫ ᄒᆞᆫ 길이라
영남셔 예을 오니 멀긴들 아니 멀랴
각시님 아흔 아홉 샤님의 일ᄇᆡᆨ 수ᄎᆞ 이러 왓노라

『고금명작가(古今名作家)』 10, #3144.1

어깨는 사나이요 낯 크기는 한 길이라
영남서 예 오니 멀긴들 아니 멀랴
각시님 아흔아홉 새님에 일백 수차 이루려 왔노라

두 노래가 묻고 답하는 노래이다. 첫 번째 노래는 얼굴이 얽어서 곰보처럼 생겼거든 눈이나 멀지 말거나, 눈이 멀거든 얼굴이 얽지 말거나, 짧은 키와 큰 얼굴에 모습을 잘도 갖추었다고 했다. 그리고 경상도 일흔두 고을에 여러 번 일어났구나 했다. 이상하게 생긴 어느 사내를 두고 하는 말이다. 큰 얼굴이 곰보이고 눈도 멀고, 키도 작은데 모습은 잘 갖추었다고 비꼬면서 사내의 겉모습을 흉보고 있다. 그런데 이 사내가 경상도 일흔두 고을에 여러 번 나타났다고 했다. 보기 흉한 사내가 여러 고을에 모습을 드러내는 것을 비아냥댔다.

그런데 이 노래를 두고 마마라고 하는 천연두를 일으키는 귀신한테 한 말이라고 풀이하는 이가 있다. 마마가 퍼져서 경상도 일흔 고을에 몇 차례 일어났다고 풀었다. 마마를 사람의 모습으로 생각해서 마마가 널리 퍼진 것을 알리려는 노래로 보았다.[103)]

두 번째 노래는 어깨는 사나이답게 넓고, 얼굴 크기는 한 길이라고 했다. 영남서 여기 오니 멀긴들 아니 멀겠는가? 각시님 아흔아홉의 님 다음에 백 번째 님을 이루려 왔다고 하였다. 나는 경상도 땅에서 사는 멋진 사나이로 그대의 지아비가 되려고 왔다는 노래이다. 첫 번째 노래에서 저를 흉보는 말에 대한 대답으로 자신의 잘난 모습을 자랑하면서 젊은 아낙을 꾀고 있다.

첫 번째 노래가 한 아낙이 못난 경상도 사내를 비웃고 있는 노래라면 두 번째 노래는 못생기고 얼굴이 큰 사내야말로 진짜 멋있는 사나이라고 능청스럽게 받아넘기는 노래이다. 두 노래의 노랫말을 견주어 보면, '얽거든(곰보)'에 '어깨는〔肩〕', '멀거든〔盲〕'에 '멀긴들〔遠〕', '수차〔횟수 回數〕'에 '수차〔서차 序次〕', '일어났구나〔起〕'에 '이루려 왔노라〔至〕'로 짝을 맞춰 대답을 하였다. 말장난의 노래라 할 수 있다.[104)]

칩다 네 품에 드ᄌᆞ 벼ᄀᆡ 업사 네 ᄑᆞᆯ 베자
입에 바ᄅᆞᆷ 든다 네 혀 믈고 ᄌᆞᆷ을 드ᄌᆞ
밤中만 믈 미러 오거든 네 ᄇᆡ 탈가 ᄒᆞ노라

『시가(詩歌) 박씨본(朴氏本)』 398, #5025.1

춥다 네 품에 들자 베개 없다 네 팔 베자
입에 바람 든다 네 혀 물고 잠을 들자
밤중만 물 밀어오거든 네 배 탈까 하노라

---

103) 조동일(2017), 앞의 책, 121~122쪽.

104) 구사회(2014), 『한국고전시가의 작품 발굴과 새로 읽기』, 보고사, 326~327쪽. 이 책에서는 첫 번째 노래의 '수차'를 '으뜸'이란 뜻으로 풀었고 두 번째 노래의 '수차'를 '여러 차례'의 뜻으로 풀었으나, 조동일(2017), 앞의 책, 123쪽은 첫 번째 노래의 '수차'를 '횟수'의 뜻으로, 두 번째 노래의 '수차'를 '서차(序次)'의 뜻으로 풀었다.

추우니 네 품에 들어 몸을 따뜻하게 하기를 바란다. 베개가 없으니 네 팔을 베자고 했다. 입에 바람이 드니 입을 다물어야 하겠고 그렇게 하려면 무엇인가 물고 자는 게 좋을 것 같은데, 네 혀를 물고 잠들자고 하였다. 입맞춤하고 잠자리에 들자는 말이다. 밤중에 물 밀어오거든 배를 타야 하는데 다른 배도 아닌 네 배를 타고 싶다고 하였다. 사랑하는 이와 함께 있으면서 즐기는 노래이다. 마지막에 타는 배는 물위에 떠다니는 배〔船〕와 여인의 배〔腹〕가 소리가 같은 것을 재미있게 부려 쓴 말이다. 배를 탄다는 말은 잠자리를 같이한다는 말이 된다. 이 말 때문에 이 노래는 아주 야한 말장난의 노래가 되었다. 어떤 사내가 한 여인과 몸의 사랑을 나누기 위해 부른 노래이다.

> 내 쇼시랑 일허ᄇᆞ린지 오ᄂᆞᆯ조ᄎᆞ ᄎᆞᆫ 三年이오려니
> 전젼ᄐᆡᄐᆡ 문젼ᄒᆞ니 閣氏ᄂᆡ 방안의 셔 잇드라 ᄒᆞᄃᆡ
> 柯枝란 다 씌여 쓸지라도 ᄌᆞ로 드릴 구멍이나 보내소

『병와가곡집(瓶窩歌曲集)』 849, #960.1

> 내 쇠스랑 잃어버린 지 오늘까지 만 삼 년이려니
> 이리저리 하다 소식 들으니 각시네 방안에 서 있다 하데
> 가지는 다 뜯어내어 쓸지라도 자루 들어갈 구멍이나 보내소

이 노래의 말하는 사내는 쇠스랑을 잃어버렸는데, 오늘까지 꼬박 3년이 지나도록 찾지 못하고 있다가 이런 저런 소문을 들어 보니 각씨네 방안에 서 있다고 하는 말을 듣는다. 그러자 쇠스랑 가지는 써도 되지만 자루 들어갈 구멍은 나에게 보내 달라고 한다. 언뜻 들어서는 말이 되지 않지만 말소리의 닮음을 가지고 낯뜨거운 말장난을 하고 있다는 것을 알 수 있다. 가지(柯枝)나 자루는 같은 말로 쇠스랑 자루의 뜻도 지니고 있지만 사내의 연장을 이르기도 한다. 구멍은 쇠스랑 자루가 들어가는 구멍의

뜻도 지니고 있지만 각시네의 연장을 이르기도 한다. 내 쇠스랑 자루를 쓰라는 말은 내 연장을 잘 다루어 쓰라는 말도 된다. 구멍을 보내주란 말은 잠자리를 같이하자는 말이다. 쇠스랑의 구멍만 따로 보낼 수는 없으므로, 구멍을 보내 달라는 말은 여인의 연장을 나에게 허락하라는 엉큼하고 의뭉스러운 말장난이다.

> 閣氏님 將棋 ᄒᆞᆫ板 두새 板을 펴쇼 手를 보새
> 자ᄂᆡ 將 보아ᄒᆞ니 面像이 더욱 됴ᄒᆡ
> 車치고 面象 쳐 헷치고 고ᄐᆞᆫ 卒 지로면 궁게 여허 질을이라
>
> 『시가(詩歌) 박씨본(朴氏本)』 627, #69.1

> 각시님 장기 한 판 두세 판을 펴소 수를 보세
> 자네 장 보아하니 면상이 더욱 좋아
> 차 치고 면상 쳐서 헤쳐 곧게 졸로 지르면 궁 안에 집어넣어 지르리라

위 노래는 한 사내와 젊은 아낙이 장기를 두면서 하는 노래인데 속뜻을 톺아 보면 말장난이 숨어 있다. 각시님에게 장기 한 판을 두자면서 장기판을 펴라고 한다. 수를 헤아려 보고 각시네의 장기 말을 보니 상을 궁 앞에 놓는 면상(面象)이 좋아 보인다고 한다. 장기를 둘 때 상(象)을 궁(宮) 앞에 놓는 방법이 있는데, 이 방법을 '면상(面象)'이라 한다. 그런데 상을 궁 앞에 놓는다는 '面象'은 낯, 곧 얼굴을 가리키는 '面像'과 그 말소리가 같다. 그러니까 면상의 방법으로 상을 궁 앞에 놓아 장기 말을 두는 솜씨가 좋다는 말은 그대의 얼굴이 어여쁘고 아름답다는 뜻도 나타내게 된다. 다음으로 장기에서 이기는 길을 말하고 있다. 곧 여인에게 훈수를 두고 있다. 차(車)를 치고, 면상(面象)을 치고 헤치고 곧게 졸(卒)로 지르면 궁(宮)을 따먹을 수 있다고 하였다. 차와 상을 따먹고 졸로 앞으로 나아가 궁이 빠져나가지 못하게 외통수가 되게 장군을 치면 장기에서 이길

수 있다는 말이다. 그런데 이 말이 훈수를 두는 말이 아니라, 사내가 여인의 몸을 취하겠다는 말임을 짐작할 수 있다. 곧게 지른다는 말은 사내의 연장이 하는 구실을 이른 말이고 장기의 '궁'은 여인의 은밀한 그곳을 가리키기 때문이다. 노래의 겉은 장기 훈수 두는 이야기이나 속뜻은 잠자리를 같이하고 사랑을 나누자는 이야기이다.

덧붙이는 글

이 책에서 다룬 노래들은 오늘날 문학이나 음악을 연구하는 이들이 '시조(時調)'라 하는 노래들이다. 그런데 '시조'라는 말이 썩 알맞은 이름이라 보기 어렵다. 이 말은 1920년대에 시조 되살리기 운동을 했던 이들이 쓰면서 굳어진 이름이기 때문이다.

여기서 다룬 옛 노래는 처음에 5장의 틀로 악기의 반주에 맞추어 불렀다. 이런 노래 부르기를 '가곡창'이라고 하는데, 노래 부르는 자리를 마련하는데 손이 많이 가고 노래의 가락도 아무나 흉내 낼 수 없어 누구나 부를 수 있는 노래가 아니었다. 노래의 앞과 마지막은 악기만 길게 연주하는 대여음(大餘音)이 있고(전주곡과 후주곡), 노래의 3장과 4장 사이에도 악기만 연주하는 중여음(中餘音, 간주곡)이 있어 제대로 된 틀을 갖추지 않으면 부르거나 즐길 수 없는 까다로운 노래 부르기였다. 말하자면 꽤 산다고 하는 선비들이나 몇몇 사람들만이 즐길 수 있는 노래였다.

그러다가 여느 사람들도 쉽게 부를 수 있는 노래 부르기를 찾게 되었고 여기서 악기를 많이 쓰지 않고 단출하게 부르는 길을 만들어냈는데, 이런 노래 부르기를 '시조창'이라 한다.[1] 이런 노래 부르기는 18세기 중반에 이르러 생겨났는데, 3장의 틀로 관현악기는 한두 개만 쓰든지 아니면 아예 관현악기도 빼버리고 장구 장단이나 무릎장단만으로도 즐길 수 있는 노래 부르기였다. 그래서 누구나 아무데서나 쉽게 부를 수 있고 요즘 새

---

1) 신광수(申光洙, 1712~1775)의 『석북집(石北集)』, 「관서악부(關西樂府)」의 열다섯 번째 시에 "두루 쓰고 있는 시조 장단을 늘어놓은 것은 서울에 온 이세춘부터라네(一般時調排長短 來自長安李世春)." 하는 말이 나오는 것을 바탕으로, 시조창이 그때 소리꾼 이세춘(李世春)이 만들어냈다고 보기도 하나, 이세춘 한 사람이 만들었다고 보기 어렵다는 이도 있다.

롭게 생겨난 가락이라 하여 '시조(時調)', 곧 '요사이 노랫가락'이란 뜻을 지닌 말을 쓰게 되었다. 시조창은 '하노라', '하느니', '하오리라' 같은 맨 마지막 마디를 부르지 않는다. 그래서 노래책에 맨 마지막 마디를 적지 않은 노래는 시조창으로 부른 노래이다.

그러니 이 책에서 다룬 옛 노래는 아주 또렷하게 말하면 가곡창과 시조창으로 부른 노래 모두를 싸잡고 있다. 따라서 '시조'라는 말만으로는 조선 때 즐겨 불렀던 옛 노래를 모두 아우를 수 없다.

또한 '시조'라는 말은 때로는 '한시(漢詩)'를 가리키기도 했고, 오늘날까지 전해져 온 '12가사(歌辭)' 같은 노래를 일컫기도 했고, 옛날 노래를 뜻하는 '고조(古調)'와 반대가 되는 말인 '이젯 가락'를 뜻하는 말로 쓰기도 했다. 말하자면 '그때의 노래'란 뜻으로 두루 썼던 두루이름씨(보통명사)였다.

한편 이런 노래를 때에 따라서 『송강가사(松江歌辭)』처럼 노랫말을 뜻하는 '가사(歌辭 또는 歌詞)'라 하기도 했고, 『해동가요(海東歌謠)』처럼 여느 사람이 부르는 노래란 뜻으로 '가요(歌謠)'라 하기도 했고, 『대동풍아(大東風雅)』처럼 『시경(詩經)』에 나오는 '풍(風)'과 '아(雅)'와 같은 노래에 든다는 뜻으로 '풍아(風雅)'라 하기도 했고, 『청구영언(靑丘永言)』처럼 『서경(書經)』에서 '노래란 말을 길게 늘어뜨린 것'[2] 이라는 말을 따라 '영언(永言)'이라 하기도 했다.

이러다 보니 조선 때 잔치나 풍류 마당에서 즐긴 노래를 '시조'로 한결같이 이름 붙여 말하는 것이 꼭 옳다고 보기는 힘들다. 1920년대에 옛 노래를 되살려 보자고 하면서 문학을 연구한 이들이 '시조'라는 말을 가려 쓰게 되면서, 조선 때 즐겨 부른 우리말 노래를 '시조'라는 말로 하나로 합쳐 일컫게 되었고, 오늘날 많은 이들이 이 이름을 따르고 있을 뿐이다.

---

2) 『서경(書經)』, 「순전(舜典)」에 "시는 뜻을 읊은 것이요, 노래는 말을 길게 늘인 것이요, 소리는 가락을 따라야 하고 음률은 소리가 조화되어야 하오(詩言志 歌永言 聲依永 律和聲)."

그래서 이 책에서는 짧은 노래는 '석 줄 노래', 긴 노래는 '엮음 노래'라는 말을 썼다. 가곡창(5장)으로 부르더라도 짧은 노래(평시조, 단형시조)는 석 줄로 적을 수 있고, 노랫말을 촘촘히 엮어 길어진 노래(사설시조, 장형시조)는 말을 엮어 짰다는 뜻의 '엮음'을 넣어 이름을 붙일 수 있다고 보았다.

오늘날 가곡, 시조라 일컫는 노래인 옛 노래는 고려와 조선 초의 진작(眞勺)에서 생겼다고 보는 이들이 많다. 고려의 진작이 조선으로 내려오면서 대엽(大葉, 한잎)으로 이름을 바꾸었고, 여기에서 짧은 노래인 대엽조(大葉調)를 만들었다.

본디 우리나라는 고려 때부터 세 가지 음악이 있었다. 궁중에서 주로 제사 때 쓰던 음악인 아악(雅樂)이 있었고, 잔치 때 쓰던 음악인 당악(唐樂)이 있었는데 이들 음악은 중국에서 가져온 음악이었다. 이와 달리 우리나라에서 만든 음악은 속악(俗樂) 또는 향악(鄕樂)이라 하였다. 진작(眞勺)은 속악의 가락 이름으로 그때 가장 빠른 곡이었다고 한다. 진작은 정과정곡(鄭瓜亭曲)의 다른 이름이기도 한데, 이 노래는 정과정삼기곡(鄭瓜亭三機曲)이라 하기도 한다. 빠르기에 따라 느린 노래인 만기(慢機), 중간 빠르기인 평기(平機), 빠른 노래인 삭기(數機)의 틀로 되어 있어 삼기곡(三機曲, 세틀 노래)이라고도 했다.

정과정곡에서 비롯한 진작은 짧은 것과 긴 것으로 나뉘게 되었는데, 짧은 것은 짧은 노래(석 줄 노래, 평시조)가 생겨나게 하여 가곡창과 시조창을 만들게 하였다. 그리고 긴 것은 긴 노래를 생겨나게 하여 가사창(오늘날 가사로 일컫는 노래)을 만들게 하였다. 이런 흐름에서 진작을 대엽이라고 일컫게 되었다.

대엽조는 빠르기에 따라 만대엽(慢大葉), 중대엽(中大葉), 삭대엽(數大葉, 자진한잎)으로 나눌 수 있다. 그런데 만대엽은 너무 느리다 하여 조선 후기에는 없어지고 중대엽은 몇 곡만 있다가 나중에는 삭대엽만 남게 된다. 이 삭대엽에서 농(弄), 낙(樂), 편(編) 같은 여러 가락이 생겨난다.

시대가 흐르면서 삭대엽(자진한잎)에서 여러 악곡이 갈라져 나오는데 오늘날까지 이어지는 여러 노래들은 초삭대엽(初數大葉, 초수대엽, 첫째치, 첫치), 이삭대엽(二數大葉, 이수대엽, 둘째치, 긴 것), 중거(中擧, 중허리, 중허리 드는 자즌한잎), 평거(平擧, 막 드는 자즌한잎), 두거(頭擧, 조임調臨, 들어내는 것, 존자진한잎), 삼삭대엽(三數大葉, 삼수대엽, 셋째치), 소용(騷聳, 삼뢰三雷), 반엽(半葉, 회계삭대엽回界數大葉, 반엇삭대엽, 밤엿), 언롱(言弄, 반지기), 평롱(平弄), 계락(界樂), 환계락(還界樂), 우락(羽樂), 언락(言樂, 얼락, 지르는 낙시조), 편락(編樂, 엮음, 사설, 엮는 낙), 편삭대엽(編數大葉, 편수대엽, 엮는 자진한잎), 언편(言編, 얼편, 지르고 엮는 자진한잎), 우편(羽編, 우조로 된 엮는 자진한잎) 들이 있다.[3] 길고 느리게 부르는 노래부터 빠르게 부르는 노래, 높은 소리로 질러서 부르는 노래, 노랫말을 촘촘히 엮어서 부르는 노래, 흥청거리며 부르는 노래들까지 여러 노래가 생겨나게 되었다. 이런 여러 노래들을 잔치 자리에서 모두 부르는 것을 가곡 한바탕을 부른다고 하는데, 처음에는 첫째치나 둘째치처럼 매우 느린 노래를 부르다가 점점 빠르고 흥겨운 노래를 부르게 된다.

옛 노래는 처음에 글공부하던 선비들이 지어 불렀다. 선비들은 중국의 글인 한문으로 시를 지었지만 한시로 다 말할 수 없고 드러낼 수 없는 느낌과 생각은 우리말 노래에 담아 불렀다. 사람이 말로 다 드러낼 수 없으면 한숨 쉬게 되고, 한숨으로도 모자라면 길게 노래하게 되고, 노래로도 모자라면 저도 모르게 손발을 움직여 춤추게 된다.[4] 한문을 잘하는 선비들이라도 한시만으로는 나날살이에서 겪는 느낌과 생각을 다 풀 수

---

3) 여러 노래가 생겨난 흐름은 송방송(2007), 『증보 한국음악통사』, 민속원, 397~405쪽에 자세히 나와 있다. 여러 노래들이 어떤 가락인지는 국립문화재연구소, 김영운·김혜리(2009), 『가곡』, 민속원, 72~152쪽에 자세히 나와 있다.

4) 『시경(詩經)』을 풀이한 『모시(毛詩)』, 「서(序)」에 "시는 뜻이 가는 바이다. 마음에 있으면 뜻이 되고, 말로 나타내면 시가 된다. 정이 마음에서 움직여 말로 그려지는데, 말이 모자라면 그것을 한숨 쉬게 되고, 한숨으로 모자라면 그것을 길게 노래하게 되고, 노래가 모자라면 손과 발이 그것을 춤추게 됨을 알지 못한다(詩者 志之所之也 在心爲志 , 發言為詩 情動於中而形於言 言之不足 故嗟嘆之 嗟嘆之不足 故永歌之 永歌之不足 不知手之舞之 足之蹈之也)."

없어 노래를 부르게 되었다. 그래서 선비들은 노래를 '시를 짓고 남은 모자람을 나타내는 것'이란 뜻으로 '시여(詩餘)'라 하기도 했다. 이황(李滉)은 시는 읊을 수 있으나 노래할 수 없기에 우리말 노래를 지어 불러야 한다고 했고,[5] 신흠(申欽)은 시와 글로 나타내고도 남음이 있으면 우리말 노래로 적어 남길 수밖에 없다고 했다.[6] 또한 신흠은 다음과 같은 노래를 지어 한시에 다하지 못한 나머지를 노래로 풀 수밖에 없다고 하였다.

> 노래 삼긴 사름 시름도 하도 할샤
> 닐러 다 못 닐러 불러나 푸돗든가
> 眞實로 풀릴 거시면은 나도 불러 보리라
>
> \- 신흠(申欽), 『청구영언(青丘永言) 진본(珍本)』 144, #1039.1
>
> 노래 만든 사람 시름도 참 많구나!
> 말로 다 이르지 못해 불러서 풀었던가?
> 참으로 풀릴 것 같으면 나도 불러 보리라

처음에 노래를 만든 사람처럼 나도 말로는 다 이르지 못한 마음 속 깊은 시름을 노래로 불러 풀어 보겠다고 하였다. 그러니 노래는 '**속마음 털어놓기**'이다. 말, 시, 글로는 모자람이 있기에 노래를 하게 된다. 노래는 마음속에 맺힌 것을 풀어주고, 시원하게 해주기에 시름을 달래고 고칠 수 있다. 마음이 아플 때, 답답할 때, 슬플 때, 어지러울 때, 괴로울 때, 쓸쓸

---

5) 『퇴계집(退溪集)』 권지43, 「발(抜)·도산십이곡발(陶山十二曲跋)」에 "오늘의 시는 옛날의 시와 달라서 읊을 수는 있으나 노래하기는 어렵다. 이제 노래를 부르려면 반드시 우리의 말로써 지어야 할 것이니, 이는 대체로 우리나라의 소리마디가 그렇지 않을 수 없기 때문이다(然今之詩 異於古之詩 可詠而不可歌也 如欲歌之 必綴以俚俗之語 蓋國俗音節 所不得不然也)."

6) 『청구영언(青丘永言) 진본(珍本)』의 「방옹시여서(放翁詩餘序)」에 "문득 시와 글로 나타내고도 남음이 있어 끊임없이 우리말로 그것을 가락에 부쳐 적어두었다(輒形詩章而有餘 繼以方言而腔之而記之)."

할 때 밖으로 내뿜고 실컷 풀려고 노래하게 된다. 이렇게 노래로 시름을 풀면 나중에는 흥겨움과 신명이 생기고 긴장을 풀어주게 되어 즐거울 때, 기쁠 때도 노래하게 된다.

이제 옛 노래 가운데 사랑 노래가 어떻게 흘러왔는지 살펴보자. 옛 노래는 선비들이 부르기 시작했기에 처음에는 점잖고 의젓한 노래가 많았다. 그러다 조선 중기를 거쳐 후기에 이르면 사랑 노래를 많이 짓고 즐기게 된다. 또한 사랑 노래는 지은이를 밝힌 노래보다는 지은이를 밝히지 않은 노래가 훨씬 더 많다. 옛 노래가 본디 선비들이 만든 노래라 선비들의 생각을 좇으려는 노래가 많다 보니, 사랑을 읊은 노래는 점잖지 못한 노래라 여기고 지은이를 밝히는 것을 꺼렸을 것으로 보인다.

사랑 노래는 짧은 노래보다는 엮음 노래에서, 선비들의 노래보다는 기녀나 소리꾼들의 노래에서 그 비중이 크다. 말하자면 짧은 노래에는 사랑 노래보다 다른 것을 읊은 노래가 많고, 엮음 노래는 다른 것보다 사랑을 읊은 노래가 많다. 또 선비들보다는 기녀나 소리꾼들이 사랑 노래를 더 많이 지어 불렀다. 더욱이 기녀들의 노래는 거의 모두가 사랑 노래들이다.

선비들도 사랑 노래를 짓긴 하였으나 그 수가 적다. 선비들은 임금 그리는 노래에서 말하는 이를 버림받은 아낙으로 내세워 사랑 노래를 짓는 때가 많았다. 제 목소리가 아닌 남의 목소리를 빌려 사랑 노래를 하였다. 아무래도 몸을 닦고 마음가짐을 바르게 해야 한다는 가르침을 떠받들며 살았기에 남녀 사이의 사랑 노래를 대놓고 즐겨 부를 수는 없었을 것이기에, 탈(가면)을 쓰고 노래했을 것이다. 임금 그리는 뜻이 없는 순수한 사랑 노래도 15세기에는 아주 적었고 16세기부터 19세기로 시대가 흐르면서 많이 늘어났다. 한편 이정보나 이세보 같은 선비는 다른 선비들의 눈치에 아랑곳하지 않고 많은 사랑 노래를 남기기도 했다.

엮음 노래는 노래 부르는 자리에서 흥이 높아지고 좀 더 신명나고 들떠서 달아오를 때 부르는 때가 많았다. 그러니 엮음 노래를 부를 때가 되면 점잖고 딱딱한 노래보다는 남녀 사이의 사랑 노래를 많이 골라 불렀다.

그래서 엮음 노래에는 다른 주제보다도 사랑과 관련된 주제가 많다.

소리꾼들은 가객(歌客)이라 부르는 중인 신분인데, 이들은 선비들이 부른 노래 주제를 따르기도 했지만 선비들과는 다른 노래도 많이 지어 불러 어떤 하나의 주제에 치우치지 않고 아주 여러 모습의 노래를 남겼다. 그래서 몸과 마음을 바르게 하는 노래, 어떤 가르침을 담고 있는 노래, 생각을 깊이 하게 하는 노래뿐만 아니라, 삶에서 겪은 자질구레한 일도 노래하였고, 외롭고 지친 삶의 그늘도 노래했다. 그래서 사랑 노래도 많이 지었다. 하고 싶은 말을 노래로 주저 없이 털어놓은 이들이 소리꾼들이다.

기녀들은 아무래도 하는 일이 술자리나 잔치 자리에서 벼슬아치나 선비들을 위해 노래를 하고 악기를 연주하고 춤을 춰야 했기 때문에, 노는 자리의 흥을 돋우려고 사랑 노래를 많이 지어 불렀을 것이다. 그러기에 기녀가 지은 노래라 해도 제가 겪은 일을 두고 지은 노래도 있지만, 겪지 않은 일도 노래로 지었다. 잔치나 술자리, 놀이의 마당 또는 노래짓기 마당에서 사랑의 노래를 지어 부를 때, 꾸미거나 만들어낸 목소리로 노래를 짓고 부른 때도 있었다. 그러니 기녀가 부른 노래가 모두 자신의 목소리라고 보아서는 안 된다. 사랑을 나눌 때는, 님과 헤어질 때는, 님을 그리워할 때는, 님을 기다릴 때는, 님을 여의고 외로울 때는 아마도 이런 말로, 이런 노래로 속마음을 털어놓고, 시름을 달랬을 것이라고 생각해서 지은 노래도 있었다.[7)]

사랑 노래는 옛 노래의 너비를 넓히고 깊이를 깊게 하였다. 어떤 이는 조선 때 즐겨 부른 우리말 옛 노래 가운데, 선비들이 지은 노래처럼 많은 노래들이 틀에 짜인 말을 그대로 가져다 쓰고 내가 겪은 일이 아닌 다른 이가 겪은 일에 기대고 있다 하여 남의 말을 한다는 뜻의 '타설(他說)의 노래'로 깎아내리기도 했다.[8)] 조금 지나친 면이 없지는 않지만, 그만큼

---

7) 이것을 김홍규는 '연출된 정념'이라고 했다. 김홍규(2016), 『옛시조의 모티프·미의식과 심상공간의 역사』, 소명출판, 261쪽.

8) 박철희(1980), 『한국시사연구-한국시의 구조와 배경-』, 일조각, 38~45쪽.

옛 노래 가운데는 들으면 하품을 하게 되고 졸음이 오는 노래가 많다. 그러기에 사랑 노래들은 옛 노래의 모자란 점을 많이 채워주고 옛 노래가 여러 모습을 띠게 이바지하는 구실을 하였다.

도움받은 책과 글

『개원천보유사(開元天寶遺事)』, 『고금주(古今注)』, 『고려사(高麗史)』, 『고산유고(孤山遺稿)』, 『고운집(孤雲集)』, 『교주가곡집(校註歌曲集)』, 『구당서(舊唐書)』, 『근화악부(槿花樂府)』, 『금계필담(金溪筆談)』, 『논어(論語)』, 『뇌연집(雷淵集)』, 『맹자(孟子)』
『미암일기(眉巖日記)』, 『박물지(博物志)』, 『사물기원(事物紀原)』, 『사기(史記)』, 『삼국사기(三國史記)』, 『삼국연의(三國演義)』, 『서경(書經)』, 『서경잡기(西京雜記)』, 『서포만필(西浦漫筆)』, 『석북집(石北集)』, 『성호전서(星湖全書)』, 『송강별집(松江別集)』, 『송남잡지(松南雜識)』, 『송사(宋史)』, 『수경주(水經注)』, 『순오지(旬五志)』, 『시경(詩經)』, 『시경집전(詩經集傳)』, 『신증동국여지승람(新增東國輿地勝覽)』, 『악학궤범(樂學軌範)』, 『약천집(藥泉集)』, 『열자(列子)』, 『예기(禮記)』, 『예문유취(藝文類聚)』, 『오산설림초고(五山說林草藁)』, 『오월춘추(吳越春秋)』, 『옥루몽(玉樓夢)』, 『익재난고(益齋亂稿)』, 『장자(莊子)』, 『전등신화(剪燈新話)』, 『조선왕조실록(朝鮮王朝實錄)』, 『조선무속고(朝鮮巫俗考)』, 『주역(周易)』, 『증보문헌비고(增補文獻備考)』, 『지봉유설(芝峯類說)』, 『천자문(千字文)』, 『청구영언(靑丘永言) 진본(珍本)』, 『초사(楚辭)』, 『촌은집(村隱集)』, 『태평광기(太平廣記)』, 『택당집(澤堂集)』, 『통속편(通俗編)』, 『퇴계집(退溪集)』, 『풍고집(楓皐集)』, 『한서(漢書)』, 『한시외전(韓詩外傳)』, 『해내십주기(海內十州記)』, 『해동가요(海東歌謠) 주씨본(周氏本)』, 『형초세시기(荊楚歲時記)』, 『회은집(晦隱集)』, 『후한서(後漢書)』

강명혜(1994), 「사설시조의 언술 연구」, 『시조학논총』 제10집, 한국시조학회.

강명혜(2005), 「시조의 변이 양상」, 『시조학논총』 제24집, 한국시조학회.

강명혜(2016), 「한국 고전 시가의 여성 작가와 작품 속 아니마적 퍼소나의 특성, 그리고 바람직한 콘텐츠화 방안」, 『한국문학과 예술』 제18집. 숭실대학교 한국문예연구소.

고미숙(1998), 『18세기에서 20세기 초 한국시가사의 구도』, 소명.

고미숙(2012), 『윤선도 평전』, 한겨레출판.

고영근(2010), 『표준 중세 국어문법론(제3판)』, 집문당.

고영화(2011), 「송강 시가에 나타난 군주의 특성 고찰」, 『정신문화연구』 제34권 제4호, 한국학중앙연구원.

고정희(2006), 「고전시가 여성화자 연구의 쟁점과 전망」, 『여성문학연구』 15, 한국여성문학학회.

고정희(2009), 『한국고전시가의 서정시적 탐구』, 월인.

고정희(2013), 『고전시가 교육의 탐구』, 소명출판.

고정희(2017), 「한국 문학 속의 비극」, 『고전문학과 교육』 34, 한국고전문학교육학회.

구사회(2014), 『한국고전시가의 작품 발굴과 새로 읽기』, 보고사.

국립문화재연구소, 김영운·김혜리(2009), 『가곡』, 민속원.

권순정(2006), 「고전시가의 어휘교육 연구」, 서울대학교 석사학위논문.

김대행(1980), 『한국시의 전통 연구』, 개문사.

김대행(1986), 『시조유형론』, 이화여자대학교출판부.

김대행(1991), 『시가시학연구』, 이화여자대학교출판부.

김대행(1992), 「〈어이 못 오던가〉 그리고 태도와 표현의 시학」, 백영 정병욱 선생 10주기 추모논문집 간행위원회, 『한국고전시가작품론2』, 집문당.

김대행 역주(1993), 『한국고전문학전집1 시조 I 』, 고려대학교 민족문화연구소.

김대행(1995), 「정서의 본질과 구조」, 김대행 외, 『고려시가의 정서』, 개문사.

김대행(2003), 「문학의 화자와 여성」, 한국고전여성학회편, 『고전문학과 여성화자, 그 글쓰기의 전략』, 월인.

김대행(2008), 「상생의 웃음과 언어문화」, 김유정탄생100주년기념사업추진위원회(편), 『한국의 웃음문화』, 소명출판.

김대행(2018), 『시와 언어문화』, 역락.

김명준(2004), 『악장가사 주해』, 다운샘.

김병국(1995), 『한국고전문학의 비평적 이해』, 서울대학교출판부.

김동준(2013), 「한국한문학사에 표상된 중국 서호의 전개와 그 지평」, 『한국고전연구』 28집, 한국고전연구학회.

김상진(2010), 「시조에 나타난 '임'을 부르는 소리」, 『우리문학연구』 30집, 우리문학회.

김상진(2012), 「강복중의 〈수월정청흥가〉 재조명-연시조로서의 가능성을 중심으로-」, 『동방학』 25, 한서대학교 동양고전연구소.

김상진(2014), 「시조에 나타난 아니마와 아니무스의 형상」, 『국제어문』 제62집, 국제어문학회.

김석회(2002), 「상촌 신흠 시조 연구」, 『국어교육』 109호, 한국국어교육연구학회.

김석회(2011), 「고전 시가 작품 해석의 몇 가지 국면에 관한 고찰」, 『문학치료연구』 제20집, 한국문학치료학회.

김수업(2002), 『배달말꽃 갈래와 속살』, 지식산업사.

김용찬(1990), 「사설시조에 나타난 애정형상과 세계관 연구」, 고려대학교 석사학위논문.

김용찬(2001), 『교주 병와가곡집』, 월인.

김용찬(2002), 「시조에 구현된 여성적 목소리의 표출 양상」, 『한국고전여성문학연구』 4, 한국고전여성문학회.

김용찬(2013), 「기녀시조의 미의식과 여성주의적 성격」, 『남도문화연구』 제25집, 순천대학교 남도문화연구소.

김준오(2004), 『시론(詩論)』(제4판), 삼지원.

김지은(2015), 「기생시조에 드러난 방어기제 고찰」, 『문학과 언어』 37, 한국문화융합학회.

김진영·정병헌·정운채·조세형·조해숙·최재남(2011), 『한국시조감상』, 보고사.

김창원(1999), 「신흠 시조의 특질과 그 의미」, 『고전문학연구』 제16집, 한국고전문학회.

김천택 엮음, 권순회·이상원·신경숙 주해(2017), 『청구영언』, 국립한글박물관.

김학성(1997), 『한국 고시가의 거시적 탐구』, 집문당.

김학성(2001), 「가사의 본질과 담론 특성」, 『한국문학논총』 제28집, 한국문학회.

김학성(2004), 『한국 시가의 담론과 미학』, 보고사.

김현식(2004), 「〈서호별곡〉과 〈서호사〉의 변이양상과 그 의미」, 『고전문학연구』 제25집, 한국고전문학회.

김형철(2005), 「조선시대 애정시조 연구」, 전남대학교 박사학위논문.

김흥규(1984), 「평시조 종장의 율격·통사적 정형과 그 기능」, 김대행 엮음, 『운율』, 문학과지성사.

김흥규(1992), 「사설시조의 시적 시선 유형과 그 변모」, 『한국학보』 68, 일지사.

김흥규(1993), 『송강 시의 언어』, 고려대학교출판부.

김흥규(2002), 「'장사치-여인 문답형 사설시조'의 재검토」, 김학성·권두환(편), 『신편 고전시가론』, 새문사.

김흥규(2003), 「사설시조의 애욕과 성적 모티프에 대한 조명」, 『한국시가연구』 제13집, 한국시가학회.

김흥규(2008), 「조선후기 시조의 '불안한 사랑' 모티프와, '연애시대'의 전사(前史)」, 『한국시가연구』 제24집, 한국시가학회.

김흥규(2015), 『사설시조의 세계-범속한 삶의 만인보』, 세창출판사.
김흥규(2016), 『옛시조의 모티프·미의식과 심상공간의 역사』, 소명출판.
김흥규·이형대·이상원·김용찬·권순회·신경숙·박규홍(2012), 『고시조대전』, 고려대학교 민족문화연구원.
나정순(1995), 「시조와 여성 작자층」, 한국고전문학회, 『문학과 사회집단』, 집문당.
나찬연(2012), 『근대 국어 문법의 이해』, 월인.
남광우 엮음(1997), 『교학(敎學) 고어사전(古語辭典)』, 교학사.
남정희(2007), 「『진본 청구영언』 내 평시조에 나타나는 여성적 목소리와 그 의미」, 『한국고전연구』 16집, 한국고전연구학회.
류수열(2000), 「놀이로 본 사설시조의 애로티시즘」, 『선청어문』 28집, 서울대학교 국어교육과.
류종영(2005), 『웃음의 미학』, 유로.
류해춘(1991), 「사설시조에 나타난 시적 화자의 유형과 그 특성」, 『어문학』 제52집, 한국어문학회.
문흥구(2001), 「송강의 연군시가 연구」, 『새국어교육』 62호, 한국국어교육학회.
박기호(1991), 「대화체 장시조 연구」, 『시조학논총』 제7집, 한국시조학회.
박노준(1994), 「이세보 애정시조의 특징과 그 시가사적 위상」, 『어문논집』 33, 고려대 국어국문학 연구회.
박노준(1995), 「《청구가요》의 문학적 몇 양상과 시조사적 의의-박문욱·김우규·김진태를 중심으로- 」, 『한국언어문화』 13, 한국언어문화학회.
박노준(1998), 「사설시조와 애로티시즘」, 『한국시가연구』 3호, 한국시가학회.
박상영(2014), 「사설시조 속 여성 형상의 제시 양상과 그 의미」, 『시조학논총』 제40집, 한국시조학회.
박상영(2015), 「고전시가 속 여성 시선의 한 양상과 시가미학사적 전승」, 『국학연구론총』 15, 택민국학연구원.
박애경(2000), 「사설시조의 여성화자와 여성 섹슈얼리티」, 『여성문학연구』 3집, 한국여성문학회.
박영주(2003), 『고집불통 송강 평전』, 고요아침.
박용식·황충기 엮음(1994), 『고시조주석사전』, 국학자료원.
박을수(1992), 『한국시조대사전(상)』, 아세아문화사.

박을수 엮음(2000), 『시조의 서발유취』, 아세아문화사.
박준규(1992), 「경번당가 고-신자료 봉사부군일기를 주로 하여」, 『모산학보』 3, 동아인문학회.
박지선(2008), 「이세보 애정관련 작품 진정성 문제와 표현기법」, 『반교어문연구』 25집, 반교어문학회.
박철희(1980), 『한국시사연구-한국시의 구조와 배경-』, 일조각.
박혜숙(1998), 「고려속요의 여성화자」, 『고전문학연구』 14집, 한국고전문학회.
서거정(徐居正), 이내종 역주(1998), 『태평한화골계전(太平閑話滑稽傳)』, 태학사.
서인석(1992), 「〈나무도 바히 돌도〉와 사설시조의 미학」, 백영 정병욱 선생 10주기추모논문집 간행위원회, 『한국고전시가작품론2』, 집문당.
성기옥(1986), 『한국시가 율격의 이론』, 새문사.
성기옥(1999), 「고전 여성 시가의 작가와 작품」, 이혜순 외, 『한국고전여성작가연구』, 태학사.
성기옥(2000), 「기녀시조의 감성특성과 시조사」, 『한국고전여성문학연구』 제1집, 한국고전여성문학회.
성기옥·손종흠(2006), 『고전시가론』, 한국방송통신대학교 출판문화원.
성기옥·김수경·정끝별·엄경희·유정선(2004), 『한국시의 미학적 패러다임과 시학적 전통』, 소명출판.
성낙희(1989), 「무명씨 여류시조의 작품세계」, 『아시아여성연구』 28, 숙명여자대학교 아시아여성연구소.
성호경(1995), 「사설시조의 정체에 대한 신고찰」, 『한국시가의 유형과 양식 연구』, 영남대학교출판부.
손정인(2011), 「이세보 애정시조의 성격과 작품 이해의 시각」, 『한민족어문학』 59, 한민족어문학회.
송방송(2007), 『증보 한국음악통사』, 민속원.
송용재(2015), 「미암 유희춘의 문학세계」, 『한문학논집』 제40집, 근역한문학회.
송지언(2014), 「달 소재 애정시가의 비교와 문화교육」, 『고전문학과 교육』 28, 한국고전문학교육학회.
송지언(2016), 「기다림의 사설시조에 나타난 웃음의 해석-'임이 오마 하거늘'을 중심으로」, 『고전문학과 교육』 32, 한국고전문학교육학회.

송지언(2019), 「꽃은 반만 핀 꽃이 아름답고, 복은 반 복이 좋다」, 『새국어생활』, 국립국어원.
신성하(2005), 「한국문학에 나타난 여성 상사병」, 서울대학교 석사학위논문.
신성환(2011), 「사육신 담론의 전변과 조선후기 시가의 수용 양상」, 『민족문학사연구』 46, 민족문학사학회.
신용대(1990), 「정철 시조의 비판적 현실 인식」, 『인문학지』 5, 충북대학교 인문학연구소.
신은경(1992), 『사설시조의 시학적 연구』, 개문사.
신은경(1997), 『고전시 다시 읽기』, 보고사.
신은경(2004), 「조선후기 '님' 담론의 특성과 그 의미-사설시조와 잡가를 중심으로」, 『시조학논총』 제20집, 한국시조학회.
안민영 지음, 김신중 옮김(2003), 『금옥총부(金玉叢部)』, 박이정.
양주동(1960), 『고가연구古歌硏究(정보판訂補板)』, 박문서관.
엄국현(1996), 「한국 고대가요와 어릿광대의 세계」, 김준오 엮음, 『한국현대시와 패러디』, 현대미학사.
여증동(1973), 『한국문학사』, 형설출판사.
원용문(1989), 『윤선도문학연구』, 국학자료원.
유몽인(柳夢寅), 신익철·이형대·조융희·노영미 옮김(2006), 『어우야담(於于野談)』, 돌베개.
윤영옥(1983), 「기녀시조의 고찰」, 『여성문제연구』 제12집, 대구효성가톨릭대학교 사회과학연구소.
윤정화(1997), 「이세보 애정시조의 성격과 의미」, 『한국문학논총』 제21집, 한국문학회.
이경하(2002), 「'여성/문학/사'에 대한 이론적 고찰」, 『한국고전여성문학연구』 5, 한국고전여성문학회.
이규호(1984), 「정석가식 표현과 시간의식」, 『국어국문학』 92, 국어국문학회.
이나향(2016), 「시조의 생산적 수용 교육 연구」, 서울대학교 박사학위논문.
이남호(1990), 『문학의 위족』, 민음사.
이남호(2016), 『남김의 미학: 한국적 지혜와 미학의 탐구』, 현대문학.
이동연(2000), 『19세기 시조 예술론』, 월인.
이동연(2003), 「이세보의 기녀등장 시조를 통해 본 19세기 사대부의 풍류양상」, 『한국고전연구』 9집, 한국고전연구학회.

이부영(2001), 『남성 속의 여성, 여성 속의 남성 아니마와 아니무스』, 한길사.
이상보(1976), 「박선장의 오륜가 연구」, 『명대논문집』 9, 명지대학교 출판부.
이상보(1987), 「유와 김이익의 시가 연구」, 『어문학논총』 6, 국민대학교 어문학연구소.
이승준(2013), 「연군시조의 유형별 특성 연구」, 충북대학교 석사학위논문.
이영태(2018), 『프로이트의 농담 이론과 시조의 허튼 소리』, 채륜.
이옥(李鈺), 실시학사 고전문학연구회 옮김(2009), 『완역(完譯) 이옥전집(李鈺全集)』, 휴머니스트.
이정옥(2017), 『주해 악학습령』, 경진출판.
이주영(2008), 「'사미인'의 이중성과 국어교육」, 『선청어문』 36, 서울대학교 국어교육과.
이형대(2000), 「사설시조와 여성주의적 독법」, 『시조학논총』 제16집, 한국시조학회.
이형대(2009), 「정철 시조의 감성 표현 양상」, 『한국시가연구』 27, 한국시가학회.
이혜순(1997), 「15·16세기 한국 여성화자 시가의 의의 : 〈사미인곡〉·〈속미인곡〉·〈첩박명(妾薄命)〉을 중심으로」, 『한국문화』 19, 서울대학교 한국문화연구소.
이희승(2004), 『고시조와 가사 감상』, 집문당.
임종찬(2014), 『시조문학론』, 국학자료원.
임주탁(1992), 「관습과 의미-장시조 〈개야미 불개야미〉에 대하여-」, 백영 정병욱 선생 10주기추모논문집 간행위원회, 『한국고전시가작품론2』, 집문당.
임주탁(1993), 「송강 시조의 우의적 관습」, 『인문학지』 제9집, 충북대학교 인문학연구소.
임주탁(2006), 「이야기 문맥을 고려한 황진이 시조의 새로운 해석」, 『우리말글』 38, 우리말글학회.
전재강(1993), 「고시조에서의 애정 문제(2)-장형시조를 중심으로」, 『문학과 언어』 14, 한국문화융합학회.
전재강(2004), 「정철 시조에 나타난 현실 지향과 풍류의 성격」, 『시조학논총』 제21집, 한국시조학회.
전재강(2005), 「이정보 시조의 성격과 배경」, 『우리말글』 35, 우리말글학회.
정끝별(2011), 「현대시 화자(persona) 교육에 관한 시학적 연구」, 『한국문예비평연구』 제35집, 한국현대문예비평학회.
정병욱(1983), 『한국고전시가론(증보판)』, 신구문화사.
정인숙(2010), 『가사문학과 시적 화자』, 보고사.

정인숙(2016),「유와 김이익의『금강영언록』의 특징과 그 의미」,『반교어문연구』 43, 반교어문학회.
정재호(1999),『한국시조문학론』, 태학사.
정호완(2003),『우리말의 상상력1』, 이회.
정홍모(2000),「이정보 애정시조 연구」,『어문논집』 42, 민족어문학회.
정홍모(2001),『조선후기 사대부 시조의 세계인식』, 월인.
조규익(2009),『만횡청류의 미학: 우리의 옛 노래 문학(수정 증보판)』, 박이정.
조동일(1977),『한국소설의 이론』, 지식산업사.
조동일(1980),『문학연구방법』, 지식산업사.
조동일(1983),『국문학연구의 방향과 과제』, 새문사.
조동일(2005),『한국문학통사 2~3』(제4판), 지식산업사.
조동일(2017),『시조의 넓이와 깊이』, 푸른사상.
조성진(2011),「착각 모티프 사설시조의 의미구조와 미의식」,『한국고전연구』 24집, 한국고전연구학회.
조성진(2012),「화자의 '시선'과 사설시조 담당층 문제-명대 악부민가와의 비교를 통해」,『국문학연구』 제26호, 국문학회.
조성진(2013),「사설시조 사랑 노래에 나타난 웃음의 의미」,『한국시가연구』 제35집, 한국시가학회.
조세형(2003),「사설시조의 중층성과 욕망의 언어」,『한국고전여성문학연구』 7, 한국고전여성문학회.
조연숙(2010),「기녀시조의 전개 양상과 성격」,『아시아여성연구』 49-2, 숙명여자대학교 아시아여성연구소.
조윤제(1954),『한국시가사강』, 을유문화사.
진동혁(1980),「이정보연구」, 국어국문학회 엮음,『시조문학연구』, 정음사.
진동혁(1981),「이세보의 유배시조 연구」,『어문집』 15, 단국대학교출판부.
진동혁(1982),「이세보의 애정시조 고찰」,『동양학』 12, 단국대학교 동양학연구원.
진동혁(1983),『이세보 시조연구』, 집문당.
진동혁(1985),『주석 이세보 시조집』, 정음사.
진동혁 역주(1996),『한국고전문학전집21 시조Ⅲ』, 고려대학교 민족문화연구소.
최규수(2002),「송강 시가에서 자의식의 비유적 형상화와 여성 화자의 의미」,『한국고전

여성문학연구』 5, 한국고전여성문학회.

최미정(1998), 「조선 초·중기 여성화자 국문시가와 풍류(風流)」, 『어문학』 64집, 한국어문학회.

최미정(2008), 「충신연주지사에서 주체와 타자」, 『국문학연구』 제18호, 국문학회.

최상민(2004), 「기류시조에 나타난 순애와 고고의 여성상 재고」, 『고시가연구』 제13집, 한국고시가문학회.

최용기(2015), 『고전시가 깊이 읽기』, 문예원.

최홍원(2016), 「잘 알면서도, 잘못 알았던 시조 -시조 담론에서의 오류와 오개념을 찾아서」, 『문학교육학』 제51호, 한국문학교육학회.

한글학회(1992), 『우리말 큰사전4-옛말과 이두』, 어문각.

한창훈(2008), 「사설시조에 나타난 웃음의 몇 양상」, 『시가와 시가교육의 탐구』, 월인.

함석헌(1985), 『들사람 얼』, 한길사.

허왕욱(2004), 「여성 시조의 설정과 교과서에서 여성 시조 읽기」, 『문학교육학』 제13호, 한국문학교육학회.

허왕욱(2010), 「시조에서 승려 형상화의 문화적 의미」, 『열상고전연구』 제32집, 열상고전연구회.

황재군(1985), 『한국고전여류시연구』, 집문당.

황충기(1999), 『여항인과 기녀의 시조』, 국학자료원.

황패강(1997), 『한국고전문학의 이론과 실제』, 단국대학교출판부.

여동빈(呂洞賓), 이윤희·고성훈 옮김(1999), 『태을금화종지(太乙金華宗旨)』, 여강출판사.

Barry, Schwarts(1967), "The social psychology of the Gift", *Journal of Sociology* 73, University of Chicago Press.

Barthes, Roland, *Fragments d'un discours amoureux*, 김희영 옮김(2004), 『사랑의 단상』, 동문선.

Bataille, Georges, *L'erotisme*, 조한경 옮김(1993), 『에로티시즘』, 민음사.

Beauvoir, Simone de(1908), tr. and ed. by Parshley, H. M.(1952), *The Second Sex*, New York: Vintage Books.

Bergson, Henri, *Le rire, essai sur la signification du comique*, 정연복 옮김(1992), 『웃음: 희극성의 의미에 관한 시론』, 세계사.

Bergson, Henri, *Le rire/L'evolution créatrice/Les deux sources de la morale et de la religion*, 이희영 옮김(2008), 『웃음/창조적 진화/도덕과 종교의 두 원천』, 동서문화사.

Brooks, Cleanth & Warren, Robert Penn(1976), Poetry as a way of saying, *Understanding Poetry*, 4th ed, New York: Holt.

Deuchler, Martina(1992), *The Confucian Transformation of Korea: study of society and ideology*, Cambridge: Harvard University Press.

Eliot, Thomas Stearns(1957), The Three Voices of Poetry, *On Poetry and Poets*, London; Boston: Faber and Faber.

Eliot, Thomas Stearns(1960), *The Sacred Wood: Essays on Poetry and Criticism*, London: Methuen; New York: Barnes & Noble.

Empson, William(1965), *Seven Types of Ambiguity*, New York: Penguin Books.

Freud, Sigmund, *Die Traumdeutung*, 장병길 옮김(1967), 『꿈의 해석』, 을유문화사.

Fussell, Paul(1979), *Poetic meter and poetic form*, New York: Random House.

Georg, T. Wright, *The Poet in the Poem*, 1장, 김준오 옮김(1985), 「시인의 얼굴들」, 『가면의 해석학』, 이우출판사.

Harvey, Elizabeth D., *Ventriloquized Voices: Feminist Theory and English Renaissance Text*, 정인숙·고현숙·박연성 옮김(2006), 『복화술의 목소리』, 문학동네.

Jung, Carl Gustav(1966), *Two Essays on Analytical Psychology*, Trans, Hull, R. F. C., 2nd ed, Princeton: Princeton University Press.

Jung, Carl Gustav(1968), *The Archetypes and Collective Unconsciousness*, Trans, Hull, R. F. C., 2nd ed, Princeton: Princeton University Press.

Kayser, Wolfgang, *Das Sprachiliche Kunstwerk*, 김윤섭 옮김(1988), 『언어예술작품론』, 시인사.

Kristeva, Julia, *Semeiotike : Recherches pour une sémanalyse*, 서민원 옮김(2005), 『세미오티케』, 동문선.

Lipking, Lawrence(1988), *Abandoned Women and Poetic Tradition*, Chicago and London: The University of Chicago Press.

Macherey, Pierre, *Pour une théorie de la production littéraire*, 윤진 옮김(2014),

『문학생산의 이론을 위하여』, 그린비.

Meyerhoff, Hans(1955), *Time in Literature*, Berkeley: University of California Press.

Morris, Pam, *Literature and feminism*, 강희원 옮김(1997),『문학과 페미니즘』, 문예출판사.

Nisbett, Richard E.(2003). *The geography of thought*: how Asians and Westerners think differently--and why, New York: Free Press, 최인철 옮김(2004),『생각의 지도』, 김영사.

Richards, I. A.(1970), *Poetries and Sciences*, London: Routledge & Kegan Paul.

Sanford, John A., *The invisible partners: how the male and female in each of us affects our relationships*, 노혜숙 옮김(2013),『우울한 남자의 아니마, 화내는 여자의 아니무스 : 내가 모르는 내 안의 성(性)을 만나다』, 아니마.

Scholes, Robert, *Semiotics and interpretation*, 유재천 옮김(1988),『기호학과 해석』, 현대문학.

Scott, Joan Wallach(1999), *Gender and the Politics of History*, New York: Columbia University Press(revised edition).

도움받은 누리집

고려대학교 한국어대사전: https://dic.daum.net/index.do?dic=kor

국립국어연구원, 표준국어대사전: https://stdict.korean.go.kr

중국철학서전자화계획: https://ctext.org

조선왕조실록: http://sillok.history.go.kr

한국고전종합DB: http://db.itkc.or.kr

한국사데이터베이스: http://db.history.go.kr

〈신웅순의 시조한담〉, 금강일보 2013. 11. 18.

찾아보기(노래)

[ㄱ]

[ㄴ]

[ㄷ]

[ㄹ]

[ㅁ]

[ㅂ]

[ㅅ]

[ㅇ]

[ㅈ]

[ㅊ]

찾아보기(지은이)

[ㅈ]

[ㅊ]

[ㅎ]